"十二五"普通高等教育本科国家级规划教材

管理信息系统

Management Information Systems

（第4版）

主　编　吴　冰
副主编　王洪伟
编　者　徐德华　李沁芳　邵建利

主　审　刘仲英

中国教育出版传媒集团
高等教育出版社·北京

内容简介

　　本书是"十二五"普通高等教育本科国家级规划教材。本书以"信息技术革命是推动信息系统发展，引起社会、组织和管理变革的原动力"为指导思想组织内容，全书共分五篇：第一篇信息系统概论，阐述了信息系统的基本概念，组织、战略与信息系统，以及信息系统的管理层级；第二篇信息系统基础设施，介绍支持信息系统运行的数据管理技术、网络与通信技术、商务智能，以及信息技术基础设施与新兴信息技术；第三篇信息系统的典型应用，包括企业资源计划系统、电子商务与电子政务、供应链管理与客户关系管理，以及知识管理系统；第四篇信息系统开发，包括信息系统开发概述、信息系统规划、信息系统开发与运行管理，以及信息系统安全；第五篇信息系统开发扩展，提供了信息系统分析、信息系统设计和信息系统实施等扩展学习模块。本书内容翔实，深入浅出，通过案例讨论、实例阅读和课程设计的训练，实现教学互动，给学生留有创新的空间。

　　本书可作为高等学校信息管理与信息系统、管理科学与工程、工商管理、计算机应用等专业的本科生和研究生教材，还可供相关技术人员、管理人员参考。

图书在版编目（CIP）数据

　　管理信息系统／吴冰主编；王洪伟副主编．
4 版 . -- 北京：高等教育出版社，2025.8. -- ISBN
978-7-04-064136-3

　　Ⅰ. C931.6

中国国家版本馆 CIP 数据核字第 20250NM447 号

管理信息系统
Guanli Xinxi Xitong

| 策划编辑 | 刘　艳 | 责任编辑 | 刘　艳 | 封面设计 | 李卫青 | 版式设计 | 徐艳妮 |
| 责任绘图 | 杨伟露 | 责任校对 | 刘丽娴 | 责任印制 | 张益豪 | | |

出版发行	高等教育出版社	网　　址	http://www.hep.edu.cn
社　　址	北京市西城区德外大街 4 号		http://www.hep.com.cn
邮政编码	100120	网上订购	http://www.hepmall.com.cn
印　　刷	北京中科印刷有限公司		http://www.hepmall.com
开　　本	787 mm×1092 mm　1/16		http://www.hepmall.cn
印　　张	27	版　　次	2006 年 7 月第 1 版
字　　数	680 千字		2025 年 8 月第 4 版
购书热线	010-58581118	印　　次	2025 年 8 月第 1 次印刷
咨询电话	400-810-0598	定　　价	56.00 元

本书如有缺页、倒页、脱页等质量问题，请到所购图书销售部门联系调换
版权所有　侵权必究
物 料 号　64136-00

管理信息系统

（第4版）

主　编　吴　冰
副主编　王洪伟

1　计算机访问https://abooks.hep.com.cn/64136或手机微信扫描下方二维码进入新形态教材网。

2　注册并登录后，计算机端进入"个人中心"，点击"绑定防伪码"，输入图书封底防伪码（20位密码，刮开涂层可见），完成课程绑定；或手机端点击"扫码"按钮，使用"扫码绑图书"功能，完成课程绑定。

3　在"个人中心"→"我的学习"或"我的图书"中选择本书，开始学习。

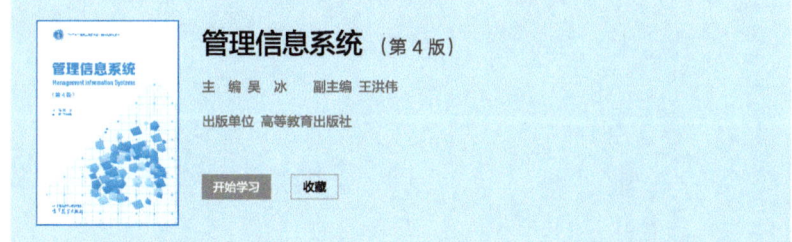

管理信息系统（第4版）

主　编　吴　冰　　副主编　王洪伟

出版单位　高等教育出版社

开始学习　收藏

　　受硬件限制，部分内容可能无法在手机端显示，请按照提示通过计算机访问学习。如有使用问题，请直接在页面点击答疑图标进行咨询。

https://abooks.hep.com.cn/64136

前言

在当今这个信息爆炸的时代，信息的获取、处理、分析和利用能力已经成为衡量一个组织竞争力的关键指标。管理信息系统作为组织管理和决策的核心工具，其重要性不言而喻。随着信息技术的快速发展，尤其是物联网、大数据、云计算、人工智能等新兴技术的不断涌现，管理信息系统的内涵和外延也在不断扩展和深化。为了适应这一变化，我们对《管理信息系统》（第3版）进行了全面的修订和更新，以期为读者提供一个更为全面、前沿的视角。

本书的编写严格遵循普通高等学校管理科学与工程类教学质量国家标准，以确保内容的专业性和权威性。在保持本书一贯风格的基础上，我们对全书的内容进行了优化与重构，并增加了关于新兴技术及其在信息系统中的应用的介绍。这不仅使本书的内容更加丰富、更贴近现代组织当下及未来的发展需求，还有助于读者更好地理解信息系统的发展前沿，以及信息系统是如何支持和推动组织数字化转型的。

本书分为五篇，内容涵盖了从信息系统的基本理论到具体实践应用，再到信息系统开发与实施的全过程。

第一篇：信息系统概论，从多个角度探讨了信息系统的基本概念，组织、战略与信息系统之间的关系，以及信息系统在组织不同管理层次中的应用，为读者提供了信息系统的基本理论和概念，帮助读者理解信息系统在数字经济时代的重要性。

第二篇：信息系统基础设施，探讨了支撑信息系统运行的关键技术。通过介绍数据管理技术、网络与通信技术、商务智能，以及信息技术基础设施与新兴信息技术，为读者提供了全面的知识框架，帮助他们理解信息系统的基本构成与运作原理。本篇特别关注区块链和生成式语言模型 ChatGPT，展示了其在现代信息系统中的重要性与未来的发展潜力。

第三篇：信息系统的典型应用，展示了在新兴技术的支持下，组织如何在现代管理中有效地利用信息系统。探讨了企业资源计划系统、电子商务与电子政务、供应链管理与客户关系管理、知识管理系统的内涵及其在组织中的应用，旨在帮助读者深入理解信息系统在各领域的应用及其战略意义。

第四篇：信息系统开发，为读者提供了一套信息系统开发框架。该篇全面探讨了信息系统的生命周期，从开发思想、相关者、开发原则和开发策略到具体的开发模式、开发方法、开发形式，深入分析了如何规划和管理信息系统开发项目。其内容涵盖了信息系统规划、信息系统开发与运行管理、信息系统安全，强调企业战略与信息系统战略的匹配、信息系统开发可行性分析、项目的风险和质量管理，以及信息系统安全的重要性。

第五篇：信息系统开发扩展，提供了有关信息系统分析、设计和实施的扩展学习模块，系统地介绍了信息系统开发的各个阶段，强调了分析、设计与实施之间的紧密联系，旨在为读者提供全面的理论知识和应用指导，使他们深化对信息系统开发流程的理解。

本书采用理论与实际相结合的方法，结合作者多年的教学实践编写而成，具有以下特点：

（1）系统性与结构化：本书分为五篇，每篇都聚焦于特定的主题，从信息系统的基本概念到信息系统开发与应用，确保读者能够循序渐进地掌握相关知识。

（2）全面覆盖：本书从信息系统概论到信息系统基础设施、信息系统的典型应用，再到信息系统开发及其扩展，涵盖了信息系统的各个方面，使读者能够全面理解信息系统的功能与价值。

（3）重点突出：本书各部分内容重点突出，涵盖了信息系统的核心技术、工具和方法，有助于读者把握关键知识点。

（4）多样化的视角：本书通过实例和应用场景将理论转化为实践，并提供了多样化的视角和分析工具，力求满足不同背景读者的需求，并促使他们深入思考。

我们希望本书能够成为管理信息系统领域学生、教育工作者及专业人士的重要参考资料。通过阅读本书，读者不仅能够系统地掌握管理信息系统的核心知识，了解其技术发展趋势，还能够掌握将这些知识应用于实践的技能，提升解决实际问题的能力。

本书由同济大学吴冰、王洪伟分别担任主编、副主编，各篇的编写分工如下：第一篇由同济大学王洪伟、徐德华和吴冰编写，第二篇由同济大学徐德华、吴冰、李沁芳和上海财经大学邵建利编写，第三篇由吴冰和李沁芳编写，第四篇由王洪伟和邵建利编写，第五篇由王洪伟编写。全书由吴冰负责统稿。同济大学经济与管理学院研究生杨朔、段昊江、黄碧滢和张文在本书编写过程中做了大量的资料整理和录入工作。

在此，特别感谢同济大学刘仲英教授在百忙中为本书审稿，也感谢所有参与本书编写和审校的专家学者，他们的专业知识和宝贵经验是本书质量的保证。由于作者水平有限，不足之处在所难免，敬请读者提出宝贵意见，以便在未来的版本中不断完善和提高。作者的联系方式是
ww_bing@163.com。

作者

2025 年 2 月

目录

第三篇　信息系统的典型应用

第四篇　信息系统开发

第五篇 信息系统开发扩展

第一篇　信息系统概论

第1章

信息系统的基本概念

▎学习目的▎

（1）了解数字经济时代的信息系统及其作用，掌握信息系统的定义。

（2）理解本书提出的信息系统体系结构模型、构成要素及其相互之间的关系。

（3）从人们认识信息系统角度的演变过程，掌握信息系统的社会-技术系统特征和社会-技术要素。

（4）深刻理解"工业革命源于重大的技术革命"和"信息技术的进步是信息系统发展的动力"这两个观点。

（5）重点掌握基于信息技术革命的信息系统发展历史和趋势，以及其对社会、经济和管理的影响。

先导案例　北京银行的数字化转型

随着数字经营理念不断深入、数字技术加速革新以及数字基础设施迭代升级，数字化转型已经成为北京银行高质量发展的鲜明特征。2019 年，北京银行正式将数字化转型上升为核心战略，以"数字化转型三年发展规划"为行动纲领，全面深化科技与业务融合发展，朝着数字银行的建设目标加速前进。经过三年的精耕细作，北京银行的"数字京行"战略体系已经形成。

战略层面的转型是北京银行数字化进程的基石。北京银行树立了"一个银行（one bank）、一体数据（one data）、一体平台（one platform）"的理念，贯穿总行为分行服务、分行为支行服务、全行为一线服务的思想，灵活运用"清单化管理、项目化推进、责任化落实、矩阵式管控"的工作方法，以数字化转型统领发展模式、业务结构、客户结构、营运能力和管理方式"五大转型"。

为了配合"数字京行"的战略布局，北京银行成立了数字化转型战略委员会、金融科技委员会，以及北京市首家金融企业科学技术协会。一方面，以敏捷协作机制和并联推动模式为抓手，统筹推动数字化转型各领域的重点工作；另一方面，强化数字化转型前瞻性思考、全局性谋划、战略性布局、整体性推进。在战略方向上，北京银行加快建设科技银行、数字银行、数币银行、生态银行、文化银行"五大银行"。其中，科技银行以科技敏捷带动业务敏捷、以科创金融服务"专精特新"企业；数字银行以数据联通支持智能决策、以数据分析重塑客户旅程；数币银行以数币链接全业务场景、以开放模式构建金融新生态；生态银行以全面合作构建服务生态、以绿色金融推动 ESG（environmental, social and governance，环境、社会和治理）发展；文化银行构建文化金融服务的"北京银行模式"，以文化重塑激发内生动能、以文化金融服务文创企业。

在技术应用层面，北京银行构建统一数据底座、统一金融操作系统、统一风控平台。其中，统一数据底座是北京银行数字化的核心基础设施，旨在打破数据竖井，实现数据要素在银行内自由流转，持续释放数据资产的生产力和创造力。统一金融操作系统则是北京银行数字化转型的核心，旨在打破系统壁垒，向下对接大量设备、海量数据，向上支撑金融数字化转型的快速部署，实现数据的可信共享、资源的合理配置与服务的质量提升。构建统一风控平台则是北京银行推动数字化转型所需构建的核心能力，北京银行以新信用风险管理系统为建设重点，聚焦"公共能力支撑、双客极致体验、智慧风控管理、流程服务集约、数据标准应用"五大能力，打造新一代自主可控、全行级的对公信贷基础设施，有效提升全面风险管理水平。这些平台的建成，大幅提升了数据的共享和应用效率，同时也增强了风险管理的智能化水平。通过技术的应用，北京银行实现了业务流程的自动化和智能化，为客户提供了更加高效、便捷的服务体验。

在业务创新层面，北京银行发布的"京彩生活"手机银行 App 8.0 以"打造极致客户体验"为目标，构建政务惠民、城市出行、战略客群、出境金融、便民缴费、生活消费、数字人民币、商超便利八大核心场景群，为广大客户提供更全面、更专业、更智能的移动金融服务。该 App 全面升级京彩一网通体系，实现"客户、账户、数据"多渠道协同经营；全新打造"财富+内容"双中台，重塑端到端的财富管理用户旅程；打造 H5 轻银行，用户无须下载 App，即可享受账户注册、产品交易、热门活动等便利服务。此外，北京银行还推出了"智策"零售数字化运营体系。该体系是北京银行"以数连接、由数驱动、用数重塑"数字化理念的集中体现，它以坚实的底层数据为依托，实现了运营全流程线上化、自动化与智能化。利用该体系，运营人员可精准服务客户，通过多样化的方式高效触达客户，为用户精准推荐产品、服务和活动，实现"千人千面"的服务。

在业务落地层面，北京银行通过"爱薪通""掌上银行家""小巨人""京萤计划""冒烟指数"，以及对公开户流程再造等项目，实现技术对业务的深度赋能。其中，"爱薪通"即"爱薪通智慧薪酬服务平台"，是北京银行围绕代发薪系统打造的一体化数字金融开放平台，它以薪酬服务为核心，覆盖费控报销、人事行政、协同办公需求，为企业客户提供一体化、数字化的综合服务方案，帮助企业实现"人、财、物、事"数字化管理。

在风险管理层面，北京银行整合内外部大数据，搭建全面风险预警平台，实现智能风控。例如，开发智能风控 App、"京准查"平台、大数据风控引擎"风险滤镜"等项目，提升信用风险模型开发及管理能力；实现信贷业务贷前调查、贷中见证、贷后检查等线上功能，打破工作时间和空间对客户经理、审批人员的限制，减少手工录入工作，进一步规范实地见证及常规检查流程，有效地提高信贷审批效率。通过智能化的风险管理，北京银行在确保业务发展的同时，有效地控制了风险。

在人才培养层面，北京银行投入了大量精力。北京银行内部不仅通过相关机制鼓励技术人员主动学习业务知识，还提供系统化培训，让技术人员能够更加便捷地参与银行业相关的认证考试。此外，北京银行建立 BA（业务分析师）—SA（系统架构师）机制，持续组织"超级BA 训练营"，通过训练营培训，培养出了一批更懂业务逻辑的技术研发人员和一批更懂技术实现的业务分析人员。通过加大对科技人才的培养和引进，北京银行推动了业务与技术的融合，为数字化转型提供了强有力的人才支持。

人工智能应用的探索，是北京银行数字化转型的一大亮点。北京银行前瞻性地打造"AI驱动的商业银行"，积极布局"大模型+小模型"驱动的新一代金融人工智能核心能力，发布AIB金融智能应用平台，该平台深度整合了生成式人工智能技术，通过GPT大模型、机器学习小模型、语义搜索等数字技术，系统构建"AI+"金融全图景。在自主研发"京智大脑"人工智能平台的基础上，北京银行还融合了多种主流的开源大模型，形成代码生成、代码注释等基础应用场景，同时面向理财经理、大堂经理、客户经理、综合柜员、远程客服等岗位角色，部署"北银投顾""财报助手""运营助手""智能客服""京客图谱""数币银行""京行研究"等问答机器人，大幅提升员工的工作效能。人工智能技术的应用，不仅提升了数字化营销的精准度，也为风险控制提供了有力的技术支持。

经过努力，北京银行的数字化转型取得了显著成效。截至2023年年末，北京银行的零售客户数突破2 900万户，零售AUM（指零售资产管理规模）达到10 365亿元，较2023年年初增长了6.32%，成功迈入"万亿元俱乐部"。北京银行的数字化转型案例，为同行业的其他机构提供了宝贵的经验和启示。随着数字化转型的不断深入，北京银行将继续探索更多的创新模式，为金融服务的发展贡献力量。

案例思考题

1. 北京银行在战略层面提出了"一个银行、一体数据、一体平台"的理念，这种理念对于银行的数字化转型有何重要意义？

2. 在技术应用层面，北京银行建立的统一数据底座、统一金融操作系统和统一风控平台，对提升银行竞争力有哪些具体的影响？

3. 北京银行在业务创新层面推出了手机银行App 8.0，它是如何体现北京银行对客户需求的深入理解的？

4. 在风险管理层面，智能风控工具是如何帮助北京银行适应金融市场的快速变化的？

5. 人才培养层面的投入对于北京银行数字化转型的成功起到了哪些关键作用？

6. 通过"京智大脑"人工智能平台，北京银行在数字化营销和风控中取得了哪些成效？

本章以北京银行的数字化转型案例为引导，从信息时代对信息系统的需求开始，介绍信息系统的概念、体系结构及其社会–技术系统特征，重点阐述基于信息技术革命的信息系统发展历史和趋势。

1.1 数字经济与信息系统

新一轮科技革命和产业变革席卷全球，数据价值化加速推进，数字技术与实体经济深度融合，产业数字化潜能逐步释放，新模式、新业态不断涌现，社会治理现代化水平显著提升，人类社会将全面进入数字经济时代。

在数字经济时代，数据化的知识和信息作为关键生产要素，推动了生产力的发展，重塑了生产关系。以数据驱动为特征的新技术环境已经基本形成，引领着经济社会从生产要素到生产力，再到生产关系的全面、系统变革。《中华人民共和国国民经济和社会发展第十四个五年规划和2035年远景目标纲要》（以下简称《纲要》）提出：以数字化转型整体驱动生产方式、生活方式和治理方式变革。充分发挥海量数据和丰富应用场景优势，促进数字技术与实体经济深度融合，赋能传统产业转型升级，催生新产业、新业态、新模式，壮大经济发展新引擎。

企业是产业数字化转型的主体，企业数字化转型也是数字经济发展的微观基础。随着人工智能、区块链、云计算、大数据等新兴信息技术的不断成熟与普及，企业的经营环境正经历着前所未有的变革。面对这样的挑战，企业唯有进行数字化转型才能生存和发展。可以说，数字化转型对于企业而言，既是发展趋势也是发展工具，尤其对于中小型企业而言，它是生存与可持续发展的重要途径。

1.1.1　全球化与逆全球化

新兴信息技术的应用普及，引发了经济、社会、文化、生活等的全球化。跨国企业作为经济全球化的重要推动力量，在全球经济舞台上扮演着至关重要的角色。它们通过在全球范围内开展业务，不仅促进了商品、服务、资本、技术和信息的跨境流动，还深刻地影响了全球生产体系的配置和分工模式。全球化导致全球工作群体、全球制造、全球采购、全球供应及全球技术支持和全球售后服务模式出现。越来越多的企业运营已经跨越了时空的限制，在世界范围内进行，市场竞争呈现出国际化和一体化的特征。

全球化构成了当今世界的基本关系结构，同时也给企业带来了更多的风险和挑战。如何捕捉世界各地用户的需求信息，及时对市场信号做出反应，以及如何高效、低成本地在世界市场中进行采购，向世界各地的用户提供优质的商品和服务，都是企业亟待解决的问题。面对国际市场的竞争与挑战，企业需要利用新兴信息技术，通过构建功能强大的信息系统来支撑和推动全球化进程。

然而，全球化是一把双刃剑。一方面，随着全球化向纵深发展，贸易保护主义、孤立主义、科技脱钩等"逆全球化"声浪不断；另一方面，数字经济的蓬勃发展，不仅改变了人们的生产生活方式，还改变了国际贸易和跨境投资的方式，维护了全球产业链的稳定，促进了各国利益更加紧密地连接在一起，成为抗击"逆全球化"的强大力量。

1.1.2　工业经济与数字经济

新兴信息技术正在引领新一轮产业变革，智能制造、金融科技等新模式不断涌现，共享经济、平台经济等新业态加速兴起。2011 年，麦肯锡全球研究院发布了《大数据：下一个创新、竞争和生产力的前沿》，指出人们对大数据的挖掘和运用，预示着新一波生产率增长和消费者盈余浪潮的到来。2012 年，在瑞士达沃斯召开的世界经济论坛发布了报告《大数据，大影响》，指出数据已经成为一种新的经济资产，就像货币或黄金一样。可以预见，数据将会超越土地、资本、劳动力成为最有价值的生产要素。数据要素的市场化配置效率成为衡量一个区域发展水平的关键指标，而现代企业也将以数据为核心重构生产要素，促使以物质生产与服务为主的经济发展模式向以信息生产与服务为主的经济发展模式转变。

在这场转变中，工业经济时代的产业运行体系正在发生根本性变革，资源配置、创新协作、生产组织、商业运营等方式加快转变，全球经济迈入体系重构、动力变革、范式迁移的新阶段。根据由国际数据公司（IDC）等联合编制的《2022—2023 全球计算力指数评估报告》，2022 年到 2023 年，全球主要国家数字经济产值占国内生产总值（GDP）的比例持续提升，预计到 2026 年将达到 54%。云计算、5G 通信、大数据中心也将超越铁路、公路、机场、港口，成为新型基础设施。为了应对数字经济的挑战，世界各国纷纷抢占制造业制高点且竞争愈演愈烈，它们结合自身优势加强战略总体布局：发达国家围绕着新工业革命对高端产业进行再调整再布局，发展中国家则致力于抓住从工业化向信息化变轨发展的重大机遇实现"换道超车"。

1.1.3　数字化企业与数字化政府

新兴信息技术的广泛应用，让传统产业展现出勃勃生机，"互联网+"是传统企业转型和产业升级的推动力。在"互联网+"的大战略下，传统产业和互联网产业两种基因融合，使得传统企业不断地进行组织重构、管理进化以及互联网转型，在这个过程中将有越来越多的数字化企业诞生。

数字化企业是能够充分利用信息技术来优化和重塑其与客户、员工、供应商以及其他合作者和相关者等之间商业关系的企业。在工业企业中，数字化企业的概念尤为重要，因为它不仅仅是一种技术应用，更是一种全新的战略思维和业务模式。数字化企业通过将信息技术融入产品研发、生产制造以及后期维护等各个环节，构建了一个高效、灵活、智能的运营体系。以制造企业为例，它们用产品生命周期管理（product lifecycle management，PLM）系统管理产品生命周期；用企业资源计划（enterprise resource planning，ERP）对企业内部的物料、人力、设备、资金、信息等资源进行全面计划和控制；用供应链管理（supply chain management，SCM）系统在全球范围内形成一条由供应商、制造商和分销商组成的企业链，在多赢的基础上获得竞争优势。未来，所有企业都将是数字化企业。本章的先导案例"北京银行的数字化转型"是银行业向数字化企业转型的典型案例。

与此同时，新兴信息技术正深刻地影响着经济社会发展和国家治理，以数据驱动和数字治理为特征的数字政府建设成为全球治理转型的核心议题。一方面，生产力决定生产关系，数字技术通过改变信息的采集、传递和分析方式，提升生产力水平，促成治理体系所依赖的资源、工具，以及组织形态和组织间关系的改变。随着数字技术的快速发展，当前等级化、科层制、管制型的政府治理模式需要与时俱进，适应经济社会发展的新需要。另一方面，当今世界正在经历百年未有之大变局，我国要推进国家治理体系和治理能力现代化，提升政府行政效率和履职水平，就必然要转变治理理念、方式和规范，系统性地推进制度创新和深化改革。《纲要》提出，加快建设数字经济、数字社会、数字政府，以数字化转型整体驱动生产方式、生活方式和治理方式变革。可以说，政府数字化转型已成为引领我国国家治理体系现代化的先导力量，国家需要以政府数字化转型来牵引和带动治理体系的数字化，进而撬动数字经济和数字社会的全面发展。

◆◇◆◇　1.2　信息系统的概念　◆◇◆◇

对于信息系统这一概念，可以从不同的角度去理解和解释。信息系统根据其所处理的内容的不同，有不同的内涵，如人口信息系统、地理信息系统、新闻信息系统、管理信息系统等。

在管理领域，用于对经营与管理方面的信息进行加工和处理的信息系统称为管理信息系统（management information system，MIS）。对于管理信息系统的理解有广义和狭义之分，由于信息系统在管理领域中的应用最为广泛，人们多用"信息系统"（information system，IS）一词代替早些时候的"管理信息系统",成为广义管理信息系统的代名词和专用名词。广义管理信息系统包括各种形态、各种模式的用于经济与管理领域的计算机信息系统。狭义管理信息系统常常指为组织内部管理层服务的计算机信息系统,是广义管理信息系统的一部分。本书用"信息系统"一词代替广义"管理信息系统"。当从广义上讨论"管理信息系统"时,"信息系统"和"管理信息系统"这两个名词是等同的。此外,在讨论"管理信息系统"问题时经常会涉及"组织"或"企业",由于"企业"是应用管理信息系统最多的一种组织,本书对"企业"和"组织"不加以区分。

1.2.1　从系统的角度定义信息系统

从字面上看,"管理信息系统"这 6 个字中有 3 个关键词:"管理""信息"和"系统",于是出现了多角度的管理信息系统定义,有系统角度的定义、管理角度的定义、信息技术角度的定义等。

所谓系统,是指一系列相互作用以共同完成某个目标的元素或组成部分的集合。信息系统具有一般系统的特征。信息系统的主要目标是把数据转换成信息。它接收输入数据,按照人们的要求进行处理,并输出信息。从系统的角度出发,信息系统的一般定义如下:

信息系统是一系列相互关联的可以收集(输入)、存储与操作(处理)、传播(输出)数据和信息,并提供反馈机制以实现其目标的元素或组成部分的集合。系统角度的信息系统组成如图 1.1 所示。

图 1.1　系统角度的信息系统组成

上述定义中的数据是指人们难以理解的一系列原始记录,信息是经过处理而形成的对人类有意义或有用的数据。

在信息系统中,输入(input)是获取和收集原始数据的活动。例如,制作职工的工资单,必须获得每个员工的应发工资和应扣除部分的原始数据。处理(processing)是将数据转换为信息的活动,包括存储、计算、比较、排序、替换等工作。例如,把应发工资减去应扣除部分然后计算出实发工资。输出(output)是将处理后的信息以文档、报告、图片、图像等形式传递给需要此信息的人或部门的活动。例如,将计算所得的员工工资,包括应发工资、应扣除部分及实发工资以打印的纸质清单或电子清单的形式输出给员工。反馈(feedback)是一种用来改变输入或处理活动的输出,把输出与预定的标准相比较,若有差异,则立即采取纠正措施进行控制。例如,当信息系统输出的库存信息低于最低库存水平时,管理者会立即做出订货的决策,这时新的订单就成为系统的输入。

1.2.2　从技术和管理的角度定义信息系统

美国学者劳登夫妇(Kenneth C. Laudon 和 Jane P. Laudon)在其所著的《管理信息系统》(第 6 版)及其后续版本中,分别从技术和管理两个方面对信息系统进行了定义,这组定义至今仍然被学术界认可。他们认为:

从技术角度看，信息系统是一组相互关联的能够收集、处理、存储和传播信息以支持组织内部决策和控制的部件的集合。从管理角度看，信息系统是一个基于信息技术的、为应对环境造成的挑战而生成的组织和管理的解决方案。

技术角度的定义，强调构成信息系统的信息技术工具及其相互之间的联系，以及对组织的信息进行输入、处理、输出和反馈的过程的描述。管理角度的定义则强调经营或商业。劳登夫妇在《管理信息系统》（第 13 版）中，把生成组织和管理的解决方案解释为：除决策支持、协调和控制外，信息系统还可以协助管理者和员工分析问题，帮助他们看清复杂对象的问题并创造新的产品。

我国学者薛华成在其所著的《管理信息系统》（第 3 版）中，用社会-技术系统的观点定义了管理信息系统：

管理信息系统是一个以人为导向，利用计算机硬件、软件、网络通信设备以及其他办公设备，进行信息的收集、传输、加工、存储、更新和维护，以企业战略竞优、提高效益和效率为目的，支持企业高层决策、中层控制、基层运作的集成化的人机系统。该定义强调了人的作用。

互联网技术促成了电子商务的出现，推动了企业的全球化进程，信息系统的服务范围已经突破了狭义组织的边界，因此其概念和定义需要从组织内部扩大到组织之间，本书从全球化角度对劳登夫妇的定义做了少许修改：

从技术角度看，信息系统是一组相互关联的部件的集合，它能够收集、处理、存储和传播信息，支持组织内部和组织之间的决策和控制。从管理角度看，信息系统是一个基于信息技术的、为应对环境造成的挑战而生成的组织或组织联盟的管理和决策的解决方案。

信息系统既可以是简单的人工处理系统，也可以是复杂的基于信息技术的信息系统。本书讨论的信息系统是后者，即基于信息技术的信息系统。

1.3 信息系统体系结构

信息系统体系结构（information system architecture，ISA）是指信息系统的组成部分及组成部分之间的联系。有的文献也将其称为组织的信息体系，或者信息系统的组织结构等。研究信息系统体系结构有不同的角度，例如，从社会-技术角度去研究、从功能或软件结构角度去研究等。本章将从社会-技术系统（social-technical system，STS）角度全面介绍信息系统的体系结构。

1.3.1 信息系统的总体构成

很多学者都提出了信息系统体系结构的模型。例如：德国的奥古斯特-威廉·希尔（August-Wilhelm Scheer）提出了集成信息系统体系结构（architecture of integrated information system）的概念；我国学者薛华成从概念结构、功能结构、软件结构、硬件结构四个方面阐述了管理信息系统的结构；美国华盛顿大学戴维·M. 克伦克（David M. Krenke）提出了信息系统是由计算机硬件、软件、数据、过程（process）和人组成的五要素框架，如图 1.2 所示，任何一个信息系统，无论是简单的还是复杂的都具备这五个基本要素。

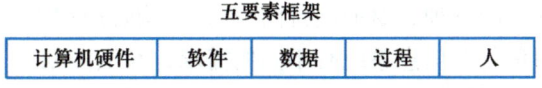

图 1.2　基于五要素框架的信息系统体系结构模型

本书在总结各种信息系统体系结构的基础上，给出了一种能全面反映社会-技术系统特征的信息系统体系结构模型，如图 1.3 所示。该模型表示信息系统（IS）由应用信息系统及其基础部分组成。应用信息系统（图 1.3 中的梯形部分）是人们通常所说的信息系统，它的基础部分（图 1.3 下部的矩形部分）包括人员、战略、组织、管理和决策、数据资源以及基础设施 6个部分，是支持应用信息系统运行的基础，或者说是应用信息系统的运行环境。两大模块共 7个部分相互联系，组成了一个组织的信息系统有机整体。

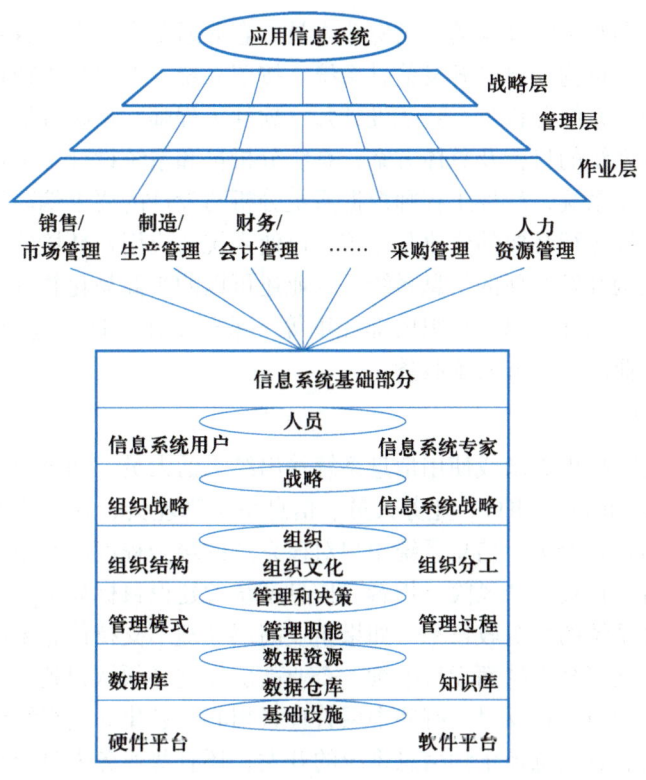

图 1.3　信息系统体系结构模型

随着互联网的出现，组织边界从有形到无形，组织中的信息系统与组织间信息系统组成了完整的信息系统体系，实际上，现代组织的信息系统体系结构模型是由多个如图 1.3 所示的信息系统体系结构模型连接而成的。

1.3.2　应用信息系统

应用信息系统是信息系统体系结构（ISA）的主要组成部分，它是一种由企业自主开发的或由商品软件提供商（如 ERP 系统提供商）提供的信息系统应用软件。该软件在运行时，通过一系列菜单，向企业管理层提供辅助管理与决策的各种应用和服务。应用信息系统的功能由称为子系统或模块的部件实现。例如，图 1.3 中的梯形部分，按照企业的职能分工，横向划分为销售/市场管理、制造/生产管理、财务/会计管理、采购管理和人力资源管理等职能子系统。由于组织不同层次的管理角色对信息系统有不同的需求，在横向划分子系统的基础上，又可以按照战略层、管理层、作业层等管理层次，把每个职能子系统纵向划分成若干更小的子系统或模块。应用信息系统的各子系统之间通过数据或者流程相互联系，形成一个集成化的信息系统应用体系。

1.3.3　人员

在信息系统中，人员是指与信息系统建设和使用有关的人力资源，包括信息系统专家和信息系统用户，是信息系统体系结构中最具活力的要素。

1. 信息系统专家

信息系统专家是参与系统开发的各类专业人员。企业通常会根据自身对信息的需求，通过外包的形式，委托专业机构为自己开发信息系统。按照系统开发生命周期理论，信息系统专家可以分为系统规划师、系统分析员、系统设计师、软件工程师、系统维护人员等。其中，系统规划师负责确定信息系统的目标及总体方案，系统分析员和系统设计师负责识别用户需求，并根据用户需求设计信息系统，软件工程师根据系统分析与设计的要求编写计算机程序，系统维护人员负责对信息系统进行必要的修改与完善，以使系统适应用户环境的变化。

除了委托专业机构开发全新的信息系统，企业还可以购买商品化软件包，为此需要进行系统选型、系统设置、二次开发以及组织内部变革等一系列工作。这个过程需要咨询机构介入，它们将为企业提供专业的第三方实施服务。

2. 信息系统用户

信息系统用户是指提出需求或使用信息系统输出结果的人员，如企业高层经理、首席信息官（chief information officer，CIO）、业务人员、信息系统管理员、客户或者供应商。信息系统能否在组织中成功运行，取决于信息系统用户对该系统的接受程度。其中，企业高层经理是信息系统项目的规划者、投资者和风险承担者，信息系统的建设目标如果与企业整体战略目标不一致，将会影响信息系统的投资收益率。如果企业高层经理不支持信息系统建设，那么信息系统项目就会因为得不到资金支持而无法继续。企业高层经理必须认识到信息系统的实施可能会受到来自中层与基层的质疑和反对：有些中层管理者担心信息化导致组织结构扁平化、组织决策权再分配，因此会有意无意地干预信息系统的开发；还有些业务人员会因为不适应信息化带来的流程变革而反对使用信息系统，使信息系统的应用陷入困境。诸如此类的行为都会直接影响信息系统的开发和使用。为了确保信息系统成功运行，统一思想、消除抵触情绪是信息化前期考验企业"一把手"组织和协调能力的一项重要工作。

1.3.4　战略

战略在信息系统体系结构中起主导作用，战略包括组织战略和信息系统战略两个部分。信息系统战略与组织战略息息相关，当两者匹配时，信息系统就会成为组织发展的助推器；当两者南辕北辙或者不相匹配时，信息系统就会成为企业发展的"鸡肋"。

1. 组织战略

组织战略是组织为适应外部环境而对目前从事的和将来要从事的活动进行的重大决策。它包括组织的使命和长期目标、组织的环境约束、当前计划和计划指标等。

组织战略分为不同的层次，不同层次的组织战略所要解决的核心问题不同。组织战略的三个层次分别为公司层战略、业务层战略和职能层战略（如图 1.4 所示）。公司层战略是最高层次的组织战略，需要考虑组织发展定位的问题，同时需要依托业务层战略来实现；业务层战略需要考虑竞争与合作的问题，即组织如何在特定的产品或服务市场中有效地与竞争者展开竞争；职能层战略需要考虑实施的问题，即如何配置和利用组织各个职能部门的资源和能力，以更好地实施业务层战略。

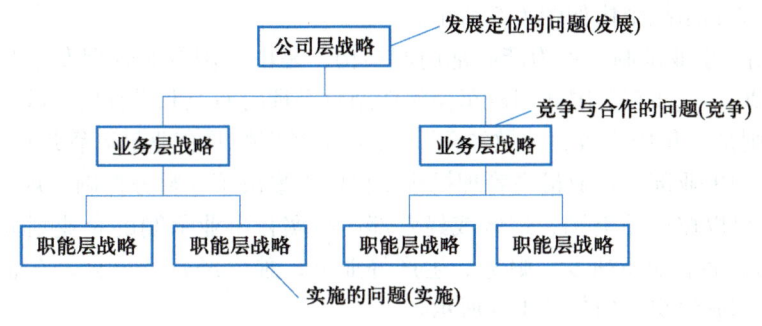

图 1.4　组织战略的层次

2. 信息系统战略

信息系统战略是关于组织信息系统长远发展的目标，是为实现组织战略而采取的基于信息技术的战略方案。信息系统战略是组织战略的一个组成部分，信息系统在组织战略规划中的作用，是利用信息技术为组织提供良好的信息服务，帮助组织制定和实现战略目标。

信息系统战略可以被视为一种职能层战略，为业务层战略服务。如果业务层采用成本领先战略，信息系统战略就应该利用 IS（信息系统）/IT（information technology，信息技术）在工程、设计、生产等方面降本增效；如果业务层采用差异化战略，信息系统战略就应该利用 IS/IT 产生区别于竞争者的新产品或新服务；如果业务层采用集聚战略，信息系统战略就应该利用 IS/IT 识别出产品或服务的目标市场。近年来，信息管理已被纳入组织战略管理体系，有学者提出利用信息技术建立一种战略信息系统（strategic information system，SIS），全方位服务组织战略规划的制定，支持各种竞争战略的实施，以达到提升企业竞争力的目的。

1.3.5　组织

组织是信息系统运行的基础。组织是社会经济系统中为实现共同目标而形成的具有一定形式与结构的群体和关系，是具有确定的目标、结构和协调机制的与一定社会环境相联系的社会系统，如企事业单位、国家机关、政党、社会团体等。组织是管理的载体，它拥有各种资源，如人、财、物、技术和信息，通过对这些资源进行管理实现组织的战略目标。例如，企业的战略目标决定着企业的经营范围，以及员工、客户和竞争者之间的关系。

1. 组织的组成要素

组织的组成要素主要有组织结构、组织文化等。

（1）组织结构

组织结构是反映组织各个部分之间关系的模式。组织结构决定了组织的指挥系统、信息沟通系统和决策系统，组织的层级数、管理跨度和集权程度确定了组织正式的报告关系机制。在设计组织结构时要考虑工作专业化、部门化、命令链、控制跨度、集权与分权和标准化等关键因素，保证信息在个人、部门、决策者和组织之间有效、快速地传递。传统的组织结构主要有直线职能制、事业部制、矩阵制、虚拟组织、平台化组织五种基本形式。

① 直线职能制：在直线职能制中，技能相似的专业人员归集在相应的职能部门中，在既定的业务范围内分工与协作。"直线"的意思是下级绝对服从上级命令，高层管理者则专注于最主要的决策工作。直线职能制的缺点是对外界环境的变化反应较慢，部门之间缺少横向沟通和协调。直线职能制组织结构如图 1.5 所示。

② 事业部制：事业部制也称为产品部门制结构，是由美国企业管理专家艾尔弗雷德·P. 斯隆于 20 世纪 20 年代初在美国通用汽车公司任副总经理时研究和设计的，故又称为"斯隆模型"。其管理原则是"集中决策，分散经营"。事业部经理按照企业最高管理机构的指令工作，统一领导其主管的事业部。企业最高管理机构仅保留人事决策、财务控制、规定价格幅度、运营监督等职权。可以按产品类别、地区或经营部门将实行事业部制的企业划分成若干事业部（或称为分公司），各自负责研发、财务、生产等业务，独立经营和核算，在企业整体战略下谋求发展。事业部制组织结构如图 1.6 所示。

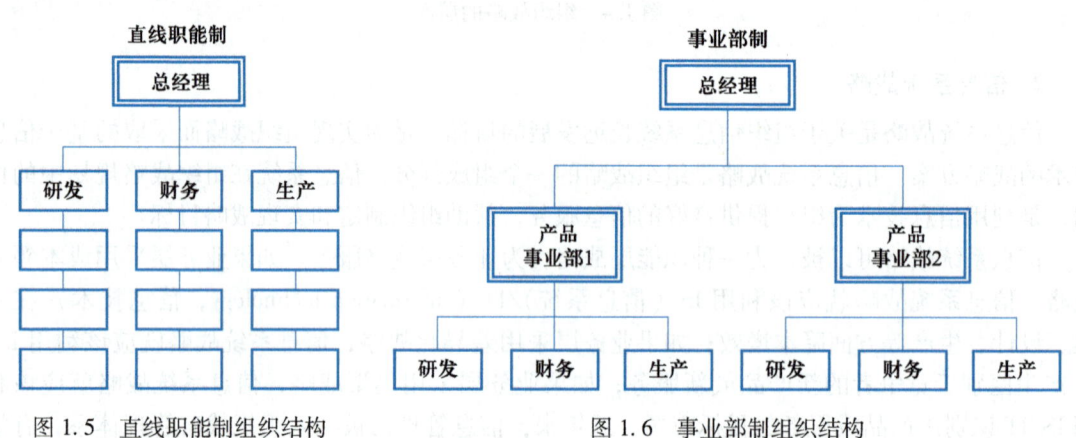

图 1.5 直线职能制组织结构　　　　图 1.6 事业部制组织结构

③ 矩阵制：这种组织形式是指在原有按直线职能制建立的垂直领导系统的基础上，建立一种横向的领导系统，两者结合起来组成一个"矩阵"。矩阵制是一种实现部门间横向联系的有效模式，它适用于进行专项规划、新产品研发等特定的组织活动，并根据组织活动的需要，建立职能部门（如研发部门、财务部门、生产部门等）和项目部门（如产品项目组）融合与互补的新机构。矩阵制产生了双重的权力和职责，职能经理和项目经理具有同样的职权，即职能经理有管理技术领域的权力，项目经理（横向领导系统的经理）有管理规划项目、新产品及产品系列的权力，员工接受两者的管理。矩阵制组织结构如图 1.7 所示。

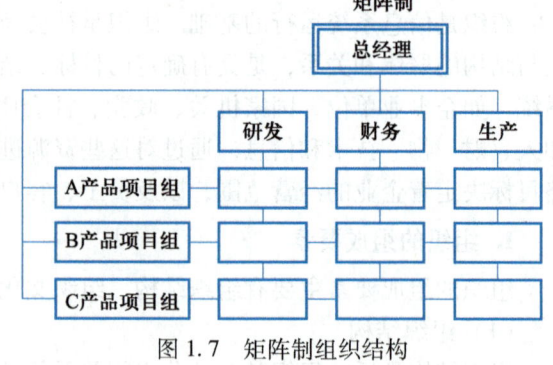

图 1.7 矩阵制组织结构

④ 虚拟组织：随着信息技术，尤其是互联网技术的飞速发展，传统组织结构在时空上的沟通障碍消减了，由此产生了虚拟组织的概念。虚拟组织是指两个或两个以上的独立实体，为了迅速向市场提供产品和服务，通过计算机网络，在一段时间内结成的动态联盟。伯恩（Byrne，1993）认为，虚拟企业是若干相互独立的企业（如供应商、客户、竞争企业）通过信息技术建立的动态联盟组织，这些企业共享技能，共担成本，共同开发新的市场，项目完成以后，虚拟企业即自动解散。例如，某配送中心由于自身能力不足，与分散在各地的运输公司、仓储公司结成联盟，组建虚拟配送中心。联盟盟主（配送中心）接收客户的订单后，通过互联网进行资源调度，向联盟成员（运输企业、仓储企业）分配订单，并负责下达订单执行过程中的一系列控制信息，联盟成员则通过互联网返回订单执行信息，联盟盟主和联盟成员协同完成复杂的配送任务，如图 1.8 所示。虚拟组织是企业组织的一种扩展，它立足于发挥组织自身的核心竞争力，达到充分利用外部资源的目的。虚拟组织的建立必须有组织间信息系统的支持。

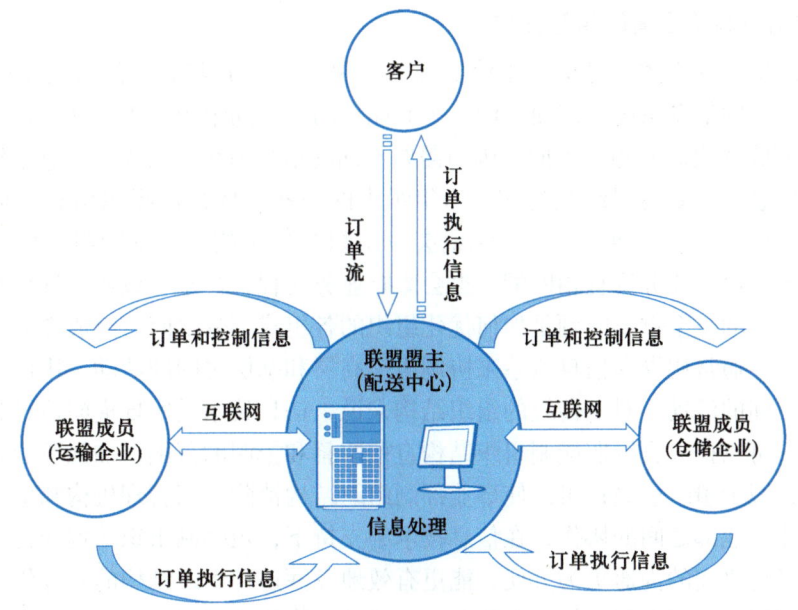

图 1.8　虚拟配送中心

⑤ 平台化组织：在数字经济时代，涌现出了一类介于市场和企业之间的新型组织，称为平台化组织。平台化组织实际上是一种聚合信息的中介，它主动或被动地收集信息，并利用人工智能算法对信息进行处理，然后再将信息分发给需求端，从而打破了物理空间的隔阂，完成了资源的高效配置。这里平台是指促进多边群体互动的空间，主体则包括平台方、需求方、供应方等。而平台商业模式是指连接多个特定群体，为他们提供互动机制，以满足所有群体的需求，并巧妙地从中赢利的商业模式。可以说，平台化组织是多边群体的连接者和社区的搭建者，是一种驱动多边群体价值实现的"经济触媒"。近年来，我国平台经济快速发展，在经济社会发展中的地位日益凸显，并逐步形成三种业态：一是传统服务业进行的平台化改造，如餐饮行业在网上推出的外卖平台；二是传统产业平台化改造后延伸出来的新平台，例如，淘宝起源于传统的零售业，随着淘宝业务的不断发展，为了满足用户在线支付

的需求，淘宝内部孕育并推出了支付宝这一支付平台；三是完全从互联网中产生的平台，如互联网金融平台。

（2）组织文化

组织文化是组织在长期的生存和发展中形成的，组织成员共同遵守的价值观念、基本信念、行为规范和标准等的总和。组织文化将个人的行为、思想、感情、信念、习惯以及沟通方式与整个组织有机地整合起来，形成相对稳固的文化氛围，使组织成员更具凝聚力地为实现组织的目标而努力。组织文化能从根本上改变员工的观念，使他们建立新的价值观以适应组织外部环境的变化。信息系统的引入会引起组织文化的变化。例如，通过在线知识社区，员工可以讨论技术问题、共享知识、传递经验，员工之间的关系与沟通和交流的习惯也随之发生变化。转型就意味着变革，而任何一种变革都伴随着风险。在数字化转型过程中，最难的通常不是技术，而是企业要适应业务、流程、架构的变革。企业规模越大，适应的过程就越漫长，为此需要营造包容的、创新的组织文化作为支撑。

2. 组织与信息系统之间的相互影响

组织是处理信息的实体，是信息系统实施的对象。不同的职能部门对信息的需求各不相同，因而需要不同的信息系统。即便在同一个职能部门，不同组织层级（作业层、管理层、战略层）的人所面临的决策问题也不同，因而需要不同的信息系统。组织与信息系统是相互影响的：一方面，信息系统要与组织相适应，为组织中的一些重要部门提供信息，辅助管理和决策，实现组织目标；另一方面，信息系统也会对组织产生影响，并推动组织创新和变革。例如，信息系统既可以与业务流程相匹配，也会影响业务流程，甚至导致业务流程再造。

组织结构设计的一个重要问题是如何优化组织的各组成部分之间、组成部分与组织之间沟通和协调的方式，通常用纵向信息联系来协调组织高层和基层之间的活动，用横向信息联系来协调职能部门之间的活动。对于传统的组织结构来说，信息技术是实现横向信息联系优化的一个重要手段：它可以扩大直线职能制组织结构直接监督和控制的范围、加强职能部门之间的信息沟通和联系，减少组织层级；可以使事业部制组织结构消除最高管理机构和事业部之间的信息不对称，强化事业部之间的协作；在信息技术的支持下，矩阵制组织结构变得灵活可行，职能经理和项目经理之间的沟通更为方便，能更有效地发挥这种组织结构的互补优势。信息技术和信息系统使组织的管理者和一线员工就业务、活动和决策等进行信息共享、传输和沟通，减少了组织对中层管理者的需求，导致层级更少的扁平化组织产生，一些结构简单、效率和效益高的组织结构应运而生，除了虚拟组织，团队组织和无边界组织也是当前常见的形式。特别是移动互联网及智能终端的普及为用户的大规模参与提供了基础，而数据智能匹配则进一步提升了用户体验和资源利用效率，最终推动了平台化组织的产生和发展。

1.3.6 管理和决策

1. 管理

（1）管理的定义

管理通常被定义为组织中的活动或过程，即通过履行信息获取、决策、计划、组织、领导、控制、创新等职能来分配和协调包括人力资源在内的一切可以调用的资源，以实现个人无法实现的组织目标。通过这个定义可以知道：管理的载体是组织；管理的本质是活动或过程；

管理的对象是包括人力资源在内的一切可以调用的资源；管理的职能是信息的获取、决策、计划、组织、领导、控制和创新等；管理的目的是实现组织的既定目标，而这个目标仅凭个人的力量是无法实现的。管理由管理模式、管理过程、管理职能等组成。

（2）管理模式

管理模式是在管理理念的指导下建构起来，由管理方法、管理模型、管理制度、管理工具、管理程序等组成的管理行为体系结构，可以将其简单地理解为一种使人能够参照着做的标准管理样式。例如，敏捷软件开发、精益生产、精准营销代表了先进的管理模式，离开信息系统的支持，这些管理模式就会是空中楼阁，难以实施。再如，面对复杂多变的内外部环境，管理者越来越多地表现出双元领导风格。所谓双元领导风格，是指由两种差异互补的领导行为组成的一种新型领导风格，这种领导风格满足了复杂、动态环境下组织竞争及可持续发展的需求，适合数字经济时代的企业所面临的环境。

（3）管理过程和管理职能

管理过程也称为业务流程，自从有了社会组织就有了管理，也就有了相应的业务流程。业务流程是一组将输入转化为输出的相互关联的活动。例如，企业中的原材料采购、产品销售、生产制造、合同审批、人才引进等都是业务流程。企业就是依赖一系列业务流程运作的。当前企业的管理方式正在从管理职能主导型向业务流程主导型转变，业务流程已成为管理的主要对象。管理职能和业务流程的概念不同。管理职能是指管理机构应有的作用、功能、职责和权力。例如，研发、生产、销售部门的管理职能分别是研发、生产和销售产品。业务流程则通常是跨职能、跨部门甚至跨越组织的。例如，订货流程是由销售职能（接收订单、输入订单）、会计职能（财务审查、订单记账）和生产职能（按订单生产和运输）的各项活动衔接和关联而成的。本质上，组织是一系列业务流程的集合体。因此，组织以产出为中心，而不是以任务为中心，旨在打破传统的职能壁垒，尽可能地将业务流程中跨职能部门、由不同专业人员完成的工作环节集成起来，从而促进跨部门合作，提升整体效率。

利用信息系统不仅可以实现业务流程自动化，还可以实现业务流程的重新设计和优化，提高企业的效率和收益。一流的业务流程管理水平是企业竞争力的体现，如何融入数字技术实现业务流程的变革，成为企业管理者面临的重要问题。鉴于信息技术和信息系统在业务流程管理中的重要作用，本书将在第 2 章中对业务流程做更详细的介绍。

2. 决策

支持管理者决策是信息系统的重要功能。所谓决策，是人们为了实现某一目标，根据所拥有的信息，运用科学的方法，设想多种方案并从中选择一个满意方案的过程。管理和决策总是密切相关的。决策绝不仅仅是企业中高层管理者的任务，实际上，无论是企业的战略层、管理层，还是企业的作业层，都会遇到各种各样的决策问题。战略层决策决定组织的目标、资源分配和政策制定；管理层决策关注资源利用的效益和效率；作业层决策决定如何执行管理层设定的任务和目标。

（1）决策的分类

决策可以分为结构化决策、半结构化决策和非结构化决策三类。结构化决策也称为程序化决策，是指经常重复发生的、有章可循的、事先可以定义处理程序的决策，这类决策能用明确的语言和模型加以描述。对于这类决策，容易实现决策过程的自动化，如会计应收账款处理、订单登记、员工工资计算等。非结构化决策也称为非程序化决策，是指那种无章可循、不经常发生、事先无法定义处理步骤和规则的决策，这类决策没有固定的规则和通用模型可依，如选拔经理、引进新产品等。决策者的主观行为（如学识、经验、直觉、判断力、洞察力、偏好和决策风格等）在决策过程中起很大的作用。半结构化决策介于结构化决策和非结构化决策之间，如原材料价格变动等问题的决策。

（2）决策的过程

按照诺贝尔经济学奖获得者西蒙（Simon，1960）的观点，决策的过程可以分为四个典型的阶段，即收集情报、设计方案、选择方案和实施方案。在决策过程中，如果有需要，可以从任何一点回到前面的阶段做补充工作。

① 收集情报：是指进行情报（信息）收集和处理、研究决策环境、分析和确定影响决策的因素或条件的一系列活动。收集情报就是要发现组织中存在的问题，问题产生的原因、地点及其带来的影响。这种广泛的信息收集活动对决策者了解组织的状况以及组织的什么地方存在问题是非常必要的。决策者可以通过组织内部的信息系统或者网络获取详细的信息。

② 设计方案：是指发现、制订和分析各种可能的行动方案。在方案设计阶段，决策者可以借助决策支持系统设计所有可行的解决方案。

③ 选择方案：从可行的方案中选择一个特定的方案，对其进行评价与审核。在这一阶段，决策者可以利用相关软件对每一个方案可能的结果、成本和机会进行评估。

④ 实施方案：在这一阶段，将选定的方案付诸行动。信息系统可以实时提供关于方案实施情况的报表，揭示实施中出现的问题，并提出改进方案或替补方案。

近年来，数据驱动的决策方式正在被人们所认识并逐步接受。这种方式是以数据考察为基础，集理论、实验和模拟于一体的数据密集型计算范式，即从数据入手，使用计算机程序对海量数据进行挖掘，寻找数据之间的关系，发现数据背后隐藏的各种规则。这与西蒙的决策过程是一致的。例如，亚马逊的零售部门根据消费者以前的购买和搜索活动所产生的数据，确定向消费者推荐哪些商品。再如，阿里巴巴通过对淘宝、天猫等平台上的中小型企业的销售终端、资金使用等方面的数据进行追踪和收集，了解它们的交易状况，从中筛选出财务健康、讲究诚信的企业，为其发放无担保贷款，解决其贷款难的问题。

综上所述，信息系统不但支持管理和决策活动，而且是优化、改变和创新管理模式和管理过程的手段。

1.3.7 数据资源

信息系统的数据资源是指信息系统体系结构中组织、存储、管理和使用的数据资源。数据和信息是组织的重要资源，也是信息系统加工的对象。数据由原始事实组成，信息是按照特定方式组织在一起的事实的集合，信息系统把数据加工成信息，信息又成为管理和决策的依据。将原始数据输入信息系统，而信息系统输出的是更有用的信息，这就是建立信息系统的目的，没有数据的信息系统是无法运行的。

数据和信息被组织在信息系统的数据库、数据仓库或者知识库中，构成了信息系统加工的原料、半成品或成品仓库。数据库面向日常事务处理，用于支持企业的基本业务；而数据仓库是面向主题的、集成的、相对稳定的、反映历史变化的数据集合，用于支持管理决策。以银行业务为例，数据库是事务系统的数据平台，客户在银行进行的每笔交易都会被记录下来。而数据仓库是分析系统的数据平台，它从事务系统中获取数据，并进行汇总、加工，为管理者提供决策依据。例如，某银行的某分行一个月发生了多少笔交易，该分行当前的存款余额是多少。如果交易多和存款多，该行就需要考虑设置更多的 ATM（automatic teller machine，自动柜员机）。知识库可以帮助企业实现对知识的有效管理。例如，施乐公司的知识库可以存储员工的建议。员工在工作中解决了一个难题后，可以把该建议提交给由专家组成的评审小组，评审小组对这些建议进行审核，把其中最好的建议存入知识库。

把数据看作一种资源，可见它的价值所在。特别是，越来越多的企业信息化建设从原来的以应用为中心逐步转向以数据为中心，为此需要重视数据资源的规划工作。数据管理和知识管理是信息系统建设的基础，本书将在第 4 章介绍数据管理技术，在第 11 章介绍知识管理和知识管理系统的相关知识。

1.3.8　基础设施

信息系统的基础设施是指为企业特定的信息系统应用提供平台的共享信息技术资源，是组织（企业）得以良好运行所必需的硬件、软件和服务的组合。信息系统基础设施的投资决策取决于组织的战略目标，其规划方案必须采用便于扩展的标准化信息技术，实现有竞争力的新型商业模式并支持企业业务流程的优化。企业信息系统的基础设施包括硬件平台、软件平台和网络通信平台。硬件平台包括计算机主机（大型机、台式计算机、便携式计算机等）、外存储器（光盘、移动硬盘等）、输入设备（键盘、鼠标、射频识别设备等）和输出设备（扫描仪、打印机等）。软件平台包括系统软件、实用工具软件和应用软件。操作系统、数据库管理系统等属于系统软件；各种程序设计语言、开发工具、群件、浏览器等属于实用工具软件；专门用于预测和统计的软件包则属于应用软件，常嵌入应用信息系统使用。网络通信平台由网络通信设备（如交换机、路由器等）、通信线路和通信协议等组成。

规模较大的企业通常会购置多台服务器以满足计算或存储的需求，为此需要承担高额的建设成本，还需要付出巨大的维护费用。近年来，越来越多的企事业单位和政府部门倾向于采用云计算服务来实现轻量级的基础设施部署。

云计算服务模式有三种：① 软件即服务（software as a service，SaaS）：将应用程序作为服务提供给用户，用户可以通过客户端界面访问这些应用；② 平台即服务（platform as a service，PaaS）：将开发平台作为服务提供给用户，用户采用平台提供的开发工具开发应用程序，并将其部署到云计算基础设施上；③ 基础设施即服务（infrastructure as a service，IaaS）：为用户提供所需的计算基础设施，包括 CPU、内存、存储器、服务器、网络等计算资源，用户能够部署和运行任意软件，包括操作系统和应用程序。

◇◇◇◇◇　1.4　信息系统的社会−技术系统特征分析　◇◇◇◇◇

1.4.1　信息系统的研究方法

1. 信息系统研究所涉及的学科

信息系统的研究是一个多学科的领域，所涉及的学科如图 1.9 所示。

（1）管理科学

作为信息系统研究的基础框架，管理科学提供了管理方法和决策过程的建模工具。这是信息系统设计的起点，因为它确定了信息系统需要解决的核心管理问题。运用管理科学的方法，信息系统能够明确目标、范围和预期效果。

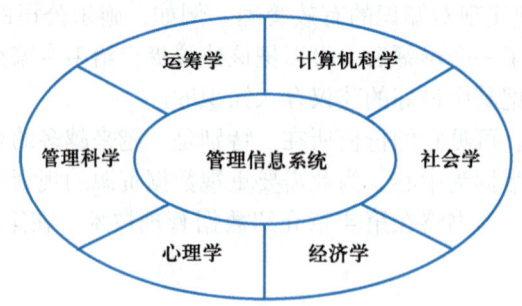

图 1.9 信息系统研究所涉及的学科

（2）运筹学

在明确了信息系统的管理目标和决策需求后，运筹学为优化组织运作提供了数学方法。这些方法包括解决运输问题、库存控制问题等，旨在通过数学建模和优化算法来提高组织效率和资源利用率。运筹学的应用使得信息系统在解决实际问题时能够更加精确和高效。

（3）计算机科学

计算机科学在信息系统研究中扮演着技术实现的角色。它提供了计算方法、数据存储和软件开发技术，使得管理模型和运筹学优化方案能够在计算机系统中实现。计算机科学不仅关注技术层面的实现，还关注管理模型的计算机化表达，以确保信息系统的功能实现。

（4）社会学

信息系统的应用不仅限于技术层面，还对社会、组织和群体产生深远的影响。社会学研究揭示了信息系统如何改变人们的工作方式、沟通方式和组织结构，以及这些变化如何进一步影响社会结构和文化。社会学视角有助于信息系统开发者设计出更符合社会需求的信息系统。

（5）经济学

从经济学角度出发，信息系统和信息资源被视为有价值的资产。经济学研究这些资源的经济价值，包括其成本、收益、市场供需关系等。这有助于决策者评估信息系统的投资回报，制定合理的预算和资源配置策略，以确保信息系统的经济效益最大化。

（6）心理学

心理学关注个体对信息系统的反应和人类推理的认知模型，以及这些因素如何影响信息系统的成长和接受度。心理学研究揭示了用户行为、偏好、信任度等心理因素如何影响信息系统的应用效果，为信息系统的人性化设计和用户体验优化提供了重要依据。

2. 信息系统的研究方法

（1）技术方法

技术方法聚焦于信息技术和数学方法在信息系统中的应用。它强调软件、硬件和数学模型的构造与先进性，致力于提升信息系统的技术性能和效率。然而，单纯依赖技术方法容易忽视使用信息系统的人和组织的因素。由于缺乏对群体行为问题的关注，这种方法可能导致信息系统在实际应用中遭遇失败或效果不佳。

（2）行为方法

鉴于技术方法的局限性，行为方法应运而生。它认识到信息系统的设计、实施和使用过程难以完全通过技术方法中的数学模型来表达。行为方法的研究重点转向信息系统人员（包括用户、管理者等）的态度、行为以及组织政策。它认为信息系统成功与否主要取决于人的行为因素，如员工对企业信息系统的接受程度，以及信息系统对群体、组织和社会的影响等。行为方法弥补了技术方法忽视人和组织的因素的不足，为信息系统的实施打下良好的基础。

（3）社会-技术系统方法

社会-技术系统方法是对技术方法和行为方法的综合与超越。它认为信息系统本质上是一个社会-技术系统，即技术与社会因素相互交织、共同作用的系统。该方法将技术方法和行为方法结合起来，既关注信息系统的技术实现（如软件、硬件和数学模型），又重视人的因素（如态度、技能、价值观）以及组织环境（如沟通体系、工作流体系、权力体系和社会文化环境）对信息系统的影响。社会-技术系统方法提供了一种更加全面和系统的研究角度，有助于更准确地理解信息系统在实际应用中遇到的问题，提高信息系统的成功率和效益。

1.4.2　信息系统的社会-技术要素

对信息系统的认识经历了技术角度、技术-管理角度、管理-技术角度以及社会-技术系统角度的演变。

1. 技术角度

最初，人们对信息系统的认识主要停留在技术层面，这一阶段关注信息技术的构建，即如何运用硬件、软件和网络技术来搭建信息系统。技术角度虽然强调信息技术的先进性和功能性，但忽视了信息系统对应用的提升作用，特别是对组织管理和业务流程的改善作用。

2. 技术-管理角度

随着实践的深入，人们开始意识到信息系统不仅仅是一个技术平台，还能对管理产生深远的影响。因此，人们逐渐转向从技术与管理相结合的角度去认识信息系统。在这一阶段，信息系统的构建技术仍然受到重视，但人们也开始关注信息系统如何提升管理效率、优化业务流程，为企业带来竞争优势。

3. 管理-技术角度

随着信息系统成为组织战略、管理和决策的重要支撑，人们认识信息系统的角度发生了转变，从"技术-管理"转向了"管理-技术"。在这一阶段，人们不再单纯地追求信息技术的投资和升级，而是更加注重信息系统的实用性和生命力，即它如何更好地服务组织的战略目标和业务需求。

4. 社会-技术系统角度

信息系统作为一个复杂的社会-技术系统，其成功与否不仅取决于技术的先进性和管理的有效性，还取决于人员、组织和社会环境等多方面的因素。因此，人们开始从社会-技术系统的角度去认识信息系统。这一角度不仅关注信息系统的技术特性和管理功能，还关注信息系统人员的社会属性、组织的沟通体系、工作流体系及权力体系等更深层次的问题。从社会-技术系统角度认识信息系统的观点目前已得到信息系统学者及相关人员的普遍认可。

图 1.10 列出了本书所构建的信息系统体系结构模型（见图 1.3）中的社会系统要素和技术系统要素。

<table>
<tr><td>社会系统要素</td><td>技术系统要素</td></tr>
<tr><td>信息系统用户与信息系统专家
组织战略与信息系统战略
组织结构与组织分工
管理模式与管理过程</td><td>应用信息系统软件
数据资源管理
信息系统基础设施</td></tr>
</table>

图 1.10 信息系统体系结构模型中的社会系统要素和技术系统要素

信息系统在设计、实施和使用的过程中，会与组织和管理发生作用，引起信息系统相关人员的反应，下面列举的现象可纳入社会系统的特征：① 信息系统的运行要求摒弃旧的管理模式，采用新的管理模式，引起企业员工不理解；② 信息系统建成后，需要规定新的工作制度和业务流程，职能分工的变化使部分员工不习惯；③ 信息系统要求员工改变工作方式，部分员工对接受新技术产生抵触情绪；④ 信息系统使组织扁平化，领导岗位的减少造成权力的重新分配和决策程序的变化。诸如此类的变化是在组织实施信息系统过程中发生的，它将导致组织成员行为的改变，如何使人们接受和适应这种变化是信息系统成功的关键，也是社会系统要解决的问题。

信息系统的技术观点则关注技术以及如何运用技术来完成各项任务，下面列举的问题属于技术系统范畴：① 采用互联网（internet）/内联网（intranet）实现组织间和组织内部的通信；② 采用防火墙技术防止来自外界的侵犯；③ 信息系统硬件平台和软件平台的选择；④ 采用传统的数据库还是大数据存储方式进行数据资源管理；⑤ 采用浏览器-服务器（browser/server，B/S）结构还是客户-服务器（client/server，C/S）结构的处理模式；⑥ 采用本地部署还是云服务方式来实现基础设施的部署。

社会-技术系统角度为人们提供了一种全面理解和设计信息系统的有效方法。在当前技术已经相当成熟的背景下，重视信息系统的社会因素，是避免信息系统失败、提高信息系统成功率的关键所在。

1.4.3 信息系统与企业竞争优势

应用信息系统能使企业获得竞争优势，然而单一地追求新技术并不能使企业长期保持竞争优势。为了保持竞争优势，企业需要从社会-技术系统角度去认识信息系统：信息系统不仅仅是技术本身，而是与企业战略、组织结构、文化、流程以及外部环境等多个方面紧密相关的综合体。因此，即使是同类信息系统，在不同的企业中也会因为社会环境的差异而发挥不同的作用，进而形成不同的竞争优势。

1. 竞争力与竞争战略

企业的竞争优势是指其超越行业内其他企业的能力。例如，具有比同行业其他企业更好的设备，能得到其他企业得不到的资源，有一支素质良好的销售队伍，在产品质量、销售利润、生产效率等方面领先于行业内的竞争者等。企业在国际市场竞争中常常会遭遇多种竞争压力，迈克尔·波特的五力模型总结了五种主要的竞争压力：① 同行业竞争者的竞争。竞争者不断开发新产品、新服务，试图通过价格因素获得竞争优势。② 新进入者的威胁。新进入市场的竞争者拥有雄厚的资金，以及一支善于创新的研发队伍。③ 替代品的威胁。新技术总是不断地创造新的替代品。例如，数码相机替代了传统的胶卷相机。④ 客户的议价能力。如果客户的议价能力强，那么他们会将商品价格压得很低。⑤ 供应商的议价能力。如果供应商的议价能力强，那么他们会提高关键零部件的价格。

为了应对竞争压力，企业必须制定有效的竞争战略，将其转变为竞争力甚至成为竞争优势。常用的竞争战略有五种，即低成本战略、差异化战略、创新战略、成长战略和联盟战略，其他竞争战略还有线上对线下模型等。企业可以通过其中的一种或几种战略来获得竞争优势。

2. 用信息系统获得竞争优势

信息系统的主要作用是为企业战略的制定和实施提供有效的支持，从而帮助企业获得竞争优势。

（1）低成本战略

低成本战略是指信息系统能够帮助企业降低其产品或服务的成本，包括降低其与供应商和客户的交易成本。例如，对于银行业而言，采用低成本战略并借助信息系统，如网上银行、手机银行等处理业务，是降低银行运营成本和客户操作成本的有效手段。

（2）差异化战略

差异化战略是指企业通过不断创新，在市场中推出能够被客户感知为与众不同且具有独特价值的新产品和新服务。例如，苹果公司将差异化作为企业战略，采用前沿技术打造苹果计算机，其不仅外观独特，还配备了新颖且用户友好的屏幕界面，为用户带来了全新的视觉与交互体验。此外，苹果计算机还搭载了由苹果公司自己研发的操作系统，并在照片、音乐和视频等非文本信息的处理上表现出色。

（3）创新战略

创新战略是指寻找新的经营方式，特别是开发能够融合独特信息技术元素的新产品和新服务，成为企业发展的关键。例如，戴尔公司借助互联网推动的客户定制化计算机直销模式，对整个行业产生了很大的影响。

（4）成长战略

成长战略是企业为大幅提高制造产品和提供服务的能力而采取的一种长期、全局性的发展策略。例如，海尔公司运用 ERP 系统、内联网、外联网以及互联网等技术，成长为全球化企业。

（5）联盟战略

联盟战略是指企业为达到特定的战略目的，与客户、供应商、竞争者以及其他企业建立联盟，实现双赢或多赢的战略布局。例如，供应链管理系统、客户关系管理系统、虚拟企业都是支持联盟战略的信息系统。

3. 竞争优势的持续性

尽管企业可以通过信息系统实施竞争战略，获得竞争优势，但是信息系统所支持的竞争优势无法持久。因为竞争者可以通过学习等方法对抗和复制信息系统，使行业内每个企业都使用类似的信息系统或同样的信息技术来提高竞争力，在这种情况下企业以前的竞争优势就变成了竞争的必要条件。美国联邦快递公司（FedEx）在 1994 年建立了公司网站，成为该行业第一个允许客户通过互联网追踪包裹信息的企业，作为快递行业的先行者，该公司不断从新技术中获益。随着快递业的发展，包裹跟踪系统已经成为快递业不可或缺的工具，被大大小小的快递公司复制并应用，美国联合包裹运送服务公司（UPS）等实力雄厚的快递公司更是投入巨资来建设信息系统。当一种策略或者行动变成竞争的一个必要条件时，企业就不得不寻找新的方法来获得竞争优势。壳牌公司的战略规划主管阿里·德戈伊斯（Arie de Geus）认为："比竞争者拥有更快的学习能力，可能是未来唯一可以持久保持竞争优势的方法。"

◆◆◆◆◆ 1.5 信息技术革命与信息系统发展 ◆◆◆◆◆

社会-技术系统角度克服了单纯从技术角度去认识信息系统的局限性。然而，信息技术在信息系统发展历史中功不可没。从工业革命的发展历程可以看到，产业革命源于重大的技术革命，并会导致社会生产以及管理系统的重大变革。同理，信息技术革命推动了信息系统的发展，是引起社会、组织和管理变革的原动力。

1.5.1 工业革命和信息技术革命

1. 工业革命发展的历史进程

纵观历史，每一次信息技术的重大创新都会引发制造业的变革，无一例外。在讨论信息技术革命对信息系统发展的作用之前，首先回顾人类历史上的三次工业革命的形成及其对社会的影响，并展望正在到来的第四次工业革命。

第一次工业革命（18 世纪末至 19 世纪中叶）开始于英国蒸汽机的发明和纺织业的技术革新，这一技术创新解决了生产的动力问题。机器生产代替了手工生产，导致劳动分工制的工厂代替了手工工场，经济社会从以农业、手工业为基础转型到了以工业及机械制造带动经济发展的模式。

第二次工业革命（19 世纪末至 20 世纪初）发生在美国、德国等国家，其主要特征是电力的广泛应用，生产流水线和新型通信手段的发明使生产方式由机械化过渡到自动化，大批量生产为人类带来标准化、廉价的产品，同时催生了垄断厂商和股份制公司的经营模式。

第三次工业革命（20 世纪 40 年代至 21 世纪初）的提法，学术界还存在不同的观点。格林伍德（Greenwood，1999）认为信息技术的发展推动了经济体系进入第三次工业革命。第三次工业革命不仅引发了人类生产、生活和社会经济的重大变革，还影响了人类的生活方式和思维方式。第一次和第二次工业革命时期传统的集中式经营活动逐渐被第三次工业革命时期的分散经营方式所替代。

第四次工业革命源于 2013 年德国科学-产业经济研究联盟（Forschungsunion Wirtschaft-Wissenschaft）发布的工业 4.0 发展战略。工业 4.0 理念以信息技术为基础，通过充分利用嵌入式控制系统以及其他关键技术，建立基于创新交互式生产技术的工业物联网架构，构造相互通信的信息物理融合系统，使制造业向智能化转型。随后，美国、日本、欧盟陆续推出《先进制造业国家战略计划》《日本再兴战略》《欧盟 2020 战略》，标志着新一轮工业革命踏上征程。制造业是我国国民经济发展的压舱石，工业化与信息化的深度融合是实现我国制造业智能化转型的关键。在今后一段时期内，制造服务化、大规模个性化定制、制造协同化、制造资源云化、制造过程智能化等工作，将是我国制造业实现转型升级的关键所在。

2. 工业革命发展的启示

首先，从前三次工业革命看，工业革命源于重大的技术革命，以及伴随重大技术革命而形成的创新集群。创新集群包括新基础设施、新产业、新服务以及新的管理系统。

其次，工业革命导致社会生产方式、生产组织方式以及管理系统的重大变革，进而形成技术-经济新范式。数字经济已成为第四次工业革命最重要的特征，数字技术是其核心内容，产业数字化和数字产业化是其关键任务。

最后，信息技术革命已成为推动第三次和第四次工业革命的重大技术创新。当今全球范围内正在经历的第四次工业革命，在新兴信息技术的渗透和推动下，将导致社会经济和管理等方面的颠覆性变革。但是，这些独立发展起来的技术必须通过融合才能与其他元素相互作用，也就是说，单纯的技术不能引发产业变革，只有构成信息系统才能驱动时代的发展。

1.5.2　信息技术和信息系统的区别与联系

信息技术（IT）和信息系统（IS）是两个非常相近的术语，信息技术是指各种以计算机为基础的工具，即以生产信息为目的的技术标准、工业技术产品、技术方法和技术发明。从功能角度看，凡是能实现信息获取、识别、转换、存储、传输、处理、分析和利用的技术都是信息技术，信息技术分为硬件和软件两个基本类别。信息系统是一个集合（如本章图 1.3 所构建的信息系统体系结构模型），它集成了计算机硬件、软件、数据、过程和生产信息资源的人员，当然还包括组织、战略、管理和决策。信息技术是信息系统的重要资源，它根据组织战略的需要选择性价比恰当的信息技术构成一个系统，对信息进行收集、存储，并且按照组织设计的管理决策和流程优化方案进行信息加工，最后输出更有价值的信息供管理者使用。也可以这样说，一切利用信息技术去解决企业问题的组织和管理方法的集合都是信息系统。信息技术、组织、管理和决策在信息系统的融合下形成一个整体。

信息技术的进步是信息系统发展的动力，而信息技术只有通过信息系统的融合才能发挥作用。举一个简单的例子。假如企业要开发一个新的社交媒体页面，社交媒体平台会提供硬件、程序以及数据库结构和标准流程，企业只要向数据库中输入数据，并把标准流程变成所需要的流程就能使页面活动起来，这时信息技术就被信息系统融合了。戴维·M. 克伦克用一句简单的话"你可以购买信息技术，但不能买来信息系统"，道出了信息技术和信息系统之间的根本区别。

1.5.3　信息技术进步与摩尔定律

1. 信息技术革命

阿尔文·托夫勒在所著的《第三次浪潮》（1980）中，把人类社会演变的历史阶段分为农业社会、工业社会和信息化社会三个阶段，形成了著名的三次浪潮理论。第三次浪潮即信息化社会阶段，始于 20 世纪 50 年代中期的美国，源于以 1946 年第一台电子计算机 ENIAC 的问世为标志的信息技术革命。信息技术发展史上经历了五次革命，第一次是语言的使用，第二次是文字的出现和使用，第三次是印刷术的发明和使用，第四次是电话、广播和电视的使用，第五次是计算机和互联网的使用。迈克尔·塞勒（2013）进一步对阿尔文·托夫勒的信息技术革命进行了细分，认为在信息化社会阶段存在五次信息处理浪潮：大型计算机、小型计算机、台式计算机、互联网个人计算机和移动互联网，目前人们正处于第五次信息处理浪潮。信息化社会阶段五次浪潮源自计算机处理能力的持续创新以及存储芯片、存储设备、通信和网络、软件设计等集群技术的巨大发展。

2. 摩尔定律

自 1946 年开始的现代信息技术革命使社会信息化呈指数发展，发展的动力源自计算机处理能力的指数增长，那么计算机行业是如何保持这种惊人的发展速度的？著名的摩尔定律回答了这一问题。

1965 年，英特尔公司的共同创始人戈登·摩尔（Gordon Moore）在《电子学》杂志上发表了文章《让集成电路填满更多的元器件》。他在这篇文章中根据集成电路诞生不到 10 年的数据，预测芯片的发展潜力，指出在保持元器件成本价格最低的情况下，每个芯片中集成的元器件（晶体管）数量每年翻一番，这个论断随后成为著名的摩尔定律。1975 年摩尔对芯片中集成的元器件数量每年翻一番的增长率进行了修订，即今天人们普遍采用的芯片中集成的元器件数量每 18 个月提高一倍的说法。摩尔推测这种发展速度将持续 10 年，事实上他的定律已持续了近 60 年，而且会继续。

1.5.4 信息系统的融合和创新作用

信息技术革命使得经济和管理理论发生了重大变化，组织的各种创新成果比任何时期都辉煌。但是，正如前面所说的，独立发展起来的新兴信息技术不能直接引起经济、管理和组织的变革，需要通过信息系统的融合才能发挥作用。所谓融合，是指组成系统的管理、组织和信息技术等各种要素通过互相渗透实现有机集成，最后形成一种新系统的质变过程。融合的过程也是创新的过程。通过信息系统融合与创新形成企业解决方案的过程，如图 1.11 所示。

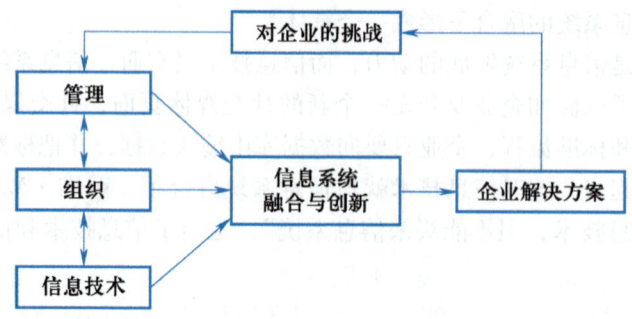

图 1.11 通过信息系统融合与创新形成企业解决方案的过程

例如，面对来自供应商、客户等外界环境的挑战，企业的管理部门提出了协调订单生产，加强与供应商、客户之间的横向联系，实现业务外包、发展核心业务等应对措施和建议。企业审视管理部门提出的应对措施和建议，决定采用与供应商、客户合作共赢的组织竞争新策略。企业的信息技术部门在实施横向一体化运作的过程中，通过整合内联网、外联网和互联网等信息技术设施和资源，构建供应链管理系统，将管理、组织与信息技术融合起来进行业务流程再造、组织扁平化、数据共享等创新，最终形成企业供应链管理解决方案。而当企业接受新的挑战、原有方案不再具有竞争优势时，信息系统必须开始新一轮的融合和创新。

信息系统的融合可以分为信息技术之间的融合、信息技术与其他重大技术之间的融合、信息技术与管理和组织之间的融合等。

1.5.5　信息技术革命与信息系统发展历史和趋势

　　只有信息系统融合了先进的信息技术，人们才能把自己的创新梦想变成现实。表 1.1 以迈克尔·塞勒提出的信息化社会阶段的五次信息处理浪潮为基本划分依据，总结了信息技术革命→信息系统融合与创新→管理、组织、商务、制造、社交、工作模式等变化之间的联动关系、发展历史和趋势。

表 1.1　信息技术与信息系统创新的联动关系及发展历史和趋势

信息处理浪潮	信息技术革命的重要事件	信息系统融合与创新	管理、组织、商务、制造、社交、工作模式等变化
大型计算机阶段	1946 年世界上第一台电子计算机 ENIAC 诞生。1947 年，贝尔实验室研发出晶体管，20 世纪 50 年代末，使用晶体管技术的第二代电子计算机诞生。 这一阶段的特点是计算机运算速度慢，磁盘、磁带等外存容量小，数据管理逐渐从简单的文件管理方式向更复杂的、由操作系统支持的文件管理方式转变	20 世纪 50 年代至 20 世纪 60 年代，出现了管理信息系统的早期形态——电子数据处理系统（electronic data processing system，EDPS），之后随着技术的进步，EDPS 逐渐演化出更高级的系统。 在这一阶段，人们从烦琐的人工数据处理方式（如算盘、台账）中解放出来，转向更高效、更准确的自动数据处理方式	EDPS 以模仿人工处理过程为主，用单个文件处理企业职能岗位的某项事务，功能比较简单。例如，计算工资、处理交易、保存记录、自动制表等。后来发展到在某个部门内开发能够共享数据的综合数据处理系统。例如，一个库存控制系统，可以通过共享文件，把出入库记账、库存统计、制订供应计划等一系列单项处理业务有机地联系起来
小型计算机阶段	1958 年，德州仪器公司的杰克·基尔比发明了集成电路技术。20 世纪 60 年代中期，以集成电路和固态元器件技术为特征的第三代电子计算机问世。 20 世纪 60 年代末至 70 年代初，数据库技术克服了文件技术的缺点，使统一组织、管理和共享企业数据得以实现。 20 世纪 60 年代，从单机应用开始向以主机为中心连接多个终端的主从式计算机通信网络发展，初步实现了各终端间的远程通信。1967 年，美国国防部高级研究计划署提出 ARPANET（阿帕网）的研究计划。1969 年，阿帕网诞生，标志着计算机网络正式产生	20 世纪 60 年代至 20 世纪 70 年代，进入管理信息系统（MIS）阶段。 1970 年，沃尔特·肯尼万（Walter T. Kennevan）给出了管理信息系统的定义："以书面或口头的形式，在合适的时间向经理、职员以及外界人员提供过去的、现代的、预测未来的有关企业内部及其环境的信息，以帮助他们进行决策。" 20 世纪 70 年代初期，莫顿（Morton）提出了决策支持系统（decision support system，DSS）的概念。 管理信息系统的出现，使得在企业整体范围内实现自动化数据处理和信息共享成为可能	管理信息系统引起的变化有：取消了纸质账本、减少了业务差错，能够及时向管理者输出预定义的报表，初步实现了业务流程自动化，提高了工作效率和决策的有效性。之后，管理信息系统开始从单纯地生成报表向支持企业管理模式的创新和变革转变。20 世纪六七十年代发展起来的物料需求计划（material requirement planning，MRP），实现了 1965 年由美国约瑟夫·奥列基博士提出的关于物料独立需求和相关需求的学说。如果没有高速运算的计算机，这一创新是不可能实现的。 早期的决策支持系统为决策制定过程提供了交互支持。例如，20 世纪 80 年代，美国 Execucom system 公司研制的交互式财务计划系统（interactive financial planning system，IFPS）是一种支持公司财务计划、投资决策等的决策支持系统软件

信息处理浪潮	信息技术革命的重要事件	信息系统融合与创新	管理、组织、商务、制造、社交、工作模式等变化
台式计算机阶段	1975 年，第一台台式（个人）计算机"牛郎星"出现。随后，比尔·盖茨的微软公司为 IBM PC 开发了 MS-DOS 操作系统。第一个突破性应用程序——电子制表软件产生。 20 世纪 70 年代，埃德加·科德（E. F. Codd）等提出关系数据库模型，简便、易用的关系数据库系统开始商品化。 同时，随着分布式技术的发展，在阿帕网的基础上形成了由多台主机互联的第二代计算机通信网络	20 世纪 80 年代，由于个人计算机使用的便捷性，办公自动化系统（office automation system，OAS）应运而生。 随着计算机运算速度的提高和管理学、运筹学、系统科学等学科的发展，管理信息系统的数据处理能力日益增强，实现了企业信息的深层次加工，帮助中高层管理者分析、计划、预测企业的运行，控制企业的行为。 这一阶段还产生了管理自动化和生产过程自动化集成的组织生产新理念——计算机集成制造（computer integrated manufacturing，CIM）	台式计算机以其便捷性和灵活性改变了传统的信息处理方式。人们用个人计算机代替打字机、文件柜，完成书写、运算、信息存储等任务。用网络代替人工传递文件，实现了办公高效化和无纸化。 20 世纪 80 年代，由于信息共享程度扩大，物料需求计划发展成制造资源计划（manufacturing resource planning，MRP Ⅱ），企业的物流与信息流开始统一。 20 世纪 70 年代中期，大型企业试验推广计算机集成制造系统（computer integrated manufacturing system，CIMS）。CIMS 是将工厂中管理信息系统、决策支持系统、办公自动化系统等计算机管理信息系统和计算机辅助设计系统及计算机辅助制造系统有机集成的制造新模式
互联网个人计算机阶段	20 世纪 80 年代初，个人计算机（personal computer，PC）成为强大的终端计算设备。传统的个人计算机是个人的工作和娱乐工具，随着个人计算机陆续接入互联网，它们已经成为连接互联网的关键节点。 互联网的出现是信息技术发展史上最成功的革命。其发展过程如下：1973 年阿帕网扩展成为互联网，1983 年 TCP/IP 成为阿帕网上的标准协议。1986 年，美国建立了基于 TCP/IP 的学术机构之间互联的主干网 NSFNET，标志着第三代计算机通信网络的形成。1989 年，蒂姆·伯纳斯-李发明了万维网（world wide web，WWW）。20 世纪 90 年代初，互联网向公众开放，全球个人计算机中的大多数开始通过互联网共享资源和应用服务。 此外，关系数据库和面向对象的数据库开始广泛应用，数据仓库、联机分析、数据挖掘等新兴数据分析和决策支持技术不断涌现	互联网的应用促进了组织间的合作，组织间信息系统（inter-organizational information system，IOIS）成为发展的主流。管理信息系统突破了组织边界，服务范围从单个组织扩大到全球组织联盟。 与此同时，决策支持系统的结构从二库发展到七库。群体决策支持系统、智能决策支持系统、经理信息系统（executive information system，EIS）应运而生。以模仿人的行为、进行知识发现和利用为核心的人工智能（artificial intelligence，AI）和知识管理系统（knowledge management system，KMS）的兴起，提升了信息的价值和决策效能。 在这一阶段，管理信息系统发展史上最重要的成就是用广义管理信息系统的概念集成了事务处理系统（transaction processing system，TPS）、管理信息系统（狭义）、决策支持系统和办公自动化系统等孤岛系统，形成了管理信息系统组合模型。 互联网技术革命推动了社会经济体系进入第三次工业革命。管理信息系统的应用开始渗透到社会经济领域	20 世纪 90 年代初，运行在内联网、外联网以及互联网平台上的新型管理、运作和商务模式相继出现。ERP、供应链管理、客户关系管理、电子商务等，都是组织间信息系统融合信息技术和管理与组织理论的成果。电子商务已经不限于在网上买卖商品，还包括全球客户联网交易的一系列环节，如产品开发、营销、销售、运输、支付和服务等。 在这一时期，以专家系统和神经网络为代表的人工智能系统逐渐成熟。在模式识别、系统仿真、故障诊断、图像处理、函数拟合、最优预测等领域，表现出良好的性能。 信息技术能够消除部门间的信息冗余，扩大部门的幅度，使组织扁平化，改善传统组织的性能。同时还创造出基于网络技术的虚拟组织、网络化组织、无边界组织等新型组织。 电子邮件是互联网上最早出现的社交工具，它引发了人类社交方式的革命，随后出现了公告板系统（bulletin board system，BBS）、博客和维基等社交工具。 第三次工业革命借助分布式技术产生了分散生产、合作经营、共创市场的分散式合作经济模式。生产方式从大规模生产转向以互联网为支撑的大规模定制，并向智能制造发展，如 3D 打印制造模式

信息处理浪潮	信息技术革命的重要事件	信息系统融合与创新	管理、组织、商务、制造、社交、工作模式等变化
移动互联网阶段	移动互联网，就是将移动通信和互联网结合为一体的技术。移动互联网不是互联网的延伸，是典型的颠覆性创新。 第一部智能手机"西蒙"于 1993 年投产，第一部拍照手机爱立信 P800 诞生于 2002 年。同年，智能手机开始连接互联网。2007 年，苹果公司先后推出 iPhone、iPad，重新定义了手机的内涵。2008 年，iPhone 3G 上市，推出应用软件商店，引领了软件购买的新模式。低成本智能终端的普及，意味着全民参与的"大连接"时代到来。 1978 年，贝尔实验室研制了移动蜂窝电话系统（1G），至今已进入 5G 时代。从 1G 到 2G，实现了从模拟通信到数字通信的过渡。从 2G 到 3G、4G，实现了从语音业务到数据业务的转变。随着新服务、新业务不断涌现，4G 难以满足移动数据流量的快速增长。5G 是新一代移动通信技术，其特点是广覆盖、大连接、低延迟、高可靠性。5G 不仅能为用户提供增强现实、虚拟现实、超高清晰度视频等业务体验，还能满足移动医疗、车联网、智能家居、工业控制、环境监测等物联网应用的需求。 在移动互联网阶段，还出现了云计算、大数据、物联网、人工智能、区块链、元宇宙等信息技术的集群创新。特别是，云计算提供的 SaaS、PaaS、IaaS 等服务，改变了企业信息基础设施的部署环境。大数据分析技术引发了数据驱动的管理决策。最终，这些新兴的信息技术将渗透到社会的各行各业，成为支撑社会数字化、网络化、智能化转型的关键新型基础设施	移动互联网时代又一次改变了商业模式、管理理念和思维方式，工业时代的管理理论开始受到挑战。20 世纪 90 年代遍及全球的业务流程再造（BPR）/业务流程管理（BPM）研究热潮，使流程管理成为企业管理优化的基本模式，而管理信息系统正是推动和实现业务流程变革的利器。 快速处理海量数据，从中发现商务运作的潜在规律和新的知识，获得新的竞争优势，显得尤为迫切和重要。在数据挖掘、大数据等技术的支持下，商务智能（business intelligence, BI）迅速发展。商务智能不同于以模型处理为主的决策支持系统，是一种基于数据分析和处理技术的智能化决策机制，商务智能的兴起标志着管理信息系统进入了智能化发展的高级阶段。 人们经历了从窄带互联网的 Web 1.0 到移动互联网的 Web 2.0 的跃迁。Web 2.0 强调互动，移动电子商务和社交媒体顺势而生。管理信息系统使用了 Web 2.0 技术，创造了新颖的企业沟通体系、知识创新体系和社会化合作体系。而最新的 Web 3.0 则是一个相对去中心化的，以用户数字身份、数字资产和数据完全回归个人为前提的自动化、智能化的全新互联网世界。 源于工业 4.0 理念的第四次工业革命，给制造业带来了创新和复兴的重大机遇，使人类社会进入信息物理系统（cyber physical system, CPS）的时代，信息系统的主要任务是融合移动计算、社会化媒体、物联网、大数据、分析和优化/预测技术，把产品生命周期管理与产品经营、服务、增值过程的管理整合起来，将产品与服务的关联转化为企业的商业模式，是管理信息系统的发展趋势	移动互联网时代，人们的交流方式发生了变革。早期的互联网用户扮演的是信息接收者的角色，而移动互联网用户扮演的是信息生产者的角色，可以进行信息分享和互动。 移动互联网改变了用户场景、连接方式，同时也改变了商业模式、组织机构、管理理念和思维方式。在这些颠覆性的改变中，企业家形成了互联网思维，进行创新和转型成为他们面临的最为紧迫的问题。 我国于 2015 年提出了"互联网+"行动计划。"互联网+"代表着一种新的经济形态，即充分发挥移动互联网在生产要素配置中的优化和集成作用，将互联网的创新成果深度融合于经济社会各个领域，提高实体经济的创新力和生产力。"互联网+"是传统企业转型和产业升级的推动力。例如，互联网+零售，成就了淘宝；互联网+旅游，出现了携程网；互联网+银行、基金等，形成了互联网金融；互联网+工业，步入了工业 4.0。 第四次工业革命的信息物理系统将变革传统制造模式，从大规模生产向大规模个性化定制转变。通过物联网在生产过程中实现人、机器及服务之间的相互通信，生产者和客户从中提取数据并通过大数据等技术进行分析，发现问题，优化产品。与计算机集成制造时代不同，由于各种技术系统的网络化，它们可以在无人介入的情况下优化自己的行为，制造模式已具有智能技术系统的特点。 在组织内部，ERP 被广泛应用于企业管理的各个方面，而产品研发、生产和维护等则由产品生命周期管理系统完成，信息系统通过"数字化企业平台"实现整个价值链的无缝集成。在组织之间，逐步形成平台企业（如资源型平台企业、流程型平台企业、产品型平台企业），它们搭建了一个信息生产、浏览和互动的平台，通常提供免费的基础服务，以增值服务和广告为营收点

◇◇◇◇◇◇◇◇ **本 章 小 结** ◇◇◇◇◇◇◇◇

本章首先将"北京银行的数字化转型"案例作为引导，阐述数字经济时代的特点及企业对信息系统需求的紧迫性。其次，从系统、管理和技术的角度给出了管理信息系统的定义。最后，本书提出了一种能全面反映社会-技术系统特征的信息系统体系结构模型。该模型由 7 个部分组成：应用信息系统是交给用户使用的信息系统，人员、战略、组织、管理和决策、数据资源以及基础设施是应用信息系统运行的社会基础和技术基础。本章强调从社会-技术系统角度去认识信息系统，阐述了信息系统与企业竞争优势之间的关系，介绍了工业革命发展的历史进程，并揭示了技术进步带动社会、经济和管理发展的原理。在此原理的指导下，以迈克尔·塞勒提出的信息化社会阶段的五次信息处理浪潮为基本划分依据，总结了基于信息技术革命的信息系统发展历史和趋势，以及在信息系统融合与创新作用下的管理、组织、商务、制造、社交、工作模式等变化之间的联动关系。

◇◇◇◇◇◇◇◇ **习 题** ◇◇◇◇◇◇◇◇

1. 简述改变当今企业经营环境的三个重要变化，举例说明在全球化的经营环境中，企业为什么迫切需要信息系统？

2. 为什么劳登夫妇提出从技术和管理两个方面定义管理信息系统？理解并举例解释劳登夫妇定义中的"……从管理角度看，信息系统是一个基于信息技术的、为应对环境造成的挑战而生成的组织和管理的解决方案。"并与本书作者对该定义的修正："……从管理角度看，信息系统是一个基于信息技术的、为应对环境造成的挑战而生成的组织或组织联盟的管理和决策的解决方案"进行比较，找出它们之间的区别。

3. 试述图 1.3 所示的信息系统体系结构模型的组成，简述应用信息系统与人员、战略、组织、管理和决策、数据资源和基础设施之间的互动关系。

4. 为什么必须从社会-技术系统角度去认识信息系统？请举例说明。

5. 应用信息系统一定能使企业获得并长期保持竞争优势吗？请举例说明。

6. 从人类历史上的四次工业革命，讨论历次工业革命的起因及其对社会经济的影响。

7. 简述迈克尔·塞勒提出的信息化社会阶段的五次信息处理浪潮，并整理相应的信息系统概念进展和发展趋势。

8. 简述信息技术和信息系统概念之间的区别与联系，是"信息技术进步"还是"信息系统发展"推动了社会、经济和管理的发展？阐述你的观点，并组织课堂讨论。

9. 根据图 1.11，基于一个实际例子画出通过信息系统融合与创新形成企业解决方案的过程图。

10. 查阅资料，整理并添加表 1.1 中移动互联网阶段所发生的信息技术革命的重大事件，它促使信息系统的概念发生或将发生怎样的变化？人类社会在管理、组织、商务、制造、社交、工作等方面发生或将发生什么变化？

第2章

组织、战略与信息系统

学习目的

（1）理解组织与信息系统之间的相互影响关系。

（2）掌握信息系统在提升企业竞争优势方面所起的作用。

（3）理解信息系统对企业价值链的支持作用。

（4）理解业务流程的概念及其组成要素。

（5）掌握用 BPMN 绘制业务流程图的方法。

（6）掌握业务流程再造（BPR）和业务流程管理（BPM）的内涵、区别与联系。

（7）理解信息系统改善业务流程质量的方式。

2.1 组织与信息系统

从技术上看，组织是一个稳定的、正式的社会结构，它从环境中获取资源并进行处理，然后输出产品。从行为学上看，组织是在一段时间内通过冲突与解决冲突形成的一系列权利、特权、义务和责任的平衡体。组织是处理信息的实体，是信息系统实施的对象。不同组织的信息需求各不相同，因而有不同的信息系统。信息系统和组织之间互相影响，要从信息技术中获利，组织就必须了解并接受信息系统带来的影响。

2.1.1 信息系统对组织的影响

信息技术和信息系统已经融入组织运营和决策的方方面面，其对组织的影响是多方面的。随着互联网与电子商务的发展，信息技术和信息系统改变了组织的经济特性，带来了组织结构的变化，影响了组织行为，甚至引起社会层面的变化。

1. 经济影响

信息技术作为生产力的一种要素，可以替代传统的资本与劳动力。随着信息技术成本的降低和劳动力成本的上升，这种替代作用愈发明显。

（1）降低固定成本

固定成本是指成本总额在一定时期和一定产量范围内，不受产量增减变动的影响而保持不变的成本。不管企业是否生产或销售产品，只要企业存续就会存在固定成本，如办公室或销售门店的租金、固定资产折旧、员工工资等。

信息技术有利于降低固定成本，例如：

① 数字店面：是指利用互联网技术和平台，以数字化的方式展示和销售商品或服务的虚

拟店铺。这类店铺不需要实体店面，完全依托网络空间进行运营。与需要支付昂贵租金的实体店面相比，可以显著降低固定成本。

② 远程办公：是指通过现代互联网技术，实现非本地办公，包括在家办公、异地办公、移动办公等多种模式。对于企业而言，远程办公可以显著降低租金、设备费用和办公室维护成本等支出。

③ 即时通信：以微信、Skype 为代表的即时通信工具推出了基于互联网的语音和视频通话功能。这种功能使用户可以利用互联网进行通信，从而避免了向传统电信公司缴纳高昂的电话费，对于跨国经营的企业而言，其所带来的通信成本降低尤为明显。

④ 云计算：有了云计算（相关内容见第 7 章），企业就不用再去购买昂贵的软硬件基础设施，如服务器或软件版权等，而是可以根据需要以较低的成本向云服务提供商租用它们。

（2）降低可变成本

可变成本是指在总成本中随产量的变化而变动的成本项目。这种成本主要体现为支付给各种变动生产要素的费用，如原材料和电力费用等。当一定时期内的产量增大时，这些生产要素的消耗会按比例增多，所发生的成本也会按比例增大，因此被称为可变成本。

信息技术可以降低可变成本，例如：

① 数字商品：如软件、电子书、音乐、视频等，它们在生产完成后，其复制成本非常低，甚至接近零。这是因为数字商品不像传统商品那样需要原材料、生产线等物理资源的持续投入。因此，数字商品虽然有带宽、存储、客户服务等方面的可变成本，但相对传统商品而言其可变成本是比较低的。

② 众包：是一种有效利用大众资源创造价值的方式，具体是指企业将原本由内部员工完成的工作任务，以自愿的形式外包给非特定的大众的做法。这种方式能够利用大众的集体智慧和资源来完成任务，从而实现成本的降低和效率的提升。与外包不同，众包更多地依赖大众的自愿参与，报酬机制更加灵活多样，甚至是无报酬的（如完全基于兴趣和爱好）。

（3）降低交易成本

交易成本也称为协调成本。根据交易成本理论，企业总是在寻求降低交易成本的方法。企业的交易活动是在市场中进行的，由于寻找异地供应商、与供应商沟通、监督合同履行、获得产品信息等成本的存在，因而利用市场机制是昂贵的。企业通常会通过垂直整合、扩大规模、雇佣更多的员工、建立自己的供应商和分销商网络等方式来降低交易成本。

例如，随着互联网技术的普及和电子采购系统的引入，企业的交易活动实现了数字化转型。这一转型极大地降低了企业参与市场活动的成本，使其购买原材料和服务的过程变得便捷和经济。此外，随着交易成本的降低，企业在市场上拥有更强的议价能力，因此能以更低的价格购买到所需的产品和服务。

（4）降低管理成本

代理理论指出，企业是由多个具有不同目标和利益的个体（即代理人，如员工）通过一系列契约联结而成的。这些个体在追求自身利益最大化的过程中，可能会与企业的整体利益发生冲突。因此，企业主（或股东）需要建立有效的监督和管理机制，以确保代理人的行为符合企业的长远利益。当企业为减少交易成本而进行并购、垂直整合时，其员工规模和业务范围都会增大，管理成本也会随之上升。信息系统可以通过优化信息的获取与分析方式、扩大管理幅度，降低企业的管理成本。

（5）增加收入

信息技术有助于增加收入，例如：

① 推荐引擎：可以根据用户的喜好和历史购买记录向其推荐商品。推荐引擎作为一种主动发现用户需求，并将信息推送给用户的技术，在电子商务、音乐、新闻等多个领域得到了广泛应用。据统计，亚马逊有超过 35% 的销售额来自其推荐系统，京东、天猫、网易云音乐、今日头条等也都纷纷应用推荐系统来提升销售额或满足用户的个性化需求。

② 长尾理论：长尾是指在销售曲线中，那些销售量较少但种类繁多的产品所占据的部分，即曲线的尾部，见图 2.1 的右部区域。这些产品通常被传统零售商视为冷门商品，因为它们不像热门商品那样拥有高销售量。根据 80/20 法则，实体零售店一般只销售 20% 的热门商品，因为这些商品能够带来大部分（80%）销售额。而大量的冷门商品因为销售量低而不值得上架销售。但冷门商品因为品种很多，总的销售额并不小。在电子商务平台上，增加上架商品数量的成本几乎为零，因此可以轻松地扩展上架商品的品种数量。例如，京东销售的图书品种比任何实体书店销售的图书品种都多很多。虽然这些商品销售量不高，但整体而言，它们的销售总额相当可观。

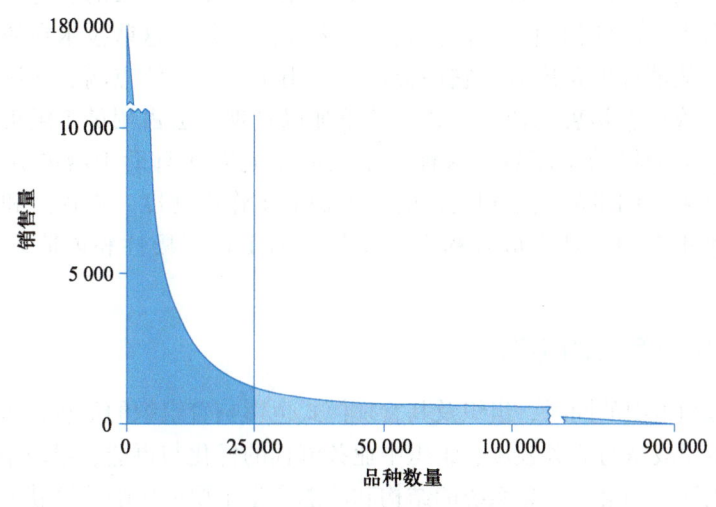

图 2.1　长尾理论示意图

2. 对组织结构的影响

（1）信息技术使组织结构扁平化

从组织行为学的角度看，信息技术可以扩大信息在组织内部的传播范围，这不仅使企业高层的决策能够迅速到达基层，还使基层员工能够直接参与信息的获取和分享。在传统等级制企业中，中层管理者往往扮演信息传递者的角色，在一定程度上限制了信息的传递速度和准确性。而信息技术的引入，使得信息的传递不再仅依赖中层管理者，高层决策者能及时获得关于基层业务状况的准确信息，基层员工也能及时获得高层的相关决策信息。这种变化促使组织向扁平化的方向发展，减少了管理层级，缩短了管理链条，使管理效率显著提升。

（2）信息技术促使新的组织结构产生

信息技术使得一系列简单、效益高的组织结构应运而生，如任务型组织、虚拟组织、无边界组织等，这些组织结构提升了组织的运作效率和响应速度。例如，任务型组织作为一种灵活的组织模式，是专门为在短期内高效地完成特定的任务而设计的。这种类型的组织聚集了来自不同部门的专家，这些专家通过面对面交流或者网络协作的方式来完成任务。一旦任务完成，他们便会回归原部门或加入新的任务团队。团队作为典型的任务型组织，在知识密集型组织中尤为常见，它强调成员紧密合作，进行知识共享，共同为达成团队目标而努力。虚拟组织的出现则打破了传统组织的物理界限，它能够将来自不同组织、拥有不同特长的专家通过互联网紧密联系在一起，实现跨组织、跨地域的合作。无边界组织是一种新兴的组织形态，其核心在于打破组织内部的横向边界（由工作专门化和部门化所形成的边界）与纵向边界（由组织层级所产生的边界），大幅减少管理层次，扩大控制跨度，并取消传统意义上的职能部门，代之以授权的团队。这些新型组织结构之所以能够得以正常运作并发挥巨大的效能，离不开信息技术的广泛应用。

3. 对组织行为的影响

组织行为学研究个体、群体以及组织结构对组织内部行为模式的影响，以便人们使用这些知识来提升组织的有效性。随着信息技术的发展，基于互联网的即时通信逐渐取代传统的面对面交流方式，从而影响组织行为，使员工的工作方式发生巨大的变化。这些技术在融入组织后，提升了员工之间的沟通效率。但是，需要注意的是，这些技术在使用过程中展现出了双刃剑的特性：从消极的角度看，它们会被员工用于分享生活点滴、交流个人感受等非工作内容。这种超出管理者初衷的使用方式，若不加以管理，会占用员工宝贵的工作时间，导致工作效率降低。从积极的角度看，这种非正式的交流方式有助于增进员工之间的情感联系，当员工感受到来自同事的关心和支持时，他们的工作满意度、幸福感和对企业的归属感往往会增强。这种正面的心理效应有利于激发员工的工作积极性和创造力，进而提升组织绩效。

2.1.2 组织对信息系统的影响

在信息系统影响组织的同时，组织及其管理模式也影响着组织的信息技术架构和信息系统的功能与应用。组织战略与业务领域、组织中业务流程的优化与再造、组织中的文化氛围以及业务与环境的变化等，都会对信息系统的结构和功能产生重要的影响。这就要求信息系统具有适应这种变化的能力。组织对信息系统的影响主要体现在以下几个方面：

1. 组织战略与业务领域决定了信息系统的技术特点和功能结构

生产企业一般采用低成本战略，其信息系统应该具有高度的集成性，使得原材料采购，以及产品生产、销售、库存、配送等各个环节能无缝衔接，以降低成本并提高运作效率。而投资控股企业通过资本运作实现资产增值。这类企业的信息系统应该侧重于投资分析、风险管理、财务监控等功能，以支持复杂的投资决策过程。由于这类企业的业务结构因为并购、出售等投资行为而频繁变动，因此它们对信息系统集成性的要求不高，而要求信息系统具有一定的灵活性。此外，企业在不同的发展阶段也会对信息系统产生不同的需求。对于处于快速发展阶段的企业，其信息系统应该具有良好的可伸缩性。

2. 组织中业务流程的优化与再造影响信息系统中的工作流程

信息系统是用来支持业务流程的，业务流程的变化必然会引起信息流的改变以及信息系统功能上的变化。业务流程的优化与再造往往伴随着业务逻辑、流程步骤和用户界面的重新设计，这直接导致了信息在系统内的流转方式和路径、用户交互方式等的变化。业务流程的变化通常要求信息系统具备新的功能或改进现有功能，甚至引发信息系统重构。

3. 组织中的文化氛围影响信息系统的使用

如果信息系统与组织的行为习惯发生冲突，而这种冲突又不能通过管理上的调整和变革来消除，就应该改变信息系统以适应组织的实际情况。否则，信息系统不仅不能发挥期望的作用，还会对组织造成不利的影响。

4. 业务与环境的变化影响信息系统的功能和技术

面对新的业务要求和环境变化，企业需要密切关注市场动态和技术的发展趋势，及时调整和优化其信息系统，包括整合新并入企业的数据和流程、利用新技术提升系统性能、满足新的法律法规要求、适应市场环境变化以及跟上技术发展的步伐。

◇◇◇◇◇◇◇◇　**2.2　战略与信息系统**　◇◇◇◇◇◇◇◇

组织的目标决定了其竞争战略，而信息系统旨在帮助组织实现其竞争战略，如图 2.2 所示。

图 2.2　组织战略决定信息系统

对于组织而言，行业结构决定竞争战略，竞争战略决定价值链，价值链决定业务流程，业务流程的结构决定信息系统的设计。但是，业务流程和信息系统之间的关系很复杂，一方面业务流程会影响信息系统的设计，另一方面信息系统的特征和功能也会决定业务流程的结构，它们之间的关系将在 2.4 节介绍。

2.2.1　行业结构分析

组织的竞争战略始于对行业结构的分析。在分析行业结构时常用的模型是迈克尔·波特提出的五力模型。在五力模型中，企业的竞争战略不仅取决于同行业的竞争者，还受行业环境中的其他四种力量的影响，五种力量决定了行业的盈利能力，即客户的议价能力、供应商的议价能力、替代品的威胁、新进入者的威胁以及同行业竞争者的竞争，这五种力量的强度决定了行业的特征、盈利模式以及利益的持久性。迈克尔·波特的五力模型如图 2.3 所示。

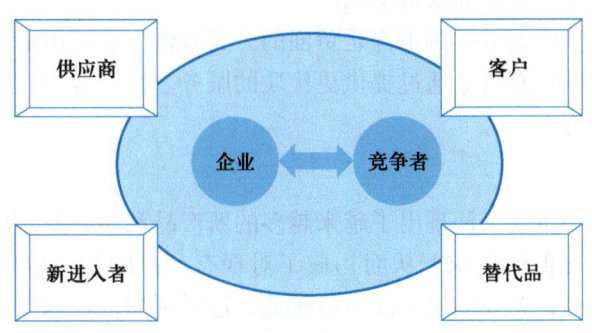

图 2.3　迈克尔·波特的五力模型

信息系统可以在一定程度上帮助企业应对这五种力量。

1. 客户的议价能力

企业的获利能力，在很大程度上取决于其吸引和留住客户的能力。而客户由于见多识广、对价格敏感以及拥有更多的同类产品或服务选择，因此具有较强的议价能力。此外，互联网提升了客户获取产品和供应商信息的能力，减少了客户的转移成本，进一步增强了客户的议价能力。许多企业都通过信息技术和信息系统来构建竞争优势、吸引客户，以削弱客户的议价能力。例如，美国联合航空公司（United Airlines）率先推出里程积分计划。客户只要乘坐该公司的航班，就可以累积里程积分，并利用里程积分享受免费乘坐航班、舱位升级以及住宿等服务。这种基于客户消费量的回馈机制称为客户忠诚度计划，旨在奖励忠诚客户、刺激消费并留住核心客户。除了客户忠诚度计划，企业还通过提供个性化服务和体验来增强客户黏性。例如，苹果公司的 iCloud 服务允许客户在不同的设备之间同步和管理音乐。花旗银行率先引进自动柜员机为客户提供自助服务，既提高了服务效率，又满足了客户对便捷性的需求。

在竞争环境中，一旦某个企业通过创新的信息系统获得了竞争优势，竞争者就会迅速跟进，创建相似的系统，因此任何新的竞争优势都难以长期保持。例如，现在几乎所有的航空公司都有与美国联合航空公司相似的客户忠诚度计划，所有的银行也都提供自动柜员机服务，可见企业只有不断创新才能拥有新的竞争优势。

2. 供应商的议价能力

当购买者的购买渠道有限时，供应商的议价能力就会增强。这通常发生在供应商拥有独特的、不可替代的产品或服务，或者市场上存在少数几个强大的供应商的情况下。随着互联网的普及，这种情况正在逐渐改变。买家可以通过互联网找到更多的供应商，进行价格比较和产品评估，从而削弱了单一供应商的议价能力。

有些企业通过专利、商标等知识产权手段来防止所提供的产品或服务被仿制，从而提高了供应商的议价能力。有些供应商则通过联合的方式来提高议价能力。例如，石油输出国组织（OPEC）组织了多个产油国共同控制石油的供应，以提高石油的议价能力。

企业可以利用信息系统来削弱供应商的议价能力。例如，沃尔玛与其供应商共享销售终端数据。通过共享实时的销售数据，沃尔玛能够帮助供应商优化生产计划和库存管理，并在谈判中占据更有利的位置。因为供应商知道，如果他们无法提供具有竞争力的价格和服务，沃尔玛将很容易转向其他供应商。此外，沃尔玛还通过 B2B（企业对企业电子商务）市场寻找更多的供应商，从而拥有更多的选择和议价空间。

但是，信息系统对供应商的影响不都是负面的。随着供应商使用信息系统来整合供应链并加入数字化交易，供应商也有机会通过提供更优质的服务、锁定客户、增加客户转移成本等方式来提升自身的议价能力。

3. 替代品的威胁

随着新技术的发展，市场上涌现出了越来越多的新产品和新服务，这些新产品和新服务往往能够满足与现有产品相似的需求，从而构成了对现有产品的替代威胁。行业中的替代品越多，替代品的威胁就越大，企业的议价能力就越低，边际利润也就越少。

企业可以利用信息技术，通过增加转移成本（switching cost）来构建自身的竞争优势。转移成本是指当消费者在更换产品或服务时需要额外支付的成本，包含货币成本、时间成本或其他成本。例如，如果电子商务平台部署了推荐系统，那么当用户登录该电子商务平台时，推荐系统就会基于用户的浏览和购物历史记录，构建个性化的用户兴趣模型（客户画像）。当用户再次登录该电子商务平台时，推荐系统便能根据这个模型，精准地为用户推送其可能感兴趣的商品。随着用户在该电子商务平台上的活动增多，推荐系统对其兴趣的理解会越来越深入，推荐的精准度会随之提升，用户的购物体验也会得到优化。而当用户尝试转移到其他电子商务平台进行购物时，由于新平台缺乏或仅拥有少量的用户历史数据，其推荐系统往往难以提供同样精准的、个性化的推荐服务。这导致用户在新平台上可能需要花费更多的时间浏览和比较商品，这无疑会增加转移成本，降低替代品的威胁。

4. 新进入者的威胁

在市场经济中，劳动力和资金等资源都是可流动的，新的企业总是在不断地进入市场：一些行业的准入门槛很低，另一些行业的准入门槛很高；一些行业有技术壁垒，另一些行业有资金壁垒，还有一些行业有政策壁垒等。对于大多数企业而言，互联网增大了来自新进入者的威胁。一方面，互联网消除了传统行业的许多物理限制，使得新进入者只需建立网站即可进入市场，大大降低了准入门槛；另一方面，互联网消除了地理边界，使得远程竞争者能够轻松进入本地市场，与本地现有企业展开竞争。同时，非直接竞争者也可能通过跨界合作或创新业务模式来挑战现有企业。对于依赖中介服务或数字化产品和服务的行业来说，互联网所带来的新进入者的威胁尤为严重。

当市场的进入壁垒很高时，来自新进入者的威胁就会很小。因此，企业可以通过构建信息系统、提高服务质量、加强品牌建设等方式来构建和提高进入壁垒。

5. 同行业竞争者的竞争

在普遍存在的品牌意识缺失、产品或服务高度相似，以及生产能力过剩等因素的共同作用下，几乎所有行业的竞争态势都不断加剧。此外，互联网的普及进一步扩展了市场的范围，使得同行业竞争者的数量大幅增加，同时也缩小了竞争者之间的差异。任何企业都可以使用标准化的互联网技术来参与市场竞争，这无疑进一步加剧了同行业竞争者之间的竞争。

为了应对来自同行业竞争者的竞争，企业纷纷借助信息技术和信息系统来增强自身的竞争优势。例如，戴尔（Dell）公司凭借先进的订单处理系统和柔性制造能力，灵活应对市场需求，为消费者提供低价、个性化定制的个人计算机，从而在市场上占据了一席之地。

在零售行业，竞争同样激烈。尽管像塔吉特（Target）和沃尔玛（Walmart）这样的大型零售企业采取了多样化的竞争策略，但价格竞争始终是它们争夺市场份额的重要手段。由于零售行业的利润率普遍较低，这些零售商不得不通过信息技术手段来优化供应链管理，与供应商建立紧密的合作关系，从而使采购过程快速、经济且精准。信息技术手段不仅降低了企业的运营成本，还使得企业能够为客户提供更具竞争力的价格。

2.2.2　信息系统支持竞争战略

迈克尔·波特的五力模型指出了市场上影响企业竞争优势的五种力量，这五种力量综合起来影响着企业的竞争战略。同时，迈克尔·波特还提出了三种基本的竞争战略，即成本领先战略、产品差异化战略和集中化战略，如图 2.4 所示，以帮助处于不同行业地位的企业制定有效的竞争策略。后来，又有学者提出了其他竞争战略，如成长战略、联盟战略、创新战略等。下面主要围绕迈克尔·波特提出的三种基本竞争战略，讨论如何利用信息系统来支持企业的竞争战略。

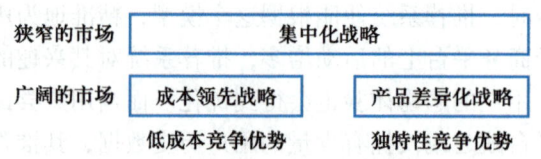

图 2.4 迈克尔·波特提出的三种基本竞争战略

1. 成本领先战略

成本领先战略是指以低于竞争者的价格来提供同等质量甚至更高质量的产品或服务。这一战略是否能成功实施，主要取决于企业能否有效地降低运营成本。在这方面，信息系统扮演了重要的角色。通过信息系统，企业可以优化供应链管理，降低运营成本，为客户提供最低的产品价格。通过低成本战略获得竞争优势的典型例子是沃尔玛。沃尔玛的口号"天天低价"和"每天低价"正是成本领先战略的体现。沃尔玛之所以能够实现低价，关键在于其利用信息系统驱动的供应链管理系统，力求将从商品采购、配送到仓储的每一个环节都做到成本最低。而商务智能系统的应用，使沃尔玛能够深入分析客户的购买行为，预测客户需求，从而更加精准地调整库存和货架摆放位置，提高销售效率。此外，沃尔玛还利用自动库存补充系统，确保商品始终保持低库存状态，从而进一步降低了库存成本。由于信息系统的有效运用，沃尔玛的管理费用仅占销售收入的 16.6%，远低于零售行业的平均运营成本（20.7%）。

可见，对于选择成本领先战略的企业而言，信息系统无疑是一个非常重要的工具。它不仅能够加强供应链管理，还能够快速获取客户信息，分析客户的购买行为，从而帮助企业更好地预测产品需求和库存水平。此外，通过信息系统，企业还可以为客户提供更加便捷的购物体验，进一步拓宽销售渠道。

2. 产品差异化战略

产品差异化战略是指企业通过提供独特的产品或服务来增强市场竞争力。这种独特性可以体现在产品品质、服务、设计、技术能力或品牌形象等多个方面。实施这一战略的企业能够因此获得更高的定价权，并促进销售量增长。

企业可以通过多种方式实现产品的差异化。基于信息系统改善原有的产品和服务，或者开发全新的产品和服务，是其中一种比较有效的方式。例如，制造商和零售商利用信息系统为客户提供定制化、个性化的产品和服务，以提升用户体验或满足其特定的需求。

耐克（Nike）的 NIKEiD 项目就是一个典型的例子。通过这个项目，消费者可以在耐克的官方网站上选择运动鞋的款式、颜色、材质以及鞋底类型，甚至可以在运动鞋上添加个性化标签。这种服务模式能够利用现有的大批量生产体系，实现产品的个性化定制，被称为大规模定制服务。戴尔公司也利用信息系统实现了产品的差异化。它利用订单与供应链管理系统，为客户提供定制的个人计算机。苹果公司同样采用了产品差异化战略。苹果计算机不仅在外观设计上独树一帜，其操作系统和用户界面也与众不同，这使得苹果计算机在市场上形成了独特的竞争优势。

3. 集中化战略

集中化战略是一种聚焦于特定细分市场，以在该市场中获得低成本优势或差异化优势的战略。这种战略的实现基于对市场或购买者群体、产品线或区域市场的深入了解和精准定位。例如，一些餐馆只提供某一菜系的菜品（如川菜、湘菜、粤菜等），通过深耕细分市场来建立竞争优势。

在细分市场中竞争依然存在，集中化战略本质上就是在细分市场上采用成本优先战略或产品差异化战略。对于企业而言，利用信息系统来支持这一战略非常重要。信息系统不仅能帮助企业聚焦于某一特定的市场，还能通过精准分析市场数据，为集中化战略提供有力的数据支撑。

通过信息系统，企业能够深入分析客户数据，从而针对越来越明确的目标市场投放广告和开展营销活动。这些数据来源广泛，包括信用卡交易数据、人口统计数据、零售商店的购买结账数据以及电子商务平台的浏览和交易数据等。数据分析技术的发展，使企业能够为客户提供更加个性化的服务。例如，希尔顿酒店通过 OnQ 系统收集并分析活跃客户的所有数据，以确定每个客户的偏好和价值。利用这些信息，希尔顿酒店能够为最有价值的客户提供房间升级、延迟退房等附加的优惠，以提升客户的满意度和忠诚度。

2.3　信息系统改善价值链

迈克尔·波特的五力模型对于识别影响企业竞争优势的力量、提出基本的竞争战略是非常有用的，但它没有为企业提供取得竞争优势的具体方法。企业要优化业务流程和资源配置，取得竞争优势，就要用到价值链模型。

2.3.1　价值链模型

价值链由迈克尔·波特提出。价值链是由企业内部一系列活动构成的链条，这些活动能够增加企业产品或服务的价值。利用价值链，企业可以确定组织内部的哪些活动产生了最大的价值，并找到进一步提升价值的方法。了解企业如何通过价值链中的各个活动来创造价值，并找出增加价值的方法，对于制定竞争战略至关重要。例如，在制定竞争战略时，企业如果选择成本领先战略，就要以最低的成本运行那些提供必要功能的活动，从而在价格上获得竞争优势。而企业如果选择产品差异化战略，就不一定去追求所有活动的低成本，相反，企业可以在某些关键活动中投入更多的资源，以创造独特的产品或提供个性化的服务。

迈克尔·波特将企业的活动分为五个主要活动（primary activity）和四个支持活动（support activity），其价值链模型如图 2.5 所示。

主要活动也称为基本活动，是指直接参与产品生产过程的活动，它们与从原材料获取到最终产品交付及客户支持的产品生命周期管理直接相关。主要活动包括进厂物流（inbound logistics）、运营/制造（operation）、销售与营销（sale and marketing）、出厂物流（outbound logistics）和服务（service）。进厂物流包括原材料的接收、存储以及生产线配送等活动；运营/制造将输入的原材料通过一系列加工、转换和组装转化为最终的产品；销售与营销涵盖了产品的市场推广、销售和客户关系管理；出厂物流负责将生产出来的产品从工厂仓库运送到客户手中；服务包括产品的维修、保养、技术支持和客户服务等。

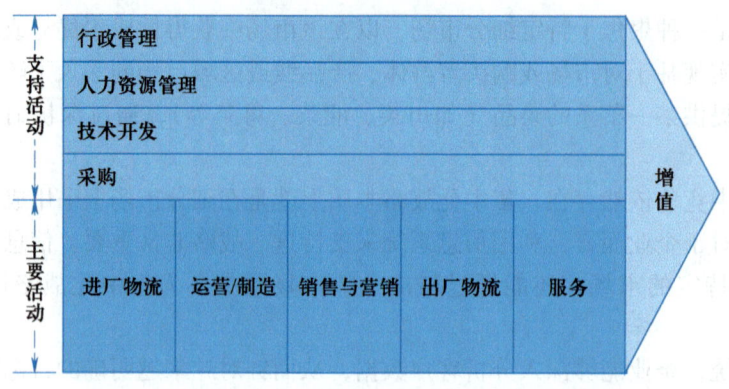

图2.5 价值链模型

支持活动也称为辅助活动，是指通过支持和辅助主要活动来间接影响整个价值链的价值创造过程的活动。支持活动包括行政管理（administrative management）、人力资源管理（human resources management）、技术开发（technology development）和采购（procurement）。行政管理是组织的基础设施，包括企业的组织结构、财务系统、法律事务、综合管理等；人力资源管理包括员工招聘、雇佣和培训；技术包括产品设计、技术研发等；采购包括供应商管理、采购策略、物流与库存管理等。虽然支持活动不直接参与产品或服务的生产，但它们间接增加了产品或服务的价值，由于其增值过程相对复杂且难以量化，因此很难准确评估其增加的具体价值。

2.3.2 价值链分析

价值链模型强调企业中那些可以用于实现竞争战略的特殊活动，这些活动构成了企业的核心竞争力。通过深入分析企业的价值链，企业可以识别出哪些活动最具增值潜力。现代企业之间的竞争已经不仅仅是产品或服务的竞争，而是整个价值链之间的竞争。企业只有对自身的价值链进行科学、有效的分析和管理，才能获得真正的竞争优势。随着信息技术的快速发展和成本的不断降低，企业正在从局部到整体逐步进行信息化，从而实现数字化转型。数字化转型将渗透到企业价值链中的采购、生产、销售和服务等各个环节，帮助企业实现价值链的全方位整合与优化。

价值链分析是指对企业内部系统进行评估，以提升活动的价值，增强企业的竞争力。在企业的价值链中，不同的活动往往具有不同的增值幅度。要想使整个企业的增值最显著，关键在于识别那些增值最为显著的活动。下面通过一个例子来说明这个过程。

Tallbot 公司是美国最大的领带生产商，该公司一直都凭借着高质量的工艺、独特的设计以及优质的面料来保障价值增加。然而，客户的需求总是变化的，他们需要不断更新的样式。在这种情况下，Tallbot 公司应该如何通过价值链分析来找到一种能更好地满足客户需求的方式呢？为此，Tallbot 公司需要从整体上识别其价值链中的增值活动和减值活动。

1. 识别增值活动

Tallbot 公司设计了一个客户调研方案，以找出价值链中增值最显著的活动。该公司赋予每个客户 100 分，然后让他们将其分配给五个主要活动和四个支持活动。通过计算所有活动得分的总和，以及各个活动得分所占的百分比，Tallbot 公司就能发现增值最显著的那些活动。图 2.6 描述了其调研结果，其中的百分比是根据客户所分配的分数确定的。

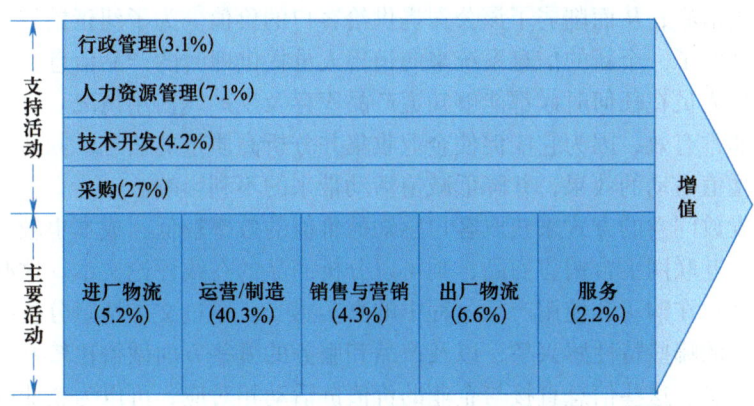

图 2.6　Tallbot 公司增值活动的调研结果

调研结果显示，增值最显著的是高质量的运营/制造活动，接下来是带来高质量面料的采购活动。因为这些活动都是客户最看重的活动，所以当这些活动通过信息技术的支持而提升效率时，它们将增加更多的价值。因此，运营/制造和采购活动是信息系统需要优先支持的。而服务、销售与营销等活动的增值不显著，不值得花很大的成本去提升其效率。

2. 识别减值活动

除了识别增值活动，识别减值活动也是非常重要的。为此，Tallbot 公司设计了客户调研方案的第二部分，要求客户将 100 分分配给他们认为可能会减值的活动。同样，计算所有活动得分的总和，以及各个活动得分所占的百分比，找出那些减值最显著的活动，如图 2.7 所示。

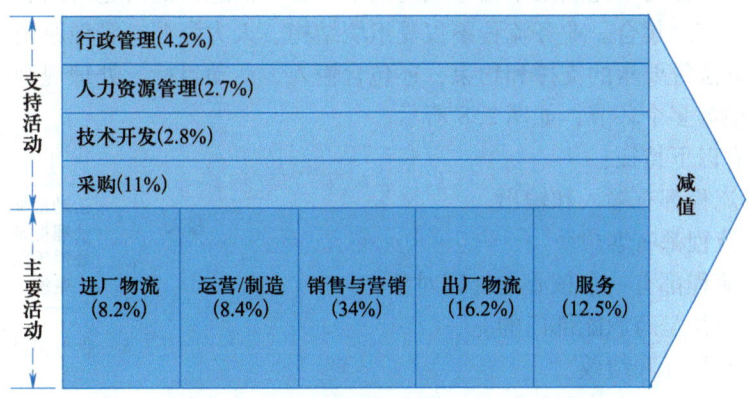

图 2.7　Tallbot 公司减值活动的调研结果

从图 2.7 中可以看出，销售与营销活动是减值最显著的活动，其次是出厂物流和服务活动。减值最显著的几个活动和增值最显著的几个活动并不相同，这反映了什么问题呢？调研是通过向客户发放问卷进行的，其结果反映的是客户的感知价值。这意味着，对于减值最显著的几个活动来说，如果 Tallbot 公司没有做好，客户的感知价值就会降低很多；而这些活动即使公司做得非常好，增值也不显著。因此，对于 Tallbot 公司来说，在这些活动上保持同行业平均水平或稍好的水平就可以了。

Tallbot 公司还发现，销售与营销活动之所以减值显著，是因为销售人员往往承诺供应那些已经脱销的领带，而这些领带实际上在短期内无法交货，这导致客户对 Tallbot 公司高品质领带的供应能力失去信心，从而削弱了该公司提供给客户的价值。为了纠正销售与营销活动的偏差，Tallbot 公司开发了一个新的信息系统来向销售人员提供即时的产品信息。通过笔记本计算机和互联网，销售人员在任何时候都能够知道产品库存及生产线占用情况。

价值链分析非常有效，因为它能促使企业收集并分析高质量的信息，同时也可以用信息技术来进一步提升增值活动的效果，并降低减值活动带来的不利影响。

当然，通过发放问卷的方式来获取客户感知的价值的效率较低，成本也较高。在互联网时代，企业如果通过互联网平台销售商品，则可以分析商品的在线评论文本。这些评论文本数量庞大，而且包含客户在购买和使用产品过程中的真实感受。通过文本情感分析技术，企业能够挖掘出客户对产品的哪些特性感兴趣，以及产品和服务的哪些方面做得比较好、哪些方面存在不足等有价值的信息。这些信息直接与企业的价值链活动相对应，可以为企业改善产品和服务提供努力的方向。

◇◇◇◇◇◇ 2.4 业务流程与信息系统 ◇◇◇◇◇◇

业务流程（business process）也称为企业流程、商业流程、企业过程等，是企业各种流程的统称。信息技术和信息系统是业务流程优化与创新的使能器，也是业务流程管理的支撑技术。同时，信息系统的规划和设计必须以业务流程为中心。

2.4.1 业务流程的概念

业务流程是指企业为了完成某个任务或达成某个目标而进行的跨越时间和空间的逻辑上相关的一系列活动的有序集合。业务流程不仅受组织结构、人力资源、管理原则、管理技术、管理信息以及管理方法等要素的支撑和约束，还包含输入、活动目标、处理规则、处理手段、资源以及输出、反馈等多个环节，如图 2.8 所示。

业务流程具有以下特征：

① 每个业务流程都有输入和输出。

② 每个业务流程都有客户。

③ 每个业务流程都有一个核心的处理对象。

④ 业务流程往往是跨职能部门的。

⑤ 业务流程有目标和绩效。

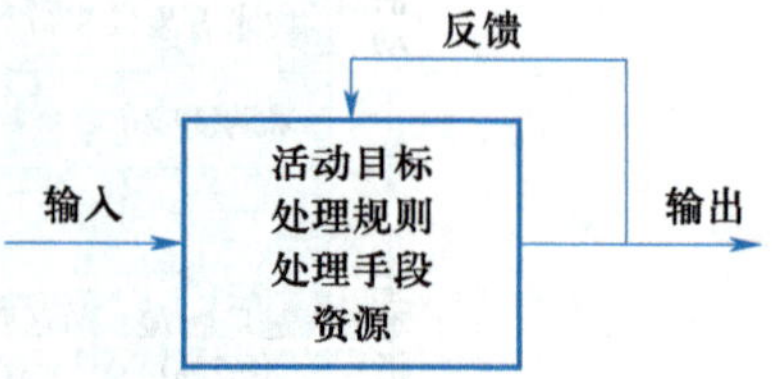

图 2.8 业务流程的主要环节

简单地说，业务流程是企业完成其经营活动，为客户创造有效的价值和服务并获得利润的基础。业务流程随处可见，图 2.9 所示的是企业出差报销流程示例，图 2.10 所示的是企业采购流程示例。

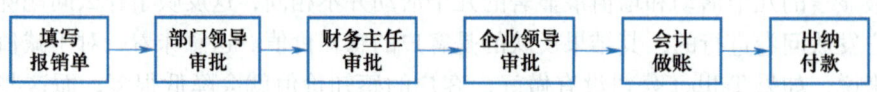

图 2.9 企业出差报销流程示例

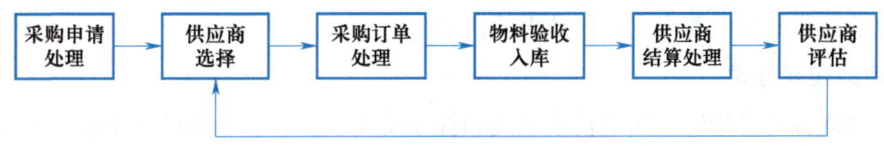

图 2.10　企业采购流程示例

业务流程的质量目标可以分为效率（efficiency）和效用（utility）两个方面。业务流程的效率目标是指用更少的投入获得更多的产出，即"正确地做事"；业务流程的效用目标是指业务流程对组织战略的支持程度，即"做正确的事"。例如，如果企业采用产品差异化战略，则降低业务流程的执行成本就不是评价业务流程质量的首要指标。

2.4.2　业务流程的四要素

一个完整的业务流程应该包括四个要素，即活动、活动之间的逻辑关系、活动的承担者、活动的实现方式。

1. 活动

业务流程是由活动组成的，活动是业务流程的基本要素。活动是一种变换，它包含几个方面的元素，即活动 = {输入，活动目标，处理规则，处理手段，输出（反馈）}。也就是说，活动接收某种输入，按照一定的活动目标，在某种处理规则的控制下，利用某种处理手段，将其变换为一定的输出。

2. 活动之间的逻辑关系

业务流程是逻辑上相关的一系列活动的有序集合，活动之间不同的逻辑关系，可以导致不同的结果。活动之间的逻辑关系是业务流程的关键要素，反映了活动发生的先后顺序与活动之间的相互关系。活动之间的逻辑关系可以分为串行关系、并行关系和反馈关系。活动之间逻辑关系的类型如图 2.11 所示，其中 A 和 B 是两个活动，它们共同作用的结果是 O。

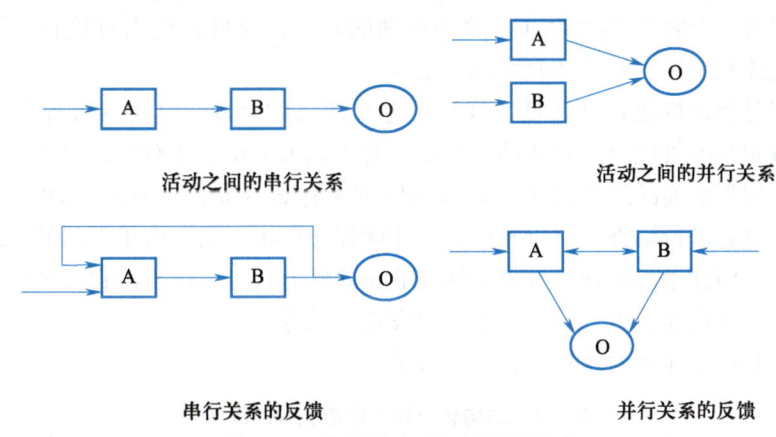

图 2.11　流程活动之间的逻辑关系

企业中的活动就是通过上述关系构成业务流程的。业务流程的改变必将导致其活动之间逻辑关系的改变。

3. 活动的承担者

活动的承担者通常是指完成部分或全部活动的部门或人员，也可以是信息技术。分工使得一个人完成的工作变成由若干人共同从事的活动。

4. 活动的实现方式

活动的实现方式是指所采用的技术手段和管理模式。技术条件不同会导致分工不同，从而形成不同的业务流程。例如，信息技术会改变活动完成的方式和输入与输出的流向。

2.4.3 业务流程的分类

业务流程的分类有多种方法。业务流程涉及企业的方方面面，下面介绍几种主要的分类方法。

1. 按照管理层次分类

按照美国学者安东尼的观点，企业的经营有三个层次：战略计划层（即战略层）、管理控制与战术计划层（即管理层）和作业计划与控制层（即作业层），从这个角度来看，业务流程可以分为战略计划流程、管理控制与战术计划流程，以及作业计划与控制流程。

2. 按照价值链分类

根据价值链模型，活动可以分为基本活动和支持活动。相应地，业务流程也可以分为基本流程和支持流程。基本流程通常称为营运流程，是企业为完成其任务而执行的基本活动，能够直接为客户带来价值。支持流程又称为管理流程，通过管理资源和基础设施来支持基本流程。

3. 按照结构化程度分类

按照结构化程度，可以将业务流程分为结构化流程和动态流程。结构化流程又称为标准化流程，是指活动及活动顺序相对固定的流程，这类流程一般用于支持企业的日常运营，主要位于作业层，如处理退货、输入订单、采购、考勤、计算销售佣金等。以超市退货为例。在超市的服务台有负责处理退货的营业员，处理退货时遵循标准化的流程。例如，商品在未使用的情况下，7 天内可无理由退货；若已使用，则除非存在质量问题，否则不允许退货等。通过标准化的流程，确保每一个客户都能得到一致和正确的对待，而且无论由谁执行，结果都是一致的。对于结构化流程来说，效率和效用都很重要。

动态流程则是指结构化程度较低、规定不那么严格的流程。这类流程通常需要一些创新性，并涉及比较宏观的管理决策和活动。例如，对于超市来说，面对商品退货过多的问题，管理人员需要去了解哪些商品退货过多，退货的原因是什么（是产品质量问题还是其他问题），等等。管理人员只有进行调查、分析和讨论，才能提出解决方案。由于不同的管理人员可能会提出不同的方案，因此动态流程具有灵活性和非正式性的特点。这类流程大多位于战略层和管理层，如决定是否开设新门店、门店选址、研发新产品等。

结构化流程和动态流程的区别如表 2.1 所示。

表 2.1 结构化流程和动态流程的区别

结构化流程	动态流程
正式定义的流程	非正式定义的流程
流程改变缓慢且困难	流程改变迅速
控制很关键	调整很关键

续表

结构化流程	动 态 流 程
不鼓励创新	需要创新
效率和效用都重要	效用很重要
信息系统的支持程度高	信息系统的支持程度较低

对于作业层和管理层来说，业务流程标准化至关重要，理由主要有以下四点：第一，标准化的业务流程使业务规则得以执行，员工不能擅自改变规则；第二，标准化的业务流程保证了结果的一致性，无论由谁执行，都能达到相同的效果和质量标准；第三，标准化的业务流程是可以复制的，这对于连锁经营的业务来说尤为关键；第四，标准化的业务流程可以降低风险，减少误差和严重失误的发生概率。

2.4.4 业务流程的表示方法

业务流程的表示方法可以分为文字表示法和图示法。文字表示法的结构化程度低，直观性不强，进行信息系统开发时不易直接利用和转化，通常只有当用业务流程图表述不清楚时，才用文字对其进行补充描述。

图示法是常用的业务流程表示方法。它利用工程绘图的方法，通过标准化的图表对业务流程进行结构化描述，直观性强，便于推广和交流。用图示法绘制的业务流程图，一方面能反映每个业务流程中各个活动之间的关系，另一方面能反映各业务流程之间的关系，因此业务流程图是分析业务流程的一种通用工具。

业务流程图的绘制方法有很多，目前最流行的是业务流程模型与标记（business process model and notation，BPMN）。BPMN 最初是由业务流程管理倡议组织（Business Process Management Initiative，BPMI）制定的一套业务流程建模符号标准，2004 年 5 月 BPMN 1.0 发布。而后由于并入对象管理组（OMG），BPMN 也随之由 OMG 进行维护和管理。2011 年，OMG 推出了 BPMN 2.0，该标准沿用至今。

BPMN 旨在为用户提供一套容易理解的图形符号，这些图形符号用于表示 BPMN 的基础元素，可以将业务流程建模简单化、图形化，将复杂的建模过程可视化，让业务建模者、业务实施人员、管理人员对 BPMN 所描述的业务流程有更加清晰的了解。

BPMN 有五种基础元素：① 流对象（flow object），包括事件、活动、网关，它们是 BPMN 的核心元素；② 数据（data）：包括数据对象和数据存储；③ 连接对象（connecting object）：包括顺序流、消息流、关联；④ 泳道（swim lane）：包括池和道；⑤ 人工信息（artifact）：包括组和注释。

1. 流对象

（1）事件

事件（event）主要有三种类型，其图形符号如图 2.12 所示。

① 开始事件：表示一个业务流程的开始。

② 中间事件：发生在开始事件和结束事件之间、会影响处理的业务流程。

③ 结束事件：表示该业务流程结束。

图 2.12 事件的图形符号

如果在圆形的事件符号中添加一个小信封图标，则表示消息事件。消息事件可以指由于一个消息到达而启动一个活动，也可以指在中间事件中发送一个消息（或捕获消息），或者在一个业务流程结束时发送消息。此外，还有中间捕获事件、边界事件等。

（2）活动

活动（activity）是工作或任务语境中的一个通用术语。一个活动可以是一个任务，也可以是当前业务流程的一个子流程，如果是子流程则还需要用另外一张流程图来展开。可以指定不同类型的活动。例如，活动可以是由人工完成的任务（人工活动），也可以是由信息技术自动完成的任务（自动活动）。活动的图形符号如图 2.13 所示。

图 2.13 活动的图形符号

（3）网关

网关（gateway）用来处理分支决策，包括排他（exclusive）网关、并行（parallel）网关、包容性（inclusive）网关和基于事件的（event-based）网关等，其图形符号如图 2.14 所示。

图 2.14 网关的图形符号

① 排他网关：只有一条分支路径会被选择和执行。当业务流程执行到排他网关时，系统会根据设定的条件判断应该执行哪一条路径。

② 并行网关：允许同时选择和执行多条分支路径。当业务流程执行到并行网关时，它会同时激活所有分支路径。这些分支路径随后会并行执行，独立地完成各自的任务。在输出流合并的阶段，所有从并行网关拆分出去的分支路径都会在汇聚点等待，在所有分支路径都执行完毕后，业务流程才会继续向下执行。

③ 包容性网关：是排他网关和并行网关的组合体。它允许在业务流程执行的过程中，根据条件的组合情况来选择并执行分支路径。

④ 基于事件的网关：允许根据特定事件的发生情况来决定业务流程的流向，网关的每个外出顺序流都要连接到一个中间捕获事件上。

2. 数据

数据包括数据对象和数据存储，用于描述活动处理的数据和需要存储的数据。其图形符号如图 2.15 所示。

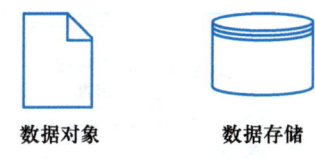

图 2.15　数据的图形符号

3. 连接对象

连接对象包括顺序流、消息流和关联，用于描述活动之间的关系。其图形符号如图 2.16 所示。

图 2.16　连接的图形符号

4. 泳道

泳道包括池和道。池用于描述业务流程的名称，道用于描述各个活动执行者（角色或部门）。泳道相当于容器，其他的 BPMN 图形符号都应该画在泳道中。其图形符号如图 2.17 所示。

图 2.17　泳道的图形符号

5. 人工信息

人工信息包括组和注释，其图形符号如图 2.18 所示。可以将逻辑关系比较紧密的多个活动组成一个组（相当于一个子流程），还可以为这个组命名。

图 2.18　人工信息的图形符号

BPMN 的描述能力非常强，以上给出的只是基本的图形符号，一般用这些图形符号来绘制业务流程图就可以了。如果要更加细致地对业务流程进行建模，则可以参考 BPMN 的官网。

绘制 BPMN 业务流程图的工具很多，常用的有开源的 Activiti 和微软公司的 Visio。图 2.19 所示的是用 Visio 绘制的请假流程图，其语义描述非常清楚。

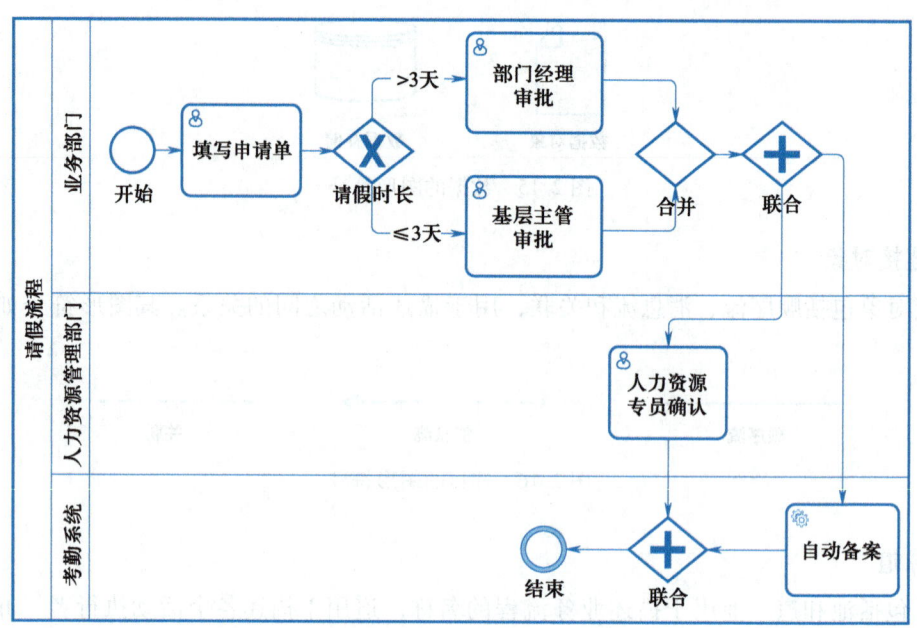

图 2.19 用 Visio 绘制的请假流程图

2.4.5 业务流程的识别

由于企业长期在职能制下运行，其管理者对业务流程的理解和管理相对薄弱。例如，企业对于有哪些业务流程、每个业务流程的起点和终点在哪里、其间经过哪些环节等比较模糊。在这种情况下，对业务流程进行识别，是业务流程管理的首要任务。业务流程识别有许多方法，这里主要介绍以下四种方法。

1. 基于时间维的业务流程识别方法

在企业中，许多工作可以从时间上分为三个阶段：事前、事中、事后。事前要制订计划，事中要组织和执行计划，事后要进行统计分析和总结，如图 2.20 所示。因此，可以根据工作完成的时间来识别业务流程。

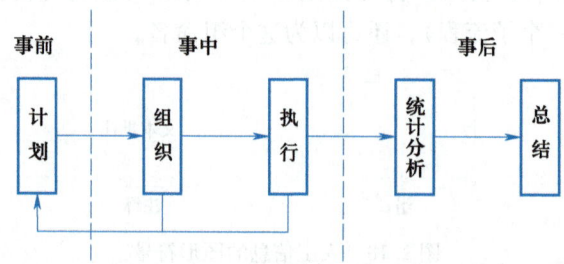

图 2.20 基于时间维的业务流程识别

例如，在识别物料管理的业务流程中，事前包括制订物料计划（需求计划、采购计划）、签订采购合同等活动；事中包括物料采购、物料存储等活动；事后包括物料结算、物料统计等活动。

2. 四阶段生命周期的业务流程识别法

在现代社会中，企业主要有生产企业、服务企业和资源企业三种类型，而且这三种企业的运作周期都可以分为计划、获得、保管和处理四个阶段，在每一个阶段都有典型的业务流程或活动供管理者识别。例如，在生产企业的计划阶段，有需求调查、市场调研、生产能力计划等活动，如图 2.21 所示。服务企业和资源企业也都有类似的四阶段生命周期。

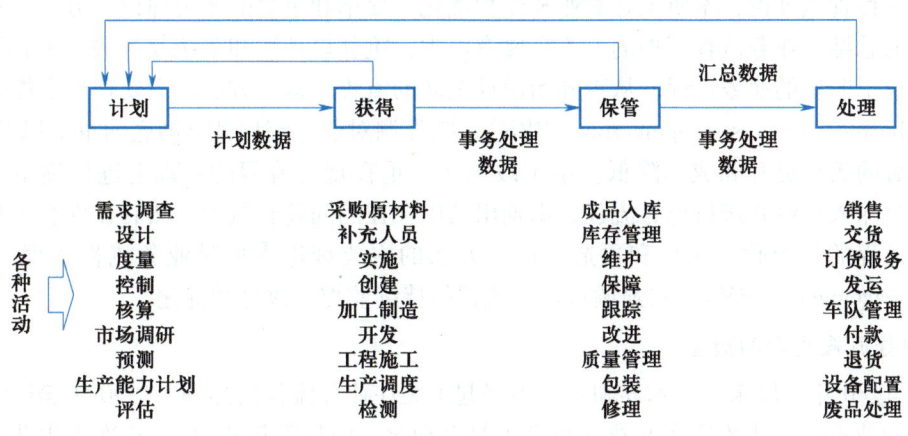

图 2.21 四阶段生命周期的业务流程识别

3. 逆推判别法

逆推判别法是一种常用的业务流程识别方法，它从结果出发，通过逆向推导的方式来识别业务流程。具体地说，就是在识别一个业务流程时，首先明确待识别的业务流程的结果是什么，其次找出与业务流程结果直接相关的事件或人，即业务流程的终点，最后根据输入和输出之间的对应关系，逆向寻找和识别相应的业务流程。

4. 信息载体跟踪法

信息是业务流程的一个要素。伴随着业务流程中的物流或管理过程，会产生各种信息载体（如表单、账本），这些信息载体上的信息会被业务流程中的活动逐步处理或加工，产生二次信息、三次信息，完成从数据到信息的演变，最终输出为对用户有价值的信息。跟踪信息载体在业务流程中的流转路线，便可识别业务流程。信息载体跟踪法通常利用数据流程图或信息视图来识别业务流程。需要说明的是，信息载体跟踪法主要关注信息流，而忽略了业务流程中的物流和资金流。

2.4.6 业务流程再造与管理

业务流程不是一成不变的，而总是在不断地发展。业务流程管理可以提高业务流程的质量，并使企业适应新技术的发展及业务流程的变化。

① 提高业务流程的质量：业务流程质量是衡量企业运营效率与效果的关键指标，它主要包括效率和效用两个方面，当某个流程存在效率或效用方面的问题时，修改该流程变得尤为必要。因此，监控流程质量并适时调整流程设计，是确保业务流程高效运行的关键。

② 适应新技术的发展：当将某种新技术应用于某个业务流程时，可能会导致其中某个活动的执行效率发生显著变化，进而改变该业务流程的瓶颈，这时企业需要对整个业务流程进行

重新评估和设计，以确保其能够适应新技术的发展。

③ 适应业务流程的变化：组织内外部环境因素的变化也会导致业务流程发生改变。这些变化包括市场的变化（如新的客户类别、客户特征的变化）、产品线的调整、供应链的变动、公司的兼并重组、国际化战略的实施以及商业环境的变化等。为了应对这些变化，企业需要对业务流程进行灵活调整。

业务流程管理理论，本质上是对业务流程优化、变革和重组的相关理论、方法、策略、技术和工具的总结。业务流程管理的方法主要有两类：重新设计法和系统改革法。重新设计法从根本上摒弃了旧有的业务流程，从零开始设计全新的流程。这一方法的主要理论支撑是业务流程再造（business process reengineering，BPR），它强调对业务流程进行彻底的重新思考和设计，以实现显著的效率提升和成本降低。系统改革法注重在现有流程的基础上进行逐步优化和改进。它通过深入理解和辨析现有流程，识别出其中存在的问题和瓶颈。然后在现有流程的基础上，进行流程的规范化、优化和再造。这一方法的主要理论支撑是业务流程管理（business process management，BPM），它强调对业务流程的持续监控、改进和优化。

1. 业务流程再造的概念

20 世纪 80 年代以来，学术界和企业界兴起了关注业务流程的热潮。1990 年美国学者哈默在《哈佛商业评论》上发表了文章《再造不是自动化，而是重新开始》，首次提出业务流程再造（BPR）的概念。哈默博士把"重新设计"（reengineering）的思想引入业务流程的研究领域，提出了业务流程再造的概念。他认为：**业务流程再造是指以业务流程为改造对象，从客户的需求出发对业务流程进行根本性的再思考和彻底的再设计，以达到成本、质量、服务和速度等现代关键业绩指标的巨大提高。**

业务流程再造强调打破职能部门的分界线，考虑业务流程的连续性和有效性，将业务流程而不是职能部门作为企业经营管理的对象。该定义包含三个关键词：根本性、彻底和巨大。"根本性"是指进行业务再造时必须抛弃传统的框架、约束和规则，对现有的业务流程提出最根本的质疑；"彻底"是指要从零开始，创造性地使用一种全新的方法来满足客户的需求；"巨大"是指经营绩效的提高不是百分之十、百分之二十，而是百分之五十，甚至成倍地提高。

业务流程再造改进企业经营绩效主要表现在以下三个方面：

① 摈弃了职能导向的管理思想，确立了"最大限度地满足客户需求"的服务意识。

② 减少了科层组织的管理层次，缩短了高层管理者与基层员工、客户之间的距离。

③ 运用先进的管理理论和技术，特别是信息技术，合并、重组活动或消除传统业务流程中不必要的活动，从而大大提升了业务流程创造的价值。

业务流程再造的实质，是从流程的角度来分析企业，实现业务流程创新，谋求适应快速发展变化的企业经营环境，提高企业的竞争能力和发展能力。业务流程的创新包含着丰富的内涵，特别是指在不同的发展水平、不同的条件和目标下，有针对性地实施业务流程的变革。

许多学者试图从不同的角度来理解业务流程再造问题，从而衍生出各种与之相关的定义。

詹姆斯·哈林顿使用业务流程改善（business process improvement，BPI）的说法，BPI 寻求对业务流程连续、渐进的改善。

管理专家莫罗（Morrow）等人提出了业务流程再设计（business process redesign），该方法通过检查和简化关键业务流程中的活动和信息流，达到降低成本、提高质量和增大柔性的目的。

信息技术专家达文波特（Davenport）提出了业务流程创新（business process innovation）。他认为业务流程创新是革命性的方法，使用信息技术和人力资源管理技术对业务流程进行创新，可以大大地提高企业的关键绩效指标（key performance indicator，KPI）、质量指标、时间指标、成本指标等。

决策专家卡普兰（Kaplan）等人提出了核心流程再设计（core process redesign），其主要思想是对企业的运营进行根本性的再思考，同时对其工作流程、决策、组织和信息系统以集成的方式进行再设计。

组织专家洛温塔尔（Loewenthal）提出了组织再造（organization reengineering），该方法强调以组织的核心竞争力为重点，对业务流程和组织结构进行根本性的再思考和再设计，以使组织业绩显著提高。

2. 业务流程再造案例

一个业务流程再造的经典案例是福特汽车公司的采购流程再造，再造前后的采购流程分别如图 2.22（a）和图 2.22（b）所示。

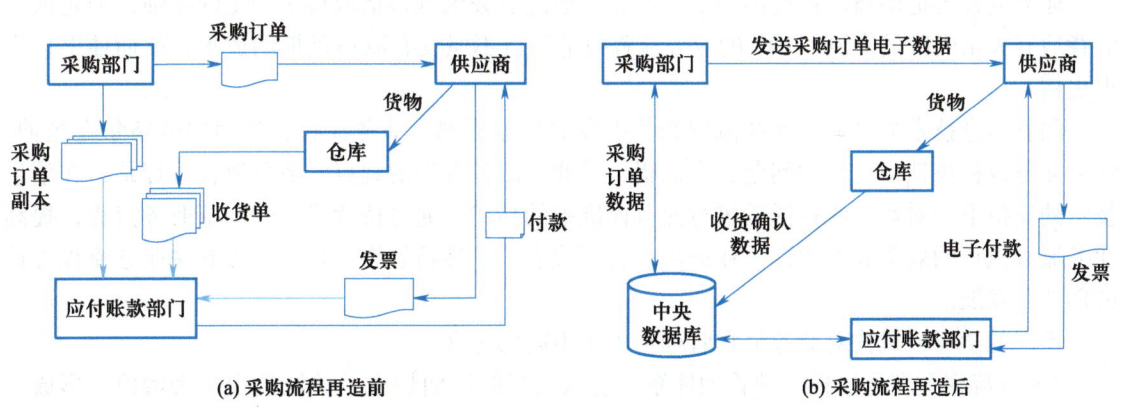

图 2.22　再造前后的福特汽车公司采购流程示意图

位于北美地区的福特汽车公司应付账款部门有 500 多名员工，他们主要负责审核并签发供应商供货账单的应付账款，业务量很大。福特汽车公司在应用信息系统以后，将员工数量减少到 400 人左右。福特汽车公司的管理人员注意到，日本马自达汽车公司雇佣的办理应付账款事务的人员只有 5 名，两者对比，相差悬殊。福特汽车公司决定对涉及应付账款业务的流程进行再造，再造工作实际上针对的是福特汽车公司的采购流程。

在再造后的福特汽车公司采购流程中，应付账款部门的对账工作需要核实的数据从原来的 14 项减少为 3 项：零部件名称、数量和供应商代码。采购部门和仓库分别将采购订单数据和收货确认数据输入中央数据库，由信息系统进行数据匹配，核对无误后自动打印付款单，应付账款部门按照付款单付款。通过采购流程再造，福特汽车公司应付账款部门的人员减少到 125 人，工作效率却大大提高。

这个案例说明了业务流程再造的"根本性"和"彻底"。福特公司的旧原则是"收到发票，我们付款"；新原则是"当收到货物时，我们付款"。该案例也说明了采用信息系统对收货信息与采购单信息进行对比，可以大大简化和提高付款核查活动的效率。

3. 流程再造的对象、原则和方法

（1）业务流程再造的对象

业务流程再造的主要对象包括：不完整的业务流程；对企业全局工作有影响的核心业务流程；高附加值的业务流程；属于瓶颈的业务流程；提供客户服务的业务流程；跨部门或组织的业务流程。

（2）业务流程再造的原则

业务流程再造的原则是：强调客户满意，而不是领导满意；删除不必要的活动和不增值的活动；使业务流程的整体绩效最优；利用信息技术实现信息共享，将串行流程改造为并行流程等。

（3）业务流程优化的方法

业务流程优化的方法是：清除不增值的活动；对业务流程中的必要活动进行简化；对业务流程中的活动进行整合；在清除、简化、整合的基础上利用信息技术实现流程自动化。

4. 业务流程管理的思想

业务流程再造的概念被提出后，一些企业通过业务流程再造取得了一定的成绩，但是成功的背后有大量失败的案例，70%的业务流程再造项目不但没有取得预期的成果，反而使事情变得更糟。

随着信息技术的飞速发展和流程变革手段的日益成熟，业务流程再造思想的精华在延伸。针对业务流程再造中存在的问题，人们提出了业务流程管理的观点。业务流程管理是指在信息技术的支持下，对业务流程活动进行充分而准确的描述，通过持续优化和变革业务流程，提高业务流程执行的效率和准确性。业务流程管理代表了一种新思想，是对过去有关业务流程理论的创新和发展。

不同的学者或机构对业务流程管理给出了不同的定义：

"业务流程管理是这样一种管理体系，它从流程的层面切入，关注流程是否增值，形成一套'认识流程、建立流程、优化流程、运作流程'的体系，并在此基础上开始一个'再认识流程'的新的循环。同时，需要使用流程描述与流程改进等一系列方法、技术与工具。"

"业务流程管理是以规范化地构造端到端的卓越流程为中心，以持续性地提高组织绩效为目的的系统化方法。"（注：所谓"端到端"，即一端是业务流程的企业外部输入点，另一端是业务流程的企业外部输出点。）

"企业根据自身的战略重点，有选择地对支撑其战略实现的核心流程进行系统化的、持续改进的管理过程。"

从以上定义可以看出，业务流程管理是一种规范化、持续性的系统化方法，它放弃了业务流程再造"根本性、彻底"的戏剧性提法，而用"规范化、持续性和系统化"三个关键词替代，这样的提法显然更具有现实意义。业务流程管理认为，并不需要对所有业务流程进行彻底的重新设计，而应该首先对业务流程进行规范化，其次考虑业务流程是否需要优化，最后考虑是否需要对其进行再造。例如，对于符合卓越流程观点的业务流程，如果其原先不规范，则可以对其进行规范化；如果业务流程中存在冗余或消耗成本的活动，则可以对其进行优化。对于一些积重难返、效益和效率很差、客户反映不好的业务流程，则需要对其进行再造。

业务流程管理实质上就是构造卓越流程。只要业务流程是面向客户的，业务流程中的活动就都应该是增值的。业务流程管理确保一个组织中的业务流程是经过深思熟虑、精心设计的，并且能够以一种规范的方式对它进行持续改进，使其永不落伍。业务流程管理包含了业务流程再造，但是比业务流程再造的概念更广泛，更能满足企业的需要。

2.4.7　信息系统改善业务流程质量

从前面的分析可以看到，业务流程的优化与执行需要信息系统提供支持。信息系统可以从以下三个方面来改善业务流程质量：

1. 信息系统可以提升活动的效率和效用

许多活动都可以利用信息技术和信息系统来执行。例如，盒马鲜生等超市推出的自助结账系统，就是信息技术在零售业中的一个典型应用。客户可以通过自助终端扫描商品条码，自动生成支付清单，并使用手机二维码完成支付，从而避免了排队等候结账的烦恼。同样，航空公司在机场配备了自助值机终端，使旅客能够自助值机。此外，汽车自动驾驶技术更是信息技术在交通领域应用的重大突破。即便是一些需要人工执行的活动，信息系统也能显著提升其效率。以企业的货物配送流程为例，通过实时更新的定位信息和路况信息，导航系统可以为驾驶员合理规划行驶路线，减少运输环节的延迟，缩短送货时间。

2. 信息系统可以加强业务流程之间或活动之间的联系

活动之间的相互作用称为关联，即一个活动对其他活动产生的影响。以餐馆的点菜流程为例，传统的方式是，顾客到餐馆中坐下后查看菜单并叫来服务员进行点菜，服务员将顾客点的菜记录在纸上，再将其送至后厨。在这一过程中，各个活动之间的衔接常常不顺畅，导致出现延误，尤其在服务员数量不足的情况下，延误问题更加突出。然而，随着信息技术的发展，现在很多餐馆都使用扫码点菜系统。顾客进入餐馆后只需使用手机中的微信、支付宝等 App 扫描点餐二维码，即可自助点菜。顾客提交点菜订单后，订单会被自动发送至后厨，厨师按照显示屏或打印出的菜单进行烧菜，整个过程实现了无缝衔接。

类似地，企业也可以通过电子数据交换（electronic data interchange，EDI）系统向供应商采购，双方可以实现订单和发货等信息的自动传输与处理。

3. 信息系统可以加强对业务流程的控制

控制有助于减少业务流程中的变动以保证其连贯性，从而使业务流程能够得到稳定的结果。组织中常用的控制方式是标准化和使用信息系统。其中，信息系统可以控制数据质量，它既能保证输入数据的正确性，又能在流程进行的过程中维护信息的完整性。信息系统还可以在输入数据时就纠正错误，以避免在业务流程进行的过程中由于数据错误或不完整而带来诸多问题。以信息系统的登录流程为例。过去，用户在登录信息系统时需要输入用户名和密码，但人们由于常常会使用多个信息系统，因此很难记住自己在每个系统中使用的用户名和密码。而现在，很多信息系统都采用邮箱或手机号作为用户名，乃至支持一键登录，这大大减少了输入错误。而输入错误的减少正是控制效果的直接体现。此外，信息系统还可以控制订单审批、合同会签等流程，确保其每一步都按照预先设定的步骤执行。

◇◇◇◇◇◇◇◇ 案例2.1 思科运用信息技术改善供应商管理 ◇◇◇◇◇◇◇◇

思科系统公司（Cisco Systems, Inc.，简称思科），成立于1984年，是网络解决方案供应商。在2021财年，思科的营业收入为498.18亿美元，净利润为106亿美元。思科有超过35 000名员工在数百个办公地点工作，每个办公地点都有很多复杂的要求。尽管思科尽可能使用自己的产品，但它每年仍要花费5亿美元购买其他公司的信息技术（IT）产品和服务。思科在与当地供应商合作时遇到了许多问题。例如，技术支持不及时，与供应商在价格和保修方面存在分歧，供应商招标投标的方式比较随意，投标结果没有或很少体现出与公司战略的一致性。思科需要使供应商管理流程标准化，以加强对供应商的控制和管理，降低成本并提高效率。

思科创建了供应商管理组织（vendor management organization，VMO），这是一个全新的全球IT集团，负责管理供应商，这些供应商为思科提供硬件基础设施、软件、存储服务、电信服务以及外包服务。此外，VMO还负责向供应商提供与流程和业务开发、资产管理和供应商参与等有关的专业知识，以确保他们与公司的战略保持一致。VMO的成立带来了显著的成效：在前三个季度，思科就节省了3 300万美元。此外，思科通过减少供应商的数量并与少数供应商建立战略合作关系，增加了这些供应商的业务量，并大幅减少了思科的文书工作。思科不仅在业务层面与战略供应商合作，还积极帮助这些供应商提升技能和拓展关系，从而提高了他们在市场上的竞争力。与此同时，思科也从战略供应商那里获得了相应的支持。

思科深刻体会到，供应商的质量远比数量重要。与少数供应商紧密合作，不仅有助于公司实现业务战略，还加强了业务与信息技术之间的联系，促进了业务战略与信息技术战略之间的一致性，最终节省了时间和成本。

案例思考题

1. 运用迈克尔·波特的五力模型分析思科在行业中所处的地位。
2. 在思科与供应商合作的过程中，信息技术起到了什么作用？
3. 与供应商开展战略合作，给思科和供应商带来哪些好处？

◇◇◇◇◇◇◇◇ **本 章 小 结** ◇◇◇◇◇◇◇◇

本章主要阐述组织、战略和信息系统之间的关系。首先，介绍了组织与信息系统之间的关系。信息系统能够降低组织运行成本、增加组织收入，同时也会对组织结构和组织行为产生影响。而组织战略和业务领域、组织业务流程的优化与再造、组织中的文化氛围、业务与环境的变化则会决定信息系统的技术特点和功能结构，影响信息系统中的工作流程、信息系统的使用以及信息系统的功能和技术。其次，从行业结构分析、竞争战略到价值链分析，介绍了信息系统提升企业竞争优势的途径和方法。最后，阐述了业务流程的概念、要素和分类；介绍了用BPMN描述业务流程的方法，以及业务流程识别方法。在此基础上，重点阐述了业务流程管理的基本理论，包括业务流程再造（BPR）和业务流程管理（BPM）的主要思想以及两者之间的区别。

◇◇◇◇◇◇◇◇ 习　　题 ◇◇◇◇◇◇◇◇

1. 信息系统对组织的经济影响有哪些？

2. 选择一家公司，运用迈克尔·波特的五力模型来分析其行业地位，并分析如何利用信息系统来增强该公司应对五种竞争力量的能力。

3. 除了迈克尔·波特提出的三种基本的竞争战略，还有许多其他类型的竞争战略，如成长战略、联盟战略和创新战略等，请分析信息系统对这些战略的支持作用。

4. 信息系统是如何支持价值链的？

5. 什么是业务流程？业务流程可以分为哪几类？

6. 用 BPMN 描述一个你所熟悉的业务流程。

7. "业务流程自动化"和"业务流程再造"有何区别？试述业务流程再造的对象和方法。

8. 试述业务流程再造与业务流程管理的主要思想，以及两者之间的区别和联系。

第3章

信息系统的管理层级

‖ 学习目的 ‖

（1）从组织的管理层次和信息需求的角度理解信息系统的组合模型。

（2）领会事务处理系统、管理信息系统、决策支持系统、经理信息系统的定义和服务目标。

（3）掌握事务处理系统、管理信息系统、决策支持系统、经理信息系统的输入、输出和基本处理活动。

（4）区分管理信息系统、决策支持系统及经理信息系统在支持决策方面的不同作用。

（5）了解企业应用系统。

（6）了解社交媒体信息系统及其在企业中的应用。

信息系统的概念和应用范围已经从组织内部拓展到组织之间，组织中的信息系统和组织之间的信息系统组成了完整的信息系统应用体系。本章将根据组织的管理层次及信息需求，对信息系统进行分类，并对每类信息系统进行阐述。

❖❖❖❖❖❖ 3.1 信息系统的层级 ❖❖❖❖❖❖

3.1.1 组织的管理层次和信息需求

一般来说，人们把一个传统组织的管理看作一个三角形，即著名的安东尼（R. N. Anthony，1965）模型，如图 3.1 所示。安东尼认为组织的管理活动可以分成作业计划与控制层（简称作业层）、管理控制与战术计划层（简称管理层）以及战略计划层（简称战略层）三个层次。由于管理层次的构成和目的不同，每个层次的信息需求都不同。

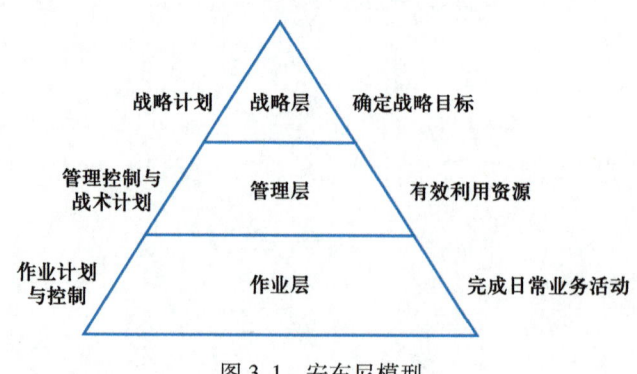

图 3.1 安东尼模型

1. 作业层的信息需求

作业层由组织的作业层经理，如车间主任、财务科会计、生产科调度员等构成。他们负责监督组织的日常业务活动，并对其所负责的业务活动进行指导，以保证组织正常运转。例如，应收账款的登记和督催、库存水平的检查等。作业层经理关注收集、验证和记录事务处理数据。其信息需求有以下特点：

① 重复性：作业层处理的信息通常是周期性循环的，这意味着某些任务和信息处理活动会定期重复进行。例如，订单登记必须每天进行一次，库存盘点必须每月进行一次。

② 可预见性：作业层的信息格式、内容和规则是预先确定的，如电信局每月发出的电信账单、商场开具的发票等，这使得信息的接收者能够提前知道信息的结构和基本内容。

③ 详细性：作业层的信息内容通常描述得相当详细。例如，工资单上有员工的应发工资和应扣工资的细目；入库单上记载了入库货物的名称、供货单位、单价和验收数量等信息。

④ 高精确度：作业层的输入数据和输出信息的精确度高。例如，发票上的价格精确到几角几分。

⑤ 内部信息源：作业层的数据主要由组织内部的信息源产生。例如，为客户开发票时所需的数据来源于销售合同及运输凭证。

⑥ 结构化信息：作业层的输入数据和输出信息都是结构化的，一般有固定的格式和字段。例如，入库单和发票通常都有固定的数据格式，这使得它们能够被自动识别和处理。

2. 管理层的信息需求

管理层由组织的中层管理者，如市场主管、生产主管构成。他们对组织内部的各种资源进行有效利用，计划、检查并控制组织的活动，以确保组织目标的实现。中层管理者还需要根据一系列不同的报表，如汇总报表、常规报表和异常报表等，对业务数据进行概括和分析，向高层管理者提出决策建议。其信息需求有以下特点：

① 阶段性：管理层关注阶段性信息。例如，企业生产主管每周要看一次生产周报，每 10 天要看一次生产旬报。

② 可比性：管理层关注具有可比性的信息。例如，工程部经理在统计本月已完成的工程量时，要将其与计划值进行比较，以判断任务是否完成。销售部经理常常在将本月某类商品的销售额与上个月或去年同期的销售额进行比较之后，再做出销售决策。

③ 概括性：管理信息通常比较概括，不需要太详细。例如，销售部经理只需要了解本月某类商品的销售额而不需要了解某件商品的销售额。

④ 内部和外部信息源：管理层的信息不仅来自组织内部，还来自组织外部。例如，当某企业电视机的销售量下滑时，销售主管需要得到同行业电视机的销售数据，并将本企业的销售数据与该数据进行对比，寻找下滑原因。

3. 战略层的信息需求

战略层主要由组织的高层管理者或资深管理者构成，如企业的首席执行官（chief executive officer，CEO）、总经理、厂长。他们负责制定组织的战略目标，以及实现该目标的规划。其信息需求有如下特点：

① 随机性：战略层管理者往往需要随机查看阶段性信息。例如，企业总经理可能会突然要求查看本年度产品销售量的排行榜，或者当考虑在一些地区增设商店时，需要了解这些地区

的人口密度、交通状况、同类商店的布局情况等信息。

② 全局性：作为规划的制定者，战略层管理者不关注细节信息，而关注全局性数据。例如，他们不会注意某张发票上的具体数据，而特别关注某个大类商品的销售流向。

③ 预测性：战略层管理者在做决策时，需要得到经过科学预测的信息，如企业主要经济指标的预测、新产品销售量的预测等。

④ 异常性：战略层管理者还特别关注异常信息。例如，在市场调研报告中发现未曾出现过的客户群，经分析他们可能是潜在的客户群。

⑤ 外部信息源：高层管理者在制定企业战略方针时，除了使用内部信息，还需要从企业外部获得信息，如国内外同行业竞争者的情况、世界各地区的市场信息、各个国家和地区的外贸政策等。

⑥ 非结构化信息：与作业层不同，战略层管理者使用的信息，如来自销售经理和市场分析员的信息、从与供应商的谈话中获得的信息等，一般是非结构化的，没有固定的格式。

3.1.2 服务不同管理层次的信息系统

组织中的信息系统是为了满足组织不同管理层次的需求而设计的，组织的三个管理层次，即战略层、管理层和作业层所对应的信息系统，如图 3.2 所示。

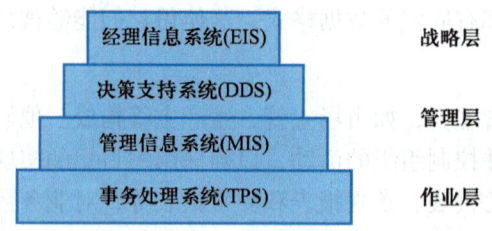

图 3.2 组织的三个管理层次所对应的信息系统

① 经理信息系统（EIS）：支持组织的战略层，旨在帮助高层管理者获取、分析和处理与企业战略决策相关的关键信息。

② 管理信息系统（MIS）和决策支持系统（DSS）：支持组织的管理层，旨在为中层管理者进行监控、管理和决策提供支持。

③ 事务处理系统（TPS）：支持组织的作业层，为作业层经理跟踪组织的基本活动和事务处理情况提供支持。

图 3.3 所示的是组织的三个管理层次所对应的信息系统的服务内容示例。

从图 3.3 中可以看到，组织在纵向上分为战略层、管理层和作业层，在横向上又分为销售/市场管理、制造/生产管理、财务/会计管理、采购管理和人力资源管理等功能区。可以根据管理的层次和功能区来构建信息系统，并将处于不同功能区某个管理层次上的功能按其大小称为一个子系统或一个模块。以财务/会计管理功能区为例，服务作业层的有应收账款明细管理模块、应付账款明细管理模块（属于 TPS），服务管理层的有账龄分析模块和财务报表模块（属于 MIS），以及财务风险预测模块和投资决策模块（属于 DSS）等，服务战略层的有 5 年利润计划模块（属于 EIS），上下各层之间通过数据进行联系。表 3.1 归纳了四类信息系统的输入、处理、输出及服务对象的特点。需要说明的是，因为组织中存在不同的业务领域和管理层次，在四类信息系统中，没有一类系统能够提供组织所需的全部信息，需要将它们集成起来才能达到为组织提供服务的目的。

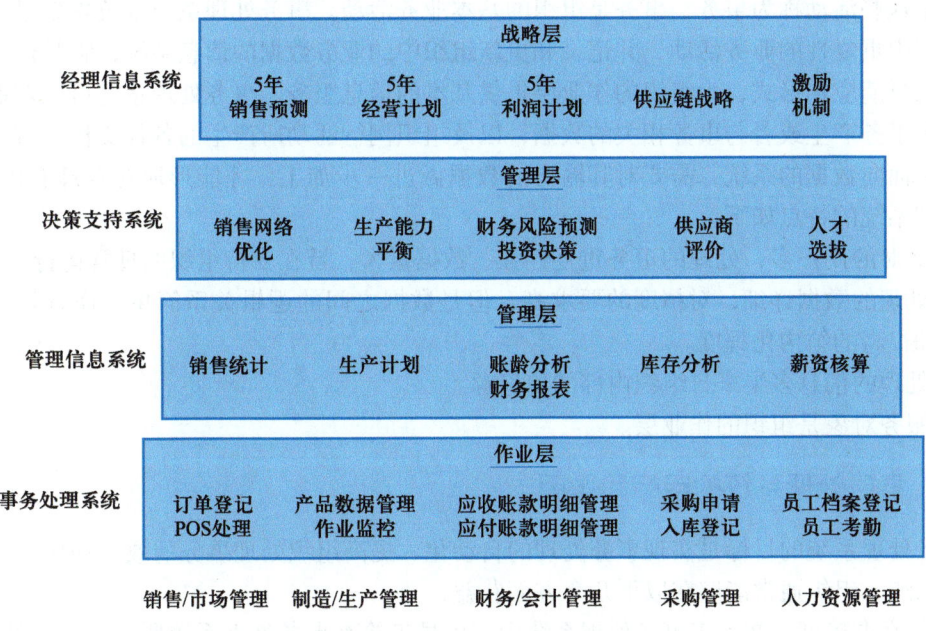

图 3.3 组织的三个管理层次所对应的信息系统的服务内容示例

表 3.1 四类信息系统的输入、处理和输出及服务对象的特点

系统类型	信息输入	信息处理	信息输出	服务对象
经理信息系统	企业内外部综合性数据	图形、模拟、互动式	预测、查询响应	高层管理者
决策支持系统	少量的数据、大型数据库的数据分析最佳实践、模型分析所需的数据	互动式、模型、模拟、分析	专项报告、决策分析、查询响应	专业人员、顾问
管理信息系统	交易数据、大量数据、简单模型	常规报表、简单模型、底层分析	汇总报告、异常报告	中层管理者
事务处理系统	交易、事件	排序、列表、合并、更新	详细报告、明细表、列表	操作人员、作业组长

3.2 事务处理系统

3.2.1 事务处理系统的定义

每个组织都有大量重复性的信息处理工作需要完成。例如：

① 财务处每月都要进行工资结算。

② 销售部每天都要进行订单登记。

③ 材料进出仓库时，保管员要进行出库/入库登记。

④ 客户在购买商品之后，销售部门要开具发票。

以上这些活动称为事务，事务是组织的基本业务活动。事务处理系统是负责记录、处理并报告组织中重复性的业务活动，并记录和更新组织中的业务数据的信息系统，它是信息系统在组织中的早期应用形式，为组织的作业层提供基本的信息服务。事务处理系统可以获取、处理和存储由事务产生或者与事务相关的数据，以及组织例行活动所产生的各种文档。事务处理系统是一种面向数据的系统，需要对其输出的数据做进一步加工，才能形成对管理有用的信息。事务处理系统的特点如下：

① 面对的用户多，处理的事务重复性强、数据量大，旨在支持组织的日常运行。

② 处理的数据详细，对精度的要求高，但是数据之间的逻辑关系简单，而且具有很强的规律性和很高的结构化程度。

③ 处理的信息多半来自组织内部的信息源。

④ 服务对象是组织的作业层。

3.2.2　事务处理系统的目标和作用

事务处理系统的目标是实现事务处理的自动化，提高组织处理事务的效率和质量。利用事务处理系统，组织通常能够在以下几个方面获益：

① 提高准确度：在人工事务处理系统中，由员工检查事务处理系统所产生的文档和报告。由于人难免会犯错，因此组织常常需要消耗时间、精力和资源来进行修正。而采用计算机技术的事务处理系统由于经过运行的检验，因此一般不会出错。

② 提高处理速度，及时生成文档和报告：人工事务处理系统需要花费数天的时间才能生成事务报告，而采用计算机技术的事务处理系统通常在几秒内就能完成该任务。

③ 提高劳动效率：采用事务处理系统后，由于大量的事务性工作被自动化处理，组织可以显著减少人力需求，降低成本。

④ 改善服务水平：事务处理系统可以帮助组织记录、处理和跟踪大量的细节信息，更好地满足客户对产品和服务的需求。

⑤ 提供辅助决策的数据：事务处理系统产生的数据不仅反映了组织的基本业务活动，还是组织在制定战术和战略决策时需要参考的原始资料。

3.2.3　事务处理系统的基本活动

事务处理系统能够获取和处理反映组织基本事务的数据，并利用这些数据来更新数据库，以及根据组织内部与外部事务处理的需要产生文档和报告。事务处理系统的输入-处理-输出活动如图 3.4 所示。

事务处理系统经历了数据收集、数据编辑、数据修改、数据操作、数据更新以及生成文档和报告等活动，这些活动构成了事务处理的生命周期。

1. 数据收集

数据收集是指获取和收集事务处理所需数据。过去，许多企业收集客户手写的订单信息，然后将其通过键盘输入计算机。随着技术的进步，越来越多的企业开始采用自动化的方式来收集数据。例如，使用扫描仪读取商品的条形码，或使用射频识别（RFID）设备读取商品芯片内的信息。

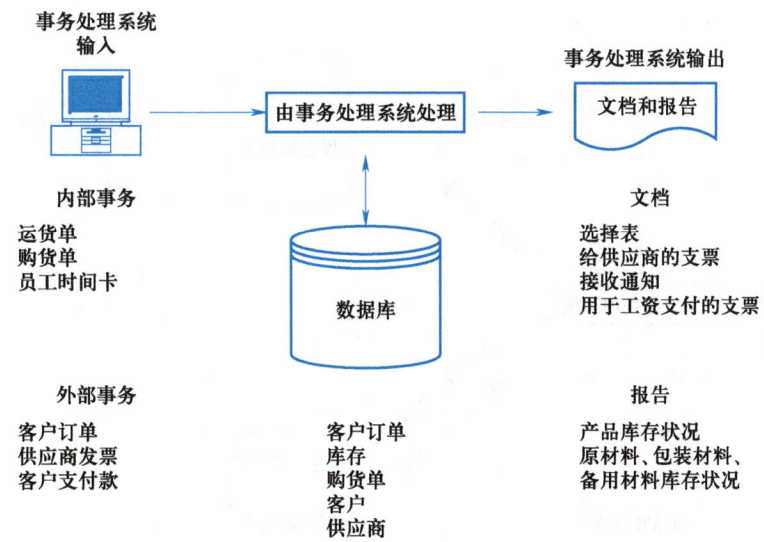

图 3.4　事务处理系统的输入-处理-输出活动

2. 数据编辑

数据编辑是指在输入数据的过程中检查数据的有效性和完整性。例如，产品订购数量应该为数值型，如果输入的是文本或特殊字符，则视为无效数据。再如，同一订单中的产品型号应该是唯一且有效的，并要与数据库中的记录相匹配。当用户输入产品型号时，系统将其与数据库中的记录进行比对，如果数据库中没有所订购产品的型号，系统就会提示订单无效。

3. 数据修改

数据修改是指在数据维护或数据处理的过程中，对数据进行更新或更正。

4. 数据操作

数据操作涵盖了对数据的多种处理活动，包括分类、排序、计算、汇总以及存储等。例如，一张订单是订单数据库中的一条记录，一条记录中产品的数量乘以其价格等于该订单的购货金额。这就是订单事务处理系统的一项数据操作。

5. 数据更新

数据更新是指用新的事务记录来更新组织的各类数据库。例如，用新的销售记录去更新组织的库存数据库，以反映最新的库存情况。

6. 生成文档和报告

该活动的主要任务是生成输出文档和报告，以供组织内部管理层、决策者或外部相关方使用。例如，生成库存状况报告。

图 3.5 所示的是销货点（point of sale，POS）事务处理系统的一个实例。百货商店或连锁超市通常使用手持式扫描仪来自动读取商品的通用产品代码（universal product code，UPC），POS 事务处理系统根据每件商品的 UPC，在商品数据库中查询商品的价格，计算并打印账单；用新收集到的数据，如购买商品的数量、日期、时间和价格，去更新库存数据库和销售数据

库，同时产生日销售报表。库存数据库和销售数据库中的数据可以提供给管理信息系统做进一步分析。

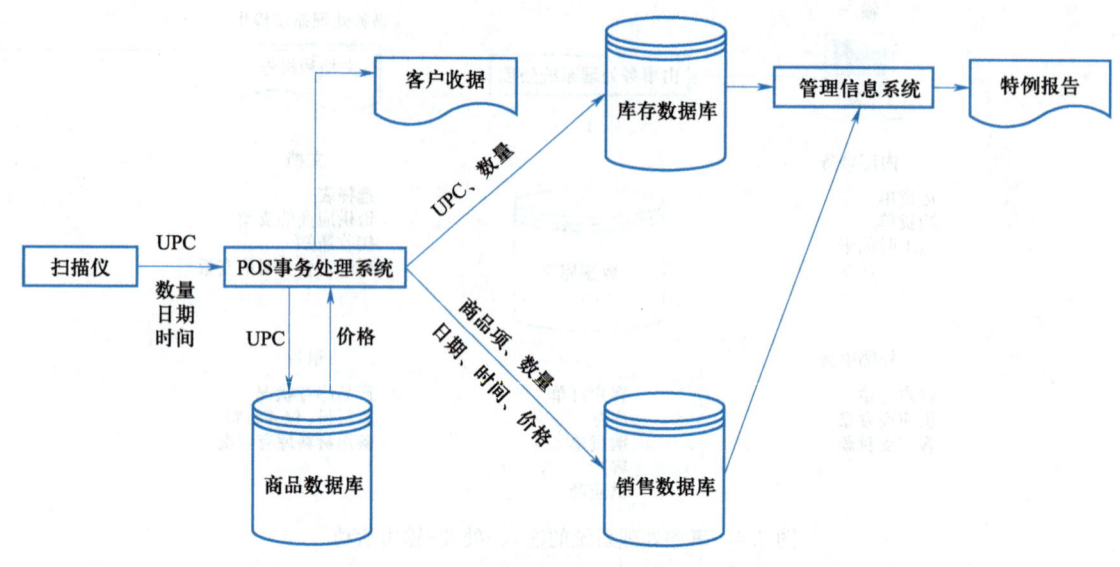

图 3.5 POS 事务处理系统

事务处理的方式有三种：批处理、联机处理和延迟联机录入处理。以订单处理为例，批处理将一天内发生的订单集中在下午 5 点输入计算机并批量更新数据库，尽管具有节省人力、降低成本的优点，但增大了订单发生和订单处理之间的间隔时间。联机事务处理又称为实时处理，每发生一张订单，便立即更新数据库，具有加快资金流转、及时安排生产的优点。延迟联机录入处理则是一种折中的方法。例如，虽然订单在客户从网上订购商品时就被存入系统，但事实上它直到晚上才被处理。组织选用哪种事务处理方式要根据应用的具体需求来确定。

3.3 管理信息系统

3.3.1 狭义管理信息系统的定义

组织的中层管理者在工作中常常会遇到以下问题：
① 某类产品的市场占有率是多少？哪些产品畅销？
② 企业本期收支情况与前一年的收支情况相比有何差异？
③ 本月订单的完成情况如何？
④ 企业员工的年龄结构如何？
中层管理者可以借助管理信息系统得到答案，从而做出战术决策。

管理信息系统（狭义）是指能够从组织内部和外部收集数据，并对其进行加工处理，形成有用的信息，以预先设定的形式提供给以中层管理者为主的各级管理者使用的信息系统。在信息系统的应用体系结构中，狭义管理信息系统起着连接事务处理系统、决策支持系统和经理信息系统的作用。它通过对事务信息进行汇总和分析，向管理者定期提供预先设定的报告、报表和查询，支持管理者（以中层管理者为主）高效地计划和控制组织的运行。

3.3.2　管理信息系统的目标和作用

组织的战略目标是通过管理层的战术运作来实现的。管理信息系统的服务对象是组织的中层管理者。管理信息系统帮助中层管理者进行资源的分配、计划的制订和调整，使他们能深入观察组织的日常运行状况，并将现有的运行结果与预定的目标进行对比，确定问题所在，寻找改善的途径和机会，从而有效地控制组织的运行。管理信息系统能够对组织（企业）的成本、利润、客户服务、产品创新等方面产生积极的影响，帮助组织取得竞争优势。

3.3.3　管理信息系统的基本活动

管理信息系统的基本活动包括输入数据、处理数据和输出数据。

管理信息系统的输入数据，是指管理信息系统收集和输入数据。管理信息系统的数据有内部和外部两种，事务处理系统负责收集和存储与基本业务活动相关的数据，其应用程序不断地对组织的各类数据库进行更新，这些实时更新的数据库是管理信息系统主要的内部数据源。管理信息系统的外部数据包括客户、供应商、竞争者、投资者等的基本数据，这些数据可以通过多种方式获取，如互联网搜索、市场调研，或者直接从外部数据库中提取。

处理数据和输出数据，是指管理信息系统运用从事务处理系统获取的数据和外部数据，按照预先设定的要求，通过分类、汇总、排序、计算及分析等工作，输出具有特定格式的报表。管理信息系统输出的报表主要有以下几种形式：

（1）周期报表

周期报表是按照固定的周期或日程生成的报表，如生产日报、周报或月报。这些报表有助于管理者了解组织的日常运营情况，并进行相应的生产调度。

（2）定制报表

定制报表是指根据管理者特定的信息需求制作的报表。例如，定制报表可以包含实际值与目标值对比的企业运作关键指标，以满足管理者的个性化需求。

（3）异常报表

异常报表是反映企业异常情况的报表，如应收账款超过规定水平等。异常报表的内容能够引起管理者的注意，促使他们及时采取措施解决问题。

（4）详细报表

详细报表是为管理人员提供详细数据的报表，有助于他们深入了解业务的各个方面。例如，当管理者发现应收账款超过规定水平时，可以查看应收账款的详细列表，一旦发现超过付款期的欠款者，就立即启动催款程序。一般来说，详细报表的信息可以从事务处理系统中获取。

3.3.4　营销管理信息系统实例

管理信息系统广泛应用于企业的各个职能领域，如营销管理信息系统、制造管理信息系统、人力资源管理信息系统等。本节以营销管理信息系统为例，阐述其如何为营销管理服务。

1. 营销管理信息系统的输入和输出

营销管理信息系统的内部数据，是营销事务处理系统所提供的数据，包括产品销售数据、客户及销售人员的情况等；外部数据主要是竞争者的相关信息。例如，竞争者的价格政策、产品与服务、主要市场与客户等方面的信息。外部数据可以从竞争者使用的营销资料、手册，行业协会发布的信息，相关的外部数据库以及互联网等多种渠道收集。图3.6所示的是一个营销管理信息系统的输入-处理-输出活动。

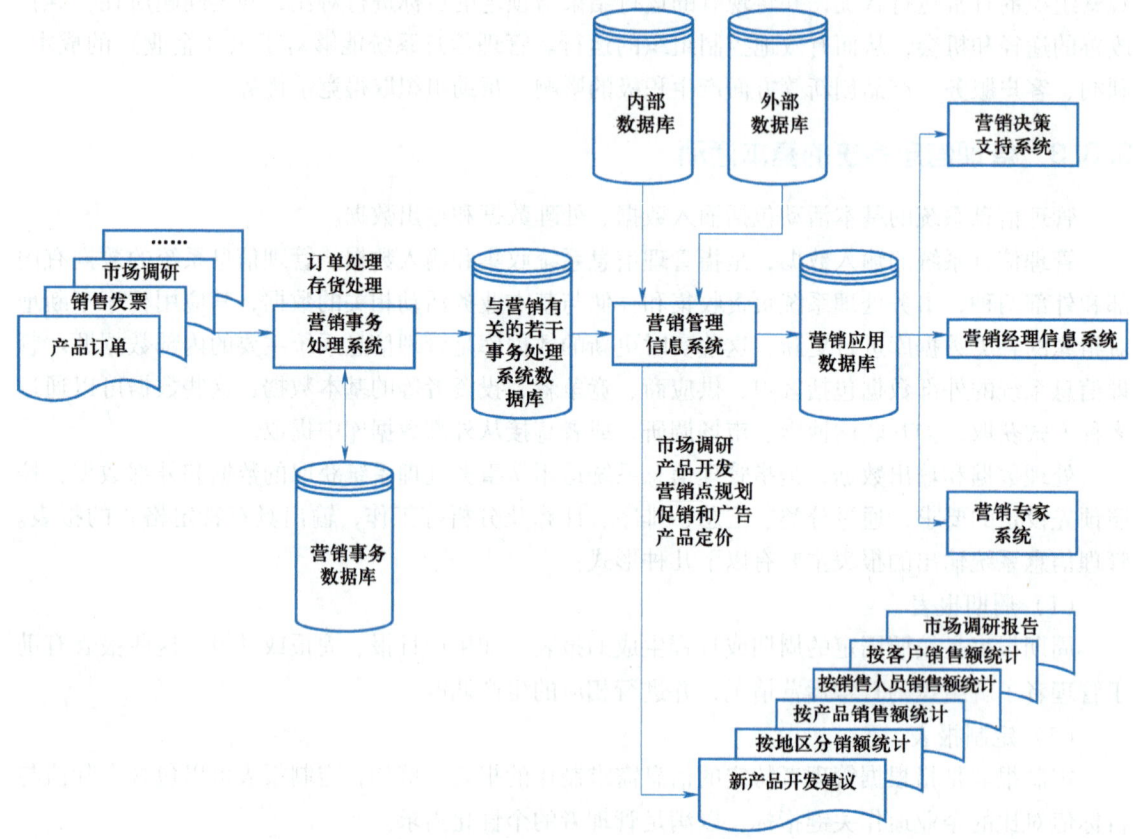

图3.6 营销管理信息系统的输入-处理-输出活动

以图3.6为例，营销管理信息系统的前端是与营销有关的各种事务处理系统。例如，订单处理系统、存货处理系统等。这些事务处理系统将生成与营销有关的若干事务处理系统数据库，它们是营销管理信息系统的内部数据源。营销管理信息系统从营销事务数据库和其他内部数据库及外部数据库中提取数据，完成如图3.6所示的市场调研、产品开发等子系统的输出信息，包括市场调研报告、按客户销售额统计、按销售人员销售额统计、按产品销售额统计、按地区分销额统计、新产品开发建议等报告。营销管理信息系统同时把有关数据存入若干面向主题的营销应用数据库，如市场调研数据库、按客户销售额统计数据库等，供更高级的营销决策支持系统、营销经理信息系统和营销专家系统使用。

2. 营销管理信息系统的处理

市场营销的功能就在于满足用户当前以及潜在的需求。营销经理在实现营销功能的过程中要根据企业的营销战略目标进行许多战术活动的规划。例如，进行市场定位、市场细分；确定向哪一个区域的哪一类用户提供什么样的商品和服务；如何考核销售人员的业绩；确定奖励销售人员的办法等。根据营销功能，可以将营销管理信息系统分为市场调研、销售管理、广告和促销、产品定价、客户管理等子系统。子系统是系统的一部分，子系统及其下属模块的功能确定后，即可用程序来实现。图 3.7 所示的是用功能图描述的一个营销管理信息系统子系统的设计方案。

（1）市场调研子系统

市场调研数据的收集方法有调查、问卷、面谈等，市场调研子系统分析这些数据，输出有关客户的产品偏好、价格敏感度、质量期望、服务要求等的分析报表，协助营销经理发现客户真正想要的产品或服务，并据此进行市场定位。

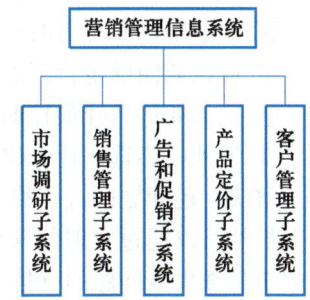

图 3.7　营销管理信息系统
子系统的设计方案

（2）销售管理子系统

销售管理子系统通过营销事务处理系统输出的发票等数据，获得大量与客户、销售人员、不同区域、各类产品及各个细分市场相关的销售数据。该系统能够基于这些数据，生成涵盖销售人员、地区、产品、时间等多个维度的销售分析报表。此外，销售管理子系统还能够根据销售人员的业绩生成销售人员评价报表，并提供灵活的查询功能。上述报表能够帮助营销经理及时调整销售策略和战术方针。

（3）广告和促销子系统

广告和促销子系统根据营销事务处理系统和销售管理子系统输出的销售数据及销售分析报表，确定需要进行广告推广和促销的产品和服务，并制订相应的活动预算，最后根据活动前后的销售情况制作反映活动有效性的报表。

（4）产品定价子系统

产品定价子系统是一个集成了市场调研、销售管理、成本控制等多个方面的综合性系统，负责确定产品的零售价、批发价、价格折扣政策等。它通过市场调研子系统、销售管理子系统和其他子系统，收集和分析产品的外部价格信息（如竞争者的价格信息等）、内部成本数据（如产品成本、边际利润等），结合企业的整体战略目标，制定出科学合理的产品价格。产品定价子系统还可以建立简单的定价模型，帮助销售人员确定产品的价格范围。对于复杂的定价问题，可以调用决策支持系统提供的更高级的定价模型来进行分析和决策。

（5）客户管理子系统

客户管理子系统对营销事务处理系统所产生的客户数据和信息进行进一步的处理，包括进行客户忠诚度分类、客户偏好分类、大小客户分类，以及发现潜在客户等，并生成相应的报表。

根据信息系统的设计目标和企业发展要求，营销管理信息系统还可以设置其他子系统，如竞争者子系统、销售网络管理子系统，甚至升级为客户关系管理（customer relationship management，CRM）系统（见第 10 章）。

狭义的管理信息系统将事务处理系统输出的数据变成信息，在事务处理系统和决策支持系统之间起着承上启下的作用。但它只能在信息导向的层面辅助常规业务的决策，对于复杂而又不是常规性的决策缺乏支持能力，这时就需要使用决策支持系统进行辅助。也有人将狭义的管理信息系统称为管理报告系统（management reporting system，MRS）。

◆◆◆◆◆◆ **3.4 决策支持系统** ◆◆◆◆◆◆

3.4.1 决策支持系统的定义

组织在运作过程中常常会遇到许多决策问题，下面列举其中的一些问题：

① 企业采购原材料时应该选择哪家供应商？

② 应该如何确定合理的库存量？

③ 应该如何选择最佳的运输路径？

④ 连锁门店选在什么位置比较合适？

解决上述问题的过程称为决策过程。在管理活动中，管理者需要对这些问题做出决策。管理者虽然可以通过管理信息系统获得经过分类、比较、汇总和简单计算的信息，但是这些信息对解决特殊决策问题的支持力度是不够的，以至于管理者只能靠直觉、经验进行决策。为了满足解答复杂决策问题的需求，决策支持系统（DSS）应运而生。

决策支持系统的概念经过无数次扩充，成为一个集计算机技术、人工智能、管理科学、决策科学、心理学、组织行为学等学科与技术于一体的技术集成系统。决策支持系统的目的在于提高决策的效能，而不是效率。

国内外学者从不同的角度，给出了决策支持系统的定义：

从人机交互的角度看，决策支持系统是以现代信息技术为手段，针对某一类型的半结构化的决策问题，通过提供背景材料、协助明确问题、修改和完善模型、列举可能的方案、进行分析和比较等方式，为管理者做出正确决策提供帮助的人机交互系统。

从决策支持的角度看，决策支持系统是将数据、复杂的分析模型和用户友好的软件集成在一起的、能够很好地支持半结构化和非结构化决策的系统，其目的是辅助管理决策。

从互动支持的角度看，决策支持系统是基于计算机的信息系统，能够在决策制定的过程中为经理和业务专家提供互动信息的系统。决策支持系统一般借助分析模型、特定的数据库、决策者自己的观点和判断，以及交互的、基于计算机的建模过程来支持半结构化的企业决策。

3.4.2 决策支持系统的特征及其与管理信息系统的关系

对决策支持系统的特征进行描述，有助于人们进一步理解决策支持系统的内涵。决策支持系统的主要特征如下：

① 主要用来解决半结构化和非结构化问题。

② 面向组织的所有管理者，特别是高层管理者和中层管理者。

③ 用于辅助决策，而不是代替决策者做出决策。

④ 支持决策制定的全过程（包括收集情报、设计方案、选择方案和实施方案四个阶段）。

⑤ 注重提高决策的效能，而不是效率。

⑥ 强调由管理者以交互会话的方式使用。

⑦ 把模型、分析、人工智能与数据库、数据仓库和数据挖掘技术结合起来。

⑧ 可以为个人、群体和整个组织进行决策提供支持。

决策支持系统与管理信息系统有很大的差别，主要表现在以下几个方面：

① 管理信息系统面向组织的中层管理者，处理的是结构化决策；决策支持系统主要面向组织的高层管理者和中层管理者。例如，结账管理信息系统从应收账款数据库中提取数据，自动生成过期未付的客户账单的周报告，并交给财务经理，由其自行进行分析；而决策支持系统则通过"What-if"模型来分析过期未付的客户账单对现金流、总收入、整体利润水平的影响，并把分析结果交给财务经理。此外，决策支持系统也支持作业层的决策。例如，运输公司的车辆优化调度系统、集装箱配载优化系统可以帮助调度员和配载工人决定车辆行驶路线和集装箱配载方案。图 3.8 所示的是一个集装箱配载优化系统的可视化界面。业务人员使用该系统，可以从其输出界面上看到关于集装箱空间利用情况的图形和报告。

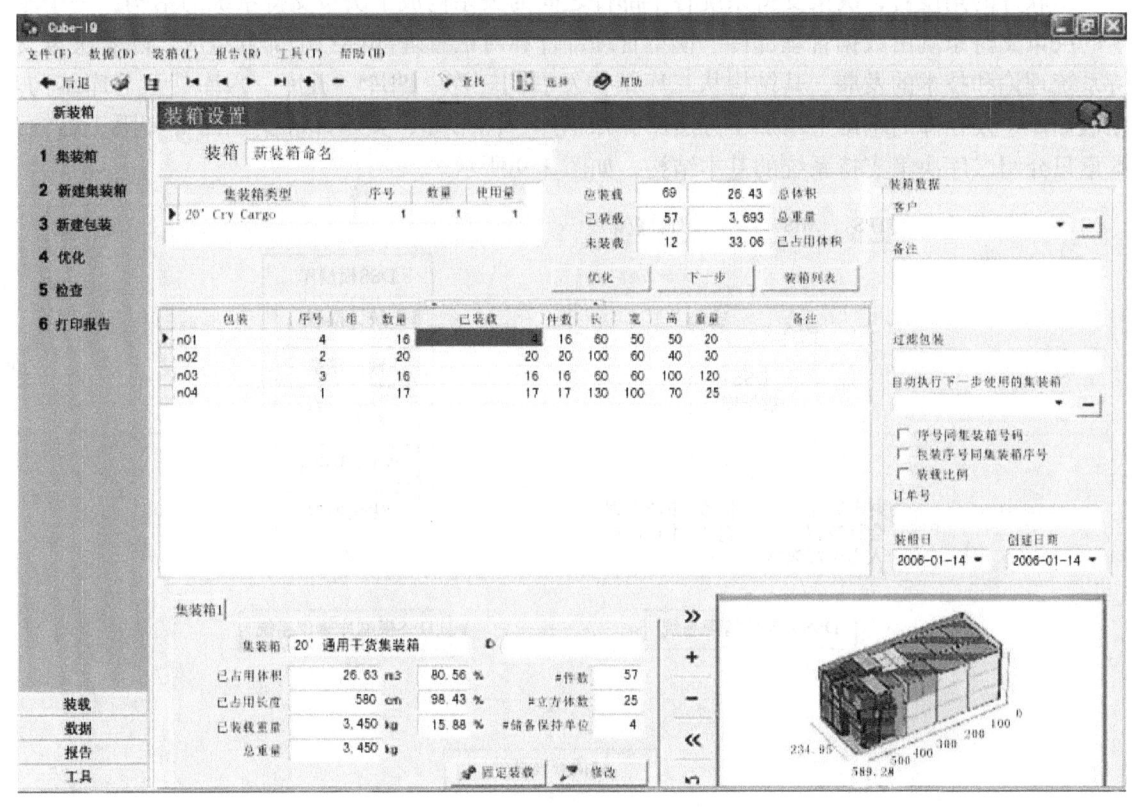

图 3.8　一个集装箱配载优化系统的可视化界面

② 管理信息系统提供的报表和信息大多用于控制组织整体的运行；决策支持系统则用于支持个人、群体或整个组织的问题解答。决策支持系统可以支持一个特定的管理者做出一个特定的决策，从而解决一个特定的问题。例如，车辆优化调度系统可以帮助运输公司的调度员安排车辆并确定最佳的运输路线。当需要通过专家委员会、项目团队和任务组等群体方式解决问题时，可以通过群体决策支持系统（group decision support system，GDSS）来解决。例如，专家委员会的专家可以在各自的办公室里通过网络视频会议讨论某个项目的评审意见，而不需要从四面八方聚集在一起开会。

③ 管理信息系统主要采用数据分析技术来识别信息需求，完成例行事务的信息分析。决策支持系统则根据决策问题来确定并建立决策过程中要使用的分析模型；采用人工智能技术来

增强决策支持能力；通过提供决策所需的信息，帮助决策者更好地做出决策。

④ 决策支持系统强调用户以交互方式使用系统，允许终端用户控制数据、选择模型，并与系统进行对话。决策者针对同一个问题可以选取不同的模型，由此产生多个可供选择的行动方案。因此，决策支持系统的运行在很大程度上是由它的使用者控制的。而管理信息系统则是基于固定的信息需求设计的，系统开发人员会根据企业的信息需求定义系统的模块，用户最终获得的信息取决于这些模块的预定功能。

3.4.3 决策支持系统的结构

从软件的角度看，决策支持系统各个部件之间的关系构成了决策支持系统的结构，一个基本的决策支持系统由数据管理部件、模型管理部件和对话管理部件三个部分组成。随着决策支持系统理论和技术的发展，其结构从二库结构发展到三库、四库、五库、六库甚至七库结构。在数据库、模型库的基础上增加了方法库、知识库、图形库、文本库和案例库等，限于篇幅，本章只介绍二库决策支持系统的基本结构，如图 3.9 所示。

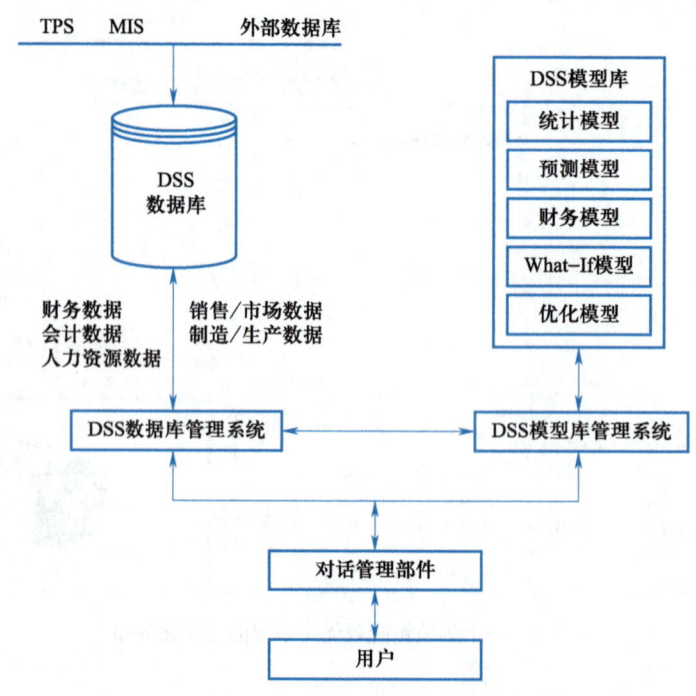

图 3.9 二库决策支持系统的基本结构

1. 数据管理部件

数据管理部件由 DSS 数据库和 DSS 数据库管理系统两部分组成。DSS 数据库是一种保存决策所需的当前或历史数据的专用数据库。例如，用于预测销售量的 DSS 数据库中保存了 10 年的商品销售数据。DSS 数据库在逻辑上独立于组织的基本业务数据库。其数据来源主要有以下三个：

① 来自组织内部的信息系统：例如，管理信息系统、事务处理系统等产生的财务/会计管理、销售/市场管理、制造/生产管理或人力资源管理等方面的数据。

② 来自组织的外部：例如，行业的某些特定数据、地区经济发展数据等，可以从政府部门或行业数据库中获取，或者从互联网上下载。

③ 来自决策者个人的数据：将决策者的经验和洞察力等个人信息输入决策支持系统，供其在运行时调用，这也体现了决策支持系统的个性化色彩。

决策支持系统可以直接访问组织内部的数据库，但不能直接修改它们，以确保数据的安全性。为了节省数据搜索时间，决策支持系统往往预先将所需的信息从相关的事务处理系统和管理信息系统数据库中抽取出来，或者从数据仓库复制到 DSS 数据库中。

DSS 数据库管理系统的主要任务是管理与某一特定决策相关的数据的检索、存储和组织，并由多个部件，包括数据库（database，DB）、数据字典（data dictionary，DD）、数据库管理系统（database management system，DBMS）、数据仓库（data warehouse，DW）以及数据查询工具（data query form，DQF）等共同执行这些任务，同时提供各种安全功能。

2. 模型管理部件

模型管理部件由 DSS 模型库和 DSS 模型库管理系统组成。DSS 模型库中存放了用户求解问题所需的各种模型。这些模型通常以数学模型或逻辑规则模型的方式存在。模型是对事件、事实、活动、过程或解决方法的一种抽象和简化的描述。通过研究模型，而非事实和活动本身，可以降低成本、节省精力和时间，便于决策者更好地理解和解决问题。决策支持系统中常用的模型如表 3.2 所示。

表 3.2　决策支持系统中常用的模型

模　　型	说　　明
统计模型	可以计算均值、标准方差和输出散点图等，并且可以建立因果关系。例如，把产品销售同消费者的年龄、收入或其他因素联系起来，利用 SPSS、SAS 等实现统计分析功能
预测模型	用事物的过去信息对事物的未来状态进行科学的推测。例如，指数平滑模型、季节预测模型、回归预测模型、马尔可夫链预测模型等
财务模型	有现金流、内部回报率、投资分析等模型。例如，Excel 就具有这些简单模型的求解功能
What-if 模型	What-if 分析是指对决策变量做假设性的改变，以观察其影响目标变量的过程。例如，在敏感性分析模型中，假设提高售价 5% 或追加 10 万元的广告预算，预测将会发生什么
优化模型	有线性规划、非线性规划、动态规划、目标规划和最优控制等模型。软件包 LINDO 专门用于求解线性规划问题

DSS 模型库管理系统（model base management system，MBMS）的主要功能有建立或重构新模型，分解或组合模型，修改、插入或删除模型，存储或调用模型，维护与恢复模型。MBMS 从调用者那里获取输入参数，并传给模型使其运行；然后将输出参数返回调用者，并对模型的执行结果进行分析、评价等。此外，MBMS 还提供了数据库接口的转换功能，可以将模型访问数据库的标准形式转化为具体系统要求的形式。

3. 对话管理部件

对话管理部件由 DSS 用户界面和用户界面管理系统组成，主要负责用户与决策支持系统之间的交互，用户通过用户界面将命令、数据和模型输入决策支持系统。一个良好的用户界面，对决策支持系统功能的发挥至关重要。对话管理部件一般具有以下功能：

① 帮助用户使用决策支持系统。

② 接收用户请求，并将用户请求输入决策支持系统。

③ 识别和处理不同类型的会话方式，如程序命令语言或自然命令语言。

④ 为多个决策支持系统用户之间的通信提供支持。

⑤ 对各种处理结果进行解释、描述和输出。

⑥ 与数据管理部件和模型管理部件友好交互。

总之，用户通过对话管理部件能够很方便地完成建立模型、修改模型、选择模型、求解问题的操作。

3.4.4 决策支持系统的一个实例——物资市场预测决策支持系统

某物资集团公司主营各类生产资料的进销存业务，其经营的物资包括有色金属、黑色金属、建筑材料、机电产品、化工原料和燃料，为了更好地把握市场、辅助公司经理进行市场定位决策、辅助业务部门主管进行采购决策，公司开发了一个物资市场预测决策支持系统。它由物资市场预测 DSS 数据库、物资市场预测 DSS 模型库，物资市场预测 DSS 用户界面，以及相应的数据库管理系统、模型库管理系统、用户界面管理系统和数据仓库系统组成。

物资市场预测 DSS 数据库中存放了物资市场预测 DSS 模型所需要的数据，如近 5~10 年各类物资的年销售量，这些数据由数据仓库系统从集团公司下属专业公司的事务处理系统、管理信息系统以及相关的外部数据库中获取，供该模型使用。除此之外，物资市场预测 DSS 数据库中还存放了预测的中间结果和最后结果数据。

物资市场预测 DSS 模型库由加权滑动平均模型、指数平滑模型、季节指数预测模型、自回归预测模型、灰色预测模型、差分预测模型等 15 个模型组成。系统通过模型字典调用这些模型。

物资市场预测 DSS 用户界面可以使公司经理和业务主管更便捷地使用系统。例如，用户要求预测下一年铝材的销售量，用户界面通知数据管理部件调用近 10 年的铝材销售数据，在剔除了非正常数据后，模型管理部件根据历史数据的特征，通过模型字典调用合适的预测模型，然后将历史数据输入模型并运行，再通过对话部件输出对下一年铝材销售量的预测值。

物资市场预测决策支持系统的工作过程如图 3.10 所示。

3.4.5 决策支持系统的发展趋势

管理信息系统主要关注结构化问题的决策，决策支持系统则支持半结构化甚至非结构化问题的决策。早期的决策支持系统主要依靠模型驱动，其思路是根据已知领域的知识和规则来构造模型，再通过数据对模型进行检验。随着信息技术的发展，数据驱动的决策支持系统应运而生。例如，使用联机分析处理（OLAP）、数据挖掘、人工智能、大数据等技术从海量数据中发现新颖的、事先未知的有用知识，如果被发现的知识反映了企业运作的某种规律，就将它用于支持企业管理层的半结构化和非结构化决策。第 6 章将阐述的商务智能（BI）就是这种数据驱动的决策支持系统，它是一种更高层次的决策支持系统。

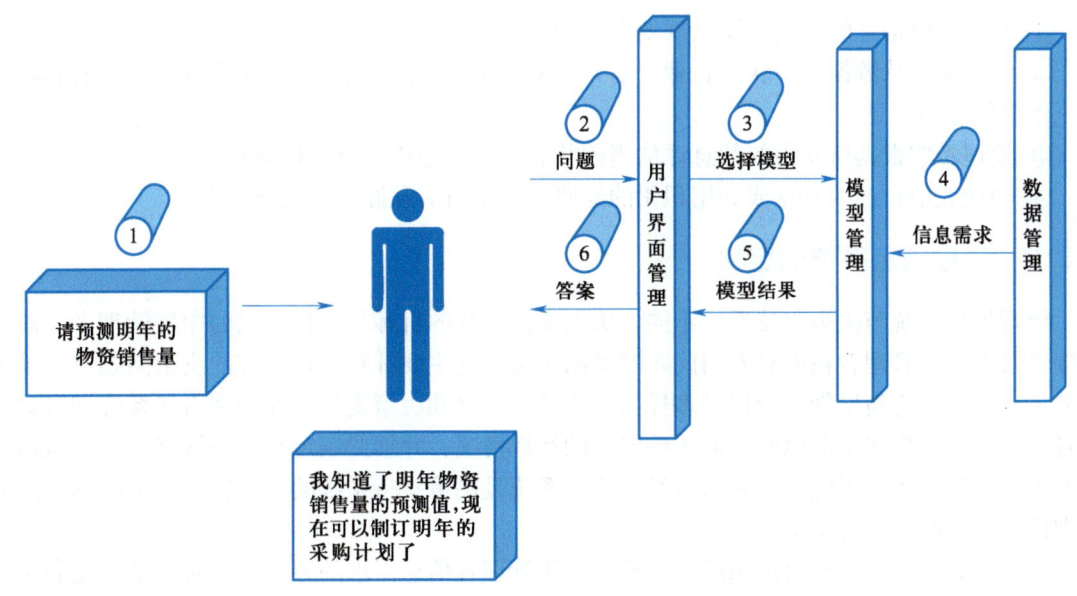

图 3.10　物资市场预测决策支持系统的工作过程

3.5　经理信息系统

3.5.1　经理的信息需求

经理信息系统也称为高管支持系统（executive support system，ESS）。这里的"经理"主要是指处于组织上层并对组织的战略和政策制定有重大影响的管理者，即高层管理者。哈佛大学丹尼尔·J. 伊森伯格（Daniel J. Isenberg）花了两年多的时间对十多位经理进行了调查，以了解他们思考什么。他发现经理们通常思考两类问题，即如何做事情，以及如何处理最关心的事情或整体目标。例如，对于"未来 5 年公司将开发什么新产品"，在"如何做事情"方面，经理们更注重调用组织的人力资源，让下属去解决问题，而较少关注解决方案的细节。在"如何处理最关心的事情或整体目标"方面，他们主要关注战略决策和长期规划。经理工作的特点主要体现在以下几个方面：

① 经理管理整个组织或者独立自主的子单位，在组织中的控制范围最广。

② 经理考虑得最多的问题是企业的长期发展战略，对制定企业级的决策负有责任。

③ 经理必须广泛关注企业内部及外部发生的重要事件。

④ 经理是企业与外部环境相互作用的代表。

⑤ 经理的行为可以在财务、人事、市场、生产等方面对企业产生重大的影响。

在决策过程中，经理具有独特的信息需求。例如，他们需要查询企业的财务信息甚至产品的成本信息；需要从外部获取市场信息、客户信息、供应商信息和竞争者信息，以及股票市场信息、产业动向信息等。经理不仅需要短期信息，更需要反映企业运行的动态和实时信息，他们常常从概要的数据出发逐级查阅更详细的数据，他们还喜欢先通过图形观察数据的变化趋势，然后再根据需要查看具体数据。总的来说，经理的信息需求具有以下特点：

① 经理获得信息的中心意图是规划和控制。

② 经理需要从数据库中获得行业、客户、竞争者以及下属部门的有关历史、当前和将来的三个时间段的信息。

③ 经理希望根据所获得的信息评估当前状态和未来趋势，寻找投资和融资的机会。

④ 经理凭借自己的直觉或利用积累的经验，根据当前掌握的信息做出决策。

3.5.2 经理信息系统的定义

经理信息系统与决策支持系统不同。决策支持系统的目标是支持组织的中层管理者、高层管理者乃至低层管理者在面对专门问题时做出决策。它主要针对比较狭窄的决策问题进行建模和分析，而难以为高层管理者提供多样的、广泛的信息和决策支持。而经理信息系统则专为高层管理者设计，旨在帮助他们全面了解组织的运作情况，并据此制定组织的战略方针，从而为更宏观的目标服务。因此，有人认为经理信息系统是决策支持系统的一种特例。不同的文献对经理信息系统的定义有所不同。

劳登夫妇认为，经理信息系统是一种以聚焦管理者信息需求的方式，面对非结构化和半结构化问题，通过汇总来自组织内部和外部的数据，帮助高层管理者监视组织绩效、跟踪竞争者的行动、锁定问题、预测趋势和识别机会的信息系统。

经理信息系统一般具有以下特征：

① 专门用于满足高层管理者的决策需求。

② 直接面向高层管理者，为他们提供各种通信工具，操作便捷。

③ 通过图、表、文字等多种形式输出信息，使高层管理者能够直观地理解数据和分析结果。

④ 数据来源包括组织内部的生产、销售、财务等部门，以及外部的市场、竞争者、政策等方面的信息源。

⑤ 可以为决策者提供选择、析取、分离、追踪和深挖信息的功能。

⑥ 可以为决策者提供其所需要的状态报告、异常情况报告、趋势分析报告、数据挖掘报告等。

3.5.3 经理信息系统的组成和工作原理

1. 经理信息系统的组成

经理信息系统由硬件和软件组成。从硬件的角度看，基于计算机的经理信息系统需要具备在各种条件（除了本地环境，还包括互联网、移动通信等环境）下支持经理使用的能力。从软件的角度看，经理信息系统的软件具有较强的"专业性"，是为满足经理的个性化需求而设计的。图 3.11 给出了一个经理信息系统模型。

该模型由具有菜单、图表、数字仪表盘和交流、通信能力的工作站组成，每位经理都可以通过经理工作站或门户网站直接使用经理信息系统，他们从菜单中选择所需的功能或者执行少量的处理，从服务器上的数据库或数据仓库中获得企业内部数据（如 TPS/MIS 的数据、财务数据、办公系统数据、建模/分析数据等）和外部数据（如道琼斯新闻、网上新闻、标准普尔公司的数据等）。数字仪表盘可以实时显示经理们希望看到的反映趋势分析、关键指标、异常报告等的图形和数据。办公系统能够提供文字处理、日程安排、地址簿、待处理事务清单、电子邮件和群件等服务。经理们即使出差，也可以通过内联网、互联网及时看到企业的运营情况。

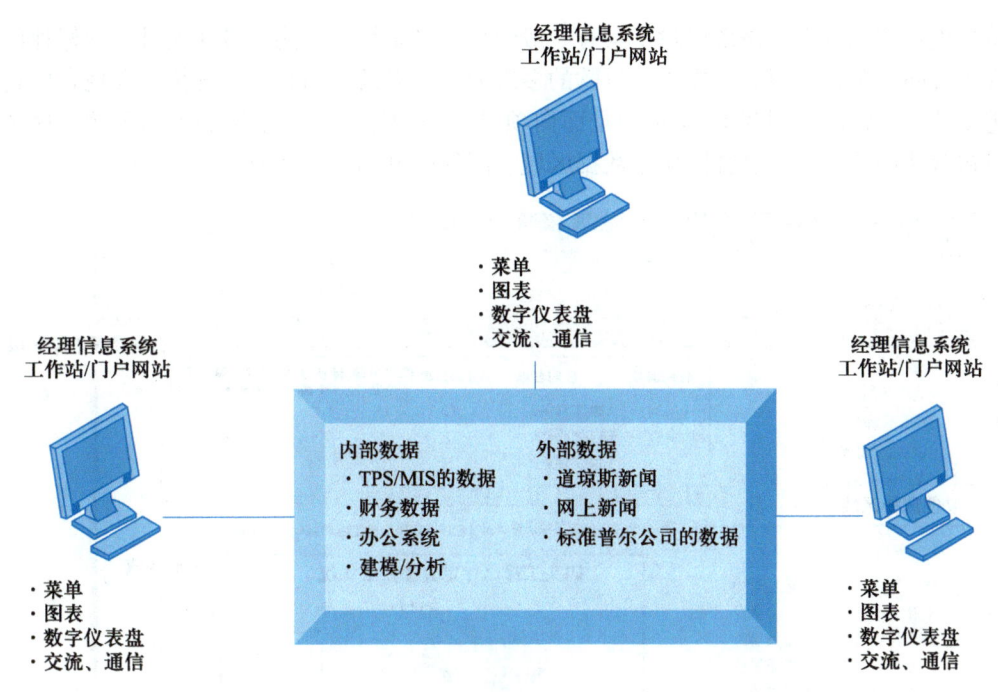

图 3.11 经理信息系统模型

2. 经理信息系统的工作原理

经理信息系统已被高层管理者看作一个随叫随到的助手、一个值得信赖的伙伴。经理信息系统包含多种类型、多个层次的数据，这些数据主要源自下层系统。很多高层管理者需要查看的信息和参考方案，是通过经理信息系统有针对性地调用决策支持系统、管理信息系统、事务处理系统，甚至组织间信息系统的运行结果或查询结果得到的。经理信息系统还通过对外部数据进行搜索和分析，向高层管理者提供制定决策所需的外部信息。由于高层管理者工作繁忙且缺乏使用复杂计算机系统的经验，经理信息系统必须具有友好的图形化用户界面以及快速查询的特点。可以认为，经理信息系统是一种功能强大的搜索引擎和智能查询系统。近年来，经理信息系统也开始瞄准组织其他层次的管理者，为他们提供信息服务。

3.5.4 经理信息系统的一个实例——项目经理信息系统

随着我国经济持续发展，基础设施建设的投资力度不断加大，建设的大型工程项目很多。工程项目的参与方涉及业主、设计、监理、施工、物资供应等多个方面，导致工程管理复杂，协调和沟通起来比较困难，而工程建设的质量、进度、投资又是项目建设者最关心的问题。因此，建设面向项目经理的经理信息系统尤为重要。某集装箱码头工程项目建设指挥部针对项目管理实时性强、要求迅速反应的特点，推行项目经理负责制的管理模式，由项目经理负责从项目的设计阶段、招标阶段、现场施工管理阶段到竣工阶段全过程的管理和协调工作。为了降低项目管理的复杂度，提高项目实施的透明度，该指挥部将先进的信息技术和工程项目的管理模式相结合，开发了辅助项目实施的集成化集装箱码头工程项目管理信息系统，并在该系统的基础上建设了面向项目经理的经理信息系统。

每个项目经理都通过工作站使用该经理信息系统，通过菜单命令对工程项目的投资、进度、质量进行动态管理。该系统除了具有一般经理信息系统的功能，最受项目经理好评的功能是实现了合同、项目、概算、投资、付款的多维分析，以及利用数据挖掘技术发现合同付款和工程进度的异常情况。图 3.12 所示的是面向项目经理的经理信息系统的界面示例，这个界面中同时包含功能选择区域、合同质量数据区域、图形区域和叙述区域。

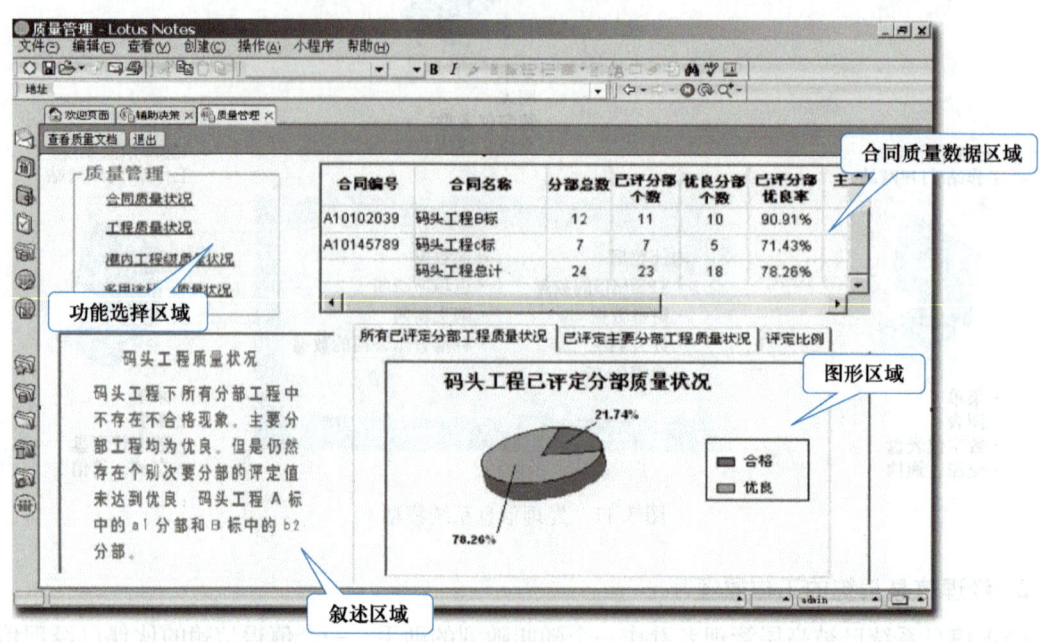

图 3.12   面向项目经理的经理信息系统的界面示例

图 3.13 以某码头港内管理工程投资管理为例，显示了面向项目经理的经理信息系统的深挖功能。由于港内工程涉及大量的合同，每个合同随着工程的推进又有多笔付款记录，因此工程投资管理的数据量相当大。项目经理作为高层管理者，希望能随时对工程付款的情况有一个宏观的、整体的了解。图 3.13（a）即是针对这一需求通过经理信息系统从底层数据库中提取的相关财务数据的汇总显示，它提供了港内工程的整体付款情况。项目经理首先浏览图 3.13（a）所示的界面，在了解整体进度之后，发现港内工程的已付款进度（25.81%）和已完成工作量进度（21.18%）不匹配（在正常情况下，合同付款与合同总价之比和已完成工作量与总工作量之比应该相等）。项目经理要求得到更详细的信息，以便发现问题。于是选择观察港内工程某些重要的子工程的付款进度，图 3.13（b）显示了下一层陆域形成工程的付款情况。经理发现该工程的付款进度出现了累计付款大于已完成工作量的异常情况，并且发现累计付款与合同总价相差较远，按照当前的总体工程进展，陆域形成工程至少应该完成 4/5 的工作量。针对这一异常情况，项目经理为了进一步寻找原因，继续深挖到下两层（合同层）。在图 3.13（c）所示的界面中切换上方表格的记录焦点，陆域形成工程中每一项合同的投资情况就会以横道图的形式直观地显示在项目经理面前。他发现陆域吹填工程合同的付款记录存在进度上累计付款大于已完成工作量的问题。至此，经理终于找到答案，知道如何去解决问题了。

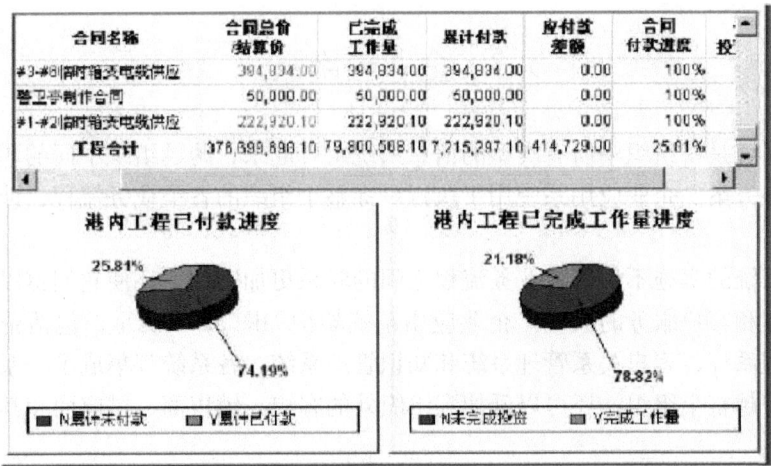

(a) 汇总显示

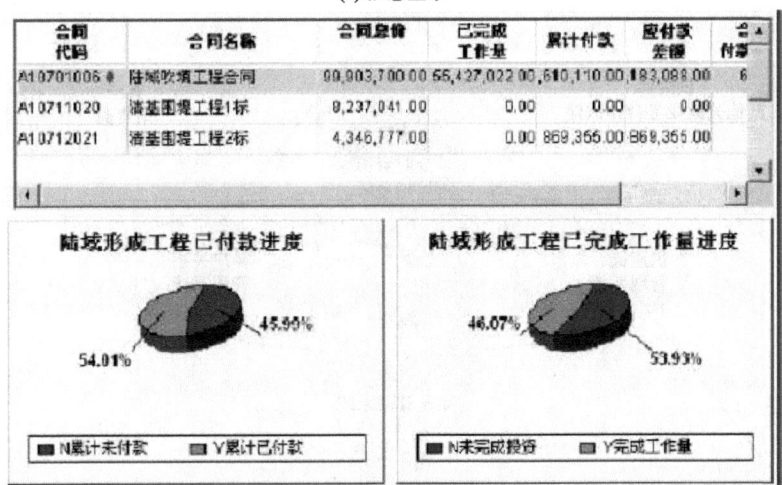

(b) 下一层显示

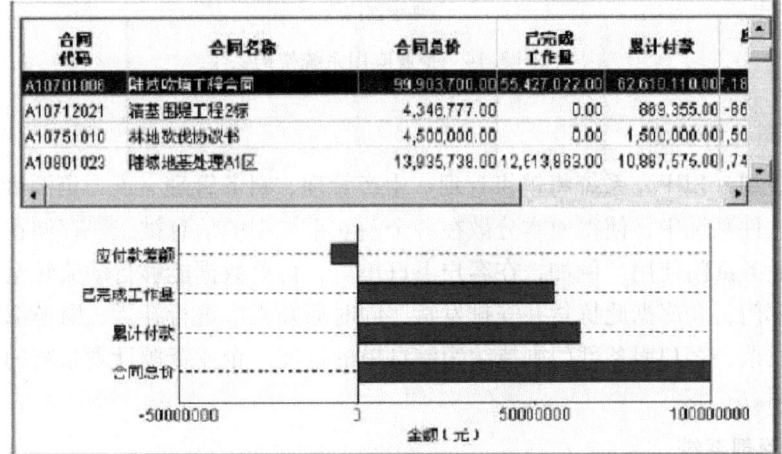

(c) 下两层显示

图 3. 13　面向项目经理的经理信息系统的深挖功能

3.6 企业应用系统

企业应用系统是将组织中所有类型的信息系统组合起来，跨越组织不同的职能领域，形成协同工作的解决方案。企业应用系统用于执行贯穿整个组织的各类业务流程，涉及各层次的管理工作。

企业应用系统的实施不仅使各业务流程之间的联系更加密切，还使它们得以集成，从而提升企业资源管理和客户服务的效率。企业应用系统架构如图 3.14 所示，包括企业资源计划系统、供应链管理系统、客户关系管理系统和知识管理系统，各系统都集成了一系列相关的职能和业务流程，跨越整个组织，还可以延伸到组织外的客户、销售商、供应商和其他关键业务合作伙伴。

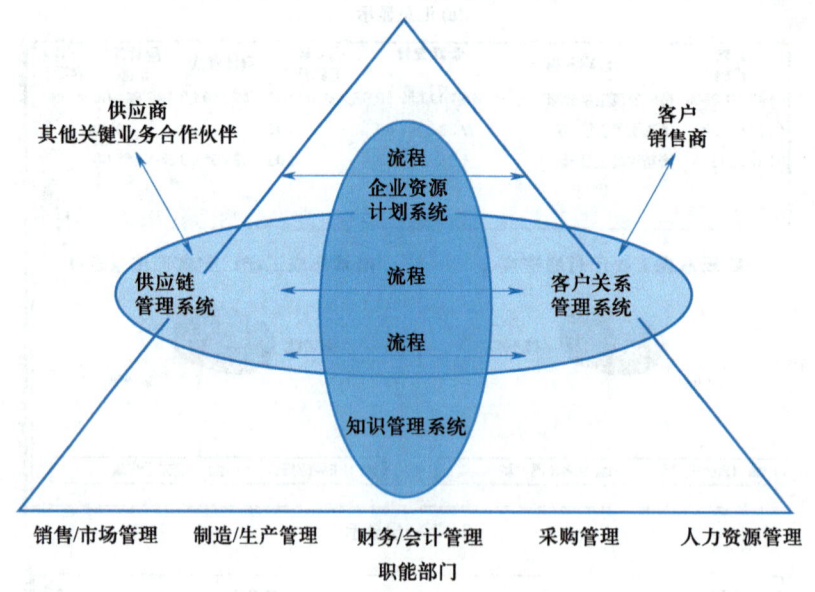

图 3.14 企业应用系统架构

1. 企业资源计划系统

企业资源规划（ERP）系统将销售管理、生产管理、财务管理、人力资源管理等职能整合到一个统一的软件系统中，使得原本分散在各个独立系统中的信息被统一存储在一个综合数据库中，供各个业务部门使用。例如，在客户下订单后，订单数据能够自动流转至企业内与该订单相关的各个部门：仓库据此拣货并安排发货，同时通知工厂进行补货；财务部门根据订单信息向客户开具发票；客户服务部门则持续跟踪订单的进度。企业资源计划系统的具体内容，将在第 8 章中介绍。

2. 供应链管理系统

供应链管理（SCM）系统负责协调与供应商的关系，并促进供应商、采购商、分销商和物流公司之间共享订单、生产、库存和产品交付等方面的信息，从而有效地管理采购、生产和配送流程。供应链管理系统能够帮助企业在最短的时间内，以最小的成本获取数量准确的产品。

这不仅能使管理者合理地安排采购、生产和销售活动，还能提升企业的盈利能力。此外，供应链管理系统打破了组织之间的界限，实现了组织之间的数字化联系，进一步推动了供应链的整体协同与优化。供应链管理系统的具体内容，将在第 10 章中介绍。

3. 客户关系管理系统

客户关系管理（CRM）系统负责协调与客户的关系，它通过提供相关信息来协助企业管理营销及客户服务方面的业务流程，从而优化企业的收入来源、提升客户满意度和客户忠诚度。借助客户关系管理系统，企业能够识别、吸引并留住最有价值的客户，同时为现有客户提供更优质的服务，进而增加销售额。客户关系管理系统的具体内容，将在第 10 章中介绍。

4. 知识管理系统

组织可以将内部关于如何创造、生产和交付产品及服务的知识，转化为自身长期的战略优势。在这一过程中，知识管理系统发挥了重要的作用。知识管理系统不仅能够帮助组织优化知识获取和应用流程，收集并整合组织内部所有相关的知识和经验，确保它们能够随时随地用于改进组织的业务流程和管理决策，还能够使组织与外部知识源相连接。知识管理系统的具体内容，将在第 11 章中介绍。

3.7　社交媒体信息系统

信息技术的发展促使许多组织采用社交媒体信息系统，通过这一系统，组织的高层管理者、员工、客户和供应商能够进行商务协作。他们朝着共同的目标努力，协调各自的商务计划和行动，这一过程逐渐形成了社交商务。社交商务的核心关键词是对话。客户、供应商、员工、高层管理者通过持续开展对话，加强彼此之间的联系，增进相互理解。

3.7.1　社交媒体信息系统的定义和功能

社交媒体是支持网络用户之间共享内容的平台。它能够将有共同兴趣的一群人关联起来，形成社区。社交媒体信息系统（social media information system）则是支持网络用户之间共享内容的信息系统。

与人一样，组织也有社会化资本。组织可以通过销售人员、客户服务团队和公共关系活动来创造社会化资本。被知名度高的人认可，是一种传统的增加社会化资本的方式。现在，越来越多的组织开始使用社交媒体信息系统，使组织更容易与客户或潜在客户群体进行交互，从而增加了组织与客户之间关系的数量，提高了关系的强度，进而创造和增加了社会化资本，提升了自己的商业价值。

3.7.2　社交媒体信息系统的组成

1. 社交媒体信息系统角色

社交媒体信息系统角色包括用户社区、社交媒体使用组织和社交媒体应用供应商，如图 3.15 所示。

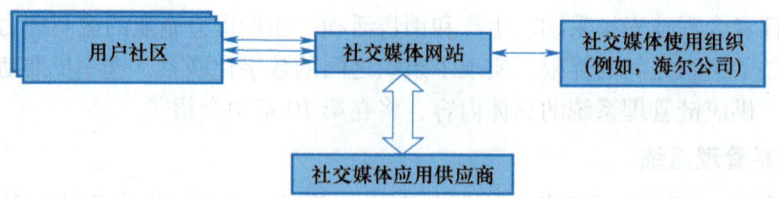

图 3.15 社交媒体信息系统角色

（1）用户社区

与传统社区相比，用户社区打破了家庭、地理位置和组织之间的界限。正因如此，大多数人可以同时成为多个不同用户社区的成员。图 3.16 在图 3.15 的基础上扩展了社交媒体网站的关系。从社交媒体网站的视角看，社区 A 是第一层社区，它包含与该网站有直接关系的用户。社区 B～社区 E 是第二层社区，这些社区中的用户是通过第一层用户间接联系的。第二层和第一层社区成员的数量呈指数增长。

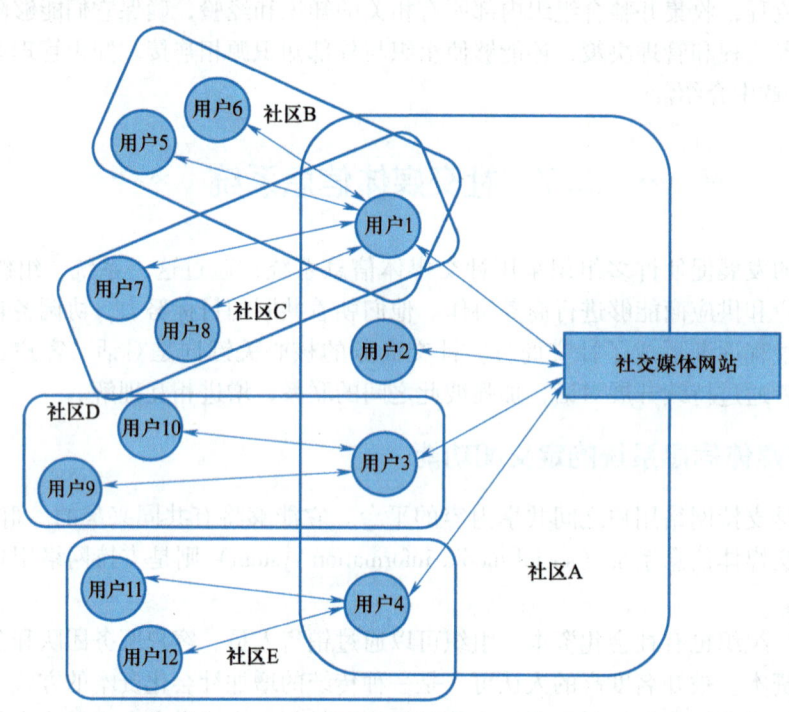

图 3.16 社交媒体社区

（2）社交媒体使用组织

社交媒体使用组织是指使用一个或多个社交媒体网站的企业或者组织。例如，海尔公司网页链接其新浪微博、微信、抖音等账号，用于宣传与促销产品。

（3）社交媒体应用供应商

社交媒体应用供应商是指运营社交媒体网站的公司。例如，新浪微博、微信和小红书都是社交媒体应用供应商，这些供应商提供了富有特色的社交媒体，以吸引用户参与。

2. 社交媒体信息系统的要素

社交媒体信息系统与其他信息系统一样有五个要素：硬件、软件、数据、过程和人，如

表 3.3 所示。

表 3.3　社交媒体信息系统的组成要素

要素	角色	描述
硬件	用户社区	任何一个用户的笔记本计算机、平板计算机或移动设备
	社交媒体使用组织	任何一个用户的笔记本计算机、平板计算机或移动设备
	社交媒体应用供应商	有弹性的、基于云端的服务器
软件	用户社区	浏览器、客户端应用
	社交媒体使用组织	浏览器、客户端应用
	社交媒体应用供应商	应用软件
数据	用户社区	用户的内容数据、连接数据
	社交媒体使用组织	社交媒体使用组织的内容数据、连接数据
	社交媒体应用供应商	内容数据和连接数据的存储及快速检索
过程	用户社区	非正式的、逐渐变化的和面向社会的
	社交媒体使用组织	创造、管理、移动内容，从内容和关系中提取价值
	社交媒体应用供应商	运行和维护应用
人	用户社区	用户
	社交媒体使用组织	关键使用者
	社交媒体应用供应商	负责运行和维护应用的员工

① 硬件：用户社区中的用户和社交媒体使用组织的员工使用笔记本计算机、平板计算机或移动设备来访问社交媒体网站。在大多数情况下，社交媒体应用供应商使用有弹性的、基于云端的服务器作为社交媒体应用的主机。

② 软件：用户社区中的用户和社交媒体使用组织使用浏览器或移动应用之类的客户端应用来浏览和发布内容。例如，海尔社区能实现你问我答的家电互助服务。社交媒体应用供应商开发和运营可定制化的、拥有所有权的社交媒体应用。例如，支付宝可以提供支付及理财服务。

③ 数据：社交媒体数据可以分为内容数据和连接数据两类。内容数据是指用户社区和社交媒体使用组织贡献的原创数据和回复数据。连接数据是关于关系的数据，只有社交媒体应用供应商才能存储和处理连接数据。例如，微博基于用户关系分享与传播信息。

④ 过程：对于用户社区中的用户而言，过程是非正式的、逐渐变化的和面向社会的。对于社交媒体使用组织而言，过程是指创造、管理、移动内容，并从内容和关系中提取价值。对于社交媒体应用供应商而言，过程则是指运行和维护社交媒体应用。

⑤ 人：用户社区中的用户基于自己的目标来做事。社交媒体使用组织的关键使用者致力于组织的社交媒体信息系统（网站）的管理、政策制定和培训。社交媒体应用供应商的员工则负责社交媒体应用的运行和维护。

3.7.3 社交媒体信息系统在企业中的应用

1. 社交媒体信息系统与客户关系管理

社会化客户关系管理是一个动态的、基于社交媒体的客户关系管理过程，组织和客户之间的关系是动态交互的，这是因为两者都创造并处理内容。除了传统的促销形式，组织中的员工还通过创建博客、讨论列表、用户组、评论栏以及其他一些动态内容，如客户搜寻、查阅和评价等来进行促销。

2. 社交媒体信息系统和供应链管理

供应链效率决定企业利润。长期以来，企业都是通过信息系统来提高供应链管理的效率和效用的。但是由于供应链和结构化制造过程结合紧密，因此难以适应不可预测的动态过程。而社交媒体信息系统则可以提供大量的解决方案，并且迅速地对这些方案进行评估。

3. 社交媒体信息系统和经营与制造

社交媒体信息系统在产品设计、员工知识共享和企业管理活动中发挥着积极的作用。企业社交媒体信息系统可以有效地协同企业内部的经营与制造活动。例如，企业在经营和制造活动中应用钉钉系统，使得企业内部人员协同工作变得更加容易。此外，企业还可以借助社交媒体信息系统，邀请用户参与到产品设计或产品再设计中来。例如，海尔公司经常通过社交媒体信息系统向其客户征求关于产品体验的反馈，并以此作为产品改进和创新的重要依据。

4. 社交媒体信息系统和人力资源管理

社交媒体信息系统可以用于员工之间的交流。例如，协作平台 SharePoint 以"名师在线"的形式为员工提供一个可以发布专业知识的地方。员工若要寻找领域专家，则可以在 SharePoint 中搜索那个领域专业知识的发布者。

◇◇◇◇◇◇ 案例 3.1 金陵石化信息化应用让降本增效掷地有声 ◇◇◇◇◇◇

金陵石化紧扣企业降本增效目标，利用信息系统结合国际油价变化、原油到港与输送信息，对企业原油加工量、原油库存及油种结构进行优化和调整，推进企业信息化在生产经营全流程中的渗透，让企业降本增效措施掷地有声。

油价分析与远期效益测算系统"先算后干"。金陵石化的销售优化小组利用油价分析模型，对沥青和石油焦价格变化趋势进行跟踪和对比，根据测算结果提前制定沥青和石油焦生产方案，做到动态调整产品结构。不仅如此，该公司根据国际油价建立了动态价格预测模型，集成了 8 类 40 多种原油和产品价格行情数据，监控并预测产品价格，经过测算寻求最优生产方案，做到"先算后干"。同时，构建远期效益测算模型，预测定价体系与国际接轨后企业的盈利能力，从而调整生产结构，多生产高附加值产品，实现产品效益的最大化。金陵石化通过油价分析与远期效益测算模型，对产品价格变化趋势进行监控和预测，及时调整产品销售策略，企业降低成本达 2 000 多万元。

运行部智能生产管控平台"生产全管"。金陵石化建立的首个运行部智能生产管控平台，

全方位、全过程地监控运行部内各装置的工艺流程、平稳生产率、机组运行状态、环保管控等信息，并实施分级应急响应机制，依据优化指标迅速调整操作，及时处理生产异常情况。公司和运行部两级一体化生产管控平台，为公司和运行部生产经营、安全环保、应急指挥提供可视化、智能化的支撑，装置运行得更高效、更安全。

原油全流程管理系统"节时降费"。原油仓储超期、船舶滞期等会产生费用，是石化企业常见的现象。金陵石化在原油全流程管理系统中设定进度监控指标，超期储运自动报警，从而督促管理部门及时跟踪和处理，达到减少原油成本的目的。不仅如此，该公司运用原油全流程管理系统，紧盯原油基准价等国际行情变化，实时跟踪采购、装卸、运输、收仓、结算等环节，每个环节的延迟都会导致系统自动报警，从而提高了原油进厂的效率。为了减少船舶港口滞留期，生产部门提前将油轮到港信息、一般贸易出口信息通过短信告知储运人员，以使他们做好作业准备，实现了及时装船，减少了滞期费、超储费、运输损耗，有效降低了储运方面的成本。金陵石化通过原油全流程管理系统，及时协调各岗位的作业，减少滞期时间 800 多小时，降低超储费 400 万元。

案例思考题

1. 简述油价分析与远期效益测算模型的工作原理。
2. 分析运行部智能生产管控平台的主要功能。
3. 分析原油全流程管理系统如何实现企业各相关部门之间的协同。

本 章 小 结

本章以安东尼模型为基础，构建了组织信息系统的组合模型。该模型由服务作业层、管理层、战略层的四类信息系统：事务处理系统（TPS）、管理信息系统（MIS）、决策支持系统（DSS）和经理信息系统（EIS）组成。它们有各自的目标、作用和处理活动，以及特定的输入和输出数据。事务处理系统负责组织作业层的事务处理，包括数据收集、数据编辑、数据修改、数据操作、数据更新以及生成文档和报表。管理信息系统帮助中层管理者完成资源的分配、计划的制订和调整，它从事务处理系统数据库和外部数据源中获取数据，输出具有特定格式的报表。决策支持系统支持管理层解决决策问题，以提高决策的科学性和有效性。一个基本的决策支持系统由数据管理部件、模型管理部件和对话管理部件三个部分组成。经理信息系统帮助高层管理者了解组织运作情况和制定组织战略方针，它根据管理者的要求调用其他相关系统获得所需要的结果，是一种智能查询系统。组织中的四类信息系统并不是孤立存在的，一类系统的输出是另一类系统的输入，将上述四类系统组合起来，跨越组织不同的职能领域，即可形成能够协同工作的企业应用系统。此外，还要吸引组织的高层管理者、员工、客户和供应商共同参与商务协作，在此过程中社交媒体信息系统发挥着重要作用。

习 题

1. 简述安东尼模型的主要思想。从信息的来源、精度、生命周期、频率、内容等方面，归纳组织战略层、管理层和作业层的信息需求。

2. 依据事务处理系统、管理信息系统、决策支持系统、经理信息系统的定义，阐述它们的目标以及它们对组织的支持作用；简述它们的数据来源和输出信息的特点以及四类信息系统之间的数据联系。

3. 以超市门店为例，说明发票凭证经过公司的事务处理系统、管理信息系统和决策支持系统时可以进一步加工成哪些信息？试写出这些信息的名称。

4. 针对销货点（POS）事务处理系统，回答以下问题：

（1）通用产品代码（UPC）包含哪些信息？你知道 EAN（European article number）码吗？

（2）用什么办法通过该系统获得更多的零售客户信息？

（3）用动宾结构的语句写出该系统需要处理的工作。

（4）请写出图 3.5 中的商品数据库、销售数据库和库存数据库的关系数据库表及其所包含的属性和关键字，并指出管理信息系统从这三个 TPS 数据库中可以获得什么信息。

5. 根据你所掌握的营销知识，重新设计或改进图 3.7 所示的营销管理信息系统的子系统，并画出其功能图。

6. 阐述企业应用系统架构的组成及其功能。

7. 阐述社交媒体信息系统的商业价值。

8. 举例说明社交媒体信息系统对客户关系管理的支持作用。

第二篇　信息系统基础设施

第4章

数据管理技术

│学习目的│

（1）理解数据库环境下的数据组织。
（2）掌握关系数据库的数据模型。
（3）掌握非关系数据库的应用。
（4）了解区块链的应用。

◇◇◇◇◇◇ 4.1 数据库环境下的数据组织 ◇◇◇◇◇◇

数据管理技术是信息系统的核心技术。本章主要介绍其中的数据库管理技术的概念与原理，以及相关应用。

4.1.1 数据库的定义

所谓数据库，是指长期存储在计算机内的、有组织的、可共享的数据集合。数据库中的数据按照一定的数据模型组织、描述和存储，具有较小的冗余度、较高的数据独立性和易扩展性，并且可以为各种用户所共享。在传统的文件方式数据管理中，每个特定的应用程序都会创建一个或多个文件，也就是说，文件是与特定的应用程序有关的。下面以某学校基于文件方式数据管理的信息系统（如图4.1所示）为例，说明文件方式数据管理的缺点，如表4.1所示。

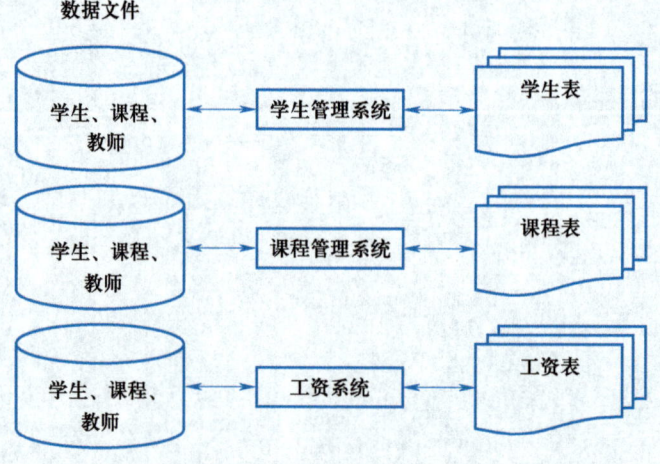

图 4.1　某学校基于文件方式数据管理的信息系统示意图

表 4.1　文件方式数据管理的缺点

主 要 缺 点	原 因
数据重复	学生、课程和教师工资系统均涉及学生数据、课程数据和教师数据。显然，这不但造成存储空间的浪费，而且由于数据重复出现，每个系统各自更新自己的文件会导致数据不一致
文件管理分散	由于每个文件都是针对某个部门设计的，因此对于本部门来说它是合适的，但无法确定它在全局上是否是最优的。因此，文件的共享性、完整性、一致性等无法得到保证
独立性差	由于文件与特定的应用程序密切相关，因此如果要修改文件结构或某个处理功能，应用程序或文件结构就会发生变化
不支持交叉检索	当查询操作同时涉及多个文件时，文件系统通常无法直接满足这种跨文件的查询需求。在这种情况下，用户需要编写程序来解决跨文件检索问题

如果采用数据库技术建立一个统一的数据库来管理数据，就可以克服文件方式数据管理的不足。图 4.2 所示的是该学校基于数据库的信息系统示意图。

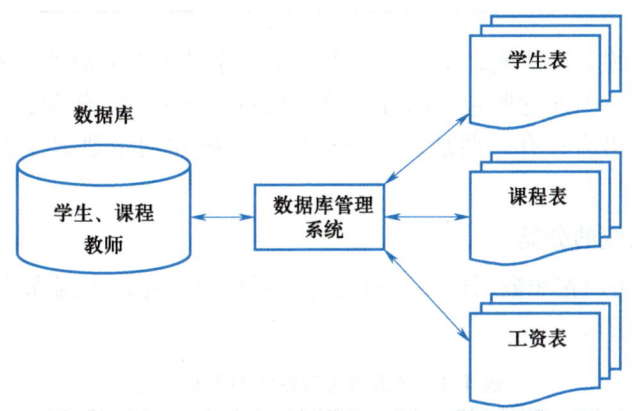

图 4.2　某学校基于数据库的信息系统示意图

数据库的主要优点如表 4.2 所示。数据库的这些优点可以弥补文件方式数据管理的不足。

表 4.2　数据库的主要优点

主 要 优 点	原 因
数据结构化	数据结构化是数据库的主要特征之一。数据结构化可以大大降低系统数据的冗余度。这样不但节省了存储空间，而且减少了存取时间。另外，结构化后的数据是面向整个信息系统的，而不是面向基本应用的，它有利于信息系统功能的扩充
数据共享性	数据共享性是大量数据集成的结果。同一组数据可以服务不同的应用，满足不同管理部门的业务处理需求。另外，多个用户可以在相同的时间使用同一个数据库，每个用户都可以访问和使用自己所关心的那部分数据，并允许这些数据相互交叉和重叠
数据独立性	在数据库系统中，数据独立性是指数据的结构与应用程序相互独立，它包括逻辑独立性和物理独立性两个方面。不论是数据的存储结构还是总体逻辑结构发生变化，都不需要修改应用程序

4.1.2 数据库管理系统

1. 数据库管理系统的主要功能

数据库管理系统（DBMS）是位于用户与操作系统之间的一层数据管理软件。数据库管理系统使用户能方便地定义数据和操纵数据，并能保证数据的安全性、完整性，以及多用户对数据的并发使用和发生故障后的系统恢复。其主要功能如表 4.3 所示。

表 4.3 数据库管理系统的主要功能

主要功能	解释
数据库定义	数据库对象，如表、索引、约束、用户等的定义
数据库操纵	实现对数据库的基本操作：增加、删除、修改和查询
数据库保护	恢复、并发使用、完整性控制、安全性控制
数据库的建立和维护	初始数据的转换和装入、数据备份、数据库的重组、性能监控和分析等，通常由一些实用程序完成

数据库管理系统的上述功能，实际上是由一组程序模块来完成的。不同的数据库管理系统，其功能有所不同，因此它所包含的程序模块也不完全一致。例如，关系数据库管理系统没有数据的物理描述语言；有一些层次数据库管理系统和网络数据库管理系统则没有查询语言。

2. 数据库管理系统的分类

数据库管理系统可以按照数据模型、所支持的用户数、允许数据库分布的站点数和用途，分为四类，如表 4.4 所示。

表 4.4 数据库管理系统的主要分类

分类标准	具体表现
数据模型	网状数据库管理系统、层次数据库管理系统、关系数据库管理系统、对象数据库管理系统和其他数据库管理系统
所支持的用户数	单用户数据库管理系统、多用户数据库管理系统
允许数据库分布的站点数	集中式数据库管理系统、分布式数据库管理系统
用途	通用数据库管理系统，如 Oracle 等，专用数据库管理系统，如时态数据库管理系统、空间数据库管理系统、移动数据库管理系统等

3. 数据库管理系统的组成

一般来说，数据库管理系统由三个部分组成：数据定义语言及其翻译程序、数据操纵（或查询）语言及其编译（或解释）程序、数据库管理例行程序。其中，数据库定义语言和数据操纵语言统称为数据库语言。数据库语言是用户使用数据库的接口，数据库管理系统支持用户通过数据库语言进行数据存取。

（1）数据定义语言

数据定义语言（data definition language，DDL）通常被数据库管理员或数据库设计人员用来定义数据库模式。例如，定义所有数据元素的名称、特征、字段宽度及其之间的相互关系，以及定义数据的密码、完整性约束等。数据库管理系统负责对数据定义语言进行编译，生成一系列元数据，并将其存储到数据字典或系统目录（system catalog）中。

（2）数据操纵语言

数据操纵语言（data manipulation language，DML）通常用来对数据库中的数据进行增加、删除、修改、查询操作。数据操纵语言有两种类型：第一种是非过程化的数据操纵语言，用户只需以交互方式指定"需要什么数据"，而不必给出"如何获得这些数据"；一个 DML 语句可以检索和处理一组记录，因此是基于集合的。第二种是过程化的数据操纵语言，它不仅要给出"需要什么数据"，还要给出"如何获得这些数据"，每个 DML 语句都只能检索和处理一条记录，因此是基于记录的；过程化的数据操纵语言必须嵌入某种程序设计语言使用，被嵌入的程序设计语言称为宿主语言（host language），如 C、Java 语言，嵌入的数据操纵语言称为数据子语言（data sublanguage）。

（3）数据库管理例行程序

数据库管理例行程序随着系统的不同而不同，通常由系统运行控制程序、语言翻译处理程序和数据库管理系统的公用程序三个部分组成。每个部分又由若干子程序构成。

4.1.3　数据库系统

数据库系统是一个完整的、复杂的系统。它不仅指数据库和数据库管理系统本身，还指引入数据库技术的整个计算机系统。数据库系统结构如图 4.3 所示。

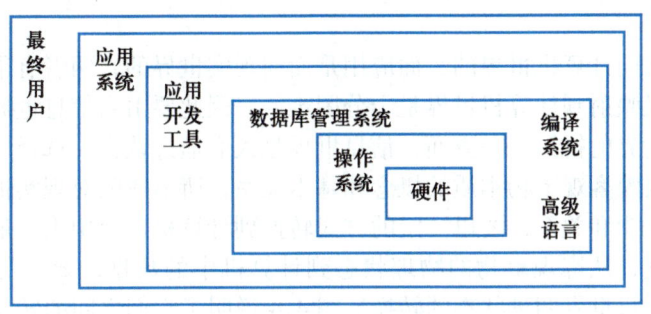

图 4.3　数据库系统结构

总体来说，数据库系统由硬件、软件、人员组成。

1. 硬件

数据库系统的硬件部分包括中央处理器（CPU）、内存、磁盘以及其他外部设备。随着数据库中数据量的增大，以及数据库管理系统规模的扩大，除要求中央处理器的运算速度足够快外，数据库系统还要求硬件有足够大的内存、大容量的直接存取设备和较高的数据传输能力。

2. 软件

数据库系统的软件部分包括操作系统、数据库管理系统、用于开发应用程序的具有数据库接口的高级语言及其编译系统、以数据库管理系统为核心的应用开发工具、为某应用环境开发的应用系统。

3. 人员

管理、使用和开发数据库的人员主要有数据库管理员（database administrator，DBA）、系统分析员和数据库设计人员、程序员和最终用户。他们不但熟悉操作系统、程序设计语言和数据库管理系统等，而且对应用系统的业务处理工作也很了解。

① 数据库管理员：是专门监督和管理数据库系统的一个或一组人员，全面负责数据库的管理和控制。其主要职责包括：定义数据库的结构和内容；决定数据库的存储策略；定义数据的安全性要求和完整性约束条件；监控数据库的运行和使用；负责数据库的改进和重组；规划和实现数据库信息的备份与恢复等。

② 系统分析员：负责应用系统的需求分析和规范说明，与数据库管理员和最终用户一起确定系统的硬件与软件配置，并参与数据库系统的概念设计。

③ 数据库设计人员：一般由数据库管理员兼任，负责数据库中数据的确定，数据库的存储结构、全局和局部逻辑结构的设计。

④ 程序员：负责设计、编写、调试和安装应用系统程序模块。

⑤ 最终用户：通过应用程序的用户接口，如浏览器、菜单、表格、图形或报表等直观的数据表示方式使用数据库。

4.2　关系数据库的数据模型

4.2.1　信息描述

数据库系统是面向计算机世界的，而应用是面向现实世界的，两者有很大的差异，要直接将现实世界中的语义映射到计算机世界是十分困难的，因此要引入信息世界和数据世界作为现实世界通向计算机世界的桥梁。一方面，信息世界是人们通过认识、选择、描述，从纷繁的现实世界中抽取能够反映客观事物本质的概念和基本关系，所形成的对现实世界的抽象；另一方面，信息世界中的概念和关系，要以一定的方式转换到计算机世界中去，最终在计算机系统中实现数据存储。因此，从客观事物的物理状态到计算机中的数据，要经历现实世界、信息世界、数据世界和计算机世界四种状态的转换，图4.4说明了它们之间的转化关系。

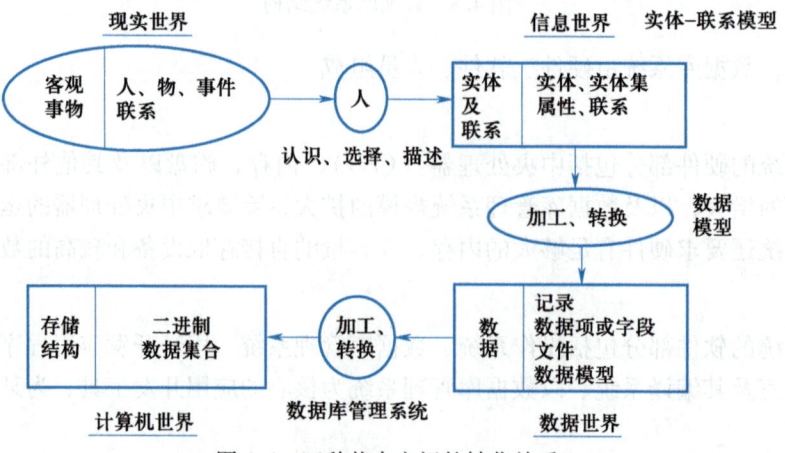

图 4.4　四种状态之间的转化关系

1. 现实世界

现实世界是指存在于人们头脑之外的客观世界，客观事物及其相互之间的联系就处在这个世界之中。这里的客观事物可以是人、物或者某种事件，还可以是客观事物之间存在的联系。它们具有一定的表现形式或特征。

2. 信息世界

信息是现实世界中的客观事物在人们头脑中的反映，它们经过人脑对这些事物的认识、选择、描述而进入信息世界。信息世界所涉及的相关概念如下：

（1）实体

实体（entity）是客观存在并可以相互区分的事物，如学生张三、工人李四、计算机系等。

（2）属性

属性（attribute）是实体所具有的某一特性。一个实体可以由若干属性来刻画。例如，学生可以由学号、姓名、年龄、系、年级等来刻画。

（3）域

域（domain）是属性的取值范围。例如，性别的域为（男、女），月份的域为 $1 \sim 12$ 的整数。

（4）实体类型

实体名与其属性名集合共同构成实体类型（entity type）。例如，学生（学号、姓名、年龄、性别、系、年级）。需要注意实体类型与实体（值）之间的区别，后者是前者的一个特例。例如，（9808100，王平，21，男，计算机系，2）是一个实体。

（5）实体集

实体集（entity set）是同类型实体的集合，如全体学生。

（6）键

键（key）是指能唯一标识实体的属性或属性组。键的任意超集也是键。任意真子集都不能成为键的键称为候选键。从所有候选键中选定一个候选键来区别同一实体集中的不同实体，这个候选键称为主键。一个实体集中任意两个实体在主键上的取值不能相同。例如，学号是学生实体的主键。

（7）联系

联系（relationship）是指实体之间的相互关联，如学生与教师之间的授课关系。联系也可以有属性。例如，学生与课程之间有选课联系，每个选课联系都有一个成绩作为其属性。同类联系的集合称为联系集。

联系的种类可以依据实体之间联系的数目，即一个实体集中的每一个实体能够通过一个联系集联系的另一个实体集中的实体的数目进行划分，可以有一对一（1:1）的联系、一对多（$1:m$）的联系、多对多（$m:n$）的联系三种方式。

假设有两个实体集 E_1、E_2，那么：

① 一对一的联系：是指 E_1 中的每一个实体与 E_2 中的至多一个实体相联系，并且 E_2 中的每一个实体与 E_1 中的至多一个实体相联系。例如，"职工"与"部门"之间的"管理"联系（假定每个部门只有一个经理，一个职工不能兼任两个部门的经理）。

② 一对多的联系：是指 E_1 中的每一个实体与 E_2 中的 n（$n \geq 0$）个实体相联系，并且 E_2 中的

每一个实体与 E_1 中的至多一个实体相联系。例如,"教师"和"学生"之间的"班主任"联系。

③ 多对多的联系:是指 E_1 中的每一个实体与 E_2 中的 n($n \geq 0$)个实体相联系,并且 E_2 中的每一个实体与 E_1 中的 m($m \geq 0$)个实体相联系。例如,"学生"和"课程"之间的"选修"联系。用来描述实体与实体之间关系的模型称为实体-联系模型,相关内容将在 4.2.2 小节中介绍。

3. 数据世界

数据世界研究的对象是数据,数据是信息的符号化表示。它与信息世界之间存在着对应关系。信息世界中的一个实体对应于数据世界中的一条记录。对应于属性的数据称为数据项或字段;对应于实体集的数据称为文件;描述数据和数据之间关系的模型称为数据模型,它与信息世界中的实体-联系模型相对应。

4. 计算机世界

数据世界中的数据经过编码、加工即可进入计算机世界。在计算机世界中,数据用二进制表示。程序的任务之一就是在计算机能识别的二进制数据与人们所习惯的数据表示法之间进行转换。因此,建立数据库系统的过程,实际上就是将现实世界与计算机世界紧密结合的过程。

数据库中的数据是面向整体组织的结构化数据,它既要反映"事物"之间的联系,又要反映"事物"内部的联系。因此,在系统调查的基础上,通过对信息结构进行细致分析来构造实体-联系模型。然后,将实体-联系模型转换为数据库管理系统可以处理的数据模型,再经过模式描述、数据输入等形成数据库,这样一个过程就是数据库设计,人们所进行的信息描述就是用于说明这个过程。

4.2.2 实体-联系模型

1976 年,美籍华人陈品山提出了实体-联系模型,即 E-R 模型(entity-relationship model)。实体-联系模型用实体-联系图(entity-relationship diagram,E-R 图)来描述概念模型。通过实体-联系图可以将现实世界的需求转换为数据库管理系统可以理解和处理的数据模型。它由于是面向现实世界的,不受数据库管理系统的约束,而且易于理解,因此被广泛使用。

1. 基本 E-R 图

E-R 模型有三个基本元素,即实体、实体之间的联系和属性,它们分别用矩形框、菱形框和椭圆形框表示。在 E-R 图中,将各元素的名称填入框内作为标志,用无向边将实体与其属性连接起来,将参与联系的实体用线段连接起来,并标上联系的数目。图 4.5 所示的是学生选修课程的 E-R 图。基本 E-R 图由一个或多个实体以及它们之间的联系构成,是不可再分的。

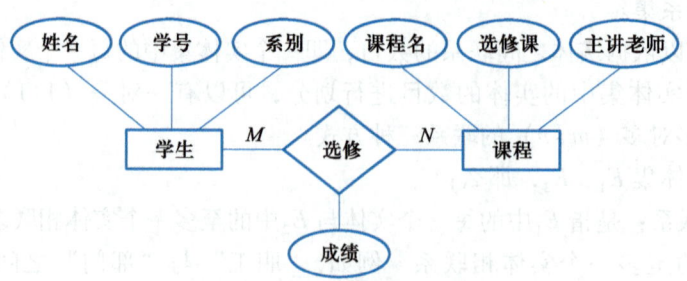

图 4.5 学生选修课程的 E-R 图

2. 构造 E-R 模型

构造 E-R 模型实质上就是根据现实世界中客观事物及其之间的联系给出的语义要求，将基本 E-R 图组合为 E-R 模型，具体步骤包括标识实体集、标识联系集、标识属性值集和标识主键。

4.2.3　数据模型

数据模型是对客观事物及其之间联系的数据化描述。在现实世界中，客观事物并不是孤立存在的，不仅其内部各属性之间有联系，不同客观事物之间也有联系。显然，描述实体的数据之间同样是相互联系的。这种联系也有两种：一是数据记录内部的联系，即数据项之间的联系；二是数据记录之间的联系。前者对应于实体各属性之间的联系，后者对应于实体之间的联系。

在数据库系统中，除了描述数据记录内部各数据项之间的联系，还必须考虑各数据记录之间的联系，数据模型就是反映这些联系的结构，它是数据库系统的一个重要特征。在数据库系统中，基本的数据模型有四种：层次模型、网络模型、关系模型和面向对象模型。本书主要介绍关系模型和面向对象模型。

1. 关系模型

关系模型用二维表（关系）来表示实体，用外键（相对于主键而言，如果一个关系中的一个属性是另一个关系中的主键，则这个属性为外键）表示实体之间的联系。关系模型的优点是：简单、直观，易于理解；具有非过程化的数据请求，数据请求可以不指明路径；数据独立性强，用户只需提出"做什么"，而无须说明"怎么做"，如表 4.5、表 4.6 和表 4.7 所示。

关系模型把数据看成二维表中的元素，一张表就是一个关系。二维表中的每一行称为一个元组，它相当于一个记录值。二维表中的每一列称为一个属性值集，属性的取值范围称为域，属性相当于数据项或字段。如果表格有 n 列，则称该关系为 n 元关系。

表 4.5　学生表

学号	姓名	系号
S01	张三	D01
S02	李四	D01
S03	王五	D02

表 4.6　课程表

课程号	课程	学分
C01	数学	4
C02	数据	3

表 4.7　学生选修课程表

学号	课程号	成绩
S01	C01	85
S02	C02	90
S03	C02	95

关系具有如下性质：

① 关系中的每一列属性都是不能再分的。

② 关系中的每一列都有一个唯一的名称。

③ 关系中的每一行都是唯一的，不允许有完全相同的两行。

④ 行、列的次序均与数据的内容无关。

⑤ 每个关系都有一个能唯一标识各元组的主键。

2. 面向对象模型

面向对象模型中的对象（object）是现实世界中实体的模型化，与记录（元组）对应。每个对象都用一个唯一的标识符，把属性和行为封装在一起。类（class）是具有相同属性和行为的对象的集合。系统中的所有类构成一个有向无环图，如图 4.6 所示。类之间有继承关系。

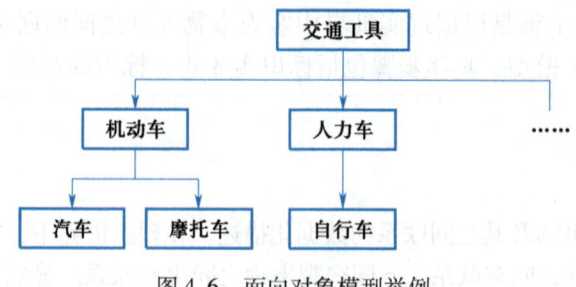

图 4.6 面向对象模型举例

4.3 非关系数据库

4.3.1 非关系数据库简介

1. 非关系数据库的定义

非关系数据库（NoSQL，即 not only SQL 的缩写），是对与传统的关系数据库不同的数据库的统称。1998 年，卡罗·斯特罗兹（Carlo Strozzi）开发了一个轻量、开源、不提供 SQL 功能的关系数据库，并提出了 NoSQL 一词。2009 年，约翰·奥斯卡森（Johan Oskarsson）发起了一场关于分布式开源数据库的讨论，由埃里克·埃文斯（Eric Evans）再次提出了 NoSQL 的概念，此时的 NoSQL 主要是指非关系型、分布式、不提供 ACID（原子性、一致性、隔离性、持久性）的数据库设计模式。目前，NoSQL 用于超大规模数据的存储，相对于传统的关系数据库，其无疑是一种全新的思维方式。

2. 关系数据库与 NoSQL 的比较

关系数据库遵循 ACID 规则。我们知道，事务（transaction）与现实世界中的交易类似，具有以下四个特性：

（1）A（atomicity，原子性）

原子性表示事务是一个不可分割的工作单元，事务中的所有操作要么全部执行，要么都不执行，事务成功的条件是事务中的所有操作都成功，只要有一个操作失败，整个事务就失败，并且必须回滚到事务开始之前的状态。例如，银行转账操作，用户从 A 账户转 1 000 元至 B 账户，可分为两个步骤：一是从 A 账户取 1 000 元；二是存 1 000 元至 B 账户。这两个步骤要么一起完成，要么一起不完成，如果只完成第一步，第二步失败，用户的钱就少了 1 000 元。

（2）C（consistency，一致性）

一致性是指数据库在事务执行前后都必须保持一个有效的状态，即数据库中的数据必须符合预定的完整性约束。例如，现有完整性约束 $a+b=1\,000$，如果一个事务改变了 a，那么必须改变 b，使得事务执行完毕依然满足 $a+b=1\,000$，否则事务执行失败。

（3）I（isolation，隔离性）

隔离性是指并发的事务之间不会互相影响，如果一个事务要访问的数据正在被另外一个事务修改，只要另外一个事务未提交，它所访问的数据就不受未提交事务的影响。例如，现在有一个交易是从 A 账户转 1 000 元至 B 账户，在这个交易还未完成的情况下，如果此时 B 查询自己的账户，是看不到新增加的 1 000 元的。

（4）D（durability，持久性）

持久性是指一旦事务提交，它所做的修改就会永久地保存在数据库中，即使宕机也不会丢失。

关系数据库的特点是：将数据组织成高度结构化的数据；支持结构化查询语言（SQL）；数据和关系都存储在单独的表中；包含数据操纵语言和数据定义语言；具有严格的一致性；支持基础事务。而 NoSQL 遵循的是 CAP 定理（又称为布鲁尔定律）。该定理指出，对于一个分布式计算系统而言，不可能同时满足以下三点：

① 一致性（consistency）：所有的节点在同一时间都具有相同的数据。

② 可用性（availability）：每个请求不管成功还是失败都有响应。

③ 分区容忍性（partition tolerance）：系统中任意信息丢失或失败都不会影响系统运行。

根据 CAP 定理，可以将 NoSQL 数据库分为满足 CA 原则、满足 CP 原则和满足 AP 原则三类，如图 4.7 所示。

① 满足 CA 原则，即满足一致性、可用性的系统，扩展性通常不强。

② 满足 CP 原则，即满足一致性、分区容忍性的系统，性能通常不是特别高。

③ 满足 AP 原则，即满足可用性、分区容忍性的系统，通常对一致性的要求较低。

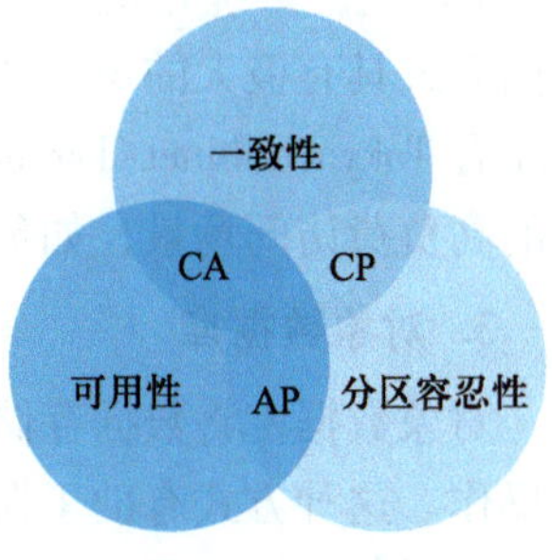

图 4.7　CAP 定理

此外，NoSQL 还具有以下特点：

① 打破了关系数据库的框架，提供了多样化的数据存储和处理方式。

② 没有声明式查询语言，而使用更灵活的查询机制，如图遍历等。

③ 允许在运行时动态地添加或修改数据结构，而无须事先定义表结构或模式。

④ 可以按照数据存储类型分为列存储数据库、键值存储数据库、对象数据库、文档存储数据库、图形数据库。

⑤ 与关系数据库的 ACID 规则不同，NoSQL 数据库通常追求最终一致性。

⑥ 能够处理大量的非结构化、半结构化以及不可预知的数据。

NoSQL 的优点包括：

① 格式灵活：支持多种数据格式，如键值、文档、图片等，使得数据存储更加灵活，应用场景更加广泛。

② 速度快：通常不需要进行复杂的 SQL 查询和事务处理，读写速度快。同时，可以利用硬盘或随机存储器作为载体，进一步提高了性能。

③ 高扩展性：能够在分布式环境中进行扩展，以满足企业对大规模数据存储和处理的需求。

④ 成本低：部署简单，而且大多数都是开源软件，大大降低了企业存储和处理数据的成本。

当然 NoSQL 也有缺点，例如：不提供对 SQL 的支持，学习和使用的成本较高；不支持事务处理；数据结构相对复杂；缺乏统一的查询语言。

4.3.2 非关系数据库的分类

按照数据存储模型，NoSQL 可以分为列存储数据库、键值存储数据库、对象数据库、文档存储数据库、图形数据库。

1. 列存储数据库

在列存储数据库中，数据以列簇形式存储，它将业务逻辑相关的数据放在同一列中存储。列存储数据库支持列的动态扩展，因此更适合处理海量数据，而不适合处理少量数据以及随机进行更新操作的数据。常见的列存储数据库有 Cassandra、HBase，常用于 Hadoop 分布式文件系统。

2. 键值存储数据库

键值存储数据库并不关心具体的数据内容，而是将"键"（key）直接映射到对应的"值"（value）上，系统开发者需要自己去定义"值"的数据格式并进行解析。这种非结构化的数据存储方式具有极大的灵活性，允许开发者根据具体的应用需求来组织数据。常见的键值存储数据库有 Tokyo Cabinet/Tyrant、Redis、Voldemort 和 Oracle BDB 等。这些数据库广泛用于海量数据的高负荷访问场景，如负载均衡、缓存机制和日志管理系统等。

3. 对象数据库

对象数据库将数据存储为对象，而不是表和元组，这些对象只能由其所属的类定义的方法来操作。这种方式有助于保持数据的结构及其各部分之间的关系，从而简化了应用程序的开发过程。对象数据库通常用于对灵活性和可伸缩性要求高的应用程序，尤其是那些需要快速访问和存储数据的应用程序，如大数据分析、物联网和移动计算等领域。常见的对象数据库有 Db4o、Versant。

4. 文档存储数据库

文档存储数据库与键值存储数据库相似，即将"键"映射到对应的"值"上。然而，文档存储数据库中的"值"是结构化存储的，这意味着数据库能够了解并处理这些"值"的内容。在文档存储数据库中，"键"被映射到包含特定格式信息的文档中。这些文档通常采用 JSON 格式或类似 JSON 的格式，开发人员可以根据自己的需求来选择适合的文档格式。常见的文档存储数据库有 CouchDB 和 MongoDB 等，它们常用于 Web 程序开发。

5. 图形数据库

图形数据库使用图形模型作为数据存储结构，它能够扩展到不同的服务器上，是图形关系的最佳存储方式。图形数据库充分利用图的数据结构及相关算法，如最短路径寻址、N 度关系查找等，但通常需要经过比较复杂的图形计算才能得出相关信息。常见的图形数据库有 Neo4J、InfoGrid、Infinite Graph，它们常用于社交网络、推荐系统等。

4.3.3 大数据环境下非关系数据库的应用

目前，主流的大数据技术有 Hadoop、Storm、Spark 等，这些大数据技术又是由很多更具体的技术组成的。大数据技术应用广泛，涵盖了从海量数据（包括结构化数据和非结构化数据）获取、管理、处理、分析到存储等各个环节。因此，非关系数据库（NoSQL）是大数据技术的一个重要组成部分。需要注意的是，大数据技术所涉及的数据存储技术不仅包括 NoSQL，还包括关系数据库以及分布式文件系统等技术。

1. 在 Hadoop 中的应用

在大数据架构中，Hadoop 实现了一个分布式文件系统（hadoop distributed file system，HDFS）。它是一个高容错系统，适合部署在低成本的服务器上。此外，HDFS 还提供了高速访问数据能力，这使得它适合处理拥有超大数据集的应用程序。

Hadoop 的大数据处理能力主要源自两个方面：一是自身的算法设计，二是独特的计算架构。在 Hadoop 中使用的是 HBase 这种非关系数据库，其具有实时、分布式及高维数据处理等特性。

2. 在云数据库中的应用

云数据库是一种经过优化并部署在虚拟计算环境中的数据库解决方案，它具有按需付费、按需扩展、高可用性及整合存储等优势。云数据库具有实例快速创建、支持只读实例、读写分离、故障自动切换、数据备份、Binlog 备份、SQL 审计、访问白名单、监控与消息等特性，它通常部署在云计算平台上，利用云计算平台的计算资源和存储资源来提供服务，而云计算平台也需要云数据库来支持其应用程序的运行和数据存储。

云计算平台要维持其经济模式的可持续性，就必须提供弹性存储模型。这意味着云计算平台需要根据用户需求动态调整存储资源。而随着用户对数据库需求的不断增长，若使用传统的关系数据库，则需要大量的硬件资源和专业的维护人员，由此而带来的成本增加是关系数据库难以承受的。而非关系数据库则以其灵活的数据模型、高效的读写性能以及低成本的运维特点，在云数据库中扮演着越来越重要的角色。

3. 在内存数据库中的应用

内存数据库是一种将数据存储在内存中直接进行操作的数据库。它与传统数据库的主要区别在于数据存储的位置。传统数据库将数据存储在磁盘上，而内存数据库则利用计算机的内存（RAM）来存储数据，从而极大地提高了数据处理速度。需要说明的是，内存数据库和应用程序之间没有直接的联系，它将数据存储到内存中并进行管理，而并非仅仅将其作为缓存数据来使用。这种设计使得内存数据库能够降低对输入输出（I/O）磁盘处理的需求，因为内存的数据读写速度比磁盘高几个数量级。内存数据库能支持大量的 ACID 事务，也能处理多种复杂关系。

4.4　区　块　链

4.4.1　区块链的概念

在《区块链和分布式记账技术　术语》（GB/T 43572—2023）中给出了区块链的定义：区块链是使用密码链接将共识确认的区块按顺序追加形成的分布式账本（注：区块链被设计用来抵抗篡改，并创建最终的、确定的、不变性的账本记录）。它具有技术、金融和社会属性。区块链技术已经超越了传统金融支付解决方案，显示出为众多部门与行业带来变革的潜力。鉴于其具有普遍性、发展性、开放性和透明性等特点，可以将区块链理解为一种可信的信息基础设施。

"区块链"一词最早出现在中本聪发表的《比特币：一种点对点的电子现金系统》一文中，旨在解决现实社会中点对点的电子现金系统依赖可信第三方金融机构确保交易安全可靠的问题。现有的技术手段通过数字签名来减少对第三方金融机构的依赖，但无法防止双重支付。区块链正是针对这一问题而提出的解决方案。

区块链 1.0 被称为可编程货币，它以比特币为核心，主要围绕比特币区块链展开业务，如钱包、工具、交易所、挖矿、矿机业务等。这一时期，人们主要关注基于区块链的虚拟货币，及其价值、获取途径和交易方式。然而，随着比特币用户的增多、交易量的增长，比特币的一些特点，如区块大小固定和区块生成时间较长（约 10 min），导致其转账速度下降，再加上比特币只能用于支付和流通，使其不能被更广泛地应用到生活当中。

为了解决这些问题，人们在区块链 1.0 的基础上引入了智能合约，标志着区块链进入以以太坊为代表的 2.0 时代。智能合约是以数字形式定义的承诺协议，允许参与方执行这些承诺。以太坊构建了一个更加灵活、通用的框架系统，促进了协议层面和应用层面的创新，使开发者能在一个全新的应用程序集上创建新协议，并利用智能合约在其区块链上构建新功能。以太坊与比特币的区块链系统在本质上是相同的，但智能合约的加入让区块链不仅可以用于发行代币和转账交易，还可以用于商业及非商业场合，如网上拍卖等。

区块链 3.0 将是一个生态化的、由多条链构成的网络，会覆盖人类社会生活的方方面面，如司法、医疗、物流等领域。目前，尚没有一个明确的标准去划分区块链 3.0 时代。总的来说，区块链 3.0 的核心目标在于解决行业间的信任缺失问题，并确保数据在传输过程中的安全性。

4.4.2　区块链的类型

根据参与者的不同，可以将区块链分为公有链、私有链和联盟链。

1. 公有链

公有链是一种任何人都可以自由参与使用和维护的区块链，其典型代表如比特币区块链。在公有链上，信息完全公开，任何人都可以读取其中的数据；任何人都有权发送交易，并且这些交易能够获得确认；共识过程向所有人开放，即任何人都能参与到区块链的维护中去。公有链常被看作"完全去中心化"的典范，其特点包括数据的不可篡改性、匿名性与公开性，以及较低的技术门槛，它真正实现了去中心化的理念。在公有链上，每个参与者都能够查看所有账户的余额及其全部的交易活动。公有链的主要应用有比特币、以太坊等。

2. 私有链

私有链是指由某个特定的组织和实体控制的区块链，只有该组织或实体内部的少数人才能使用。在私有链中，信息不向公众公开，写入权限受到严格控制，而读取权限可能对外开放，也可能受到一定程度的限制。私有链常用于满足该组织或实体的内部需求，如数据库管理、审计等。由于参与者数量有限且权限受到控制，因此私有链的交易速度较快，而且能够保护交易双方的隐私。同时，由于私有链主要用于组织内部或特定群体之间的交易，因此交易成本较低。然而，私有链也存在一些缺点。例如，由于权限集中，因此存在价格操纵的风险。此外，由于私有链的封闭性和不透明性，其也面临着较高的信任风险和监管风险。

3. 联盟链

联盟链是一种介于公有链和私有链之间的区块链，它由若干组织共同维护。联盟链的共识机制和访问权限由参与合作的各个组织共同制定。只有经过授权的用户或组织才能访问和使用该区块链，从而确保了相关信息的安全性。联盟链主要用于机构间的交易、结算或清算等场景。它由于具有较高的安全性，因此非常适合处理敏感的数据和信息交换。例如，对于负责在银行间进行支付、结算、清算的系统，就可以采用联盟链的形式。各家银行的网关节点可以作为记账节点参与到联盟链的维护中，共同确保交易的安全性和可靠性。

4.4.3　区块链的特征

区块链本身并非一种全新的技术，而是对已有的技术——包括分布式数据存储、对等传输、共识机制以及加密算法——的综合运用。区块链所具有的去中心化、不可篡改、可追溯、开放性和匿名性，打破了传统的思维模式与运转方式。这些特性使得区块链不同于当前的其他任何技术，成为一种新型应用模式。因此，区块链被视为一项"革命性创新"。

1. 去中心化

区块链最大的特性是去中心化，这意味着所有操作都部署在分布式账本上，而不再部署在中心机构的服务器上。通俗地说，去中心化就是指无须第三方介入，就可以访问整个数据库及其完整的历史记录，从而实现人与人、点对点的交易和互动。例如，在网上购物中，所有的交易数据都是由中心机构（如支付宝）管理和存储的：用户在网上提交订单并付款后，货款先被转给支付宝，支付宝收到货款后通知卖方发货，卖方收到通知后发货，买方收到货物并确认后支付宝再将货款付给卖方，从而完成交易。使用区块链解决方案后，网上购物流程变为：买方付款，卖方发货，即可完成交易。显然，去中心化的特性让网上购物流程省去了中心机构，减少了第三方的介入，降低了中间商的手续费，使交易过程更加自主、便捷。同时，这也有效地避免了中心机构可能带来的种种问题，如服务器故障、黑客攻击以及个人信息泄露等，从而提升了交易的安全性和效率。

2. 不可篡改

区块链采用密码学原理将数据上链，后一个区块包含前一个区块的时间戳，并按照时间顺序来排序，因此具备了不可篡改或者篡改成本非常高的特性。不可篡改，意味着一旦数据被写入区块链，任何人都无法擅自更改这些数据。这是因为，要对区块链信息进行篡改，就必须掌握整个系统51%的节点，而由于区块链系统中节点众多，要同时对大部分节点进行篡改，成本是极其高昂的。这种不可篡改的特性，能够确保区块链上数据的完整性、真实性和安全性。区块链的不可篡改特性在多个领域都有广泛的应用。例如，在网络问卷的区块链平台上，调查和投票结果都是不可篡改且永久保存的。这样的特性保证了结果不会受到人为因素的干扰，并且可以随时进行验证，从而确保了结果的公平公正。

3. 可追溯

区块链本质上是一种块链式数据结构，链上的信息按照时间顺序紧密相连，形成一个环环相扣的结构，这使得区块链具有可追溯性。区块链的可追溯性的适用范围广泛，涵盖公共事业、审计、版权保护、医疗、学历认证以及供应链等多个领域。在实际生活中，可以利用区块链技术来对产品追本溯源，从而减少食品安全、药品安全等重大民生问题发生。例如，通过将产品的采购、生产、运输、销售以及监管等所有环节的信息记录在区块链上，一旦产品出现问题，就可以向前追溯，检查每一个环节，从而确保产品的安全性和质量。

4. 开放性

区块链作为去中心化的技术，允许所有节点都参与区块链数据的记录和维护，这就要求区块链网络是开放的，只有开放的网络才能确保所有人都可以参与。同时，区块链又是透明的，除了交易各方的私有信息被加密保护，其余数据对所有网络节点都是透明的。任何人或节点都能通过公开的接口查询区块链上的数据记录，或者开发相关应用，这是区块链值得信任的基础。区块链上的数据记录和运行规则可以被全网节点审查与追溯，具有很高的透明度。

公有链作为开源且可编程的区块链，充分展现了区块链开放、透明的特性。任何人都可以在公有链上部署应用，这使其具有了极大的灵活性。

5. 匿名性

如果说去中心化是人们了解区块链的动因，那么匿名性则是众多用户选择使用区块链的关键因素。区块链运用哈希运算、非对称加密等密码学技术，在实现数据全面开放的同时，保护了个人交易的隐私和安全。例如，在区块链网络上购物时，卖家虽然能够知晓买家的收货地址，但无法得知买家的身份信息，从而避免了买家身份信息泄露的风险。

然而，区块链的匿名性也屡受质疑。部分不法分子利用这一特性进行洗钱、资产盗取等非法活动。由于区块链具备匿名性，仅通过交易地址难以追踪到不法分子的真实身份信息，这使得他们能够逃避法律的制裁，引发监管难题。为了应对这一问题，当前各大区块链项目正不断加强技术防范措施，以降低甚至杜绝此类不法行为的发生。

4.4.4   区块链的应用领域

区块链的特性为提升多主体之间的协作效率创造了条件，而区块链技术的应用价值则与其应用的领域密切相关。

1. 金融领域

区块链在国际汇兑、信用证、股权登记及证券交易等金融领域有着巨大的应用价值。通过在金融行业中应用区块链，可以消除中间环节，实现点对点的交易，从而在降低交易成本的同时提升交易的速度。例如，Visa 推出了基于区块链的 Visa B2B Connect，它能为机构提供一种经济、快捷且安全的跨境支付方式，以处理全球范围内的企业对企业交易，而传统的跨境支付则需要 3~5 天，并需要支付 1%~3% 的交易费用。此外，Visa 还与 Coinbase 合作推出了首张比特币借记卡。花旗银行也在区块链上进行了测试，运行了名为"花旗币"的加密货币。

2. 物流领域

区块链能够降低物流成本，实现对物品生产和运送过程的追溯，并提升供应链管理的整体效率。可以说，物流管理是区块链的一个非常有前景的应用领域。

基于区块链+物联网的物流解决方案，通过区块链的分层结构，能够在物联网设备之间实现信息的全面传递。此外，该方案通过区块链的共识机制和智能合约机制，还能够使物联网设备之间的交易得到验证并自动执行。而基于区块链+大数据的物流解决方案，通过将区块链的特性和大数据的自动筛选、过滤和整合模式结合起来，一方面可以实现数据的快速处理、信息的真实记录和流程的自动化处理，另一方面可以促进物流体系中分散的用户之间的信息共享和协同作业。这些都有助于提高物流的自动化和智能化水平。

3. 公共服务领域

区块链在公共管理、能源、交通等与人们生产生活密切相关的领域具有巨大的应用潜力。这些领域往往呈现出中心化的特质，这种特质带来了一系列问题，如信息不透明、数据易篡改、管理效率低下等。而区块链则可以凭借其去中心化、分布式数据存储和对等传输等特性，为解决这些问题提供新的思路。特别是在域名服务（DNS）方面，区块链提供了一种全新的解决方案。传统的域名服务依赖中心服务器进行域名查询和解析，这使得域名服务容易受到攻击和篡改。而区块链则通过构建完全分布式的域名服务，利用网络中各个节点之间的对等传输服务，实现了域名的去中心化查询和解析。此外，区块链还可以保证重要基础设施的操作系统和固件的安全。利用区块链的记录和验证功能，可以监控软件的状态和完整性，及时发现并防止任何不良的篡改行为。

4. 数字版权领域

区块链在作品鉴权与数字版权管理中的应用，为创作者和版权所有者提供了保障。区块链通过分布式账本和加密算法，能够对各类作品（如文字、视频、音频等）进行鉴权，证明作品的存在，并确保权属的真实性和唯一性。一旦作品在区块链上被确权，其后续的每一次交易都会被实时记录下来，使得数字版权的全生命周期管理成为可能。区块链的不可篡改性，使得其在司法取证中也具有重要的应用价值。当发生版权纠纷时，区块链上的交易记录可以作为确凿的证据，证明作品的权属和交易情况。例如，位于美国纽约的创业公司 Mine Labs 开发了一个名为 Mediachain 的基于区块链的元数据协议系统。该系统结合了 IPFS（interplanetary file system，星际文件系统）技术，能够实现数字图片的版权保护。

5. 保险领域

在保险理赔流程中，保险机构负责资金归集、投资及理赔，这往往会导致较高的管理和运营成本。然而，利用智能合约，理赔过程可以自动进行，既无须投保人主动申请，也无须保险公司人工审核。只要触发理赔条件，智能合约就会自动执行理赔操作。LenderBot 是一个典型的智能合约应用案例，它于 2016 年由区块链企业 Stratumn、德勤及支付服务提供商 Lemonway 联合推出。它允许用户通过即时通信工具 Messenger 的聊天功能，注册并定制微保险产品，为个人之间交换的高价值物品投保。在 LenderBot 运作的过程中，区块链替代了传统保险合同中的第三方角色，简化了保险理赔流程，为用户提供了更加便捷、高效的保险服务。

6. 公益领域

区块链存储的数据具有高可靠性和不可篡改性，因而天然地适用于社会公益领域。在公益流程中，诸如捐赠项目的详细信息、募集资金的明细记录和流向追踪以及受助人的反馈等信息，均可以被安全地存储在区块链上。对于这些信息，可以根据设定的条件进行公开或公示，使得社会各界能够方便地监督公益活动的实施情况。

7. 元宇宙

元宇宙是基于未来互联网架构，通过虚拟增强的物理现实技术实现的，具有空间收敛性和物理持久性特征，支持多用户链接感知和内容共享功能的三维虚拟空间。简单来说，元宇宙是利用科技手段实现链接与创造的，能与现实世界进行映射及交互的虚拟世界，它构成了一个具备新型社会体系的数字生活空间。元宇宙本质上是对现实世界的虚拟化和数字化，需要对内容生产、经济系统、用户体验及实体世界内容等进行广泛的改造。它利用虚拟现实技术提供沉浸式体验，基于数字孪生技术生成现实世界的镜像，并通过区块链技术构建经济体系，使得虚拟世界与现实世界在经济系统、社交系统、身份系统上紧密相连，并允许每个用户都参与内容生产和环境编辑。

从技术的角度看，元宇宙包含内容系统、区块链系统、显示系统和操作系统，在这些技术的共同作用下，最终呈现出一个突破屏幕限制的三维界面，代表了继 PC 时代、移动时代之后的全息平台时代。其中，区块链系统通过智能合约、去中心化的清结算平台和价值传递机制，确保了价值的归属与流转，实现了元宇宙运行的稳定、高效、透明和确定性。

◇◇◇◇◇ 案例 4.1 京东用区块链全程溯源 ◇◇◇◇◇

在售前环节，京东通过国际买手店、国家馆、全球超市、官网同购等模式，把控源头质量关，按照最高标准遴选品牌与产品，提升商品入驻门槛，并通过检测机构对非知名品牌、对安全性要求较高的商品进行检测，确保入驻商品达到质量标准。此外，京东与经过国家认证的多个权威鉴别机构联手推出了正品保障服务。只有鉴定确认为正品的商品，才能上架售卖。

在售中环节，京东运用区块链搭建"京东区块链防伪追溯平台"，记录每件商品从海外工厂到进入海外仓、出口报关、国际物流，进入保税仓、海关清关、保税仓发货、国内分拣，再由京东自有物流送到消费者手中的全程物流信息，并率先实现了部分产品的原材料可追溯。

在售后环节，京东借助区块链，对品牌产品的原材料采购过程、生产过程、流通过程、营销过程的信息进行整合并写入区块链。每一条信息都拥有自己特有的区块链 ID，并且都附有各参与主体的数字签名和时间戳，供消费者查询和校验。对于消费者来说，跨境溯源的查询也非常方便。消费者只需扫描产品上的溯源码，就能看到这次交易所对应的区块链编码，了解产品的产地、入境报关单号和入境报关时间等信息。不仅如此，京东物流和商品进口链条上的各个合作伙伴，还共同发起成立了"跨境溯源联盟"。

虽然区块链技术拥有去中心化和不可篡改等优点，但由于涉及实物运输，在链上链下转换的过程中仍然存在潜在风险。为此，京东努力采取措施弥补这方面的漏洞，如使用 RFID 防伪认证平台，实现一物一码追踪溯源，并严格审核品牌资质等。

案例思考题

1. 简述全程溯源对于电子商务发展的意义。
2. 区块链为什么适用于产品追溯链条的建立？
3. "京东区块链防伪追溯平台"采用什么类型的区块链？请结合案例说明其运作机制。
4. 如何理解区块链的应用仍有潜在的风险？

◇◇◇◇◇◇◇◇ **本 章 小 结** ◇◇◇◇◇◇◇◇

　　数据库是指长期存储在计算机内的、有组织的、可共享的数据集合。数据库中的数据按照一定的数据模型组织、描述和存储，具有较小的冗余度、较高的数据独立性和易扩展性，并且可以为各种用户所共享。数据库管理系统是位于用户与操作系统之间的一层数据管理软件，它使用户能方便地定义数据和操纵数据，并能够保证数据的安全性、完整性，以及多用户对数据的并发使用和发生故障后的系统恢复。数据库系统是一个完整的、复杂的系统。它不仅指数据库和数据库管理系统本身，还指引入数据库技术的整个计算机系统。

　　实体-联系模型（E-R 模型）用实体-联系图来描述概念模型。通过实体-联系图，可以将现实世界的需求转换为数据库管理系统能够理解和处理的数据模型。描述实体的数据之间是相互联系的，这种联系有两种类型：一种是数据记录内部的联系，即数据项之间的联系；另一种是数据记录之间的联系。前者对应于实体各属性之间的联系，后者对应于各实体之间的联系。

　　非关系数据库（NoSQL）是与传统关系数据库不同的数据库的统称。根据数据存储模型，可以将 NoSQL 分为列存储数据库、键值存储数据库、对象数据库、文档存储数据库、图形数据库。在大数据环境下，非关系数据库的应用主要有在 Hadoop 中的应用、在云数据库中的应用，以及在内存数据库中的应用等。

　　区块链是使用密码链接将共识确认的区块按顺序追加形成的分布式账本。区块链可以分为公有链、私有链和联盟链，具有去中心化、不可篡改、可追溯、开放性和匿名性五大特性。区块链的应用多集中在金融领域、物流领域、公共服务领域、数字版权领域、保险领域、公益领域和元宇宙等。

◇◇◇◇◇◇◇◇ **习　　题** ◇◇◇◇◇◇◇◇

1. 数据库的主要特点是什么？
2. 简述关系数据库的数据模型。
3. 非关系数据库的主要特点是什么？
4. 在大数据环境下，非关系数据库的应用有哪些？请举例说明。
5. 区块链的分类和特征是什么？
6. 举例说明区块链的应用。

第5章

网络与通信技术

学习目的

(1) 掌握计算机网络的基本概念及功能。

(2) 了解网络体系结构模型。

(3) 掌握分组交换的工作原理。

(4) 掌握 TCP 和 IP 的基本功能。

(5) 掌握 Web 的工作原理。

(6) 理解 Web 浏览器和服务器之间的交互方式。

网络与通信技术正在改变人们的商务活动方式。全球经济一体化导致企业之间的竞争加剧，企业的经营环境出现了很大的变化。在这种情况下，决策者必须快速做出商务决策，因此需要即时获得准确的信息，而网络与通信技术的发展为决策者快速、准确地获得所需的信息提供了保障。

人们正在经历由互联网技术推动的网络和通信革命，新的商业模式和商业流程不断涌现。1990 年以前，大多数商业通信都是通过邮递、电话、传真等方式进行的。而今天，人们越来越多地通过计算机、互联网、移动终端等进行通信。信息系统的应用也从原来的单机环境扩展到基于内联网，甚至互联网的应用平台。随着"互联网+"概念的兴起，网络技术对传统产业的影响也越来越大。

◇◇◇◇◇◇◇◇ **5.1　计算机网络概述** ◇◇◇◇◇◇◇◇

5.1.1　计算机网络的概念

目前的通信网络主要有电信网、有线电视网和计算机网络，其中发展最快、影响最广、应用最多的是计算机网络。1967 年，在美国计算机学会（ACM）会议上，美国国防部高级研究计划署（ARPA）提出了 ARPANET 的概念，即一个由互相连接的计算机组成的小型网络。1969 年，因特网（Internet）的前身——ARPANET 投入运行，它标志着计算机网络的产生。ARPANET 最初由四台计算机通过接口消息处理机（interface message processor，IMP）连接而成。

计算机网络是计算机技术与通信技术相结合的产物。1970 年，在国际信息处理联合会

（International Federation for information Processing，IFIP）召开的一次会议上，将计算机网络定义为"以能够共享资源（硬件、软件和数据等）的方式连接起来，并且各自具备独立功能的计算机系统之集合"。

本书将计算机网络定义为：利用通信设备和通信介质将地理位置分散的、具有独立功能的多台计算机连接起来，按照协议进行数据通信，以实现信息传递和资源共享的系统。

具有独立功能的计算机是指能够单独运行的计算机，即必须具有中央处理器、内存和输入输出部件（即主板）。协议是指通信双方事先约定好的控制通信的一组规则。计算机网络中可以共享的资源包括硬件、软件和数据资源。

网络按照其物理范围可以分为局域网（local area network，LAN）、城域网（metropolitan area network，MAN）和广域网（wide area network，WAN）。局域网的范围在几千米之内，一般内联网、校园网等都是典型的局域网；城域网是指一座城市的主干网，覆盖范围可达几十千米，用于连接政府机构、教育科研单位、企事业单位等的局域网，实现网络间的通信；而广域网所覆盖的范围从几十千米到几千千米，用来实现不同地区的局域网或城域网的互联，可以实现位于不同地区、城市和国家的计算机之间的通信。

要实现通信，就离不开通信介质。通信介质可以分为有线介质和无线介质两大类。有线介质包括双绞线、同轴电缆和光纤。其中，双绞线和同轴电缆为金属导体，利用导线电流传输数据，光纤则通过光波实现数据传送。卫星通信、红外通信、激光通信及微波通信属于无线通信范畴，它们利用电磁波传送数据。

由于同轴电缆采用总线式结构，网络结构的可靠性较差，因此已经很少在计算机网络中使用。在局域网中目前大量使用双绞线，特别是非屏蔽双绞线（unshielded twisted pair，UTP），其由于价格便宜、使用方便而得到广泛应用，但由于其数字信号的传输距离仅为 100 m，所以只能用于局域网；而城域网和广域网则通常使用光纤和卫星来进行通信。无线通信技术近年来获得了很大的发展，现在笔记本计算机都内置了 IEEE 802.11 无线局域网通信技术，许多 PDA（personal digital assistant，个人数字助理）产品和手机也支持 IEEE 802.11。同时，第五代移动通信技术（5G）的快速发展，为随时随地的移动计算提供了可能。

5.1.2　计算机网络的功能

计算机网络的基础功能包括数据通信、资源共享、增加可靠性、提高系统处理能力等。

1. 数据通信

现代社会信息量激增，信息交换也日益增多。利用计算机网络传递信息是一种高效的信息传递方式。例如，电子邮件比传统的通信工具有更多的优点，它不像电话那样需要通话者同时在场，不像广播系统那样只是单方向传递信息，也不像邮政系统那样需要花费几天的时间才能将邮件送达。另外，电子邮件还可以携带声音、图像和视频，实现多媒体通信。

即时通信也越来越受到人们，特别是年轻人的喜爱。QQ 和微信等即时通信工具，可以实时地在通信双方之间传递文字、声音甚至视频信息。

2. 资源共享

在计算机网络中有许多昂贵的资源，如大型数据库、巨型计算机等，为了充分利用这些资源，应该进行资源共享。资源共享包括硬件资源，如打印机、大容量磁盘等的共享，也包括软件资源，如程序、数据等的共享。资源共享的结果是避免重复投资和劳动，从而提高资源的利用率，使系统的整体性能价格比得到改善。

现代管理信息系统以数据库为核心，数据库中存放了企业的各种数据，这些数据是企业的宝贵资源。利用计算机网络，可以很方便地将这些数据资源传递到需要它的用户手中。

3. 增加可靠性

在一个系统内，若单个部件或单台计算机暂时失效，就必须通过替换资源的办法来维持系统运行。在计算机网络中，每种资源（尤其是程序和数据）都可以存放在多台计算机中，一旦一台计算机出现故障，就可以将任务交由网络中的其他计算机完成，不会出现单台计算机在无备份的情况下产生故障使全系统瘫痪的现象，从而提高了整个系统提供服务的可靠性。

对于像银行这样的金融机构来说，确保数据存储安全是至关重要的。保证数据存储安全的主要措施是备份，而要应对地震、水灾等自然灾害，远程实时数据备份就显得尤为重要了。计算机网络为数据的远程实时备份提供了可能。例如，中国农业银行在上海建立了数据中心，可以对全国各分行的数据进行实时远程备份（数据丢失时间小于 2 min），极大地降低了生产运行风险。

4. 提高系统处理能力

单台计算机的处理能力是有限的，而且由于种种原因（如时差），计算机之间的忙闲程度是不均匀的。当一台机器不能完成处理任务时，可以按照一定的算法将任务交给不同的计算机分工协作完成，从而达到均衡地使用网络资源进行分布式处理的目的。利用网络技术，能够将多台计算机连接成高性能的计算机系统，使用这种系统解决大型复杂的问题，其费用比采用高性能的大中型计算机低得多，甚至能够解决连超级计算机都解决不了的问题。

利用网络提高处理能力最典型的例子是 SETI@ home 项目，这是一项由美国加利福尼亚大学伯克利分校开展的旨在利用连入互联网的成千上万台计算机的闲置能力"搜寻地外文明（SETI）"的巨大试验。个人计算机经常会有空闲的时间被浪费，而 SETI 又有海量数据需要计算，于是这样一个项目就诞生了。SETI 数据分析程序被设计成计算机屏幕保护程序，当用户的计算机处于待机状态时，屏幕保护程序运行，它通过互联网从指定的站点下载由射电望远镜收集的数据进行分析，寻找宇宙中的生命迹象。通过这种方式，到 2008 年该项目已经有 500 多万志愿者参加，获得了巨大的处理能力。

目前，IP 电话、即时通信和电子邮件已成为人们重要的通信手段。视频点播（video on demand，VOD）、网络游戏、博客、微博、微信、社交网站、网络社区及电子商务也已走进普通百姓的生活、学习和工作。

未来谁拥有"信息资源"，谁能有效使用"信息资源"，谁就能在各种竞争中占据主导地位。计算机网络作为信息收集、存储、传输、处理和利用的系统，将在信息社会中得到更加广泛的应用。随着网络技术的不断发展，各种网络应用层出不穷，并将深入社会的各个领域及人们的日常生活，改变着人们的工作、学习和生活乃至思维方式。

5.2 网络体系结构

由于计算机网络很复杂，涉及的软件和硬件技术很多，因此应该对其进行分层设计和实现。计算机网络各层及其协议的集合称为网络体系结构。也就是说，网络体系结构是关于网络应该设置为哪几层、每层应该提供哪些功能的描述，一般用模型来表达。

5.2.1　OSI 参考模型

早期的计算机网络往往采用不同的协议，不同的计算机网络之间通信很困难。早在 20 世纪 80 年代初，国际标准化组织（ISO）就开始致力于制定一套普遍适用的规范集合，使得全球范围内的计算机平台可以进行开放式通信。国际标准化组织创建了一个有助于开发和理解计算机网络通信原理的模型，即开放系统互连（open system interconnection，OSI）参考模型。OSI 参考模型将网络结构划分为 7 层：物理层、数据链路层、网络层、传输层、会话层、表示层和应用层，如图 5.1 所示。每一层都有自己的一组功能集，并与紧邻的上层和下层交互作用。在应用层之上是用户使用的软件，物理层之下则是通信介质。

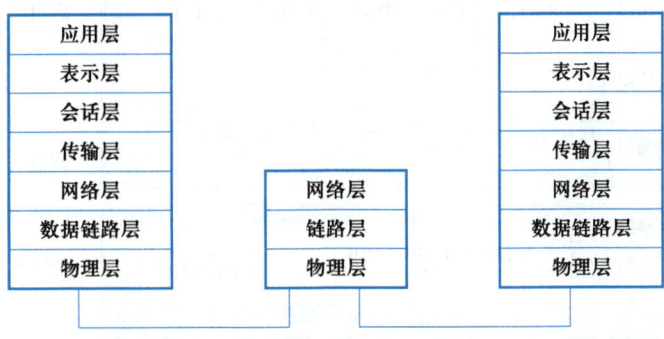

图 5.1　OSI 参考模型的层次

OSI 参考模型各层的主要功能如表 5.1 所示。

表 5.1　OSI 参考模型各层的主要功能

层　　名	主　要　功　能
应用层	为操作系统或网络应用程序提供访问网络服务的接口
表示层	对上层数据进行变换，如数据的加密、压缩、格式转换等，以保证一台主机的应用层信息可以被另一台主机的应用程序理解
会话层	管理主机之间的会话进程，既负责建立、管理、终止进程之间的会话，又利用在数据中插入检验点来实现数据同步
传输层	负责将上层数据分段，并通过处理端到端的差错控制和流量控制问题来提供端到端的、可靠的数据传输
网络层	负责对子网间的数据分组进行路由选择，以将分组从源主机传递到目的主机；同时还可以实现拥塞控制、网际互联等功能
数据链路层	负责在相邻的节点之间传输数据帧，并通过流量控制和差错控制的方法在不可靠的物理层上提供可靠的传输
物理层	通过通信介质传输比特，规定了通信端点之间的机械及电气等规范

5.2.2 TCP/IP 模型

TCP/IP 模型是用 TCP/IP（transmission control protocol/internet protocol，传输控制协议/互联网协议）及其各协议之间的关系来描述的。TCP/IP 最早由斯坦福大学的两名研究人员于 1973 年提出。随后从 1977 年到 1979 年间推出 TCP/IP 体系结构（即模型）和协议族。它的跨平台性使其逐步成为互联网的标准协议。通过 TCP/IP，不同操作系统、不同架构的物理网络之间可以进行通信。

TCP/IP 协议族的层次与 OSI 参考模型的层次并不严格对应。TCP/IP 参考模型是四层结构，图 5.2 描述了 TCP/IP 模型和 OSI 参考模型之间的对应关系。

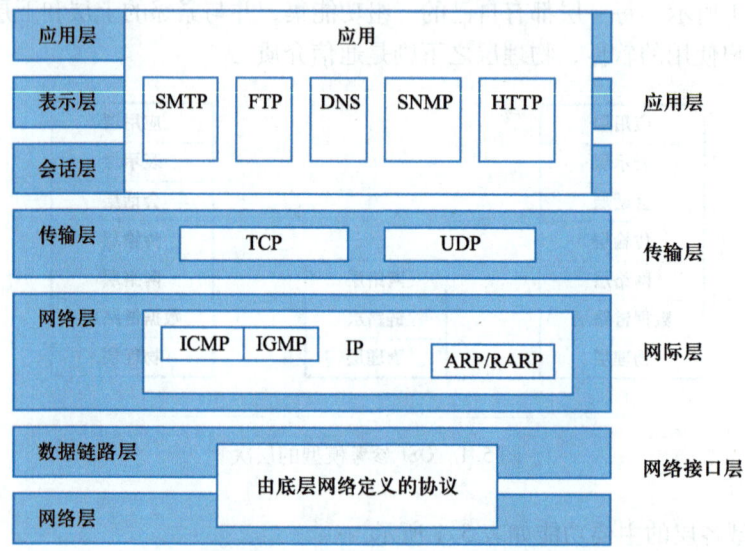

图 5.2 TCP/IP 模型与 OSI 参考模型之间的对应关系

TCP/IP 在网络接口层并没有定义具体的协议，它可以利用其他网络定义的底层协议。网际层对应于 OSI 参考模型的网络层，主要通过 IP 来处理数据分组。传输层与 OSI 参考模型的传输层功能相同，提供了两个传输层协议：可靠的面向连接的传输控制协议（TCP）和无连接的用户数据报协议（UDP）。应用层包括所有高层协议。

◇◇◇◇◇◇◇ 5.3 TCP/IP ◇◇◇◇◇◇◇

在 TCP/IP 模型中，IP 是其核心，所有的数据传输都是通过 IP 完成的。IP 是一个分组交换协议。

5.3.1 分组交换的工作原理

分组交换（packet switching）的研究是从 20 世纪 60 年代开始的。当时电话网所采用的电路交换技术目前已经得到了很大发展，电路交换技术的实时性强，非常适合于语音通信。但随着计算机技术的发展，人们越来越希望多台计算机之间能够进行数据业务的交换。数据业务具有突发性的特点，并要求具有较高的可靠性。在计算机之间进行数据通信时，传统的电路交换技术的缺点非常明显：每个用户都占用固定的带宽，线路利用率低，通信双方必须以相同的速率发送和接收数据等。因此，人们开始研制一种新的、适合于进行远距离数据通信的技术——分组交换。

在计算机网络中，底层的硬件设备往往是通过共享的方式来使用的，如共享通信线路等。这种方式只使用少量的传输线路和交换设备，从而降低了通信成本。但是，共享也会带来弊端，当一台计算机因发送一个长报文而需要长时间地占用共享设备时，其他计算机的数据发送就会受到影响，从而产生较大延迟。早期电报网中采用的报文交换技术就是采用这种方式，不管大小，整个报文都是一次性发送的。

一个好的解决方法是将报文分解成分组（数据包）。对总体数据进行分割并轮流服务的方法称为分组交换。在计算机网络中，用这种方式来保证各台计算机平等共享网络资源。互联网上所有的数据都是以分组的形式传送的。

分组交换的基本工作原理是：将用户要传送的数据分成若干小的数据块，每个数据块加上一个首部形成分组，这些分组都比较短（不同协议对分组的最大长度有不同的规定），并具有统一的格式。分组首部包含地址和控制信息，每个分组都是单独发送的。分组交换的基本工作原理如图 5.3 所示。

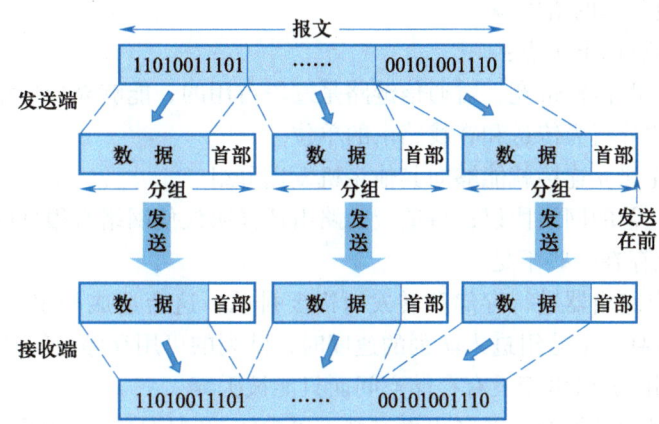

图 5.3　分组交换的基本工作原理

从发送端和接收端的角度来看，分组交换的过程如下：
① 在发送端把要发送的报文分成较小的数据块。
② 为每个数据块增加带有控制信息的首部构成分组。
③ 依次把各分组发送到接收端。
④ 在接收端剥去首部，抽出数据部分，还原成报文。

在通信子网中，这些分组以存储-转发的方式传输，即网络上的每个节点首先对收到的分组进行暂时存储，使其排队等候处理。轮到处理该分组时，节点分析其首部中的地址信息，进行路由选择，并在选择的路由上排队，等到线路空闲时将其转发到下一个节点。图 5.4 描述了一个分组以存储-转发的方式，从发送端主机 A 一步一步地被传送到接收端主机 B 的过程。

分组交换允许任何一台计算机在任何时候都能发送数据。当只有一台计算机使用网络时，它就可以连续发送分组。一旦另外一台计算机也准备发送数据，共享就开始了，两台计算机轮流发送数据，公平地分享网络资源。由于网络转发分组的速度很快，每台计算机的用户都不会

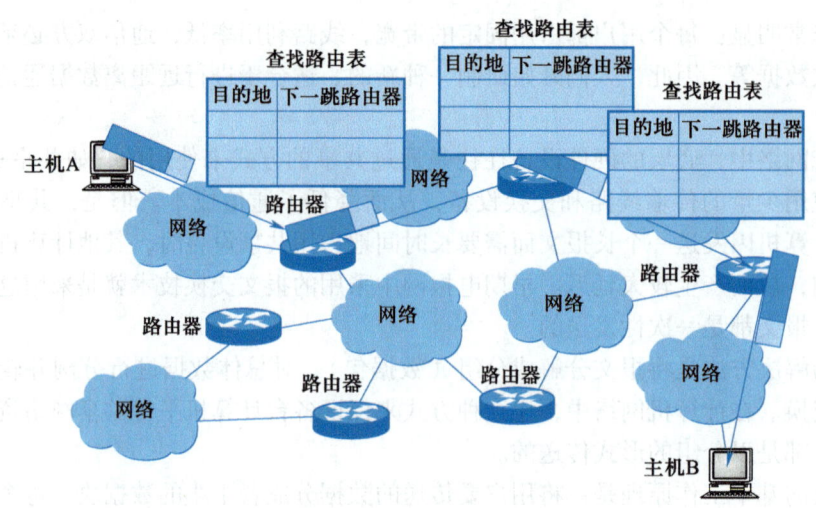

图 5.4 存储–转发的过程

感到有明显的延迟，就像是自己一个人在使用网络一样。通过轮流发送的方式，每台计算机在任何时候都能公平地分享网络资源。

分组交换网络具有以下优点：

① 高效：动态分配传输带宽，对通信链路是逐段占用的；能够充分使用链路的带宽。

② 灵活：以短的分组为传送和查找路由的单位。

③ 快速：不必先建立连接就能够向其他主机发送分组。

④ 可靠：具有完善的网络协议；自适应的路由选择协议使网络有很好的生存性。

分组交换网络也存在一些不足：

① 分组在各节点路由器进行存储和转发时需要排队，这会造成一定的延迟。特别是当路由器处理分组的速度赶不上分组进入队列的速度时，队列的可用存储空间必定会减少到零，这就使后面再进入队列的分组由于没有存储空间而只能被丢弃。

② 每个分组都必须携带的首部（里面有必不可少的控制信息）也产生了一定的开销。

5.3.2 IP 地址

为了保证接入 TCP/IP 网络的每台计算机在相互通信的过程中能够互相识别，必须使其具备一个唯一的逻辑地址，即 IP 地址。目前全球广泛应用的 IP 是 4.0 版本，即 IPv4，其 IP 地址由 32 位组成。IP 地址是一个具有分层结构的地址，分为网络号和主机号。网络号确定了主机所在的物理网络，主机号确定了某一物理网络中的一台主机。

IPv4 地址是 32 位二进制数，为了提高可读性，采用点分十进制表示方式，其中每 8 位一组，用十进制表示，并用点号分隔各个部分，每组的取值范围为 0~255。例如，某大学网站服务器的 IP 地址为 202.120.189.3。

1. IP 地址分类

各个网络的规模差异很大，有的网络有很多主机，而有的网络则主机很少。根据网络规模的不同，可以将 IP 地址分为 A 到 E 五类，其中 A、B、C 类称为基本类，用于主机地址；D 类用于多播地址，E 类保留不用，如图 5.5 所示。这种分类方式简称 ABC 分类。

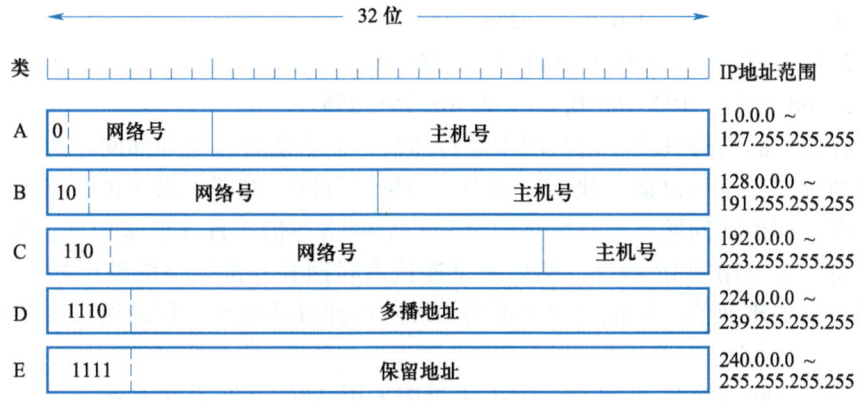

图 5.5　IP 地址的分类

　　A 类 IP 地址由 1 字节的网络号和 3 字节的主机号组成，可供分配的 IP 地址为 $2^{24}-2$ 个，这里减 2 的原因是：全 0 的主机号表示该 IP 地址是本网络的网络地址，全 1 的主机号表示该 IP 地址为本网络的广播地址。A 类 IP 地址一般分配给少数规模很大的网络。B 类 IP 地址由 2 字节的网络号和 2 字节的主机号组成，可供分配的 IP 地址为 $2^{16}-2$ 个。B 类 IP 地址适用于中等规模的网络。C 类 IP 地址由 3 字节的网络号和 1 字节的主机号组成，C 类 IP 地址的数量较多，能够有效使用的 IP 地址为 $2^{8}-1$ 个，适用于小规模的局域网络。

　　IP 地址实际上是一个网络接口的地址，有些设备，如路由器，有多个网络接口，则会有多个 IP 地址。一台计算机也可以有多块网卡，每块网卡都会有一个 IP 地址。

2. 特殊的 IP 地址

　　有一些特殊的 IP 地址，不用于标识设备，如表 5.2 所示。

表 5.2　特殊的 IP 地址

网　络　号	主　机　号	用　途
任意	全 0	标识一个网络，即网络地址
任意	全 1	广播地址
127	任意	本机回送地址

　　127.×.×.×为本机回送地址，即指本机"自己"，相当于人称代词"我"，每台计算机都有自己的 127 地址，常用的为 127.0.0.1。127 地址用于同一台计算机上两个软件之间的通信，这样在一台计算机上就可以模拟出一个网络运行环境来，使得在单机上也可以进行网络软件开发和测试。

3. 保留地址

　　在网络中进行通信的计算机都需要有一个全网唯一的 IP 地址。早期的 IP 地址采用 ABC 分类的方式来分配，这种分配方式虽然方便了网络中的路由器转发分组，但造成了大量 IP 地址的浪费。随着互联网的快速发展，接入互联网的计算机越来越多，32 位的 IP 地址越来越不够用。为了解决 IP 地址不够用的问题，在 A、B、C 三类地址中各拿出一段地址作为私有地址，这些地址不会出现在互联网上，只能用在内联网中。私有地址的范围如下：

A 类 10.0.0.0： 10.0.0.0~10.255.255.255

B 类 172.16.0.0： 172.16.0.0~172.31.255.255

C 类 192.168.0.0： 192.168.0.0~192.168.255.255

使用私有地址的网络只能在内联网中进行通信，而不能直接与外部网络通信。因为本网络中的私有地址同样也可以被其他网络使用，如果进行网络互联，那么进行路由选择时就会因为地址不唯一而出现问题。内联网用户要和外部网络通信，首先要求内联网接入互联网，从而至少获得一个公用网 IP 地址，然后通过连接内联网和外部网络的路由器经网络地址转换与互联网中的主机通信。这也是向外部用户屏蔽内部真实地址，保证网络安全的重要方法之一。

IPv4 的地址空间虽然有 40 多亿，但由于早期采用 ABC 分类的方式分配，浪费了许多 IP 地址。目前 IPv4 地址非常紧张，在 2011 年年初，由互联网名称与数字地址分配机构（ICANN）管理的 IP 地址已分配完了。而巨量的移动设备，甚至家用电器都有上网的需求，要彻底解决 IP 地址不够的问题，只有过渡到 IPv6。IPv6 的地址长度达到 128 位，其 IP 地址空间为 2^{128}，这是一个天文数字。现在已经有部分网络采用 IPv6，各国也都在加紧研究和推广 IPv6。当然，从 IPv4 过渡到 IPv6 将会是一个漫长的过程。

5.3.3 TCP

IP 只负责将分组传送给目的主机，无论传输得正确与否，都既不做验证，不发确认，也不保证分组的到达顺序。而这些问题是由传输层的 TCP 负责的。TCP 为应用层提供了可靠的、无差错的通信服务。在分组到达目的地址后，TCP 检查数据分组在传输过程中是否有错误，如果接收端发现有损坏的分组，就要求发送端重新发送，确认无误后再将收到的分组重新组合成完整的报文。

5.4 Web 技术

在 TCP 之上，是应用层的各种协议。网络的应用层为不同类型的服务提供了不同的服务接口，这些服务接口通过协议来实现。互联网提供的基本服务主要有电子邮件（E-mail）、文件传输（FTP）和万维网（world wide web，简称 WWW 或 Web）。其中与管理信息系统关系最密切、影响最大的就是 Web。

在互联网商业化的过程中，万维网的出现，使互联网应用起来更简单、更方便，开创了互联网发展的新时期。1989 年，在欧洲核子研究中心（CERN）工作的蒂姆·伯纳斯-李（Tim Berners-Lee）首先提出了万维网的概念，并且成功地开发出世界上第一个万维网服务器和第一个万维网客户。1991 年 5 月，万维网在互联网上首次露面，立即引起轰动，被迅速推广。

5.4.1 Web 的概念

什么是 Web 呢？自 Web 诞生起，人们就没有给它一个确切的定义。我们可以从互联网的构成和服务来理解 Web。

互联网是一个全球范围的网间网。在互联网中，分布着众多的计算机，其中为用户提供服务的计算机统称为服务器。根据服务的特点，可以将服务器分为邮件服务器、文件传送服务器、DNS 服务器、Web 服务器等。

　　Web 服务器就是将本地的信息用超文本组织起来，向互联网用户提供信息浏览服务的计算机。因此，Web 是由互联网中称为 Web 服务器的计算机组成的。在 Web 中，每一台 Web 服务器除了提供信息服务，还可以用超链接指向其他 Web 服务器，那些 Web 服务器又可以指向更多的 Web 服务器，这样一个全球范围的由 Web 服务器组成的万维网就形成了。

　　Web 是互联网技术、超文本技术和多媒体技术相结合的产物，是一个分布式超媒体（hypermedia）系统，也是一个大规模的、联机式的信息存储场所。

　　在 Web 之前互联网上的信息只有文本形式，而 Web 具有将图形、音频、视频等类型的信息集于一体的特性。同时，Web 是非常易于导航的，只要从一个链接跳到另一个链接，用户就可以在各页面、各站点之间浏览。

　　对 Web 的访问是通过一种称为浏览器（browser）的软件实现的。Web 是跨平台的，无论是 Windows、UNIX、Linux、macOS、Android、HarmonyOS 操作系统还是其他平台，只要这个平台中有标准的浏览器，都可以访问 Web。

5.4.2　Web 的工作原理

　　Web 的运行方式是一种典型的浏览器-服务器（browser/server，B/S）模式。要使一台计算机成为一台 Web 服务器，不仅需要服务器操作系统，如 UNIX、Windows Server、Linux 等网络操作系统，还需要安装专门的信息服务器程序，如 Windows 中的互联网信息服务器（internet information server，IIS）、Apache Tomcat 等。Web 服务器中保存了大量的 HTML（hypertext markup language，超文本标记语言）文档，这些文档需要通过 Web 浏览器来访问。

　　Web 浏览器就是 Web 客户端程序，用户要浏览 Web 页面必须在本地计算机上安装浏览器软件，如 Internet Explorer、Chrome、Firefox（火狐）等。在浏览器的地址栏中输入 Web 页面的 URL 地址，即可将 Web 服务器中的特定页面下载到 Web 浏览器中并打开。因此，从本质上讲，Web 浏览器是一种特定格式的文档阅读器，它能够对 Web 页面中的各种标记进行解释和显示。此外，Web 浏览器又是一种程序解释机，如果 Web 页面中包含客户端脚本程序（如 JavaScript 代码），Web 浏览器就将执行这些程序，从而增强页面的交互性和动态效果。

　　在 Web 中，Web 浏览器和 Web 服务器之间的信息交换是通过 HTTP（hypertext transfer protocol，超文本传送协议）来实现的，Web 的基本工作原理如图 5.6 所示。

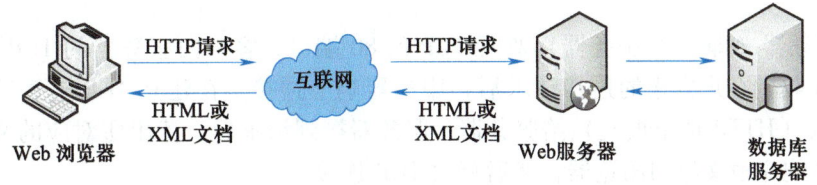

图 5.6　Web 的基本工作原理

　　在浏览器的地址栏中，用户输入要访问的统一资源定位符（uniform resource locator，URL），向 Web 服务器提出 HTTP 请求。Web 服务器根据 URL 中指定的网址、路径和网页文件名，从磁盘中读出相应的 HTML、XML 文档或 JSP、ASP 文件，根据文档的类型，决定是执行文档中的脚本程序，还是直接将页面文件传送到 Web 浏览器。

目前一般的 Web 应用都是和数据库结合在一起的,服务器端脚本程序主要负责与数据库服务器建立连接,并完成必要的数据查询、插入、删除、更新等数据库操作,然后利用得到的数据产生一个新的包含动态数据的 HTML 或 XML 文档,并将其发送给 Web 浏览器;最后由 Web 浏览器解释该文档,并在浏览器窗口中显示给用户。

5.4.3 HTTP

TCP/IP 是互联网的核心协议,而超文本传送协议(HTTP)则是运行在 TCP 和 IP 之上的应用层协议,它允许在异构系统之间传输数据,是一种基于消息的协议。

HTTP 是互联网上应用得最为广泛的一种网络传输协议,是 Web 浏览器和服务器之间传输请求和 Web 页面时所采用的协议,它规定了 Web 请求信息和响应信息的具体格式。图 5.6 所示的 HTTP 请求和 HTML 或 XML 文档的响应都是通过 HTTP 来传输的。HTTP 可以使浏览器更加高效,减少网络上传输的数据量,保证计算机之间正确、快速地通过网络传输超文本文档。

HTTP 是基于请求/响应模式的,其工作过程如图 5.7 所示。

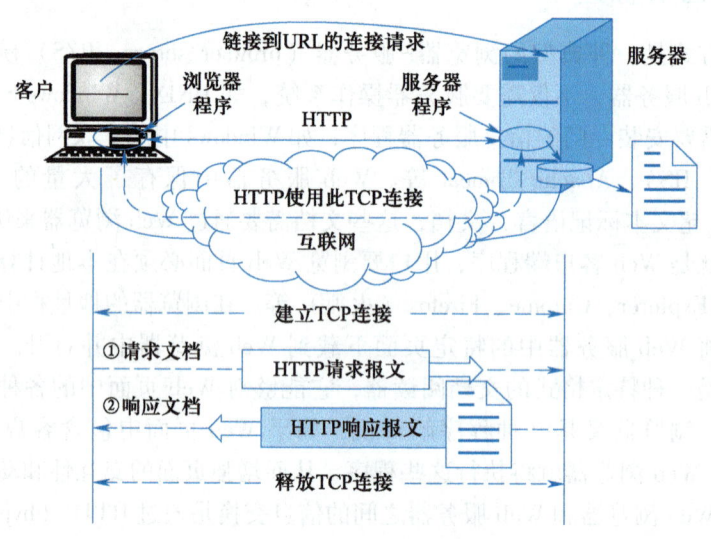

图 5.7 HTTP 的工作过程

HTTP 服务器(即 Web 服务器)监听 TCP 的 80 端口,客户向服务器的 TCP 80 端口发出连接请求,在收到客户发来的连接请求后,服务器响应连接。在建立 TCP 连接后,客户发送一个文档请求(HTTP 请求报文)给服务器,服务器接到请求后,读出所对应的文档,并将其包装成 HTTP 响应报文返回浏览器,然后释放 TCP 连接。

5.4.4 超文本标记语言

超文本标记语言(HTML)是互联网中应用得最为广泛的标记语言,是一种利用各种标记(tag)来标识文档的结构和超链接(hyperlink)的规范,被称为万维网的通用出版语言。

Web 服务器返回给 Web 浏览器的数据就是 HTML 格式的,所有的 Web 浏览器都支持 HTML 规范,并能很好地显示 HTML 文档。HTML 文档主要包含文档数据和显示格式两部分,其中文档数据是显示在浏览器中的数据内容，显示格式则规定了这些内容在浏览器中以何种形式显示给用户。

1. HTML 的基本构成

HTML 作为一种基于文本的编码系统，由元素、属性和实体组成。在 HTML 中，单个标记或一对标记所作用的范围构成了 HTML 元素。HTML 元素定义了文档的结构和样式，并通过该文档控制浏览器中所显示的页面。

（1）元素

通过元素，浏览器能够识别页面中的某段文本是页面的什么部分。当将元素插入 HTML 文档时，需要用尖括号"<"和">"将其括起来，构成"<元素>"的格式。以段落为例，其在 HTML 文档中以"<P>"表示。"<元素>"的格式称为标记（tag）。HTML 中大多数标记是成对出现的，以"<标记>"开始，并以"</标记>"结束，一对标记之间是该标记所作用的范围。整个 HTML 文档就是以<html>开始，以</html>结尾的。在 HTML 中，元素和属性均不区分大小写字母。

（2）属性

属性是用来修饰和定制元素的，每个元素至少有两个属性，分别是 id 属性和 class 属性。HTML 中的属性有数百种，不同的元素具有不同的属性。

（3）实体

实体允许用户在页面上显示特殊字符。其主要功能是完成对 HTML 中有特殊含义的字符的显示，如小于号（<）、大于号（>）和表示"与"的符号（&）。

HTML 中有大量的标记，它们对文档的格式化和结构起着重要的作用，可以归纳为以下四类格式，如表 5.3 所示。

表 5.3　HTML 的标记类型

类　　型	格　　式	示　　例
空元素	<元素>	 , <p>
仅带有内容的元素	<元素>文本显示内容</元素>	< title >同济大学经济与管理学院</title>
仅带有属性的元素	<元素 属性1=值1>	<para name=width value=100>
带有属性和内容的元素	<标记 属性1=值1　属性2=值2>文本显示内容</标记>	< a href=" http://… " >管理科学与工程系</a>

2. HTML 文档

（1）HTML 文档的结构

<html>和</html>之间的部分为 HTML 文档。HTML 文档分为文件头<head>和文件体<body>两个部分，由相应的标记来区分。下面的代码描述了一个简单的 HTML 文档。

```
<html>
  <head>
    <title>这是测试页面的标题 </title>
```

```
  </head>
  <body>
    <h1>这是测试页面的内容。</h1>
    <p>
    <img src = "tongji_logo.jpg">
    <a href = "http://www.×××.edu.cn">同济大学主页</a>
  </body>
</html>
```

在文件头部分，一般有<title>、<script>、<link>等标记。其中，<title>定义了这个HTML 文档的标题，当用户用 Web 浏览器查看该 HTML 文档时，该内容将显示在标题栏上。<script> 定义了脚本的内容，目前在页面中广泛使用的 JavaScript 代码就需要在该标记中进行定义。<link>指定了该 HTML 文档所包含的串联样式表（cascading style sheets，CSS）文件。

（2）HTML 的文件体

<body>和</body>之间的部分为 HTML 的文件体，文件体描述的是除标题栏外浏览器中要显示的内容。文件体由一系列标记和文本内容构成，在正文部分，除段落标记<p>外，常用的还有定义标题级别的<h>标记、实现到其他页面跳转的<a>标记、引用图片的<img>标记以及描述水平线的<hr>标记。

上述 HTML 文档在 Web 浏览器中以图 5.8 所示的形式呈现。

图 5.8　浏览器对示例 HTML 的显示结果

5.4.5　Web 2.0 和 Web 3.0

1. Web 2.0

Web2.0 是相对于 Web 1.0 的一类新的互联网应用的统称，即以博客（blog）、简易信息聚合（RSS）、维基（Wiki）等应用为核心的新一代互联网模式。Web 1.0 的主要特点在于用户可以通过浏览器获取门户网站的内容，而 Web 2.0 则更注重用户之间的交互作用，用户既是网站内容的浏览者，也是网站内容的创作者。

强调门户网站内容的 Web 1.0 时代已经过去，如今 Web 数据越来越趋于分散，由普通用户创造的大量微内容成为丰富网站内容的重要驱动力。微内容是指用户产生的各种数据，如网络日志、评论、图片、书签、音乐列表等。这些微内容是用户用来发表观点、展示自我的信息。大量的微内容集合在一起就会产生巨大的价值。因此，对这些微内容进行发掘和重用成为 Web 2.0 发展所面临的一个重要问题，而帮助用户创建、管理、维护、存储、共享、转移微内容则成为互联网发展的关键。

2. Web 3.0

Web 3.0 是互联网的下一个发展阶段，又称为分布式 Web 或去中心化 Web。Web 3.0 主要用于解决隐私和安全性、中心化控制、数据安全和所有权等当前互联网中存在的一些问题，依靠区块链、加密货币、去中心化应用（DApps）等技术来实现更透明、安全和自主的互联网体验。

Web 3.0 采用去中心化的方式来管理信息和资源，没有单一的中心控制点或机构来主导网络。信息和资源分布在多个节点上，这些节点共同维护网络的安全和稳定运行。Web 3.0 的底层技术是区块链。在 Web 3.0 中，用户对自己的数据拥有更高的控制权，避免了 Web 2.0 时代数据被大型中心平台滥用的问题。Web 3.0 系统是开放和可互操作的，不同的应用和服务可以交互和集成，形成更加丰富和强大的网络生态。Web 3.0 主要应用于数字货币与金融、供应链管理与物流、公共服务等领域。

◇◇◇◇◇ 案例 5.1　网络协助老年人护理 ◇◇◇◇◇

随着老龄化社会的到来，发展养老服务业以满足老年人的需要已经成为许多国家必须面对的挑战。这一挑战不仅涉及宏观层面的资源配置和政策制定，还涉及微观层面，如具体护理计划的制定和执行，以及每一位老年人个性化的护理需求。

居住在健康护理服务区域的老年人有不同的护理需求。有的老年人身体状况较好，不需要对其进行过多的照顾；有的老年人存在短期记忆问题，需要对其进行更多的提醒和关注；还有一小部分老年人则患有阿尔茨海默病等较为严重的疾病，需要对其进行全面、细致的照顾。为了满足不同的护理需求，美国俄勒冈州的社区中心 Elite Care 配备了完善的老年人护理设备。更为先进的是，该社区还利用计算机技术来提升老年人的自主护理水平，以更好地满足每一位老年人的个性化护理要求。

Elite Care 开创了"高科技、高接触"的护理项目，其顾问委员会成员分别来自梅奥医疗集团、哈佛大学、密歇根大学、威斯康星大学和美国桑迪亚国家实验室，Elite Care 的许多实践活动都来自该顾问委员会的创意。

Elite Care 用有线网络和无线网络将方圆近 50 km 内的设备连成了一个网络，其中遍布传感器和其他设备：安装在床上的生物传感器能够实时监测老年人的生命体征，如心率、血压、呼吸频率等；老年人佩戴的徽章中设置了运动传感器，可以记录他们的活动量、行走步数等运动数据；在护理中心的各个区域都设有紧急求助按钮，老年人在遇到紧急情况时，可以按下按钮寻求帮助；在每个房间内，老年人或员工通过触摸屏设备可以访问互联网，借助网络摄像设备可以召开视频会议。此外，房间里还配备了温度和湿度控制系统、电灯和其他电器设备。

借助这些设备，员工可以监控老年人的各种行为。例如，员工可以确定老年人所在的位置，老年人也可以知道护理人员是否位于健康护理服务区域。通过监控老年人离床的时间，员工可以发现老年人摔倒或者遇到某种困难的情况。而医护人员借助这些设备，则能够监测到老年人体重下降（可能是心肌梗死的前兆症状）、夜晚失眠（可能是止痛药量不够）、晚上频繁去厕所（可能是感染所致）等情况，然后根据具体情况为老年人提供其所需要的药物和治疗，这比先入为主地确定护理方法的效果要好。所有这些，使得一对一的护理工作更有效率，而且费用也不高。

起初，人们担心使用这些设备会对老年人的隐私权造成不必要的侵犯。为了避免这些问题，Elite Care 让老年人和他们的家庭自主选择是否愿意使用这些设备。大多数老年人及其家庭选择加入，因为他们相信使用这些设备有助于追踪和改善护理服务。事实证明，这些设备的作用不止这些，它们还增强了老年人自主服务的能力，而且护理人员亲自护理老年人，特别是那些需要频繁护理的老年人的次数也减少了。

这些设备所收集的数据被存储在数据库中，系统根据这些数据能够在需要时向护理人员发出警示。此外，对这些数据进行分析，还有助于开发个性化的护理项目，同时也能适时监控并评估护理人员的工作绩效。

案例思考题

1. Elite Care 配备的老年人护理设备可以产生哪些类型的数据？
2. 计算机网络是如何协助提高老年人护理质量的？
3. 如何看待老年人的隐私权问题？

本 章 小 结

网络与通信技术正在改变人们的商务活动方式，信息系统也走出了单机应用模式，向着网络化的方向发展。特别是 Web 技术的兴起，信息系统的应用模式和应用范围也发生了变化。

本章首先介绍了计算机网络的概念与功能；其次介绍了网络体系结构：OSI 参考模型和 TCP/IP 模型，OSI 参考模型是一个理论参考模型，并不是具体实现。TCP/IP 是一个从实际应用中总结出来的模型，是事实上的标准模型；最后阐述了 Web 技术，Web 是互联网技术、超文本技术和多媒体技术相结合的产物，是一个分布式超媒体系统。Web 应用中的每一次信息交换都会涉及客户和服务器。因此，Web 技术大体上也可以分为客户端技术和服务端技术两大类，本章只介绍了 Web 客户端的主要技术以及客户与服务器交互时的相关技术。

◇◇◇◇◇◇◇◇ 习　　题 ◇◇◇◇◇◇◇◇

1. 计算机网络的基本功能有哪些？这些功能是如何支持信息系统应用的？
2. 什么是网络体系结构？OSI 参考模型各层分别实现了哪些功能？
3. 简述分组交换的工作原理。
4. 为什么说分组交换网络比电话网更适合于计算机之间的数据传输？
5. 什么是 Web？
6. 简述 Web 的工作原理。
7. 什么是 HTTP？它的主要特点有哪些？
8. 简述 Web 2.0 和 Web 3.0 的主要特征。

第6章

商 务 智 能

学习目的

（1）了解商务智能的概念。

（2）掌握商务智能系统的架构。

（3）理解联机分析处理和数据挖掘的方法。

（4）了解商务智能的应用和发展。

近年来，大容量数据存储、并行处理、数据集成及数据分析等技术不断成熟，成本不断下降，企业的各种应用软件中积累了大量的数据。这些因素促进了商务智能的发展。商务智能把各种数据及时地转换为支持决策的信息和知识，帮助企业管理者了解客户的需求、消费习惯，预测市场的变化趋势及行业的整体发展方向，从而在竞争中占据有利地位。

6.1 商务智能概述

6.1.1 商务智能的定义

商务智能汇集了数据库、管理信息系统、统计学、人工智能中的机器学习与模式识别等多个学科的成果，又具有与应用密切结合的特征。人们往往从技术与方法、理论与实践等不同的角度给出对商务智能概念的不同理解。

通常认为商务智能的概念是于1996年由信息技术咨询公司高德纳（Gartner）首先提出的，它认为商务智能是应用基于事实的支持系统来辅助商业决策的一系列概念和方法。同时企业界也从技术、应用的角度去描述并理解商务智能。例如，IBM公司认为商务智能是基于数据仓库、数据挖掘和决策支持等先进技术，收集相关的信息并加以分析，以发现商业机会和针对客户需求制定相应的战略。按照Oracle公司的观点，商务智能就是在合适的时间提供合适的数据给管理者，以制定正确的决策。SAP公司则认为商务智能是收集、存储、分析和访问数据以帮助企业更好地做出决策的技术。

根据数据仓库与商务智能专家拉丽萨·莫斯（Larissa Moss）的观点，商务智能既不是产品也不是系统，而是一个体系，通过一系列应用的集成，提供商业数据的查询，进行决策支持。而布赖恩·拉森（Brian Larson）认为，商务智能是一种行为，即在一定的时间内向决策者提供准确、有用的信息，进而有效地支持决策活动。也有学者认为，商务智能是一个从大规模数据中发现潜在的、新颖的、有用的知识的过程，旨在支持组织的业务运作和管理决策。

尽管上述这些定义的表达和侧重点不尽相同，但这些定义都体现出商务智能的某些共性，即对大量数据进行分析和交互，将数据转化为新颖的、潜在有用的知识，使决策者获得有价值的洞察力，从而做出更优的决策。

6.1.2　商务智能与决策支持

商务智能和其他决策支持技术一样，能够为决策者提供有用的决策信息。企业决策者通常有许多信息需求。他首先要了解业务过程中发生了什么；其次要了解为什么会发生，客户和市场的行为是怎么样的；最后还要了解将会发生什么和可以采取什么行动。当信息系统给出的分析结果是可以采取行动的知识或建议时，决策者和企业所获得的价值就很高。商务智能使得决策者能够从一个新的方向去分析问题并获得决策支持。

传统的决策支持技术，主要根据已有的知识和规则去构造模型，并通过数据对模型进行验证和预测，或者决策者事先给出逻辑假设，然后在数据中进行验证，得到"验证型"知识。

商务智能的特点在于"智能性"。商务智能可以利用数据挖掘技术自动从海量数据中提取出隐含在数据中的有用知识，从而做出更有价值的决策。这些知识是在没有人为假设的前提下自动挖掘出来的信息，具有事先未知、潜在有效、可付诸行动等特征，属于"发现型"知识。这些知识是事先未知的，而且不是通过已有的知识和规则推断得到的。它们如果能反映商务运作中的某种潜在规律，并能被决策者及时利用和把握，就会有助于企业获得竞争优势。

相对于传统决策支持技术的模型驱动方式，商务智能更强调数据驱动。信息技术的发展使得企业数据量呈现爆发式增长态势。在大规模数据分析中，如果仅仅根据某个或某几个逻辑假设来进行验证，就有可能丧失发现一些潜在的、事先未知的模式的机会。商务智能不是基于若干模型，或有待证明的某些逻辑模式，而是基于纷繁复杂的海量数据，利用强大的数据分析工具和特定的知识提取方法，对各种模式进行匹配，经过筛选获得潜在的、新颖的和有用的知识。这种基于大规模数据的知识发现过程，需要利用强大的计算能力，对数据进行多层次和多维度的处理，从而有效支持企业实现数据盈利、知识盈利和决策盈利。

6.1.3　商务智能系统的架构

企业内外部信息系统为企业积累了大量数据，决策者只有及时对这些数据进行分析和利用并得到合适的知识，才能发现新的市场机会和创新模式。商务智能系统则在这些海量的数据和决策者之间架起了一座桥梁，如图 6.1 所示，内部和外部数据经过清洗转换为一致且集成化的数据存放在数据仓库中，联机分析处理和数据挖掘从数据仓库中获得大量数据，通过可视化界面以直观、友好的形式呈现给决策者。商务智能系统的主要组件有数据仓库、联机分析处理、数据挖掘和可视化界面等。在商务智能系统架构中，还可以纳入企业绩效管理（business performance management，BPM），使其与可视化技术融合，帮助企业将战略目标转化为计划，并监控绩效，分析实际与预期之间的差距，从而调整目标和行动。

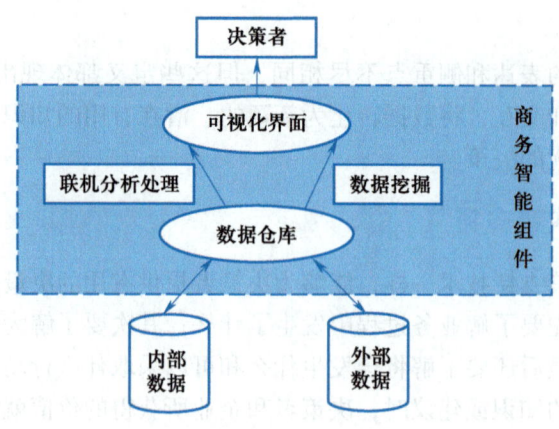

图 6.1   商务智能系统的架构

1. 数据仓库

传统的数据库只能满足日常的事务数据处理需求，而数据仓库是面向主题、集成化、随时间变化且相对稳定的数据集合，用于支持管理决策。数据仓库是商务智能应用的环境和基础。

数据仓库中的数据有多种来源。一般而言，大部分数据来自数据库，如业务数据库、财务数据库和外部数据库等。例如，某呼叫中心数据仓库的主题有客户、产品、区域等；其中，与"客户"主题有关的数据来自多个不同的系统，如电子商务系统、遗留系统、Oracle 数据库，以及非结构化数据库，而不同系统对同一种数据的命名可能不同，数据格式也可能不一致。这些不同来源的数据只有在经过抽取、转换，并被装载到数据仓库后，才能够提供一致的、集成的数据环境为决策分析所用。

2. 联机分析处理

联机分析处理（OLAP）作为一项分析处理技术，是商务智能的基础支撑技术之一。它从企业的数据集合中收集信息，并运用数学方法和数据处理技术，灵活地、交互式地为决策人员提供统计、趋势分析和预测报告。常用的 OLAP 工具可以对数据仓库中的数据进行多维分析和汇总，并通过图表或报告的形式表示出来，使企业决策者能够清晰、直观地看到分析结果。例如，决策人员在浏览某呼叫中心的报表时，可以从客户、产品、接线员或维护部门等不同视角查看客户呼叫的平均通话时间、平均等待时间等，并可以进行灵活而方便的汇总操作和显示。

3. 数据挖掘

商务智能的核心技术是数据挖掘。数据挖掘能够从海量数据中获得有效的知识和模式。数据挖掘最著名的例子是"啤酒与尿布"的故事。20 世纪末，美国沃尔玛超市的管理人员运用数据挖掘分析销售数据，发现了一个令人难以理解的规律：在某些特定的情况下，"啤酒"与"尿布"这两种看上去毫无关系的商品经常会被同时购买。而且数据表明，同时购买这两种商品的顾客往往是年轻的父亲。原来在美国有婴儿的家庭中，母亲忙于照看婴儿，父亲前去超市购买尿布。父亲在购买尿布的同时往往会顺便为自己购买啤酒，这样就会出现啤酒与尿布同时购买的关系。沃尔玛超市的管理人员在通过数据挖掘发现了这一规律后，尝试将啤酒与尿布摆放在邻近的区域，让顾客可以同时找到它们，这一举措大大提高了这两种商品的销量。

数据挖掘使企业能够得到传统分析工具所得不到的、新颖的、潜在有用的管理知识和业务规则。这些隐藏在数据中的"金矿"，使企业能够在日常运营和市场竞争中获得战略优势。

4. 可视化界面

商务智能中的用户界面能够提供两种功能：一是用户观测和控制商务智能过程的功能，二是对分析和挖掘到的知识进行展示和表达的功能。由于商务智能发现的知识形式复杂，因此其结果除了采用基本的报告形式呈现，更多地采用可视化的形式呈现。例如，联机分析处理的多维分析视图、空间数据挖掘的地形线视图、分类分析的决策树视图等。为了将通过数据挖掘得到的知识更好地呈现给用户和决策者，并且帮助他们对商务智能系统进行监督、反馈、管理和应用，具有良好的可视化交互功能的用户界面成为商务智能必不可少的组件。

数据可视化在商务智能中的主要形式是图表和图形，如常用的折线图、条形图、饼图、散点图、直方图、甘特图等，以及各种用于制作平衡计分卡和绩效仪表盘的可视化元素。仪表盘（dashboard）是绩效管理系统、绩效评估系统和商务智能工具的常用组件。仪表盘将重要的信息整理并显示在同一个屏幕上，使用户可以非常直观地了解这些信息，并进行深入分析。图 6.2 所示的是一个呼叫中心管理仪表盘的界面，它体现了各项关键绩效指标（KPI）。该仪表盘还展示了该呼叫中心的不同管理视图，从中可以清晰地看到客户、产品、接线员和维护部门等不同视角下的各项指标，从而帮助企业管理者快速、准确地获取呼叫中心和客户服务的相关情况。

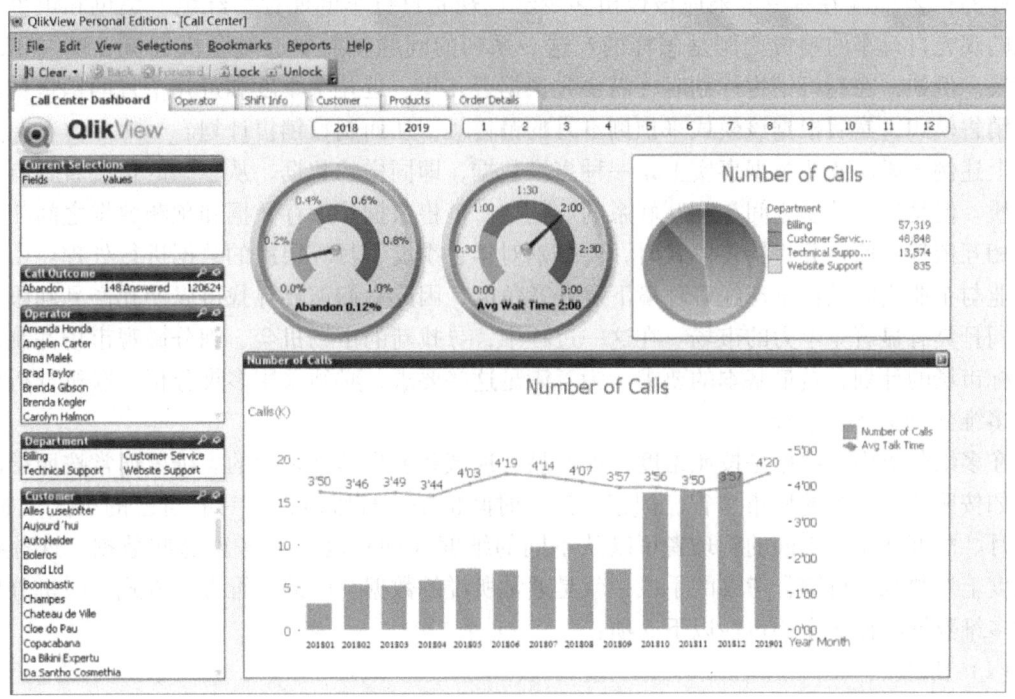

图 6.2　管理仪表盘界面示例

在图 6.2 所示界面的上部设有两个仪表盘，分别显示客户呼叫放弃率（左侧仪表盘）和平均等待时间（右侧仪表盘）。仪表盘通过不同的颜色进行提示，绿色区域表示正常区域，而红色区域则是超过阈值的警告区域。在仪表盘的上方可以选择查看时间，用户可以（以时间序列的形式）根据年度和月份查看相应数据的对比情况。图 6.2 所示界面下部的柱状图和折线图显示了各个月份呼叫次数和平均通话时间的分布。基于这些图形，利用相关函数可以将大量数据汇总成有意义的报表，通过这些报表，用户可以钻取粒度更小的数据和信息。

6.2 商务智能分析技术与方法

近年来，商务智能的大量应用从早期的以联机分析处理为主、数据挖掘为辅模式，转向联机分析处理和数据挖掘并重，这也是业界和学界提到的深度商务分析（business analytics）中"深度"的含义所在。联机分析处理和数据挖掘如同商务智能系统的两驾马车：在信息分析处理层次上，联机分析处理对数据进行多维度的综合整理；在知识发现层次上，数据挖掘对数据进行深入的、智能化的挖掘和分析，以寻找潜在的知识。

6.2.1 联机分析处理

在日常管理中，企业管理者除了要解决基本的信息处理问题，还要解决许多复杂的问题。例如，某自行车生产企业的销售人员可能会遇到以下问题：① 华东地区的门店在 11 月份销售的自行车有多少？与去年和前年同期相比，销售额有何不同？与实际计划相比又有何不同？本月的销售额应该是多少？网上销量和线下渠道的销量有何不同？与华南地区的销量相比是怎样的？② 企业在本季度末应该保留多少红色观光自行车的库存？红色、黑色和银色三种颜色的观光自行车的销售比例是怎样的？这一系列的问题就需要通过联机分析处理（OLAP）来解决。例如，在制订销售计划时，需要先根据近几年、近几个季度和近几个月的销售情况来确定销售模式，然后根据该模式来预测本月的销售额，从而制订销售计划。

上述例子说明商业数据事实上是一种多维数据，即同样的数据，从不同的角度看具有不同的性质。但是这些性质之间是相互联系的。例如，销售数据、库存数据和预测数据之间相互联系、相互依赖。而在分析销售模式时，要分别对年、季度、月等层次的数据进行处理。由于当前企业与企业之间是在全球经济环境下展开竞争的，因此它们需要寻找可以使其产品和服务与众不同且具有显著竞争力的市场。在这一过程中，寻找新的市场机会、细分微观市场并制订关于目标市场的计划，是最基本的要求。为了满足这些要求，必须采用多维分析。联机分析处理则是多维分析工具的集合。

在多维分析中，数据是按照维度，如产品、地区和客户等来表示的。维度通常按照层次组织，如按照地区组织的城市、省、国家、洲。时间也是一种维度，它具有自己的层次，如天、周、月、季度和年。不同的管理者可以从不同的维度（即角度）去考察这些数据。这种在多个维度上对数据进行综合考察的手段，就是通常所说的数据仓库的多维查询方式。联机分析处理对多维数据的操作主要包括以下 5 项：

（1）切片

切片（slice）即在某个维度上选取特定的值，在该维度值保持不变的情况下，通过其他维度对数据进行展现，就像从数据的多维立方体中"切"出一个截面一样。

（2）切块

切块（dice）即在限定一个或多个维度取值范围的情况下得到的数据展现结果，就像从多维立方体中"切"出一个立方数据块一样。

（3）旋转

旋转（pivot）即变换维度的方向，在表格中重新安排维度的放置，如行列互换，以获得所需的分析角度。

（4）下钻

下钻（drill-down）即在选定数据范围之后进一步查询数据，以获得低一级别的详细数据。只要维度具有层级结构，下钻处理就是可行的。

（5）上卷

上卷（roll-up）即在选定数据范围之后对数据进行汇总统计，以获得高一级别的概括数据。上卷操作同样要求维度具有层级结构。

图 6.3 显示了某自行车生产企业的销售管理和客户分析的多维数据。在该图中，财务经理、区域经理、产品经理及其他管理者可以基于时间、地区和产品类型等多个维度查看产品销售额和成本，还可以按照自己的意愿，选择不同粒度的时间（如年、季度、月），选择不同的产品类型（如自行车、骑行服装或自行车配件等），选择不同的国家和地区或不同的销售渠道进行数据的查看和分析，从而灵活地得到低一级别的数据（详细数据）或高一级别的数据（概括数据）。

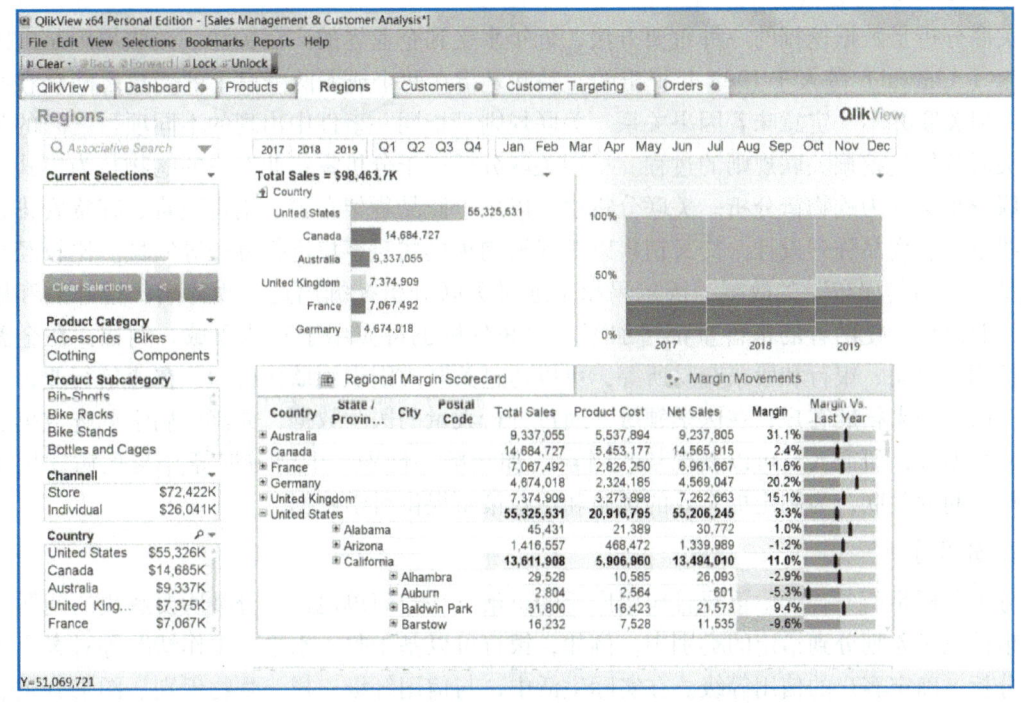

图 6.3 某自行车生产企业的销售管理和客户分析的多维数据

总的来说，联机分析处理主要实现以下功能：① 展示数据仓库中数据的多维视图。② 通常包含交互式查询及对数据的分析。交互式查询有多种方法，包括用户可以通过细分较低级别的数据来深入了解特定情况，或通过概括数据来获得更高层次的分析结果。③ 提供分析和建模功能。用户可以根据已有的决策分析模型确定合适的变量和比率，并进行计算。④ 能够生成概括数据和聚集层次，并在各个维度的交叉点上对概括数据和聚集层次进行总结。⑤ 支持预测、趋势分析和统计分析功能。⑥ 可以检索并显示以二维或三维表格、图形表示的数据，而且可以容易地变换基准轴，这一点相当重要，因为用户通常需要从不同的角度来分析数据。⑦ 能够迅速响应查询。只有这样才能与商业活动同步，从而具有实际应用价值。⑧ 具有多维数据存储引擎，该引擎按照阵列方式存储数据，这些阵列是商业维度的逻辑表示。

随着技术的不断成熟，联机分析处理在企业中的应用前景也越来越广阔。但需要指出的是，联机分析处理通常是运用已有的知识（如业务规则和商务规律）来建立决策分析模型，并通过数据仓库进行多维度的预测和回溯分析，是一种获取验证型知识的方法，而数据挖掘作为商务智能的核心技术，则是一种获取发现型知识的方法。

6.2.2 数据挖掘

数据挖掘是指从大量数据中，挖掘出事先未知的、有效的且可以付诸行动的规则或知识。对于不同的知识类型和决策分析要求，通常采用不同的数据挖掘方法，包括关联分析、分类分析、聚类分析和时间序列分析等。

1. 关联分析

关联分析是数据挖掘的一种重要方法，近年来受到企业界的广泛关注。关联规则是由阿格拉沃尔（Agrawal）等人于 1993 年提出的。关联是指在两个或者两个以上的变量之间存在某种规律，但关联并不一定意味着因果关系。关联规则是指同一事件中出现的不同项目之间的相关性，关联分析是挖掘关联规则的过程。早期关联分析用于分析零售业客户的购物行为模式，所以关联分析又称为购物篮分析。关联分析也可以用于商品货架布置、销售配货、存货安排、购物路线设计、商品陈列设计、交叉销售以及根据购买模式对客户进行分类等领域。比较经典的案例是"啤酒与尿布"的故事，沃尔玛超市通过关联分析挖掘出这一规律后，把啤酒和尿布摆在一起出售，使两者的销售量都增加了。关联分析也可应用于其他领域。例如：在金融领域，信用卡公司、银行和股票交易所等，可以通过关联规则识别欺诈行为；在通信行业，可以通过关联规则来拓展客户；在医学领域，通过分析大量的医学数据，如流行病学调查数据、临床试验数据等，研究人员可以发现某些因素（如年龄、性别、生活习惯等）与疾病发生或治疗效果之间的关联，为制定更有效的预防和治疗策略提供科学依据。

2. 分类分析

分类分析是商务智能中重要且应用广泛的决策方法。简单地说，分类所要解决的问题是将一个事件或对象划分到给定的类别中。例如，银行可以基于收入水平、工作情况等对客户进行信用分析，确定客户的信用等级。在实际生活中，与信用等级一样，生物识别、图书分类、航班旅客类型、疾病诊断、行业划分、产品类型和人口统计等都是分类分析的例子。

分类分析主要包含两个步骤：第一步，分析已知数据，建立一个分类模型来描述已知数据与给定类别之间的对应关系，该分类模型也称为分类器；第二步，利用所建立的分类模型（分类器）对新数据的类别进行预测。具体来说，在第一步中，通过分析已知数据获得分类模型，这里用于建立分类模型的已知数据即训练集，通常为已经掌握的相应类别的历史数据。训练集中的每条记录称为一个训练样本，其包含的若干属性（如收入水平和工作情况等）统称为属性向量。此外，训练集中的每条记录还有一个特别的属性（即类别）与之对应，该属性（类别）的值域通常是有限的。例如，在信用分析问题中，类别的值域可以为"信用良好"或"信用一般"等。第二步在使用所获得的分类模型对数据的类别进行预测时，首先要使用另外一组数据（即测试集）对分类模型的准确率进行估计。这里，准确率为预测正确的样本数占测试集样本数的比例。如果一个分类模型的准确率经测试被认为是可以接受的，那么可以使用此分类模型对未知类别的数据进行分类分析。

作为商务智能的重要方法之一，分类分析广泛应用于决策分析的各个领域，能够基于数据构建趋势描述模型并对未来做出预测。例如，银行的信用分析、文献的整理归档、客户细分特征的确定、疾病严重程度的划分，产品或服务评论的有用性估计等都离不开分类。过去几十年间，在统计学、人工智能和生物学等领域涌现出众多分类方法，商务智能的分类方法是从这些分类方法演化和扩展而来的，其特点是面向大规模数据的分类分析。

3. 聚类分析

聚类是把对象（或样本）的集合分成多个组（类）的过程，使同一个组中的对象在某种度量标准下具有较高的相似性，而不同组的对象则在这种度量标准下差别较大。在许多应用场合中，可以把一个组中的对象作为一个整体对待。与关联分析、分类分析等不同，聚类分析中的每一个样本都没有分类标记。

在数据挖掘领域，聚类分析广泛应用于模式识别、图像处理和市场研究等。通过聚类分析，人们能够识别密集和稀疏区域，进而发现全局的分布模式。目前已经出现了多种聚类方法：基于划分的方法、基于层次的方法、基于密度的方法、基于网格的方法、基于模型的方法以及模糊聚类等。聚类方法的选择取决于数据类型、聚类目的和应用场合。一个好的聚类方法可以产生高质量的类，这些类具有高的类内相似性和低的类间相似性。一般地，聚类分析需要有良好的可伸缩性，能够处理不同的属性，发现任意形状的类。此外，聚类分析还要能够有效地处理噪声数据、异常数据和高维数据，产生满足用户指定约束的聚类结果，而且聚类结果是可解释、可理解和可用的。

聚类分析与分类分析有不同之处：分类分析是将数据按照事先定义的分类标准进行划分，并给予分类标记，是一种监督学习方法；而聚类分析则是将数据按照某种度量标准下的相似性进行聚合，并没有事先给定类别，属于无监督学习方法。正因为如此，聚类分析又是一种通过观察学习的方法（learning by observation），而不是一种示例学习（learning by example）的方法。

4. 时间序列分析

时间序列（time series）是指由不同时间上的观察值或事件组成的序列。它是一种包含时间属性的特殊的序列数据。例如，股票涨停序列就是时间序列数据，而 Web 访问序列则不属于时间序列数据。在现实中，这些时间序列数据通常是通过数据收集工具自动获取的，其数据量非常大。为了高效地存储和管理这些数据，时序数据库应运而生，它是一种带有时间标记的序列数据库。时间序列分析的基础是惯性原则，即在一定条件下，被预测事物原有的运动状态或变化趋势会延续到未来。时间序列分析运用统计分析和数据挖掘技术从时序数据库中找出系统的模式、规律和趋势，有助于对系统的分析以及对系统变化的预测。例如，利用某地区近几年的月平均降雨量对未来的月平均降雨量进行预测。此外，时间序列分析还可以发现突变及离群点。其主要的应用有股票市场分析、销售预测、自然灾害预测、过程与质量控制等。

除了上述常用的数据挖掘方法，社会网络分析、大数据分析等新技术也受到了人们的重视。随着复杂数据与人们的关系日益密切，相应的数据挖掘方法将是商务智能未来发展的重点。

6.3　商务智能应用与发展

6.3.1　商务智能的应用

随着商务智能的发展，其应用领域也越来越广泛，已经不再局限于零售业，还应用于金融业、电信业、医疗与制药业等。

1. 零售业

零售业是商务智能快速应用和发展的一个领域。一方面，零售企业内部积累了大量的销售数据，如客户购买历史记录、货物进出记录、消费和服务记录等；另一方面，客户广泛参与社交网络，生成了许多企业外部数据，如在线评论、搜索日志、博文、口碑和舆情等。特别是在电子商务时代，网上购物活动使得数据可以被自动加载和更新。因此，利用这些数据进行商务智能分析，得到一定的知识和规则，为进一步的营销提供决策支持，是提升零售企业竞争力的关键。同时，零售业中的商务智能应用主要包括：利用聚类分析识别客户购买行为；利用关联分析挖掘客户购买行为模式；利用时间序列分析发现客户购买趋势；利用分类分析对客户忠诚度进行分析等。总的来说，在零售业中采用商务智能，可以改进零售企业的服务质量，提升个性化推荐服务的价值，从而取得更好的客户忠诚度，以及降低运营成本。

2. 金融业

由于银行、保险公司等金融机构对数据质量的要求很高，因此经过长时间的运作，这些金融机构通常都拥有大量相对完整、真实可靠的数据。这就为商务智能的应用提供了高质量的数据来源。金融业中的商务智能应用主要包括：通过分类分析对客户贷款偿还情况进行预测；通过时间序列分析对产品的收益率进行预测；通过聚类分析和分类分析对目标客户进行分类；通过关联分析对金融欺诈问题进行分析等。

此外，商务智能还可以用于保证移动支付的安全性。移动商务的发展促使更多用户使用移动终端进行在线交易，形成移动支付，但移动终端的易受攻击性，如手机病毒或木马的侵袭、钓鱼攻击、截获用户键盘输入的数据等，也给移动支付的安全性提出了挑战。商务智能中的许多技术和方法都可以用来保证移动支付的安全。例如，利用高级恶意软件检测技术拦截虚假的在线银行信息；利用反钓鱼模块检测和拦截电子支付页面中的钓鱼链接；通过对会话内容进行高强度加密，确保数据传输的安全性等。

3. 电信业

电信业的竞争日益激烈，电信运营商面临的问题也与日俱增，既要减少服务成本，又要不断升级服务、进行技术创新与风险防范，以增加运营收入，快速应对市场变化。电信运营商已经从单纯提供语音服务演变为综合电信服务提供商，如语音、图像、视频、电子邮件和 Web 数据的传输等。电信业因其高水平的数据加工能力和高速的数据传输能力，而成为海量数据存储和加工的重要领域之一，也为商务智能应用提供了良好的基础。利用商务智能来更好地理解商业行为、确定优势模式、优化配置资源的需求变得越来越迫切。例如，电信公司的呼叫详细记录（call detail record，CDR）数量巨大，这些数据主要用于计费，但是其中隐藏的大量知识财富还有待挖掘和使用。例如，分析呼叫详细记录可以识别网络中的呼叫者、影响者（influencer）、领导者和跟随者，电信公司可以根据这些信息主动采取措施以防止客户流失。此外，利用商务智能，电信公司还可以全方位地优化服务和开展各种营销活动，从而提高收益。

电信业中一些常用的商务智能应用还包括：通过聚类分析对盗用和异常模式进行分析和识别；通过时间序列分析对通信模式进行分析；通过关联分析对客户行为模式进行分析等。

4. 医疗与制药业

新时代的医疗设备（如测心电图和测量血压、血氧、血糖、体温的仪器等）能够以极快的速度产生诊断和传感数据。对这些数据进行实时分析，可以为人们提供有别于其他领域的收益——被称为"生与死"的数据。对这些数据进行分析，除了可以提高医疗机构的效率和竞争力，还有助于改善患者的身体状况，挽救生命。

制药企业在药品生命周期的各个阶段所需要的技术也可以由商务智能来提供。借助商务智能，制药企业可以迅速把生物及医学数据转换成有效的药品研制方案，优化药品组合，进而在开发、营销和销售等一系列业务中创造价值。

5. 其他行业

制造业中存在大量的业务数据。商务智能可以为充分利用这些数据优化流程和进行经营决策提供支撑。制造业中的商务智能应用，除了多维分析，还包括一些专门的应用。例如，在质量控制方面，可以采用决策树和关联分析等方法在制造过程中找出影响产品质量的关键因素，以提高作业效率；在制造流程优化方面，可以采用聚类分析等方法将相似的流程整合起来，以减少不必要的损耗，甚至据此对生产车间重新进行规划。

此外，政府部门的电子政务活动也需要处理大量的结构化和非结构化数据。各国政府正努力寻求大数据背景下更高效的数据治理方法，恰当、及时地利用这些大数据，可以使政府部门高效地运作，并摆脱传统的事后处理方式。流分析是大数据领域的一种从持续的流数据中提取可执行信息的过程。例如，政府部门可以借助来自雷达、传感器及其他智能检测设备的流数据管理自然灾害，如暴风雪、飓风、龙卷风和火灾等，以及检测水质、空气质量等。此外，政府部门还可以利用流分析进行城市交通管理。利用交通监控数据、车辆 GPS 数据及路面状况数据，政府部门可以通过改变交通灯和交通路线的设置等方式来缓解交通拥堵问题。

6.3.2　商务智能与新技术融合

20 世纪末期以来，互联网得到了普及，从而触发了以社会性、虚拟性、移动性、个性化为特征的新一代信息技术应用。新技术与应用的不断涌现，创造了一个动态变化的商业环境。在这样的形势下，商务智能领域的创新也在不断加速，并越来越紧密地与移动商务、社交网络、大数据分析等技术及应用融合在一起,显示出强大的生命力和巨大的商业价值。

1. 移动商务智能

移动商务加强了企业与客户之间的互动,但简单地把原来基于互联网的应用移植到移动平台上并不能给企业经营带来根本性的变革。简单地说,移动商务智能是商务智能在移动商务领域的应用,一般通过移动终端采集相关数据,经由企业商务智能系统进行查询与分析、联机分析处理和数据挖掘,最终把结果显示在移动终端上,它不仅可以为用户提供个性化的信息服务,还可以辅助企业员工做出决策。移动商务智能是企业商务智能应用的新趋势,使用户可以随时随地在移动终端上提交数据,同时企业也可以获得相应的分析报告,实现实时动态的管理。

移动商务智能具有以下特点:

① 智能性:移动商务智能通过机器学习等智能技术,帮助企业员工洞察并识别经营管理中存在的问题,并寻找潜在客户。

② 移动性:移动商务智能与传统商务智能的主要区别在于其应用领域是移动商务,用户可以方便地通过移动终端来接收数据和分析结果。

③ 个性化:由于移动终端与用户的个人信息联系紧密且位置敏感度高,因此移动商务智能可以为用户提供更多的个性化服务;企业也可以更有针对性地开展营销活动。

④ 主动性:移动商务智能可以主动地(推式)向移动用户提供或推荐一些信息,如事件提醒、更新报告和关键绩效指标(KPI)。通过移动终端,用户可以随时随地访问企业商务智能门户,获得各种实时信息并进行快速查询和分析;及时获得系统根据预设的模型及条件发出的预警信息,从而快速掌握企业经营状况的变化,并在第一时间做出响应。

2. 社会化商务智能

社交网络(social networking)是新兴网络环境的一个重要特征。社交网络的基本理念是人们之间的交互存在一定的结构,其基本假设是社会网络赋予了人们分享信息以及使世界更加开放、互联的力量。社交媒体(如微信、小红书)、博客/微博(如新浪微博)、视频共享(如 YouTube、优酷)和音乐社区等社会网络应用不断冲击着传统商务和电子商务,以崭新的方式创造出巨大的商业价值。由用户创造的数据成为互联网海量数据的重要来源。同时,以往"闭门造车"的管理模式正在被摒弃,企业通过与用户群体的密切互动,实现与用户群体的协同发展。近年来的"众包"模式就是企业与用户群体协同发展的典型案例。

这些不同的社会网络应用正逐渐与商务智能融合。建立在 Web 2.0/Web 3.0 基础上的社会化商务智能,在新产品营销、个性化服务等方面显示出了巨大的价值,正迅速成为全球企业竞相采用的新技术。它使企业能够以前所未有的方式接触并深入理解消费者,成为企业实施整合营销与沟通战略的重要工具。在社交网络环境下,迫切需要能够有效分析海量信息的方法和技术,如对微博等包含海量互动关联文本的数据进行挖掘和话题识别的技术。

3. 与企业外部大数据分析的融合

随着社交媒体数据、智能传感数据、用户生成内容(user generated content,UGC)等新数据源的兴起,商务智能的应用得到进一步拓展,它不再局限于企业内部的业务数据,更是将分析的触角延伸至互联网所产生的企业外部大数据。在 Web 2.0/Web 3.0 环境下,用户在接收数据的同时也成为数据的创造者，业务数据不再是企业的全部数据。用户在互联网中创造了许多与企业相关的信息，如购买前的搜索信息、购买时的比对信息、购买后的评论信息等，这些信息隐藏着大量的用户信息及企业情报。只有深入挖掘企业外部大数据所蕴含的市场价值，才能在瞬息万变的环境中捷足先登。概括地说，企业外部大数据包括用户行为数据、UGC 信息和用户关系数据等。

（1）用户行为数据

用户行为数据包括用户的点击习惯、搜索记录和业务流量等，这些数据具有实时更新的特点，塑造了用户的行为模式。

（2）UGC 信息

UGC 信息是指用户在微博和微信等社交媒体上发布的消息、对话，在购物平台中留下的评论，以及用户在注册过程中提供的个人资料等。这些数据的收集以及如何将其由多源异构数据转化为对企业有利用价值的数据，是进行企业外部大数据分析的一个重要挑战。自然语言处理技术，如词频分析、语义分析、情感分析和趋势分析等，能够在一定程度上帮助企业挖掘出与其产品、用户偏好及市场份额等相关的信息。这些技术还可以帮助企业追踪并分析用户在微博等社交媒体上关于某一产品的话题迁移，从而洞察用户对该产品的需求变化。通过这种分析，企业可以改善产品体验，推动产品创新与市场拓展。

（3）用户关系数据

用户关系数据在互联网上构成了一个庞大的社交网络，其中粉丝、好友等个体之间的关系蕴含着丰富的网络结构数据。然而，这些数据呈现出多节点和结构稀疏性的特征，给处理带来了挑战。为了充分利用这些网络结构数据，企业可以使用聚类分类、关联分析及网络结构分析方法。通过这些方法，企业可以有效地挖掘兴趣社群，更精准地定位潜在客户，助力企业实现精准营销和客户关系管理，最终实现社交媒体营销目标。

企业外部大数据由于蕴含了重要的商业价值，而正在成为商务智能应用的重点。这些数据呈现出非封闭、动态、富媒体等特性，与传统的数据库和数据仓库中的数据有很大的区别。为了应对这些特性带来的挑战，并充分利用这些数据的价值，Hadoop、NoSQL 等大数据相关技术发挥着越来越重要的作用。Oracle 和 SAP 等公司也纷纷推出数据连接器，使得企业能够将 Hadoop 中的数据导入现有的商务智能系统进行分析。

企业外部大数据分析推动了商务智能的一系列创新。例如：信息采集的来源更加多样化，采集过程更具持续性；数据存储具备更高的可扩展性，并能实现实时更新；数据处理展现出结构多样化、跨平台性；数据应用则更加注重个性化需求。这些创新旨在促进企业内外部数据的深度融合与互补，共同构建一个全面、完善的数据价值发展平台，为企业的商务智能应用注入新的生机。

此外，以云计算、大数据等为代表的新技术给社会带来了很大的冲击，它们分别强调与虚拟资源和外部数据的互联。在云计算环境下，数据既可以存放在一台本地计算机上，也可以存放在云计算服务器场（server farm）中的一台服务器上。而无论数据存放在哪里，通过数据即服务（data as a service，DaaS），企业中的任何业务流程都可以访问这些数据。随着大数据技术的发展，支持大量的、多样化的数据也成为商务智能应用的主流需求。商务智能不仅需要支持传统的数据类型，如结构化数据，还需要处理更为复杂的数据类型，如社会网络分析、情绪分析和机器学习所需的非结构化数据。面对这些多样化的数据，新的挑战和机遇也随之而来。如何有效地融合并管理这些数据，以产生更大的商业价值，成为当前亟待解决的问题。

最后需要指出的是，信息技术不断融合的趋势和商务智能应用的不断深化，在给企业带来更强竞争力、给人们的生活带来更好体验的同时，也对企业文化和商业模式、人们的生活习惯和思维方式带来了冲击，进而引发了隐私保护、信息安全、知识产权、群体行为等一系列新的法律和道德伦理问题。这些问题还有待人们进一步探讨和解决。

◇◇◇◇ 案例 6.1　南航通过 Sabre 的数据智能系统
助力国际业务增长　◇◇◇◇◇◇

2018 年 1 月 26 日，旅游业软件和技术供应商 Sabre 宣布与中国南方航空公司（以下简称"南航"）签署了一个为期数年的合同，为南航提供 Sabre 市场智能系统（Sabre market intelligence）及全球需求数据（global demand data）。这个项目对于提升南航不断增长的国际航线网络所需要的数据智能分析能力来说是至关重要的。

通过 Sabre 市场智能系统及 Sabre 专有的全球需求数据，南航可以获得可靠的市场竞争信息，以满足其国内和国际市场拓展的需求。这项技术为分析人员提供了一个单一且可靠的市场数据源，从而为隶属于营销体系的各个部门，如网络规划、航班计划、收益管理和销售等部门提供更好的决策制定依据。

Sabre 市场智能系统投入运行后，南航充分使用了其各种功能并且获得了满意的结果。通过友好的用户界面以及集中式的分析仪表盘，该系统给南航的营销规划流程带来了显著的价值。

"Sabre 市场智能系统可以让南航制定更有说服力的、可执行的决策，"Sabre 公司亚太区相关负责人说，"这套系统还可以使航空公司在实现收益最大化的同时提升航线网络扩张的效率，并且充分保持竞争力。"

作为中国旅客运输量最大的航空公司之一，南航清楚真实的旅客群体类型和竞争者的市场份额，而不是只专注于票价，这就使得南航能够深入了解某个特定市场的需求以及旅客的购买习惯，进而采取符合业务要求的措施。

（资料来源：中国民用航空网。）

案例思考题
1. 为什么全球需求数据对于南航而言如此重要？
2. 举例说明 Sabre 市场智能系统给南航带来的竞争优势。

◇◇◇◇◇ 本 章 小 结 ◇◇◇◇◇

商务智能是从大规模数据中发现潜在的、新颖的、有用的知识的过程，旨在支持组织的业务运作和管理决策。首先，本章给出了多个角度下的商务智能定义，并对商务智能与传统的决策支持技术进行了比较，进而结合商务智能组件对商务智能系统的功能实现进行了阐述。其次，本章对商务智能的主要分析技术和方法，即联机分析处理和数据挖掘进行了详细的介绍。联机分析处理的主要操作包括切片、切块、旋转、下钻和上卷。根据不同的知识类型和决策分析要求，可以将数据挖掘方法分为关联分析、分类分析、聚类分析、时间序列分析等。

随着商务智能的发展，其应用领域也越来越广泛，涵盖了零售业、金融业、电信业、医疗与制药业等多个领域。本章最后对商务智能的应用与发展进行了概括。新技术与应用的不断涌现，创造了一个动态变化的商业环境，商务智能越来越紧密地与移动商务、社交网络、大数据分析等技术及应用融合在一起，显示出强大的生命力和巨大的商业价值。

◇◇◇◇◇◇◇◇ 习　　题 ◇◇◇◇◇◇◇◇

1. 什么是商务智能？
2. 试举例说明商务智能在企业管理中的作用。
3. 什么是仪表盘？为什么仪表盘在商务智能系统使用得如此广泛？
4. 联机事务处理与联机分析处理有什么异同？
5. 联机分析处理主要有哪些操作？请结合实例进行讨论。
6. 数据挖掘与商务智能之间的关系是什么？
7. 分类分析和聚类分析之间有哪些相同点和不同点？两者分别适用于什么情况？
8. 试说明商务智能在与新技术融合过程中的若干应用。
9. 试通过上网搜索，归纳并总结市场主流的商务智能和数据分析产品。

第7章

信息技术基础设施与新兴信息技术

▌学习目的▐

（1）掌握不同信息技术基础设施架构下信息系统的运行模式。

（2）了解计算机硬件及其组成。

（3）理解计算机软件及其运行方式。

（4）掌握物联网的概念、体系架构及主要技术。

（5）掌握大数据的概念及特征。

（6）了解大数据处理的总体架构与关键技术。

（7）熟悉云计算的概念、特性、交付模型和部署模型。

（8）了解云计算的关键技术。

（9）了解生成式语言模型 ChatGPT 的概念、工作原理及应用领域。

（10）理解物联网、大数据、云计算、生成式人工智能之间的关系，以及它们对信息系统的影响。

信息技术基础设施在信息系统体系结构模型（见图 1.3）中处于底层的位置，是企业信息系统运行的支撑环境，为用户提供共享信息资源的平台。信息技术基础设施主要包括硬件平台和软件平台。

◇◇◇◇◇◇ 7.1 信息技术基础设施架构 ◇◇◇◇◇◇

关于信息技术基础设施，目前尚没有统一的定义。一般认为，信息技术基础设施是整个组织运营所必需的一系列信息技术硬件设备和软件的集合，也包括与此相关的服务。根据信息技术高德纳的数据，2024 年全球信息技术支出达 5.26 万亿美元，与 2023 年相比增长了 7.5%。据统计，在大型企业的信息技术支出中，信息技术基础设施的支出往往占 25%～50%。金融服务企业的信息技术基础设施投资往往超过其总投资的一半。对于企业来说，这些信息技术基础设施能够为客户服务、供应商管理和内部运营等提供支持。

计算机处理能力、存储技术、通信和网络技术，以及软件工程技术等的长足进步，使得计算机的计算、存储与通信能力呈指数增长，而成本却大幅下降。从信息系统用户的角度来看，信息技术基础设施的计算模式随着技术的发展，经历了集中式计算、分布式计算和移动计算等一系列演变。

7.1.1　集中式计算

集中式计算（centralized computing）诞生于早期的大型主机时代。这一时期的主机功能强大，能够支持成百上千个本地和远程终端（terminal），这些终端仅仅是输入输出接口设备，通过专用通信协议和数据线与主机连接，其自身不具备任何处理和存储数据的能力。而数据管理以及与用户进行交互则由主机负责。这种计算模式又称为主机–终端模式。在这种模式下，各种软硬件设施几乎都是由同一生产商提供的，并且整个计算机系统由专业的程序员和系统操作员集中控制。由于物理设备的限制，所有的计算数据和程序均存储在主机系统中，形成了"集中存储、集中计算"的典型模式。

集中式计算是以主机为中心的计算模式，数据管理和事务处理高度集中，因此初始成本较高。然而，在这种模式下信息系统的维护与升级只涉及主机，因此总体管理成本较低。一般来说，集中式计算是一种可靠、高效、安全的计算模式，而且管理起来更方便。但随着用户数量的增多，人们对主机处理能力的要求也不断提高，一旦原有主机不能满足业务需求，企业就要投入高昂的成本对主机进行升级或替换。此外，由于不同的主机之间存在较大的差异，资源共享和互操作比较困难。

集中式计算适用于大规模集中式应用，如科学与工程计算、集中式事务数据处理等场景。

7.1.2　分布式计算

1981 年，IBM PC 的出现标志着个人计算机时代的开始，其由于价格便宜、使用方便而迅速成为标准的桌面个人计算机。20 世纪 90 年代初，随着个人计算机的逐渐普及，市场上涌现出了大量的个人桌面软件工具，如金山 WPS、MS Office 以及小型数据库管理软件 FoxPro、Access 等，计算机应用领域被大大拓展。尤为重要的是，计算机网络的出现使原本孤立的个人计算机能够连接成网络，这一变革促使协同计算和分布式计算（distributed computing）的理念迅速传播开来。分布式计算又包括以下几种模式：

1. 客户–服务器模式

个人计算机的出现大大促进了计算机软硬件技术的发展，出现了不同的硬件平台和软件平台，这给不同计算机之间的资源共享带来了困难。为了解决异构平台之间的资源共享问题，客户–服务器（client-server，C/S）模式应运而生。在这种模式下，用户可以选择适合自己需要的客户、操作系统和应用程序。客户–服务器（C/S）模式逐渐成为企业应用系统的主流计算模式。客户–服务器模式如图 7.1 所示。

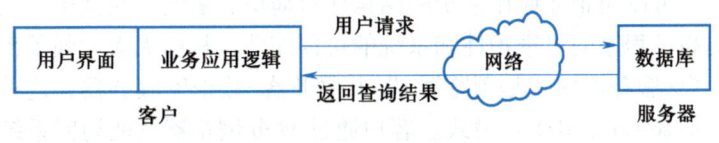

图 7.1　客户–服务器模式

客户（client）一般是指台式个人计算机或笔记本计算机，其主要任务有：提供用户与客户端应用程序交互的界面（用户界面）；向服务器提交用户请求并接收来自服务器的信息；按照业务应用逻辑的要求，利用应用程序对从服务器传来的数据进行处理，并将处理的结果通过用户界面进行展示。由于服务器只返回查询结果,因此网络上传输的数据量会很少,在这种情况下,即便服务器中的数据量持续增长,也不会对系统的响应速度产生显著影响。服务器通常是一台高性能的数据库服务器,运行着一个数据库管理系统,如 Oracle、SQL Server、MySQL等。服务器负责管理系统中的数据资源,其任务主要有:向客户端应用程序提供数据访问服务;确保数据库安全;进行数据库的并发控制;实施数据库的备份与恢复等。

客户-服务器模式具有以下优点:客户端应用程序和服务器端程序分别运行在不同的计算机上,客户端应用程序专注于数据的处理和展示,而服务器则专注于数据的管理,系统中的各个功能部件被充分隔离。

客户-服务器模式具有以下缺点:由于分析和处理数据的应用逻辑位于客户,客户需要安装庞大而复杂的应用程序,因此称为"胖客户"。在客户-服务器模式下,客户负责数据的处理和展示,随着应用规模的扩展和网络上异构资源的增多,其对资源的要求越来越高。而且应用软件越来越复杂,特别是大数据的应用,对客户的处理能力也提出了更高的要求。此外,对于采用客户-服务器模式的系统,很难进行高效的扩展和维护,这增加了系统升级和改造的难度,导致其可伸缩性较差。

2. 浏览器-服务器模式

客户-服务器模式通常为两层结构,为了解决两层结构的客户-服务器模式存在的一些固有问题,出现了三层客户-服务器模式,即客户-应用服务器-数据库服务器模式。在这种模式下,客户只负责完成基本的数据展示及与用户进行交互;业务应用逻辑在中间的应用服务器上进行处理,应用服务器负责接收用户请求,根据业务应用逻辑将该请求转化为数据库请求并与数据库服务器进行交互,同时将查询结果返回给客户;而数据则存放在后端数据库服务器上的数据库中。三层客户-服务器模式如图 7.2 所示。

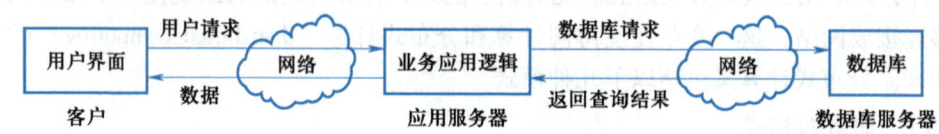

图 7.2 三层客户-服务器模式

与两层结构的客户-服务器模式相比,三层客户-服务器模式具有更加灵活的硬件系统构成,每层都可以选择与其处理负荷和处理特性相适应的硬件。应用服务器和数据库服务器的功能可以由一台高性能的个人计算机来承担,但通常由两台个人计算机分别完成。合理地划分三层结构并使其独立,可以使企业应用系统的结构变得简单、清晰,对其中一层的改动不会影响其他层,这样就提高了程序的可维护性和系统的可伸缩性,从而大大增强了系统性能。

典型的三层客户-服务器模式是浏览器-Web 服务器-数据库服务器,这种模式又称为浏览器-服务器(browser/server,B/S)模式。客户通过 Web 浏览器就能访问系统,而且客户可以是各种不同的软件和硬件平台,包括平板计算机、手机等,只要它们支持标准的 Web 浏览器即可,这种客户称为"瘦客户"。浏览器-服务器模式的跨平台性非常好,客户只需负责数据的展示和交互,Web 服务器则负责处理所有的业务应用逻辑,其工作原理可参见 5.4.2 小节。

客户-服务器模式和浏览器-服务器模式并不冲突,在企业应用系统中可以把将浏览器-服务器模式与传统的客户-服务器模式结合起来,互相补充、相辅相成。

最初，集中式计算模式采用的终端是一种"瘦客户"（它没有任何计算能力）。在经历过客户-服务器模式（两层结构）的"胖客户"之后，在浏览器-服务器模式下又一次回到"瘦客户"。这并非一种简单的循环往复，而是计算模式向"开放式"结构不断迈进的过程。计算模式始于封闭的集中式计算，目前正向着一个真正开放的、与平台完全无关的模式过渡。

然而，不论是客户-服务器模式（两层结构）还是浏览器-服务器模式，都存在很大的局限性。这两种计算模式在海量数据的组织、访问等方面都不同程度地存在单点服务瓶颈、无法抵抗拒绝服务（denial of service，DoS）攻击等问题。对等计算（peer-to-peer computing，P2P）模式正是为了解决海量计算单元及其信息资源的合理利用问题而提出的分布式计算模式。

3. P2P 模式

P2P 模式是在互联网上实施网络计算的新模式。在这种模式下，服务器与客户之间的界限消失了，网络中的所有节点都可以"平等"地共享其他节点的计算资源，它们同时扮演服务器与客户的角色，网络应用的核心从中央服务器向网络边缘的终端设备扩散。在这个分布式系统中，各个节点是逻辑对等的，节点之间可以直接进行数据通信而不需要通过中间的服务器，每个节点都可以请求服务（客户的特性，用 O 表示），也可以提供服务（服务器的特性，用 R 表示）。P2P 模式如图 7.3 所示。

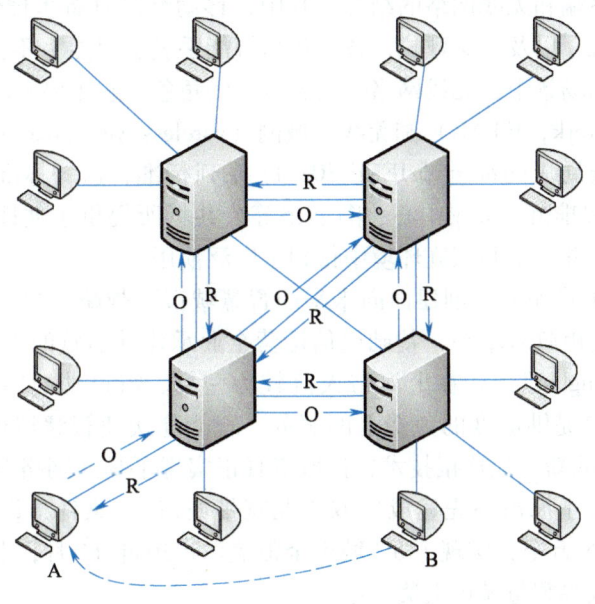

图 7.3　P2P 模式

在 P2P 模式下，每个节点都为网络提供了一些资源，当越来越多的节点加入网络时，网络的性能将会增强。这是 P2P 模式与客户-服务器模式的不同之处。在客户-服务器网络中，当网络增大（即越来越多的客户加入）时，中央服务器的压力就会增大，最后可能导致服务器瘫痪。

P2P 模式带来的一个重要变化是改变了"内容"所在的位置：从"中心"走向"边缘"，也就是说，"内容"不再存放在几台主要的服务器上，而是存放在所有用户的个人计算机上。在互联网发展初期，由于个人计算机的性能不高并且网络带宽较窄，因此需要专门的服务器存放"内容"。而现在，用户不再需要将文件上传到服务器上，而只需要使用 P2P 软件将资源共享，或者通过 P2P 软件从其他用户那里找到自己所需的资源。

P2P 模式真正大规模应用开始于 MP3 文件交换软件 Napster，这是一种基于目录服务的文件共享软件。每个用户都向目录服务器上传自己的 MP3 文件目录信息，其他用户搜索目录服务器可以找到想要的 MP3 文件地址，然后根据这个地址从另一个用户那里去下载。此外，还有分布式文件共享系统，如 Gnutella 和 Freenet，它们完全不需要集中式的服务器，成员之间直接通过网络搜索文件。

除了有助于优化网络性能，P2P 模式还消除了由于单点故障而影响全局的风险。在企业应用方面，可以用客户之间的分布式服务实现一些费用昂贵的数据中心功能，在客户端实现数据的备份和存储功能。

7.1.3 移动计算

移动计算（mobile computing）是随着移动通信、互联网、数据库、分布式计算等技术的发展而兴起的新技术。2003 年，英特尔（Intel）公司迅驰芯片的推出使移动计算的发展向前迈进了一大步。当前，移动终端的使用量已远超传统的台式计算机，人们对移动计算的需求越来越多。

移动计算是移动终端和无线网络的结合。其中，移动终端具有多样性，如笔记本计算机、平板计算机、智能手机，以及可穿戴式设备，包括智能手表、智能手环、智能眼镜等。

在移动计算的应用场景中，无线网络扮演着重要的角色，它主要有两种类型：无线局域网（wireless local area network，WLAN）和无线广域网（wireless wide area network，WWAN）。

目前，大多数无线局域网都遵循 IEEE 802.11 系列标准，这一标准也被称为 WiFi 标准。WiFi 为机场、宾馆、咖啡馆、会议中心、图书馆等公共场所提供了便捷、快速的互联网接入服务，同时也在校园、办公室和家庭环境中得到了广泛使用。

2010 年，上海市正式提出"创建面向未来的智慧城市"战略，智慧城市建设的序幕也由此拉开。之后，由上海市政府牵头，基础电信运营企业承建并运营的无线局域网络（WLAN）被统一标识为"i-Shanghai"，并在上海市人流较为密集、窗口功能突出的公共场所实现了WiFi 覆盖，为公众用户提供适度的免费上网服务。智能连接使智慧城市拥有了"躯干"，以5G、千兆 WiFi 为代表的新一代连接技术，让城市真正实现了高速网络全域覆盖，为千行百业的创新赋能。2020 年，上海市率先建成"双千兆宽带城市"，累计建设 5G 室外基站 3.14 万个、室内小站超过 4.98 万个，实现了 5G 城市全覆盖。2020 年 11 月，上海从全球 350 个城市中脱颖而出，荣获"世界智慧城市大奖"。

大部分移动计算是通过移动网络进行的。蜂窝式移动通信网络是典型的无线广域网，其发展经过了 1G、2G、3G、4G 及 5G 技术。5G 的建成与应用能够为物联网与移动计算提供了通信速率上的保证。

除了消除时间和空间的限制、实现随时随地的通信，移动计算还可以实现产品和服务的可定位性。了解用户的实时位置是为其提供相关产品和服务的关键。基于产品及服务的位置实现的应用，被称为基于位置的服务（location based service，LBS）。全球定位系统（global positioning system，GPS）、北斗卫星导航系统（Beidou Navigation Satellite System，BDS）等卫星导航系统，可以将各种精确的位置信息传递到用户持有的移动终端上。例如，用户可以利用移动终端来寻找最近的电影院、餐馆或停车场。基于位置的服务可以针对全体人员，如购物中心内的所有顾客；也可以针对特定的目标，如依据用户所处的位置为其提供不同的信息，将位置和个性化服务结合起来。

7.2　计算机软硬件平台

7.2.1　计算机硬件

随着硬件技术的不断发展，人们对计算机硬件的认知已经有所改变。过去，人们主要依赖传统的台式计算机、笔记本计算机、服务器等来满足各种计算需求。而如今手机已经成为人们最常用的电子设备，它们不仅具备强大的计算能力，还拥有内存和虚拟键盘，也能够通过网络与其他设备连接。此外，计算机硬件已经融入各类新兴设备，如智能手表、智能眼镜、智能汽车及智能家居系统等，这些设备同样具备强大的计算与通信功能。

计算机硬件（computer hardware）是指具有计算、存储和通信功能的设备，具体而言，它需要具备计算单元（中央处理器）、存储单元（如磁盘）和输入输出单元（如显示器、键盘、鼠标或打印机等）。现代通用计算机系统由一个或多个中央处理器和若干设备控制器等组件构成，这些组件通过系统总线相连，能够共享内存。同时，每个设备控制器都负责管理特定的外围设备（如磁盘、显示器等）。计算机系统硬件结构如图 7.4 所示。

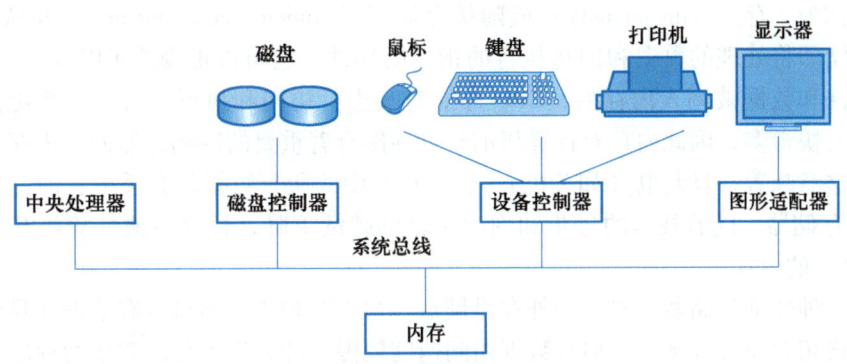

图 7.4　计算机系统硬件结构

目前的计算机都是采用冯·诺依曼结构，计算机硬件间的控制指令和数据传送关系如图 7.5 所示。

图 7.5 中的粗箭头表示数据传送方向，细线箭头表示控制指令传送方向。从图 7.5 中可以看出，中央处理器（central processing unit，CPU）相当于计算机的"大脑"，它通过控制器控制输入设备将指令或数据传送至内存储器（简称"内存"），再从内存中取出指令和数据并将其传送至运算器；经过运算器的计算，计算结果被存储到内存中，如有需要则可以将其

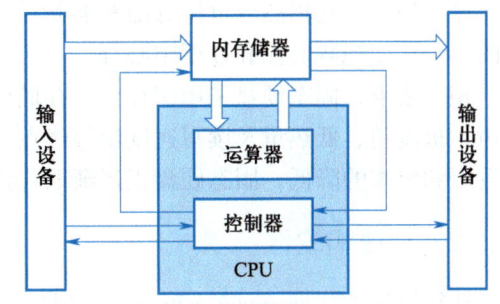

图 7.5　计算机硬件间的控制指令和数据传送关系

传送至输出设备，如屏幕显示、打印机打印，或保存在硬盘中。数据的传送和计算都是在 CPU 的控制下进行的，但 CPU 只能从内存中获取指令和数据，因此所有程序都必须先调入内存才能执行。

CPU 在很大程度上决定了计算机的性能和价格。CPU 负责解释并执行系统软件和应用软件的指令，同时协调所有硬件设备共同工作。早期的 CPU 只有一个内核（称为单核处理器），而现在的 CPU 则有两个、四个、八个甚至更多的内核，称为多核处理器，即在一个 CPU 内部集成了多个运算器和控制器。由于许多软件都是为单核处理器编写的，这些软件通常在一个时刻只能处理一个任务。因此，即使计算机配备了八核处理器，如果没有采用多线程技术对软件进行优化，那么数据分析等任务的处理速度可能不会比使用单核处理器快多少。

多线程技术是一种将任务分割成多个可并行处理的小任务的方法。采用这种技术编写的软件（如图像处理软件 Photoshop、微软公司的 Office 软件等）可以更有效地利用多核处理器的优势。操作系统会将这些小任务分配给 CPU 的不同内核并行处理，从而显著提高了任务处理的速度和效率。此外，现代操作系统也支持多任务处理，这意味着它可以将多个任务分配到多个内核上同时执行。例如，在浏览网页的同时，用户可以播放音乐、下载文件等。

CPU 主要的性能指标是主频，主频是 CPU 的时钟频率，表示 CPU 处理数据的速度。通常，主频越高，CPU 处理数据的速度就越快。主频的单位为吉赫兹（GHz），目前主流 CPU 的处理速度为 4 GHz 左右。主频的倒数称为 CPU 时钟周期，一个 CPU 时钟周期涉及从内存读取指令、解码指令和执行指令，并在需要时将计算结果返回到内存中。

内存又称为主存（main memory）或随机存储器（random access memory，RAM），是计算机中用于存储即将处理的数据和即将执行的指令的部件。它可以被视为 CPU 的工作空间，因为只有在软件和数据被调入内存后，CPU 才能对其进行访问和执行。与硬盘相比，内存的数据访问速度要快得多，因此内存对计算机的整体性能有着重要的影响。然而，内存是一种易失性存储器，这意味着一旦断电（如关机），存储在其中的所有数据就会丢失，因此它被视为一种"临时"存储器。随着技术的进步和内存价格的持续下降，目前主流计算机基本上都配备了 8 GB 或以上的内存。

外存是一种辅助存储器，典型的外存是硬盘。与内存相比，硬盘具有数据非易失性、存储容量大及价格相对便宜等优点，但其数据访问速度较慢。计算机运行所需的程序和数据通常以文件的形式存储在硬盘上。当前市场上的硬盘主要分为两类：传统磁盘（也称为机械硬盘）和固态硬盘（solid state disk，SSD）。传统磁盘利用磁记录技术来存储数据，通过机械臂的旋转来读写不同位置的数据。然而，受旋转速度和发热的影响，传统磁盘的读写速度难以大幅提升。尽管如此，它仍然因价格低廉和容量巨大（如 2 TB、4 TB 等）而应用于需要存储大量数据的场合，如视频监控和数据中心等。

相比之下，固态硬盘采用闪存作为存储介质，没有旋转的机械结构，因此具有低功耗、无噪声、抗震动、低热量及读写速度快等优点。但是，固态硬盘的价格比传统磁盘高。随着技术的发展和成本的降低，固态硬盘正逐渐取代传统磁盘。

7.2.2 计算机软件

计算机软件（computer software）是指计算机系统中的程序及其文档，其中程序是计算机指令的集合，文档是程序的说明性资料及操作规范。通常意义上的软件是指计算机中可运行的程序，它作为用户与硬件之间的接口，使用户可以与计算机进行交互。计算机软件分为系统软件和应用软件两大类。

1. 系统软件

系统软件主要是指操作系统（operating system），每台计算机都必须有操作系统，计算机开机后首先运行的就是操作系统。操作系统一直处于运行状态，其他程序都是在操作系统环境中运行的，受操作系统的管理和控制。

操作系统相当于计算机的"总管"，其主要任务有以下几个：

（1）负责计算机系统软件、硬件资源的分配

计算机系统有许多资源，如 CPU 时间、内存空间、硬盘存储空间、输入输出（I/O）设备等。操作系统负责管理这些资源，在面对众多资源请求甚至可能是相互冲突的资源请求时，操作系统需要考虑如何合理地为各个程序和用户分配资源，以确保计算机系统能够既高效又公平地运行。

（2）支持多个程序的并发执行

现代操作系统具有处理和协调多个程序并发执行的能力。这些并发执行的程序之间，既存在对计算机资源的竞争关系，也存在逻辑上的协作关系。操作系统作为一个控制程序，其主要职责是为用户程序提供各种服务，确保计算机资源被正确和合理使用，特别是在处理输入输出（I/O）设备的运行和控制时。

（3）提供用户接口，使用户获得良好的工作环境

操作系统提供的用户接口主要分为两类：一类是为应用程序提供的接口，即应用程序接口（application programming interface，API），使得开发者能够方便地调用系统资源和服务；另一类是为用户提供的接口，包括操作命令、图形用户界面工具，如 Windows 系统中的资源管理器和控制面板等管理工具。此外，大多数操作系统还内置了多种实用工具软件，如 Windows 系统中的画图程序、记事本及浏览器等。

操作系统是计算机系统中最靠近硬件的一层软件，不同的操作系统往往对应着不同的硬件。例如，微软公司的 Windows 操作系统主要运行在英特尔（Intel）公司的 CPU 和符合 Intel 指令集的 CPU（如 AMD 公司的 CPU）上，苹果公司的 macOS 操作系统只能运行在 Macintosh 计算机上。此外，服务器、客户及移动终端也各有对应的操作系统。服务器端操作系统主要有微软公司的 Windows Server、多种版本的 UNIX、开源的 Linux，以及华为公司推出的欧拉操作系统（openEuler）。客户端操作系统主要有微软公司的 Windows 操作系统、苹果公司的 macOS 操作系统等。移动端操作系统主要有苹果的 iOS 操作系统、谷歌公司的安卓（Android）操作系统、华为公司的鸿蒙操作系统（HarmonyOS）等。

2. 应用软件

应用软件是为了完成用户特定的数据处理任务而设计的程序，即应用程序，它们通过调用操作系统提供的 API 来实现对计算机硬件的操作。根据运行环境的不同，应用程序可以分为原生应用程序和 Web 应用程序。

（1）原生应用程序

原生应用程序直接运行在操作系统上，并且只能运行在特定的操作系统上。例如，Microsoft Access 只能运行在 Windows 操作系统上。有些应用程序有多个不同的操作系统版本，

如 Windows 版本和 macOS 版本的 Microsoft Word。原生应用程序又称为胖客户端应用程序，7.1.2 小节介绍的客户-服务器模式中的客户端应用程序就是原生应用程序。

（2）Web 应用程序

Web 应用程序又称为瘦客户端应用程序，它被设计成在浏览器中运行的程序，计算机无论使用什么类型的硬件和操作系统，只要安装符合标准的浏览器，即可运行 Web 应用程序。Web 应用程序具有非常好的跨平台性。随着移动技术的发展，越来越多的信息系统开始采用 Web 应用程序的方式运行。

7.3　物　联　网

7.3.1　物联网概述

1. 物联网和互联网

互联网的兴起引发了重大的技术变革，其演化可以分为四个阶段，如图 7.6 所示。它在每个阶段都对人类社会产生了深远的影响。

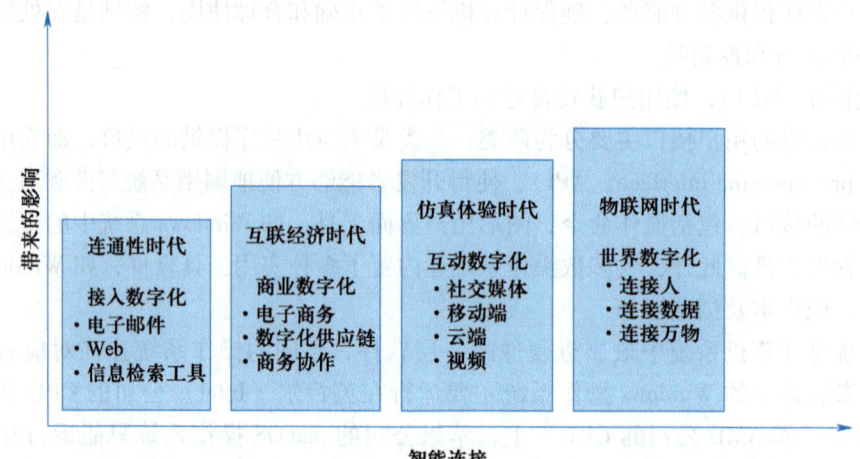

图 7.6　互联网的演化阶段

第一个阶段，即连通性时代，始于 20 世纪 90 年代中期，以接入数字化为特征。在这个阶段，人们可以通过电子邮件、Web 和信息检索工具来进行交流，或者浏览信息。

第二个阶段，即互联经济时代，是在连通性时代的基础上发展起来的，以商业数字化为特征。在这个阶段，人们开始关注如何利用连通性来提升效率和效益。电子商务和数字化供应链成为优化业务流程、降低成本、提高竞争力、实现目标的手段。同时，人们可以通过商务协作提升业务效率。

第三个阶段，即仿真体验时代，以互动数字化为特征。在这个阶段，互联网体验进一步丰富，社交媒体和视频成为互联网内容的重要组成部分，而且人们可以通过移动端随时随地连接互联网，获取这些内容。随着越来越多的应用被迁移到云端，人们可以更加便捷地访问和使用各种互联网服务。

第四个阶段，即物联网时代，是一个全新的发展阶段，以世界数字化为特征。在这个阶段，连接到互联网中的"物"比"人"多，物联网将人们身边的物品和设备连接起来。这些连接给人们带来了全新的服务和体验，同时也提高了人们工作的自动化水平和效率。物联网将以一种全新的、激动人心的方式改变整个世界。

2. 物联网的概念

物联网（internet of things，IoT）的概念最早是由美国麻省理工学院（MIT）自动识别中心（Auto-ID Center）于 1999 年提出的，它主要建立在物品编码、射频识别（radio frequency iden-tification，RFID）和互联网的基础上。2005 年 11 月 17 日，在信息社会世界峰会（WSIS）上，国际电信联盟（ITU）发布了《ITU 互联网报告 2005：物联网》，该报告正式提出了"物联网"的概念，并指出无所不在的"物联网"时代即将到来，届时世界上所有的物体都可以通过互联网主动进行信息交换。

物联网发展的里程碑出现在 2008 年至 2009 年，在这段时间里，连接到互联网上的设备数量首次超过全球人口数量。根据有关统计，到 2023 年年底，全球活跃的物联网设备达到 161 亿台，表明物联网已经成为一个庞大的网络，涵盖了人与人、人与物、物与物之间的沟通和连接。

物联网目前正处于发展的起步阶段，尚未形成一个被人们广泛接受并认可的定义，以下是几个具有代表性的物联网定义：

麻省理工学院自动识别中心对物联网的定义：物联网是把所有物品通过 RFID 设备等信息传感设备与互联网连接起来，实现智能化识别和管理。其实质就是将 RFID 技术与互联网技术融合应用。

国际电信联盟对物联网的定义：物联网使任何人都能在任何时间、任何地点连接到任意物体上，为了实现这种无所不在的网络和无所不在的计算，物联网广泛使用了 RFID 技术、无线通信技术、传感器技术、纳米技术，以及智能终端技术等技术手段。

我国相关部门对物联网的定义：物联网是通过信息传感设备，按照约定的协议，将各种物体与网络相连接，进行信息交换和通信，以实现智能化识别、定位、跟踪、监控和管理的一种网络。

7.3.2 物联网体系架构

在物联网中，由于设备种类繁多、应用场景繁杂、所用的技术各异，因此不同设备之间的互联互通需要遵循一定的标准。物联网体系架构是对物联网系统的各个组成部分及其之间关系的描述，是指导物联网系统设计与实现的一系列原则的抽象。

欧洲电信标准化协会（ETSI）在 2008 年成立了 M2M（machine to machine，机器对机器）技术委员会，致力于将 M2M 通信标准化。2012 年，ETSI 联合其成员机构发起成立了名为oneM2M（即"同一个 M2M"）的物联网领域的国际标准化组织，旨在提升 M2M 通信系统和物联网的整体效率。oneM2M 制定的标准主要关注物联网的服务、应用和平台，并将物联网功能分为三个区域：应用层、服务层和网络层。这一架构使得不同设备能够通过应用程序接口（API）实现互操作性，并且广泛支持多种物联网技术。

2014 年，世界物联网论坛（IEEE World Forum on Internet of Things，简称 WF-IoT）架构委员会发布了一个物联网架构参考模型，如图 7.7 所示。该模型给出了一种更加清晰的物联网应用框架，它分为物理设备与控制器、连接、边缘计算、数据汇集、数据抽象、应用程序、协作与进程七层，从技术的角度为物联网虚拟化提供了一个简捷的实现方式。在该模型中，数据从底层逐层穿越至顶层，每一层都承载着许多具体的功能。同时，安全性也作为核心要素，贯穿于该模型的各个层次。

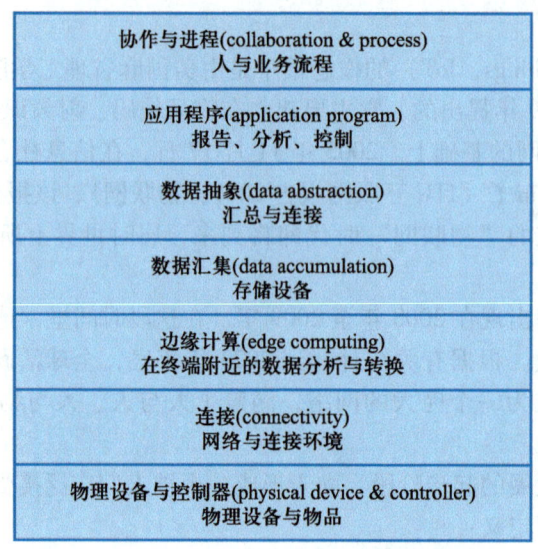

图7.7 WF-IoT发布的物联网架构参考模型

不同行业在使用物联网时，由于其需求和应用场景不同，会采取不同的方式，并部署不同的协议。因此，它们所采用的物联网架构也是各异的。每种物联网架构在解决物联网异构性问题时，都有自己的优势。除了世界物联网论坛，其他许多组织也提出了各自的物联网参考模型。这些模型的共同点在于，都认识到物联网终端设备需要与数据传输网络进行有效的互联，而这些在网络中传输的数据最终会被各种应用程序所接收和使用。

按照信息生成、传输、处理和应用的原则，可以将物联网分为感知层、网络层和应用层。

7.3.3 感知层

感知层，也被称为"物"层，是物联网的基础。感知层犹如人的感知器官，由多种具备感知、识别、控制和执行等功能的设备组成，通过不同类型的传感器感知物品及其周围环境中的各类信息。感知层包括信息采集系统和通信子网。信息采集系统将传感器、二维码、条形码、射频识别设备、智能装置等作为数据采集设备来获取信息。通信子网通过通信模块和传感器网络、无线个域网（WPAN）、家庭网、工业总线等接入网络，与网络层的网关进行信息交互。

感知层的主要部件有传感器（智能对象）和传感器网关。感知层部件和嵌入RFID标签的物体共同构成局部网络，协同感知物体的周围环境及其自身的状态，并对获取的信息进行初步处理，然后根据相应的规则进行响应。同时，通过各类接入网将中间或最终的处理结果传输至网络层。

传感器负责采集物理世界的参数信息并进行数据转换。它们能够监测物理、化学、空间、时间及生物等非电信号参数信息，然后将监测结果按照一定的规律转化为电信号输出。可以根据不同的应用场景和目的，对传感器进行分类。例如，可以根据供电方式（电池供电或外部电源供电）、部署方式（移动或静态）、数据采集频率（高频或低频）、数据复杂度（简单或丰富）、通信距离（远或近）等，来对传感器进行分类。

7.3.4 网络层

网络层是物联网的中枢神经系统，主要负责信息的传递。感知层获取信息后，依靠网络层将信息传输给应用层，再由应用层进行分析和处理。在很多情况下，这些通信都是通过无线通信技术来实现的。

物联网的核心网络可以利用现有的互联网资源，而边缘网络则通过各种无线网络提供接入服务，这些无线网络能够获取被感知对象的参数信息。主要的无线网络包括：移动通信网络（即蜂窝网络、2G、3G、4G 及 5G 技术），这些网络覆盖广泛，但成本较高，耗电量大，因此在不易充电的环境中使用受限；WiFi（IEEE 802.11 系列标准），适用于近距离、高速率的通信，但耗电量同样较大；RFID、蓝牙（IEEE 802.15.1 标准）、ZigBee（IEEE 802.15.4 标准），适用于低功耗、低数据传输速率、短距离的通信，一般用于个人电子产品互联、工业设备控制等领域；LoRa、NB-IoT，属于低功耗广域网络（low-power wide area network，LPWAN），适用于低功耗、低数据传输速率、长距离的通信，一般用于智慧城市等应用场景。物联网中的无线网络类型多样，每种类型都有独特的优势和适用的环境。在实际应用中，可以根据应用场景的具体需求，选择最适合的技术或技术组合来构建物联网系统。

7.3.5 应用层

应用层是物联网运行的驱动力，该层提供的服务是物联网建设的价值所在。感知层和网络层负责收集信息，并将这些信息汇总至应用层。应用层负责对数据进行统一的存储、分析、挖掘和应用，以支撑跨行业、跨应用、跨系统的信息协同、控制、共享和互通，提升信息的综合利用能力。

应用层是物联网和用户（包括人、组织和其他系统）之间的接口，能够针对不同用户、不同行业提供相应的管理平台和运行平台，并与不同行业的专业知识和业务模型相结合，实现更准确和更精细的智能化信息管理。应用层包括数据智能处理子层、应用支撑子层，以及各种物联网应用。数据智能处理子层提供物联网开发的核心技术，它以数据为中心，涵盖数据汇聚、存储、查询、分析、挖掘、理解，以及通过感知数据进行决策和行为控制的技术。该子层将实时与非实时的物联网业务数据汇总起来存放在数据库中，为后续的数据挖掘、决策支持和智能处理提供便利。需要注意的是，云计算就位于数据智能处理子层，并通过数据中心来提供服务。应用支撑子层则为物联网应用提供必要的支撑服务和能力调用接口。

物联网发展的根本目标是提供丰富的物联网应用。要实现这一目标，就要将物联网技术与各行业信息化需求深度融合，构建覆盖多领域智能化应用的综合解决方案，具体包括推动各行业的智能化转型、深化信息资源的开发和利用、研发低成本且高质量的解决方案、提供信息安全保障，以及实施有效的商业模式。

应用层作为物联网的顶层，在众多领域都有广泛的应用，包括监控型应用（如物流监控、环境监测）、查询型应用（如智能检索、远程抄表）、控制型应用（如智能交通、智能家居、智慧路灯）、扫描型应用（如移动支付、高速公路电子不停车收费），其中既有针对特定行业的应用，也有面向公众的应用。

7.4 大 数 据

7.4.1 大数据的概念

大数据并不是一个确切的概念，根据维基百科的定义，大数据是指无法在一定时间内用传统数据库软件对其内容进行抓取、管理和处理的数据集合。

大数据的产生是计算机和网络技术广泛应用的结果，而云计算、移动互联网、物联网、社交网络等新一代信息技术的发展，也对大数据的产生起到了促进作用。大数据带来了四大变化：一是数据产生从企业内部向企业外部扩展；二是数据产生从 Web 1.0 向 Web 2.0 和 Web 3.0 扩展；三是数据产生从互联网向移动互联网扩展；四是数据产生从互联网向物联网扩展。这四个变化，让数据的来源成倍地增加，数据量也大幅地增长。

大数据不只是数据规模大，更因其多样性、非结构化特征明显而导致数据存储、处理和挖掘异常困难。业界通常用四个 V，即数据体量（volume）巨大、数据类型（variety）繁多、数据流动速度（velocity）快、价值（value）密度低来概括大数据的特征。

1. 数据体量巨大

体量巨大是大数据区别于传统数据最显著的特征。一般关系数据库处理的数据量为太字节（TB）级，大数据所处理的数据量通常为拍字节（PB，1 PB = 1 024 TB）级以上，甚至为艾字节（EB，1 EB = 1 024 PB）级。例如，谷歌公司每天都要处理超过 24 PB 的数据。根据国际数据公司（IDC）的报告，2018 年中国大数据产生量为 7.6 ZB（泽字节），预计到 2025 年中国大数据产生量有望增长至 48.6 ZB，2018 年至 2025 年中国大数据产生量的年复合增长率将达到 30%。

2. 数据类型繁多

大数据所处理的数据对象已不再是单一的文本形式或结构化数据库中的表，还包括半结构化和非结构化数据，如网络日志、微博、音频、视频、图片、位置信息等。

3. 数据流动快

数据流动快，一是指数据产生得快，有的数据是爆发式产生，如点击流、日志、射频识别数据、GPS 位置信息等；二是指数据处理得快，有些数据与新闻一样具有时效性，如很多传感器数据在产生几秒之后就会失去意义。

4. 价值密度低

数据总量巨大，价值密度低，但数据潜在价值大。价值密度的高低与数据总量的大小成反比，如何通过强大的算法迅速完成数据价值的"提纯"，成为大数据时代亟待解决的问题。

7.4.2 大数据分析的特征

与传统的数据分析方法相比，大数据时代数据分析的转变可以用更多、更杂、更好三个特征来描述。

1. 更多：不是随机样本，而是全体数据

大数据分析的第一个转变是利用所有数据，而不再仅仅依靠一小部分数据。在大数据时代，人们可以分析更多的数据，有时甚至可以处理与某个现象相关的所有数据，而不再依赖随机采样。社会科学是受"样本＝总体"影响最大的学科，过去依赖研究和问卷调查来进行样本分析，随着大数据分析取代了样本分析，社会科学不再单纯依赖实证数据。大数据记录下来的是人们的平常状态，避免了做研究和问卷调查时可能存在的研究者偏见。

在预测系统中，随着数据量的增加，预测结果也会更加精准。在技术资源匮乏的年代，人们只能通过采样进行分析，然而只有采样具有绝对随机性分析结果才会精准，但是在现实生活中采样的随机性实现起来十分困难。而人们一旦具有足够的数据存储、处理和分析能力，就可以收集全面而完整的数据。通过全面而完整的数据，许多在采样分析中被遗漏的数据就能被发现。例如，当通过异常情况来识别信用卡诈骗时，如果使用采样分析的方法，一些异常值就会被遗漏，而采用大数据分析则可以发现所有异常值。

2. 更杂：不是精确性，而是混杂性

虽然使用所有可获取的数据已成为可能，但要为此付出一定的代价，数据量的大幅增加会造成结果准确性下降，与此同时，一些错误的数据可能混入数据库。随着数据量的增大，错误率也会相应地增加，因此要允许数据"不精确"，并接受其存在适量错误。实际上，只有 5%的数据是结构化的且适用于传统数据库，这些数据是精确的。如果不接受数据混杂，那么 95%的非结构化数据都无法被利用。数据多比数据少好，数据更多比算法系统更智能还要重要，因为在通常情况下大数据的简单算法比小数据的复杂算法更有效。

3. 更好：不是因果关系，而是相关关系

在大数据时代，人们无须知道现象背后的原因，而是要让数据自己"发声"。大数据研究的不是因果关系，而是相关关系。相关关系可以帮助人们去捕捉事物的现在状态并预测其未来状态，建立在相关分析基础上的预测是大数据应用的核心。人们通过大数据的相关分析法去了解以前不曾注意到的现象，而不必去了解现象产生的机制和其内在的原理。

不过因果关系还是有用的，在某些情况下，人们在完成了对现象的相关分析，而又不满足于仅知道"是什么"的时候，就会更深层次地研究因果关系，以找出现象背后的"为什么"。

7.4.3　大数据处理的总体架构与关键技术

大数据应用需要采用统一的平台，首先，该平台要具备强大的数据处理能力，使用户能够快速加载海量数据，并能够对不同类型的数据进行处理。其次，该平台要能够集成多种工具和服务，以管理异构存储环境下的各类数据，以实现数据的无缝流动和统一视图。最后，该平台还要构建一个实时预测分析体系，该体系能够整合结构化的数据仓库，以支持对历史数据的分析；同时，还要能结合非结构化的数据分析工具，以实现对当前数据流的即时预测。在这个大数据平台上，用户可以在任何时间、任何地点通过任何设备对数据进行共享和访问。

1. 大数据平台 Hadoop 的总体架构

大数据的产生、组织和处理主要通过分布式文件处理系统来实现，主流的技术是 Hadoop ＋ MapReduce。Apache 软件基金会发布了基于开源技术的大数据平台 Hadoop 的总体架构，如

图 7.8 所示。

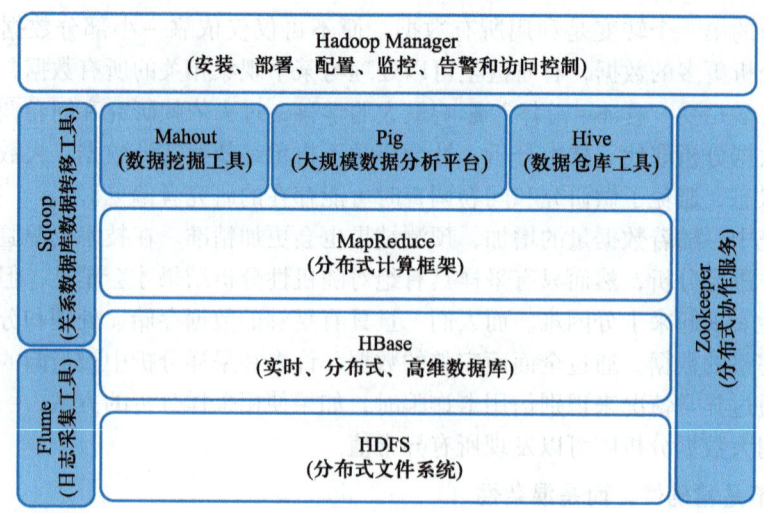

图 7.8 Hadoop 的总体架构

Hadoop 将分布式文件系统 HDFS 作为大数据存储的框架，将分布式计算框架 MapReduce 作为大数据处理的框架。Hadoop 的特点在于能够存储并管理 PB 级数据，能够很好地处理非结构化数据，且擅长进行大吞吐量的数据处理，其应用模式为"一次写，多次读"。由于采用分布式架构，Hadoop 具有很好的扩展性和容错性。

2. 大数据存储结构

HDFS 即 Hadoop 分布式文件系统（Hadoop distributed file system），其前身为 Google 文件系统（Google file system，GFS），它运行于大规模集群之上，集群则由廉价的个人计算机构成。整个文件系统采用的是元数据集中管理与数据块分散存储相结合的模式，并通过数据复制来实现高度容错。

HBase 即 Hadoop 数据库（Hadoop database），是 Google BigTable 的开源实现。HBase 建立在 HDFS 之上，是能够提供高可靠性、高性能、列存储、可伸缩、实时读写的分布式非关系（NoSQL）数据库系统。

3. 大数据处理框架

MapReduce 是一个分布式并行编程模型。基于 MapReduce 编写出来的应用程序能够运行在由个人计算机组成的大型集群上，并以一种可靠、容错的方式并行处理 TB 级别以上的数据集，特别适用于海量的结构化、半结构化及非结构化数据的混合处理。MapReduce 采用先分后合的数据处理方式，Map 即"分解"，把海量数据分割成若干部分，分给多个处理器并行处理；Reduce 即"合并"，对各个处理器处理后的结果进行汇总操作以得到最终结果。

4. 大数据访问框架

大数据访问框架可以实现对传统关系数据库和大数据平台 Hadoop 的访问，其主流技术包括 Mahout、Pig、Hive、Sqoop 等。

① Mahout：是一个强大的数据挖掘工具，它实际上是一个分布式机器学习算法的集合。Mahout 的最大优点就是基于 Hadoop 实现，能够把很多以前运行于单机上的算法，转化为

MapReduce 模式，从而大大提升了算法的处理性能和可以处理的数据量。

② Pig：是基于 Hadoop 的大规模数据分析平台，可以将类 SQL 的数据分析请求转换为一系列经过优化处理的 MapReduce 运算。Pig 提供了一个创建 MapReduce 应用程序的简单工具，它简化了编写、理解和维护程序的工作，还优化了程序的自动执行功能。

③ Hive：是一个数据仓库工具，是 MapReduce 实现的用来查询和分析结构化数据的中间件。Hive 的类 SQL 语言可以查询和分析存储在 Hadoop 中的大规模数据。

④ Sqoop：是关系数据库数据转移工具，用于在 Hadoop 与传统的数据库之间传输数据，它可以将一个关系数据库中的数据导入 Hadoop 的 HDFS，也可以将 HDFS 中的数据导入关系数据库。

5. 大数据服务框架

大数据访问框架之上是大数据服务框架，用来实现对大数据的组织和调度，为大数据分析做准备，其主流技术包括 Zookeeper、Flume 等。

① Zookeeper：提供分布式协作服务，主要用来解决分布式应用中经常遇到的一些数据管理问题，如统一命名服务、状态同步服务、集群管理、分布式应用配置项管理等。

② Flume：是一个分布式、高可靠性、高可用性的海量日志采集工具，支持在系统中定制各类数据发送方；同时，Flume 还能够对数据进行简单处理，并将其写入各种数据接收方。

7.4.4　大数据应用

大数据应用包括产生数据、聚集数据、分析数据和利用数据四个阶段。

1. 产生数据

企业在运营过程中会产生大量的业务数据，这些业务数据是结构化数据，被存储在数据库中；同时，也会产生文档、交易日志、网页访问日志、视频监控文件、传感器数据等非结构化数据。这些数据都是可以发现的、具有潜在价值的企业内部数据。此外，企业建立的电子商务交易平台、电子采购平台、客户服务系统等产生了大量的企业外部结构化数据，而企业的门户网站、移动应用、社交媒体、传感器等产生了大量的企业外部非结构化数据。

2. 聚集数据

企业架构包括业务架构、应用架构和数据架构。其中，业务架构描述了企业的业务流程和功能结构，应用架构描述了企业所使用的处理工具的结构，数据架构描述了企业核心数据的组织方式。企业内外部会产生大量的结构化和非结构化数据，为了有效地管理和利用这些数据，需要建立企业级的数据架构，以便有组织地采集、存储和管理数据。

（1）对不同应用的数据库进行整合

要实现不同应用数据库之间的整合，就需要建立企业级的统一数据模型，以支持企业的主数据管理。主数据是指企业的关键数据，包括产品、客户、人员、组织、资金、资产等方面的数据，借助主数据的属性以及它们之间的相互关系，能够构建企业级的数据架构和模型。在统一数据模型的基础上，企业可以利用抽取、转换和装载（extract transformation load，ETL）技术，将不同应用数据库中的数据聚集到企业级数据仓库中，从而实现企业内部结构化数据的集成，为企业后续进行商务智能分析奠定良好的基础。

（2）文档管理和知识管理

除了结构化数据，非结构化数据的管理同样重要。文档管理和知识管理是非结构化文档处理的一个阶段，主要涉及文档的保存、归类和基于元数据的管理。为了有效地聚集和处理更多的非结构化文档，企业需要引入新的大数据平台和技术，如分布式文件系统、分布式计算框架、非关系数据库、流计算技术等，这些技术能够显著增强非结构化数据的处理能力和聚集效率。

（3）内外部结构化与非结构化数据的集成

要实现企业内外部结构化与非结构化数据的集成，需要进一步对两种数据（结构化数据、非结构化数据）以及两种技术平台（关系数据库、大数据平台）进行整合。

3. 分析数据

企业集成的各种数据构成了大容量、多类型的大数据。分析这些数据是抽取信息、发现知识及预测未来的关键环节。企业通过对内外部数据进行分析，可以发现数据所反映的业务运行规律，从而创造业务价值，在这一过程中，往往需要借助模型和算法。

4. 利用数据

以报表、报告、可视化图表等形式呈现的数据分析结果，不能仅面向专业数据分析人员，只有呈现给更多的非专业人员才能真正发挥它的价值，客户、业务人员、高管、股东、社会公众、合作伙伴、媒体、政府机构等都是大数据的使用者。因此，应该根据不同角色和岗位的需求，将大数据分析结果有针对性地提供给这些使用者。数据的重复利用率越高，其所能创造的价值就越大。

数据已经成为一种商业资本，通过数据挖掘、文本分析，大数据可以产生巨大的价值。如今，大数据的应用已经渗透到各行各业，下面列举一些典型的应用：

① 为客户提供服务：企业通过收集和分析社交媒体数据、网页访问日志、交易数据及传感器数据，能够更深入地了解客户及其行为模式与偏好。

② 优化业务流程：企业可以利用从社交媒体数据和网络搜索结果中挖掘出的信息来优化其业务流程。

③ 金融交易：大数据技术可以辅助用户做出交易决策。当前，大多数股权交易都是通过大数据算法进行的，这些算法越来越注重整合社交媒体和新闻网站中的信息，能够在极短的时间内，迅速做出买入或卖出的决策。

④ 提高医疗条件：大数据的计算能力极大地提升了医疗水平。如今，人们能够在几分钟之内就解码整个 DNA（脱氧核糖核酸），进而发现新的治疗方法，并且能更准确地理解和预测疾病模式。此外，借助可穿戴设备收集的数据，医疗人员能够实时监测患者的身体状况，为其提供个性化的治疗。大数据技术在儿科医疗中也发挥着重要作用，特别是在监视早产婴儿及患病婴儿方面。医生可以通过记录和分析婴儿心跳及呼吸模式，预测其未来 24 小时内的健康状况，以及时做出医疗干预。

⑤ 提高体育成绩：越来越多的体育运动开始借助大数据技术来提高成绩。例如，SAP公司与德国拜仁慕尼黑足球俱乐部合作，利用大数据技术优化比赛策略。IBM 公司推出的SlamTracker 工具，通过视频分析技术追踪足球或棒球比赛中每个球员的表现，为教练和运动员制订训练计划提供数据支持。此外，运动器材中集成的传感器也使得人们能够收集运动

员的比赛数据，这些数据不仅能够帮助运动员了解自身表现，还能够作为改进运动器材设计的重要依据。

⑥ 优化机器和设备性能：大数据技术能使机器和设备更加智能。例如，大数据技术结合照相机、卫星导航系统、高性能计算机及各类传感器，可以使无人驾驶技术越来越成熟。

⑦ 改善安全和执法：使用大数据技术可以改善安全和执法工作。例如，预测犯罪活动的高发区域和高发时段，从而调配资源进行有效防控；检测欺诈性交易，保护金融系统的安全。

⑧ 改进和优化城市交通：城市管理者能够基于实时的交通信息、社交媒体信息及天气数据来优化交通状况。通过整合这些多元化的数据，城市能够实现更高效的交通管理。

7.5　云　计　算

7.5.1　云计算的概念

云计算是并行计算、分布式计算和网格计算（grid computing）的进一步发展，是对可配置的软硬件资源（包括服务器、数据存储器、计算机网络、应用程序和其他服务）进行共享访问的模式。通过互联网，用户即使没有任何经验也能快速访问云计算提供的各种资源。

20 世纪 90 年代后期，Salesforce 公司率先引入了远程提供服务的概念。2002 年，亚马逊公司启用了 Amazon Web 服务（Amazon Web Service，AWS），该服务面向企业，能够提供远程配置存储资源、计算资源及各种业务的功能。2006 年，"云计算"（cloud computing）这一术语在商业领域出现。在这个时期，亚马逊公司推出了弹性计算云（elastic compute cloud，EC2）服务和简单存储服务（simple storage service，S3），使得企业能够通过"租赁"存储容量和处理能力来运行企业应用程序。同年，谷歌公司也推出了基于浏览器的企业应用服务。2008 年，谷歌公司推出了 Google 应用引擎（Google App engine），正式开展云计算服务。微软公司也在 2008 年发布了 Azure 产品计划，并于 2010 年初推出了首款云服务产品。阿里巴巴集团于 2009 年成立了阿里云公司，2011 年开始对外提供云计算服务。

云计算的定义有很多种，高德纳在其报告中将云计算放在战略技术领域的前沿，重申了云计算是整个行业的发展趋势。它将云计算定义为一种计算方式，这种计算方式能将可扩展的和弹性的 IT 能力作为服务通过互联网交付外部用户。被业界广泛接受的是美国国家标准与技术研究院（NIST）给出的定义：云计算可以随时随地、便捷、按需地从可配置的计算资源池中获取所需的资源（网络、服务器、存储、应用程序及服务等），资源可以快速供给和释放，将管理的工作量和服务提供者的介入程度降至最低。

云计算将计算任务分布在由大量计算机构成的资源池中，使各种应用系统都能够根据需要来获取计算能力、存储空间和信息服务。云计算不是一种新的信息技术，也不是一种新的信息技术架构，而是一种全新的 IT 资源交付模式，它将传统的 IT 产品、能力以服务的形式通过互联网交付用户。结合集群技术，云计算可以将庞大的计算处理任务自动分拆成许多较小的子任务，再交给由大量服务器组成的集群系统，进行搜索、计算、分析并将处理结果返回给用户。

通过这种技术，网络服务供应商在数秒之内就可以处理数以千万计甚至数以亿计的信息，以很低的成本达到和"超级计算机"同样强大的处理能力。常用的云计算服务有搜索引擎、网络邮箱、云盘等。

云计算的核心思想是对大量用网络连接的计算机资源进行统一管理和调度，从而构成了一个计算资源池，向用户提供按需服务。在云计算环境下，用户无须自建系统，因而可以更加专注自己的业务。由于"云"中的资源是可以随时获取、随时扩展、按需使用、按需收费的，因此对于企业用户而言，云计算可以降低他们的初始投资，使他们可以在需要时购买，不需要时退购。云计算能够帮助企业解决信息基础设施的构建问题，因此对于成本敏感的中小型企业而言具有较大的价值。

7.5.2 云计算的特性

一个有效的云计算环境具有以下五个基本特性：

1. 按需自助服务

按需自助服务（on demand self-service）使得用户无须与云服务提供商沟通，即可根据自己的需求定制云计算资源。通过按需自助服务，用户可以对云计算的使用情况进行规划。例如，需要计算和存储多少资源，以及如何配置这些资源等。一旦配置好了，就可以自动访问所需的 IT 资源，而不再需要云服务提供商介入。

2. 泛在接入

泛在接入（ubiquitous access）是一种云服务可以被广泛访问的能力。云计算需要支持一组设备、传输协议、接口和安全技术，使得云用户可以通过各种网络渠道，以标准、统一的机制（如浏览器、相同的 API 等）获取服务。

3. 多租户/资源池

一个软件程序的实例能够服务不同的用户（租户），用户之间是互相隔离的，这种特性称为多租户（multi-tenancy）。云服务提供商将 IT 资源整合到一个资源池（resource pool）中，并使用多租户模式为多个云用户提供服务。多租户模式可以根据云用户的需求动态分配各种物理和虚拟 IT 资源。

4. 弹性

弹性（elasticity）是指可以根据运行时的条件、云用户或云服务提供商事先确定的要求，自动透明地扩展 IT 资源。弹性通常被认为是使用云服务的重要理由，这是因为它可以降低投资成本。大型云服务提供商提供的 IT 资源具有很大的弹性，从云用户的角度看，可以租用的资源几乎是无限的，他们可以在任何时间根据需要购买任何数量的 IT 资源。

5. 可测量的使用

可测量的使用（measured usage）是指云计算可以记录 IT 资源的使用情况。云服务提供商只对云用户实际使用的 IT 资源进行收费。可测量的使用特性与按需自助服务密切相关。可测量的使用不仅记录收费所需的统计信息，还包括 IT 资源的使用监控及相关报告，以提高资源的管控能力。

除了以上五个基本特性，也有人提出云计算的可恢复性，这是一种故障转移的方式，通过在多个物理位置放置冗余的 IT 资源来实现。如果一个资源出现故障，云计算就会将应用自动转移到另一个冗余的资源上进行处理。在云计算中，可恢复性既可以是同一云计算平台（但不同物理位置）上的冗余 IT 资源，也可以是跨越多个云计算平台的冗余 IT 资源。可恢复性增加了云计算的可靠性和可用性。

7.5.3　云交付模式

云交付模式是云服务提供商提供的事先打包好的 IT 资源组合。常见的云交付模式有三种：基础设施即服务、平台即服务和软件即服务，这三种模式互相关联，可以组合起来使用。

1. 基础设施即服务

基础设施即服务（infrastructure as a service，IaaS）是由以基础设施为核心的 IT 资源组成的，用户可以通过云服务的接口与访问工具来使用和管理这些资源。与传统的服务器托管或外包模式相比，在 IaaS 中 IT 资源通常是虚拟化的，这样在 IT 资源运行时扩展和定制基础设施就变得简单了。IaaS 一般允许云用户对其 IT 资源进行更高层次的配置和使用。IaaS 提供的 IT 资源通常是未配置的，管理的责任落在云用户身上。对云服务有更高控制权要求的用户可以使用这种模式。IaaS 的核心 IT 资源就是虚拟服务器，虚拟服务器的租用是通过定制服务器需求（如对 CPU 处理能力、内存空间和磁盘存储空间等的需求）来完成的。虚拟服务器相当于裸机，云用户既可以安装 Windows 操作系统，也可以运行 Linux 操作系统。亚马逊公司的弹性计算云（EC2）和简单存储服务（S3）、微软公司的 Azure 虚拟主机等都是典型的 IaaS 产品。

根据高德纳的相关统计数据，2023 年全球 IaaS 市场规模为 1 400 亿美元，与 2022 年的 1 200 亿美元相比增长了 16.7%。其中，亚马逊公司位居第一，微软公司、谷歌公司、阿里巴巴集团和华为公司紧随其后。

2. 平台即服务

平台即服务（platform as a service，PaaS）在资源的抽象层次上更进一步，能够为用户提供即时可用的软件开发平台，即可以帮助用户在云计算平台上开发、测试和部署应用程序。云计算平台负责管理底层硬件、操作系统、运行环境、安全性以及数据库等相关资源。PaaS 是一个预先定义好的"就绪可用"（ready-to-use）环境，它通常由已配置好的 IT 资源组成。PaaS 通过应用程序接口（API）提供云计算资源，这些 API 包含具体业务处理逻辑的实现，为开发者带来了极大的方便，提高了开发效率，降低了开发成本。与 IaaS 相比，PaaS 用户省去了建立和维护基础设施 IT 资源的负担。但是在 PaaS 中，用户的自主权降低，他们只能使用平台提供的编程环境，并遵循特定的编程模型。例如，Google App Engine 只允许使用 Java 和 Python 语言，以及基于 Django 的 Web 应用框架，用户需要调用 Google App Engine SDK 来开发应用程序。典型的 PaaS 平台有 Google App Engine、Microsoft Azure Web Apps 等。

3. 软件即服务

软件即服务（software as a service，SaaS）可以为云用户提供运行在云计算平台上的应用程序。这些应用程序由云服务提供商开发，用户通过浏览器即可访问和使用这些程序，而无须在本地安装或维护它们。在 SaaS 模式兴起之前，企业需要在本地硬件上安装并运行具有授权许可的软件，并自行负责服务器的可用性、安全性、容灾备份、软件补丁安装以及系统升级等一系列复杂的管理工作。然而，大多数企业并不具备专业的软硬件维护能力。SaaS 模式的出现，极大地改变了这一现状。在 SaaS 模式下，企业的信息技术团队不必再担心上述问题，因为 SaaS 服务提供商已经承担了所有的管理任务。SaaS 模式对企业产生了深远的影响，它不仅大幅降低了企业在信息技术方面的投资和运维成本，还使企业能够将更多的精力和资源投入主营业务。需要注意的是，在 SaaS 模式下云用户的云计算资源管理权限非常有限。

SaaS 通常由云服务提供商提供，也可以由任何扮演该角色的实体来提供。例如，一个组织在使用 PaaS 环境时，可以作为云用户在该环境中建立应用程序，并将其部署为 SaaS，向其他云用户提供。在这种情况下，该组织就扮演了基于 SaaS 的云服务提供商的角色。典型的 SaaS 平台有 Salesforce CRM、Microsoft 365 及 SAP Business ByDesign 等。

在不同的云交付模式下，云服务提供商和云用户管理的内容如图 7.9 所示。

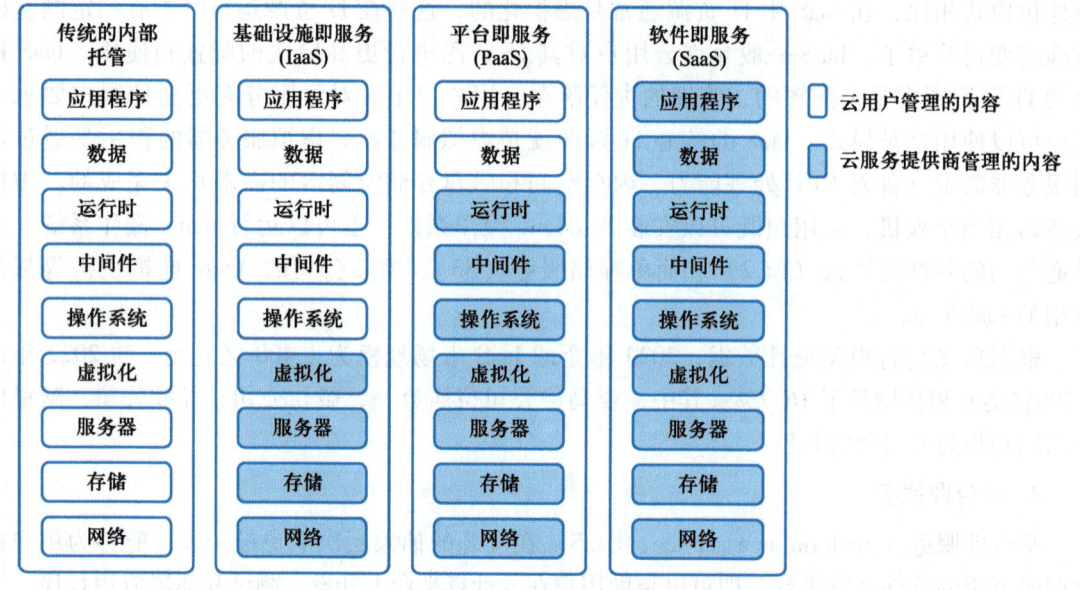

图 7.9 不同云交付模式下云服务提供商和云用户管理的内容

随着云计算的不断发展，不同的云交付模式之间开始相互渗透和融合，导致同一种产品往往横跨两种或两种以上模式。例如，阿里云就提供了结合了基础设施即服务（IaaS）和平台即服务（PaaS）的 IaaS+PaaS 服务。近年来，还涌现出了许多云交付的变种模式。这些变种模式都是由不同的 IT 资源组合而成的，如数据库即服务（database as a service，DBaaS）、存储即服务（storage as a service）等。

根据弗若斯特沙利文（Frost & Sullivan）的调查研究结果，2023 年中国公有云 IaaS+PaaS 市场（包含云出海）规模达到 3 897.2 亿元。

7.5.4 云部署模型

云部署模型是指在云计算环境中部署资源和服务的方式。根据所有权、大小和访问方式的不同，可以将云部署模型分为公有云、社区云、私有云和混合云四种。

1. 公有云

公有云（public cloud）是最常见的一种云部署模型，由第三方云服务提供商拥有。云用户可以通过互联网访问公有云。云服务提供商负责创建和维护公有云及其 IT 资源，这些资源通常按照预先设定的云交付模式（IaaS、PaaS 或 SaaS）有偿提供给云用户，或者通过嵌入广告免费提供给云用户。对于云服务提供商来说，公有云由于用户量巨大，资源规模优势明显，有助于降低运营成本。对于中小型企业来说，使用公有云能够以较低的成本获得优质的 IT 资源。阿里云和百度云是典型的公有云，提供公有云的云服务提供商还有谷歌、亚马逊、微软、Salesforce 等公司。

2. 社区云

社区云（community cloud）类似公有云，只是它的资源仅限于特定社区的用户访问和使用。社区云可以由社区成员提供，也可以由第三方提供。社区成员不一定能够访问或控制社区云中的所有 IT 资源，社区外的用户通常不能访问社区云。

"深圳大学城云计算公共服务平台"是我国第一个依照社区云模式建立的云计算平台，于 2011 年 9 月投入运行，其服务对象为大学城园区内的各高校、研究单位、服务机构等单位以及教师、学生、职工等个人。该平台第一期提供了两类共 10 种云计算服务，包括云主机、云存储、云数据库三种面向科研需求的 IaaS 服务，以及自助建站、视频点播、视频会议等 7 种具有鲜明大学城特色的 SaaS 服务。

为了推动智能化与社区治理融合、提升基层社会治理效能，上海市于 2019 年年底上线了"社区云"，这是上海市在基层落实"一网通办""一网统管"的一个重要载体，是"社会治理一张网"设在基层社区的一个重要端口和平台。

3. 私有云

由于公有云在安全性、稳定性及访问性能方面存在一些问题，许多拥有庞大 IT 资源和复杂软件系统的组织都倾向于部署私有云（private cloud）。在私有云模式下，从技术层面讲，企业既是云用户，也是云服务提供商。私有云一般构建在企业防火墙后，使得企业能够对数据、安全性及服务质量进行直接且有效的控制。用户通过企业内部网访问私有云，使用体验较好。然而，由于企业需要自行创建并维护私有云中的 IT 资源，成本较高，因此私有云一般部署在大型组织或对数据安全性有极高要求的机构，如银行、保险公司等大型金融企业。

4. 混合云

混合云（hybrid cloud）是由两个或两个以上云部署模型组合而成的云环境。由于私有云和公有云各有优缺点，云用户可能会将处理敏感数据的 IT 应用部署到私有云上，而将其他不敏感的 IT 应用部署到公有云上。这种结合了私有云和公有云的部署方式，就构成了混合云。然而，由于不同云环境之间存在差异性，以及私有云和公有云在管理责任上的分离，混合云部署架构的创建和维护过程可能会相当复杂且具有挑战性。

除了上述四种云部署模型，还存在其他变种。例如，亚马逊公司推出的虚拟私有云

（virtual private cloud，VPC）允许用户在 AWS 上创建网络隔离的专有云，用户可以完全控制该专有云的网络配置。

7.5.5 云计算的关键技术

1. 虚拟化技术

在云计算平台构建的过程中，所用到的最重要的技术是虚拟化技术。

虚拟化的概念最早出现在 20 世纪 70 年代，当时 IBM 公司推出了虚拟化技术，用于 IBM 大型机的虚拟化。虚拟化技术的核心思想是利用软件或固件管理程序构建虚拟化层，将物理资源映射为虚拟资源。

（1）虚拟化的类型

当前云计算环境中的虚拟化包括服务器虚拟化、存储虚拟化、网络虚拟化和桌面虚拟化等。其中，服务器虚拟化在云计算中是最重要和最关键的，它将一台物理服务器虚拟化为多台逻辑服务器，以充分发挥服务器的硬件性能，降低成本。存储虚拟化是指将分布式的且异构的存储设备整合为一个或数个大型存储池，以方便用户使用和管理。网络虚拟化是指在底层物理网络和网络用户之间增加一个抽象层，该抽象层向下对物理网络资源进行分割，向上提供虚拟网络。桌面虚拟化是指利用虚拟化技术将用户桌面的镜像文件存储到云数据中心中，以确保桌面使用的安全性和灵活性，用户可以借助任何设备，在任何地点、任何时间通过网络访问属于其个人的桌面系统。

（2）虚拟机

在服务器虚拟化中，通过虚拟化软件将一台物理服务器虚拟化成的若干独立的逻辑服务器，称为虚拟机（virtual machine，VM），多台虚拟机在同一台物理服务器上各自独立运行，每台虚拟机都有自己的一套虚拟硬件，可以在这些虚拟硬件中加载操作系统和应用程序，不同虚拟机中的操作系统和应用程序可以是不同的。

运行虚拟化软件的物理服务器称为主机（host），其底层硬件可以被虚拟化软件访问。虚拟化软件也称为虚拟机监视器（virtual machine monitor，VMM）或虚拟机管理程序（hypervisor）。

虚拟服务器上运行的操作系统称为客户操作系统。客户操作系统在虚拟机管理程序的控制下运行，而不是直接在物理服务器的底层硬件上运行。虚拟机管理程序允许多个操作系统同时运行在一个硬件平台上，它控制着客户操作系统使用硬件资源的方式，发生在一台虚拟机中的事件不会影响在同一个管理程序下运行的其他任何虚拟机。虚拟机管理程序保证了各台虚拟机之间的隔离，从而确保了安全性和封装性。

在虚拟服务器上运行的客户操作系统和应用程序都不会感知到虚拟化的过程，也就是说，这些应用程序就像是在独立的物理服务器上运行。应用程序在物理系统上运行和在虚拟系统上运行是一样的，这种运行上的一致性是虚拟化技术的关键特性。

在同一台物理服务器上运行多台虚拟机，可以使应用程序更好地共享服务器资源，提高资源利用率。并发运行的应用程序对资源的即时需求相互补充，从而减少了服务器的空闲时间。此外，应用程序开发人员可以选择在熟悉的运行环境和操作系统中开发应用程序。可以将虚拟机迁移到不同的物理服务器上，具体过程是停止虚拟机、将其状态保存为文件、将文件传输到另一台服务器上，然后重新启动虚拟机。

虚拟化软件是一种先进的技术平台，用于创建 IT 资源的虚拟实例。通过虚拟化软件，物理 IT 资源可以提供自身的多个虚拟映像，使得多个用户能够共享这些资源的底层处理能力。在虚拟化技术出现之前，软件与特定的硬件环境绑定，而虚拟化技术的引入打破了软硬件之间的这种依赖关系，这是因为在虚拟化环境中虚拟机监视器（VMM）能够模拟对硬件的需求。

（3）虚拟化的实现方式

虚拟化的实现方式包括基于操作系统的虚拟化、基于硬件的虚拟化等。

① 基于操作系统的虚拟化：是指在一个已经存在的操作系统上安装虚拟机监视器，这个已经存在的操作系统称为宿主操作系统（host operating system）。例如，用户在一台计算机上安装了 Windows 10 操作系统，并希望创建虚拟服务器。此时，用户可以像安装其他软件一样，在宿主操作系统上安装虚拟化软件（如 VMware Workstation、VirtualBox 等），通过这些虚拟化软件，用户可以创建一台或多台虚拟机，每台虚拟机都相当于一台独立的计算机，具备完整的硬件模拟环境，用户可以在其中安装客户操作系统，如 Windows 10、Linux 等。其逻辑结构图如图 7.10 所示。

虚拟机监视器负责将底层的硬件 IT 资源（如 CPU、内存、I/O 设备）转换为能够兼容多个操作系统的虚拟 IT 资源。宿主操作系统作为一个完整的操作系统，不但能够管理主机，如备份与恢复、安全管理等，而且能够支撑虚拟机监视器运行。这种虚拟化模式会不可避免地带来性能上的损耗。一方面，宿主操作系统本身会占用一定的 CPU、内存等 IT 资源；另一方面，客户操作系统在访问硬件资源时，需要经过 VMM 和宿主操作系统等多个层次的转换，从而降低了系统的整体性能。

② 基于硬件的虚拟化：又称为裸机虚拟化。在这种实现方式中，无须在主机上额外安装宿主操作系统，而是将虚拟化软件直接安装在物理服务器的硬件上，一般把这种虚拟化软件称为虚拟机管理程序。其逻辑结构如图 7.11 所示。

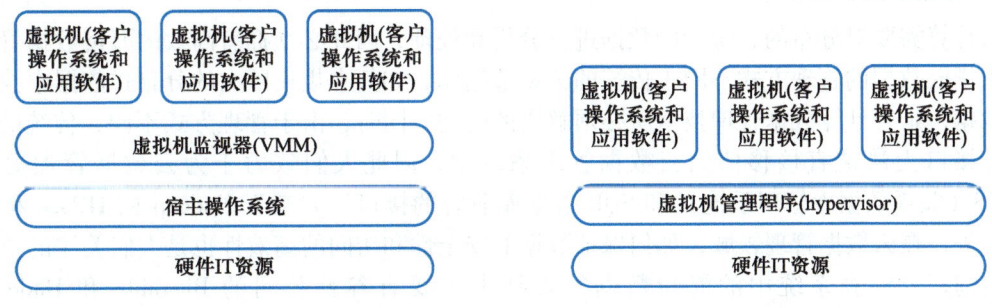

图 7.10　基于操作系统的虚拟化的逻辑结构　　　图 7.11　基于硬件的虚拟化的逻辑结构

可以将虚拟化软件视作一个轻量型操作系统，其主要功能是对硬件 IT 资源进行虚拟化和调度，而不提供常规操作系统的功能。常见的虚拟化软件有 IBM PowerVM、VMware vSphere/ESXi、Citrix XenServer、Microsoft Hyper-V 以及开源的 KVM（基于内核的虚拟机）软件等。虚拟化软件有简洁的用户接口，并由具有硬件管理功能的软件构成，形成了虚拟化管理层。由于不需要宿主操作系统，这种实现方式更高效。基于硬件的虚拟化存在与硬件设备兼容的问题。由于虚拟化管理层直接与主机硬件进行通信，因此虚拟机中所有相关的设备驱动程序都要与虚拟机管理程序兼容。

虚拟化技术实现了对物理资源的逻辑抽象和统一表示。利用虚拟化技术，可以提高资源的利用率，并能够根据用户业务需求的变化而快速灵活地进行资源配置和部署。虚拟化技术还封装并隐藏了物理设备的具体技术特性，对外提供统一的逻辑接口，从而有效地屏蔽了物理设备因多样性而带来的差异。

2. 分布式编程模型与计算

云计算提供了分布式的计算模式，客观上要求采用分布式编程模型。分布式编程模型能够在后台自动将用户的程序分解为高效的分布式或并行计算任务，并负责具体的计算工作，包括相关的任务调度等。为了使用户能够利用该编程模型编写简单的程序来实现特定的目的，分布式编程模型必须非常简单，而且其功能对于用户和编程人员而言是透明的。目前，云计算主要采用分布式并行编程模型 MapReduce。MapReduce 不仅是一个编程模型，还是一个任务调度模型，特别适合数据集的并行运算和并行任务的调度处理。在该模型中，用户只需要编写 Map 函数和 Reduce 函数即可进行并行计算。其中，Map 函数负责定义如何在各个节点上处理分块数据，而 Reduce 函数则定义了中间结果的存储方式以及最终结果的汇总方法。

3. 海量数据分布式存储技术

云计算平台由大量的服务器构成，能够同时为大量用户提供服务。为了确保系统的稳定性和数据的可靠性，云计算系统采用了分布式存储的方式，并且结合了冗余存储的策略。这种冗余存储策略表现为将同一份数据存储为多个副本，并通过数据冗余及分布式存储等技术手段来实现。云计算系统还通过任务分解和集群技术，用大量成本相对低廉的服务器来替代高昂的大型计算机。这种做法不仅确保了系统的性能，还带来了数据的高可用性、高可靠性以及显著的经济性。云计算所使用的数据存储技术必须具有分布式、高吞吐量以及高数据传输速率的特点。在云计算系统中广泛使用谷歌公司的 GFS（Google file system）以及 Hadoop 的 HDFS（是GFS 的开源实现）等数据存储系统。

4. 海量数据管理技术

云计算需要对分布的、海量的数据进行分析和处理，因此必须拥有高效的海量数据管理技术。由于云数据的管理方式不同于传统的关系数据库，如何在规模巨大的分布式数据中找到特定的数据，是云计算数据管理技术所必须解决的问题。同时，由于管理方式不同，传统的 SQL 数据库接口无法被直接移植到云数据管理系统中，因此人们致力于为云数据管理提供与RDBMS（关系数据库管理系统）和 SQL 数据库兼容的接口，如基于 Hadoop 的 HBase 和 Hive等。另外，在云数据管理领域，如何保证数据的安全性和访问的高效性也是人们关注的重点之一。目前，云计算系统中的海量数据管理技术主要有谷歌公司的 BigTable 和 Hadoop 的HBase 等。

5. 云计算平台管理技术

云计算平台管理技术的核心功能是虚拟资源的管理与调度，它能够高效地整合并协调大量的虚拟资源，使其协同工作，从而极大地便利了业务的部署和开通。同时，它具备快速发现和恢复系统故障的能力，确保了系统的高可用性。通过自动化和智能化的管理手段，云计算平台管理技术能够支持大规模系统可靠运行，为虚拟资源的管理与调度提供了坚实的保障。

6. 云计算相关安全技术

有数据表明，安全已经成为阻碍云计算发展的主要原因之一。在云计算领域，安全问题涉及很多层面，包括网络安全、服务器安全、软件安全、数据安全、系统安全等。目前无论是软件安全厂商还是硬件安全厂商，都在积极研发云计算安全产品，并推出全面的解决方案。

7.6　生成式语言模型——ChatGPT

7.6.1　ChatGPT 概述

随着人工智能技术的不断发展，自然语言处理技术取得了巨大的进步。在这一背景下，OpenAI 公司开发了一种名为 GPT（generative pre-trained transformer，生成式预训练变换器）的深度学习模型，旨在通过对海量文本数据进行预训练，生成高质量的、流畅的文本。

ChatGPT 是 OpenAI 公司开发的一款对话型人工智能产品，它基于 GPT-3.5 模型，利用大规模深度学习模型的预训练技术，实现了对互联网文本数据的阅读和理解。ChatGPT 能够模拟人类的对话方式，准确理解和回应用户输入，为用户带来高度交互性的人机对话体验。

ChatGPT 具有如下特点：

① 自然语言理解（natural language understanding，NLU）：ChatGPT 具备出色的自然语言理解能力。通过预训练模型，它能够深刻理解人类语言的复杂性和多样性，从而更好地解释用户输入内容的含义。

② 上下文感知：与传统的聊天机器人相比，ChatGPT 能够更好地理解对话的上下文。它不仅能够匹配关键词，还能够在对话中保持一定的记忆，并根据之前的回答来生成更连贯、相关的回复。

③ 创造性回应：ChatGPT 不仅是一个问答系统，还能以创造性的方式生成内容。有时它甚至能够提供令人惊喜的、类似人类的创意答案。

④ 个性化对话：ChatGPT 可以根据用户的输入和回应进行个性化调整。它能够逐渐了解用户的喜好和对话风格，并据此进行个性化的回应，使得每个用户都能获得符合自己需求的对话体验。

⑤ 开放式对话：与预先定义好的对话流程不同，ChatGPT 能够进行开放式对话。它不仅能够回答问题，还能够与用户进行自由的、无限制的交流，使对话更加灵活、多变。

7.6.2　ChatGPT 的技术背景与工作原理

1. 自然语言处理

自然语言是人类交流和表达思想的主要工具，具有丰富的语义、上下文和语法结构。自然语言处理（natural language processing，NLP）是一门研究如何使计算机能够理解、处理和生成自然语言的学科，它涉及语言建模、句法分析、语义理解、机器翻译、文本分类等任务。

自然语言处理在很多领域都具有重要的应用价值。例如，它在信息检索、智能问答、机器翻译、情感分析、舆情监测、自动摘要、对话系统等方面发挥着重要作用。随着大数据和人工智能技术的发展，自然语言处理的研究和应用进入了一个飞速发展的阶段。

（1）自然语言处理的发展历程

① 早期的规则编码方法：早期的自然语言处理主要基于规则编码，规则由人工定义，这

些规则被用于分析和理解自然语言文本，但在面对复杂的语言现象和巨大的语言变体时，这种方法就遇到了困难：它难以覆盖各种语言的差异性，因此限制了系统的泛化能力。

② 统计模型的兴起：随着机器学习和统计方法的发展，统计模型在自然语言处理中得到了广泛应用。统计模型通过对大规模数据集进行训练，来学习语言的统计特征和上下文关系，这种数据驱动的方法提高了模型的性能和泛化能力。

③ 深度学习的突破：深度学习的兴起在自然语言处理领域引起了重大变革。深度学习模型，如循环神经网络（recurrent neural network，RNN）和 Transformer 结构，在语言建模、机器翻译等任务中取得了突破性进展。特别是 Transformer 结构的提出，成为自然语言处理研究的一个里程碑。

（2）自然语言处理在 ChatGPT 中的应用

自然语言处理在 ChatGPT 中扮演着重要的角色，其在 ChatGPT 中的具体应用包括：

① 文本生成：ChatGPT 利用自然语言处理技术实现了强大的文本生成能力，它可以根据输入的上下文信息和对话历史，生成连贯的、具有语义特征的回复。

② 对话理解：ChatGPT 利用自然语言处理技术来分析和理解用户输入的对话内容，包括对词义、句法和语义等的理解，从而能够更好地把握用户的意图和需求，进而生成更加准确和贴切的回复。

2. GPT 系列模型和架构的介绍与演变

GPT 系列模型是一系列基于预训练的生成式语言模型。它们采用 Transformer 结构预测下一个单词的概率分布，并通过从大型文本语料库学习到的语言模式来生成自然语言文本。这一系列模型包括 GPT-1、GPT-2、GPT-3、ChatGPT 等，每个版本都在不断改进和扩展，以提高语言生成的质量和效率。

GPT 系列模型的主要特点有两个：一是基于 Transformer 结构，这种架构使得模型能够高效地处理和理解语言中的复杂关系。GPT 系列模型通过在大规模无监督文本数据上进行预训练，学习语言的基本结构和语义，然后结合特定的任务进行微调，以获得最佳的性能。二是采用自回归语言模型，逐步生成文本中的每一个单词，直到完成整个句子。

GPT 系列模型的发展历程展示了其在自然语言处理领域的不断进步，每个版本都在前一个版本的基础上进行了优化和扩展，以应对更复杂的语言生成任务。

（1）GPT-1 模型的起源

GPT-1 模型是 OpenAI 公司于 2018 年推出的第一代生成式语言模型。它首次引入 Transformer 结构，对自然语言处理领域产生了重要的影响。

（2）GPT-2 模型的进展

GPT-2 模型是 GPT-1 模型的下一个版本，于 2019 年发布。与 GPT-1 模型相比，GPT-2 模型的规模更大、包含的参数更多。GPT-2 模型采用更大规模的预训练数据集和更深层次的网络结构，使得模型能够深入挖掘语言数据的内在规律。GPT-2 具有强大的文本生成能力，能够生成几乎可以媲美人类写作的文本，这使得 GPT-2 成为对话生成、文章写作等领域研究和应用的重要基础。GPT-2 的发布标志着 GPT 系列模型在生成式任务上的进一步发展和突破。

（3）GPT-3 模型、GPT-3.5 模型、GPT-4 模型的巨大进步

GPT-3 模型于 2020 年发布，它使用了大量的训练数据，从而能够理解和生成更丰富、更准确的文本内容。GPT-3.5 模型是 GPT-3 模型的升级版。该模型采用海量数据进行训练，具

有 1 750 亿个参数。与 GPT-3 模型相比，GPT-3.5 模型在语言理解、生成和推理等方面的表现更为出色，能够进行更加复杂的自然语言处理任务。GPT-3.5 模型引入了更多的训练方法和技术，因而具备更强的泛化能力和更多样的应用能力，它在文本生成、对话系统、机器翻译、摘要生成等任务中取得了重要突破。GPT-3.5 模型的成功，表明可以通过增大模型规模和增加参数数量来提升自然语言处理模型的性能和效果。GPT-4 模型系列是 OpenAl 公司最新发布的生成式语言模型系列，包括 GPT-4.0 模型、GPT-4.5 模型等。

3. ChatGPT 的工作流程

ChatGPT 的工作流程主要包括以下步骤，如图 7.12 所示。

图 7.12　ChatGPT 的工作流程

① 文本输入：通过接口接收用户输入的文本。

② 文本预处理：对用户输入的文本进行预处理，包括分词、去除停用词、词干化等操作，以便更好地理解用户的意图和上下文。

③ 上下文编码：对经过预处理的文本进行编码处理，将其转换成模型能够理解和处理的数值表示，以方便模型理解上下文和语义。通常采用词嵌入技术将单词映射到高维向量空间中，并结合位置编码和其他特征进行上下文建模。

④ 生成回复：将编码后的上下文输入 GPT 模型，利用自注意力机制和 Transformer 结构来生成回复。模型在生成回复时，会考虑输入文本的上下文信息，以便生成与上下文相关且连贯的回复。生成的回复可以是一个或多个文本片段，文本片段的数量取决于模型的设置。

⑤ 输出回复：生成的回复经过解码处理，可以被转换为自然语言文本，通过接口返回给用户。

需要注意的是，ChatGPT 的工作过程是一个基于概率分布的生成过程，而非确定性的。这意味着，对于相同的上下文信息，GPT 模型有能力生成多种回复。这是因为 GPT 模型在预训练阶段学习了大量的语言统计规律，在生成回复的过程中，它会综合考虑多种可能性，并根据这些可能性的概率分布来决定最终输出的回复。

7.6.3　ChatGPT 的应用领域

随着人工智能技术的快速发展，ChatGPT 作为一种基于自然语言处理的人工智能产品，已经在各个领域中得到了广泛的应用。

1. 金融证券

在金融业中，ChatGPT 可以提高效率、降低成本并帮助金融机构做出更明智的决策。

① 客户服务：ChatGPT 在客户服务领域展现出了巨大潜力。它能够提供自动化的客户支持、咨询服务及解决方案。当客户遇到复杂的问题，需要更专业的帮助时，ChatGPT 可以智能地为他们分配客户服务代表，确保问题得到妥善解决。

② 投资建议：ChatGPT 具备强大的数据分析能力，能够处理和分析海量数据，包括经济

指标、公司财报、行业动态等关键信息。基于这些数据，ChatGPT 能够生成投资建议和市场预测，为交易员和投资者提供有价值的参考。

③ 风险管理：ChatGPT 通过分析历史数据和当前的市场状况，能够识别潜在的市场波动和风险，为企业提供风险预警和应对策略，帮助企业进行风险管理和控制。

2. 生产制造

在制造业中，ChatGPT 可以帮助企业优化生产线和供应链管理，使它们获得更好的经营效果。

① 质量控制：ChatGPT 可以用于监控和改进产品质量，它能够根据从传感器、检测设备等中收集的数据，分析生产线上的产品和生产过程，并提供实时建议。

② 生产计划：ChatGPT 能够分析订单信息、库存状况及生产能力等多维度数据，从而优化生产计划，确保生产线流畅运转，实现生产效率的最大化。

③ 设备维护：ChatGPT 可以通过分析传感器数据和机器运行状况等信息，实时监测设备状态，及时发现潜在故障，并提出有针对性的解决方案，确保生产线稳定运行。

④ 工艺改进：ChatGPT 可以通过分析历史数据和市场趋势，识别产品中存在的缺陷和改进机会，并提供产品设计建议和工艺流程优化方案，帮助企业提高产品质量、提升生产效率并降低生产成本。

3. 医疗卫生

在医疗卫生行业中，ChatGPT 可以提高效率、减少错误和改进治疗方案，促进医疗保健产业发展。

① 医疗咨询与诊断：ChatGPT 能够辅助在线医生或药师，为患者提供日常健康咨询和初步诊断，以缓解医疗资源的压力。

② 知识库管理：ChatGPT 能够分析海量的医学文献和病例数据，帮助医生和医院更有效地管理知识库，从而更好地支持临床决策。

③ 医学图像识别：ChatGPT 能够分析 X 射线、MRI（磁共振成像）和 CT（计算机断层扫描）等医学影像，为医生提供准确的诊断依据。

④ 健康数据管理：ChatGPT 可以根据患者的病历、用药情况和生活方式等信息，生成个性化的治疗方案。

4. 教育行业

在教育行业中，ChatGPT 可以为学生和教师提供更加智能、高效、个性化的服务，帮助他们更好地实现教学目标。

① 教学辅助：作为强大的教学辅助工具，ChatGPT 可以协助教师完成批改作业、回答学生提问等多项教学任务。当学生提交作业时，ChatGPT 能够迅速进行自动检查并给出评价，同时针对学生提出的问题给出相应的答案，这样不仅可以减轻教师的工作负担，还可以帮助学生更好地理解学习内容。

② 学习评估：ChatGPT 可以评估学生的语言能力和学习水平。例如，在外语教学中，ChatGPT 可以通过分析学生的口语表达情况，全面评估其在听、说、读、写方面的能力，并为其提供个性化的建议和指导。

5. 零售行业

在零售行业中，ChatGPT 可以为企业提供智能、高效、个性化的服务，帮助其提高客户满意度、降低成本并提高效率。

① 客户服务：ChatGPT 可以充当客服机器人的角色，通过自然语言对话的方式与消费者进行互动。它能够解答消费者的问题，并为其提供相关建议和服务。

② 营销推广：ChatGPT 可以帮助企业在社交媒体、聊天软件等平台上进行营销推广。当消费者在这些平台上提出关于某个商品的问题时，ChatGPT 可以自动回复并向其介绍该商品的特点，引导消费者购买。

③ 数据分析：ChatGPT 可以根据大量的消费者数据，分析消费者的购买偏好、行为习惯等，为企业制定有效的营销策略、实现精准营销提供支持。

未来，随着人工智能技术的不断发展，ChatGPT 将会在更多的领域发挥作用。

7.6.4　ChatGPT 的挑战与未来发展前景

1. 挑战

（1）误导性回复

ChatGPT 是依据其在大规模预训练数据中学习到的模式和知识，而非深入理解和思考相关问题来生成回复的。ChatGPT 在大多数情况下都能为用户提供准确的回复，但是由于它在预训练阶段会接触到多样化的数据，这些数据可能包含互联网上的不准确的甚至有害的信息，因此它可能会在这些信息的影响下生成误导性的回复。在实际应用中，需要对 ChatGPT 生成的回复进行监控和调整。

（2）缺乏常识推理能力

ChatGPT 在预训练阶段主要通过大规模无监督学习来掌握语言的统计规律，而并未显式地学习常识推理。因此，在面对需要进行常识推理的问题时，它可能会表现出一些不足，如给出错误的答案，或者难以正确地理解某些复杂的问题等。这是因为在训练过程中，ChatGPT 没有接收到特定的常识知识。为 ChatGPT 注入常识知识，增强 ChatGPT 对常识知识的理解能力，是一种有效的解决方案。

（3）社会偏见和歧视性

由于 ChatGPT 的训练数据是从现实世界中收集的，而现实世界本身就存在社会偏见和歧视现象，因此如果输入的数据中包含带有偏见的信息，ChatGPT 的回复就可能反映出这些偏见，从而导致出现不公平或歧视性的内容。为了解决这个问题，必须对训练数据进行审查和筛选，并采取公平性和包容性的方法，以减少偏见的影响，降低 ChatGPT 产生歧视性回复的风险。

（4）不合理回复和模棱两可性

ChatGPT 有时会生成不合理或模棱两可的回复。这主要是因为 ChatGPT 在预训练阶段学习的是大量的文本模式，而并非真正理解语义和逻辑。为了改进这一问题，ChatGPT 需要更加深入地探索自然语言理解和推理技术，加强语义理解方面的训练，提高对复杂问题回复的准确性。

（5）专业领域的适应性问题

ChatGPT 在预训练阶段接触了各种各样的文本，包括新闻、博客、社交媒体等。尽管

ChatGPT 接触了多种文本，但这并不意味着它在所有领域都能提供高质量的回复，特别是在面对专业性很强的问题时，ChatGPT 可能无法给出有针对性的回复。

2. 未来的发展前景

（1）规模持续扩展

随着计算能力的不断提升和数据资源的日益丰富，ChatGPT 的模型参数和用户数量将持续扩展。这种扩展不仅能提高 ChatGPT 在自然语言理解和回复生成任务中的准确性及表现力，还能提高 ChatGPT 处理更加复杂问题和更大规模文本的能力。

（2）无监督学习的进一步发展

ChatGPT 的关键技术之一是无监督学习，它通过预测文本中的缺失部分来训练模型，从而从大规模无监督数据中学习到语言的统计规律和语义表示。随着技术的进步，无监督学习算法会更加高效和强大，从而进一步提升 ChatGPT 的学习能力和泛化能力。

（3）个性化对话与用户模型

ChatGPT 目前以单次输入和输出为主。未来，ChatGPT 一方面将实现实时交互和多轮对话，以更好地与用户进行连续的对话，同时通过学习用户的交互记录和偏好，建立个性化的用户模型，为用户提供更加个性化的服务；另一方面将增强对上下文和常识知识的理解能力，以更好地进行推理，提高回复的准确性。为此，ChatGPT 可以采用更加复杂的架构，引入更多的外部知识库和常识推理资源，以及设计更加有效的训练方法来增强 ChatGPT 的语义理解能力。

（4）领域适应性和专业化

随着应用范围的不断扩大，ChatGPT 未来需要针对特定领域进行专业化的训练，以确保其能在专业领域内提供更加准确和有用的回复。例如，可以开发针对医学、法律、金融等领域的专用 ChatGPT 模型，使它们成为这些领域的智能助手，为客户提供专业的咨询和支持服务。

（5）联合智能系统

未来 ChatGPT 将会与其他智能系统相结合，形成更强大的联合智能系统。这一融合将促进多模态智能的发展。例如：与强化学习结合，ChatGPT 能够通过与用户的交互持续学习和优化回复策略；与语音识别技术整合，ChatGPT 能够接收和处理语音输入，再将其转化为文本进行回复；与计算机视觉结合，ChatGPT 能够更好地理解图像内容，并将图像信息融入回复，从而为用户提供更加准确和详细的答案。联合智能系统的发展将极大地提升 ChatGPT 的应用价值，为人们提供更全面的智能服务。

上述发展将使 ChatGPT 在各个领域发挥更加重要的作用。然而，在推动这些发展的同时，必须高度重视伦理、隐私和安全等问题，以确保 ChatGPT 的应用始终遵循道德和法律规范，给人类社会带来积极的影响。

案例 7.1 信息技术监控油气勘探资产

Rockwell Automation 是世界上最大的工业自动化和信息解决方案提供商之一。它在全球 80 多个国家和地区拥有客户，并拥有约 22 500 名员工。其重点业务领域之一是协助石油和天然气公司进行勘探。Hilcorp Energy 是一家在美国阿拉斯加州开采石油的公司。用于钻探、提取和精炼石油的设备非常昂贵，设备有一个故障就可能导致公司每天损失 10 万至 30 万美元。为了解决这个问题，需要通过信息技术来远程监控这类设备的状态，并准确预测可能发生的故障。

Rockwell Automation 发现了在石油和天然气行业中拓展业务的机会：可以从勘探现场收集并分析数据，来改进关键设备的预防性维护决策，从而最大限度地减少设备停机时间并提升其整体性能。该公司的 Connected Enterprise 解决方案依托微软公司的物联网平台，为部署在偏远地区的石油和天然气设备提供远程监控与技术支持。为了预测石油供应链上的设备故障，Rockwell Automation 制定了相应的解决方案，该方案能够通过实时监测设备的健康状况与性能，来预见并预防故障发生。其提供的解决方案主要涉及以下两个领域：

（1）钻探

Hilcorp Energy 在美国阿拉斯加州运营着全天候钻探石油的泵送设备。这些设备的任何一次故障都有可能给 Hilcorp Energy 造成重大的经济损失。为了提升设备管理的效率和响应速度，Rockwell Automation 采取了创新的技术方案。Rockwell Automation 将泵送设备的电动变频驱动器连接到云端，使得这些远在阿拉斯加州的设备能够被位于俄亥俄州的控制室远程监控。泵送设备上的传感器负责捕获设备运行的各项数据，这些数据通过 Rockwell Automation 的控制网关被安全地传输到 Microsoft Azure 上。Hilcorp Energy 的工程师通过手中的设备，利用仪表盘软件，即可访问经过分析和处理的数据。这些仪表盘提供了包括压力、温度、流量等在内的数十个参数的实时信息，使工程师能够全面监控设备的健康状况与性能。此外，它们还能显示有关各种问题的警报。当 Hilcorp Energy 的一台泵送设备发生故障时，借助这一系统，发生的故障能够在不到 1 小时的时间内被识别、跟踪并安排维修，这不仅缩短了以前所需要的 6 个小时的故障跟踪时间，还显著减少了因故障而造成的生产损失。

（2）更智能的气泵

一些运输卡车采用液化天然气（LNG）作为动力燃料。为了顺应这一趋势，石油公司对加油站进行了改造，以方便安装液化天然气泵。Rockwell Automation 在这些液化天然气泵上配备了传感器和变频驱动器，以实时收集设备运行状态、燃料库存量及消耗率等数据。随后，这些数据被安全地传输到 Microsoft Azure 上进行处理。最后，Rockwell Automation 生成交互式仪表盘和报告，并将结果转发给各利益相关方，让它们对其资产的健康状况和运营效率有更全面、更深入的了解，从而做出更加科学的决策。

Rockwell Automation 的 Connected Enterprise 解决方案通过将运营数据引入云计算平台，减少了设备的停机时间和维护成本，促进了许多石油和天然气公司（如 Hilcorp Energy）的发展，也为 Rockwell Automation 带来了新的商机。

案例思考题

1. 石油和天然气钻探平台可能会产生哪些类型的数据？
2. 通过在泵送设备上安装传感器，Hilcorp Energy 获得了哪些商业价值？
3. 为什么要将 Rockwell Automation 通过传感器收集到的数据在 Microsoft Azure 上进行处理？

◇◇◇◇◇◇ **本 章 小 结** ◇◇◇◇◇◇

在网络化时代，信息技术基础设施也在不断发展，其计算模式从早期的集中式计算发展到分布式计算。而随着移动通信技术的发展，信息技术基础设施计算模式也向着移动计算的方向发展。计算模式的变化必将影响企业信息系统环境和内涵的变化。本章首先介绍了各种计算模式的特点，其次分析了计算机系统的硬件组成及软件的运行方式，最后阐述了物联网、大数据、云计算、生成式语言模型等新兴信息技术的概念、技术背景与工作原理及应用领域。

◇◇◇◇◇◇ **习　题** ◇◇◇◇◇◇

1. 信息技术基础设施的计算模式主要有哪几种？它们分别有哪些特征？
2. 移动计算会给企业信息系统带来哪些影响？
3. 原生应用程序和 Web 应用程序有什么不同？
4. 简述物联网体系架构中每一层的功能。
5. 物联网所使用的无线通信技术主要有哪些？这些技术各有什么特点？
6. 大数据分析有哪些特征？
7. 大数据应用的业务流程是什么？
8. 云计算有哪些基本特性？
9. 云计算涉及哪些关键技术？
10. 物联网、大数据和云计算之间是什么关系？
11. ChatGPT 的工作流程是什么？它面临着哪些挑战？

第三篇　信息系统的典型应用

第8章

企业资源计划系统

▌学习目的▐

（1）理解企业资源计划的概念和管理思想。

（2）了解企业资源计划的发展历程。

（3）掌握企业资源计划的功能和主要模块。

（4）理解企业资源计划系统实施与管理变革。

（5）了解企业资源计划系统与商务智能的集成。

8.1　企业资源计划的概念

企业资源计划（ERP）是一种先进的企业管理模式。其宗旨是对企业所拥有的人、财、物、信息、时间和空间等资源进行综合平衡和优化管理。企业资源计划面向全球市场，通过协调企业的各个部门，以市场为导向开展业务活动，使得企业在激烈的市场竞争中全方位地发挥自身的能力，取得更好的经济效益。

通过实施 ERP 系统，企业可以将制造与生产管理、财务与会计管理、销售与市场管理、人力资源管理等职能领域的业务流程整合到一个软件系统中。这个系统不仅能将原先分散在不同系统中的信息集中存储到综合数据库中，还使得企业的各个部门能够共享这些信息。例如，一旦客户下达订单，订单数据就会自动流转至企业内部与该订单相关的各个业务部门：仓库收到订单数据后，会立即挑拣所需的产品、安排发货，并通知工厂补充库存；财务部门收到通知后，会为客户提供发票；客户服务部门将跟踪订单的每一步进展，及时更新订单状态；而管理部门则能够全面掌握企业信息，并基于此对企业日常运营和长期规划做出更加准确的决策。

可见，ERP 系统是集先进的管理思想和信息技术于一体的综合平台，它利用现代企业的先进管理思想，全面地集成并管理企业的所有资源和信息，旨在为企业进行决策、计划、控制与经营业绩评估提供全方位、系统化的服务。

8.2　企业资源计划的发展阶段和管理思想

8.2.1　企业资源计划的发展阶段

ERP 的发展，源于信息技术的广泛应用和管理技术的进展。ERP 经历了以下几个发展阶段：

1. MRP 阶段

MRP（物料需求计划）是在 20 世纪 60 年代发展起来的，它把企业生产涉及的所有产品零部件、原材料、中间件等在逻辑上统一视为物料，再把企业生产过程中对各种物料的需求分为独立需求和相关需求。其中，独立需求是指需求量和需求时间由企业外部需求（如市场预测和销售订单）决定的、与其他物料需求无关的需求。独立需求的物料，如客户订购的产品。相关需求是指根据物料之间的层次和数量关系，计算得出的与其他物料或最终产品需求有关的物料需求，是由独立需求派生的需求。相关需求的物料，如半成品、零部件和原材料等。

MRP 根据产品结构、库存状态及生产进度等信息，借助计算机生成相应的采购订单和生产计划，确保生产的连续性和稳定性，以实现均衡生产和优化库存的目标，达到"既降低库存，又不出现物料短缺"的状态。

2. MRPII 阶段

20 世纪 70 年代末至 80 年代初，MRP 经过发展和扩充逐步形成了 MRPII（制造资源计划）。MRPII 扩大了 MRP 的信息共享程度，它不仅考虑了物料的需求和供应，还涵盖了企业的生产、销售、采购、财务、工程技术等多个方面，形成了一个全面的生产管理集成优化模式。MRPII 是一种计划主导型管理模式，它将销售管理、财务管理、成本管理的功能包含进来，可以在周密的计划下有效地利用各种制造资源，控制资金占用，缩短生产周期，降低成本。

由于 MRPII 加入了财务管理和成本管理功能，因此企业的生产活动可以直接产生财务数据，这样实物形态的物料流动就被直接转换为价值形态的资金流动，从而保证了生产数据和财务数据的一致性，使财务部门能够及时得到资金信息，并对企业的经济效益进行分析，为企业的经营与生产活动提供指导。

3. ERP 阶段

进入 20 世纪 90 年代，随着市场竞争的进一步加剧，企业的竞争范围不断扩展。在这一背景下，面向企业内部资源的 MRPII 逐渐显现出局限性——无法满足企业对整体资源进行有效利用和管理的需求。在这种背景下，ERP 应运而生。

在资源管理范围方面，ERP 实现了全面的整合。它将客户需求、企业内部的制造活动以及供应商的制造资源紧密结合在一起，形成了一个完整的供应链体系。在这个体系中，ERP 能够对所有环节都进行有效的管理。在管理功能方面，ERP 在 MRPII 的基础上进行了显著的扩展，增加了对整个供应链物料流通体系的支持，加强对生产保障体系的管理。此外，ERP 还支持对工作流的管理，进一步优化了企业的业务流程。

4. ERPII

随着互联网技术的成熟，企业信息系统获得了与客户或供应商进行信息共享和数据交换的能力。为了更有效地实现企业之间的协同管理，ERPII（第二代企业资源计划，enterprise resource planning II）的概念产生了。

ERPII 是 2000 年由高德纳在原有 ERP 的基础上扩展而来的。高德纳在描述 ERPII 时，引入了"协同商务"的概念。协同商务（collaborative commerce 或 c-commerce），是指企业内部人员、企业与业务伙伴、企业与客户之间的电子化交易过程。为了使 ERP 适应协同商务，企业对 ERP 流程以及外部因素提出了更多的要求，这就是"ERPII"。ERPII 是一种商业战略，同时也是一套面向具体行业领域的应用系统。它通过支持和优化企业内部及不同企业之间的协同运作和财务流程，为客户和股东创造价值。

ERPII 强调专业分工和企业之间的交流，而不仅仅是企业的业务流程管理，这表明 ERPII 不仅关注企业内部资源的整合与优化，还致力于构建企业之间高效的协同环境。

8.2.2 ERP 的管理思想

ERP 的管理思想主要体现在以下三个方面：

1. 全局管理供应链的思想

供应链管理是将供应商、制造商、代理商、批发商、零售商和最终用户连成一个整体的运营模式。对于现代企业而言，竞争不再是企业之间的竞争，而是供应链之间的竞争。企业只有把经营过程中的各方纳入一个连接紧密的供应链，才能有效地安排产、供、销活动，满足利用一切市场资源快速、高效地进行生产经营的需求，从而在市场上获得竞争优势。

ERP 系统是一种集成化的管理软件，它通过统一的数据标准和接口，将企业内部或不同企业的信息系统连接起来，促进了供应链成员之间的水平或垂直整合，如图 8.1 所示。利用信息技术，ERP 系统能够根据市场需求对企业内部和供应链各环节上的资源进行全面规划、统筹安排和严格控制，以保证人、财、物、信息等各类资源得到充分的利用，从而达到提高生产效率、降低成本、满足客户需求、增强企业竞争力的目的。

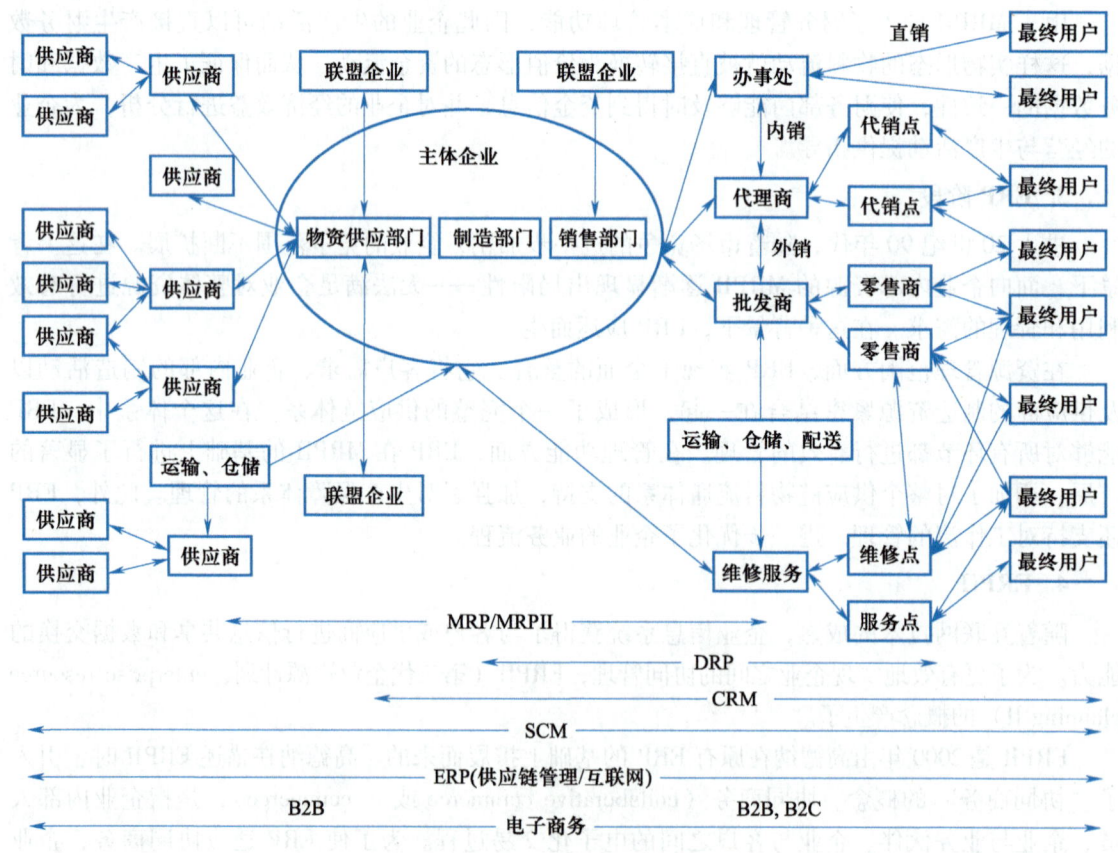

图 8.1 ERP 系统的供应链管理

2. 精益生产、敏捷制造及并行工程的思想

ERP 支持对混合型生产方式进行管理，它主要包含两种思想：第一种是"精益生产"的思想，即企业在按照大批量生产方式组织生产时，把最终用户、代理商、批发商、供应商、零售商、协作单位（联盟企业）都纳入生产体系，与他们建立起利益共享的合作关系，形成一条企业自己的供应链。第二种是"敏捷制造"的思想，即当市场上出现新的机遇且企业的合作伙伴不能满足新产品开发和生产需求时，企业就可以构建一条由特定供应商的销售渠道组成的短期或一次性供应链，形成"虚拟工厂"，把供应链和协作单位视为企业的一个组成部分，并运用"并行工程"的方法来组织生产，用最短的时间将新产品打入市场，同时时刻保持产品的高质量、多样化和灵活性。

3. 事先计划和事中控制相结合的管理思想

ERP 的计划体系主要包括主生产计划、物料需求计划、能力需求计划、采购计划、分销需求计划（distribution requirement planning，DRP）、利润计划、财务预算和人力资源计划等，这些计划及其相应的控制功能已经完全集成到整个供应链体系之中。此外，通过定义与事务处理相关的会计核算科目和核算方式，在销售、采购、生产等事务发生时，ERP 系统会自动生成相应的会计分录，如销售收入、采购成本、生产成本等，保证了物流（如库存变动、生产进度）与资金流（如应收账款、应付账款）的数据一致性。通过 ERP 系统，企业可以摸清资金的来龙去脉，并对相关业务活动进行追溯，以实现事中控制和实时决策。

◇◇◇◇◇◇　**8.3　企业资源计划的功能**　◇◇◇◇◇◇

ERP 对企业的所有资源进行整合与集成管理，它是对企业的三大流——物流、资金流、信息流进行一体化管理的信息系统。ERP 不仅可以应用在生产企业中，还可以应用在其他类型的企业中。一般情况下，企业管理主要包括三个方面的内容：财务管理（总账管理、应付账款管理、应收账款管理等），生产管理（计划、制造等），物流管理（销售管理、采购管理、库存管理）。此外，还有人力资源管理。相应地，ERP 系统也由若干模块组成，其结构如图 8.2 所示。下面主要介绍 ERP 系统的财务管理、生产管理和物流管理。

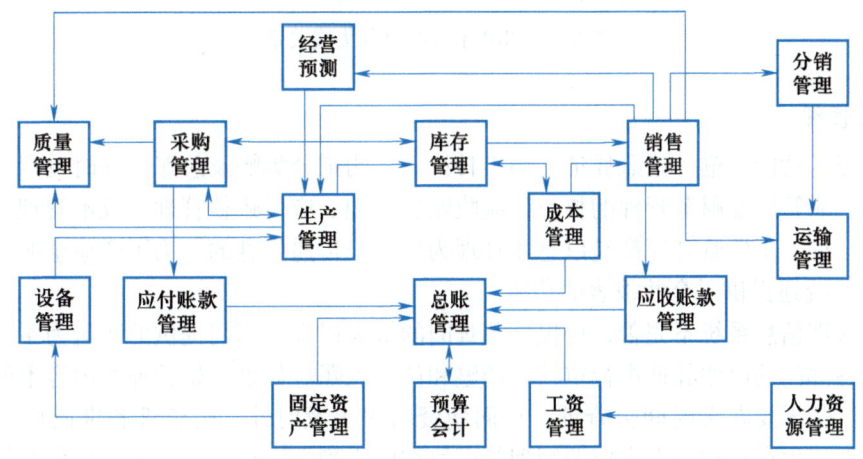

图 8.2　ERP 系统的结构

8.3.1 财务管理

财务管理贯穿企业生产经营活动的全过程，通过分析各种会计核算数据，结合生产、经营、环境、政策等各种因素，确定企业的筹资决策、投资决策和股利分配决策。

作为 ERP 系统的一部分，财务管理的各模块通过与其他模块之间的接口，自动接收生产、采购和销售活动的信息，更新总账和明细分类账（应收账款、应付账款等）中的数据，进而更新会计报表，从而实现了生产管理、采购管理和销售管理与财务管理的集成，同时也实现了物流、资金流和信息流的集成。ERP 系统的财务集成关系如图 8.3 所示。

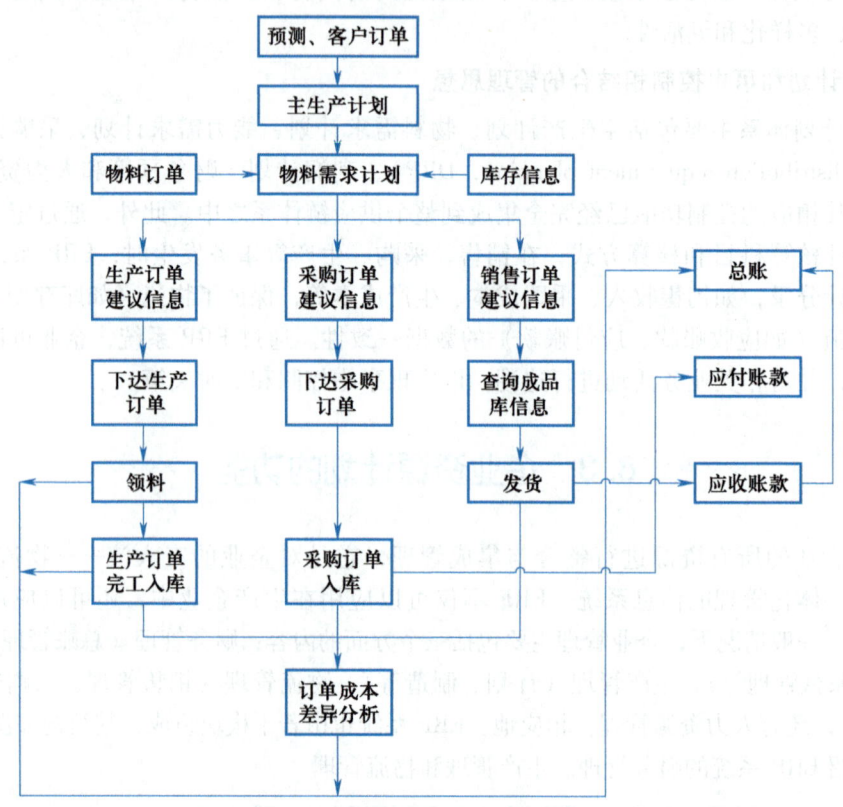

图 8.3 ERP 系统的财务集成关系

1. 总账管理

总账管理的功能是输入记账凭证，输出日记账、明细分类账及总账，同时负责编制主要的会计报表。总账管理是财务管理的核心，应收账款管理、应付账款管理、成本管理、固定资产管理、预算会计、工资管理等都是以总账管理为核心来传递信息的。为了适应企业会计核算的需求，ERP 系统还提供了合并报表的功能。

早期的管理信息系统不完善，可供外部查阅的报表以会计部门提供的账册为主，而会计人员常常依靠各部门的原始凭证进行审核、调整和认定入账。如果原始凭证的内容不明确或有错误，会计人员就需要花费时间去查证，从而使资料失去及时性、完整性和准确性。ERP 系统中的销售管理、生产管理及人力资源管理等模块在应用到一定程度时，其交易数据就会自然地成为成本会计、应收账款/应付账款和总账会计的一部分；而各交易数据如果都能够明确定义其所对应的会计分录，就会自动生成会计凭证，使得会计人员不必逐一按照原始凭证通过人工认定的方式来开立会计凭证。

ERP 系统的各个子系统和财务管理集成后，就会成为总账会计的一部分，各子系统的原始凭证都会被视为会计凭证，对于输入的任何交易资料，都不得随意涂改，当出现输入错误时，只能通过调整的方式使其符合实际状况，并保留所有的调整记录。

在集成化的 ERP 系统中，各项企业活动都以交易数据的形式输入计算机，并与财务管理各模块相连接。这些交易数据被充分且详细地表达在财务报表中。

2. 应付账款管理

应付账款是企业在购买商品和服务时应付给供应商的款项，与采购管理密切相关，在财务管理中十分重要。它在企业灵活运用资金、保持资金平衡、降低采购成本、激励供应商付款等方面具有重要作用。因此，企业应该加强应付账款的作业流程和制度建设，规范地进行业务处理，管理好每笔应付账款，在适当的时机向供应商支付货款，建立良好的信誉；严格控制付款，防止错付、漏付；不同级别的管理者具有不同的审批权限，按照权限审批，只有在单据通过审批后才能付款，保证付款的安全性；付款方式灵活、多样，适用于各类企业的付款管理；经常进行欠款、供应商、应付账款账龄等方面的分析；制定应付账款管理策略，监控应付账款使其处于合理水平；严格执行应付账款管理制度，提高应付账款管理水平。

应付账款有三个来源：① 采购验收所产生的应付账款；② 委外验收所产生的应付加工费，或者与验收相关的费用；③ 直接在应付账款系统中输入的其他各种应付账款。应付账款系统处理应付账款的生成、付款冲销及分析，提供完整的应付账款资料，以便对账、掌握付款需求，以及现金规划。

在 ERP 系统中，应付账款管理从采购管理和库存管理中获得数据，包括以应付账款为主的所有应付款项，其作业流程如图 8.4 所示。

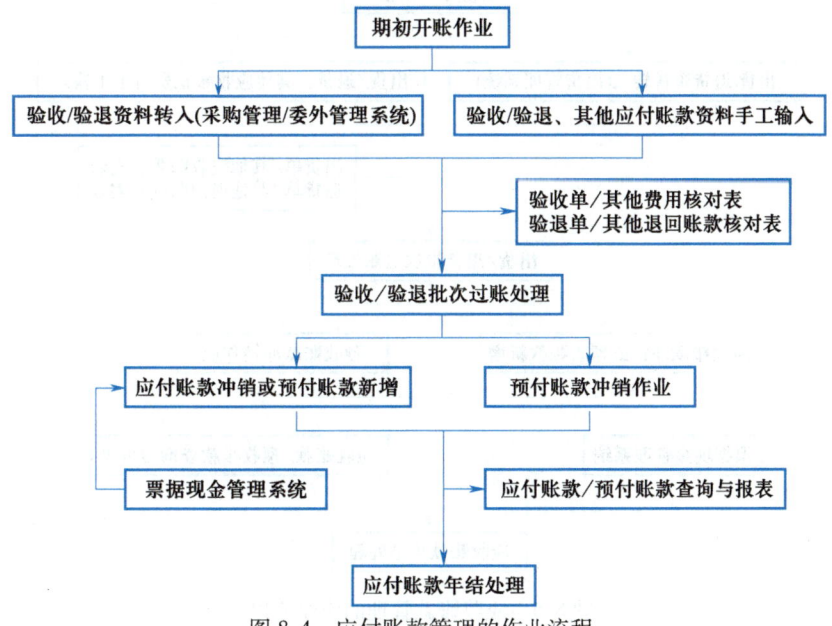

图 8.4 应付账款管理的作业流程

应付账款管理的主要功能如下：

① 验收/验退资料可以从采购管理或委外管理系统自动转入，也可以在本系统中手工输入。其他应付账款资料可以自动输入本系统。

② 实际付款冲销时，可以分别对所付的现金与票据进行处理。

③ 可以处理预（暂）付账款的登录及冲销。

④ 提供多种应付账款入账和付款冲销方式，以满足企业的实际需求。

⑤ 可以设定供应商/委外商的付款条件，分别指定结算日、付款日、票据到期日，供他们在议价及付款时参考。

⑥ 可以在票据现金管理系统中输入应付票据，再由本系统通过票据号码带出原票据资料，并核对受票人信息。

⑦ 可以按照供应商/委外商随时查询应付账款余额。

⑧ 提供多种应付账款核对表、汇总表、明细表、分析表和日报表，作为主管人员管理的依据。

⑨ 可以处理外币付款的冲销作业，并自动计算外币兑换损益。

⑩ 提供本币及原交易外币的应付账款余额，作为账款冲销的依据。

3. 应收账款管理

应收账款是企业在销售商品或提供服务时产生的应向客户收取的款项，作为企业营运资金管理的一项重要内容，应收账款管理直接影响企业营运资金的周转和经济效益。应收账款有两个来源：① 销售系统中产生的货款，或者与出货相关的费用；② 直接在应收账款系统中输入的各种其他应收账款。

在 ERP 系统中，应收账款管理与销售管理密切相关，在相关的事务处理中自动生成记账凭证，导入总账，它包括以应收账款为主的所有应收款项，其作业流程如图 8.5 所示。

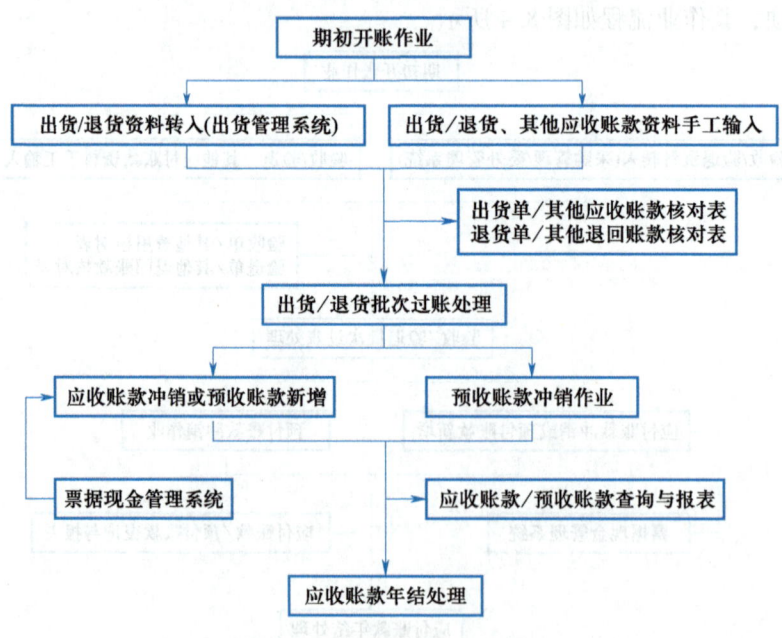

图 8.5 应收账款管理的作业流程

应收账款管理的功能如下：

① 出货/退货资料可以从销售管理模块自动转入，也可以在本系统中手工输入。其他非营业的应收账款资料可以自动输入本系统。

② 在实际收款冲销时，可以将所收取的现金与票据分别处理。

③ 可以处理预收账款的登录与冲销。

④ 提供多种应收账款入账与收款冲销方式，以满足企业的实际需求。

⑤ 可以设定客户的付款条件，分别指定客户结算日、付款日、票据到期日，供企业在收款时参考。明确显示付款日，可以提前计划收款，提前追踪逾期收款，协助款项早日回收。

⑥ 可以将收款时所收取的票据及现金资料，完整地转入票据现金管理系统。

⑦ 可以实时查询客户的应收账款余额。

⑧ 提供应收账款账龄分析表，供主管人员在追踪账款回收进度及进行资金周转时参考。

⑨ 可以按照客户的信用额度及应收账款余额进行信用控制。

⑩ 提供多种应收账款核对表、汇总表、明细表、分析表和日报表，作为主管人员管理的依据。

⑪ 可以处理外币作业，并自动计算外币兑换损益。

⑫ 提供本币及原交易外币应收账款余额，以作为账款冲销的依据。

4. 财务分析

财务分析是以财务报表和其他资料为依据和起点，采用专门的方法对财务状况、经营成果和现金流量状况进行系统分析和评价的过程。其目的是评价企业过去的经营业绩，衡量企业当前的财务状况，预测企业未来的发展趋势。财务分析既是财务预测的前提，也是企业过去经营过程的总结，具有承上启下的作用。

通过财务分析，企业可以了解自己的偿债能力、营运能力、盈利能力和现金流量状况，合理评价相关人员的经营业绩，以奖优罚劣，促进管理水平的提升；可以不断挖掘潜力，从各方面揭露矛盾，找出差距，充分认识未被利用的人力和物力资源，寻找对它们利用不当的原因，促进企业的经营活动按照价值最大化的目标运行；可以进一步预测投资后的收益水平和风险程度，以做出正确的投资决策。

企业可以根据自己的经营特点和管理要求，采用环比、同比、连环替代比的方法对当期财务指标的实现情况进行分析，观察当期经营业绩的增长情况，分析管理的差距，寻找经营中存在的问题。另外，还可以使用一些国际上通用的、成熟的分析工具和模型进行财务分析，如杜邦分析法、沃尔分析法、五力分析法和 Z 计分法。

① 杜邦分析法：利用几种主要财务比率之间的内在联系，建立财务比率分析的综合模型，以系统分析和评价企业的财务状况与经营业绩。

② 沃尔分析法：将流动比率、负债资本比率、固定资产比率等七项财务比率指标用线性组合的方式结合起来，并给定各自的权重，然后与标准比率进行比较，确定每一项指标的得分及总体指标的累计得分，从而对企业的信用水平乃至整个企业的财务状况做出评价。

③ 五力分析法：从偿债能力分析、营运能力分析、盈利能力分析、发展能力分析、生产能力分析五个方面来评估企业的经营绩效。

④ Z 计分法：运用多种财务比率构造多元线性函数，并利用函数值的大小来判定发生财务危机的可能性。

8.3.2 生产管理

生产管理是 ERP 系统的核心所在，ERP 系统的计划与控制层次如图 8.6 所示。生产管理将企业的整个生产过程有机结合在一起，使得企业能够有效地降低库存和提高效率，同时将原本分散的各个生产流程连接起来，前后连贯运行，不会因生产脱节而耽误交货时间。

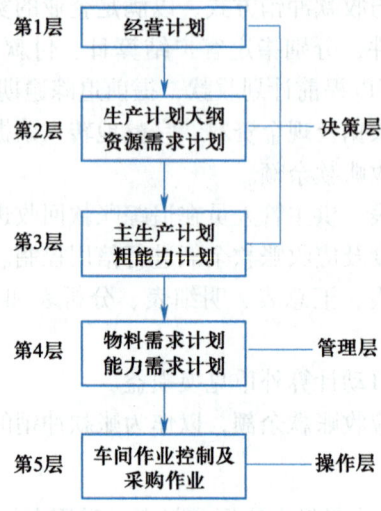

图 8.6　ERP 系统的计划与控制层次

1. 主生产计划

主生产计划（master production schedule，MPS）根据生产计划大纲、资源需求计划等来确定后续各个周期内需要生产的产品种类、数量，以及具体的生产时间。在制订主生产计划时，企业会充分考虑物料供应能力和生产能力，通过对两者进行平衡，企业最终能够制订出一个精确的进度计划。主生产计划是属于 ERP 系统决策层的一种计划，是生产计划大纲的具体化，也是物料需求计划的主要输入，ERP 系统的运行是从主生产计划开始的。

主生产计划的对象是产品，但产品的结构是多层次的，一个产品可能会包含成百上千种需要制造的零部件与原材料，并且所有物料的提前期，如加工时间、准备时间及采购时间等各不相同，各种零部件的投产顺序也有差别。粗能力计划则用于判断主生产计划是否可行。

2. 物料需求计划

物料需求计划（MRP）是属于 ERP 系统管理层的计划，其运行是由 ERP 系统决策层的主生产计划驱动的，由于物料需求计划编制的复杂性，它必须在 ERP 系统的支持下工作。

（1）MRP 的概念

MRP 先根据主生产计划输出的产品需求数量和交货期，计算出构成产品的零部件及原材料的需求数量和需求时间，并对照现有的库存量，得出还需要采购的原材料和制造的零部件的最终数量；然后推导出零部件制造订单的下达日期和原材料采购订单的发放日期，并使需求的资源和可用的能力之间达到进一步的平衡。MRP 是生产管理的核心，MRP 的周期可以是周、日，也可以是小时。

（2）MRP 的作用

MRP 主要解决以下五个问题：

① 要生产（含采购或制造）什么？生产（含采购或制造）多少？（这些数据根据主生产计划得到）

② 要用到什么？（这些数据根据物料清单，即描述企业产品结构的技术文件得到）

③ 已经有了什么？（这些数据根据库存信息，即到货信息或产出信息得到）

④ 还缺什么？（这些数据根据主生产计划的计算结果得到）

⑤ 何时开始（包括何时开始采购和制造、何时完成采购和制造）？（这些数据根据主生产计划的计算结果得到）

（3）MRP 的工作原理

MRP 的工作原理是：由产品的主生产计划推导出有关物料（零部件、原材料）的需求数量与需求时间；根据物料的提前期来确定采购或制造的时间。

编制 MRP 所依据的关键信息有：主生产计划；物料清单（由于最终产品的各个零部件的加工周期不同，即对同一物料清单中不同物料的需求时间不同，因此 MRP 需要基于产品的物料清单围绕主生产计划的需求，包括数量与提前期，层层展开）；库存信息（依据物料库存信息确定各个物料的需求数量）。

MRP 的工作原理如图 8.7 所示，MRP 共有五个输入数据项，这些输入数据项经 MRP 系统处理后，得到两个输出数据项。

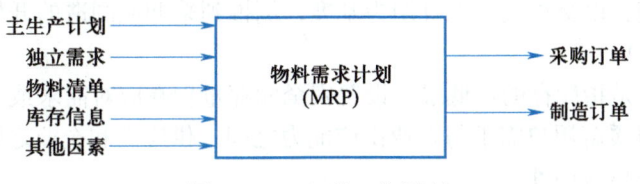

图 8.7　MRP 的工作原理

① MRP 的输入数据项如下：

主生产计划。主生产计划作为 MRP 的输入数据项，主要解决"要生产（含采购或制造）什么"以及"生产（含采购或制造）多少"的问题。主生产计划是 MRP 最重要和最基本的输入数据项，在开始编制 MRP 时，必须依据一个有效的主生产计划。

独立需求。独立需求解决"要生产（含采购或制造）什么"以及"生产（含采购或制造）多少"的问题，它由主生产计划生成。

物料清单。物料清单作为 MRP 的一个输入数据项，主要解决生产过程中"要用到什么"的问题，MRP 从物料清单中获得由主生产计划推导出的有关零部件、原材料的数据。

库存信息。库存信息作为 MRP 的一个输入数据项，主要解决"已经有了什么"的问题，MRP 根据库存信息得到物料清单中每个物料的可用数据，进而编制订单数据。

物料的可用数据包括以下几类：

• 现有库存量：指仓库中实际存放的可用库存量。

• 计划接收量：在任意给定的计划周期内，预计完成的物料总数。该数据项一般来源于执行中的采购订单或制造订单。

• 已分配量：指已经分配给某个使用者，但还没有从仓库中取出的物料数量。这些物料存放在仓库中，但不能使用。

其他因素。其他因素如下：

● 低位码：物料的低位码是指系统分配给物料清单中每个物料的一个 $0 \sim N$ 的数字码。在物料清单中，最上层物料的层级码为 0，下一层物料的层级码为 1，以此类推。一个物料只能有一个低位码，当一个物料在多个产品中所处的产品结构层次不同，或者即使在同一个产品中但处于不同产品结构层次时，将层次最低的、数字最大的层级码作为该物料的低位码。低位码的作用是指出各种物料最早使用的时间。

● 损耗系数：在生产的各个环节中有各种各样的损耗，因此在 MRP 的计算过程中要考虑各种损耗系数，如组装废品系数、零部件废品系数、材料利用率等。

组装废品系数是对零部件毛需求量的调整。如果在装配一个零部件的父项时就能估计其损失或毁坏状况，则可以考虑组装废品系数，它用百分数表示，保存在物料清单中。

零部件废品系数用于对订单数量进行调整。之所以考虑零部件废品系数，是因为物料本身在采购或制造过程中会出现损耗。

材料利用率即有效产出与总投入之比。材料利用率可用于说明预计的生产损耗情况。

● 采购或制造标识码：表明一个物料是采购件还是制造件的标识码。采购或制造标识码通常用一个字母（P 或 M）表示。当 MRP 系统运行时，可以根据该标识码决定是做采购计划还是做制造计划。对于采购件不产生制造物料的需求；对于制造件就需要利用物料清单来决定用哪些原材料或零部件来制造这个物料。

● 物料的提前期：以交货或完工日期为基准，倒推到采购或制造的开始日期的这段时间称为提前期（lead time）。

● 安全库存量：是指库存的最低限。设置安全库存量旨在应对需求或供应方面可能出现的不可预料的波动，以缓解用户需求与企业供应能力之间、供应商和企业之间、制造和装配之间的矛盾，避免生产或供应中断。

● 批量规则：主生产计划的计划量并不等于实际的净需求量，这是由于在实际生产中，加工、订货、运输、包装等环节都需要按照"一定的数量"（即主生产计划的批量）进行，用于确定该数量的规则称为主生产计划的批量规则。批量规则是库存管理人员在对库存管理的要求和目标进行权衡之后确定的。批量过大，占用的流动资金增多，用于采购或制造的费用就会减少；批量过小，占用的流动资金减少，用于采购或制造的费用就会增加。批量规则主要用于降低订货成本、准备成本、运输成本和在制品成本。

② MRP 的输出数据项如下：

采购订单。采购订单主要包括采购什么、采购多少、何时开始采购、何时完成采购。

制造订单。制造订单主要包括制造什么、制造多少、何时开始制造、何时完成制造。

3. 能力需求计划

能力需求计划（capacity requirements planning，CRP）是指在得出初步的物料需求计划之后，对所有工作中心的总工作负荷进行能力平衡，产生详细的工作计划，以确定初步的物料需求计划对于企业的生产能力而言是否是可行的。

与 MRP 类似，能力需求计划主要解决以下四个问题：

● 要生产什么？生产多少？

● 使用什么工作中心？工作负荷（即需要的能力）是多少？

- 工作中心可用的能力是多少?
- 各时段的能力需求情况如何?

4. 车间作业控制

在 ERP 系统中, 车间作业控制 (production activity control, PAC) 与采购作业计划同属于操作层, 车间作业控制的主要任务是执行计划并反馈信息, 其目标是按照物料需求计划的要求, 按时、按质、按量、低成本地完成制造任务。通过车间作业控制, 可以确保生产作业不偏离主生产计划和物料需求计划。

车间作业控制是在物料需求的基础上, 按照交货期的先后、生产优先级和车间的生产资源情况 (如设备、人员、加工能力和物料供应等), 将产品生产任务以订单的形式下达给生产车间。在生产车间内部, 根据零部件的工艺路线等信息制订车间生产计划, 并组织日常生产。同时, 在产品生产的过程中, 实时采集车间生产的动态信息, 了解生产进度, 发现并及时解决问题, 以尽量使车间的实际生产接近主生产计划或物料需求计划。车间作业控制的信息处理内容如图 8.8 所示, 有 7 个输入数据项, 是车间作业控制的输入和验证信息, 它们是进行车间作业控制的依据。在进行了车间作业控制之后得到 5 个数据项, 其中, 车间任务、加工单、派工单是下达的计划指令, 加工单执行情况报告和完工情况报告是反馈的监督信息。

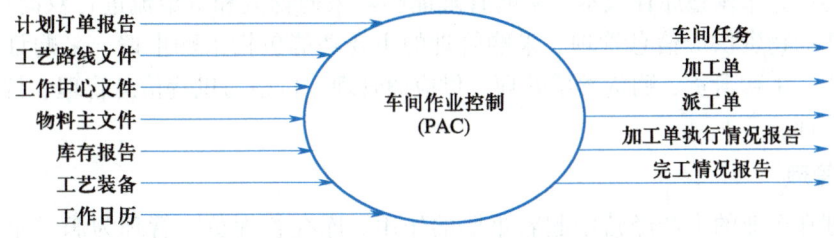

图 8.8　车间作业控制的信息处理内容

8.3.3　物流管理

物流管理主要包括销售管理、采购管理和库存管理。

1. 销售管理

在 ERP 系统中, 销售管理不仅能帮助企业的销售部门及市场部门为现有客户提供服务与支持, 还能帮助企业发展新客户及新业务。销售管理的主要功能包括销售订单管理、销售价格管理、客户管理和销售统计与分析。

(1) 销售订单管理

销售订单是 ERP 系统的入口, 是生产计划下达并进行排产的依据, 销售订单管理贯穿了订单处理的整个流程, 其主要内容包括销售订单的录入、修改、审核, 以及销售订单执行情况查询等。为了提高销售工作的效率, 减少差错率, 可以根据前期的报价单、技术方案等信息直接生成销售订单。

(2) 销售价格管理

销售价格管理包括定价管理和价格折扣管理。定价管理是指制定科学合理的价格; 价格折扣管理是指企业在定价的基础上, 根据生产条件的变化来调整价格。ERP 系统可以根据产品的设计文件、工艺文件以及物料成本、企业平均生产费用等信息估算产品的成本，并在此基础上根据企业设定的利润率和税率，计算合理的销售价格，从而制定具有竞争力的价格策略。

（3）客户管理

客户管理是销售管理的基本功能，它不仅关注客户的静态信息，如客户名称、地址、联系人、付款方式、账期、发运方式等，还涵盖了客户在市场、销售、服务等领域中不断产生和变化的动态信息，如信用状况、应付账款、交易记录等。客户管理支持企业对客户的信息进行收集、分类、查询和分析，也支持企业根据业务需要及时更新客户信息。

（4）销售统计与分析

销售管理能够根据销售订单的完成情况，按照各种指标提供丰富的销售统计与分析功能，从而对企业的实际销售效果进行评价。该功能支持销售渠道的追踪溯源、产品销售情况查询与分析，以及销售统计与考核。

2. 采购管理

采购管理要确定合理的订货量，选择合适的供应商和保持最佳的安全储备，随时提供订购、验收的相关信息，跟踪采购或委外加工的物料，保证货物及时到达，并通过建立供应商档案，用最新的信息来调整库存成本。采购管理能够对采购物流和资金流进行双向控制与跟踪，从而完善企业的物资供应信息管理。采购管理的主要功能包括采购申请、采购订货、收货检验、仓库收货、采购退货、购货发票处理、供应商管理、价格与供货信息管理、订单管理，以及质量检验管理。

3. 库存管理

库存管理在企业的生产经营中起着重要的作用。库存管理负责管理为满足企业生产、维护、客户服务等活动的需要而存储的各种物料，包括原材料和在制品、维修件和生产消耗品、成品和备件等。库存管理主要涉及物料入库、物料出库、物料移动、库存盘点和库存物料信息分析。

物料入库包括采购入库、生产完工入库、生产剩余物料入库以及销售退货入库。物料出库包括生产领料、非生产领料和销售提货。物料移动是指库存之间的物料调拨，如分厂之间或分公司之间的物料调拨。库存盘点是企业财务会计的一项重要工作，是对库存物料进行数量清点、质量检查及盘点登记的库存管理过程，其主要目的是核查库存的实物数与账面数是否相符，以及库存物资的质量状态。库存物料信息分析，从各种角度对物料的日常入库或出库数据进行分析，以了解物料的资金占用情况、来源与去向等，从而为高层管理者提供相应的数据支持。

8.4　ERP 系统实施

8.4.1　ERP 系统软件选型的原则

选择一套合适的 ERP 系统软件是企业信息化建设取得成功的关键因素之一。市场上可供选择的 ERP 系统软件非常多，有的软件功能强大，价格昂贵；有的软件价格便宜，但功能简单。ERP 系统软件选型应该遵循以下几个原则：

1. 服务企业战略定位与管理目标的达成

ERP 系统软件选型要从企业自身的实际需求出发，确保所选的 ERP 系统软件能够支持企业的战略定位和管理目标的达成。

2. 兼顾软件的功能完善性与技术先进性

在进行 ERP 系统软件选型时，既要考虑所选 ERP 系统软件是否能涵盖企业所需的各项功能，又要确保其采用先进的技术架构；既要能满足企业当前的需求，又要能适应企业在未来一段时间内的发展。

3. 选择性价比高、成熟的 ERP 系统软件

性价比是大多数采购决策的重要依据。对于 ERP 系统软件而言，其性能涉及多个方面，包括功能完整性、配置便利性、平台开放性、查询及报表执行效率、界面美观性、操作便捷性、兼容性和接入能力、技术先进性等多个方面，企业可以采用定量的方法对 ERP 系统软件进行综合评估。

4. 关注对企业的现状适应性

在进行 ERP 系统软件选型时，要关注其对企业现有业务状况的适应性。这意味着所选用的 ERP 系统软件，不仅要确保企业现有的业务能得到有效实现，还要为企业提供更好的管理经验和实践。

5. 选择实施团队

购买 ERP 系统软件仅仅是 ERP 系统实施的一部分，购买相应的实施服务同样重要，ERP 系统实施团队的专业能力和经验，对于成功实施和应用 ERP 系统来说非常重要。因此，在进行 ERP 系统软件选型时，企业不仅要考察 ERP 系统软件的性能，还要对其实施团队进行评估。

8.4.2　ERP 系统实施流程

ERP 系统实施流程可以划分为五个阶段：项目规划阶段、业务蓝图设计阶段、系统实现及静态数据准备阶段、系统切换及动态数据准备阶段、运行和持续支持阶段。

1. 项目规划阶段

项目规划阶段的主要工作包括定义项目范围、组建实施团队、确定项目的目标和方法，以及制订项目计划，以指导整个项目的执行。在项目规划阶段，最复杂的工作是制订项目计划，这项工作需要企业和实施团队密切配合。

2. 业务蓝图设计阶段

业务蓝图设计阶段的主要工作是通过充分的沟通与调研，对企业应用 ERP 系统的业务场景进行设计，形成符合企业现状和发展需要的业务解决方案。这一阶段的工作任务一般包括以下几项：搭建设计环境、进行软件理念和相关标准培训、进行业务需求调研及分析、拟定初步的系统实施方案，并由企业按照 ERP 系统的硬件环境要求建设网络和计算机系统。

3. 系统实现及静态数据准备阶段

系统实现及静态数据准备阶段的主要工作是，根据业务蓝图设计阶段制定的业务解决方案，对 ERP 系统软件进行配置并验证业务解决方案的可行性。此外，还要准备系统运行所需的静态数据。静态数据是指不会随着企业日常活动的进行而快速发生变化的业务数据，它包括系统运行所必需的基础数据，如存货分类编码、部门人员编码、存货档案、供应商档案等。

4. 系统切换及动态数据准备阶段

系统切换及动态数据准备阶段的主要工作包括动态数据的准备、ERP 系统运行准备，以及 ERP 系统的切换运行。动态数据是指随着企业日常活动的进行而不断发生变化的业务数据，如库存量、应收账款、应付账款、未结单据等业务数据。

5. 运行和持续支持阶段

运行和持续支持阶段的主要工作包括系统上线后的运行支持、项目总结、项目文档整理与归档、项目验收、售后服务等，旨在保持 ERP 系统连续、稳定地运行。

8.4.3 ERP 系统实施的三个关键角色

1. 高层管理者对 ERP 系统实施的影响

经验表明，ERP 系统是"一把手"工程，企业高层管理者对 ERP 系统的重视程度、期望和参与程度是 ERP 系统获得成功的关键因素，其影响主要体现在以下三个方面：

（1）确定 ERP 系统实施项目的整体规划和投资决策

ERP 系统实施项目的整体规划和投资决策由企业高层管理者做出，但是，投资决策不是一个简单的过程，企业高层管理者只有了解 ERP 系统、愿意并期待使用 ERP 系统作为信息系统工具来全面提高企业的经营管理水平，才能做出科学的决策。

（2）推进人的思维方式和行为方式的改变

ERP 系统不是一种单纯的计算机系统，而是一种以计算机为工具的人机协同系统。要使 ERP 系统真正发挥作用，就必须推动人的思维方式和行为方式的改变。为此，企业高层管理者必须抓好教育和培训工作，以在企业内部形成广泛的共识。

（3）通过组织和协调相关工作，排除障碍，推进 ERP 系统实施项目

企业常常面临资源紧张和工作繁重的情况，每个员工都忙于完成自己的日常工作任务，这可能导致 ERP 系统实施项目被忽视或推迟。由于实施 ERP 系统对于企业的长远发展至关重要，因此应该将其视为优先级仅次于企业核心运营活动的关键任务。为此，企业高层管理者必须对 ERP 系统实施有明确的认识，并展现出坚定的推进决心。

总之，ERP 系统实施是一个涉及企业运营各个环节及全体员工的过程，需要各部门和人员之间的紧密协调。因此，企业高层管理者必须下定决心，积极推动各部门之间的协作。在 ERP 系统实施的各个阶段，无论出现什么问题或障碍，高层管理者都应该迅速采取措施予以排除，确保项目顺利推进。同时，他们需要就信息技术在企业运营中的角色、定位及其重要性与其他员工进行充分沟通，以确保每个员工都能理解并支持 ERP 系统的实施。

2. 实施顾问在 ERP 系统实施中的作用

实施顾问是项目成功的关键角色，他们不仅要精通 ERP 理论，还要熟练掌握 ERP 系统软件的操作方法。通过熟练运用项目实施方法论，实施顾问能够有效应对和解决 ERP 系统实施过程中出现的各种挑战和问题。作为经营管理方面的专家，他们通常在不同行业参与过多种

ERP 系统实施项目,具备丰富的实战经验,因此能够灵活应对各种复杂情况。

实施顾问肩负着确保项目各阶段顺利进行的重任,以使项目能在预定的时间内,按照既定的质量标准达成目标,并促使所有关键参与人员都高效投入。为了履行这一职责,他们要将自身的专业技能与方法论转化为具体可行的工作计划。这一转化过程包括:将方法论细化为一系列明确的任务,并将这些任务分配给相应的个人;同时为每个阶段和每项任务设定详细的时间表,并以此为基础最终制订出完整的项目计划。

实施顾问借助丰富的 ERP 系统实施经验,为企业创造价值:他们凭借对哪些做法有效、哪些做法可能引发问题的洞察,帮助企业规避了"试错—修正"的弯路,从而提升了项目的实施效率和成功率。

3. 关键用户在 ERP 系统实施中的作用

关键用户是 ERP 系统实施团队的重要成员,也是企业内部熟悉各自业务流程的人员。在整个 ERP 系统实施过程中,关键用户与实施顾问紧密合作,共同承担业务调研、差异化分析、客户化、主数据准备以及文档编写等重要工作。他们不仅负责协调实施顾问与最终用户之间的关系,还致力于优化系统功能,确保其能精准满足业务需求。在 ERP 系统成功上线之后,关键用户还要负责主数据维护、使用培训等工作,并指导最终用户熟练掌握 ERP 系统的操作方法。

尽管关键用户既不是 ERP 系统实施技术层面的管理者,也没有扮演实施顾问的角色,但他们是实施顾问和企业之间、企业内部上下级之间,以及企业各业务部门管理者与企业高层管理者之间沟通的桥梁。

(1)项目规划阶段

在项目规划阶段,关键用户参与 ERP 系统各模块的培训,深入理解相关模块的基本概念、前台应用及后台参数配置,并熟悉 ERP 系统相关模块的功能。同时,他们还会参与项目组的筹备会议,明确项目的组织结构及实施团队成员的职能。

(2)业务蓝图设计阶段

在业务蓝图设计阶段,关键用户协助实施顾问对企业现有的业务流程进行调研,并按照既定模板整理相关文件。他们积极参与关于企业未来组织结构的讨论,以及企业未来业务流程的设计,并编写相应的文档。此外,关键用户还会进行差异化分析,收集关于用户权限的需求,以及汇报业务蓝图设计方案等。

(3)系统实现及静态数据准备阶段

在系统实现及静态数据准备阶段,关键用户扮演着至关重要的角色,他们负责向实施顾问传递企业的各种关键数据,是实施顾问和最终用户之间的联系人。他们会向实施顾问解释最终用户的需求。通常由资深的人力资源主管等担任关键用户。

在这一阶段,关键用户和实施顾问会共同对业务流程进行规划和整理,即进行系统配置。关键用户会根据本单位的实际业务情况,向实施顾问提出客户化的配置需求。配置结束后,关键用户会先进行内部测试,包括基本流程测试和单元测试、集成测试。他们会针对本业务范围内的所有现有及将来可能发生的业务场景进行功能测试,涉及劳动组织管理、人事管理、薪酬管理等模块。测试文档由关键用户整理,记录测试过程及测试结果,可作为最终用户培训手册的蓝本。此外,关键用户还会参与权限配置,提交权限配置清单,并对实施顾问的配置结果进行检查和确认。同时,他们还承担了报表开发、测试和确认,以及员工主数据的收集和整理等工作。

（4）系统切换及动态数据准备阶段

在系统切换及动态数据准备阶段，关键用户负责对最终用户进行分批次、分模块的系统操作培训。同时，他们还负责指导最终用户导入海量数据、准备上线文档等各项工作。

（5）运行和持续支持阶段

在运行和持续支持阶段，关键用户的作用依然重要。他们需要负责企业 ERP 系统的日常维护工作，确保其正常运行。对于最终用户遇到的各种疑问和系统故障，关键用户会进行判断和排除。此外，他们还会编写便于最终用户使用的 ERP 系统操作手册，并承担系统的优化工作。

8.4.4　ERP 系统与 BPM/BPR

ERP 系统的实施过程与业务流程管理（business process management，BPM）/业务流程再造（business process reengineering，BPR）有着密切的关系，ERP 系统的应用不仅改变了传统的企业经营管理方式，还推动了企业对组织结构、人员配置及工作流程的全面革新，以适应 ERP 系统的功能模块和运行需求。早期的 ERP 系统实施常常因为忽视业务流程再造而失败。这些失败案例让人们意识到，要想通过 ERP 系统改善经营、提高效率，就必须对业务流程进行规范、优化或再造。

ERP 系统实施过程中的业务流程再造与独立开展的业务流程再造活动是有区别的，在 ERP 实施过程中的业务流程再造应该从以下几个方面着手：

1. 选择适当的业务流程进行再造

在 ERP 系统实施过程中，不仅应该选择对 ERP 系统应用至关重要的核心流程进行再造，还应该关注能够利用 ERP 系统的优势迅速获得收益的关键流程，从而促进 BPR 思想和 ERP 系统在企业中应用。

2. 充分发挥每个人在整体业务流程中的作用

ERP 系统可以消除信息在传输过程中产生的延迟和误差。在 ERP 系统的支持下，执行者在自己的工作领域有了更多的决策权，这不仅有助于激励执行者，还为压缩管理层次、实现扁平化组织提供了技术支持。因此，在为实施 ERP 系统而进行业务流程再造时，应该去除冗余的审核环节，让执行者能够更高效地完成任务。

3. 利用 IT 解决集权和分权的矛盾

在 ERP 系统实施之后，企业可以借助数据库、通信网络及 ERP 系统的功能，实现对关键业务流程的掌控，同时将日常业务处理交由二级单位在 ERP 系统中完成。例如，由总公司掌控合格分供方管理，以及采购总合同价格、采购数量和成本控制等关键业务流程，而每一次订货、送货、检验、入库及结算等业务处理则由分公司在 ERP 的采购系统中完成，企业可以随时查询分公司对这些业务的处理情况。这样，业务流程再造既实现了企业规模采购的经济性，又通过合格分供方避免了分公司随意采购给产品质量带来的风险，同时也使分公司在日常业务处理中具有了必要的灵活性和独立性。

4. 变革信息采集方式

在 ERP 系统实施过程中，需要对信息的采集规范及流程进行统一和改革。ERP 系统数据来源的唯一性，以及数据库的共享性和数据组织方式的多样化，都为企业变革信息的采集方式提供了可能。企业应抓住这一机遇，优化信息采集流程，提高信息的质量和利用率。

8.5　ERP 的发展方向

8.5.1　云 ERP

目前，大多数企业由于自身规模的限制，在硬件、技术及人才等方面的投入有限，因此在技术上难以实现实时、大规模、异地的数据备份，从而在一定程度上阻碍了 ERP 的发展。而云 ERP 能够降低企业在实施 ERP 系统方面的投资，企业只需要从云服务提供商那里租用部署 ERP 系统所需要的硬件和网络资源即可。此外，云 ERP 依托由大型互联网公司搭建的云计算平台，这些云计算平台拥有良好的硬件环境、先进的技术手段及专业的技术人才，能够确保用户数据得到安全、高效的备份，为 ERP 系统的稳定运行提供可靠保障。

云计算模式下的 ERP 系统运营模式，与传统的 ERP 系统运营模式有很大区别。在云计算模式下，ERP 系统提供商只需要关注软件的安装、日常维护、版本的集中管理，以及根据用户的特定需求创新性地提供服务。而使用 ERP 系统的企业则只需要支付服务器及网络等的租赁费用，即可随时随地获取服务，实现数据的共享和信息的交流，并将数据安全地存储在基础系统中。这不仅节省了企业的硬件投资，维护了数据安全，更进一步加快了 ERP 系统发展的速度。

8.5.2　移动 ERP

企业应用 ERP 系统的目的在于高效地整合各类运营资源，确保这些资源能以最优、最快、最大的效能服务企业运作。随着 ERP 系统应用日益成熟，加之移动通信技术飞速发展，一系列新的需求不断出现。

首先，即时管理的需求。在全球经济一体化、市场环境快速变化的今天，企业对即时管理提出了更高的要求。移动 ERP 的兴起，使得出差的商务人员能够借助手机等移动终端，随时随地处理重要事务。

其次，低成本投入的需求。大多数中小型企业资金有限，其很多业务终端并没有配备传统 ERP 系统所需要的计算机，而是采用经济实用的手机等移动终端来进行业务往来，从而降低了企业的整体成本。

最后，交易灵活性的需求。随着市场区域的不断拓展，中小型企业的业务模式也在持续变化。移动 ERP 的出现，为这些企业拓展业务提供了更高的灵活性，使其能够更好地适应市场变化。

8.5.3　智能 ERP

人工智能，特别是机器学习和自然语言处理，正在深刻地改变 ERP 系统的交互方式及其所提供的服务，重塑传统的 ERP 系统格局。

认知自动化技术专注于处理基于知识的工作任务，如响应客户请求和模仿人类思维过程，以更好地做出决策。这一技术将员工从烦琐的业务流程中解放出来，节约了工作时间。此外，基于认知自动化技术的机器人，能够显著提升企业的生产经营效率和生产力。

智能自动化技术比认知自动化技术更加先进，其应用范围不仅限于常规任务。其中，计算机视觉技术致力于将机器学习及其他人工智能技术应用于图像和视频处理，为 ERP 系统赋予巨大的潜力，使其能够更加智能地处理和分析视觉信息。

目前，主流的 ERP 系统提供商纷纷推出智能开发平台，企业利用这些平台可以开发自己的智能应用程序。在财务、采购和调度等多个领域，人工智能技术正在逐渐改造传统流程，为用户提供更加友好的体验。例如，智能化的 ERP 财务系统，能够自动识别发票并记账，实现无人会计；还能够使员工通过智能协作审核报表，使"人人财务"成为可能；同时，多体系、多维度的核算方式，为进行高级别的财务指导提供有力支持。

8.5.4 ERP 系统与其他系统的集成

随着信息技术的飞速发展和管理科学理论的不断深化，ERP 系统涉及的业务领域与功能不断扩展，已经发展成为面向业务流程和产品全生命周期管理的综合性系统。

ERP 系统除了具有传统的生产、财务、销售等管理功能，还具备功能上的可扩展性，能够便捷地与产品数据管理（product data management，PDM）系统、客户关系管理系统、供应链管理系统、制造执行系统（manufacturing execution system，MES）、商务智能（BI）系统、联机分析处理（OLAP）系统等集成，从而形成功能强大的集成化企业管理与决策信息系统。图 8.9 从企业内部和企业之间两个维度描述了生产企业的 ERP 系统与其他系统之间的集成关系。

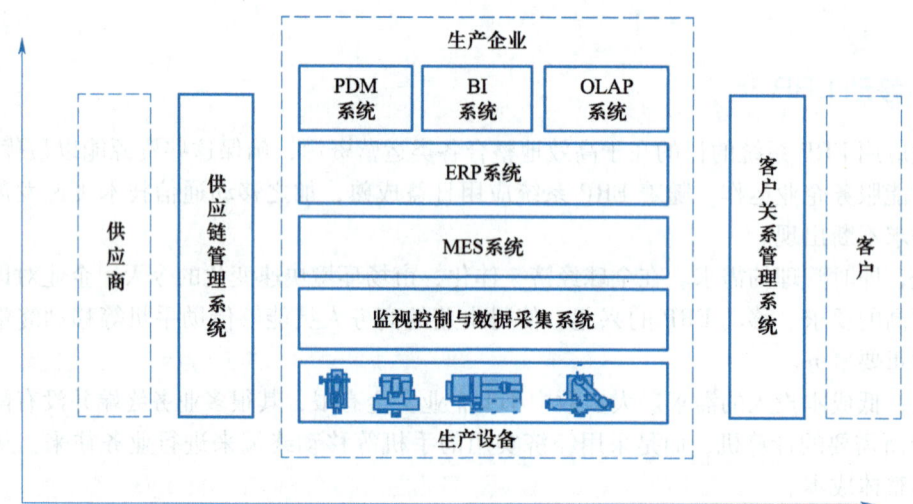

图 8.9　生产企业的 ERP 系统与其他系统之间的集成关系

1. ERP 系统与 PDM 系统的集成

通过 ERP 系统与 PDM 系统的集成，企业可以在统一的环境中管理产品设计和制造所需要的各种信息、数据及文档。这种集成确保了数据的一致性和共享性，避免了数据在不同系统间的重复输入和可能产生的错误。具体来说，PDM 系统能够捕获和存储产品设计阶段的所有相关数据，包括设计图纸、技术规格、物料清单等。当这些设计数据达到最终状态并准备用于生产时，它们可以很容易地从 PDM 系统传递到 ERP 系统。ERP 系统随后可以利用这些数据来生成生产计划、采购需求并进行成本核算等，从而确保生产过程顺利进行。

此外，ERP 系统与 PDM 系统的集成可以显著缩短产品的形成周期。在传统的产品开发和生产过程中，设计部门和生产部门之间往往存在信息孤岛，从而导致设计数据无法及时、准确地传递到生产部门。然而，通过将 PDM 系统与 ERP 系统集成起来，设计数据可以被实时地共享给生产部门，使得生产部门能够更早地参与到产品的开发中来。这种协同工作的方式可以加速产品从设计到生产的转化。

2. ERP 系统与 MES 系统的集成

为了加强对生产过程的控制能力，ERP 系统同制造执行系统、车间作业层的监视控制与数据采集（supervisory control and data acquisition，SCADA）系统更紧密地结合起来，形成实时的 ERP/MES/SCADA 系统，这在流程工业企业的管控一体化系统中体现得最为明显。

3. ERP 系统与工作流及 OLAP 系统的集成

工作流系统能够确保企业中与时间相关的业务信息在正确的时间被自动传送到指定的地点。通过将其与 ERP 系统集成起来，企业可以对人员、财务、生产与销售等资源进行全面集成，以更好地进行业务流程再造；也可以将 ERP 的功能扩展到办公自动化和业务流程控制方面，以更加灵活地管理各种业务流程。此外，ERP 系统与 OLAP 系统的集成，可以为管理者提供用于企业级宏观决策的分析工具集。

4. ERP 系统与 CRM 系统的集成

ERP 系统与 CRM 系统集成，能够使企业更加贴近市场和客户。通过基于知识的市场预测、订单处理与生产计划，以及基于约束的调度功能，企业可以进一步提高在全球化市场环境中的竞争力和优化能力。同时，这种集成实现了市场、销售、服务的一体化，将 CRM 系统的前台客户服务与 ERP 系统的后台处理过程紧密结合，为客户提供了个性化服务，提高了客户满意度。

5. ERP 系统与 SCM 系统的集成

通过 ERP 系统与 SCM 系统的集成，企业能够实现与贸易共同体内的业务伙伴、客户之间的紧密协作，以及数字化的业务交互。与 SCM 系统集成，ERP 系统的供应链管理功能可以得到进一步加强，并能够通过电子商务平台进行供需协作；企业可以基于准入管理和评估机制，对供应商进行有效管理；支持从立项到签约的全周期招投标管理，实现订单信息和财务数据之间的无缝对接；支持企业面向全球化市场环境，在供应商、制造商与销售商之间建立基于价值链共享的新型伙伴关系；支持企业在协同商务中做到过程优化、计划准确、管理协调。

6. ERP 系统与 BI 系统的集成

ERP 系统与 BI 系统的集成，能够为企业提供一个强大的决策支持平台。BI 系统能够从多种数据源，包括联机事务处理系统、异构的外部数据源及历史业务数据中，抽取、清理和转换数据，并根据决策主题的需求重新组织这些数据，从而构建一个结构化的数据环境，为决策支持系统和联机分析处理系统提供可靠的数据源。

例如，在人力服务云的应用场景中，ERP 系统与 BI 系统的集成展现出了显著的优势。人力服务云将人力资源数据化，并通过智能化手段实现了人才协作、绩效监控等功能。BI 系统从招聘、培训、员工关系、绩效考核、薪酬福利到继任管理等多个维度，为人力资源管理部门提供数据支持，协助他们对员工进行管理。具体来说，BI 系统能够分析各类绩效指标，预测人才流失概率，并提供人才预测与报警功能。这些功能不仅有助于企业及时发现并解决人力资源管理中的问题，还能够提升企业的人才队伍素质，及时挽留优质人才。除了对人力资源管理部门的支持，ERP 系统与 BI 系统的集成，还可以为员工提供各类对外链接服务。这些服务能够辅助员工开展差旅、交通、商务等方面的活动，从而给他们带来极大的方便。

ERP 系统与 BI 系统之间的集成关系如图 8.10 所示。

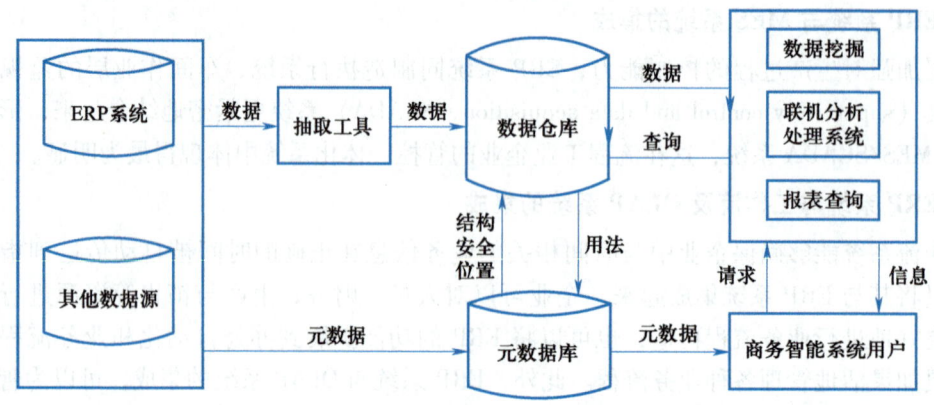

图 8.10　ERP 系统与 BI 系统之间的集成关系

在 ERP 系统与 BI 系统的集成环境中，ERP 系统、数据仓库、联机分析处理系统、数据挖掘构成了工具层。它们既各自承担不同的角色，又相互协作。

① ERP 系统：作为集成环境的数据来源，ERP 系统能够快速、准确、安全、可靠地收集并处理大量的基础数据。这些数据涵盖了企业的各个方面，如生产、销售、财务、人力资源等，构成了企业运营的全貌。

② 数据仓库：作为 ERP 系统数据的统一管理平台，通过整合来自不同 ERP 系统模块的数据，形成了全局的数据视图，构成了 BI 系统的信息基础。

③ 联机分析处理系统：利用数据仓库中的信息，构建了多维数据视图，并采用多维分析方法进行数据分析。

④ 数据挖掘：侧重于从大量数据中挖掘出决策所需要的知识，并进行预测性分析。

目前，ERP 系统和 BI 系统的集成方案既可以由 ERP 系统提供商提供，也可以由独立的 BI 系统提供商提供。前者是基于原有的 ERP 系统开发的，因此其与 ERP 系统的集成度非常高，能够无缝接入 ERP 系统的数据，实现数据的实时更新和同步，如 SAP 公司的商务智能解决方案。后者则不受特定 ERP 系统的限制，能够灵活地接入多种数据源，包括 ERP 系统、CRM 系统、数据库等，而且专注于商务智能领域，能够为用户提供定制化的商务智能解决方案，如 IBM 公司的商务智能解决方案。

◇◇◇◇◇ **案例 8.1　比亚迪汽车携手 SAP，筑梦数智化费用管理** ◇◇◇◇◇

比亚迪股份有限公司（以下简称"比亚迪"）通过部署 SAP Concur 费用管理云，成功地迈出了企业数字化转型的重要一步，特别是在财务领域实现了显著的变革。这一举措不仅体现了比亚迪对数字化时代机遇的敏锐把握，还展示了其通过技术创新推动企业发展的决心。

成立于 1995 年 2 月的比亚迪，是一家致力于"用技术创新，满足人们对美好生活的向往"的高新技术企业，其业务布局涵盖电子、汽车、新能源和轨道交通等领域。SAP Concur 为比亚迪提供的平台配置方案，涵盖了差旅管理、费用报销和对公支付等多个方面，提升了比亚迪海外财务流程的可视化、可控性、合规性和高效性等。这一解决方案使得比亚迪的普通员工和管理人员能够利用碎片化时间，在手机端随时随地处理报销事务，极大地提高了流程处理效率，改善了员工的报销体验。

同时，SAP Concur 通过数字化手段，从标准和流程等方面对比亚迪的费用管理进行了精细化处理，加强了费用的可视化管控。系统支持灵活的税务调整、字段优化及计算逻辑更新，内置政策提示和自动审核票据功能，有效地规避了合规风险，确保比亚迪在全球业务中稳健运营。

此外，SAP Concur 的多语言支持、易用性和快速迭代能力，使得比亚迪能够更好地应对全球生态系统的挑战，为全球用户持续提供优质服务，满足企业全球扩张的需求。

在数字经济高速发展的背景下，数据已成为最核心的生产要素。比亚迪通过部署 SAP Concur 费用管理云，成功实现了财务流程的革新，并深入解读了数字背后的价值，提升了财务管理水平。

案例思考题

1. 分析 SAP Concur 费用管理云的功能。
2. 实施 SAP Concur 费用管理云的关键因素有哪些？
3. 分析 SAP Concur 费用管理云对比亚迪全球化发展的作用。

本 章 小 结

ERP 系统体现了当今最先进的企业管理理论，并提供了企业信息集成的最佳方案。本章首先介绍了 ERP 的基本概念，并简要回顾了 ERP 的发展阶段和管理思想。其次，介绍了 ERP 的三个主要功能，即财务管理、生产管理和物流管理。再次，介绍了 ERP 系统实施。选择 ERP 系统软件应该遵循一定的原则；ERP 系统实施流程可以划分为项目规划、业务蓝图设计、系统实现及静态数据准备、系统切换及动态数据准备，以及运行和持续支持五个阶段；高层管理者、实施顾问、关键用户是 ERP 系统实施的三个关键角色；ERP 成功实施与业务流程管理/业务流程再造密不可分。最后，介绍了 ERP 系统的发展方向及其与其他系统的集成。

习　题

1. 如何全面地理解 ERP 的概念？
2. ERP 的物流管理主要包括哪些模块？这些模块的功能分别是什么？
3. 简述 MRP 的工作原理。
4. 简述 ERP 的财务管理功能。

5. 简述 ERP 系统如何与人工智能相结合。

6. 对应用 ERP 系统的生产企业进行调研，了解以下内容：

（1）所使用的 ERP 系统的供应商以及产品的名称、版本和价格。

（2）ERP 系统实施项目的管理过程。

（3）ERP 系统的用户。

（4）所购买的 ERP 系统模块。

（5）ERP 系统的功能模块是根据什么原则分配给用户的？

（6）ERP 系统的权限分配是如何管理的？

（7）ERP 系统成功实施所带来的效益。

第9章

电子商务与电子政务

▌学习目的▐

（1）掌握电子商务的概念和分类。

（2）熟悉电子商务的组成结构和应用结构。

（3）了解移动商务的概念和应用。

（4）了解社交商务与社交媒体营销。

（5）理解电子政务的服务对象和内容。

　　互联网的快速发展，以及 Web 技术的广泛应用，催生了一种新的商务交易模式，即基于互联网的电子商务。互联网和其他数据网络的爆炸式增长，企业内外部环境和商务处理需求的变化，以及新的管理理念的冲击，都为电子商务的兴起和发展奠定了坚实的基础。而智能手机的普及、无线网络与移动技术的结合又使电子商务自然延伸为移动商务，使客户可以在任何时候、任何地点得到所需要的商务服务。同时，随着互联网、电子商务的出现，世界各国政府机构也将服务思想纳入政府管理方式，通过电子政务来提高办公效率，为企业和社会大众提供更好的服务。实际上，从信息系统的角度看，无论是电子商务，还是电子政务，其实质都是组织间信息系统（IOIS）在商务和政务活动中的应用。

◇◇◇◇◇ 9.1 电子商务 ◇◇◇◇◇

　　自 20 世纪 90 年代以来，随着互联网的普及与信息技术的发展，电子商务技术日趋成熟，在企业中的应用也越来越广泛，电子商务已经成为人们关注的热点。作为组织间信息系统的一种应用，电子商务在给人们带来无限便利的同时，也正在促进企业和其他社会组织的管理变革以及业务流程变革。

9.1.1 电子商务的概念

1. 电子商务的定义

　　电子商务的热潮席卷全球，世界上越来越多的个人和组织接受了这种方便快捷、安全可靠而又费用低廉的商务模式。电子商务自产生之日起，就没有一个统一的定义。人们从不同的角度给出了电子商务的定义。这些定义虽然有所不同，但基本上都认同电子商务是利用现有的计算机软件、硬件设备和网络基础设施，在网络环境中进行的各种商务活动。电子商务运作在一个广阔的开放系统和环境中，它通过计算机网络实现了网上交易过程的电子化，将商家、消费者、物流服务商、银行等金融机构以及政府管理部门等参与商务活动的各方联系在一起。电子商务强调参与商务活动的各方要通过内联网、外联网和互联网紧密结合起来，从而实现真正意义上的电子商务。

2. 电子商务与电子交易

人们对电子商务的定义有广义和狭义之分。一般认为，狭义的电子商务（e-commerce）特指运用互联网开展的交易或与交易直接相关的活动，它只是将基于互联网的交易活动归于电子商务，称为电子交易。

广义的电子商务（e-business）指利用信息技术实现整个商务活动的电子化。它包括利用互联网、内联网和外联网等各种类型的计算机网络以及其他信息技术进行的所有商务活动。

广义的电子商务涵盖的范围比狭义的电子交易大得多，因为后者仅指简单的电子交易，即在网络上做买卖。而广义的电子商务是存在于企业与企业之间、企业与客户之间、企业内部的一种联系网络，它贯穿企业经营的全过程。在企业内部的电子商务过程中，企业通过内联网完成核心业务，实现资源优化和整合，灵活安排生产和管理业务流程，从而改善售后服务，缩短周转时间，降低成本，有效配置资源。在企业外部的电子商务过程中，通过企业与企业之间的外联网，供应商可以及时提供原材料，企业也可以及时了解客户的需求，从而进行有效决策。客户则通过互联网了解企业的产品信息，并通过线上下单和线上支付完成商品购买，实现商品流通和交易功能。本书所讨论的电子商务是广义的电子商务，即包括电子交易在内的所有商务活动的电子化。

9.1.2　电子商务的分类

随着电子商务的发展和成熟，电子商务的分类也在不断扩展，出现了很多分类方法。目前电子商务主要按照电子商务交易对象的性质进行分类。电子商务的不同交易对象（即商务实体）的性质是不同的，可以是企业、政府，也可以是普通的个体消费者。根据交易对象的性质，可以将电子商务分为以下几种形式，即企业对企业（business to business，B2B）电子商务、企业对消费者（business to consumer，B2C）电子商务、消费者对消费者（consumer to consumer，C2C）电子商务。此外，还有线下实体店与线上平台相融合的线上线下（online to offline，O2O）电子商务。

1. 企业对企业电子商务

企业对企业电子商务简称 B2B 电子商务，是指企业与企业之间进行的电子商务。例如，生产企业利用互联网或外联网向它的供应商采购原材料、付款，或者向经销商批量销售商品等。这类电子商务，特别是企业之间通过增值网络（value added network，VAN）用电子数据交换（EDI）方式进行的商务活动已经存在多年，但从未来的发展来看，B2B 电子商务将是电子商务发展的主流。

B2B 电子商务有两种基本模式：一种是企业利用自己的门户网站直接进行的电子商务，如生产企业在线采购和在线供货等。例如，海尔集团的 B2B 电子商务已成为其电子商务的主要拓展方向。另一种是通过第三方电子商务平台进行的商务活动。例如，阿里巴巴国际站是一个 B2B 电子商务平台，各类企业可以通过该平台进行企业间的电子商务，如发布和查询供求信息，与潜在客户或供应商进行在线交流和商务洽谈等。

2. 企业对消费者电子商务

企业对消费者电子商务简称 B2C 电子商务，是指企业与消费者之间进行的电子商务。这类电子商务主要是指借助互联网开展的在线销售活动或个性化购买活动，在这类电子商务中由企业向消费者提供各种商品或服务。典型的 B2C 电子商务平台如亚马逊网上商店，该平台向人们提供图书等各种消费品。B2C 电子商务为企业和消费者开辟了新的交易平台和接触空间，在线销售的商品从最开始的图书、音像制品等扩展到服装定制、旅行服务、汽车销售，几乎无所不包。互联网所提供的搜索功能和多媒体界面使得消费者更容易对商品有深入的了解并找到适合自己的商品，更方便地生成自己的个性化订单。

3. 消费者对消费者电子商务

消费者对消费者电子商务简称 C2C 电子商务，是指消费者与消费者之间进行的电子商务或网上业务合作。这类电子商务活动主要借助特定的网站在个人与个人之间开展商业交易或业务合作，如网上物品拍卖、网上二手物品交易市场等。借助 C2C 电子商务，一方面用户可以利用网络更充分地满足自己的个性化需求，另一方面包括物质资源与智力资源在内的各类社会资源也能够得到更充分的利用。

C2C 电子商务是近年来电子商务发展的一个热点，也是网络进入越来越多家庭的结果。美国的 ebay、我国的淘宝等都是典型的 C2C 电子商务平台。

4. 线上线下电子商务

线上线下电子商务简称 O2O 电子商务，是指利用线上的营销和购买活动带动线下的经营和消费。这里的"线上"，是指企业通过互联网平台，运用打折、信息提供和服务推广等手段，将线下实体店的信息传递给互联网用户，吸引他们成为自己的线下客户；而消费者则可以在线浏览、选择商品或服务，并完成支付。所谓"线下"，则是指消费者前往实体店，获取在线上购买的商品或享受相应的服务。O2O 电子商务强调服务本土化，致力于与地方服务企业进行深度融合。典型的 O2O 电子商务就是团购。这类电子商务平台，如美团等，提供的 O2O 服务涵盖了餐饮、旅游、生活服务和娱乐等多个领域。

O2O 电子商务结合了电子商务与传统消费的优势，充分利用互联网信息量大、信息传递快的特点。从表面上看，O2O 电子商务只是为线下商家提供了一个在线信息发布平台。但实际上，O2O 电子商务的核心是在线支付，如果没有在线支付，通过 O2O 电子商务平台提供服务的商家就无法统计自己的销售额，O2O 电子商务平台也就没有向商家收取佣金的依据，因而容易引发纠纷。可以说，在线支付不仅是消费最终形成的标志，也是衡量商家销售业绩的标准。在电子商务中，无论是 B2B 电子商务、B2C 电子商务，还是 C2C 电子商务、O2O 电子商务，其整个交易过程都是在消费者在线支付之后才得以完成的，尤其是在 O2O 电子商务中，在线支付更是至关重要。

除了上述几类电子商务，政府对企业（G2B）电子商务、政府对公民（G2C）电子商务和政府对政府（G2G）电子商务通常被归入电子政务的范畴。有关电子政务的内容，将在 9.4 节中详细讨论。

9.1.3 电子商务系统的组成结构

电子商务系统是一个由众多参与方构成的大型系统。在这个系统中，由于各参与方通过网络进行信息交流和业务协作，因此出现了一些在传统商务活动中未涉及或参与程度较低的新参与方，如负责进行网上身份认证的认证中心和负责商品配送的物流中心等。同时，即便是传统商务中的已有参与方，如提供网络支付服务的银行，在电子商务系统中的功能和定位也发生了一定的变化。

一个典型的基于互联网的电子商务系统的组成结构如图 9.1 所示。它主要涉及 6 个参与方，下面分别介绍。

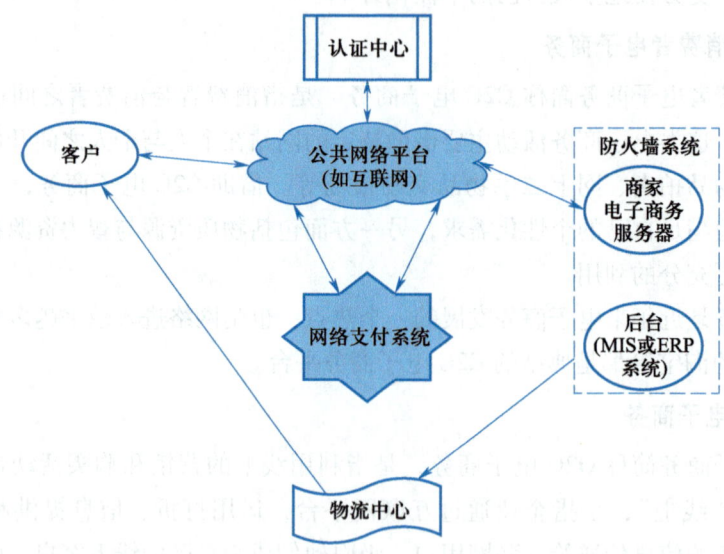

图 9.1 典型的基于互联网的电子商务系统的组成结构

1. 客户

在电子商务环境中，客户作为买方既可以是企业，也可以是个人。他们通过各自的计算机系统（如客户端浏览器）来发起交易请求。这些交易请求构成了电子商务活动的基础和动力，是推动整个电子商务运作的根本原因和起始点。简而言之，客户的购买需求和行为是电子商务流程得以启动和发展的先决条件。

2. 商家

在电子商务环境中，作为卖方的商家同样既可以是企业也可以是个人。他们根据客户发起的请求通过网络与其进行交易。为了处理这些交易，商家通常会配备专门的电子商务服务器，并借助后台的管理信息系统（MIS）或 ERP 系统，高效、准确地处理来自客户的订单和其他交易请求。

3. 网络支付系统

网络支付系统作为电子商务的重要组成部分，是为买卖双方之间因进行商务交易而产生的资金流动提供服务的第三方平台。网络支付系统通常由客户开户银行、商家开户银行及银行间的金融专用网络等组成。

4. 物流中心

物流中心是为买卖双方提供商品物流服务的专门机构。随着物流社会化、专业化的发展，物流中心可以是第三方物流公司，也可以是商家自有的物流机构。

5. 认证中心

认证中心（certification authority，CA）在电子商务中扮演着准入者和市场规范者的角色，是基于互联网建立的一个公正的、具有权威性的、独立的（第三方的）、广受信赖的组织机构。它主要负责为互联网上参与电子商务活动的各方（包括客户、商家、银行等）提供安全认证服务，包括发放和维护数字证书、确认各参与方的真实身份、提供数字签名等安全工具等，以保证电子商务安全和有序进行。

6. 公共网络平台

这里的公共网络平台，是指为电子商务各参与方提供信息传递及交换服务的公共网络平台，其核心为互联网。公共网络平台在电子商务中扮演着重要的角色，其性能与稳定性直接关系到电子商务的效率与质量。

9.1.4 电子商务系统的应用结构

自 20 世纪 90 年代以来，随着全球化竞争日益激烈，生产企业与服务企业都在寻求与供应商、销售商的良好合作，以加强自身的竞争能力。企业之间的竞争正逐步转变为供应链之间的竞争，企业也逐步认识到能否获得成功取决于管理供应链的能力。

在电子商务的实际应用中，不同性质和规模的企业对电子商务的实现要求各不相同。从电子商务所面向的对象来看，有的企业主要面向供应商或销售商开展电子商务活动，有的企业主要面向消费者，有的企业则两者兼而有之。在电子商务活动方面，有的企业侧重于电子采购，而有的企业则更看重在线客户服务。以生产企业为例，其电子商务系统的应用结构如图 9.2 所示。企业在接收到来自网上的订单后，往往无法单独完成该订单，这时会触发整个供应链的协作机制。企业通过电子数据交换（EDI）系统或互联网与上下游的供应商、销售商、最终用户或其他合作伙伴进行信息交互与协作，共同完成供应链上的原材料采购、产品销售等电子商务活动。

而企业内部的电子商务活动则涵盖了从原材料采购到产品销售和售后服务的全过程，包括原材料采购、产品配送、后勤支持、市场、销售和客户服务等。这些电子商务活动与企业内部的 ERP 系统、管理信息系统（MIS）紧密集成，不仅提升了企业的管理效率，也为实现供应链上下游的电子商务合作提供了支持。为了进一步提高企业生产效率，企业内部还可以采用基于浏览器-服务器结构的内联网。这种网络结构不仅高效、经济，还极大地提高了企业内部信息的流通速度和协同作业的效率。

由图 9.2 可以看出，电子商务系统是一个组织间信息系统，其所依赖的网络环境涉及的不仅仅是买卖双方，还有在互联网、内联网的基础上紧密结合在一起的电子商务各参与方，它们共同完成一系列商务活动。

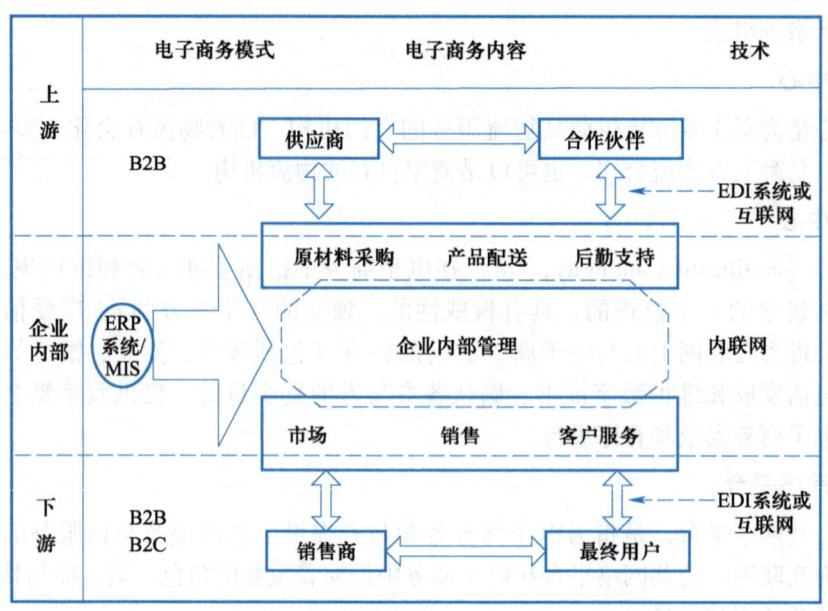

图 9.2 生产企业电子商务系统的应用结构

9.1.5 电子商务的安全技术

电子商务被社会广泛接受，在很大程度上得益于其提供的快捷、方便、可靠及安全的服务。然而，在享受这些便利的同时，不能忽视电子商务所带来的安全问题。在这些问题中，确保电子商务各参与方之间资金流的安全性，以及电子合同或订单的真实性尤为重要。电子商务的安全技术主要有防火墙技术、数据加密技术、数据完整性技术以及数字证书与认证中心等。此外，还有目前流行的安全套接字层（secure socket layer，SSL）协议和安全电子交易（secure electronic transaction，SET）协议。

1. 防火墙技术

防火墙是设置在专用网（如内联网等）和互联网之间的安全系统，它可以提供访问控制策略，并能够对两者之间传递的数据进行干预。防火墙根据其结构设计，可以判断并决定是否允许特定的数据流或链接通过，如图 9.3 所示。

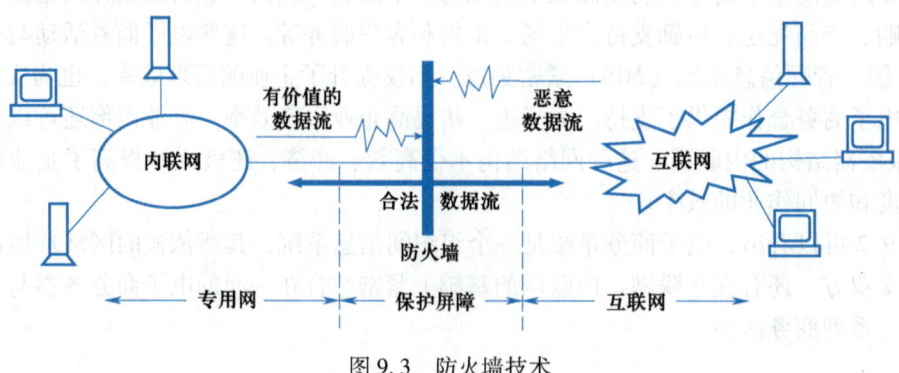

图 9.3 防火墙技术

在电子商务中，主要利用防火墙技术来对支撑电子商务的网络平台进行安全防护。防火墙技术可以说是商家、银行等组织内部网络的第一道保护屏障。但是，作为一种被动式安全防护手段，防火墙本身存在一定的局限性，并不能完全保障企业内部网络的安全。关于防火墙的具体实现技术，这里不再详述。

2. 数据加密技术

为了保障电子商务中的数据，特别是与支付相关的隐私数据的机密性，实现对应用服务和信息资源的管理与控制，采用数据加密技术是常用的方法。数据加密技术是对数据进行加密和解密的技术。

加密涉及加密算法和密钥两个元素。加密算法对普通的文本（也称为明文，即可以理解的信息）与一串特定的字符串（即密钥）进行特定的数学运算，生成不易理解的密文。计算机系统中数据的加密和解密是借助密钥来完成的。密钥（cipher key）是通过一种数学算法生成的一个随机的字符串，是唯一能控制明文与密文之间变换的参数。在电子商务领域，两种主要的数据加密技术被广泛使用：公钥（非对称）加密和私钥（对称）加密。这两种技术各有优势。公钥加密技术在数字签名和信息认证方面表现出强大的功能，而私钥加密技术则在加密和解密的速度上具有显著优势。因此，在电子商务的实际应用中，往往需要综合使用这两种密码技术，以满足不同的安全需求。

3. 数据完整性技术

数据加密技术主要解决数据的机密性问题，确保数据在传输过程中不被未经授权的人员获取。然而，在电子商务环境中，除了数据的机密性，数据的完整性同样重要。有时，相关数据可能会受到未经许可的修改、伪造或抵赖，这些问题都破坏了数据的完整性。为了保证电子商务中数据的完整性，常常采用数据摘要、数字签名、数字时间戳等技术。

加密专家研制出了一种能快速产生可以代表用户身份的简短信息的机制，称为数字摘要（digital digest）。它采用单向哈希（hash）函数，将待加密的明文"摘要"转换为一串具有固定长度（如 128 比特）的密文，这串密文又称为数字指纹（digital fingerprinting）。相同的明文经过"摘要"处理后，生成的密文总是相同的，而不同的明文则会产生不同的密文。数字摘要技术又称为安全哈希算法（secure hash algorithm，SHA）。

数字签名的作用与手写签名一样，但实现方式不同。数字签名并不像手写签名那样采用图形标志，而是采用双重加密的方法来防止伪造和抵赖。在实际应用中，数字签名通常还包含时间标记，即数字时间戳（digital timestamp，DTS），因为时间是交易文件中十分重要的信息，如网络支付的时间。因此，在文件中附加包含日期和时间的签名，并与文件中的其他内容一起进行签名，可以确保签名的时效性。

4. 数字证书与认证中心

数字证书又称为数字凭证，是一种用于证实用户身份及网络访问权限的电子文档。它的兴起对用户收发文件及开展电子商务产生了积极的影响。在电子商务交易中，只要双方各自出示数字证书，即可进行交易操作，而无须担心对方身份的真实性。数字证书通常由证书管理机构（同时也是认证中心）发放。认证中心是一个受各方信任、提供身份认证的第三方机构。其主要功能包括接收注册请求、批准或拒绝注册请求、颁发数字证书，以及认证处理。

认证中心是电子商务活动中各方相互信任的保障，如 VeriSign 公司、上海市数字证书认证中心等。鉴于认证中心在电子商务中的重要地位，各国都在加强这方面的建设，将其视为开展电子商务的重要基础设施。

5. SSL 协议和 SET 协议

为了使电子商务活动安全、有序和高效地进行，要将各参与方与先进的信息安全技术紧密结合。为此，需要制定相关协议来规范各参与方的行为及各种技术的运用。目前，有代表性的安全交易协议有安全套接字层（SSL）协议和安全电子交易（SET）协议两种。SSL 协议综合运用了多种安全保障手段，包括私钥加密技术、公钥加密技术、数字签名和数字证书等。其应用相对简单，但在安全性方面仍存在漏洞。SET 协议主要解决的是信用卡网络支付的安全性问题。它为商家、银行和持卡客户提供了更好的安全保障，使他们在进行网上交易时更加安心。然而，SET 协议的实现相对复杂，且成本较高。随着网络宽带的大规模普及，企业对电子商务安全性的要求越来越高。因此，SET 协议被越来越多的商家和客户所接受，并展现出良好的应用前景。

9.1.6 电子商务的支付技术

电子商务的支付技术，即电子支付，是电子商务的一个关键环节。电子支付是指电子交易的各参与方——包括消费者、商家及金融机构——借助安全技术手段，通过网络平台实现货币支付或资金流转。企业之间的电子商务交易是通过电子资金转账系统（electronic funds transfer system，EFTS）来完成的，从而确保了资金在企业间的高效、安全转移。而对于消费者而言，他们在进行电子商务交易时，可以使用信用卡、借记卡、支付卡等传统的支付工具，也可以使用 Paypal、微信、支付宝等第三方支付平台，以及数字货币等。此外，随着移动互联网的普及，越来越多的消费者开始使用移动设备进行支付。需要注意的是，不同国家和地区的消费者在电子商务中选择何种支付方式，会受到地域、文化等多重因素的影响。

9.1.7 电子商务的法律和税收等问题

1. 法律问题

网上交易虽然带来了诸多便利，但也伴随着一系列问题，如网上欺诈、销售与售后服务问题、信息安全问题等。这些问题使电子商务安全受到严重威胁。此外，在网络环境中，法律问题也可能以新的方式出现，从而进一步加剧了电子商务中的法律风险。面对这些挑战，世界上许多组织和国家都积极推动电子商务立法工作，并不断完善所取得的成果。我国自 2005 年 4 月 1 日起正式施行《中华人民共和国电子签名法》，自 2019 年 1 月 1 日起正式施行《中华人民共和国电子商务法》，相关法律的实施对于解决电子商务中存在的突出问题，规范并完善我国电子商务发展具有重要意义。

2. 税收问题

不同经济发展水平的国家在电子商务征税制度上有所不同。电子商务交易的特殊性给税收带来了诸多问题。例如，在电子商务领域，对于税收管辖权、应纳税种、常设机构等难以界定，避税问题更加突出，税收征管往往面临无账可查的局面。这些问题引起了全世界的广泛关注。为了规范税收，世界各国纷纷采取对策，包括统一税收管辖权，逐步向单一的居民税收管辖权倾斜；开发电子税收软件，以适应电子商务的发展；建立符合电子商务特点的税收征管体系；以及完善与电子商务税收相关的法律法规等。

3. 知识产权问题

电子商务以开放的互联网为基础环境，其资源共享的便利性以及贸易活动的无形化和便捷性，给知识产权保护带来了前所未有的挑战。例如，互联网上海量的电子书被随意下载，这不仅侵犯了原作者的著作权，也损害了网上书店的合法权益。同时，大量未经授权的软件在互联网上供人下载，严重侵害了软件开发者的权益，给软件市场造成了严重冲击。这些侵权行为需要通过相关法律法规进行规制。

此外，电子商务还面临着消费者隐私保护等问题。电子商务的参与者需要构建一种新的文化和信息基础设施，并严格审查隐私政策，以确保消费者和网站访问者的隐私权得到保护。总之，电子商务的安全解决方案是一个涉及法律、信用管理，以及防火墙、数字签名等多种技术手段的综合体系。它不是单纯的技术问题或管理问题，也并非依靠单一技术或法律就能解决，而是需要在统一的安全策略指导下，通过对各种管理措施和技术手段进行协调与整合，形成一个综合性的安全解决方案。

9.2　移动商务

移动设备，如智能手机、个人数字助理（PDA）和笔记本计算机，在人们的日常生活和工作中发挥着越来越重要的作用。移动设备不仅便利了人们的生活，还推动了电子商务领域的变革。在电子商务的早期阶段，移动设备屏幕小、处理速度慢，使移动商务的发展受到了限制。然而，随着智能手机和平板计算机的普及，消费者对移动设备的接受程度大幅提升。与此同时，4G 和 5G 技术的快速发展，以及广泛覆盖的 WiFi，也为移动商务的迅猛发展提供了强有力的支持。如今，移动商务交易已逐渐成为电子商务交易的主导力量，展现出了巨大的潜力和价值。

9.2.1　移动商务的概念与运作平台

移动商务（mobile commerce，简称 m-commerce），是指用户借助移动设备，在移动互联网应用平台上进行的所有与商务相关的活动。这些活动不仅包括 B2B 和 B2C 电子商务交易，还包括通过移动设备进行的信息传输和服务。

从技术的角度看，移动商务是电子商务的一个新的分支。但从应用的角度看，移动商务则是对有线电子商务的整合与拓展，是电子商务发展的新形态。其中，整合就是指将传统商务与已经发展的、分散的电子商务整合起来，使各种业务流程从有线网络向移动互联网延伸。这是一种新的突破。

图 9.4 描述的是移动商务的运作平台架构示意图。移动商务用户利用智能手机、PDA 和笔记本计算机等移动设备，通过移动通信网络和无线局域网等无线通信平台开展互联网数据业务，他们可随时随地接入互联网，并访问内联网中的商务内容。随着无线网络连接逐步宽带化，移动商务的内容将得到极大丰富。

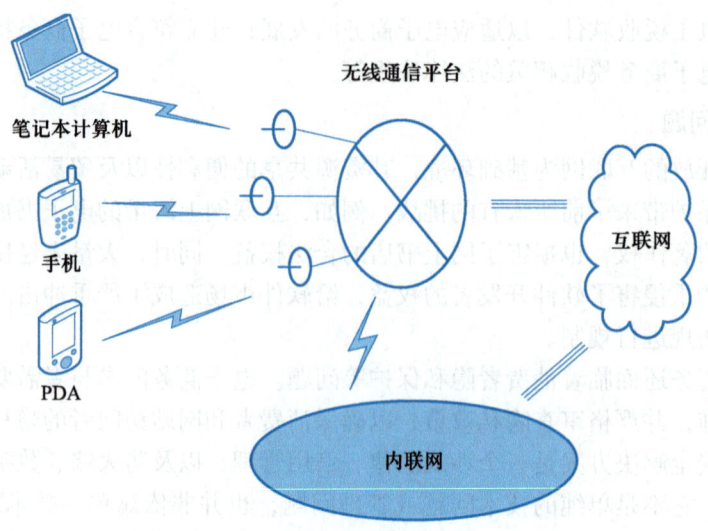

图 9.4 移动商务的运作平台架构示意图

9.2.2 移动商务的特点

对于大多用户而言，移动商务能够提供更加方便和更加个性化的服务。许多电子商务应用同样适用于移动商务领域。例如，很多电子商务平台都提供 App 应用和服务，而在 B2B 电子商务中无线协作商务也应用得越来越广泛。移动商务具有以下特点：

1. 泛在性

泛在性指的是随时随地都能应用的能力。无线计算为其提供了极大的便利。随着 WiFi 覆盖场所的不断增多，以及智能手机在移动设备中的占比不断增大，泛在性的实现变得更加容易。这对于企业拓展市场来说是非常有价值的。

2. 便利性

在移动计算环境中，用户操作起来更加便利。移动设备虽然功能和可用性持续增强，但其尺寸并未增大，反而有变得更小的趋势。与传统计算机相比，移动设备小巧便携，可以被设置成多种检测模式，而且大多数具备即时连接功能（无须等待设备启动）。这些特性使得用户能够便捷地接入互联网、内联网、其他移动设备及在线数据库，移动设备也因此成为人们访问各类信息的最便利、最受欢迎的方式之一。

3. 交互性

移动计算环境提供的交易、通信和服务与桌面计算环境相比，具有更高的快捷性和交互性。在高度交互的业务（如客户服务）中，移动计算环境可以起到增值的作用。

4. 个性化

移动设备是真正的个性化计算设备，这使得移动商务具有个性化的特点，即交付的信息、产品和服务都是按照客户的需求设计的。例如，计划去旅行的客户将收到与自身需求相符的旅行服务。

5. 定位性

有的应用需要知道每个客户的实时位置。移动商务可以为客户提供基于位置的服务。移动商务的定位性是广泛的。例如，在特定的地点对每个人（例如，商场中的所有购物者）进行定位，然后通过推荐算法根据用户所处的位置及偏好向其发送信息，也就是将个性化和定位性结合起来。

9.2.3　移动商务的应用

移动商务广泛地应用于交易服务、购物与订票、娱乐、金融、医疗、会议，以及资产管理与维护服务等领域，并迅速形成一系列新的产业。

1. 移动交易服务

利用移动商务的泛在性、便利性等特点，可以进行股票交易、有偿信息查询、物流终端业务等交易服务的处理。例如，越来越多的人利用移动设备进行在线股票交易，物流公司利用移动设备在线处理客户的货单等，都是移动交易服务的体现。

2. 移动购物与订票

借助移动商务，客户能够方便地进行网络购物，特别是即兴的网络购物。例如，用户如果遇到自己感兴趣的东西，如鲜花、礼物、食品、球票、演出票等，就可以借助手机等移动设备在线购买。

零售业的市场竞争越来越激烈，拥有能够对市场变化快速做出反应的系统变得越来越重要。因此，如果能够在 POS 机、条码扫描仪、笔记本计算机等移动设备中融入移动通信技术，并结合后台的业务信息系统与数据库，零售商就能够及时捕捉和收集各类商务数据，从而快速做出有针对性的响应。

3. 移动娱乐

娱乐是人们的一种精神需求，在现代社会中逐渐形成了一个极具规模的产业。移动娱乐能够为人们提供全天候的休闲方式，具有传统娱乐所不可比拟的优势，成为产业界与人们关注的热点。移动娱乐业务包括移动游戏、移动视频、移动音乐等，对移动娱乐业务的需求将大大促进移动设备的发展，而移动设备的发展和普及又给移动商务的发展带来积极的影响。

4. 移动金融

移动金融在全球范围内迅速普及，其核心是移动银行。移动银行业务的兴起，不仅极大地提升了金融服务的便捷性，还实现了服务的个性化。用户可以通过移动设备随时查看自己的账户余额、交易记录，甚至管理债券和进行资金转账操作，而无须亲自前往银行或受限于计算机的使用环境。与此同时，移动支付作为移动金融的重要组成部分，已经融入人们的日常生活。从出行时的公交、地铁刷卡，到购物时的在线支付，再到股票交易和外汇兑换，移动支付几乎覆盖了所有类型的资金支付与结算需求。正是用户对随时随地进行支付与结算的强烈需求，成为推动移动金融持续创新与发展的强大动力。为了满足用户的多样化需求，金融机构和科技公司不断推出新的移动支付产品和服务，如二维码支付、NFC（近场通信）支付、数字货币支付等。这些创新不仅丰富了支付手段，还提高了支付的效率和安全性。

5. 移动医疗

移动医疗以其独特的优势，在医疗领域发挥着越来越重要的作用。医疗的一个显著特点是时间对于患者而言极为宝贵，因此，即时、有效的医疗服务十分重要。在移动医疗的应用场景中，接诊医生可以在门诊室或患者床边，利用移动设备直接将处方发送给药房。医生可以通过远程监视设备实时监测患者的身体状况，还可以借助传感器技术，实现对医疗设备的远程控制，如调整设备的参数、查看设备的运行状态等。

6. 移动会议

在当今的商务环境中，由于位置、时间等的限制，召开会议时不是所有的参会人员每次都能在同一间会议室中出席会议。在这种情况下，基于多媒体的移动会议应运而生，并逐渐成为人们召开会议的新方式。移动会议不仅降低了会议的组织成本，还保证了参会人员的完整性。

7. 移动资产管理与维护服务

利用移动通信技术和移动定位技术，人们可以远程对人员进行定位与追踪，并对设备进行智能监测和预警，从而节省维护时间与人力成本，实现移动资产管理。

9.2.4 基于位置的服务

位置因素是电子商务和移动商务的根本区别之一，通过整合位置信息为用户提供的增值服务被称为基于位置的服务（location-based service，LBS）。基于位置的服务可以分为位置感知（location-aware）服务和位置追踪（location-tracking）服务。两者的区别在于位置追踪服务只是收集用户所处位置的信息，并不为用户提供其他方面的服务，如社交网络中的"签到"功能、地图定位功能。相比之下，位置感知服务不仅向用户提供个人位置信息，还提供增值服务，如汽车导航、基于位置的广告等。随着大数据、人工智能技术在 LBS 中应用的逐渐成熟，互联网平台数据和移动终端数据被整合在一起，可以为用户提供实时、准确的信息推荐和交易服务，如移动广告、移动搜索等。

1. 移动广告

移动的位置数据能够直接反映用户的实际消费活动，通过对这些数据进行深度挖掘，企业不仅可以发现用户的消费需求，还可以知道这些消费需求在何时、何地发生，从而实现精准营销。例如，移动广告公司 Sense Networks 推出的产品 AdMatch，利用机器学习模型，结合时间和位置信息及用户行为特征提取用户属性，预测用户需求并有针对性地投放广告。

2. 移动搜索

随着信息处理和决策过程被越来越多地转移到移动平台上，人们对移动搜索的需求也越来越多。虽然移动设备受限于屏幕尺寸，不如用个人计算机浏览信息灵活，但移动设备的位置感知特点，使得基于位置的精准搜索成为可能，移动搜索领域因此既面临挑战又迎来机遇。例如，企业可以通过提取有代表性的信息，在移动设备的首页上呈现最能反映用户搜索意图的信息集合，包括基于位置的周边服务（如餐饮、娱乐等）搜索、基于用户签到数据的实时搜索和深度挖掘等，从而提高了移动搜索的决策效率和质量。

总之，移动商务的发展已经具备了一定的基础，并且其未来的发展蕴含着无限的商机。随着移动设备性能及网络带宽的提升，许多技术障碍都会得到解决。然而，移动设备在企业和社会中的广泛使用也引发了一系列新的商业伦理、法律和安全问题，如个人隐私等问题，这些问题需要个人、组织和社会共同解决。

9.3　社 交 商 务

社交商务（social commerce）作为电子商务的一种衍生模式，近年来随着社交媒体普及和社交网络用户广泛参与，受到了越来越多的关注。由于社交商务涉及多领域融合，目前对于其内容和界限尚未形成统一的描述。可以简单地将社交商务描述为，借助社交网络开展商务活动，并辅助商品推广和销售的商务模式。

9.3.1　社交商务的发展和分类

社交商务发展的一个重要技术基础是 Web 2.0 技术。Web 2.0 技术的商业化应用，涵盖了社交网络的活动以及各类社交软件的应用，为社交商务的兴起提供了技术支持。与此同时，经济全球化的背景也推动了社交商务的发展，因为它强调员工、合作伙伴和客户在全球范围内的分工与协作，而 Web 2.0 技术则为此创建了高效的协作平台。社交媒体作为 Web 2.0 技术的主要应用之一，成为推动社交商务发展的关键力量。

此外，移动计算和智能手机的快速发展也促进了社交商务的发展。社交商务主要表现为利用社交媒体进行网络营销，包括营销沟通、广告、促销及公共关系管理等，人们常说的社交购物（social shopping）就是社交商务的一部分。随着社交媒体的出现，传统的网络营销模式发生了转变。过去，营销人员一直控制着品牌信息，通过邮件等单向渠道向既有客户和潜在客户传递信息。而现在，营销沟通已经转变为网络用户之间的双向交流，营销战略也开始向着基于社交商务的营销战略转变。

社交商务根据其所依托平台的不同，具有不同的类型：第一种是基于电子商务平台形成的社交商务。这种社交商务通过在电子商务平台上搭建在线社区，利用社交元素来增强用户之间的互动，提升电子商务平台的销售额；第二种是基于社交媒体形成的社交商务，这种社交商务借助社交媒体，如微信、微博等，以其庞大的用户群体和便捷的信息传递与分享机制，通过对用户生成内容（UGC）的深层次分析来挖掘用户价值，成为企业开展社交商务的主要模式；第三种是独立的社交商务平台，这种社交商务通过将用户引导到商家平台上消费，来获得销售佣金收入。

9.3.2　社交媒体营销

社交媒体营销（social media marketing，SMM）是指在社交媒体上使用营销沟通等手段开展营销活动。社交媒体营销不仅有利于社交商务活动的开展，也有利于企业品牌的建设与维护，以及长期稳定的客户关系的建立。社交媒体营销的典型应用包括：通过社会传播和关系强度分析，企业能够识别出在社交媒体上具有影响力的舆论领袖，进行病毒营销；通过对评论内容的分析和信任关系的挖掘，企业能够了解用户的偏好和购买意向，并据此进行社交推荐等。

1. 病毒营销

随着社交网络成为影响用户购买产品和服务的重要信息源，基于用户口碑传播的病毒营销越来越受到商家的青睐。病毒营销借鉴了病理病毒或计算机病毒自我复制和传播的机制，通过社交媒体这一强大的信息共享平台，迅速提升品牌关注度或产品销售量。由于用户之间的信息分享和传播是自发的，因此病毒营销往往能实现高效且低成本的推广。许多零售商利用微博或短视频进行口碑营销（word-of-mouth marketing），而社交媒体则通过内部邮件、短消息、视频、故事及特殊折扣等方式实施病毒营销，有时甚至可以使信息一夜之间传遍千家万户。

2. 社交推荐

推荐引擎使消费者既能够从其他购物者那里获得购买建议，也能够为他人提供建议。社交推荐与营销沟通、购物行为的结合具有重要意义。与可能来自陌生人的传统在线评论（购买建议）不同，社交推荐引入了社交网络，提高了推荐的针对性和信任度。这主要通过两种方式实现：一是从社交媒体数据中获取用户偏好和行为模式，整合多源数据以提高推荐的准确性；二是利用社交网络分析方法，挖掘和预测用户之间的线上社交关系（如信任关系、朋友关系和关注关系等），并通过扩展传统的协同过滤方法，把对相似用户的界定替换为社交网络中的朋友和信任关系。这种社交推荐通过朋友间的信息传递和共享，增强了用户对推荐的信任。

从广义的角度来看，社交推荐所依据的信息不仅来自线上社交关系，还涵盖了社会化标签、用户间的互动行为，以及用户的点击行为等方面的数据。由于用户在做出决策时往往会受到社交网络中朋友意见和行为的影响，因此将社交媒体数据引入推荐系统，能够产生积极的作用。

此外，社交媒体的商业应用不仅限于营销，还逐渐渗透到企业内部，形成社会企业（social enterprise）或企业 2.0。例如，戴尔、IBM 等公司通过社交媒体向员工、客户和业务合作伙伴征求业务改进建议，甚至以众包的方式发动客户设计产品或品牌标志。

随着社交媒体及其商业应用的迅速发展，更多的技术，如人工智能和虚拟现实技术等，正逐渐融入社交商务。社交媒体将通过增加与客户互动、促进客户参与协作，来影响 B2B 和 B2C 电子商务，同时重塑企业的商务模式和组织架构。

9.4 电子政务

电子政务反映了政府部门在互联网普及的背景下，面向服务对象（即企业与公众）的需求，对政府事务的处理方式做出的变革。电子政务可以说是电子商务的一种模式，但政府部门毕竟与企业有所不同，其对外业务主要体现为服务，政务也不等同于商务，因此网上的政务活动，即电子政务也具有自身的特点。

9.4.1 电子政务的概念

电子政务（electronic government，简称 e-government），是指政府部门在履行其管理和服务职能的过程中，运用信息技术来优化和重组政府组织结构与工作流程。这一过程突破了时间、空间和部门的限制，旨在构建一个精简、高效、廉洁且公平的政府运作模式。电子政务全方位地向社会提供优质、规范、透明的服务，并且实现了管理手段的深刻变革。随着信息技术的快速发展，特别是互联网技术的普及与应用，电子政务建设已成为当前信息化建设的关键领域之一。

从信息交互的结构来看，电子政务主要包括三个部分：政府部门内部办公系统、政府部门与政府部门之间的办公系统、政府部门与社会实体（企业、公民）之间的服务系统，如图 9.5 所示。政府部门内部办公系统利用内联网实现办公自动化、管理信息化；政府部门与政府部门之间的办公系统通过虚拟专用网络（virtual private network，VPN）等实现高效的通信、信息共享和事务协作；政府部门与社会实体（企业、公众）之间的服务系统利用公共网络平台（如互联网），为政府部门与社会提供信息服务和事务办理服务，从而有利于加强群众监督、提高办事效率，促进政务公开。一个完整的电子政务系统应该是这三个部分的有机结合。

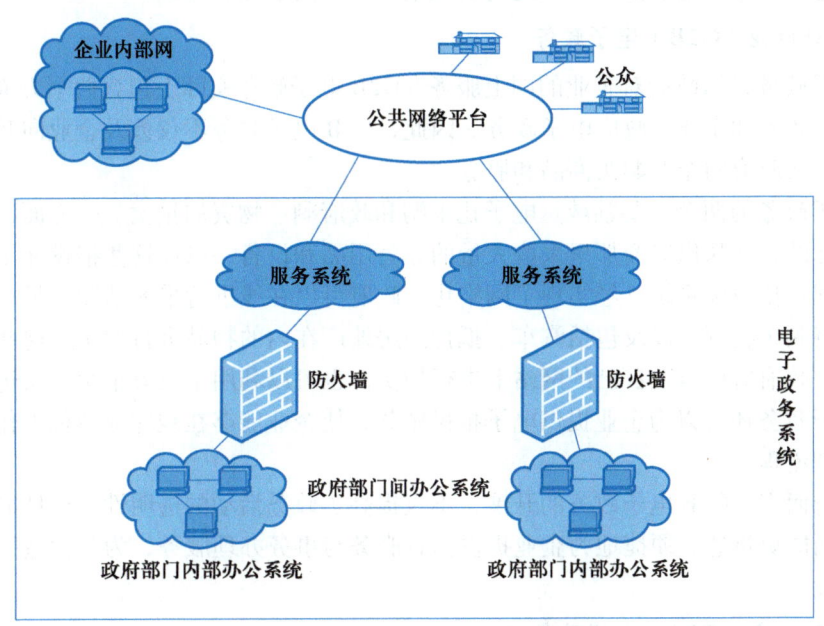

图 9.5　电子政务系统的组成部分

在从传统政务向电子政务转型的过程中，人们经常会提及电子政府（e-government）的概念。虽然电子政府与电子政务的英文表述相同，但并不能将两者等同起来。电子政府是指利用互联网等信息技术构建一个"虚拟政府"，它使社会实体能够随时随地通过网络接受各类政府服务。电子政府的重点在于"整个政府"的电子化，这意味着整个政府体系都建构在电子化的基础上，通过政务过程的电子化、网络化，促使政府机制和流程优化，从而形成适应电子化、信息化发展要求的政府结构形态。电子政务的重点则在于"政务"，即政务的电子化，不涉及或很少涉及政府的组织结构。电子政务一般由不同的政府部门各自建设，是局部性的。从长远来看，电子政务是电子政府的一个重要阶段；而电子政府则是电子政务发展的长期目标，代表了电子政务发展的高级阶段。

9.4.2　电子政务的服务对象和内容

电子政务不但改变了传统政府的面貌，还为提高政府工作效率提供了强有力的手段。同时，它还提高了政府运作的透明度，并提升了政府在公众心目中的形象。按照电子政务的服务对象，可以将广义的电子政务分为政府对公民（government to citizen，G2C）电子政务、政府对企业（government to business，G2B）电子政务、政府对政府（government to government，G2G）电子政务。此外，还有政府对雇员（government to employee，G2E）电子政务，这类电子政务又称为政府内部效率与效能（internal efficiency and effect，IEE）电子政务。

1. 政府对公民（G2C）电子政务

G2C 电子政务涵盖了政府和公民之间通过电子手段进行的一切活动。G2C 电子政务的基本思想是使公民能够不受时间和地点的限制，便捷地参与和完成与政府相关的各类事务。其主要内容包括教育培训服务、就业服务、电子医疗服务、社会保险服务、公民信息服务、交通管理服务、公民电子税务、电子证照等。这是实现电子社区的前提和基础。

2. 政府对企业（G2B）电子政务

G2B 电子政务是指政府对企业的网上服务。G2B 电子政务实际上包含两个方面的事务：政府对企业电子政务和企业对政府电子政务。因此，G2B 电子政务不仅涉及企业向政府出售商品和服务，也涉及政府向企业购买商品和服务。

G2B 电子政务的两个主要领域是电子化采购和政府剩余物资的拍卖。一方面，政府每年都要通过招投标的方式从供应商那里采购大量的办公用品和设备，以往这些招投标工作都是由人工完成的，现在招投标系统已经实现了网络化，政府可以在线进行采购活动。另一方面，一些政府部门会将剩余物资，以及包括汽车、抵押的房地产在内的物品进行拍卖。这些拍卖也通过互联网进行。政府既可以在自己的网站上进行拍卖，也可以利用第三方拍卖网站进行拍卖。此外，G2B 电子政务还可以为企业提供电子报税服务，使企业能够在线完成纳税工作，进一步简化了税务办理流程。

对于政府而言，G2B 电子政务的开展，不仅提高了政务活动的透明性，还精简了监督和管理流程，从而能更迅速、便捷地为企业提供信息服务与事务办理服务，为其营造一个公平、透明的竞争环境。

3. 政府对政府（G2G）电子政务

G2G 电子政务是指政府之间利用网络平台进行事务协作。通过实施 G2G 电子政务，上下级政府部门以及不同政府部门之间可以实现高效、便捷的在线协作，形成"一站式"服务模式，从而极大地加快了政府部门内部信息的流转和处理速度，提高了行政效率。这类电子政务的主要内容包括电子法规政策系统、电子公文系统、电子司法档案系统、电子财政管理系统、电子资料库、网络办公系统等。

政府拥有庞大的雇员群体，因此，与企业相似，它可以通过电子化的手段为雇员提供服务，这被称为政府对雇员（G2E）电子政务。G2E 电子政务实际上是企业应用软件在政府中的应用，如政府的电子工资单系统、电子培训系统、知识共享平台及诉讼案件管理系统等。

◇◇◇◇◇◇　**案例 9.1　电子商务界的"黑马"：拼多多**　◇◇◇◇◇◇

2018 年，电子商务界的"黑马"当属拼多多无疑，仅用三年的时间，拼多多就成功在美国纳斯达克上市。

在拼多多建立初期，国内 B2C 电子商务领域基本上被京东和淘宝两大平台占据。与这两大平台相比，拼多多在大部分商品的销售上都不占优势。为了吸引第一批用户，拼多多选择了人们日常生活中的必需品——农产品和水果作为切入点。它以远低于市场价的价格销售这些商品，并借助拼团模式传播信息，从而完成了原始客户的积累。拼多多客户群体的定位与京东和淘宝有所不同。据统计，在拼多多的用户中 70% 为女性，65% 来自三线及以下城市，且大部分用户属于低收入人群。

拼多多采用基于社交网络的营销策略。它成功地利用了病毒营销的原理，在微信等社交媒体庞大流量的推动下，在短期内积累了大量的用户，实现了知名度和影响力的爆发式增长。拼多多采用"拼团+砍价"等营销模式，不但成本低廉，而且传播速度快、效率高。这种策略的核心在于广泛利用朋友间互相分享的力量，使得营销信息能够在短时间内传播开来。当用户收到亲朋好友发来的产品链接时，他们往往会点击链接，参与到拼团或砍价活动中来。用户在拼团过程中，会建立大量拼团砍价社群，这些社群不仅为用户提供了交流和互动的平台，还形成了强大的循环生态。用户在这个生态中不断进行重复购买，进一步推动了拼多多的发展。

拼多多通过其独特的市场定位和营销策略，在短短的几年内就迅速崛起，其社交媒体营销策略也被众多电子商务平台借鉴。然而，拼多多在发展过程中仍然面临诸多问题，需要加以改进，如产品质量问题、信任问题等。因此，拼多多应该在经营中不断优化产品质量，加强信任建设，积极履行社会责任，探索可持续发展路径，实现更加稳健和长远的发展。

案例思考题

1. 为什么说拼多多是电子商务界的"黑马"？
2. 拼多多的社交媒体营销策略有何值得借鉴之处？

◇◇◇◇◇◇ 本 章 小 结 ◇◇◇◇◇◇

首先，本章对电子商务的概念、分类、组成结构、应用结构、安全技术，以及法律、税收等问题做了介绍。广义的电子商务是指利用信息技术实现整个商务活动的电子化，它包括利用互联网、内联网和外联网等各种类型的计算机网络以及其他信息技术进行的所有商务活动。

按照电子商务交易对象的性质，可以将电子商务分为 B2B 电子商务、B2C 电子商务、C2C 电子商务、O2O 电子商务等不同的模式。一个典型的电子商务系统主要有客户、商家、网络支付系统、物流中心、认证中心和公共网络平台 6 个参与方。在电子商务中采用防火墙技术、数据加密技术和数据完整性技术等安全技术，采用电子资金转账系统、传统的支付工具、第三方支付平台，以及数字货币等支付方式。

其次，本章对移动商务的概念、特点和应用进行了阐述。作为电子商务自然延伸的移动商务，是指用户借助移动设备，在移动互联网应用平台上进行的所有与商务相关的活动。这些活动不仅包括 B2B 和 B2C 电子商务交易，还包括通过移动设备进行的信息传输和服务。移动商务具有泛在性、便利性、交互性、个性化、定位性等特点。除了移动交易服务，移动商务广泛地应用于交易服务、购物与订票、娱乐、金融、医疗、会议，以及资产管理与维护服务等领域。随着大数据、人工智能技术在基于位置的服务中的应用逐渐成熟，互联网平台数据和移动终端数据被整合在一起，可以为用户提供实时、准确的信息推荐和交易服务。

再次，本章对新兴的电子商务模式——社交商务的发展进行了介绍，并对社交媒体营销中常用的病毒营销和社交推荐进行了介绍。

最后，本章对电子政务的概念、服务对象和内容进行了介绍。根据服务对象，可以将电子政务分为政府对公民（G2C）电子政务、政府对企业（G2B）电子政务、政府对政府（G2G）电子政务等模式。

习　题

1. 为什么说电子商务是一种组织间信息系统？
2. 按照交易对象的性质，可以将电子商务分为哪几种类型？
3. 电子商务系统中有哪些参与主体？
4. 电子商务中的安全技术起到了什么作用？
5. 目前电子商务发展所面临的主要问题是什么？
6. 移动商务和传统电子商务相比有哪些特点？
7. 移动商务的应用主要有哪些？
8. 什么是社交媒体营销？
9. 什么是电子政务？它主要包括哪几类服务对象？
10. 电子政务和电子政府有何异同？

第10章

供应链管理与客户关系管理

学习目的

（1）理解供应链管理的概念。

（2）掌握供应链管理的框架和供应链管理系统。

（3）理解客户关系管理的概念。

（4）了解如何对客户关系管理系统与企业资源计划系统进行整合。

10.1 供应链管理

10.1.1 供应链的基本概念

供应链是一个连接组织和业务流程的网络，涵盖了从采购原材料，到将原材料转换为半成品或成品，再到将产品配送至客户的整个流程。通过供应链，双向的物流、信息流和资金流得以实现，从而连接供应商、制造商、分销商、零售商和客户。在从生产源头到消费点的整个过程中，供应链为各方提供所需的产品和服务。

原材料通过供应链传输进来，转换为中间产品（也称为零部件），最终加工为成品。成品被运送至分销商，再由分销商转销至零售商和客户。退货的流向则是相反的，由买方到卖方。

例如，耐克公司的运动鞋、袜子、运动服装和配饰产品销售至全世界。但耐克公司的成品并非由自身直接生产，而是由合同供应商生产。耐克公司的合同供应商并不是从零开始生产运动鞋，而是从自己的供应商处采购鞋底、鞋带、鞋孔、鞋帮等零部件，并将它们组装成成品运动鞋。这些供应商又有自己的供应链系统。例如，鞋底供应商有合成橡胶的供应商、熔化橡胶的化学品供应商，以及用来灌注橡胶的模具供应商；鞋带供应商有纤维线供应商、染料供应商和塑料花边供应商等。

图 10.1 说明了耐克公司运动鞋的供应链，展示了耐克公司与其分销商、零售商及客户之间的关系。耐克公司的合同供应商是它的主要供应商（第一层供应商），鞋底、鞋带、鞋孔、鞋帮的供应商是二级供应商（第二层供应商）；这些供应商的上游供应商就是三级供应商（第三层供应商）。合同供应商将由二级供应商提供的原材料、组成部件和服务，转换为耐克公司所需的产成品或中间产品，并负责管理原材料和库存。供应链的上游包括耐克公司的合同供应商、合同供应商的供应商等，下游则包括负责将产品分发、运输乃至销售给客户的分销售和零售商。耐克公司供应链的上游实际上是由几千家实体组成的，其供应链的下游也拥有大量的分

销商和零售商，因此耐克公司的供应链是一个庞大而复杂的系统。

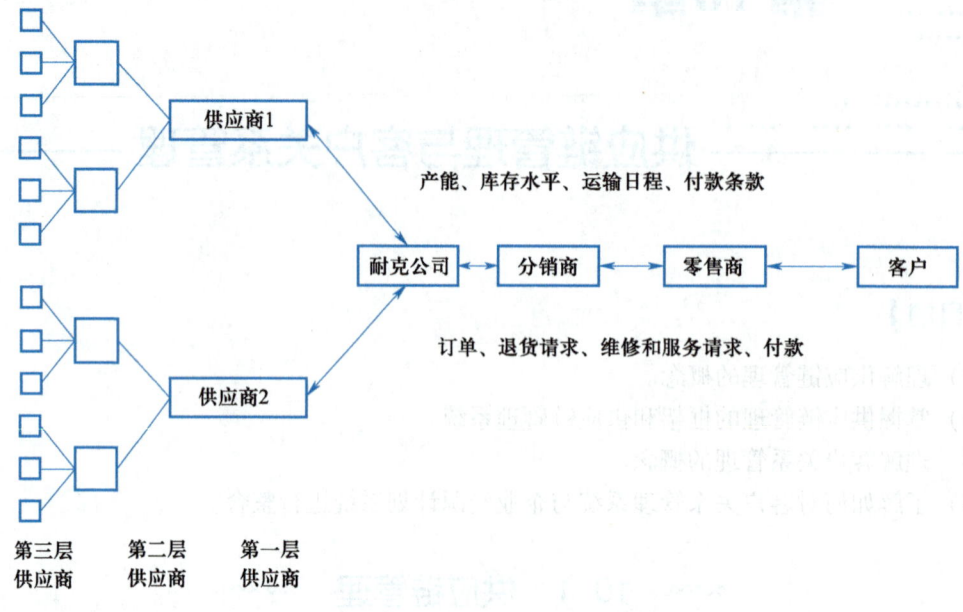

图 10.1 耐克公司运动鞋的供应链

10.1.2 供应链管理系统

借助供应链管理系统，企业可以优化内外部的供应链流程，向管理层提供更加精确的生产、存储和运输信息。通过这些信息，企业可以更有效地管理库存，减少不必要的积压；改善配送服务，提升客户满意度；以及加速产品上市时间，抢占市场先机。实施供应链管理系统后，企业不仅能显著降低运营成本，提升利润空间，还能通过改善供应链效率来增加销售量。同时，这也使企业资源能够得到更充分的利用，提高企业的整体运营效率。

供应链管理系统可以分为供应链计划系统和供应链执行系统。供应链计划系统可以帮助企业规划供应链，而供应链执行系统则可以帮助企业执行供应链流程。

1. 供应链计划系统

供应链计划系统是一个旨在帮助企业规划、执行并全面评估其物流活动的系统，它主要包括需求预测、库存计划和补库计划。通过供应链计划系统，企业能够将现有的供应链流程模型化，从而获取制定关键业务决策所需的即时信息。这一系统基于对产品需求的预测，帮助企业制定最优的采购与生产计划。同时，作为一个功能完善的库存计划和补库计划工具，供应链计划系统能够帮助企业快速、有序、安全地进行常规业务决策，同时使企业不同部门之间的协作变得更加顺畅和高效。

例如，一位大客户如果突然下了一个大订单或者更改了订单的状态，则会对供应链的上下游产生巨大的影响。这时，企业可能需要从其他供应商那里采购生产计划外的原材料或者不同的原材料；新的生产计划可能会更改生产日程；运输承运人则可能需要重新安排运输计划。在这种情况下，供应链计划系统可以调整生产计划和分销计划，并将更改后的信息在供应链成员间共享，以协调他们的工作。

2. 供应链执行系统

供应链执行系统负责管理分销中心和仓库产品的流向，确保将产品高效地运输到指定的地点。供应链执行系统还可以管理所有供应链成员的原材料、仓库、运输和财务信息。

在推式模型中，制造商根据对市场需求的预测制订一个主生产计划，然后根据该计划生产产品，并将这些产品"推"向客户。随着互联网技术的发展，协同信息流成为可能，使得供应链管理更容易遵循拉式模型。在拉式模型中，客户的实际需求或购买行为会触发供应链中的一系列事务，包括制造商制订采购和制造计划、采购原材料、生产产品和交货等。在该模型中，信息流从客户订单开始，沿着供应链向上传递，从零售商到分销商，再到制造商，最后到供应商。而物流则沿着供应链向下流动，即从制造商开始，将生产出来的产品沿着供应链传递给分销商、零售商，最终到达客户。供应链的推式模型和拉式模型如图 10.2 所示。

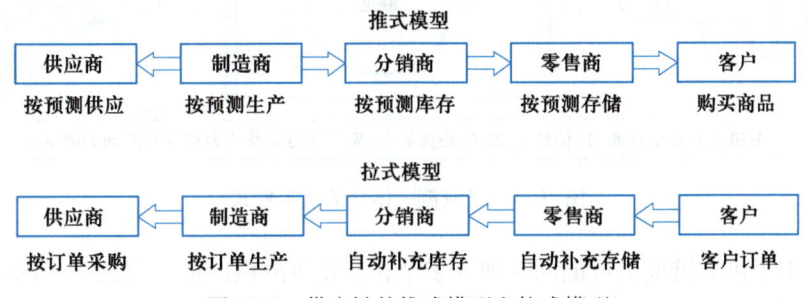

图 10.2　供应链的推式模型和拉式模型

借助互联网技术，顺序供应链还可以转换为并行供应链。在顺序供应链中，信息在组织之间按顺序传递，而在并行供应链中，信息在供应链网络成员之间同时向多个方向传递。

10.1.3　供应链一体化与供应链信息系统的功能

1. 供应链一体化

供应链成员相互连接，形成了协同合作、具备竞争力的供应链一体化模式，如图 10.3 所示。在关键资源有限的情况下，为了获得竞争优势，供应链成员必须与客户、起支持作用的分销商网络和供应商网络结成联盟，这一联盟集成了从最初的原材料采购，到将最终产品和服务送到客户手中的一系列运作过程。供应链的价值来源于供应链成员之间的协同合作，而这种协同合作又受信息流、产品流、服务流、资金流和知识流的影响。其中，物流是产品流和服务流的主要载体，供应链成员通过执行物流过程将企业与分销商网络、供应商网络以及客户紧密连接在一起。

供应链一体化通过科学的管理方法，突破了企业在运作能力、信息交流、核心竞争力、资金运行以及人力资源等方面的限制，将多个原本独立运营的企业紧密地连接成一个协调运行的一体化企业，提升了企业的市场影响力，提高了整体效率，增强了竞争力，并具备不断完善和优化的能力。在实践中，供应链的成员企业可以根据自身的需求，自由地加入或退出供应链体系。通常情况下，这种灵活的加入与退出机制并不会对供应链的整体连接性和稳定性产生显著的影响。例如，在销售旺季等特定时间段内，某些企业或服务提供商会积极地参与到供应链中来，以满足快速增长的市场需求。与此同时，随着供应链成为市场竞争的基本单位，新的问题

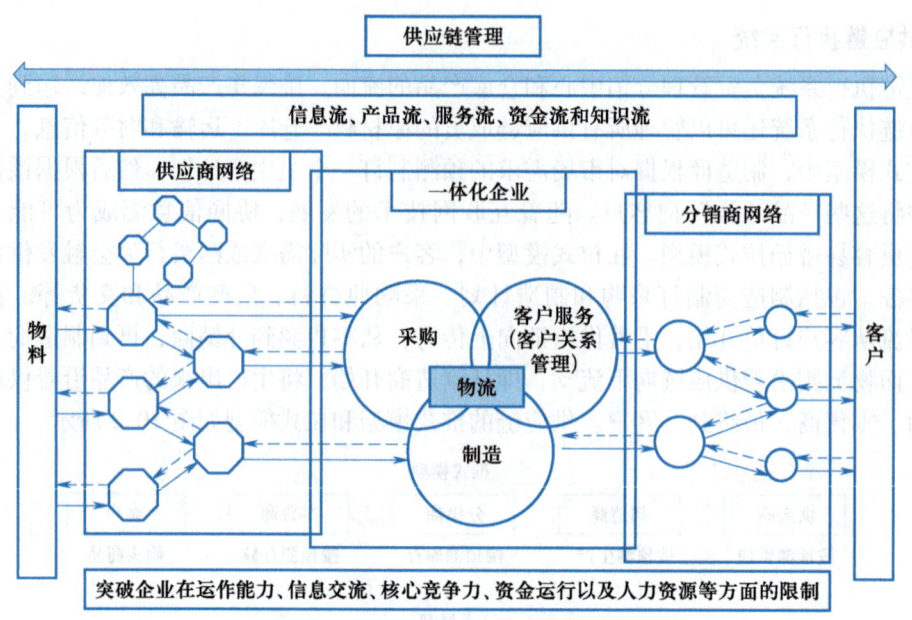

图 10.3 供应链一体化的基本模式

也随之出现。由于供应链成员可能同时加入多个相互竞争的供应链，因此对于同时加入多个供应链的企业而言，保密问题和忠诚问题变得十分突出。这些问题往往容易引发利益冲突，对企业的运营和供应链的稳定性构成潜在威胁。

2. 供应链信息系统的功能

供应链信息系统能够实时捕捉并监控供应链运作过程中的信息，它不仅能够促进企业内部信息流通，还有助于打破企业间的信息壁垒，实现供应链成员之间的信息共享，以帮助管理者进行决策。供应链信息系统将原本分散的物流活动连接起来，形成了一个协调一致、高效运行的有机整体。具体来说，供应链信息系统由四个层次的功能模块组成：交易系统、管理控制、决策分析和战略规划，如图 10.4 所示。

交易系统是供应链信息系统的第一个层次，它将结构化的供应链日常操作，如订单管理、库存分配、货物运输、结算及记账、订单选择、客户查询等，与庞大的交易数据相结合。在这一层次，供应链信息系统的运作效率成为人们关注的焦点。例如，在企业录入客户订单之后，商品需求信息进入供应链信息系统；紧接着，供应链信息系统会根据客户订单自动分配库存，确保所需的商品准备就绪；随后，按照客户订单拣选出相应的商品，并进行货物运输，确保商品按时送到客户手中；最后，进行结算并记录相应的应收账款金额，标志着客户订单的运作周期圆满结束。在整个过程中，无论是企业还是客户，都希望能够实时获取客户订单的最新状态信息。

管理控制是供应链信息系统的第二个层次，其重点在于对供应链的运作进行评估与报告。它能够有效地提供反馈，使企业得以深入了解供应链的绩效及资源的利用情况。通常，供应链的绩效评估涵盖多个关键指标，包括成本、客户服务水平、生产能力、产品质量及资源管理效率等。具体而言，为了完成特定的供应链绩效评估，可以采用诸如货物运输及仓储成本、存货周转率、订单完成率、工作效率及客户认同感等量化指标。

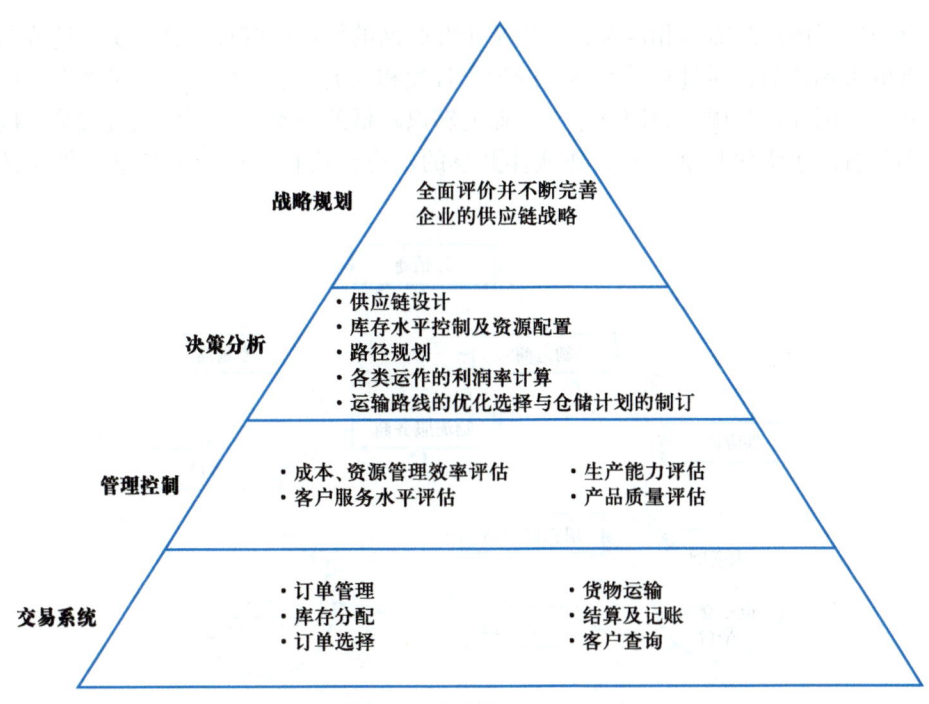

图 10.4　供应链信息系统的功能

决策分析是供应链信息系统的第三个层次，它借助软件工具对各种方案进行深入的分析、评价与比较，以制定出最优的供应链决策。这一层次涉及的典型决策分析内容包括供应链设计、库存水平控制、资源配置、路径规划以及各类运作的利润率计算等。与管理控制类似，决策分析同样涵盖了一些战略层面的运作考量，如运输路线的优化选择与仓储计划的制订。

战略规划是供应链信息系统的最高层次，它主要服务企业高层，用来辅助其评估供应链战略。从本质上讲，战略规划的核心在于持续不断地利用各类信息，对企业的供应链战略进行全面的评价，并加以完善。

10. 1. 4　基于互联网的供应链管理

借助互联网，企业能够高效地管理供应链系统。供应链系统是一个由多个节点（如供应商、制造商、分销商、零售商等）和连接这些节点的链路组成的复杂系统，如图 10.5 所示。其中，供应商负责提供原材料或零部件，制造商则利用这些原材料生产产品，然后将产品分销给分销商，再由分销商转售给零售商，最终由零售商经物流服务商销售给客户。虚拟供应商和合同供应商是供应链网络重要的组成部分。虚拟供应商是一种新型的生产模式，它允许企业与其他企业合作生产产品。合同供应商，则是指按照客户（通常是品牌所有者或虚拟生产商）的要求，为其提供生产服务的企业。物流交换平台是供应链中的关键节点，它负责商品的存储、分拣和配送等工作。

企业内部来自各类业务流程的信息通过内联网整合在一起，用于管理供应链系统。同时，为了与外部供应链流程协同作业，经过适当授权的供应商、分销商、物流服务商及零售商，均被允许访问内联网。通过综合运用内联网和互联网，供应链中的所有成员都能够进行实时的信息交流。例如，通过与原材料供应商的系统相连，供应链成员可以确保供应商的库存水平和生产能力始终与实际的产品需求相匹配；利用基于互联网的供应链管理工具，供应链成员能够做出更为精准的市场预测；通过查看制造商的生产日程和物流信息，供应链成员能够实时追踪客户的订单状态。因此，利用互联网技术，企业能够以较低的成本，实现供应链成员之间的信息整合，这不仅有助于优化与供应链合作伙伴共享的供应链流程，还能提升整个供应链的协作水平。

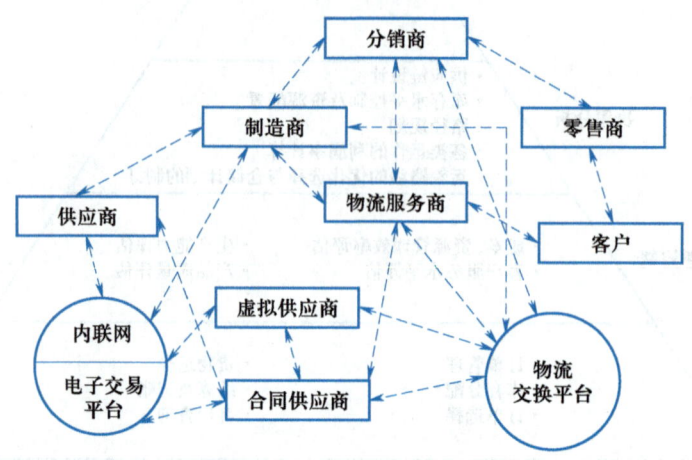

图 10.5　供应链管理系统

随着越来越多的企业进入国际市场，它们开始将业务外包，与供应商建立合作关系，并将产品销往海外。这一趋势导致供应链扩展到多个国家和地区，使得全球供应链变得极其复杂，供应链管理也面临更大的挑战。全球供应链不仅跨越的地理范围更广，时间差异也更大。其成员往往来自多个国家和地区。虽然从海外采购产品可以降低价格，但消费者往往需要承担额外的运输费、库存费及地方税费等成本。此外，不同国家和地区的规章制度、文化差异也给供应链管理带来了诸多限制。在互联网诞生之前，供应链的协调性常常受到制约。企业内部供应链系统中的采购、库存、制造和配送等环节相互分离，导致信息在企业内部流通不畅。同时，外部供应链合作伙伴之间也难以实现信息共享。而借助互联网，企业则能够管理全球供应链中的众多环节，如原材料采购、产品制造、库存管理、货物运输、信息交流、合规与风险管理等。

10.1.5　信息技术在供应链管理中的作用

信息技术是供应链管理的关键驱动因素，它可以有效地协同各个供应链驱动因素，建立一条整合的、协调的供应链。

1. 信息在制定决策中的作用

供应链管理者制定决策所需要的信息必须具备以下特点：

① 信息必须准确：供应链管理中的信息如果不能真实、准确地反映当前的状况，将很难为制定决策提供科学的依据，这并非要求所有信息都必须完全准确，而是要求可用的信息所描述的事实至少没有方向性的错误。

② 信息必须能被及时获取：要想制定科学的决策，管理者就要能够及时获取最新的信息。可以说，信息的易获取性和更新速度对于制定科学决策来说是至关重要的。

③ 信息必须是适当的：决策制定者需要的是对决策有用的信息，企业应当考虑记录哪些

信息，以避免将宝贵的资源浪费在收集无关紧要的数据上，而遗漏了重要的信息。

④ 信息必须共享：只有在所有的利益相关者都共享与商业决策有关的信息时，供应链才是有效的。

若供应链的所有成员都能够及时获得准确的信息，客户需求的不确定性就会降低。此外，如果能够实现信息的动态共享，那么供应链上的所有成员就能根据这些信息来灵活地调整采购、制造与配送计划，从而提升供应链的整体绩效，避免信息孤岛所导致的决策失误。

Zara 是一个快时尚（fast fashion）服装零售商，它的店铺主要分布于欧洲和美洲各地，在中东地区、非洲和亚太地区也有店铺。Zara 的规划和信息系统使得店铺经理可以跟踪客户的需求，了解销售趋势，以便在销售高峰期安排销售人员的工作。店铺经理还可以使用平板计算机按照销售额对服装进行实时排序，从而能在不到一个小时的时间里重新排列畅销品，这为 Zara 提供了重要的竞争优势。

2. 信息系统在预测和管理库存中的作用

供应链信息系统中的预测模块又称为需求计划模块，是供应链信息系统的核心。SAP 和 Oracle 等 ERP 系统提供商，均在其软件产品中集成了需求计划模块。SAS 和 SPSS 等统计分析软件企业也开发了可用于预测需求的应用程序。

为了制定最优的库存策略，企业需要综合考虑多种因素，包括需求模式、库存持有成本、缺货成本以及订货成本等。现代供应链信息系统通过高效的信息传递机制支持库存优化管理。例如，在订单准备完毕后，企业能够迅速通过供应链信息系统向客户发送通知，这种即时通信方式使得企业能够在不增加额外库存的前提下，及时为客户提供其所需的产品。以宝洁和沃尔玛为例，他们实施了连续补货计划（continuous replenishment plan，CRP）。该计划通过实时监控库存水平和销售数据，自动触发补货请求，从而确保了库存的连续性和稳定性。CRP 的实施不仅显著提高了两家企业的服务水平，使得产品能够更快速地送到客户手中，还降低了库存成本，避免了因过度库存或库存不足而导致的经济损失。

3. 信息系统在运输管理中的作用

运输管理的复杂性，使其成为信息系统在供应链中应用的重要领域。运输路线软件是信息系统在运输管理中最常见的应用之一，它将客户分布、送货批量、期望交货时间、运输基础设施（如站点之间的距离）以及车辆运载能力等作为输入变量，在满足运输约束条件的前提下优化运输路径，使得每辆车的运输成本最低。

除了运输路线软件，车辆装载优化软件也有助于在运输管理中提升车队的利用率。该软件综合考虑集装箱规格、送货批量和顺序等因素，制订高效的车辆装载计划，为运输途中的每次装卸都提供最大的便利。需要注意的是，车辆装载优化软件与运输路线软件必须同步，因为卡车的装载量会直接影响其运输路线，而运输路线反过来又会影响卡车装载什么货物。

运输管理通过全球定位系统来实时追踪车辆位置，并向客户发送电子到货通知。实时位置信息的获取，使得运输路线和车辆装载的动态优化成为可能。而电子到货通知则可以提升整个供应链的客户服务水平，确保每个环节都能做好充分的准备。

10.1.6 物联网技术在供应链管理中的应用

1. 采购环节的应用

应用物联网技术，企业可以识别不同原材料的供应商和生产日期，从而合理安排采购批次和采购量；同时也可以监控原材料采购的质量，确保采购过程的合规性和高效性。通过对原材料进行唯一标志登记，并结合物联网技术，企业可以实现对原材料的全程追踪和后期管理，这不仅有助于及时发现并解决问题，还能保障产品质量，以及售后服务的及时性。利用物联网，企业还可以对供应商的信息进行有效管理。例如，企业可以根据供应商在供应环节的表现对其进行分类管理，并针对不同等级的供应商采取不同的采购策略，从而提高企业的采购水平，提高供应商的忠诚度。

2. 在生产环节的应用

在生产线上应用物联网技术，企业可以准确地找到原材料和配件，从而减少了人工识别的错误，降低了生产成本。同时，物联网技术还可以帮助企业的生产管理人员合理安排生产进度，随时掌握各个生产环节的生产情况，并根据生产情况确定合理的补货策略。此外，物联网技术还可以通过对生产设备的合理调度，提高企业的设备利用率和固定资产使用效率，使得企业的流水线能够进行均衡、稳步的生产，同时也加强了企业对产品质量的控制与追踪。

3. 在仓储环节的应用

使用基于物联网的智能货架技术和实时盘点技术，企业可以在仓储环节实现对库存的高效管理，当贴有 RFID 标签的产品出入仓库时，仓库中安装的读写器不仅能够自动识别这些产品并自动完成盘点工作，还能够通过调阅数据库中的资料，准确记录产品出入仓库的时间、存储位置及数量。这一功能大大提高了仓储中心的空间利用率，使企业能够迅速且准确地掌握自身的库存状况。此外，物联网技术还可以提升仓库的作业完成效率，进一步促进了仓储管理的优化。

4. 在配送环节的应用

将物联网技术应用于配送环节，企业可以提高配送效率，减少因配送错误而产生的损耗。利用 RFID 技术，企业可以自动识别货物的真假，实现配送环节的自动化通关；可以增强配送环节的安全性和可视化程度，方便企业实时追踪货物状态；可以提高货物配送的可靠性，为货物分拣、包装、运输和堆码等作业提供技术支持，从而提高这些作业的准确性和效率，降低配送成本。此外，在配送环节中应用物联网技术，还可以节省人力成本，提高库存目录的准确性，确保库存控制的精确性。

5. 在销售环节的应用

使用物联网技术可以提高商品的销售效率，当贴有 RFID 标签的商品被客户取走时，系统会自动记录并向后台报告。同时，物联网技术还可以自动监测货架上的商品数量，一旦商品数量减少，就会触发补货提醒。在结算环节，可以利用 RFID 技术提高结算速度，顾客只需要进行简单操作即可完成支付，系统同时会记录商品的流向。企业还可以根据系统提供的商品销售数据，统计各类商品的销售情况，分析销售趋势，改进商品陈列方式，优化商场空间布局，提高商品销售量。此外，基于利用物联网技术收集到的销售数据，企业可以建立详细的客户资料库，对客户进行细分，从而制定更加精准的营销策略。

6. 在售后服务和回收管理环节的应用

客户在购买商品后，可以利用商品上的识别标签，获取该商品从原材料采购到生产全过程的详细信息。而在售后服务阶段，企业可以利用这些标签跟踪客户使用商品的情况，一旦客户在使用商品的过程中遇到问题，企业就可以快速定位问题产生的原因，并提出改进意见，提高客户服务水平。此外，企业可以利用标签识别技术，对报废的商品进行回收。通过对回收商品中的有用部件进行合理利用，企业可以提高废物的利用效率，减少资源浪费。这一做法不仅符合可持续发展的理念，对于推动循环经济的发展也具有重要的实践意义。

◇◇◇◇◇◇ 10.2　客户关系管理 ◇◇◇◇◇◇

10.2.1　客户关系管理的概念

企业为了培养与客户之间稳固且长久的关系，需要了解客户属于哪一类消费群体、如何与他们取得联系、为他们提供产品和服务的成本、客户对什么样的产品和服务感兴趣等。其中，企业与客户取得联系的方式多种多样，包括网络（如电子邮件、社交媒体）、电话、传真，以及面对面交流等，因此，企业需要有效地整合来自不同渠道的信息，以确保对客户有全面而准确的理解。

客户关系管理（CRM）系统能够从线上渠道、线下渠道、第三方数据源等多个渠道收集客户数据，并对这些数据进行整合分析。一个有效的 CRM 系统能够为企业提供详尽且完整的客户信息，帮助企业提升销售能力与客户服务质量。同时，无论客户与企业的哪个部门接触，CRM 系统都能为其提供一致且完整的企业信息。CRM 系统还可以从销售、营销、客户服务的角度分析客户行为，如图 10.6 所示。

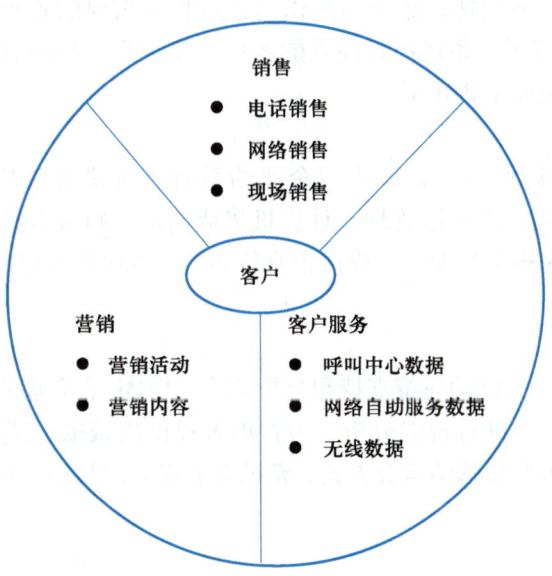

图 10.6　从销售、营销、服务的角度分析客户行为

在销售方面，CRM 系统能够整合并管理来自不同销售渠道，如电话销售、网络销售、现场销售的客户数据。在营销方面，CRM 系统能够收集并分析营销活动、营销内容等方面的数据。在客户服务方面，CRM 系统能够记录并捕捉呼叫中心数据、网络自助服务数据、无线数据等。同时，CRM 系统还需要回答以下问题：特定的客户对于企业来说具有什么价值？谁是企业最忠实的客户？哪些客户属于高价值客户？高价值客户倾向于购买何种产品？基于对这些

问题的回答，企业能够制定更有针对性的销售策略，以吸引新客户，并为老客户群提供更加优质的服务。同时，为了留住高价值客户，企业会根据他们的喜好提供定制产品和持续价值。

10.2.2 客户关系管理系统的定义与特点

1. 客户关系管理系统的定义

CRM 系统是一个以客户数据管理为核心的系统，它充分利用现代信息技术来记录企业在市场营销与销售过程中所进行的各种与客户交互的行为，以及各类相关活动的状态。该系统的主要功能是收集、管理、分析和利用客户信息，通过提供各类数据模型，帮助企业实现以客户为中心的管理模式。

CRM 系统的主要工作是：① 记录并管理企业与客户之间的所有交易和交往记录，并能够通过对这些记录进行分析，辨别出哪些客户是有价值的，以及这些客户的特征是什么；② 实时跟踪客户需求、客户状态及客户订单的进展情况，详细记录客户的反馈意见；③ 通过电子渠道，如短信、电子邮件、企业网站等，对客户实施一系列自动化管理操作，促进企业与客户之间的持续互动。

2. 客户关系管理系统的特点

（1）综合性

CRM 系统综合了绝大多数企业在销售、营销及客户服务方面的自动化与优化需求。它不仅能够实现营销与客户服务功能，还能够提供销售过程所需要的各种服务。通过整合这些功能，CRM 系统为企业打造了一条畅通且高效的客户交流渠道，推动企业从传统企业模式向以电子商务为基础的现代企业模式转型。

（2）集成性

CRM 系统要有效发挥作用，就需要与企业的后台系统进行集成。在电子商务环境下，CRM 系统与企业资源计划、供应链管理、计算机集成制造、财务等系统的集成，将给企业的管理方式和业务流程带来根本性变革，确保企业各部门、各业务系统之间实现动态协调和无缝衔接。

（3）智能化

CRM 系统还具有商务智能的决策支持和分析能力。CRM 系统通过强化数据分析和数据挖掘，对市场趋势和客户需求进行智能分析，为管理者提供决策依据或参考。此外，CRM 系统还可以改进产品的定价策略和营销组合方式，帮助企业提高产品的市场占有率，增强客户忠诚度，发现新的商业机会。

（4）多技术

CRM 系统融合了多种信息技术，如数据库技术、数据挖掘技术和多媒体技术等。为了实现与客户的全方位交流，CRM 系统在部署时要与呼叫中心、销售平台、移动设备及电子商务系统等功能模块进行集成。这种集成使得具有不同技术基础的功能模块和解决方案能够整合成为一个统一的客户关系管理环境，从而为企业提供全面、协调的客户服务体验。

10.2.3 客户关系管理系统的主要功能

CRM 系统既可以是小型工具，也可以是大型企业应用软件。小型 CRM 工具通常只针对特定需求提供局部功能，如为特定客户群量身定制的网站。而大型企业应用软件则功能完备，不仅能加强与客户的信息交互，还能与其他企业应用软件，如供应链管理（SCM）系统和企业资源计划（ERP）系统等无缝连接。更复杂的 CRM 系统还包含伙伴关系管理（partner relationship management，PRM）模块和员工关系管理（employee relation management，ERM）模块。其中，伙伴关系管理模块可以利用 CRM 系统的数据和工具，与销售伙伴交流客户信息、发布销售意向，从而增强了企业与销售伙伴之间的合作。此外，伙伴关系管理模块还为企业提供了评估合作伙伴绩效的工具，确保企业能与绩效最佳的合作伙伴开展更广泛、更深入的合作。员工关系管理模块则关注企业内部员工关系的维护与管理。

　　CRM 系统使客户能够通过多种方式与企业建立联系，典型的方式有呼叫中心、现场、电话、网络等。为了确保客户能够按照自己偏好的方式随时与企业沟通，企业需要对这些方式进行协调。同时，企业还要确保通过不同方式收集到的客户信息完整、准确且一致。企业的各个部门都可以通过上述方式与客户接触，但销售、营销和客户服务部门与客户接触得最为频繁。因此，对于 CRM 系统而言，销售自动化、营销自动化和客户服务自动化成为其最为关键的功能，如图 10.7 所示。

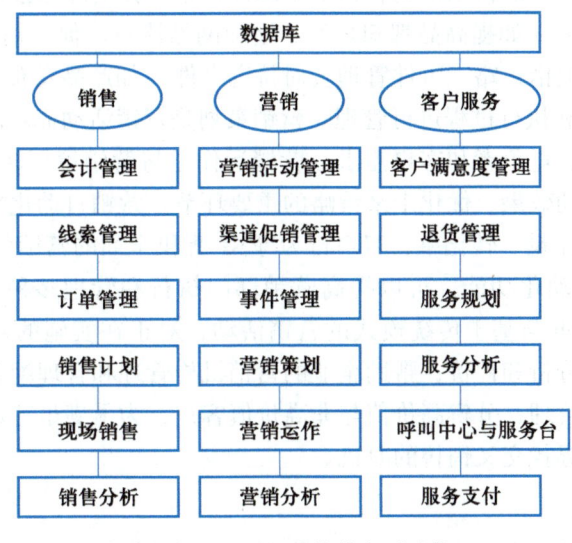

图 10.7　CRM 系统的主要功能

　　需要说明的是，这些自动化功能的实现，离不开数据库的支持，数据库作为这些功能的基础，存储并管理着与客户相关的所有数据。

1. 销售自动化

　　CRM 系统的销售自动化功能，可以帮助企业的销售机构及销售人员高质量地完成销售任务，并将销售目标聚焦于高价值客户。

　　销售自动化的功能包括会计管理、线索管理、订单管理、销售计划、现场销售、销售分析。利用销售自动化功能，可以有效地管理和跟踪与销售相关的财务信息；可以收集、筛选和分配销售线索，帮助销售人员更好地识别和跟踪潜在客户，进而为其制定个性化的商品推荐和服务方案；可以自动进行订单的创建、修改和跟踪，提高订单处理的效率和准确性；可以制订和执行销售计划，确保销售目标实现，同时对销售活动的进展情况进行实时监控，以便及时调整销售策略；可以助力现场销售，进行销售机会的跟踪、订单的执行以及客户关系的维护；可以分析销售数据，使企业的销售机构及销售人员可以了解销售趋势和市场动态，为制定销售策略提供数据支持。另外，销售自动化功能还能促进客户信息与产品信息在销售、营销和配送部门之间共享，这不仅可以提升销售工作的效率，还可以降低销售成本，以及获得新客户与留住老客户的成本。

2. 营销自动化

营销自动化，又称为技术辅助式营销，是一种通过设计、评估营销活动，为市场营销人员提供更为丰富的工作手段与功能的方法。它使市场营销人员能够有效地计划、执行、监视和分析营销活动，并运用工作流技术来优化营销流程，实现营销任务的自动化处理。这一技术旨在帮助企业在营销活动、渠道和媒体选择上合理配置营销资源，以达到收益最大化与客户关系最优化的效果。

CRM 系统的营销自动化功能包括营销活动管理、渠道促销管理、事件管理、营销策划、营销运作、营销分析。营销活动管理涉及整个营销活动的规划、执行和监控。通过营销自动化平台，企业可以创建多渠道的营销活动，如电子邮件营销、社交媒体推广、短信营销、内容营销等，并设定明确的目标（如提高品牌知名度、增加网站流量、促进销售等）。渠道促销管理关注不同营销渠道上的促销策略。事件管理会对特定事件（如产品发布会、行业展会、网络研讨会等）的策划、宣传和执行过程进行管理。营销策划是营销活动成功的关键，可以帮助营销人员深入了解目标市场、竞争者和客户需求。营销运作是将营销策划转化为实际行动的过程。营销分析是评估营销活动效果、优化未来策略的重要环节。营销自动化平台收集并整合来自各种渠道的数据（如网站流量、转化率、客户行为等），提供全面的营销分析报告。

CRM 系统的营销自动化功能，可以提高营销部门执行和管理多种市场营销活动的能力，使他们能够集成基于 Web 与基于传统模式的营销活动；对正在实施的营销活动进行跟踪，并对营销活动的效果做出分析和评价；帮助企业的营销机构管理和合理配置市场营销资源；实现对客户的跟踪、服务与管理；分辨高价值与非高价值客户，为了满足特定客户群的需求而设计相关的产品与服务，并寻找交叉销售的时机。

3. 客户服务自动化

客户服务自动化为呼叫中心、服务台和客户服务人员提供信息与辅助工具，以提升服务效率。客户服务自动化具有客户满意度管理、退货管理、服务规划、服务分析、呼叫中心与服务台、服务支付等功能。通过客户满意度管理，企业可以实时收集并分析客户意见，快速响应客户需求。退货管理是客户服务不可或缺的一个环节。客户可以通过系统提交退货申请，跟踪退货进度，并获得即时的处理结果。通过对历史数据的分析，企业可以预测服务需求，合理规划服务资源，避免服务高峰期的拥堵现象。在呼叫中心和服务台领域，客户服务自动化也发挥了重要作用。系统能够自动分配来电，将电话转接给空闲的服务人员，从而缩短了客户等待的时间。同时，自动化的客户信息管理系统使得任何一名客户服务人员都能快速获取客户的历史信息，为客户提供更加个性化和高效的服务。客户服务自动化不限于服务过程的优化，还涵盖了支付环节的自动化。这意味着客户可以通过系统自助完成支付流程，无须人工干预。

CRM 系统中有数百种业务流程，每种业务流程都代表着相应领域的最佳实践。图 10.8 所示的是客户忠诚度管理流程。

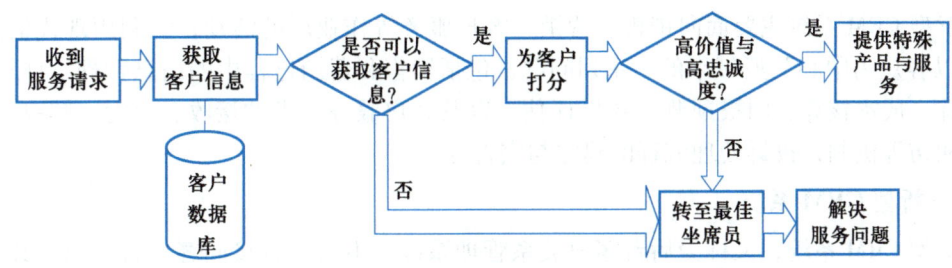

图 10.8　客户忠诚度管理流程

4. 数据库

数据库作为 CRM 系统的重要组成部分，是客户关系管理思想和信息技术的有机结合，是企业各部门进行各种活动的基础。因此，数据库功能甚至比各种业务功能更重要，它不仅能够帮助企业根据客户生命周期来区分现有客户，在最合适的时机用最合适的产品来满足不同的客户需求，还能够帮助企业制定恰当的策略，提高客户忠诚度。

10.2.4　客户关系管理系统的类型

CRM 系统分为运营型 CRM 系统、分析型 CRM 系统和协作型 CRM 系统，如图 10.9 所示。

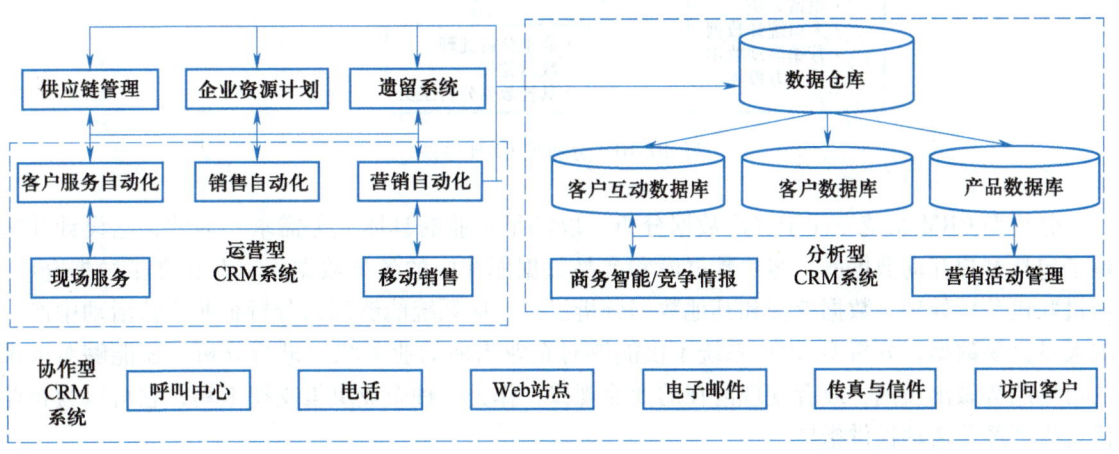

图 10.9　客户关系管理系统的类型

1. 运营型 CRM 系统

运营型 CRM 系统也称为操作型 CRM 系统，旨在使与客户直接接触的各个方面自动化，如销售自动化、营销自动化和客户服务自动化等，它通过自动化改善了企业与客户接触的流程，进而提高了工作效率及客户满意度，为提升企业绩效提供支持。

运营型 CRM 系统的设计理念在于：随着客户管理在企业经营中的地位越来越重要，所有的业务流程都要经过流线化与自动化改造，特别是要整合来自不同渠道的客户接触点，确保前台与后台之间无缝连接，使各部门业务人员之间能够共享客户资源。这样企业在直接面对客户时能够提供自动化的业务流程，从而减少信息流动的滞留点，使客户获得更加便捷的服务体验，感觉像是在与同一名客户服务人员进行沟通。

运营型 CRM 系统主要面向销售、营销、客户服务等作业层的活动，它利用现代信息技术解决 "以客户为中心" 所带来的一系列问题，包括销售和营销过程中的信息管理、计划预算、项目追踪、成本核算、回报预测、效果评估，以及客户服务请求的接收、分配、解决、跟踪、反馈、回访等机制，投诉处理流程的建立与完善等。

2. 分析型 CRM 系统

分析型 CRM 系统，又称为后台客户关系管理系统，不需要直接同客户打交道，其作用是分析和理解发生在前台的客户活动。这一过程主要是通过从运营型 CRM 系统中提取的大量交易数据来实现的。分析型 CRM 系统能够从这些数据中挖掘出各种有价值的信息，进而为企业的经营管理和决策提供科学、有效的依据，如图 10.10 所示。

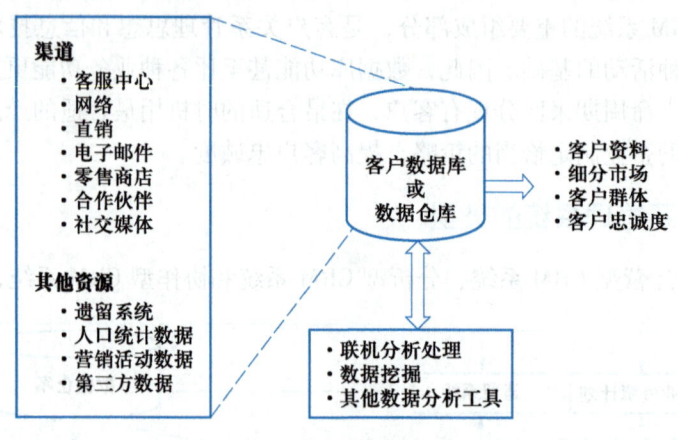

图 10.10　分析型 CRM 系统

分析型 CRM 系统专注于客户数据分析，以满足企业的具体业务需求。为此，它设计并构建了包括客户互动数据库、客户数据库和产品数据库在内的各类数据库，并建立了数据仓库。通过联机分析处理、数据挖掘和其他数据分析工具，该系统能够深入分析企业运营活动中产生的大量交易数据。分析型 CRM 系统不仅能够对企业当前的业务状况进行分析，还能够对未来的市场趋势做出预测，或者发现潜在的商业规律。作为一种企业决策支持工具，它可以为企业优化生产经营活动提供指导。

此外，分析型 CRM 系统还能够评估客户对于企业的终身价值，这一评估主要基于客户为企业带来的收入、企业为获取和服务该客户所投入的成本，以及企业预期与该客户保持关系的时间长短等因素。通过对这些数据进行综合分析，企业能够更加全面地理解客户的价值，制定更为精准的营销和客户服务策略。

分析型 CRM 系统主要基于数据仓库，它整合了来自运营型 CRM 系统的客户数据。这些数据不仅包括企业内部的运营记录，还可以与其他来源的数据相结合。例如，来自客服中心、网络、直销、电子邮件、零售商店、合作伙伴、社交媒体等渠道的客户资料，或者来自遗留系统，以及人口统计、营销活动、第三方的数据。在对这些数据进行分析后，企业可以划分细分市场，并针对不同的客户群体制定差异化的营销策略，从而更有效地管理营销活动，提高客户忠诚度。

3. 协作型 CRM 系统

协作型 CRM 系统是一种综合性解决方案，能够增强企业与客户的直接互动能力。它基于多媒体联络中心，将多种交流渠道整合为一个统一的接入平台——交互中心，为企业与客户提供多种沟通渠道和联系方式，从而提升了企业与客户之间的互动能力。

协作型 CRM 系统由呼叫中心、电话、Web 站点、电子邮件、传真与信件和访问客户等部分组成。协作型 CRM 系统的参与对象有两类，即企业客户服务人员和客户。例如，通过电话指导客户修理设备，在修理设备这个活动中同时有企业客户服务人员和客户参与，他们之间是协作关系。而运营型 CRM 系统和分析型 CRM 系统只是企业单方面的活动，客户并未直接参与。由于在协作型 CRM 系统中，企业客户服务人员和客户要同时完成某项工作，因此协作型 CRM 系统必须能够帮助企业客户服务人员准确地记录客户的服务请求，以快速找到解决问题的方案。

4. 三种类型 CRM 系统之间的关系

运营型 CRM 系统和协作型 CRM 系统主要解决提高企业内部工作效率和采集交易数据的问题，并不具备信息分析能力；而分析型 CRM 系统则具有信息分析能力，因此最有价值。此外，这三种类型的 CRM 系统各侧重于解决某一方面的问题，因此都是不完全的。要实现企业与客户之间的联动机制，就要将三种类型的 CRM 系统结合在一起。在实际应用中，三种类型的 CRM 系统之间往往是相互补充的关系。

10.2.5　客户关系管理系统的关键流程

CRM 流程涵盖了供应链企业与其下游客户之间的交互环节。从宏观角度看，CRM 流程的目标在于创造客户需求、推动交易达成，并跟踪订单状态。若订单未能得到有效的处理与执行，将会引发糟糕的客户体验，进而导致客户流失。CRM 系统的关键流程如下：

1. 营销流程

营销流程包含一系列决策：目标客户是谁；提供哪些产品；产品如何定价；如何管理针对目标客户的营销活动。CRM 系统支持的营销流程，有助于企业进行定价决策优化、产品盈利能力分析及客户盈利能力评估等。

2. 销售流程

销售流程与营销流程不同。营销流程关注的是确定销售目标及所销售的产品，即"计划向谁销售以及销售哪些产品"。而销售流程则聚焦于客户的实际销售行为，包括为销售人员提供进行销售所需的信息，使他们能够根据这些信息来配置订单，完成实际的销售过程。此外，在销售流程中，还需要明确订单的交货期，并获取与订单相关的销售量数据。CRM 系统可以为销售人员提供自动化工具，从而优化销售流程。

3. 订单管理流程

订单管理流程对于客户追踪订单和企业履行订单来说非常重要，它将客户的需求与企业的供应链联系在一起。在订单管理流程中，订单信息能在供应链的各个环节之间共享。这意味着，从客户下订单的那一刻起，订单信息就被迅速传递给销售、生产、物流等企业内部的相关部门，确保每个部门都能实时了解订单的最新状态。

4. 呼叫/服务中心

呼叫/服务中心能够协助客户下订单、向客户推荐产品、为客户解决问题并提供关于订单状态的信息。CRM 系统能够改善呼叫/服务中心的运营效果，为客户服务人员提供帮助，减轻他们的工作量，将客户的来电转接给能够为其提供最好服务的客户服务人员。

10.2.6 客户关系管理与知识管理

企业启动知识管理（knowledge management，KM）项目的根本目的是增加收益，维持企业的关键能力和专家知识，改善客户服务。知识管理强调知识共享、最佳实践和客户关系管理的应用。

1. 渗透知识管理思想的客户关系管理实施起来更加有效

客户关系管理所提供的内容大多数都融入了知识管理的理念。具体而言，在已经实施了客户关系管理的企业中，客户信息不再是孤立的数据点，而是经过系统的整理和分析，被提炼并转化为有价值的客户知识。这些客户知识能够在企业内部实现共享，使企业的营销决策与资源分配变得更加精准和高效。

2. 使企业更具竞争力

企业实施知识管理和客户关系管理的主要目标是使每个员工都能做出最优的决策，为企业带来最大效益，并持续建立和提高客户的忠诚度。为了实现这一目标，客户关系管理利用知识管理的工具与方法，使企业能够预测市场的各种变化，及时把握商业机会。

作为企业的一种动态能力，客户知识管理能力是指企业将客户的知识与信息应用于日常经营活动的能力，是企业竞争优势的重要源泉。具体而言，客户知识管理能力主要体现在企业对内部和外部客户知识的获取、整合及创造上，这些能力源自企业实际开展的客户知识管理活动，并且难以被其他企业模仿。

随着知识经济的发展，越来越多的企业开始认识到知识管理的巨大价值。在重视知识管理的企业中，已经开始设立首席知识官（CKO）这一职位。首席知识官及其团队负责规划、设计、管理和监督知识管理的流程，确保其能够顺利、高效地进行。在这样的企业中，知识管理已经不再仅仅是一项任务或活动，而是被提升到了企业文化的层面，成为推动企业持续发展和创新的重要力量。

10.2.7 客户关系管理系统与 ERP 系统的整合

在实际应用中，ERP 系统和 CRM 系统不断地相互渗透，并使两者重叠的部分不断扩大。这两种系统的整合，不仅可以解决企业的资源管理问题，还可以解决企业的客户管理和维护问题。尤为重要的是，它们能够共享客户信息，这极大地提升了企业从前台到后台服务流程的连贯性。因此，企业需要考虑如何将 CRM 系统与 ERP 系统有效地整合以发挥它们的最大功效。CRM 系统与 ERP 系统整合的范围如表 10.1 所示。

表 10.1　CRM 系统与 ERP 系统整合的范围

整合范围	整合内容
客户数据管理	CRM 系统与 ERP 系统都需要利用客户的一些基本数据开展业务和进行决策。在这一方面，CRM 系统中的客户数据更全面，因此 ERP 系统可以将此部分功能整合到 CRM 系统中

续表

整合范围	整合内容
产品管理	CRM 系统与 ERP 系统都会用到产品的基本信息、产品结构与物料清单、报价信息等，因此 CRM 系统与 ERP 系统需要将此功能整合到产品数据库中
营销管理	ERP 系统的营销管理主要是简单地提供一些市场资料、营销资料，而 CRM 系统则提供了相当完善的营销管理功能。因此，ERP 系统可以直接利用 CRM 系统的营销管理模块
销售管理	CRM 系统在销售管理方面既强调过程，又注重结果，强调销售数据分析、销售预测、机会管理、时间管理和联系人管理等。而 ERP 系统则更多地强调销售结果、销售计划和销售业绩等。因此，ERP 可以直接利用 CRM 系统的销售管理模块
客户服务	ERP 系统在客户服务和支持方面仅提供了基础的客户投诉记录及其解决情况的跟踪功能，未能实现全面的客户服务管理。相比之下，CRM 系统不仅实现了全面的客户服务管理，还特别强调客户关怀。因此，ERP 系统可以直接利用 CRM 系统的客户服务模块
决策支持	CRM 系统与 ERP 系统均具备基于数据仓库和联机分析处理的决策支持功能，但两者的侧重点不同。CRM 系统的决策支持主要面向市场，而 ERP 系统的决策支持则主要针对企业内部。在实际应用中，CRM 系统往往需要将 ERP 系统提供的决策信息作为基础，进一步生成面向市场的各种辅助决策信息。尽管两者在技术上存在相似之处，但所处理的数据对象有所不同。因此，在实际应用中应尽可能地将它们整合在一起
工作流管理	工作流管理通过自动化的方式，将相关的文档和工作规则分配给特定流程中各个环节的负责人。CRM 系统和 ERP 系统都嵌入了工作流管理功能。这两种系统采用的是相同或相似的工作流管理技术，因此在实际应用中，可以将它们整合在一起

　　ERP 系统强调的是对企业资源进行全面、系统、科学的管理，而 CRM 系统强调的则是对客户关系进行全面管理。因此，要实现 CRM 系统与 ERP 系统的整合，首先需要融合两者的管理思想，即将客户关系视为企业发展的重要资源之一。企业可以把客户关系当作企业中的资源，纳入 ERP 系统的会计核算范围，使客户关系具有可以用货币衡量的价值，这样客户的增加、流失以及每个客户带来的收益变化等经营现象就能够引起企业的重视。

　　在 CRM 系统与 ERP 系统成功整合后，客户从前台通过 CRM 系统提交订单请求时，其交流与交易过程中的信息会被系统自动记录下来，随后经过 CRM 系统销售与客户服务模块的处理，最终被传递至 ERP 系统的生产管理与物流管理模块。此时，仓库管理人员可以直接依据这些信息来打包并发运产品。

案例 10.1　雀巢公司智能高效的供应链战略

　　近年来，中国市场迎来了电子商务、全渠道、新零售等新业态的蓬勃发展，消费者对个性化、高品质产品的需求不断增长，市场瞬息万变。为了应对这一趋势，一方面，雀巢公司不断推出新品，以精准捕捉并满足消费者的多样化需求；另一方面，雀巢公司在销售渠道上也进行了全面布局。除了广泛分布的线下门店，雀巢公司还积极拓展线上渠道，包括多个电子商务平台和自有线上平台，使消费者能够更便利地获得雀巢公司的产品。此外，雀巢公司在大中华区还拥有 30 多家工厂、40 多个配送中心以及 150 多家分公司。这一完善的供应链体系为雀巢公司产品的及时供应提供了有力保障。

雀巢公司基于对数据重要性的深刻认识，及早推进了数据标准化工作，并建立了一套标准体系。这一举措使雀巢公司的整体运营状况得到了显著的改善。例如，对市场预测的误差率降低了 50%，库存周转天数也缩短了 1.2 天。在中国，消费者的需求不断变化，销售渠道也越来越多样化。为了全面、准确、快速地掌握信息流和物流，及时了解市场变化，并快速响应消费者需求，雀巢公司充分利用客制化的"大数据"技术。通过这一技术，雀巢公司对供应链管理不断进行优化，并实施了"360 度无边界"的数据流、信息流、智慧流及产品流战略。

早在 2017 年，雀巢公司就与天猫及菜鸟共同启动了"全渠道一盘货"的探索。雀巢公司将自己的货品纳入菜鸟在全国布局的众多发货仓，将品牌旗舰店、天猫超市、农村淘宝、零售通四大平台上的货物信息整体打通，真正实现库存共享；天猫与菜鸟的后台系统时刻根据销售与库存数据对雀巢公司产品的市场需求进行预测，并定期为其提供补货计划、断货预警；雀巢公司则依据这些数据灵活调整补货策略，优化各个渠道的库存分布，确保能够依据市场需求灵活调配产品。

2019 年 2 月，雀巢公司再次与菜鸟合作，上线了智慧供应链大脑系统，这是"全渠道一盘货"的延续和升级。雀巢公司通过智慧供应链大脑系统，可以实时获取从生产端、仓储端到消费端的全链路数据，实现多平台数据的无缝对接与实时监控。智慧供应链大脑不仅提升了数据的可视化程度，还为雀巢公司在仓库选址、不同层级仓库间协作策略的制定等方面提供决策支持，提高了雀巢公司供应链的智能化水平。

雀巢公司通过实施一系列供应链优化战略，积极推进智慧供应链的建设。这些举措不仅显著提升了供应链的管理水平，还大幅提高了物流效率，为雀巢公司的业务快速发展奠定了坚实的基础。

案例思考题

1. 分析雀巢公司"360 度无边界"的含义。
2. 简述雀巢公司与天猫的合作机制。
3. 简述雀巢公司智慧供应链大脑系统建设的意义。

案例 10. 2　IPC 亚太区借助 Salesforce 提升会员服务

IPC（国际电子工业联接协会）创建于 1957 年，是一个全球性的电子行业协会，其会员企业遍布电子行业产业链的各个环节，包括印制板制造商、电子制造服务商和原始设备制造商（OEM）。IPC 通过设定行业标准并提供培训、认证和公共政策倡议等服务，帮助 5 600 多个会员企业取得竞争优势并实现商业上的成功。

在亚太地区，IPC 积极开展活动，旨在增加会员数量，以便为更多的电子行业企业提供支持。但是，IPC 与会员企业签约的流程复杂，成为其数量增加的障碍。会员企业的签约流程之所以复杂，是因为会员企业在取得资格的同时通常会购买标准、培训和认证等产品与服务，而在这一过程中客户服务人员需要翻阅种类繁多的产品目录,以确定合适的产品并计算成本。为了更好地为会员企业服务,IPC 需要大幅提升工作效率。为此,它把目光投向了 Salesforce,以简化会员企业的签约流程,提高生产力。使用 Salesforce Sales Cloud,可以简化报价流程并提高诸如课程安排之类的流程的易用性,在过去几年里,IPC 在提升服务的同时其工作效率也有了大幅提升。例如,处理报价的速度提高了 60%,客户服务人员只需点击几下鼠标,就能添加正确的产品和相关条款与条件;同时还提供了自动提醒功能,以使会员企业知道其会员资格何时需要更新。过去,所有这些事情都需要投入大量的人力,但现在自动化替代了人力,使流程更加高效。

此外,借助 Salesforce Sales Cloud,IPC 还可以对营销活动进行深入分析,明确哪些市场活动和事件能够产生最大价值,包括设置线索登录页面、收集潜在客户的详细信息,以及进行潜在客户评分和培育。通过获得更多的信息,客户服务人员能够更好地了解潜在客户并确定他们的服务优先级,从而避免了向客户拨打不必要的陌生推销电话。这一策略在不到一年的时间里就将其潜在客户转化率从约 18% 提高至 26%。

自首次使用 Salesforce Sales Cloud 以来,IPC 的亚太区会员企业规模实现了连续增长,而客户服务团队的规模却并未扩大,同时会员企业的满意度还提高了 10%。在此基础上,IPC 计划进一步强化为会员企业提供支持的价值主张并提高续会率。为了实现这一目标,IPC 计划实施的其他举措包括:加大数据分析和会员企业在线社区(会员企业可以在该社区交流并分享自己的体验)的使用力度;使分布在不同国家和地区的员工能更便捷地共享信息,并促使客户服务团队在回答客户问题时,实现跨职能部门的无缝协作。为此,IPC 使用了 Salesforce Success Cloud,其提供的报告工具,使客户服务团队几乎能够查看任何组合的运营数据,并能够以易于理解的方式分享见解,从而支持 IPC 实现上述目标,并延长了客户生命周期。

案例思考题

1. 分析 IPC 在亚太区的业务焦点。
2. 简述 Salesforce Sales Cloud 如何帮助 IPC 在亚太区提升服务水平?
3. 分析 Salesforce Success Cloud 报告工具的商业价值。

本 章 小 结

供应链管理与客户关系管理是近年来管理学界和企业界研究及应用的热点,这一趋势的基础在于信息技术的迅速发展,它使供应链管理和客户关系管理等先进管理模式的实施成为可能。供应链管理系统和客户关系管理系统都是组织间信息系统。本章介绍了供应链管理和客户关系管理的基本概念、管理思想和管理模式。由于供应链管理和客户关系管理是与信息技术结合在一起的,本章重点阐述了供应链管理和客户关系管理的信息系统框架,在理解供应链管理和客户关系管理时,需要特别关注信息流、物流和资金流。此外,组织间业务流程作为供应链管理和客户关系管理运作的特点,也在本章中得到了充分展现。本章还融入了知识管理等相关概念,并介绍了客户关系管理系统与企业资源计划系统的整合问题。

◇◇◇◇◇◇◇◇ 习 题 ◇◇◇◇◇◇◇◇

1. 简述供应链的推式模型与拉式模型之间的差异。
2. 简述供应链一体化的管理模式。
3. 信息技术与信息系统是如何服务供应链管理的?
4. 简述客户关系管理的概念。
5. 简述知识管理在客户关系管理中的作用。
6. 简述客户关系管理系统和企业资源计划系统整合的必要性。

第11章

知识管理系统

学习目的

（1）理解知识管理的内涵。
（2）掌握知识螺旋与转化工具。
（3）理解知识管理价值链。
（4）认识知识管理系统的构成及作用。

11.1 知识管理的内涵

11.1.1 组织中知识的分类

与数据和信息不同，知识是一种通过各种方式将一条或者多条信息关联在一起的信息结构，是人类对客观世界规律的认识和经验总结。在企业层面，知识被视为构建竞争优势和创造未来财富的主要来源。在组织范围内，知识可以分为显性知识和隐性知识。

1. 显性知识

显性知识是指在特定条件下，通过文字、公式、图表等具体的表述形式，或者语言、行为等抽象的表述形式，以组织正式规则的形态，被系统地记录并存储在结构化文本文件、正式报告或 PPT 演示文稿等载体中的知识，如新款式汽车的设计文件、材料消耗定额清单、企业流程规范文档等。这些显性知识已被企业认可，并以正式文件或文档的形式存储和管理，能够在企业规定的范围内，按照既定的权限进行传播、共享和使用。

显性知识具有以下两个特征：

① 客观存在性：显性知识通过编码的方式依附在某种介质上，不依赖于个人而客观存在，因此有利于保存、记录、交流和传播等。

② 可共享性：显性知识可以被广泛传播并共享，而隐性知识则没有这个特性，因此要实现知识的传播和共享，就要将隐性知识转化为显性知识。

2. 隐性知识

隐性知识是一种难以编码和形式化的知识，通常不以数字文件等显性形式存在，而是存在于组织（或企业）内部专家的头脑中。因此，隐性知识具有高度个人化及难以明确化的特征。例如，专家对市场行情的估计和预测、客户经理在挖掘潜在客户方面的经验等。隐性知识依赖于个人的经验、直觉、洞察力等，难以准确地表达、获取和管理，也难以通过正规的流程和技术来传递。

隐性知识具有以下四个特征：

① 非陈述性：隐性知识存在于个人的心智或知觉中，难以被明确阐述或编码，因此隐性知识的交流与转化速度相对缓慢且成本较高。

② 个体性：个体是隐性知识的主要承载体，隐性知识内化于人类的思想和头脑中，出于自身利益等方面的考虑，隐性知识的拥有者往往不会将有价值的隐性知识分享给他人。

③ 实践性：隐性知识具有实践性，它暗含着实践过程，是实践导向和行为导向的知识，如果缺乏实践过程，人们就难以获得和领悟隐性知识及其价值。

④ 情境性：隐性知识从特定的使用情境中获得，它蕴含在特殊的组织文化和组织结构之中。隐性知识的形成和消失，与人、环境、思想及经验等因素密切相关，这使得它难以被剥离并移植到其他情境中。

11.1.2 知识管理的定义与特征

知识管理是一种独特的管理制度、方法和活动，它应用先进的信息技术和通信手段，将企业所拥有的知识视为一种资本财产来进行管理。这一管理过程以知识为核心对象，涉及开发、积累、共享和传递知识，运用当前的智慧提高企业的应变能力和创新能力，增加产品和服务的知识含量等。综合来说，知识管理通过加强人、技术与环境之间的交互和协同，对企业内外的知识进行系统收集、共享、学习、交流、融合、应用和创新，以增强企业的竞争优势。

知识管理具有以下三个特征：

① 与业务流程集成：知识管理展现出高度的可操作性和流程化的特点。它根据知识的产生过程与业务流程结合的紧密程度，将知识管理划分为若干环节。通过逐一对这些环节进行改进和优化，知识管理能够显著提升企业整体的价值创造效率。

② 以知识为中心：知识管理强调管理特性，其核心在于帮助企业实现知识显性化和知识共享，提升运营效率。

③ 依赖知识：由于知识管理的复杂性和多样性，企业需要加强对知识识别、获取、存储和传播等环节的管理，确保知识能够持续生成、发展，并得到有效利用。

11.1.3 知识管理的基本活动

知识管理是一个动态过程，按照知识在企业内的生产、存储、传播和使用过程，可以将知识管理活动分成以下三类：

1. 创建企业知识库

对企业现有的知识进行系统加工和提炼，形成有机的、不断发展的知识资产，并针对知识的不同存在方式采取相应的管理措施。

2. 建立企业学习机制

建立企业学习机制，旨在营造尊重知识的内部环境，这一环境有利于知识的生产、传播和使用。为了充分发挥知识的价值，确保知识能够在企业内部流动，可以将企业的学习活动制度化，保障员工学习的持续性和系统性。通过为员工提供学习条件和机会，在促进员工个人获取知识的同时，推动形成一种鼓励知识共享的企业文化。

3. 管理企业知识资产

管理企业知识资产涉及两个方面：一是将企业的知识视为一项重要的资产，并在企业的财务平衡表中予以体现；二是专门管理知识密集型资产，使其创造更多的效益。

知识管理活动在实际操作中往往不是孤立存在的，而是相互交织、不断发展，形成一个整体。研究表明，客户参与知识共创的程度与效率，以及企业管理和应用客户知识的能力，对企业创新具有深远的影响。因此，企业若追求持续创新，就必须高度重视与客户进行知识共创这一组织行为，并不断提升自身的客户知识共创能力。此外，与客户进行知识共创也是客户关系管理的一个有效手段。通过实施一系列的知识共创行为，如与客户群体开展平等对话和积极互动，构建能够汇聚客户知识的对话平台并有效传递客户知识，企业能够不断提升创新能力。

◇◇◇◇◇◇　11.2　知识螺旋与转化工具　◇◇◇◇◇◇

11.2.1　知识螺旋模型

知识螺旋模型将知识创新活动分为社会化（socialization，涉及个体与个体之间的知识转移，主要是指隐性知识在个体之间的传递和共享）、外化（externalization，个体将其隐性知识转化为显性知识，并分享给团体，实现了从个体到团体的知识转化）、整合（combination，团体内的显性知识被整理成系统的显性知识体系，实现了从团体到组织层面的知识整合）、内化（internalization，组织层面的显性知识通过培训等方式被个体吸收，转化为个体的隐性知识，完成从组织到个体的知识内化过程）四种模式，如图 11.1 所示。通过这四种模式，知识在个体之间、个体与组织之间转移和转化，最终产生新知识。

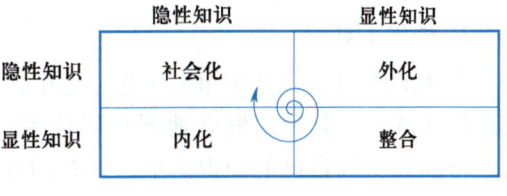

图 11.1　知识螺旋模型

1. 社会化

社会化是个体之间分享隐性知识的过程，主要通过观察、模仿和亲身实践等形式实现。社会化从分享经验开始，通过一系列的学习和实践活动，最终创造出新的隐性知识，其具体方式包括观察、模仿、练习及语言交流。经验是获得隐性知识的关键，如果缺少共同经验，个体就难以了解其他个体的思考过程。由于新知识通常起源于个体，因此社会化常常被视为知识创新的起点。

借助信息技术，可以建立虚拟知识社区，为个体在更广泛的范围内实现自身的社会化创造条件。

2. 外化

外化是将知识从拥有者那里有效地转移到外部知识库中，特别是将隐性知识明确转化为显性知识的过程。其具体方式包括：通过隐喻、类比、观念或假设等形式来表达隐性知识，使其更加具体和易于理解；利用语言或文字来直接表达隐性知识，将原本难以捉摸的意象或观念转化为清晰的概念和表述。外化过程是对隐性知识的清晰表述，通过外化，隐性知识得以转化为显性知识，从而促进了知识的传播、共享和应用。

3. 整合

整合是指将不同的显性知识体系通过文件、会议、访谈等方式结合起来，再经过分类和组合，将这些知识整合为一个完整的知识体系。在互联网时代，人们可以通过网络和大规模资料库，对既有的知识进行分类，并通过重新组合，促进新知识的产生。在知识社会化和外化的过程中，员工会将其所掌握的显性知识通过各种方式表达出来。然而，这些表达出来的知识往往比较零碎，将这些零碎的知识组合并用语言表述出来，就完成了知识整合的过程。

4. 内化

在将知识库中的显性知识通过语言、故事传达或制作成手册等实用、有效的方式转移给个体时，这些显性知识将丰富个体的隐性知识。通过内化，显性知识就成为个体有价值的资产，使个体能够有效借鉴他人的经验。

11.2.2 知识转化工具

1. 社会化工具

社会化工具可以将隐性知识从一个体传递给另一个体。嵌入电子邮件、群件、讨论组、即时消息、P2P 应用等社会化工具的虚拟学习交流社区，可以打破时空限制，促进知识工作者之间的交流、协作与共享。这些社区通常包含话题发布、消息提示、评论留言、讨论交流和团队协作等功能模块。通过这些功能模块，知识工作者可以随时随地进行交流，从而激发新的灵感，实现知识创新。

2. 外化工具

在从隐性知识到显性知识转化过程中，外化工具起到了关键作用。这一转化主要通过两条途径实现：一是利用概念地图构建技术，将知识工作者的隐性知识有效地外化成显性知识，帮助其明确自己的知识需求，并在隐性知识显性化的过程中激发新的灵感；二是提供多种知识收集方式，如订阅推送、文档工作流、在线检索、数据库导入和网页抓取等，使知识工作者能够根据自己的需求，将正式和非正式的资料纳入知识管理体系，从而使隐性知识需求显性化。

3. 整合工具

整合工具可以将显性知识连接起来形成一个更为全面、系统的显性知识体系，从而将个体知识集成为组织知识。首先，整合工具不仅能够根据知识工作者的不同需求，构建多样化、多类型的知识库，还能够将其同步至云端。知识工作者可以通过建立相应类型的知识库，对在知识外化过程中收集到的各类显性知识进行存储和管理。其次，在知识库中，整合工具还支持一系列组合化、系统化的过程，包括查重清洗、整理归类、编辑更新、标记重点、设置自定义标签等，使资源管理更加有序化。

4. 内化工具

内化工具可以将显性知识转化为隐性知识，即将显性知识形象化和具体化，它借助Web 2.0/Web 3.0 知识管理工具来构建和设计个性化的创造空间。在这个基于知识库的环境中，知识工作者可以通过阅读笔记、图谱解读、数据分析、文章写作、报告撰写、任务安排及随感杂谈等多种功能，进行深入的反思、总结和创作，不断提升知识创新能力。

11.3　知识管理价值链

知识管理是一个综合体系，涵盖了角色、流程、技术和治理等多个方面，这些要素协同作用，共同实现了知识的获取、存储、传播和应用，显著提升了组织从外部环境中学习知识并将所学知识融入其业务流程的能力。知识管理价值链如图 11.2 所示。在知识管理价值链中，经过组织活动的各个阶段，原始数据和信息逐步被转化为可用的知识，进而提升了组织价值。

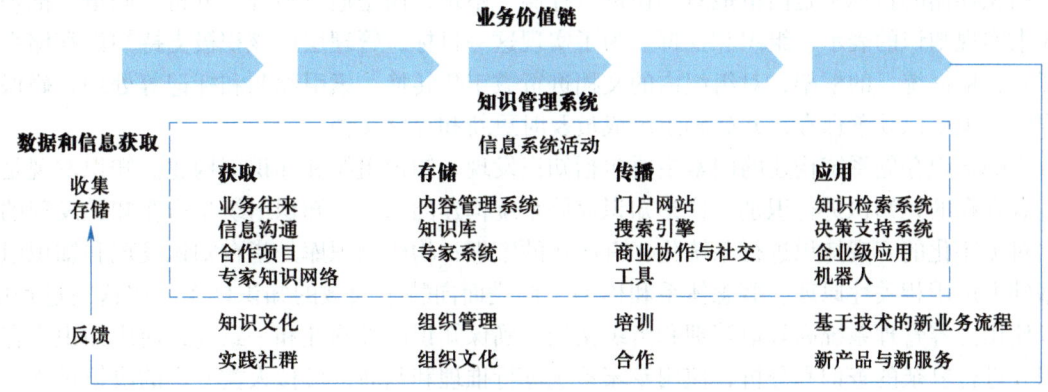

图 11.2　知识管理价值链

11.3.1　知识获取

组织获取的知识主要由两部分构成：一是组织内部通过整理和积累形成的知识，二是从组织外部获取的知识。知识获取是构建组织或个人知识体系的重要基础，其本质在于知识量的积累。对于组织而言，知识获取阶段应当收集来自多方面的知识，并使沉淀下来的知识具备再利用的价值。

知识获取的途径包括外部获取与内部获取两个途径。从外部获取知识，是指组织通过各种方式和途径，如业务往来、信息沟通、合作项目、专家知识网络等，来获取组织外部的知识。这一过程涉及组织与外部网络之间的互动，以获取、理解和应用有利于组织成长和发展的知识。对于组织而言，从外部获取的关于市场、技术和管理的知识往往是互补的、异质的且有价值的。从内部获取知识，则是指组织通过自身研发、学习、培训等途径开发的知识。这一过程称为内部"知识创造"或"知识生产"。组织内部知识的获取，实质上是组织成员之间通过各种沟通媒介和交流方式相互转移知识的活动，而组织成员则是这一知识转移过程的主体。

知识获取方法可以分为显性知识获取和隐性知识获取两类。

显性知识获取的方法包括数据库访问、网络搜索、智能代理和数据挖掘等。组织成员能够通过访问组织内部或外部的数据库资源，迅速获取到所需的知识；能够利用目录式搜索引擎、全文式搜索引擎和元搜索引擎，对互联网上的信息进行广泛的搜索，从中提取所需要的知识；能够通过设置准则或偏好，利用智能代理自动收集自己感兴趣的信息，并利用代理通信协议按时推送加工后的信息；能够利用数据挖掘工具提供的数据总结、数据分类、数据聚集和关联规则等功能，对案例库中的实例进行学习，自动从实例中获取知识并将其存放在知识库中。

隐性知识获取的方式包括结构式访谈、行动学习、标杆学习、分析学习、经验学习、综合学习和交互学习等。在获取这些隐性知识的过程中，为了保障知识的有效管理和高效利用，需要在知识库中对原始笔录、录音及相关参考材料进行细致且有序的组织。此外，利用模板可以进一步实现隐性知识获取流程的结构化和标准化，提升知识获取的效率与质量。

11.3.2 知识存储

知识存储的目标不是简单地对知识进行存储、整理，而是通过整合、分析、归纳、推理等方式来实现知识的表示、组织和挖掘。为了实现这一目标，管理层应该积极支持知识存储系统的开发，根据统一的框架，对组织内的文档进行数字化转换、索引编制和标记等处理，确保所获取的知识得以妥善保存，并鼓励组织成员及时更新和存储文档。

影响知识存储系统构建的因素主要包括知识发现、知识组织和知识库构建。知识发现是指对客观存在的元知识进行识别，这是知识存储系统构建的前提；知识组织是指在知识发现的基础上对无序化的客观知识进行系统化、有序化的整理；构建知识库是指在知识发现和知识组织的基础上运用相关性原理、概念体系和模型，形成面向特定领域的知识体系。在这一过程中，可以使用内容管理系统高效地管理和组织文档，确保知识的准确性和一致性，使用知识库存储知识并进行复杂的查询和分析，使用专家系统进行推理和判断，模拟人类专家的决策过程，为用户提供专业的建议和解决方案。

11.3.3 知识传播

知识传播包含三个要素：知识传播对象（即人）、知识传播主体（即知识）以及知识传播手段（即技术）。在这三个要素中，人和技术作为两大驱动力，共同推动着知识螺旋式上升和广泛传播。为了更有效地实现知识传播，可以采取不同的知识管理模式：人格化知识管理和编码化知识管理。

人格化知识管理从人的维度来关联组织内的知识，它将知识与知识开发者紧密相连。在这种模式下，知识主要通过面对面的交流来进行传播。人格化知识管理适用于通过创新产品或服务来获取市场价值并生成定制化产品或服务的知识型组织，如咨询公司、餐饮公司。这类组织的生产和经营活动主要依靠隐性知识，而不是显性知识。为了让人格化知识管理更加有效，可以利用商业协作工具和社交工具构建人员网络系统，以促进知识在人员之间流动、共享和协作，从而加速知识的传播。

编码化知识管理从技术的维度来管理组织内的知识，它将知识与知识开发者相分离，以达到知识独立于特定个体或组织的目的。编码化知识管理适用于提供标准化产品或服务的组织，如设计院、生产企业。这类组织的生产和经营活动主要依靠显性知识。它们倾向于利用已有的知识进行重复性生产和经营，较少依靠员工头脑中的隐性知识。为了有效实施编码化知识管理，可以构建数据库和知识库，并利用门户网站和搜索引擎等技术手段，以促进知识在组织内部的共享和复用。

　　图 11.3 从知识客体、知识媒介、知识传播和知识主体展示了知识传播的过程。知识客体在明确自身知识需求的基础上，借助公共资金或商务部门提供的资助，通过知识媒介（如会议、课程、公共活动、视频等）参与到各种知识传播活动中去，进行知识交换和资源整合。知识主体根据自身的知识需求与知识资源的匹配度来决定如何获取和使用知识。从知识工作者的角度来看，组织基层的知识工作者是知识主体，他们需要管理工作范围内的知识，记录工作经验，并将这些经验转化为知识。从管理层次的角度来看，这些基层的知识工作者又是知识客体，为决策层提供其所需的知识。此时，知识主管或知识项目管理者则成为新的知识主体，负责整合和管理来自基层的知识，为组织的战略决策提供支持。

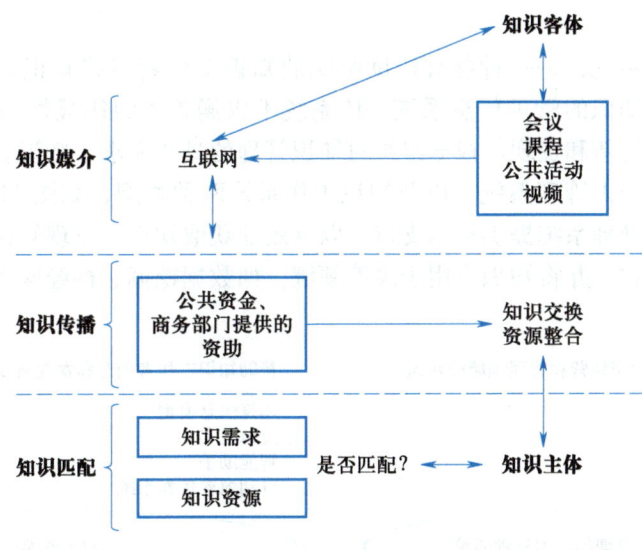

图 11.3　知识传播模型

11.3.4　知识应用

　　知识应用是知识在组织内部得以有效运用并增值的关键环节，它决定了组织对知识的需求。这一过程不仅仅是知识从理论到实践的转化，更是组织将知识融入其业务流程，通过创新性的业务实践来释放知识潜能的重要途径。组织应用知识的本质，是持续不断地将智力资本转化为推动组织发展的创新成果。

　　在知识应用的过程中，要确保知识与实际环境相吻合。这意味着知识不仅要从其原有的形态中解脱出来，更要经过适当的转化和应用，实现从知识本身到组织价值的升华。只有这样，组织才能凭借原有的知识积累或知识组合创新，灵活应对各种新出现的问题和挑战。为了实现这一目标，组织需要借助先进的技术手段。快捷实时的知识检索系统是提升知识应用效率的关键。通过构建这样的系统，组织可以更加高效地利用知识资源。决策支持系统，作为一种集成了数据、模型和分析工具的系统，能够为组织提供科学的决策依据。企业级应用则能够帮助组织实现业务流程的自动化和智能化，促进知识在组织内部共享和传播。随着机器人技术的不断发展，机器人也逐渐成为知识应用过程中的重要辅助工具。机器人可以通过自主学习和智能推理，协助组织完成一些烦琐、重复的任务，并与人类员工紧密协作，实现知识的共享和传递。

◇◇◇◇◇◇◇ **11.4 知识管理系统** ◇◇◇◇◇◇◇

对于一个组织来说，知识管理涉及如下问题：本组织所需要的知识是什么？现有的知识在哪里？可以从哪里获取？组织的知识如何传播？如何生成（创造）新的知识？如何有效利用知识？如何存储、更新和保护知识等。这些问题归纳起来，都属于知识管理和知识创新的范畴。在当今信息化社会，知识管理系统已成为信息技术的一项战略性应用，它在组织的信息系统中占据着重要的地位。许多企业正在积极建设知识管理系统，努力成为知识创造型企业。

组织的知识管理系统，是一种能够协助组织的知识工作者寻找知识、存储知识、分发知识、应用知识和创新知识的管理信息系统。该系统不仅涵盖了组织显性知识和隐性知识的管理，还促进了知识的创新和发现。根据组织对知识管理的具体需求，知识管理系统可以分为面向组织经营和管理的知识管理系统，以及知识工作系统两种类型，如图 11.4 所示。智能技术则能够为这两种知识管理系统提供技术支持，以有效地获取知识、发现知识和应用知识。智能技术主要用于发现模式，并将知识应用于决策领域，如数据挖掘、神经网络、机器学习、自然语言处理等。

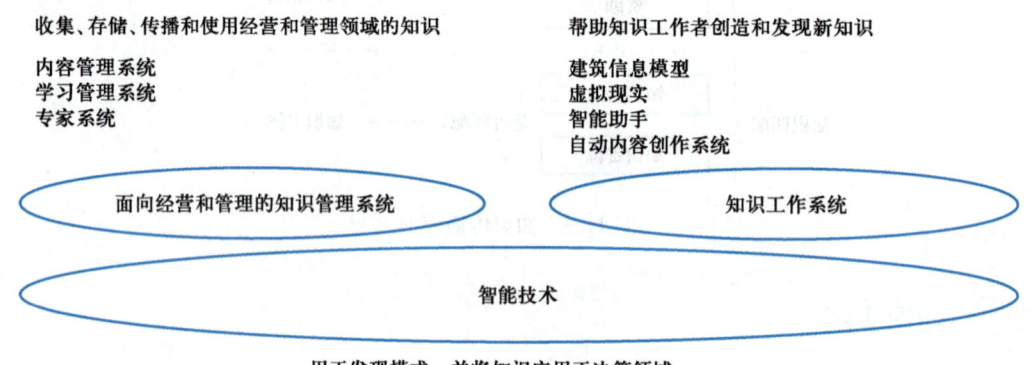

图 11.4 知识管理系统的类型

11.4.1 面向经营和管理的知识管理系统

面向经营和管理的知识管理系统收集、存储、传播和使用组织内部用数字内容表达的经营和管理领域的知识，它由内容管理系统、学习管理系统和专家系统组成。

1. 内容管理系统

内容管理系统支持用户对知识进行抓取、标记、存储、检索、管理、发布等全过程，并将其存储在一个统一的数据库中，以集中管理和高效利用知识。在这个数据库中，用户可以找到并管理多种类型的知识，包括报告、备忘录、幻灯片、电子邮件、图表、视频、新闻推送、最佳实践等。此外，内容管理系统还支持与多种外部知识源（如维基百科、博客）的集成，以及员工履历等内部信息的维护，如图 11.5 所示。内容管理系统可以协助组织管理结构化知识和半结构化知识。结构化知识和半结构化知识，如图 11.6 所示。

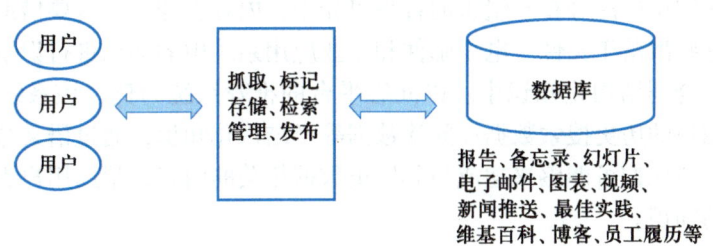

图 11.5　内容管理系统

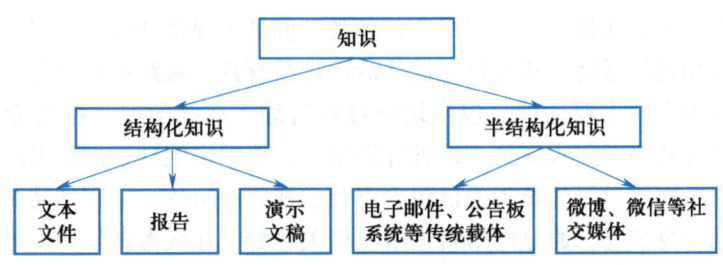

图 11.6　结构化知识和半结构化知识的示例

　　结构化知识是指依据组织的正式规则，以正式文件的形式存在的显性知识，常以文本文件、报告或演示文稿等形式展现。内容管理系统将结构化知识存储在数据库中，并通过存取信息的方式来管理显性知识。显性知识一旦被纳入知识管理系统，就将有更明确的应用目标，方便员工在实际工作中应用。

　　需要注意的是，随着人工智能和大数据技术的发展，知识图谱得到了广泛的应用。知识图谱通过将应用数学、信息科学等学科的理论及方法与文献计量学中的引文分析、共现分析等方法相结合，利用可视化的图谱，形象地展示学科的核心结构、发展历史、前沿领域及整体知识架构，揭示知识领域的动态发展规律，为学科研究提供有价值的参考，为用户提供与关键词相关的更精确、更新颖、更深入、更全面的知识体系。知识图谱可以从三个方面提升搜索引擎的搜索效果：

　　① 找到最想要的信息：搜索引擎可以借助知识图谱去理解搜索请求的多重含义，从而将搜索结果的范围缩小到用户最想要的那个含义。

　　② 提供全面的摘要：搜索引擎能够总结与搜索话题相关的内容，通过知识图谱展示事物之间的联系，帮助用户更好地理解搜索话题的全貌。

　　③ 让搜索更有深度和广度：由于知识图谱建立了与搜索结果相关的完整知识体系，用户在搜索过程中往往会有意想不到的发现，可以了解新的事实或新的联系，从而使搜索体验更加深入和广泛。

　　半结构化知识是指尚未被系统地收集并整合到组织的正式文件或报告中的显性知识，这些知识通常以不同的格式存储在电子邮件、公告板系统等传统载体，以及微博、微信等社交媒体中。由于缺乏专门的部门负责收集这些知识，半结构化知识往往容易被忽视、流失或遗忘。例如，微博上某个行业专家发表的专业见解、问答平台上提出的合理建议、电子邮件中员工提出的改进建议，以及未被采纳但包含创新想法的产品设计方案等。

由于半结构化知识广泛分布于组织的各种媒介中，内容管理系统需要借助自然语言处理等智能技术，来对这些散落于文件、电子邮件和企业应用系统中的知识进行识别、提取、分类和编目，进而将其整合到结构化知识中。以问答平台的推荐系统为例，该系统利用数据挖掘技术，存储并分析用户的历史搜索数据和问答数据等半结构化知识；通过语义分析和自然语言处理技术，为用户推荐他们可能感兴趣或与其历史数据相关的内容，帮助用户更全面、深入地了解某个特定领域的知识。

2. 学习管理系统

组织需要跟踪和管理员工的学习过程，并将其更全面地集成到知识管理系统中。学习管理系统通过数字化方法和智能技术，为组织中各种类型的员工提供高效的学习平台。这一平台不仅支持员工的学习和培训活动，还支持对这些活动进行管理、跟踪和评估等。

学习管理系统提供的主要功能，包括培训过程管理、在线学习、在线考试和资源库管理等。培训过程管理为从培训需求收集、培训计划制订、培训实施到培训效果统计的员工培训管理全过程提供支撑。在线学习为员工提供包含声音、视频、图片、文字和动画等元素的在线课程，员工可以根据自身情况，通过网络自主学习相关课程。在线考试采用先进的电子化模式进行课堂考试，它不仅可以记录员工的所有学习活动，还可以利用图像识别和数据分析技术对员工进行培训需求调查、学习过程管理与监控，以及学习效果评估，使培训效果直观明了，便于将员工学习与技能考核、岗位评估相结合。资源库管理支持对各种电子化资源进行存储与管理，员工可以快速查找到所需要的学习资源。在此基础上，该功能还通过智能技术，根据员工的学习绩效、学习过程和学习特点，不断完善员工画像，为其制定个性化的学习计划与目标。

3. 专家系统

非结构化知识是指存在于组织专家头脑中的隐性知识，难以用文件的形式表示，因此不易被员工发现或共享。这些知识来源于个人的经验，涉及人的洞察力和价值观。为了更有效地利用这些隐性知识，专家系统应运而生。专家系统可以收集擅长解决某领域问题的专家信息，并对其进行分类，在此基础上利用计算机网络技术构建专家知识网络，使得知识需求者能够方便地找到相关领域的专家，从而推进知识需求者与领域专家之间的知识交流。

与此同时，专家系统还具有将专家创造的解决方案收集并存储在知识库中的功能。通过智能技术，该系统能够将隐性知识转化为显性知识。专家系统拥有大量具有特定领域专家水平的知识和经验，能够利用人类专家的方法来解决该领域的问题。专家系统由知识获取器、知识库、推理引擎和用户界面四个部分组成，如图 11.7 所示。知识获取器是专家系统与专家进行交互的界面，它采用多种方式来获取知识，如专题面谈、口述记录分析、机器学习和机器识别等。同时，它还借助知识获取工具来辅助专家整理知识。知识库则用于存取和管理所获取的专家知识与经验，以及系统推理过程中用到的控制信息、中间假设和中间结果，为推理引擎提供支持。推理引擎是专家系统的核心部分，用于知识推理和问题求解。推理引擎具有多种推理功能，如启发推理、算法推理、正向推理、反向推理和并行推理等。用户界面作为专家系统与用户的人机接口，其功能是向用户解释系统的行为，包括理解用户的提问，向用户输出推理的结论，并对结论进行解释。

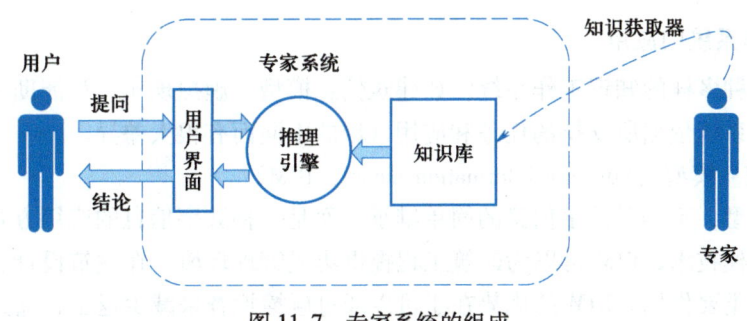

图 11.7　专家系统的组成

11.4.2　知识工作系统

知识工作者是掌握组织中不断变化的知识，不断发现或创造新知识，并将知识存入知识库的人员。知识工作者是组织变革和发展的主要力量，因此提高知识工作者的工作效率是知识经济时代组织管理的重要任务之一。知识工作复杂、专业化程度高，很多知识工作都离不开信息技术的支持。因此，知识工作者迫切需要能够支持其知识创新工作、提升知识创新效率的信息系统。

知识工作系统（knowledge work system，KWS）是为了帮助组织中的知识工作者，如工程师和科技人员，创造和发现新知识而建立的信息系统。

1. 知识工作系统的结构

知识工作系统由硬件平台、软件、知识库和用户接口组成，其结构如图 11.8 所示。

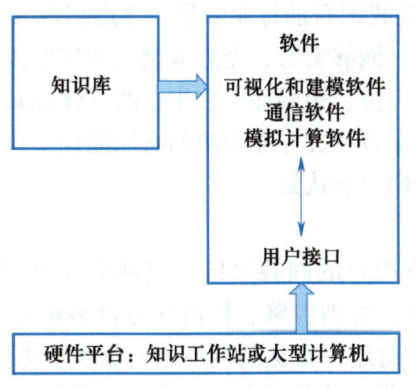

图 11.8　知识工作系统的结构

知识工作系统的硬件平台主要由知识工作站或具备强大运算能力的大型计算机构成，其中，知识工作站具有较强的图形处理、分析计算、文件管理和通信处理能力，此外，知识工作站还支持多任务并行处理，通常需要根据不同的任务进行专门设计以满足特定的需求。知识工作系统的软件包括可视化和建模软件，如 CAD 和 MATLAB；通信软件，使知识工作者能够突破时间和空间的限制，与相关人员进行便捷的交流及沟通；模拟计算软件，可以帮助知识工作者解决复杂的运算问题；等等。知识工作系统的知识库存储着组织内部和外部的相关学科知识，使知识工作者可以快速获取所需要的知识。知识工作系统具有友好的用户接口，不仅使知识工作者能够快速掌握系统的使用方法，还促进了知识工作者与系统之间的交互。

2. 知识工作系统的应用

现实中有多种多样的知识工作系统,如建筑信息模型、虚拟现实、智能助手、自动内容创作系统等。这些系统依据所支持的任务和应用领域的不同而有很大差异。

(1) 建筑信息模型 (building information model,BIM)

建筑信息模型,不是对数字信息的简单继承,而是一种数字信息的应用方式。作为一种全方位的数字化建模技术,BIM 可以为建筑工程提供集成管理环境,在建筑设计、施工和运营管理过程中发挥着重要作用。BIM 的优势在于可以通过碰撞检查来减少返工,通过虚拟施工实现有效协同,通过精确计划减少浪费,进而提高生产效率、提高建筑质量、缩短工期和降低建造成本。

(2) 虚拟现实 (virtual reality,VR)

虚拟现实能使一个或多个用户在计算机模拟环境中自由移动或做出反应。虚拟现实系统需要利用特定的设备,如头盔、数据手套、遥控鼠标、立体眼镜等,将模拟世界的视觉、声音和感觉传递给用户,同时将用户的语音和动作记录下来,并传递给模拟程序,从而使用户仿佛置身于现实世界中处理事务。这种自然的互动方式极大地增强了用户的沉浸感。目前,虚拟现实已被广泛应用于多个领域,包括教育和培训、科学研究、医疗及企业管理等,成为帮助知识工作者进行知识创新和知识传播的重要系统。

例如,在房地产业中,虚拟现实可以提供房型展示功能,顾客可以在虚拟的房屋实景中自由漫步,仔细观察并比较不同房型,最终做出购买决策。这种方式不仅避免了购房客户长途奔波,还使得房地产销售商能够方便地将利用虚拟现实构建的房屋展示在网站上,以吸引潜在客户。此外,"Petro One" 系统是我国石油行业的第一套虚拟现实系统。该系统为石油勘探工作者营造了一个身临其境的环境,能够实时、充分地展示油气勘探开发所涉及的各种数据。系统使用者可以对研究对象进行全方位、多层面、多维度的立体感知,并通过交互的方式对其进行综合分析。这一系统还可以辅助各相关专业领域的石油勘探工作者协同工作,以实现对勘探开发目标的综合、高效、科学的研究和认知。

(3) 智能助手

智能助手是一种服务行业用户的问答系统,它融合了多种人工智能技术,包括语音识别、自然语言理解、语义分析、规则引擎、机器学习及多轮对话等。其核心功能之一是构建知识条目库,知识条目库可以对用户常见的问题进行聚类,匹配相应的答案,并自动回复用户。此外,智能助手还具备机器自动分析和知识点智能维护的能力,从而能够不断地学习和进化。

(4) 自动内容创作系统

基于人工智能的自动内容创作系统,正在越来越多的领域展现出其强大的创作潜能,它通过输入大量经过预处理的知识、信息、数据,并预设特定的输出模式,已能够进行基本的文学、电影和美术创作。以电影行业为例,自动内容创作系统可以大幅提升电影创作和管理工作的自动化水平,将电影工作者从众多重复性劳动中解放出来,使他们有更多的精力从事创意性的工作。例如,视觉效果制作、特效设计、影片剪辑等原本需要进行大量重复性劳动才能完成的任务,现在正逐步变得自动化和智能化。经过深度学习和海量数据训练,自动内容创作系统已经能够完成基本的剪辑工作,并能够编写简单的剧本。

◇◇◇◇◇◇　案例 11.1　上汽通用五菱的知识管理之道　◇◇◇◇◇◇

上汽通用五菱汽车股份有限公司（简称 SGMW）成立于 2002 年，由上海汽车集团股份有限公司、美国通用汽车公司和广西汽车集团有限公司共同组建。2017 年，SGMW 的营业收入达到 1 000 亿元。其旗下有五菱汽车和宝骏汽车等品牌。

2007 年，SGMW 技术中心启动了知识管理研究工作。与国内其他企业一样，SGMW 技术中心与国内高校合作开发知识库，旨在为员工提供便捷的知识存储、查阅及应用平台。然而，由于知识管理工具不成熟、缺乏成功案例及开发能力有限等因素，知识库未能推广应用。

2012 年，SGMW 技术中心重新启动了知识管理项目，邀请国内知名专家帮助员工转变对知识管理的认知，并逐步实施知识管理，取得了初步的成效。2013 年，SGMW 技术中心进一步邀请国际知名知识管理专家，引入国际化的知识管理理念和方法，强调知识管理的关键在于找准可落地的切入点，真正解决业务问题。

在 2013 年至 2015 年期间，SGMW 技术中心在没有任何知识管理工具的环境下，启动了许多看似不起眼的知识管理工作，如征集和推广最佳知识管理实践案例、总结新员工常见的犯错案例、举办线下知识集市活动等，下面举两个例子：

（1）知识管理最佳实践案例征集活动

在短短不到三个月的时间内，SGMW 技术中心就收集到了超过 900 个案例。这些案例均源自员工们的实际工作经验，是提高工作效率的有效方法和实用工具。或许有人好奇，像 SGMW 技术中心这样的部门，应当会使用诸如 PLM（产品生命周期管理）、办公 OA（办公自动化）等先进的管理工具。然而，实际情况是，SGWM 作为一家传统的企业，并未依赖这些管理工具。相反，他们依靠的是一些相对简单的传统信息技术工具来完成各项工作。甚至连文件的审批流程也主要依靠人工来完成。但这并未阻碍 SGWM 在技术创新和效率提升方面前进的步伐。例如，一个员工分享了自己制作的桌面分类工具。这个工具允许每个员工根据个人习惯对桌面文件进行分类，从而提升了桌面文件的查找效率。这个知识管理最佳实践案例很快就被推广到了整个技术中心，如今，每个员工都在使用这个桌面分类工具来管理自己的桌面文件。

（2）线下知识集市活动

线下知识集市活动取得了极大的成功，它不仅实现了知识的分享，还促进了员工对知识的吸收与掌握。SGMW 技术中心每年都会挑选出一些优秀的知识管理案例，并将它们制作成海报，在公司内部举办知识分享活动。在这些活动中，知识贡献者会站在自己的海报旁边，等待经过的员工提问，并当场给予解答和帮助。对于这种活动，知识贡献者们表现出了极高的参与热情——他们不仅能够获得物质上的奖励，还会因自己的知识被广泛地传播和认可而感到自豪。同时，这样的活动也为他们提供了一个在公司内部广交朋友的机会。

自 2017 年起，SGMW 技术中心开始建设新的知识管理平台，引入了知识库、知识社区、任务跟踪和经验教训总结等工具，以更好地执行研发任务，并分享技术和管理方面的经验与教训。

目前，SGMW 技术中心的知识管理已经走向体系化，包括建立了完善的知识管理业务框架、形成了知识管理分享文化、制定了健全的制度体系、加强了组织建设、引入了先进的工具和方法等。同时，SGMW 技术中心也对未来的知识管理进行了规划，如制订知识管理运营计划、重视新员工的知识管理培训等，以持续提升知识管理的水平和效果。

案例思考题

1. SGWM 技术中心采用哪些方法推动知识管理落地?
2. 简述 SGWM 技术中心的知识管理功能。
3. 简述 SGWM 技术中心的知识管理特点。
4. 在这个知识管理案例中，你获得了哪些启示?

本章小结

知识管理系统可以帮助组织收集、整理、发现和创造新的知识，是建设知识创造型企业的重要手段。本章首先介绍了知识管理的内涵，包括组织中知识的分类、知识管理的定义与特征，以及知识管理的基本活动；其次介绍了知识螺旋与转化工具；在此基础上，从知识管理价值链的角度阐述了知识获取、知识存储、知识传播和知识应用；最后介绍了知识管理系统，包括面向经营和管理的知识管理系统和知识工作系统。

习题

1. 举例说明显性知识和隐性知识的区别。
2. 简述知识管理的基本活动。
3. 简述知识转化工具如何应用于知识螺旋式上升的过程。
4. 如何理解知识管理价值链?
5. 简述知识管理系统的服务范围、支持对象和主要技术。

第四篇　信息系统开发

第12章

信息系统开发概述

▌学习目的▌

（1）理解系统工程思想及系统开发生命周期的意义。

（2）理解信息系统的开发原则与开发策略。

（3）了解信息系统开发模式的基本类型与特点。

（4）掌握结构化方法和面向对象方法的特点，了解信息工程方法的基本特点。

12.1 信息系统开发思想

12.1.1 信息系统开发的复杂性

20世纪70年代初爆发了"软件危机"，表现为软件开发成本超出预算，开发进度拖延，软件质量难以保证。其原因在于信息系统规模大，复杂程度高，用户需求不明确，开发过程缺乏理论指导。有人称其为"生产率悖论"，甚至认为企业信息化投资陷入"IT黑洞"，人们这才意识到需要一套科学的、工程化的方法来指导信息系统开发。

然而，信息系统开发非常复杂，这是因为信息系统的开发过程受社会和技术两方面的影响。一方面，信息系统以企业的管理环境为背景，与其组织结构、业务流程、规章制度关系密切，易受环境变化的影响；另一方面，信息技术日新月异，为信息系统开发创造了条件，但同时也加大了信息系统开发的难度。另外，信息系统开发过程中人员多、周期长，而多人合作又会引起协调上的困难。

12.1.2 系统工程思想及系统开发生命周期

系统工程是一门统筹全局、综合研究系统的科学技术，它不仅关注系统的规划、分析、设计、实施，还涉及系统的运行和维护等全生命周期的管理。系统工程方法论具有普适性，对于信息系统的开发与实施同样具有指导意义。前面提到，信息系统开发异常复杂，如果遵循系统工程的方法论，那么信息系统开发就会变得相对简单，不再是无从下手。

1. 系统开发的一般规律

依据系统工程的思想，无论做什么事都要遵循以下规律：① 为什么做此事？目的是什么？是否值得？可行吗？② 做什么？做成什么样子？③ 怎样做？采用什么样的技术做出来？④ 动手做。前三个阶段都是纸上谈兵，最后才是动手去实现它。

2. 系统开发生命周期

基于系统工程思想的信息系统建立过程如图 12.1 所示。在图 12.1 中，左边是系统开发所遵循的普遍规律，这些规律对于信息系统开发也适合，只不过是结合了信息系统的特点而已；右边是信息系统开发的各个阶段，即信息系统规划、信息系统分析、信息系统设计、信息系统实施与信息系统运行管理，具体内容如下：

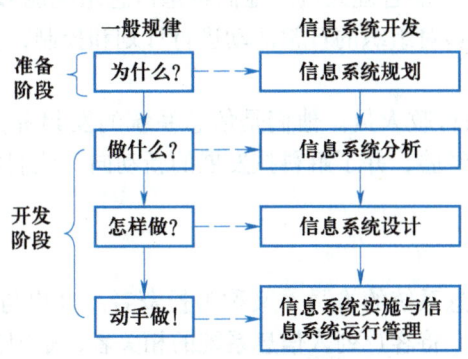

图 12.1　基于系统工程思想的信息系统建立过程

① 信息系统规划：提出开发请求，进行初步调查，确定信息系统目标，给出总体方案，制订开发计划，并根据资源条件和约束条件进行可行性分析。

② 信息系统分析：通过详细调查，识别用户需求。在此基础上，使用科学的分析工具和方法，对信息系统的目标、功能、流程、数据进行详细分析，并兼顾环境、费用、效益等因素，提出合理的系统逻辑模型。

③ 信息系统设计：根据信息系统分析结果，选择一个具体的信息系统平台，设计多个能够在该平台上运行的物理方案，通过比较，确定一个最佳方案，最后进行详细设计。

④ 信息系统实施与信息系统运行管理：进行信息系统的编程、调试、维护、评价，以及运行和维护等工作。

信息系统如同其他有机体，也具有生命周期。系统开发生命周期（system development life cycle，SDLC）是指一个系统从提出任务，经过规划、分析、设计、实施、运行管理，直到被淘汰的全过程。系统开发生命周期适用于任何类型的信息系统开发。正是有了系统开发生命周期，复杂的系统开发变得相对简单。在实践中，开发人员可能会根据系统规模将其划分为更多的阶段，但这些阶段归根结底是由上述几个阶段衍生出来的。

12.2　信息系统的相关者

信息系统的相关者是指对信息系统感兴趣的人员，了解他们的需求是成功开发信息系统的关键。

1. 用户

用户是指实际使用信息系统处理日常事务的人员，他们是信息系统功能需求的来源。用户有以下几类：

① 业务操作用户：是指使用信息系统进行日常业务操作的人员。业务操作用户应该具有较高的业务水平和接受新事物的积极性。同时为了提升他们的使用体验，信息系统的人机界面应该简洁明了。

② 查询用户：是指从信息系统中获取信息的人员，与业务操作用户可以是同一组人。在某些情况下，企业允许客户查看信息，但不允许他们修改信息，这时客户就成为查询用户。

③ 管理用户：通常是指中层管理人员。他们希望信息系统能够提供统计数据和概要信息。通过这些信息，管理用户能够对组织的日常活动进行计划和控制，从而确保组织能够高效地完成每一项事务。

④ 主管用户：是指高级行政人员。他们是信息系统的发起者，具备出色的组织、决策和协调能力，拥有丰富的管理经验，并了解科技发展的新动向。他们希望信息系统能够提供关于市场趋势等战略性的信息。

2. 客户

客户是指购买或拥有信息系统的人员，又称为投资者。客户与主管用户通常是同一组人，但也有可能是两组不同的人。将客户列入信息系统的相关者，是因为信息系统开发项目小组要向客户汇报开发进展，由客户代表负责批准或否决资金的使用。

3. 技术人员

技术人员是确保信息系统能够在计算机环境中顺利运行的人员。尽管技术人员不是真正的用户，但他们是信息系统技术需求的来源。他们在程序设计、计算机平台搭建和相关设备配置等方面为信息系统开发提供支持和帮助。

4. 开发人员

① 系统分析员与系统设计员：分别从事信息系统的分析和设计工作，这两项工作往往由同一组人承担，只是在不同的阶段工作内容不同。他们是信息系统开发的领导者，具有丰富的计算机、信息系统、现代管理等方面的专业知识，实践经验丰富，学习能力强，能够在短时间内对不同信息系统的业务有深入的了解。此外，他们还具备较强的组织与协调能力以及较强的心理素质。

② 模型设计员：信息系统具有决策、控制和预测功能，因此要求在系统中配置一些专门解决某类管理问题的数学模型或仿真模型。模型设计员根据用户的具体问题建立合适的模型，确定求解该模型所需要的参数和数据，并提出各种解法。模型设计员需要具备扎实的数学基础，熟悉各种优化与仿真方法，并掌握一定的计算机知识和管理知识。

③ 程序员：负责根据系统设计员提供的程序说明书编制和调试程序，并承担现有应用程序的维护工作。程序员应该具有程序设计和调试能力，能够编写符合规范、高效运行的程序代码，并能够编制文档说明资料。

④ 系统管理员和硬件管理人员：负责维护操作系统和数据库管理系统等专用软件，编写专用的系统级例行程序，承担计算机网络与通信，以及硬件设备的故障诊断与维修任务。他们需要精通系统软件和硬件的相关知识，具备扎实的计算机网络与分布式处理系统的理论基础和实践经验。

5. 第三方咨询机构

由于信息不对称，用户需要借助第三方咨询机构来约束和监督开发方的行为，并指导组织完成对信息系统的适应与磨合工作。第三方咨询机构的工作内容包括项目实施评估、项目过程监督、效益分析与评估等。

12.3　信息系统开发原则

信息系统开发的主要原则如下：

1. "一把手"原则

信息系统开发涉及组织管理的各个方面，因此"一把手"，即高层管理者出面协调各方关系是信息系统成功开发的必要条件。

2. 优化与创新

在信息系统开发过程中，不能简单地模拟原来的管理模式和业务流程。相反，必须根据当前的实际情况和科学管理的要求，对这些模式与流程进行优化和创新。

3. 充分利用信息资源

在信息系统开发过程中，应该充分利用信息资源。具体来说，要尽可能实现数据共享，通过"一口采集，多方使用"的方式，减少不必要的输入输出操作；对已有的数据做进一步分析，以满足作业层、管理层和战略层对数据的不同需求。

4. 实用和实效

针对信息系统开发生命周期的每个阶段，所有的方案都应该是实用的、及时的、有效的。

5. 规范化

规范化是指按照标准化、工程化的方法开发信息系统。同时，要求用户单位的基础管理科学化，即满足管理工作程序化、管理业务标准化、报表文件格式化、数据资料完整化的要求。

6. 适应性

在信息系统开发过程中，要充分考虑企业组织结构、管理模式、业务流程可能发生的变化，并摆脱信息系统对组织的依赖性。如果信息系统的适应性差，它不仅不能成为推动企业变革的有力工具，反而会成为企业变革的阻力。

12.4　信息系统开发策略

12.4.1　"自顶向下"的开发策略

"自顶向下"的开发策略从高层管理业务的视角出发，考虑信息系统的整体目标、环境、资源和约束条件，在此基础上确定需要哪些功能来保证整体目标的实现，并划分相应的子系统，以及进行子系统的业务分析和设计。这种开发策略具有较强的整体性和逻辑性，但其工程量大，开发周期长，开发费用高，评价标准也难以确定。

这种开发策略的具体步骤如下：① 分析信息系统的整体目标、环境、资源和约束条件；

② 确定信息系统的主要功能，从而得到各个子系统的分工和彼此之间的接口；③ 确定每一个功能（子系统）所需要的输入、输出和数据存储要求；④ 对子系统的功能和数据做进一步分析与分解；⑤ 根据需要和具体情况，确定优先开发的子系统。

12.4.2 "自底向上"的开发策略

"自底向上"的开发策略从基层业务的视角出发进行信息系统开发。这种开发策略关注容易被识别、理解、开发和调整的基层业务子系统，以及相关的数据流和数据存储。在完成对基层业务子系统的分析和设计之后，再将这些子系统的不同功能和数据整合起来，进而进行上一层系统的分析与设计。为了支持信息系统的整体目标，满足管理层和决策层的需求，在整合不同子系统的过程中，除了需要增添新的功能和数据，还需要引入一定的管理模型。

这种开发策略将具体的子系统逐层整合为总系统，其过程实际上是模块的组合。但是，由于在子系统开发阶段难以全面把握信息系统的整体目标和功能，所以在进行上层系统的分析与设计时，往往需要反过来对下层子系统的功能和数据进行较大的调整。这种开发策略尽管可以根据资源的实际情况逐步满足用户的要求，但由于缺乏整体目标和协调性，可能会造成功能和数据之间的矛盾，甚至引发返工现象。

12.4.3 综合开发策略

综合开发策略是上述两种策略的综合。"自顶向下"的开发策略适用于信息系统总体方案的设计，而"自底向上"的开发策略则适用于基层业务子系统的设计。综合开发策略首先采用"自顶向下"的开发策略来确定信息系统的总体方案；其次在总体方案的指导下，采用"自底向上"的开发策略，对基层业务子系统进行功能和数据的分析及分解；最后逐层整合，形成一个完整的系统。这样，通过全面分析、协调和调整，就能够得到一个比较理想的，耗费较少人力、物力和时间的，用户满意的信息系统。

12.5　信息系统的开发模式

在 12.1 节中，将系统开发生命周期划分为规划、分析、设计、实施与运行管理这几个阶段。这是一种最基本的划分，又称为标准系统开发生命周期。然而，在实际的信息系统开发中，这几个阶段可能会被细化，每个阶段执行的活动和采用的方法也可能不同，各阶段之间的衔接方式也会不一样。因此，在标准系统开发生命周期的基础上产生了若干变体，这些变体被称为信息系统开发模式，即信息系统开发活动的一系列步骤及执行过程的集合。不同的信息系统开发模式适用于不同情况下的信息系统开发。例如，有的信息系统开发模式定义了严谨的步骤和控制点，用来处理需求明确、变更较少的项目；有的信息系统开发模式则强调快速的原型开发，通过不断的迭代来应对需求的不确定性；有的信息系统开发模式采用渐进方式，通过分阶段实施和风险控制，来缩短开发进度或降低项目风险。下面介绍几种常用的信息系统开发模式。

12.5.1　瀑布模式

瀑布模式是指将信息系统开发过程分为若干阶段,每个阶段都要对所要完成的工作进行清晰定义,各阶段依次执行,前一阶段的工作成功执行后才能进入下一阶段,直至整个信息系统被开发出来。在阶段划分上,瀑布模式并没有统一的规定。对于简单的信息系统,所划分的阶段可以比较少,如可以划分为分析阶段、设计阶段、实施阶段;对于复杂的信息系统,所划分的阶段可以比较多,如图 12.2 所示的 6 个阶段。在瀑布模型的每个阶段中,都必须考虑并满足用户的所有需求,而且需要对其工作结果进行验证,如果验证通过,则该结果被冻结,并作为下一阶段的输入,否则返回上一阶段进行修改,直到满足需求为止。

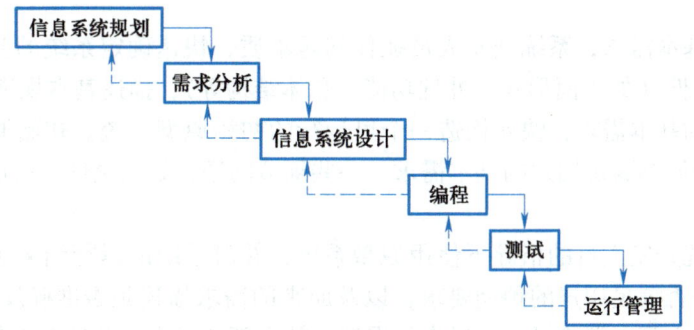

图 12.2　瀑布模式的 6 个阶段

瀑布模式适用于低风险的信息系统开发项目。例如,用户需求足够清晰且基本不变、问题域知识容易获取、技术手段比较成熟的信息系统开发项目。但是,对于其他信息系统开发项目,瀑布模式则可能并不适用。例如,在有的信息系统开发项目中,需要通过与用户交互来获得用户需求。对于这类项目,由于很难在项目初期就得到完整的用户需求,因此瀑布模式并不适合。

瀑布模式的不足之处是:① 用户需求在项目初期就需要被完整、准确地描述;② 在各个阶段均需要同时考虑用户的所有需求,而且信息系统开发要在一个周期内完成;③ 过于强调完整的分析与设计文档,故一旦需求变更,就需要对文档进行大量修改;④ 开发周期长且用户的参与度不足,用户只在需求分析阶段以及运行管理阶段参与信息系统开发。

12.5.2　渐增模式

瀑布模式要求系统开发生命周期的各个阶段同时考虑用户的所有需求,而且信息系统开发能够在一个周期内完成。如果在进行信息系统开发时人手不够、项目规模大、预算需要分期编制,则无法同时考虑用户的所有需求,为此人们提出了渐增模式。渐增模式将用户需求分为几个部分,然后按照渐增的开发计划,将每个"部分需求"的开发都视为一个独立的周期,这些周期依次或平行进行。与瀑布模式一样,渐增模式的每个阶段也需要对所要完成的工作进行清晰定义,且各个阶段依次执行,但与瀑布模式不同的是,其每个阶段在开发过程中都只执行一次。

渐增模式和瀑布模式都强调在信息系统开发初期应该完整、准确地描述用户需求,但前者更强调用户需求的可分性,每个"部分需求"都可以按照瀑布模式开发。在渐增模式中,信息系统开发的第一版通常是核心产品，它给出了信息系统的基本框架，能够满足用户的基本需求。随着项目的推进，在听取用户意见的基础上，一边修改已发布的版本，一边制订下一个版本的发布计划，然后按照计划继续进行增量开发，直到产生满足用户所有需求的系统。

12.5.3 原型模式

前面两种开发模式都假设用户需求被完整、准确地描述，但这种假设一般无法实现，因为用户经常无法清晰地表达自己的需求；或者虽然用户能够清晰地表达自己的需求，但系统开发人员因为缺乏足够的知识而无法完全了解或实现用户需求。为此，原型模式应运而生，其基本步骤如下：

① 用户提出基本需求，系统开发人员抓住问题本质，快速确定系统的基本功能，并根据原型所要体现的特性（如界面形式、处理功能、总体结构等），描述基本规格说明。

② 根据用户的基本需求，快速构造一个可运行的初始原型系统。初始原型系统并不要求非常完善，但至少能够满足用户的基本需求，一些细节问题，如安全性、稳健性、异常处理等可以暂时忽略。

③ 用户在系统开发人员的指导下使用原型系统，并对系统的运行结果进行评价。这一步骤旨在验证系统是否满足用户的预期要求，以及原来的需求描述是否准确反映了用户的期望。通过这一步骤，双方可以消除过去沟通中的误解，补充新的要求，并针对由各种因素引起的需求变动提出修改意见。

④ 根据用户的反馈，修改原型系统中不合适或错误的地方，并提交给用户继续使用，再次聆听用户的意见。系统开发人员和用户在一次次的交互过程中不断完善原型系统，直至修改后的原型系统得到双方的一致认可。至此，原型模式系统开发的迭代过程结束。

原型模式的基本特点及适用范围如表 12.1 所示。

表 12.1 原型模式的基本特点及适用范围

基 本 特 点	适 用 范 围
符合人类循序渐进的认知规律； 引入模拟手段进行系统分析； 强调用户的参与； 提倡使用工具开发	不适合大型复杂系统的开发； 不适合运算复杂、逻辑性强的程序模块的开发； 基础管理不善的单位不宜采用原型模式

12.5.4 螺旋模式

螺旋模式不是用一系列活动及活动间的回溯来表示信息系统开发过程，而是用螺旋线来表示信息系统开发过程，其流程如图 12.3 所示。螺旋线的每个回路都表示信息系统开发的一个阶段。最里面的回路可能与信息系统的可行性有关，下一个回路与信息系统的需求定义有关，再下一个回路与系统设计有关。螺旋线的每个回路都被分成 4 个象限，代表了以下活动：① 制订计划：确定系统的目标、备选方案及约束条件；② 风险分析：评估备选方案，识别和消除风险；③ 实施工程：开发、验证下一层产品；④ 客户评估：评价开发成果，提出修正建议，规划下一阶段的工作。

　　与其他开发模式不同的是，螺旋模式强调全过程的风险管理，并提供了对项目是否值得继续进行下去进行审视的机会。在每一个开发阶段之前，都会进行非常严格的风险分析，直到采取了风险消除措施之后，才开始规划下一阶段的开发工作。

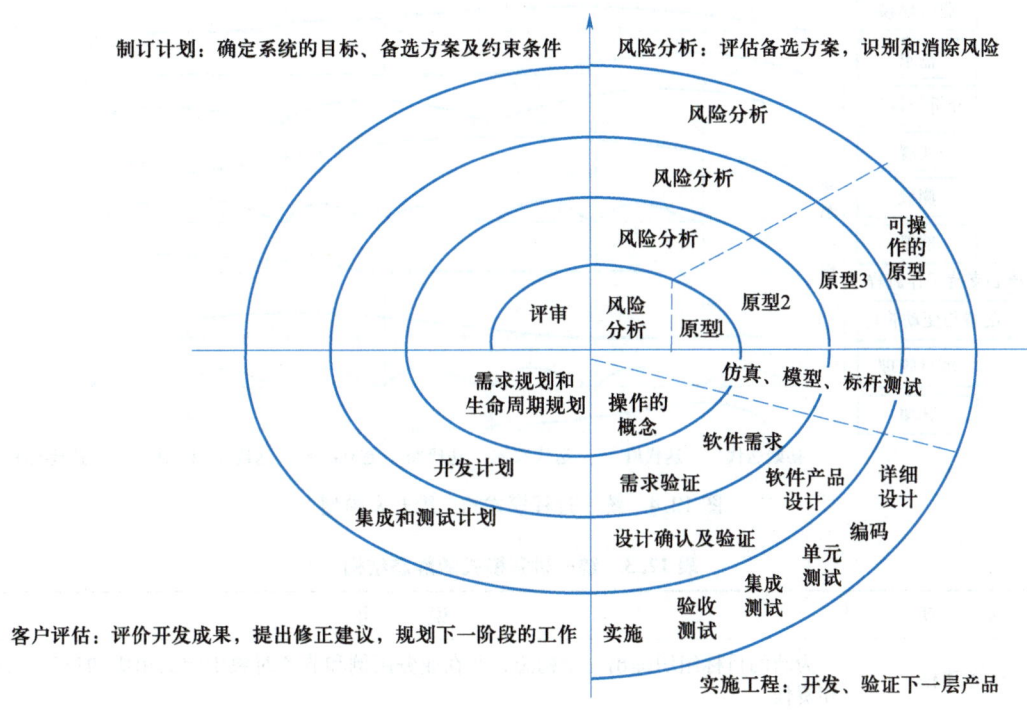

图 12.3　螺旋模式的流程

12.5.5　统一过程模式

　　统一过程（unified process，UP）模式是面向对象软件工程的一个通用业务流程，它具有三个特点：① 用例驱动；② 以构架为中心；③ 迭代和增量开发。统一过程模式的二维开发模型如图 12.4 所示，图中的曲线表示工作流程的强度或活动量随时间（迭代阶段的变化趋势）。其中，横轴为时间，体现了统一过程模式的动态结构，如表 12.2 所示；纵轴为逻辑活动，分为 6 个核心过程工作流程和 3 个核心支持工作流程，体现了统一过程模式的静态结构，如表 12.3 所示。

表 12.2　统一过程模式的动态结构

阶　　段	说　　明
初始阶段	为系统建立业务案例并确定项目的边界
规划阶段	分析问题域，建立体系结构，编制项目计划
构造阶段	开发所有的组件和应用程序并将它们集成为产品，同时测试产品的所有功能
交付阶段	确保软件对最终用户的可用性

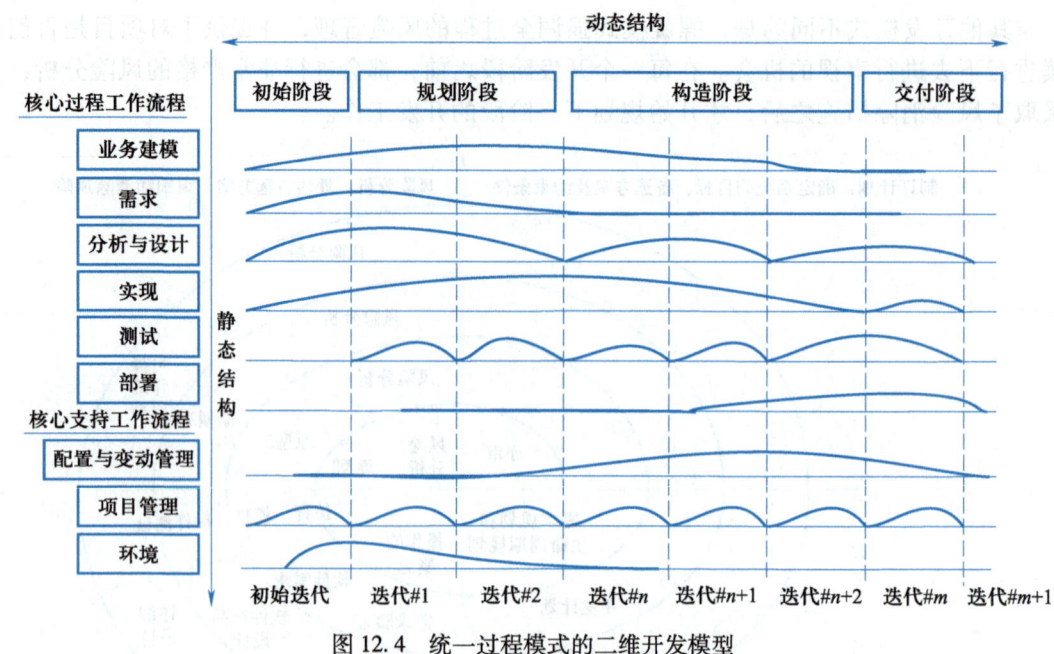

图 12.4　统一过程模式的二维开发模型

表 12.3　统一过程模式的静态结构

活　　动	说　　明
业务建模	为新的目标组织提出一个构想，并在业务用例和业务对象中定义组织的过程、角色和责任
需求	描述系统做什么，对功能和约束条件进行提取、组织、文档化；最重要的是理解系统所要解决的问题的定义和范围
分析与设计	将需求转化为未来系统的设计：首先，为系统设计一个稳健的结构；其次，调整设计，使其与实现环境相匹配；最后，优化系统的性能
实现	以层次化的形式定义代码的组织结构；以组件的形式实现类和对象；以组件为单元进行测试；集成各个系统开发人员的开发结果，最终形成可执行的系统
测试	验证对象间的交互作用，验证所有组件都被正确地集成，验证所有需求都被正确地实现，识别软件缺陷并予以处理
部署	生成软件版本并分发给最终用户，包括软件打包、生成与软件配套的相关文档、安装软件、为用户提供帮助、实施 β 测试
配置与变动管理	提供相关准则来管理系统演化的多个变体，跟踪和监控软件的版本变化；描述如何管理并行开发和分布式开发，如何自动化创建工程
项目管理	平衡可能产生冲突的目标，控制风险，克服约束并交付用户满意的产品
环境	向开发组织提供软件开发环境，能够涵盖完整的开发过程以及所需要的各类工具

12.5.6　极限编程模式

极限编程（extreme programming，XP）模式是一种轻量级的、灵巧的软件开发方法。它实际上是一种演进式的原型模式，具有沟通高效、设计简单、反馈迅速等特点。它适用于需求不确定、变化快、成员少且在同一地点工作的中小型团队，不适用于大型团队以及人员异地分布的场景。对于需要进行长时间编译测试的系统和不太容易测试的系统，极限编程模式也不适合。

极限编程模式倡导测试驱动开发，即先写测试用例然后编码。在极限编程模式下，系统开发的四项活动依次是聆听、测试、设计、编码。首先，聆听用户故事，深入了解用户的需求和期望。其次，根据用户故事编写测试用例。这些测试用例不仅有助于在系统开发过程中及时发现和修复软件错误，还为后续的验收测试提供了明确的依据。再次，根据测试用例和用户需求构建系统的整体架构并进行详细设计。最后，根据设计文档和测试用例编写代码。在极限编程模式下，设计和编码是紧密结合在一起的。随着项目的推进，系统开发人员会根据用户需求的优先级和重要性制订交付计划，并将其分解为一系列小的、可管理的迭代。在每个迭代中，系统开发人员会同时进行设计和编码工作，不断迭代和优化系统的结构。同时，他们还会不断引入新用户故事，并将其添加到交付计划中。这些新用户故事会推动系统开发人员进行更多的迭代开发，从而逐步丰富和完善系统功能。

在每次迭代结束时，系统开发人员都会交付一个小型、可用的软件版本。该版本包含用户认可的最小可交付功能集合。此外，在开发和设计的整个过程中，系统开发人员还会不断通过系统模拟对体系结构和难点进行刺探，对系统开发工作进行初步的估计，包括确定的估计和不确定的估计，从而完善交付计划并确保项目顺利进行。极限编程模式的状态变迁如图 12.5 所示。

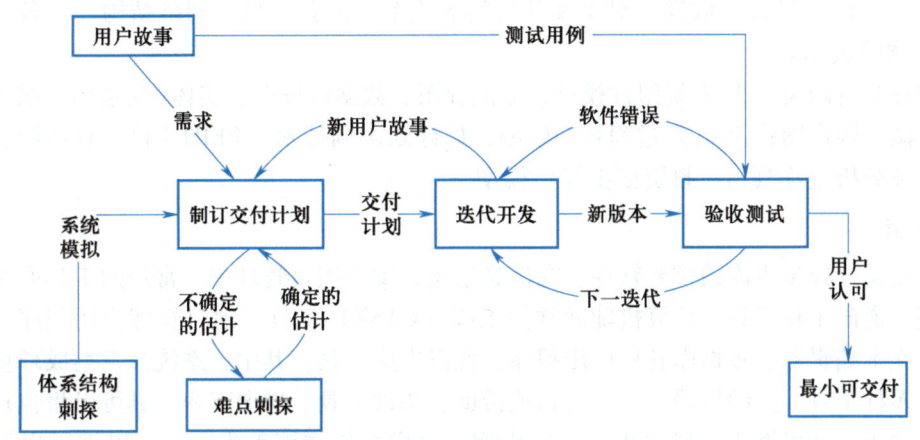

图 12.5　极限编程模式的状态变迁

极限编程模式的理念是沟通、简化、反馈和勇气。

① 沟通可以减少系统开发人员、客户、管理者之间的误解。极限编程模式的很多实践，如单元测试、结对编程、工作评估等，都是依靠沟通来实现的。

② 在符合设计要求的前提下，测试用例越简单越好。只注重眼前的需求即可，不必考虑以后的需求变化。也就是说，现阶段的设计与测试只要满足当前的需要即可。代码编写也遵循此原则，算法越简单越好，能够通过测试即可。

③ 尽快获得用户反馈，以保证系统开发人员的成果能够满足用户的需要。测试亦是如此，先编写测试用例，利用反馈的报错信息了解代码没有通过测试的原因，再根据这些信息对出错的地方进行定位，最后有针对性地修改代码。

④ 对于用户的反馈，要勇于修改所编写的代码。极限编程模式倡导的"先写测试用例后写代码"正是这一机制的体现，要勇于面对测试用例运行时报出的错误信息。

12.6 信息系统的开发方法

信息系统的开发方法有几十种，至今尚未形成完整的信息系统开发理论。在讨论各类信息系统的开发方法之前，先介绍几个术语：方法、模型、工具和技术。

12.6.1 方法、模型、工具和技术

1. 方法

方法为系统开发生命周期的每个阶段都提供了详细指导，包括具体的模型、工具、技术。方法、模型、工具和技术四者相互联系，相互依存。方法包含一组用来完成系统开发生命周期每一阶段活动的技术，这些活动包括构建各种模型以及编制相关文档和交付资料。与其他行业一样，信息系统开发人员使用各种软件工具来完成这些活动。

2. 模型

模型是对现实世界某些重要方面的描述。有些模型在外形上类似真实产品，有些模型通过绘图来展示重要细节，而有些模型则用抽象的数学符号来表示。信息系统开发使用的模型涵盖输入、输出、过程、数据、对象及其之间的关系、位置信息、网络结构、设备，以及其他相关事物的表示。

模型通常有两类：① 系统组件模型，如流程图、数据流程图、实体-联系图、结构图、用例图、类图、顺序图；② 开发过程管理模型，如计划协调技术（PERT 图）、甘特图、组织层次图、财务分析（净现值、投资回报等）模型。

3. 工具

工具是支持模型生成的重要软件。在信息系统开发和项目管理中，常用的工具有系统开发集成环境、逆向工程工具、计算机辅助软件工程（CASE）工具、项目管理应用程序、制图应用程序、文本编辑器、数据库管理应用程序、代码生成工具。其中，系统开发集成环境向程序员提供了多种工具，如编辑器、上下文相关帮助、调试工具。逆向工程工具可以将执行文件转换成程序代码，并根据程序代码生成系统模型，这样即使文档丢失，也可以推断出程序的用途。CASE 工具能够帮助开发人员生成重要的系统模型，还能够自动检查系统模型的完整性，并根据这些模型生成程序代码。常用的 CASE 工具有 Microsoft Visio、Visible Analyst、Rational Rose 等。

4. 技术

技术是协助系统开发人员完成开发任务的一组方法。它可以为创建系统模型提供指导，也可以为收集用户信息提供一般性建议。常见的技术有战略规划技术、项目管理技术、用户访谈技术、数据建模技术、关系数据库设计技术、结构化分析技术、结构化设计技术、结构化编程技术、软件测试技术、面向对象分析和设计技术等。

12.6.2　信息系统开发方法的分类

信息系统开发方法有多种，这些方法或者在技术上有细微的差别，或者基本思路就根本不同。为此，建立了信息系统开发方法的二维分类模型：一维是按照开发模式分类，正如 12.5 节所述，信息系统开发模式是基于系统开发生命周期及其变体形成的，因此可以将该维度视为按照时间顺序和演进特征来分类；另一维是按照分析要素或构建系统的"着眼点"分类。这样一来，就能够用二维表来描述信息系统开发方法的分类，如表 12.4 所示。

表 12.4　信息系统开发方法的分类

按照开发模式	按照分析要素		
	面向处理方法 （PO，结构化方法）	面向数据方法 （DO，信息工程方法）	面向对象方法 （OO）
瀑布模式（waterfall，简称 W）	W-PO	W-DO	W-OO
渐增模式（increment，简称 I）	I-PO	I-DO	I-OO
原型模式（prototype，简称 P）	P-PO	P-DO	P-OO
螺旋模式（spire，简称 S）	S-PO	S-DO	S-OO
统一过程模式（unified process，简称 U）	U-PO	U-DO	U-OO
极限编程模式（extreme programming，简称 X）	X-PO	X-DO	X-OO
系统开发生命周期的其他变体	…	…	…

由表 12.4 可以看出，任何一种信息系统开发方法（如结构化方法、信息工程方法、面向对象方法）都遵循一定的流程，也就是要结合某个开发模式来管理项目。由于篇幅限制，本书不可能对各种方法（如 W-PO、W-DO、W-OO 等）逐一介绍，为此第 16 章至第 18 章将结合瀑布模式来介绍结构化方法。

12.6.3　结构化方法

1. 结构化方法的基本思想

结构化方法的基本思想是用系统工程思想和工程化的方法，按照用户至上的原则，模块化、自顶向下地分析和设计系统。在进行需求调查时，从高层管理业务入手，逐步深入基层业务。在系统分析和设计阶段，从整体分析入手，先考虑系统的整体优化，再考虑局部优化。在系统实施过程中，则采用"自底向上"的策略，即系统开发人员从基层业务模块开始编程，并对这些模块逐个进行测试，然后按照设计的系统结构，将模块集成起来进行总体调试，最后自底向上逐步构成整体系统。

2. 基于结构化方法的系统开发过程

系统开发方法是基于系统开发生命周期及其变体展开的。本书采用标准系统开发生命周期，将信息系统开发过程分为信息系统规划、信息系统分析、信息系统设计、信息系统实施、信息系统运行管理这几个阶段。结构化方法的基本步骤如表 12.5 及图 12.6 所示。对于每一阶段都要严格把关，只有审核通过才能进入下一个阶段。

表 12.5　结构化方法的基本步骤

生 命 周 期	主 要 任 务
信息系统规划	根据用户提出的开发请求进行初步调查，明确问题，确定系统目标和总体结构，了解约束条件和所需的基本资源，确定分阶段实施进度，提出总体方案，并进行可行性分析
信息系统分析	详细调查组织机构、业务流程的情况，深入了解用户对信息的需求和对信息系统的具体要求；详细分析信息系统的功能、业务流程和数据，进行逻辑设计，包括功能模型设计、业务流程模型设计和数据模型设计；采用功能图、数据流程图、实体-联系图、数据字典等各种处理逻辑表达工具，构造出独立于物理设备的信息系统逻辑模型
信息系统设计	根据信息系统的逻辑模型，选择一台物理计算机进行计算机过程和人工过程的详细设计，除了选择硬件和软件设备，进行代码设计、输入输出（I/O）设计、数据库设计，还要进行模块结构设计和系统安全设计。对于高级管理系统而言，要进行管理模型的细节设计
信息系统实施	按照设计说明书的要求，熟悉和安装新的硬件、软件，编程，调试信息系统，进行系统转换，对管理人员进行培训。此外，还要进行数据准备工作，然后将信息系统投入试运行
信息系统运行管理	对信息系统的运行进行管理、评价；分析其运行结果，如果良好，则报送管理部门，以便基于系统的运行结果来指导生产经营活动；如果存在较小的问题，则对现有系统进行局部修改

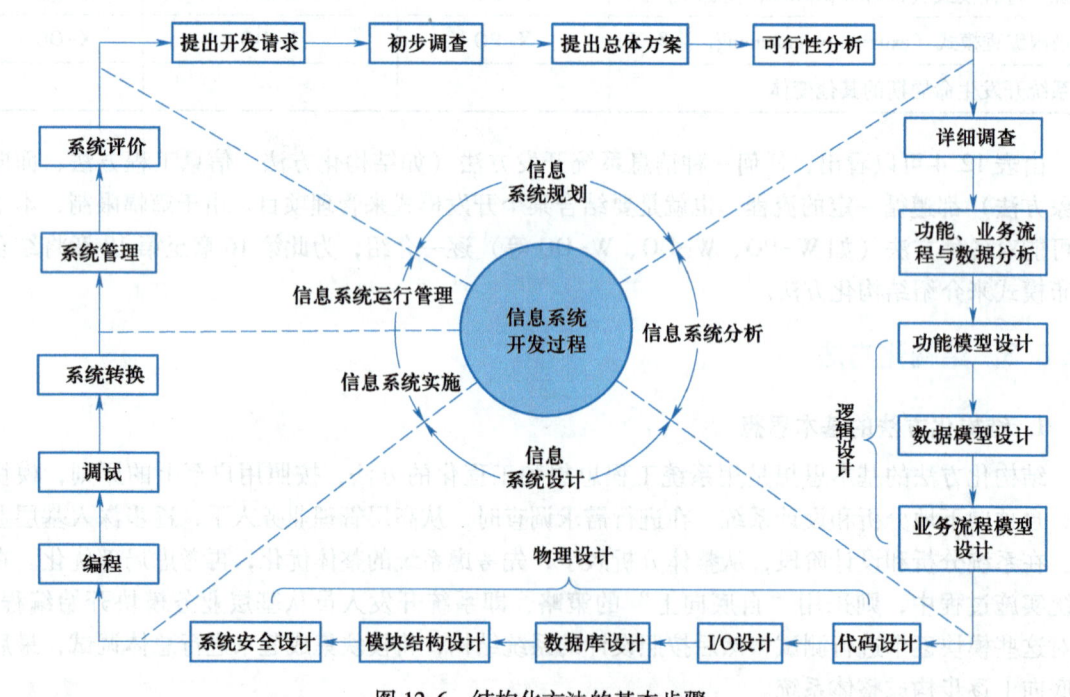

图 12.6　结构化方法的基本步骤

3. 结构化方法的特点

　　① 自顶向下和自底向上相结合：在进行信息系统分析与设计时，采取从整体到局部的思路，自顶向下地开展工作；而在信息系统实施时，则根据设计要求，从具体功能模块的编制入手，自底向上地逐步实现整个信息系统。

② 以用户为中心：整个信息系统开发过程围绕用户展开，积极吸收用户单位的业务人员参与，以准确把握用户需求。

③ 深入的调查研究：在设计信息系统之前，深入用户单位进行详细调查，细心体会用户的业务需求，弄清业务细节，以设计出合理的方案。

④ 严格划分工作阶段：在结构化方法中，每个阶段都有明确的目标和任务。在实际操作中，需要严格按照划分的阶段逐步展开工作，虽然遇到简单问题时可以跳过某些步骤，但不能打乱或颠倒工作顺序。

⑤ 开发过程工程化：在结构化方法中，每一阶段都要按照工程标准进行操作，对于文档资料也要进行标准化管理。

4. 结构化方法的不足

① 用户需求必须事先明确：环境总是在不断变化，开发初期难以预料信息系统完成后会是什么样的。而结构化方法强调在项目初期就要充分掌握用户需求并预见可能发生的变化，这不符合人们循序渐进认识事物的规律。

② 开发周期较长：结构化方法遵循严格的开发流程，只有充分了解了系统需求才开始后续的开发活动，这会延长开发时间。

③ 灵活性差：结构化方法强调按照已经确定的设计目标进行系统开发，因此很难用于运行环境经常发生变化的信息系统的开发。

12.6.4 信息工程方法

信息工程方法是"以数据为中心"的系统开发方法。它遵循以下原则：① 数据位于现代数据处理系统的中心；② 数据是稳定的，处理是多变的；③ 最终用户必须真正参与系统开发工作；④ 采用自顶向下规划和自底向上设计相结合的开发方法论；⑤ 企业数据环境建设以主题数据库规划、设计和实现为主。

信息工程方法认为，系统开发包括若干关键构件，如企业模型/战略数据规划（业务模型）、实体-联系分析、主题数据库模型、应用软件生成工具、处理过程生成、数据应用分析、分布分析、物理数据库分析、第四代语言、结构化程序设计和原型设计等。在这些构件中，企业模型、实体-联系分析及主题数据库模型是不随业务过程的变化而变化的。结构化方法是面向处理的，而信息工程方法则是面向数据管理的，其主要工作是：① 围绕核心业务，制定战略数据规划；② 建立主题数据库模型；③ 开发并应用独特的软件系统。

信息工程方法使用了许多结构化方法的概念，并把它们提炼成一种更严格、更全面的方法。这两种方法都是通过查看过程、数据以及两者之间的关系来定义信息系统需求、设计信息系统和改造信息系统的。信息工程方法主要归功于詹姆斯·马丁（James Martin）所做的工作，他开发了 CASE 工具来支持信息工程方法。感兴趣的读者可以参考相关书籍。

12.6.5 面向对象方法

1. 面向对象方法的基本思想

面向对象方法（object-oriented method，OO）是一种运用对象、类、继承、封装、聚合、消息传递、多态性等概念来构造系统的软件开发方法。

面向对象方法的思想是从现实世界的客观事物出发，运用人类的自然思维方式来构造信息系统。面向对象方法以现实世界的事物为中心来思考问题，开发人员根据这些事物的本质特征把它们抽象成对象，作为构成系统的基本单位。系统开发方法不应该脱离人类的思维习惯，也不应该与人类在长期进化过程中形成的行之有效的思想体系迥异。结构化方法采用了许多符合人类思维习惯的原则（如自顶向下、逐步求精），而面向对象方法则更强调运用人类的自然思维方式，如抽象、分类、继承、封装等。这使得开发人员能更有效地思考问题，并以其他人也能够看懂的方式把自己的认识表达出来。

2. 面向对象与面向过程

在面向对象程序设计（object-oriented programming，OOP）出现之前，程序员主要采用面向过程的方法来开发系统。面向过程的方法把相互依赖的数据和对数据的操作相分离，这种实质上的依赖与形式上的分离，使得大型系统的编写和调试变得异常困难。程序员之间很难理解彼此编写的代码，更谈不上代码的重用了。

面向对象程序设计以对象为基础，通过事件或消息来驱动对象执行相应的处理。它以数据为中心而不是以功能为中心来描述系统，这是因为数据与功能相比具有更强的稳定性。在面向对象程序设计中，数据和对数据的操作被封装在一起，并被作为一个整体来处理。为了实现这一点，面向对象程序设计采用了数据抽象和信息隐蔽技术，将这个整体抽象成一种"类"，并考虑类之间的联系和类的重用性。此外，在面向对象的系统中，所有操作都是通过向对象发送消息来实现的。对象在收到消息后，会启动消息处理函数来完成相应的操作。因此，面向对象系统的控制流程是由运行时各种事件的发生来触发的，而不再是由预定的顺序来决定。这种设计更符合实际情况。

3. 面向对象方法的基本概念

（1）对象的概念

对象是现实世界中实际存在的事物。对象是由一组属性和施加在这些属性上的一组操作构成的独立个体。对象具有静态特征和动态特征，前者是指可以用某种数据来描述的特征，后者是指对象所表现的行为或所具备的功能。对象是一个封闭体，它向外界提供一组接口，外界通过这组接口与对象进行交互，这使得对象具有较强的独立性、自治性和模块性。

（2）类的概念

类是指具有相同属性和操作的一组对象的集合。把众多事物归纳成一些类，是人们在认识客观世界时采用的方法。分类所依据的原则是抽象，即忽略事物的非本质特征，只关注与当前目标有关的本质特征，从而找出事物的共性。通过抽象，人们把具有共性的事物归为一类，得到一个抽象的概念，即类。

（3）消息的概念

对象通过对外提供服务来在系统中发挥自己的作用。对象间的相互服务是通过消息来实现的。消息是指为了实现某一功能而要求某个对象执行某个操作的规格说明。它包含下述信息：① 提供服务的对象标识；② 服务标识；③ 输入信息；④ 响应信息。当对象接收到消息时，它会根据消息及消息参数调用自己的服务，进行处理并予以响应，从而实现系统功能。

4. 面向对象方法的基本特征

面向对象方法的基本特征如表 12.6 所示。

表 12.6　面向对象方法的基本特征

特　点	说　明
抽象性	关注与当前目标有关的本质特征，忽略非本质特征，找出事物的共性，将具有共性的事物归为一类，得到一个抽象的概念
封装性	将属性和操作结合在一个类中，对象的属性只能由这个对象的操作来读取和修改；隐蔽对象的内部细节，只留少量接口，接收外界的消息
继承性	子类的属性与操作有自己定义的，也有从父类那里继承来的。继承是传递的，当子类被更下层的子类继承时，它继承来的及自己定义的属性和操作又会被下一层继承
多态性	多态性体现为不同的对象收到相同的消息时会产生不同的反应，并分别执行不同的操作

继承性和多态性的结合，可以生成一系列虽然相似但独一无二的对象。由于继承性，这些对象能够共享许多相似的特征；由于多态性，针对相同的消息，不同对象可以有独特的表现方式，从而实现个性化的设计。

5. 基于面向对象方法的系统开发过程

按照系统开发生命周期的理论，基于面向对象方法的系统开发过程可以分为以下五个阶段。

（1）面向对象的分析

面向对象的分析（object-oriented analysis，OOA）根据问题域中客观存在的事物来设立对象，并用对象的属性和操作来描述事物的静态特征和行为。问题域中有哪些值得考虑的事物，面向对象的分析模型中就有哪些对象，而且对象的命名要与客观事物相一致。另外，面向对象的分析模型还保留了问题域中事物之间关系的原貌，包括：把具有相同属性和相同操作的对象归为一类；用一般-特殊结构来描述事物之间的继承关系；用整体-部分结构来描述事物之间的组成关系；用实例连接和消息连接来表示事物之间的静态联系和动态联系。可以看到，无论是对问题域中的单个事物，还是对各个事物之间的关系，面向对象的分析模型都保留了它们的原貌，没有进行转换和扭曲，也没有打破原有的界限而重新组合。

（2）面向对象的设计

面向对象的分析与面向对象的设计（object-oriented design，OOD）在职责上有明确的划分：面向对象的分析阶段主要负责建立一个反映问题域的对象分析模型，在这一阶段需要考虑与系统具体实现相关的因素（如编程语言的选择、用户界面的设计、数据存储结构等），从而使面向对象的分析模型能够独立于具体实现。面向对象的设计阶段则针对系统的具体实现来运用面向对象方法，这一阶段包括两方面的工作：一方面把面向对象的分析模型直接迁移到面向对象的设计中（不经过转换，仅进行某些必要的修改和调整），作为面向对象的设计的一部分；另一方面针对具体实现中的用户界面、数据存储结构、任务管理等因素，补充一些与具体实现相关的部分。这些补充的部分与面向对象的分析采用相同的表示法和模型结构。

面向对象的分析与面向对象的设计采用一致的表示方法，这是面向对象方法优于传统系统开发方法的主要原因。从面向对象的分析到面向对象的设计不需要做转换工作，只需做局部的修改，并增加几个与具体实现有关的部分。因此，面向对象的分析与面向对象的设计之间不存在传统方法中的那种鸿沟，两者紧密衔接，降低了从分析过渡到设计的难度、工作量和出错率。

（3）面向对象的程序设计

在采用面向对象的程序设计语言进行开发时，需要把面向对象的设计模型的每个成分都书写出来。面向对象开发规范，强调在面向对象的分析和面向对象的设计阶段就对系统中的对象及其内部构成（包括属性和操作）与外部关系（包括静态和动态联系）有透彻的认识和清晰的描述，而不是把这些问题留到程序员编写代码时才考虑。程序员的主要任务只是用具体的数据结构来定义对象的属性，用具体的语句来实现业务流程图所表示的算法。面向对象的程序设计产生的程序对应于面向对象的设计模型；面向对象的设计模型中一部分对象对应于面向对象的分析模型，其他对象对应于与具体实现相关的因素；面向对象的分析模型中全部类及对象都对应于问题域中的事物。这样的映射关系不但提高了开发的效率和质量，而且对后续的维护工作大有裨益。

（4）面向对象的测试

对于用面向对象的分析和设计方法建立模型并用面向对象的程序设计语言编写的软件，面向对象的测试（object-oriented testing，OOT）能够更准确地发现程序错误。其原因在于：封装性使对象成为一个独立的程序单位，只通过有限的接口与外部发生关系，从而大大减少了错误影响的范围。面向对象的测试以类作为基本测试单位，错误影响的范围主要是类所定义的属性和操作，以及其对外接口（消息）所涉及的部分。此外，由于继承性的存在，面向对象的测试在完成了对父类的测试后，对于子类只是重点测试那些新定义的属性和操作。

（5）面向对象系统的维护

在面向对象系统的维护（object-oriented system maintenance，OOSM）中，程序与问题域是一致的，各个开发阶段也都使用相似的概念和表示方法，从而降低了理解和维护系统的难度。无论是由于发现了程序中的错误而逆向追溯到问题域，还是由于需求发生了变化而从问题域正向跟踪到程序，都是很方便的。

6. 基于统一建模语言的面向对象系统建模

统一建模语言（unified modeling language，UML）是面向对象系统的标准化建模语言。UML 因其简单、统一的特点，能够表达系统设计中的动态和静态信息，已成为可视化建模语言的工业标准。通过 UML，系统开发人员能够阅读和交流系统的架构、设计与规划，就像建筑行业使用设计图一样。由于篇幅所限，表 12.7 概括地列出了 UML 模型图的分类及其说明。关于 UML 建模规范和可视化展现，读者可以参考相关的文献，并尝试完成第 17 章的"课程设计 17.2"。

表 12.7 UML 模型图的分类及其说明

类 型	模 型 图	说 明
用例图	用例图	从用户的角度描述系统功能，并指定系统功能的操作者，用于建立需求模型
静态图	类图	用于描述类的静态结构，展现对象、接口、协作和它们之间的关系
	包图	是由包和类组成的，用于描述系统的分层结构，以及包与包之间的关系
	对象图	是类图的实例，展现了一组对象以及它们之间的关系

类 型	模 型 图	说 明
行为图	活动图	用于描述系统中的活动及其之间的约束关系
	状态图	由状态、转换、事件和活动组成,用于描述对象所有可能的状态以及事件发生时的转移条件
交互图	顺序图	用于描述对象间的动态合作关系,强调对象发送消息的顺序,显示对象之间的交互
	合作图	用于描述对象之间的协助关系
实现图	组件图	用于展现组件的物理结构及其之间的依赖关系
	部署图	用于定义系统中软件和硬件的体系结构

12.7 信息系统开发的多种形式

12.7.1 信息系统开发形式的特点及比较

信息系统开发正朝着专业化的方向发展,出现了许多从事信息系统开发的企业。因此,可以采用外购/外包方案。根据外购/外包任务的多少,信息系统开发有 4 种形式:自行开发、外包编程、外包开发、购用软件包。从用户的角度来说,这些开发形式各有特点,如表 12.8 所示。

表 12.8 信息系统开发形式的比较

项 目	自行开发	外包编程	外包开发	购用软件包
系统分析能力要求	需要	需要	不太需要	不需要
系统设计能力要求	需要	需要	不太需要	不需要
编程能力要求	需要	不太需要	不太需要	不需要
系统的可维护性	容易	容易	比较困难	困难
程序的可维护性	容易	困难	困难	困难
开发费用 (用于单位外部)	小	大	大	小
开发费用 (用于单位内部)	大	中等	小	小
开发风险	大	比较大	比较大	小
其他说明	开发时间长,但可以得到能够满足本单位需求的系统,并可以培养自己的开发人员;需要进行一定的咨询	单位需要具备系统分析与设计能力,最好还有编程能力;外包之后,由本单位编写并提供系统说明和程序说明是不可少的	由专业公司全面负责系统分析、设计和实施工作。由于双方在信息技术知识方面的不对称性,需要第三方咨询机构参与	明确软件包是否符合本单位的需要,应由精通业务的人员选购软件包;单位还应具有检验软件包性能的能力

12.7.2 购用软件包形式的主要内容

购用软件包是一种常用的信息系统开发形式，被很多企业所采用。软件包是指针对目标用户群的共同需求开发的、可以在市场上销售的应用程序。SAP、Oracle、用友、金蝶等公司都是国内外知名的 ERP 软件包供应商。对软件包进行评价和选择（即软件选型）通常需要考虑以下因素：功能适应性、环境适应性、所需要的硬件和软件资源、维护可得性、文档完备性、供应商质量和成本等。

购用软件包也需要历经系统开发生命周期，但与其他几种系统开发形式（如自行开发、外包编程、外包开发）不同，购用软件包在各个阶段的任务分别是：① 信息系统分析阶段：明确问题和需求、提出解决方案、评估与选择供应商和软件包；② 信息系统设计阶段：进行软件包配置、设计二次开发方案、准备必要的硬件、培训技术人员、设计业务流程；③ 信息系统实施阶段：安装软件包、实施二次开发、设计程序结构、进行系统切换、培训用户；④ 信息系统运行管理阶段：发现和解决问题，对软件包进行评价，并进行必要的维护。

软件即服务（SaaS）是一种新兴的软件应用模式。在这种模式下，供应商将软件统一部署在自有的服务器上，客户根据自己的需求，通过互联网向供应商订购所需的软件服务，按订购服务的规模和时间长短向供应商支付费用，并通过互联网获得供应商提供的服务。

◇◇◇◇◇◇ 案例 12.1 RC、WX 和 YY 公司的信息系统开发方法 ◇◇◇◇◇◇

刘飖、王伟和高松是三个即将毕业的信息管理专业本科生，他们经常聚在一起交流校园招聘时的面试体会。虽然他们一开始都有些紧张，甚至不知所措，但通过面试还是学到了不少东西。

刘飖回忆道："刚开始，我不能确信自己是否知道他们在谈论什么。"在面试中，刘飖在数据建模方面的知识给 RC 公司留下了深刻的印象。在第三轮面试时，他参观了 RC 公司的数据中心。同时，面试人员花费大量时间向他介绍了公司的信息系统开发方法，并演示了所使用的 CASE 工具。RC 公司从一家咨询公司购买了一套成熟的信息系统开发工具——IM One。多数员工认为这种系统开发工具与众不同，并为此感到骄傲，因此花费大量精力来学习并适应 IM One。刘飖强调说："这引起了我的注意，但此后他们开始向我讲述系统开发生命周期、数据流程图、事件、实体-联系图以及诸如此类的东西。"刘飖发现 IM One 中的许多概念都来自结构化方法经常使用的模型和技术。

"我明白你的意思，"高松接下来说（高松是班上公认的编程高手，熟悉多种编程语言），"WX 公司一直重复提到 OMT、UML 和 UP，以及一些称为 Booch、Rumbaugh 和 Jacobson 的人。但我随后发现他们使用的就是面向对象方法，他们很高兴我知道 C++ 和 Java。在我了解了他们使用的所有术语后，就不会有什么问题了。他们还说，以后会培训 Rational Rose，这是一种面向对象的 CASE 工具。"

王伟的经历与众不同，他说："一些人说系统分析与设计已经不再是大任务了，但我认为懂得这些知识将会节省我的很多时间。"王伟参观了 YY 公司，这家公司设有支持生产及库存控制的信息系统开发小组。王伟还说："他们想尽快开发系统并开始编码，没有文档，没有项目规划。我看了一些放在办公桌上的书，看起来他们好像已经读了大量有关信息系统分析与设计的内容。我还发现，他们使用极限编程及敏捷建模技术，但他们仅仅关注小项目所需要的最佳实践方式。这证明他们在建立原型时，是通过观察风险及编写用户材料来组织不同的工作的。我在项目主管的白板上看到一些类图及序列图的草图，这让我感到非常舒服。"

刘飐、高松和王伟都认为，在这样的环境中工作会有许多知识需要学习，但同时许多用来描述关键概念和技术的术语，他们在课堂上都已经学过。他们很高兴自己一直重视学习信息管理与信息系统课程中的基本知识，并且懂得信息系统开发所用到的许多方法。

案例思考题

该案例涉及哪些信息系统开发模式和信息系统开发方法？谈谈各种信息系统开发模式和开发方法的特点与不同之处。

本 章 小 结

信息系统开发非常复杂，而系统开发生命周期为信息系统开发提供了指导。在信息系统开发过程中，根据对问题域的理解程度，相应地采用"自顶向下"或"自底向上"的开发策略。同时要遵循"一把手"原则、优化与创新、充分利用信息资源、实用和实效、规范化、适应性等原则。信息系统开发与信息系统相关者密切相关，相关者包括用户、客户、技术人员、开发人员和第三方咨询机构。信息系统开发活动应该按照系统开发生命周期来管理，信息系统规划、信息系统分析、信息系统设计、信息系统实施与信息系统运行管理被认为是一种最基本的阶段划分方法。然而，标准系统开发生命周期难以满足现实中各类系统开发的要求，为此产生了诸多变体（即开发模式），如瀑布模式、渐增模式、原型模式、螺旋模式、统一过程模式和极限编程模式。信息系统开发方法有三种：结构化方法、信息工程方法和面向对象方法，本章分析了它们的基本特征及适用范围。另外，信息系统开发存在四种形式：自行开发、外包编程、外包开发和购用软件包。

习　题

1. 信息系统开发生命周期有多种划分方法，你认为信息系统开发生命周期应该包括哪些阶段？并说明理由。

2. 信息系统开发模式主要有哪几种？它们的演变过程是怎样的？各自的特点是什么？

3. 结构化方法、信息工程方法、面向对象方法的主要内容是什么？各有何特征？

4. 信息工程方法认为"数据是稳定的，处理是多变的"，对此你是如何理解的？

5. 信息系统的开发形式有哪几种？企业在选择信息系统开发形式时，应该从哪些方面进行考虑？

6. 信息系统的开发需要哪几个方面的人员参加？他们各自的职责是什么？

7. 访问一些信息系统咨询公司的网站。你能找到他们所使用的信息系统开发方法的信息吗？网站上描述他们的系统开发生命周期了吗？提供 CASE 工具了吗？

8. 考虑极限编程模式下的程序设计方法以及所采用的原则，即允许任意程序员在任何时候对任意代码进行修改；而其他开发模式和程序设计管理技术都不遵循这一原则，为什么？换句话，这项原则有可能存在哪些消极影响？对于这些消极影响，极限编程模式是如何消除的？

9. 软件即服务（SaaS）模式具有哪些优点和缺点？结合实际的 ERP 系统实施，谈谈 SaaS 可能会遇到哪些问题。

10. 简述 UML 模型图的基本类型及其特点。以某一应用为场景，下载 Rational Rose 工具，尝试绘制各类 UML 模型图。

11. 某软件公司正在讨论一个由于不能满足客户或技术需求而被迫放弃的项目，重新审视项目失败的原因以及风险管理过程。试分析在风险管理中，采取什么样的措施可以防止失败或者降低风险。

第13章

信息系统规划

┃学习目的┃

(1) 理解企业战略与信息系统战略之间的关系。

(2) 明确信息系统规划各个阶段的内容和步骤。

(3) 掌握信息系统规划的基本方法。

(4) 了解业务流程管理的概念和方法。

(5) 了解基于业务流程的信息系统规划方法。

(6) 掌握初步调查的方法以及可行性分析方法。

◇◇◇◇◇◇◇◇ **13.1 企业战略与信息系统战略** ◇◇◇◇◇◇◇◇

13.1.1 企业战略与信息系统战略的基本概念

信息系统开发是一项投资大、历时久、质量难把控的任务，如果规划不当，便很容易陷入进退两难的境地，不仅直接损失大，间接损失更是难以估量。然而，许多管理者在信息系统开发中往往过于关注特定业务系统的功能与性能，以及软件和硬件的选型，而忽视了信息系统的整体规划。尤其是他们没能将信息系统战略与企业战略保持一致，缺乏前瞻性，这为信息化的失败埋下了伏笔。

企业战略是对企业长远发展的全局性谋划。企业战略并不抽象，它是由愿景使命、政策环境、预期目标，以及确保这些目标实现的策略组成的。企业战略有三个层次，每个层次又包括不同类型的战略：① 公司层战略，包括加强型战略、一体化战略、多元化战略、防御型战略；② 业务层战略，包括成本领先战略、差异化战略、成本集聚战略、目标集聚战略；③ 职能层战略，包括生产战略、研发战略、营销战略、财务战略、人力资源战略、信息管理战略等。

信息系统战略是企业信息化建设要实现的目标以及实现目标的方法、策略、措施的总称。信息系统战略从属于企业战略，与生产、研发、营销、财务等战略同处于职能层战略。信息系统规划是基于企业的发展目标与经营战略制定的、面向企业信息化发展愿景的、关于企业信息系统整个开发过程的计划。简而言之，信息系统规划是过程，而信息系统战略是信息系统规划的结果。

13.1.2 信息系统战略与企业战略的匹配

企业战略是企业所有活动的出发点和归宿。信息系统战略虽然涉及企业的方方面面，但归根结底是整个企业系统的一个组成部分，因此必须服从和服务企业战略。

例如，某企业因产品质量存在问题，将其企业战略调整为建立全面的产品质量控制管理规程。这时，其信息系统战略就需要相应地调整为建立产品质量控制管理系统，以为新的企业战略提供支持。又如，某企业准备采取扩张型的竞争战略，但其销售部门难以通过人工方式来管理扩张后的市场，此时投资建设 CRM 系统就成为该企业的信息系统战略。再如，沃尔玛为了实施低成本战略，准备采用供应商管理库存（vendor managed inventory，VMI）模式。为了支持这一战略，沃尔玛开发了连续补货计划（CRP）系统，提高了供应商的预测和计划能力，使供应商管理库存模式得以实施。从宏观层面来看，各级政府的信息化工作也要遵循这一原则。目前，我国正在大力推进电子政务建设。在此背景下，电子政务的规划必须与当地的经济和社会发展规划保持一致。

然而，在信息系统规划过程中，人们仍面临诸多问题。例如：① 如何确保信息系统规划与企业战略相一致？② 如何为企业设计合理的信息系统总体结构，并在此基础上配置和开发应用系统？③ 对于有竞争关系的应用系统，如何拟定优先开发计划和资源的分配计划？④ 对于前面的工作，如何选择并使用行之有效的设计方法？这些将是本章论述的重点。

13.2 信息系统规划的内容与步骤

13.2.1 信息系统规划的内容

1. 了解现行系统的基本情况

现行系统的基本情况包括：① 组织的概况及存在的问题；② 组织的总体目标及基本策略；③ 外部环境（产业状况、法律法规、客户及供应商状况）；④ 组织内部限制（如组织的经营理念等）；⑤ 组织面临的风险及可承受的风险；⑥ 各方对信息系统目标的看法。

2. 分析现有资源

分析现有资源包括：① 清查现行系统的资源，如软件、硬件和应用系统等；② 分析现行系统的运行情况及相关费用；③ 对现行系统，包括应用系统、数据库管理系统等的组织策略、运行情况等进行评估；④ 分析业务流程，了解业务流程的现状、存在的问题，为后续的业务流程再造提供依据；⑤ 分析现行系统的运行组织及人员配置的合理性。

3. 设想信息系统开发方案

设想信息系统开发方案包括：① 初步确定信息系统的目标；② 确定信息系统的总体结构，以及功能、流程、数据资源框架；③ 确定信息系统的开发策略、开发模式、开发方法、开发形式，制订开发计划；④ 制订初步的资源计划。

4. 信息系统的可行性分析

信息系统的可行性分析包括：① 经济可行性分析；② 技术可行性分析；③ 社会可行性分析。同时，对信息系统开发的风险进行展望，并提出应对方案。

5. 预测信息技术的发展

网络通信、数据存储、数据处理等信息技术的推陈出新，都会影响信息系统的性能。对各种新技术兼收并蓄，有助于提升信息系统的先进性。

13.2.2　信息系统规划的组织

为了确保信息系统规划顺利启动并有效实施，需要建立相应的组织保障体系：

1. 成立信息系统规划领导小组

信息系统规划领导小组由组织高层管理者（"一把手"）负责，成员是来自各部门的业务骨干，他们的任务是完成业务与数据的调研和分析，以及规划制定工作。

2. 加强人员培训

为了确保信息系统规划的科学性与前瞻性，需要对高层管理者、系统开发人员和信息系统规划领导小组成员进行培训，使他们掌握制定信息系统规划的方法。

3. 加强规划进度管理

确定信息系统规划工作各个阶段的时间节点，对规划过程进行严格管理，避免因拖延而导致信任危机或项目被迫放弃。

13.2.3　信息系统规划的步骤

信息系统规划的基本步骤如图 13.1 所示。

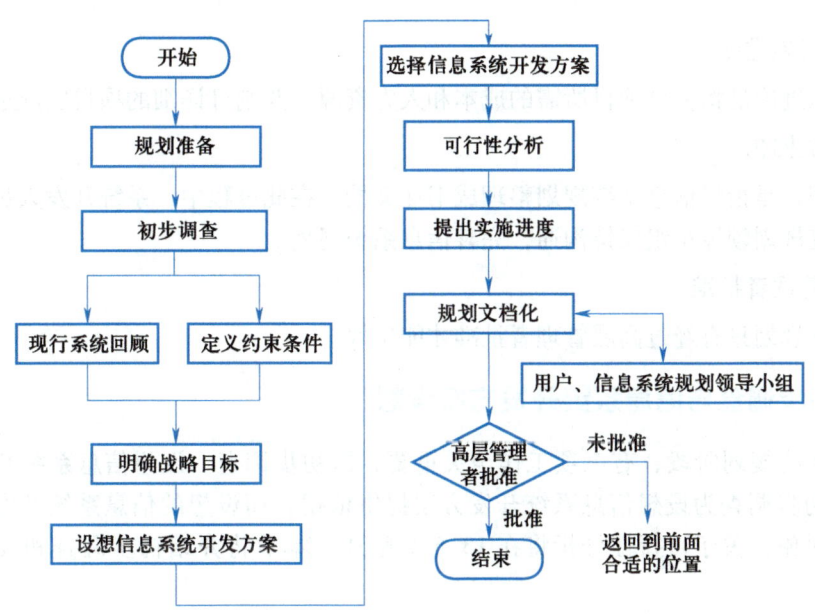

图 13.1　信息系统规划的基本步骤

1. 规划准备

规划准备包括：确定规划年限和规划方法；明确规划类型，即确定是集中式规划还是分散式规划，以及是进取型规划还是保守型规划；邀请专家成立信息系统规划领导小组，创建信息系统规划工作环境，启动信息系统规划工作。

2. 初步调查

初步调查的内容包括：用户需求、组织的概况、组织的对外关系、现行系统的概况及存在的问题、各类人员对信息系统的态度、信息系统开发所需的资源情况、各方对信息系统目标的看法等。

3. 现行系统回顾

现行系统回顾是指对现行系统的战略目标、开发方法、功能结构、财务情况、风险度和政策进行回顾，发现不足，明确改进方向。

4. 定义约束条件

定义约束条件是指根据单位（企业、部门）的财务资源、人力及物力等方面的限制，定义信息系统的约束条件和政策。

5. 明确战略目标

明确战略目标是指根据现行系统战略回顾和约束条件定义的结果，确定企业战略目标和信息系统战略目标，明确信息系统应该具有的功能、服务范围和质量等。

6. 确定信息系统方案

确定信息系统方案，包括设想信息系统开发方案，选择信息系统开发方案，并进行可行性分析。

7. 提出实施进度

提出实施进度是指估算项目所需的成本和人力资源，并制订详细的项目实施进度计划。

8. 规划文档化

规划文档化是指将信息系统规划整理成书面文档，在此过程中，系统开发人员要不断与用户、信息系统规划领导小组保持沟通，完善信息系统规划。

9. 高层管理者批准

信息系统规划只有经过高层管理者批准才能生效。

13.2.4 初步调查与信息系统开发方案设想

在信息系统规划阶段，有三项工作至关重要，即初步调查、设想信息系统开发方案、可行性分析。初步调查为设想信息系统开发方案提供依据，而设想的信息系统开发方案又是可行性分析的对象。关于可行性分析将在 13.5 节阐述，本节将介绍初步调查和设想信息系统方案。

1. 初步调查

用户提出开发信息系统的初步需求后，信息系统规划领导小组召集专业人员，组建调查团队，启动初步调查。初步调查的参与者不一定多，但要有工作经验。初步调查的目的是：① 通过与企业管理者进行讨论，明确信息系统的目标；② 对现行系统进行调查，评估是否具备开发信息系统的基本条件。

初步调查要有针对性，通常从"六度"着手分析：企业内部对信息系统功能的需求度、企业基础数据管理对信息系统的支持度、企业现有资源对信息系统的承受度、现有技术条件为信息系统开发提供的可行度、企业管理者对信息系统的期望度，以及企业管理者对信息系统运行模式的适应度。

初步调查的范围要广，但不一定很详细。初步调查的内容具体包括以下几个方面：

（1）用户需求

初步调查，就是从深入了解用户提出信息系统开发请求的缘由和对信息系统的期望入手，考察用户对信息系统的需求。例如，某生产企业由于业务扩大，原来由人工编制生产计划和进行库存管理的方式已不能满足生产的需要，因而提出了利用信息系统完成上述工作的需求。提出信息系统开发请求的通常是企业管理者，因为他们对管理中存在的问题有着深刻的感受。然而，企业管理者对问题的认识往往是感性的、模糊的，这就要求系统开发人员与企业管理者进行密切合作，一起提炼和定义问题，逐步将问题明朗化。

（2）组织的概况

组织的概况包括组织性质，组织结构，组织规模，发展历史，生产过程，厂区布局，系统目标，人力、物力、设备和技术条件，管理体制，经营状况，以及各项经济指标的完成情况等。

（3）组织的对外关系

组织的对外关系包括：组织与哪些外部实体（如供应商、客户、竞争者、政府部门等）有业务联系或从属关系；它们相互之间有哪些物资或信息来往关系；哪些环境条件（包括自然环境和社会经济环境）对该组织的活动有明显的影响。

（4）现行系统的基本情况及存在的问题

了解现行系统的基本情况，剖析现行系统存在的问题和不足。

（5）相关人员对信息系统的态度

相关人员包括企业高层管理者，以及管理部门、基层单位、有业务联系的外单位的相关人员。需要了解他们对现行系统是否满意，对什么地方不满意，希望如何改变，以及持有上述看法的理由。

（6）信息系统开发所需的资源情况

要了解开发信息系统需要投入多少人力，需要具有何种技术水平及管理水平的人，需要什么设备、多少设备，需要花费多长时间；还要了解现有设备中有哪些是可以利用的。

（7）各方对信息系统目标的看法

对于企业管理者初步提出的要求，如信息系统的吞吐量、响应时间、容错能力、审核能力和使用方法等方面的要求，进行量化分析，确定定量的标准。

2. 设想信息系统开发方案

在初步调查的基础上，系统开发人员与用户一起围绕以下问题进行讨论并得出结论：现行系统是否有彻底重建的必要性；如果有彻底重建的必要性，新的信息系统开发方案应该是怎样的，该方案的可行性如何，等等。设想信息系统开发方案包括以下几个方面：

（1）初步确定信息系统的目标

依据企业管理者提出的开发请求，并结合初步调查的结果，系统开发人员初步确定信息系统目标。需要说明的是，在此之前，系统开发人员必须深入了解企业管理者的实际需求及遇到的问题，否则可能会导致开发工作偏离方向，最终无功而返。

信息系统目标是信息系统将要达到的运行指标，它是评价信息系统的主要依据，其基本特征如表 13.1 所示。

表 13.1 信息系统目标的基本特征

特 征	说 明
整体性	表示信息系统的目标是信息系统各个组成部分的共同努力方向，需要各个组成部分协调、合作才能实现
多重性	表示信息系统的目标是一个目标体系，并非单一的目标，各个目标之间既相互关联又各具特色，体现了差异性和主次性
依附性	表示信息系统的目标不是凭空制定的，而是依据企业战略目标制定的
长期性	表示信息系统的目标需要经过长期的努力，根据企业的资源状况、外部环境等多方面的因素分期、分批、分阶段地实现
适应性	表示信息系统的目标具有良好的适应性，能够适应环境的变化

具体来说，信息系统目标应该包含以下内容：① 节省成本和日常费用开支；② 提高工作效率和减轻劳动强度；③ 提高信息处理的速度和准确性；④ 实现各种新的处理功能；⑤ 提高决策的科学性；⑥ 为服务对象提供更多的信息服务。

需要指出的是，在信息系统规划阶段不必将信息系统目标定义得非常具体。随着系统分析和设计工作的深入，信息系统目标也将逐步具体化和定量化。

（2）确定信息系统的总体结构，以及功能、流程、数据资源框架

确定信息系统的总体结构，包括明确信息系统对各管理层次的支持功能，确定信息系统在辅助管理与决策方面的作用。确定信息系统的功能、流程、数据资源框架包括初步划分子系统并确定其功能，确定信息系统的规模；对关键的业务流程进行识别和诊断，对数据资源提出初步的管理方案。

（3）确定信息系统的开发策略、开发模式、开发方法、开发形式，制订开发计划

根据信息系统的目标和功能，确定合适的开发策略，如"自顶向下"的开发策略、"自底向上"的开发策略或综合开发策略；确定信息系统的开发模式，如瀑布模式、渐增模式、原型模式、螺旋模式、统一过程模式、极限编程模式等；确定信息系统的开发方法，如结构化方法、信息工程方法、面向对象方法等。确定信息系统的开发形式，如自行开发、外包开发、购用软件包等；确定信息系统各个子系统开发的优先级，并制订信息系统开发计划。

（4）制订初步的资源计划

制订初步的资源计划，包括制订硬件计划、软件计划、网络计划和人员计划等。该项工作旨在做好信息系统开发的经费预算。

◇◇◇◇◇◇ **13.3 信息系统规划的方法** ◇◇◇◇◇◇

13.3.1 信息系统规划方法分类

企业战略的制定方法有多种，如面向市场竞争环境的五力模型、面向组织内部竞争力的SWOT 分析、面向产品市场分析的波士顿矩阵、面向多元化行业定位的通用矩阵（GE 矩阵）

等。这些方法也适用于信息系统战略的制定。本节将介绍信息系统规划所特有的方法，主要有四种类型，如表 13.2 所示。

表 13.2　信息系统规划方法的类型

类　　型	基　本　特　点	代表性方法
面向底层数据的信息系统规划方法	以数据为中心，关注数据的准确性和一致性，涉及数据实体的识别和抽取，以及数据库逻辑设计；但不适合进行企业战略分析	企业系统规划法 战略系统规划法
面向决策信息的信息系统规划方法	以决策信息为核心，侧重于处理企业战略与信息系统战略之间的关系，但不适合进行企业过程建模	关键成功因素法 战略目标集转移法
面向业务流程管理的信息系统规划方法	分析业务流程的价值创造过程，对业务流程进行梳理和优化，使其创造的价值最大化，从而达到增强企业竞争力的目的	业务流程再造 价值链分析法
面向供应链管理的信息系统规划方法	将内部流程管理向企业的上下游拓展，依托供应链的优势提升企业竞争力；以价值链为研究对象，通过分析价值链的风险和收益，制定相应的决策	战略网格模型法

本节将介绍关键成功因素法、企业系统规划法和战略目标集转移法。

13.3.2　关键成功因素法

关键成功因素（critical success factor，CSF）法是一种重要的信息系统规划方法，它强调识别出影响企业战略实施的关键任务，即关键成功因素，并据此来确定企业的核心数据需求，从而指导信息系统的开发。关键成功因素是由行业、企业、管理者以及周围环境共同形成的，其特点是：① 关键成功因素是少量的、易于识别的、可操作的目标；② 关键成功因素可以确保企业战略成功实施；③ 关键成功因素可以决定组织的信息需求。关键成功因素可以通过与高层管理者面谈、产业结构分析、专家咨询、内部分析等方式得到。

关键绩效指标（key performance indicator，KPI）是关键成功因素的量化指标，也是管理者把控关键成功因素的依据。一个关键成功因素对应若干关键绩效指标。表 13.3 所示的是某超市的关键成功因素和关键绩效指标。

表 13.3　某超市的关键成功因素和关键绩效指标

关键成功因素	关键绩效指标
定价	各个产品系列的库存更新率
季节性商品促销	今年与去年同期的产品库存分析
广告效力	各个产品系列所占的市场份额

图 13.2 描述了关键成功因素、关键绩效指标与企业目标以及信息系统之间的关系。在企业目标确定之后，管理者将围绕这个目标，关注关键绩效指标，把握关键成功因素的状况。若企业目标得以实现，管理者则会制定更高一级的目标；若企业目标没有实现，管理者则会及时进行调控。在传统方式下，关键绩效指标需要依赖下级的统计和汇报，显然存在滞后性。当信息系统得到合理规划并实施后，它能够覆盖企业的核心业务。这时，关键绩效指

标及其对应的关键成功因素状况可以通过信息系统实时获取，有利于管理者在第一时间做出响应。

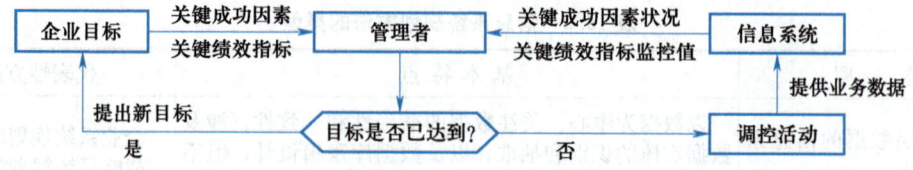

图 13.2 关键成功因素方法中企业目标、管理者和信息系统之间的关系

企业的信息需求是由关键成功因素决定的，关键成功因素法通过识别关键成功因素，找出实现企业目标所需的信息集合，从而确定系统开发的类型及顺序。其基本步骤如图 13.3 所示：① 了解企业目标；② 识别关键成功因素；③ 识别关键绩效指标；④ 定义数据字典；⑤ 确定信息系统需求。

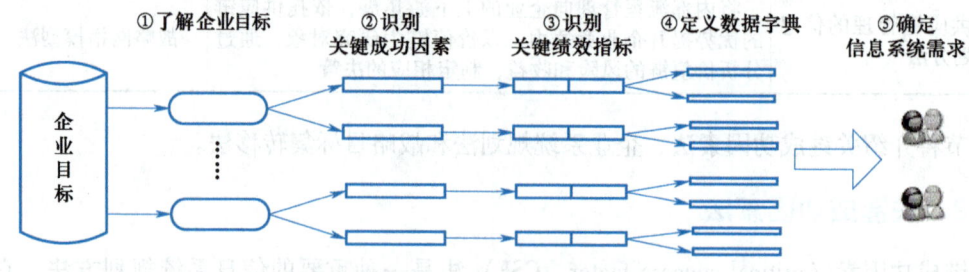

图 13.3 关键成功因素法的基本步骤

识别关键成功因素是关键成功因素法的重要环节。要先了解企业目标，从企业目标出发，可以看到哪些因素与之相关。然后，在这些相关的因素中，又进一步识别哪些因素是直接相关的，是影响企业目标实现的主要因素，哪些因素是间接相关的，是影响企业目标实现的次要因素。关键成功因素法通常采用树枝因果图作为识别工具，如图 13.4 所示。

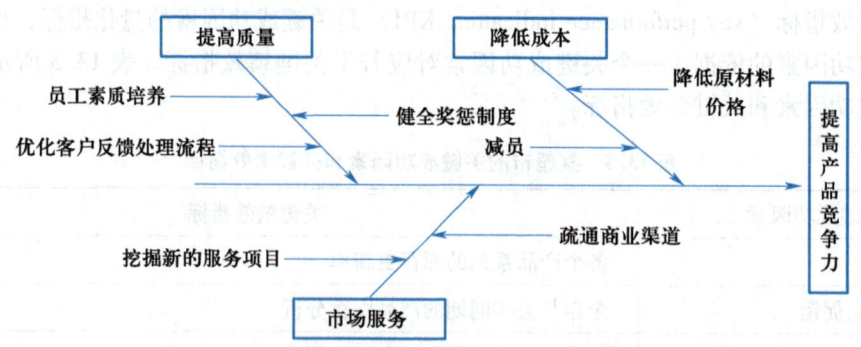

图 13.4 采用树枝因果图识别关键成功因素

不同的企业对关键成功因素的评价不同。习惯于个人决策的企业，可以由高层管理者个人在树枝因果图中选择关键成功因素；习惯于群体决策的企业，可以采用德尔菲法（Delphi method）将不同人设想的关键成功因素综合起来。关键成功因素法在习惯于个人决策的企业中的应用效果较好，因为高层管理者经常需要考虑什么是关键成功因素，因此能够比较容易地找到企业的关键成功因素。图 13.5 所示的是采用关键成功因素法进行信息系统规划的示例。

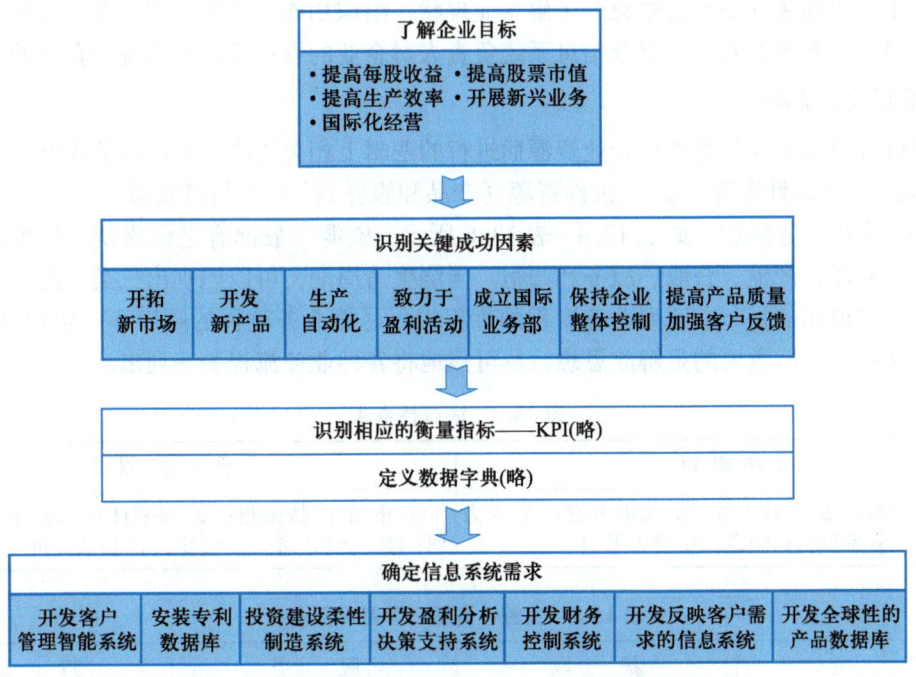

图 13.5　采用关键成功因素法进行信息系统规划的示例

13.3.3　企业系统规划法

企业系统规划法（business system planning，BSP）是一种根据企业目标制定信息系统战略的方法，其基本步骤如图 13.6 所示。

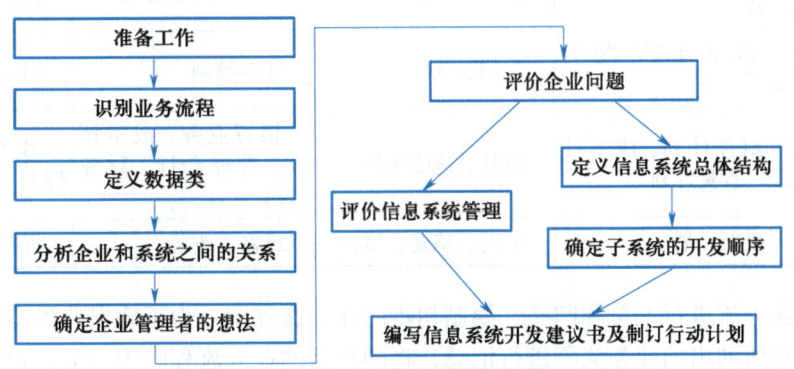

图 13.6　企业系统规划法的基本步骤

1. 准备工作

首先成立信息系统规划领导小组，由企业高层管理者担任组长，可聘请信息系统专家作为顾问。信息系统规划领导小组确定系统规划的范围（如业务职能、管理层次）。每个小组成员都要明确"为什么做""做什么""如何做"，以及期望信息系统达到的目标。

信息系统规划领导小组还要充分了解企业现状、组织功能、决策过程、关键人物、用户期望、用户对现行系统的看法，以及信息系统负责人对企业的看法及现行系统中存在的问题等。

2. 识别业务流程

业务流程是为了高效地管理企业资源而进行的逻辑上相关的决策和活动的集合。企业资源分为三类：① 协调性资源；② 关键性资源（产品和服务）；③ 支持性资源。

首先，列出业务流程，如表13.4~表13.6所示。资源一般都有生命周期。资源的生命周期包括四个阶段：产生、获取、服务和归宿。围绕生命周期，可以识别出三类资源所对应的业务流程。需要说明的是，在罗列业务流程的过程中，尽管业务流程的顺序不一定很合乎逻辑，规模也未必一致，但重要的是解放思想，尽可能地将各种业务流程一一列出。

表 13.4　协调性资源

战 略 规 划	管 理 控 制
① 经济预测；② 组织计划；③ 策略开发；④ 人力资源开发；⑤ 发展目标制定；⑥ 产品设计	① 市场/产品预测；② 薪酬计划；③ 员工培训计划；④ 运营计划；⑤ 预算；⑥ 绩效评价

表 13.5　关键性资源（产品和服务）

产 生	获 取	服 务	归 宿
市场计划、质量预测、作业计划、能力计划	工程设计、产品开发、质量检查、生产调度	库存控制、质量控制、包装、存储	销售、质量报告、发运

表 13.6　支持性资源

支持性资源	产 生	获 取	服 务	归 宿
人员	人事计划、工资管理	招聘、转业	培训、人事管理	离职、解雇、退休
原材料	需求计划、物料清单	采购、入库	库存控制	回收
资金	财务计划、成本计划、投资计划	拨款、应收账款	银行业务、成本核算、管理会计、财务分析	应付账款、分配管理
设备	更新计划	采购、基建、接收	维修、改装	折旧、报废

其次，对业务流进行汇总和归类，绘制初步的业务流程图。为了确保业务流程的完整性和一致性，需要对所列出的业务流程进行汇总，将同类型的业务流程归为一类，删掉重复的业务流程，在此基础上绘制初步的业务流程图，并写出简明的业务流程说明。图13.7所示的是一个初步的业务流程图示例。

最后，写出简要的业务流程说明。以"采购"为例，对于以合适的价格及时地获得符合质量要求的原材料这一业务流程，应该对如何选择和评价供应商、如何安排和实现订货、如何接收和检验原材料等细节进行描述。

3. 定义数据类

识别数据类的方法有实体法和流程法两种。

（1）实体法

先识别企业中的实体，再根据实体发现数据。企业中的实体有产品、客户、设备、原材料、资金及人员等客观事物。每种实体又可以用四种数据类，即计划型、统计型、文档型、事务型数据来描述。可以列出一个矩阵，实体位于水平方向，数据类位于垂直方向，如表 13.7 所示。

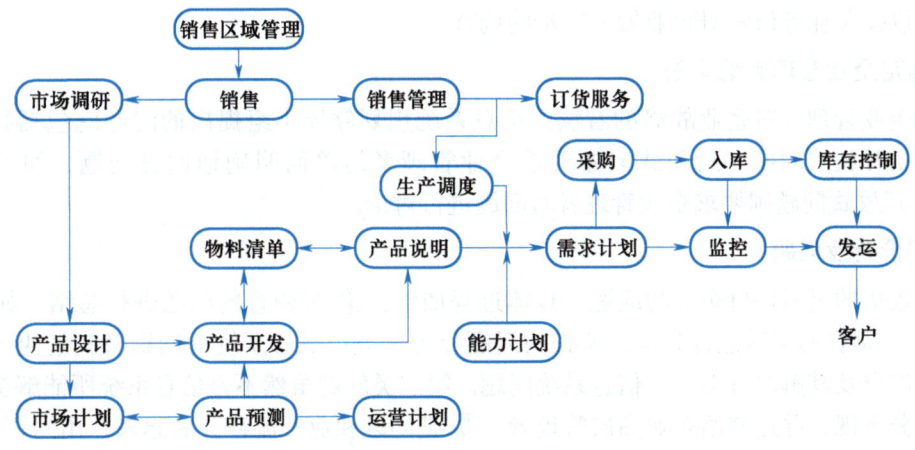

图 13.7　初步的业务流程图示例

表 13.7　实体–数据矩阵示例

数据类	产　品	客　户	设　备	原材料	资　金	人　员
计划型	产品计划	市场计划	设备计划	物流计划	预算	人员计划
统计型	产品需求	销售历史	设备利用率	需求历史	财务计划	人员统计
文档型	产品说明	客户档案	设备档案	物料清单	会计报表	员工档案
事务型	订货、退货	发运记录	设备使用记录	采购记录	应收账款	工作记录

（2）流程法

对于已经识别的业务流程，分析每个业务流程利用什么数据、产生什么数据，然后用输入–处理–输出图表达出来，最后识别出数据类。图 13.8 所示的是一个输入–处理–输出图示例。

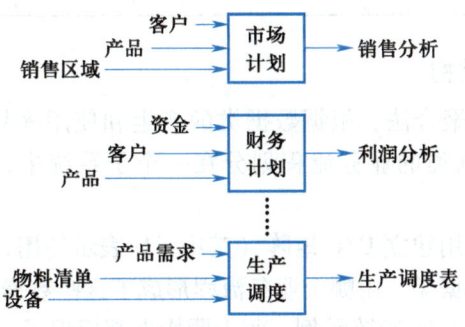

图 13.8　输入–处理–输出图示例

4. 分析企业和系统之间的关系

构造企业部门-业务流程矩阵，具体方法如下：在水平方向上列出业务流程，在垂直方向上列出企业部门。如果企业的某个部门是某个业务流程的主要负责者，则将对应的元素记为"＊"；如果企业的某个部门是某个业务流程的主要参加者，则将对应的元素记为"×"；如果企业的某个部门是某个业务流程的部分参加者，则将对应的元素记为"／"。在信息系统分析阶段，可以按照业务流程对企业做进一步的调查。

5. 确定企业管理者的想法

征询企业管理者对企业战略的看法。信息系统规划领导小组提出的问题既包括封闭式问题，也包括开放式问题。封闭式问题要求企业管理者简单而明确地回答问题，如"是"或"否"；而开放式问题则要求企业管理者对问题进行讨论。

6. 评价企业问题

根据收集的材料评价企业的问题，具体过程如下：① 对调查的问题进行总结，如表 13.8 所示。② 对调查的问题进行分类。调查的问题分为三类：现行系统的问题及其解决方案、待建系统的需求及其解决方案、非信息系统问题。第三类问题虽然不是信息系统所能解决的，但也应该充分重视，并递交给企业高层管理者。③ 把问题和业务流程关联起来，用问题-业务流程矩阵表示，如表 13.9 所示，其中的数字表示该问题出现的次数。

表 13.8　调查的问题总结表示例

主要问题	解决方案	价值说明	信息系统的要求	受影响的业务流程	产生问题的业务流程
生产计划不准，影响利润	计划自动化	改善利润；改善客户关系；改善服务和供应	生产计划	生产	生产

表 13.9　问题-业务流程矩阵示例

问　　题	市　场	销　售	工　程	生　产	原材料	财　务	人　事	管　理
市场/客户选择	2	2						2
预测质量	2		4	4				
产品开发			4			2		1

7. 定义信息系统总体结构

采用业务流程-数据类聚合法，根据数据类的产生和使用来划分子系统。尽量把产生数据类的业务流程和使用数据类的业务流程划分在一个子系统中，以减少子系统之间的数据交换。

根据数据类的产生和使用建立 U/C 矩阵（其中，U 表示使用，C 表示产生），它描述了支持某个业务流程需要哪些数据类，由哪个业务流程形成了这些数据类，这些数据类的使用者是谁。表 13.10 所示的是一个 U/C 矩阵示例，每个阴影框都标识了一个子系统。

表 13.10　U/C 矩阵示例

业务流程	计划	财务	产品	零件主文件	原材料单	供应商	原材料库存	成品库存	设备	过程工作	机器负荷	开列需求	日常工作	客户	销售区域	订货	成本	雇员
企业计划	C	U	U						U					U			U	U
组织分析	U																	
评价与控制	U	U																
财务计划	C	U								U								U
资本寻求		C																
研究			U												U			
市场预测	U		U											U	U			
设计与开发			C	C	U									U				
成品说明维护			U	C	C	U												
采购						C											U	
接收						U	U											
库存控制							C	C	U									
工作流图			U						C			U						
调度			U				U		U	C	C							
能力计划							U		U		C	U	U					
原材料需求			U		U	U						C						
运行										U	U	U	C					
领域管理			U											C		U		
销售			U											U	C	U		
销售管理															U	U		
订货服务			U											U		C		
运输			U					U								U		
会计总账		U				U								U			U	
成本计划						U										U	C	
预算会计	U	U								U							U	U
人员计划		U																C
招聘																		U
赔偿		U																U

8. 确定子系统的开发顺序

由于资源的限制，信息系统各个子系统的开发总是有先后顺序的，不可能全部同时进行。因此，在划分子系统之后，需要根据企业目标和约束条件，来确定子系统实施的先后顺序。一般来说，优先开发那些对企业贡献大的、需求迫切的、容易开发的子系统。

9. 编写信息系统开发建议书及制订行动计划

基于前期的工作成果，编写一份详细的信息系统开发建议书，并在此基础上制定行动计划。建议书和行动计划完成后，应组织相关部门和专家进行评审，以确保其科学性、合理性和可行性。

13.3.4 战略目标集转移法

1. 战略目标集转移法的基本思想

企业信息化建设失败的一个重要原因是信息系统战略目标设置不当。战略目标集转移法（strategy set transformation，SST）是一种确定信息系统战略目标的方法。从企业战略出发制定信息系统战略，可以使信息系统战略与企业整体战略保持一致。

战略目标集转移法认为企业战略目标是一个"信息集合"，由企业使命、企业目标、企业战略和企业支撑因素组成。

战略目标集转移法的基本过程是：识别企业战略目标，并将企业战略目标转化为信息系统战略目标，包括信息系统目标、信息系统约束和信息系统战略，如图 13.9 所示。图 13.10 给出了基于战略目标集转移法的信息系统规划示例。需要注意的是，企业战略若已经存在，则不必重新制定，只需要按照上述要求重新梳理即可。

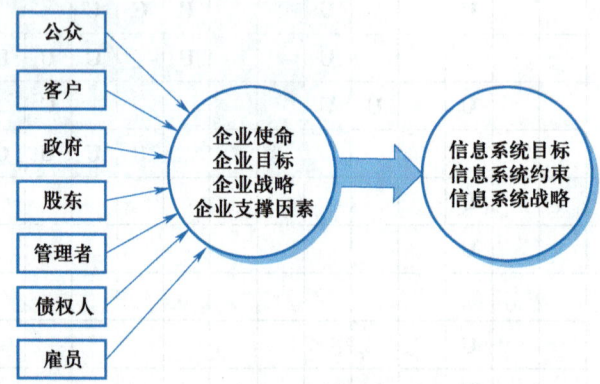

图 13.9 战略目标集转移法的基本过程

2. 战略目标转移法的步骤

（1）识别企业战略目标

企业战略目标是企业发展的宏观框架，分为企业使命、企业目标、企业战略和企业支撑因素四个层次。

① 企业使命是对企业存在价值的长远设想，是企业最本质、最总体、最宏观的"内核"。

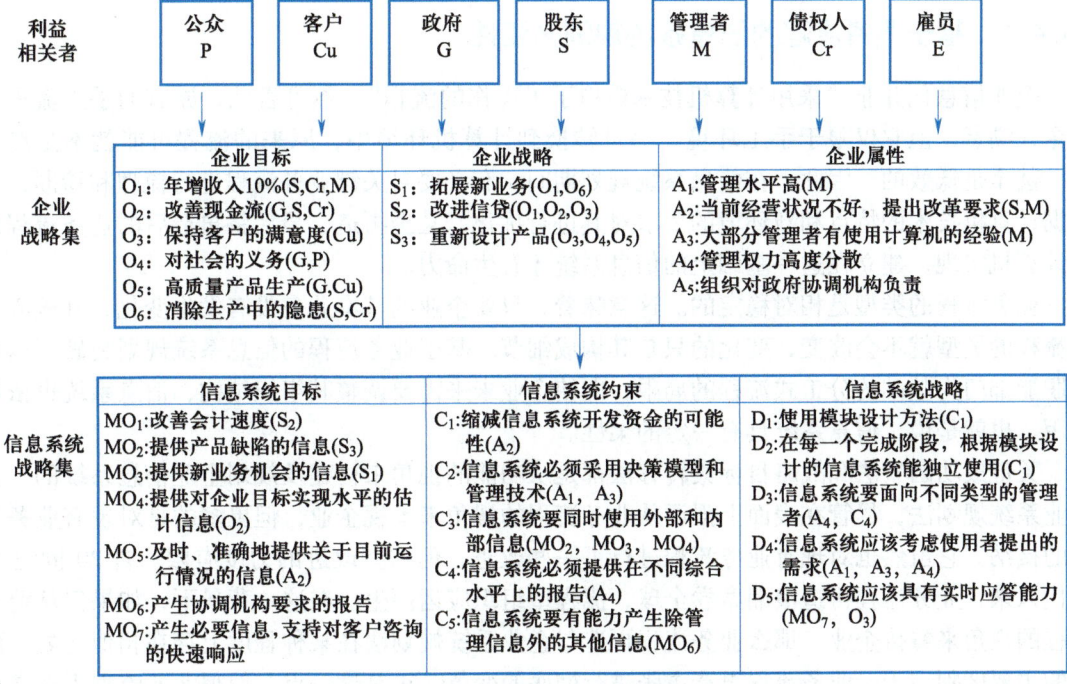

图 13.10　基于战略目标集转移法的信息系统规划示例

② 企业目标是企业在计划期内应该达到的标准。企业目标是根据企业使命制定的，具有层次性，包括总目标、分目标和子目标。

③ 企业战略是为了实现既定目标而确定的对策和举措。

④ 企业支撑因素包括行业和市场的发展趋势、企业面临的机遇和挑战、管理的复杂性、改革面临的阻力、环境对企业战略目标的制约等。

通常需要描述企业的利益相关者，如公众、客户、政府、股东、管理者、债权人、雇员等，然后分别识别每一类利益相关者对企业抱有何种期望，并加以汇总，最后整理出企业的使命、目标及战略。

（2）将企业战略目标转化为信息系统战略目标

信息系统是为企业战略目标服务的，所以制定信息系统战略目标必须以企业战略目标为依据。在确定信息系统目标、战略和约束条件的过程中，要逐一检查它是否对实现企业战略目标有利，并且要找出对企业战略目标有重大影响的因素，予以重点考虑。

13.4　基于业务流程的信息系统规划

业务流程也称为业务过程、经营过程、管理流程和管理过程等，是企业内部各种流程的统称。业务流程管理是用流程的观点分析和管理企业业务的系统化方法，是企业管理模式的一种变革。信息技术和信息系统是实现业务流程优化与创新的利器，也是实施业务流程管理的支撑技术。反之，信息系统的规划和设计必须以业务流程管理为中心。

13.4.1 基于业务流程的信息系统规划必要性

企业信息化并非"采用计算机技术模拟手工操作的流程"。不可否认，原有的手工流程或许令人满意，但它仅限于手工环境，一旦转换到计算机环境中，原来的流程可能就不是最优的，甚至是低效的。因此，在信息系统规划期间，有必要对关键业务流程进行梳理和诊断，并根据计算机技术的特点和新环境的要求对其进行优化，甚至再造，最后将再造后的业务流程通过计算机实现，建立在这一基础上的信息系统才有生命力。

业务流程的类型是相对稳定的。这意味着，只要企业的基本业务没有发生变化，其核心业务流程的类型就不会改变，变化的只是其构成细节。基于业务流程的信息系统规划突破了以现行职能部门为基础的分工式流程的局限，即使企业未来需要调整其组织结构，信息系统也依然适用。也就是说，信息系统具有一定的柔性。

关键成功因素法和战略目标集转移法都是从功能的视角来构建及规划企业信息系统的。而企业系统规划法，尽管在表面上强调从业务流程的视角来审视企业，但更多的是对现有业务流程的接纳。它虽然也对现有业务流程进行了一些改进，但这些改进的力度有限。自20世纪90年代以来，业务流程再造浪潮席卷全球，流程型组织应运而生。在这一背景下，如果仅从业务流程的视角来看待企业，那么业务流程再造与企业系统规划法在某种程度上存在相似之处。两者的主要区别在于，业务流程再造主张进行彻底的变革。正是这一点，使得业务流程再造在理念和实践上都比企业系统规划法更进一步，推动了企业系统规划法的发展。

13.4.2 基于业务流程的信息系统目标设定

企业信息化必然会引起业务流程变革，这将带来风险，企业应该量力而行，选择可以承受的业务流程优化目标，然后再设计信息系统规划方案。

信息系统的目标可以分为四个层次，即局部开发与应用、企业内部应用集成、业务流程再造、企业信息网络化重构，如图13.11、表13.11和表13.12所示。可以发现，不同的层次对企业管理的挑战也不同。这四个层次不仅代表了信息系统发展的不同阶段，也给企业管理带来了不同的挑战。层次越高，企业所能获得的潜在收益也越大，但与此同时，企业所需经历的变革也越剧烈，相应的风险也随之增高。尤为重要的是，这种深层次的变革可能会与企业现有的经营战略发生冲突。因此，在设定信息系统的目标时，企业必须审慎地考量其内部条件与外部环境，充分结合企业战略，以及对变革风险的承受程度。

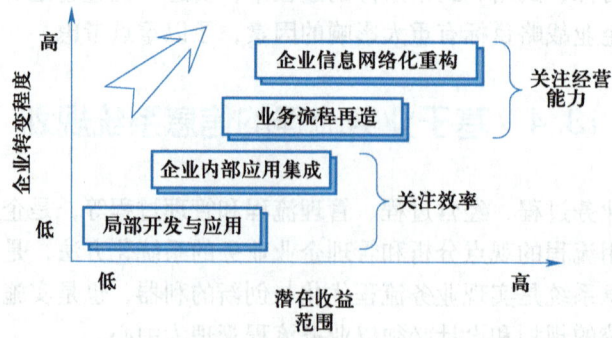

图 13.11 信息系统目标的四个层次

表 13.11 信息系统目标四个层次的比较（1）

信息系统目标的层次	基 本 要 点	企 业 价 值	变 革 影 响
局部开发与应用	运用信息技术重点优化增值的企业运作	提高效率	在一个职能部门内
企业内部应用集成	运用信息技术创造无缝的业务流程；反映了技术的集成性和组织的相关性	提高效率和效益	仅在几个职能部门之间
业务流程再造	对关键业务流程进行再造以提升企业的竞争力；将信息技术作为组织能力提升的利器	提高效率和效益，实现企业内部管理模式和组织的变革	企业范围之内
企业信息网络化重构	通过组织间信息系统，与业务伙伴联系，提供产品和服务；开发信息系统的能力以及合作和控制能力	初步形成网络化组织	跨组织变革

表 13.12 信息系统目标四个层次的比较（2）

信息系统目标的层次	主 要 优 势	弱 点	管理上的挑战
局部开发与应用	信息系统开发相对简单；组织变革的阻力最小	组织有其独特性，难以直接复制；缺乏组织学习	如何确定与企业成功关系最密切的领域；如何从局部数据管理上升到信息管理，再上升到知识管理
企业内部应用集成	支持全面质量管理；优化业务流程，以提高效率和客户服务的能力	只是对传统运作规则进行改进，只能发挥有限的作用	关注业务流程层面的集成和技术层面的集成
业务流程再造	传统业务流程阻碍了企业为客户提供高价值的服务；从传统模式转换到新的商业模式；有先行者优势	如果只是对已有的业务流程进行修改，则获得的收益是有限的；业务流程再造可能受到来自企业内外部的阻力	明确业务流程再造的原则；做好业务流程再造与组织变革中的变化管理；做好跨部门信息基础设施建设
企业信息网络化重构	提高企业在更大范围和领域内的竞争能力；优化组织关系，使企业保持快速的反应能力，满足个性化的用户需求	若不同组织间缺乏有效的合作方式，它们将难以提供具有差异化的竞争力。组织内部的系统若不完善，将会严重影响其向外部学习的能力	明确企业信息网络化重构的原则；将企业信息网络化重构的重要性提高到战略地位；合理调整绩效评估标准

13.4.3 基于业务流程的信息系统规划内容

功能、业务流程、数据类是信息系统规划需要考虑的三大因素。在进行信息系统规划时，人们可以从业务流程规划入手，定义数据类，然后依据业务流程与数据类之间的关系，通过聚类分析等方法来确定信息系统的功能。与此同时，信息系统的每一项功能在具体实现的过程中，又都涉及相关业务流程的设计。基于业务流程的信息系统规划的内容如下：

1. 流程规划

流程规划是指采用价值链分析等工具（见2.3.2小节），识别出关键业务流程以及需要再造的业务流程，提出基于信息技术的业务流程再造思路，形成系统性的业务流程规划方案。业务流程规划通常分为三个层面，如表13.13所示。

表 13.13　流程规划的三个层面

层　　面	说　　明
观念重建	大胆质疑，彻底反思，勇于创新，为基本信念、经营机制、企业文化、行为方式和组织形式的重建扫清障碍
流程重建	调研现有的业务流程，对关键业务流程进行诊断，初步提出基于信息技术的业务流程再造思路。需要注意的是，详细的业务流程设计方案要在信息系统分析阶段细化
组织重建	组建业务流程管理机构，制定企业内部业务流程的运转规则及业务流程之间的关系规则，营造与业务流程变革相适应的文化氛围，消除员工的恐慌和抵触情绪

2. 数据规划

数据规划是指对业务流程规划所产生和使用的数据进行识别，定义数据类。数据类是指支持业务流程的逻辑上相关的数据。数据类的定义方法可参见13.3.3小节。在大数据时代，企业信息化建设的思路正在由传统的"面向应用"向"面向数据"转变，这一转变更要重视数据规划。

3. 功能规划

功能规划涉及对数据类与业务流程之间的关系进行分析。在这一过程中，采用U/C矩阵识别子系统，并据此进行信息系统总体结构设计，最终识别并确定系统的功能模块。

4. 系统实施

根据信息系统总体结构，结合项目的紧急程度、重要性、资源需求等因素，对其进行优先级排序。依据确定的优先顺序，进行资源分配。在资源分配到位后，按照项目的优先顺序逐步推进实施工作。

13.4.4　基于价值链分析的业务流程规划方法

价值是企业所有活动的核心。企业的竞争优势主要来自价值链的优化，企业能在激烈的市场竞争中脱颖而出，往往得益于价值链的合理设计与执行。信息技术无处不在，已经渗透到企业价值链的各个环节。然而，在有限的预算下，信息技术难以面面俱到，对于信息技术到底应该在价值链的哪个环节介入，以什么形式介入，都需要进行战略性思考。可以在表13.13的基础上，借助价值链分析，思考价值链中的活动是否存在业务流程再造的必要性和可行性，进而考虑经过再造的业务流程对信息技术的需求，最终为信息系统规划的制定提供依据。

信息技术是通过改变价值链中活动的执行方式来影响价值链的。价值链的每个活动都包含物理上的实际部分和信息处理部分。实际部分包括执行活动所需的具体操作和任务，而信息处理部分则包括信息的获取、处理和传输。价值链每个活动的信息处理部分都可以被信息技术所支持，如表13.14所示。

表 13.14　信息技术对价值链各个活动的支持

活动	内　容	可用的信息技术	信息技术的作用
进厂物流	物料的接收、存储和生产线配送等	库存自动管理、物联网技术（RFID、传感器）	加速物料调拨，联机订货，保证安全库存，减小持有成本；实时监控库存状态，提高库存周转率
运营/制造	将投入的物料通过一系列加工、转换和组装转化为最终产品	过程控制、制造控制、智能制造（人工智能、机器学习）	自动化生产线，改善产品质量，缩短订货响应时间，服务创新；优化生产流程，提高生产效率
出厂物流	将生产出来的产品从工厂仓库运送到客户手中	在线订购系统、物流追踪系统、智能物流机器人	迅速、可靠地将产品或服务运送到订购处，互联网成为重要的零售渠道；实时监控物流状态，提高运输效率；自动化装卸，降低人力成本
销售与营销	产品的市场推广、销售和客户关系管理	市场分析软件、社交媒体营销、大数据营销	收集和处理客户及市场资料，辅助产品与营销策略设计；实时互动，提高品牌知名度；提供个性化销售支持，提高客户满意度和忠诚度；精准营销，提高转化率
服务	产品的维修、保养、技术支持和客户服务等	在线帮助中心、隐患诊断系统、远程服务技术（AR/VR）	降低维修费用，提高客户满意度；快速响应，提高服务效率；提供沉浸式服务体验，增强客户互动
行政管理	是组织的基础设施，包括企业的组织结构、财务系统、法律事务、综合管理等	电子邮件、办公自动化系统、云计算、人工智能助手	组织结构分散化，提高管理效率；实现数据共享，协同办公；降低 IT 成本，提高系统可用性；使日常事务处理自动化，提高工作效率
人力资源管理	员工招聘、雇佣和培训	人事资料数据库、招聘管理系统、在线学习平台	方便查看企业员工的资料与业绩，有利于人事决策；优化招聘流程，提高招聘效率；提供个性化培训资源，提高员工的技能水平
技术开发	产品设计、技术研发	计算机辅助设计与制造（CAD/CAM）、仿真软件、3D 打印技术	大量数据处理能力，从根本上改进生产质量与速度；降低研发成本，缩短研发周期；快速原型制作，加速产品开发进程
采购	供应商管理、采购策略、物流与库存管理等	在线查看供应商存货规划、电子采购平台、区块链技术	大范围即时比较最优价格，优化采购策略；与供应商实现库存管理协同，降低库存成本；提高供应链透明度，降低欺诈风险

　　第 2 章介绍过，在价值链中有些活动是增值的，而有些活动则是减值的。对于这两类活动，信息技术都可以发挥作用。这两种活动的区别在于：当将信息技术用于增值活动时，会直接导致价值增加；而当将信息技术用于减值活动时，则会提高相应的业务流程的效率，或者能够更好地满足客户的需求，从而减少价值的损失。

1. 确定增值活动

　　首先，对现有的业务流程进行全面梳理，通过对客户进行调研，确定哪些活动是增值最显著的。其次，将客户调研的结果在价值链上标出。也就是说，确定各个活动对增值的贡献占比，这个占比是根据客户调研结果得出的，占比大的就是价值链中的关键活动。客户调研的一个简单做法，是让客户评价各个活动对他们所获得的产品或服务价值的贡献，相关内容参见2.3.2 小节。

2. 确定减值活动

除了确定增值活动，确定减值活动也很重要。其客户调研方式与确定增值活动的情况类似。减值最多的关键活动，通常也是最需要信息技术支持的活动。那么，减值活动是如何产生的呢？以销售为例。销售有可能变成一种减值活动：当销售人员无法及时获取库存状况时，有可能是因库存不足而导致断货，从而影响企业在客户心目中的形象。在这种情况下，建立用于销售管理的信息系统就十分必要了。

◇◇◇◇◇◇ 13.5 信息系统开发可行性分析 ◇◇◇◇◇◇

可行性分析决定了信息系统是否能够立项。根据初步调查和设想的信息系统开发方案，系统开发人员根据系统环境、资源等条件，判断所提出的信息系统开发项目在经济、技术和社会三个方面是否具有可行性。例如，电子商务可行性分析更多地考虑经济可行性，而电子政务可行性分析则重点考虑社会可行性。

13.5.1 经济可行性

经济可行性分析是指分析开发信息系统所需的总成本和系统开发成功之后所带来的总收益，然后对总成本和总收益进行比较。当总收益大于总成本时，这个项目才值得开发。

1. 信息系统的费用

在估计信息系统费用时，主要考虑以下几个方面的内容：

① 设备费用：包括计算机硬件、软件、网络设备、辅助设施、云服务等方面的费用。

② 人力费用：人力包括系统开发人员和系统运行人员。人力费用不仅包含这些人员的工资，还包含培训费等。

③ 材料及其他易耗品的费用：如电费，打印纸、硒鼓等耗材的费用。

④ 管理费用：信息系统上线后会引起工作流程、岗位职责等的变化，因此需要投入额外的管理费用来应对这些变化。这些费用有的是一次性费用，有的是经常性费用，如系统监控、优化、风险管理等日常管理费用。

⑤ 维护费用：信息系统上线后，需要定期或不定期地对软硬件和辅助设施进行检查、保养和维护，同时还要对有关人员进行培训，由此产生的费用就构成了维护费用。

2. 信息系统的经济效益

信息系统经济效益并不像费用那样容易量化，因为有些经济效益难以直接用金钱来衡量。例如，信息系统通过优化工作流程，可以减少窝工现象；通过加强库存管理，可以减少资金积压；通过提供更加便捷、个性化的服务，可以提高客户的满意度和忠诚度。对于这类难以直接量化的效益，其大小通常由相关管理人员依据自身的专业知识和实践经验来进行估算。

通常从以下几个方面来考虑信息系统的经济效益：① 提供了哪些以前不能提供的信息？② 信息质量（如准确度、更新速率）有哪些提高？③ 是否能使企业完成以前无法或难以进行的信息处理工作？④ 是否提高了使用者查询信息的便捷程度？⑤ 是否通过自动化、智能化等手段，节省了企业的人力成本？⑥ 是否为高层管理者提供了更全面、更准确的决策信息？⑦ 是否改善了企业与供应商、客户、合作伙伴等之间的关系？

13.5.2　技术可行性

技术可行性包括：现有的技术条件能否满足信息系统开发的具体要求；信息系统所涉及的关键技术是否成熟，以及是否存在重大的技术风险和安全风险；所需要的物理资源是否具备或能否得到；等等。在进行技术可行性分析时，需要注意以下几个方面的问题：

1. 考虑信息系统开发所涉及的技术问题

信息系统开发涉及多种开发技术、软件和硬件平台、云平台、网络结构、系统布局、输入输出、数据安全技术，应该客观地分析这些技术对信息系统功能与性能的支持程度。

2. 尽可能采用成熟的技术

采用成熟技术开发信息系统具有较高的成功率。成熟的技术经过长时间和大范围的使用、补充和优化，其稳定性、可操作性、经济性比新技术好。鉴于此，在能够满足信息系统开发需要、适应信息系统发展并确保开发成本得到有效控制的前提下，应尽量采用成熟技术来进行信息系统开发。

3. 慎重引入新技术

有时为了解决某些特定的问题，或者确保信息系统具有更好的适应性，也需要采用新技术。在选用新技术时，需要全面分析所选技术的成熟度。

4. 全面考虑系统开发人员的能力

有些信息技术或许是可以采用的，但是如果系统开发团队中没有人掌握这种技术，那么这种技术对于信息系统开发来说就仍然是不可用的。

13.5.3　社会可行性

信息系统是一个社会-技术系统，因此，除了经济和技术因素，还有许多社会因素对信息系统的开发起着制约的作用。社会可行性涉及的内容比较宽泛，需要结合政策、法律、道德、制度、管理、人员等社会因素来考虑。可以从企业内部和外部两个方面，通过分析企业是否具备接受和使用信息系统的条件来分析信息系统开发的社会可行性。

1. 从企业内部看

① 调查高层管理者对信息系统的态度。如果他们对信息系统有误解甚至有抵触情绪，则说明开发信息系统的条件尚不成熟。在这种情况下，应该优先进行宣传和解释工作，以消除误解。或者，可以选择阻力较小的部门作为突破口，逐步推进信息系统的应用。

② 查看企业的业务流程是否稳定、管理制度是否完善，以及原始数据是否齐全。如果企业的业务流程仍在变动，管理制度尚未稳定，或者缺乏基本的原始数据，那么即使引入更先进的信息系统，也难以发挥其应有的作用。

③ 在特定的环境下，分析信息系统是否能够有效地支持工作并方便用户使用。需要考虑以下几个方面：手工业务流程、信息系统流程，以及这两种流程的相近程度和差距；信息系统所承载的业务的专业水平及其与企业实际需求的匹配程度；信息系统是否能满足用户的要求，即其功能和性能是否与用户的期望相符；信息系统的操作界面是否友好，用户是否能够轻松操作并高效使用；用户的技术水平、操作习惯和学习能力等。

2. 从企业外部看

① 分析信息系统是否会对社会效益产生负面影响，包括信息系统是否违反道德准则、法律法规或企业制度，以及是否会诱发信息伦理问题（如信息泄露、信息滥用等）。

② 考虑业务伙伴的信息化现状。在制定信息系统战略时，企业往往会受到供应链中其他业务伙伴的影响，特别是处于强势地位的企业。这些强势企业可能设定了特定的信息化标准，要求供应链上的其他企业遵循。因此，企业在规划信息系统时，需要充分考虑业务伙伴的信息化现状，确保本企业的信息系统战略与供应链的整体标准相协调。

③ 信息系统上线后，可能会改变原有的报表、票证格式。这些变化是否能够得到相关政府部门、监管机构或业务伙伴的认可，会直接影响企业的运营和利益。

13.6 信息系统规划方案书

13.6.1 信息系统规划方案书的组成

完成信息系统规划后，应该将其成果整理成信息系统规划方案书。该方案书是用文字、图表表示的信息系统开发指南，其提纲如表 13.15 所示。

表 13.15 信息系统规划方案书的提纲

提 纲	说 明
引言	信息系统名称、项目由来、信息系统目标和基本功能
现行系统概况	企业目标和战略、业务概况和存在的主要问题
信息系统开发方案	对信息系统进行简要说明，分析其对企业的意义和影响，提出主要方案及若干辅助方案，具体包括： • 信息系统的目标； • 信息系统的概念框架（信息系统建模）； • 信息系统的功能规划（功能图）、业务流程规划（业务流程图）、数据规划（数据库）； • 信息系统的平台规划（软件、硬件、网络设备、云平台）； • 信息系统开发方法（自行开发、外包编程、外包开发或购用软件包） • 信息系统开发计划（进度和项目组织） • 信息系统开发预算（总经费=设备费用+人力费用+材料及其他易耗品的费用+管理费用+维护费用+不可预见的费用） • 信息系统开发的组织架构（企业管理者、业务骨干、信息中心人员、系统开发人员）
可行性分析	• 经济可行性分析：从成本、收益以及两者之间的关系来分析； • 技术可行性分析：对提出的主要技术路线进行分析； • 社会可行性分析：从企业内部和外部的社会环境入手来分析
方案的比较	在对多个方案进行比较的基础上，给出信息系统开发方案
结论	得出可行性分析结论，并予以解释。结论包括以下五种情况：① 立即启动；② 需要额外增加资源才能启动；③ 需要等待外部条件成熟或内部准备充分后才能启动；④ 需要对目标进行调整或修改才能进行；⑤ 在现有条件下无法实施或实施后无法达到预期效果，因此不能或没有必要启动

13.6.2 信息系统规划方案书的审核

在信息系统规划方案书完成后，为了确保其可行性和有效性，需要进行严格的审核。审核会议是一个关键环节，参会人员除了企业高层管理者、部门管理者以及系统开发人员，还应当邀请有经验的专业人士参与。这是因为信息系统开发费用和经济效益估算往往高度依赖经验，而专业人士能够凭借其丰富的经验和专业知识，发现方案书中可能存在的问题，并做出更符合实际的判断。审核会议结束后，可能会出现两种结果：

1. 达成一致

如果各方对方案书的内容均无异议，那么将依据方案书的建议进行后续操作，包括立即启动信息系统开发工作、追加所需的资源、等待更成熟的时机、修改原定的目标，或者在某些情况下取消信息系统的开发计划。

2. 存在异议

如果各方对方案书的内容存在异议，对某些问题的判断不统一，那么需要视具体情况而定。如果这些不统一的判断不影响最终的审核结论，那么可以采取求同存异的方式，将存在异议的地方留待后续详细调查时解决。否则，就需要重新进行调查分析，并且这次的分析应该侧重于存在异议的问题，以确保方案书的准确性和可行性。

一旦信息系统规划方案书通过了审核，它就成为企业高层管理者、部门管理者以及系统开发人员的共识。该方案书不仅明确了信息系统的目标和功能范围，还详细规定了开发信息系统所需的资源条件。它将成为下一阶段工作的重要依据，指导整个信息系统的开发过程。

案例 13.1　某公司管理信息系统的规划

BG 变压器制造有限公司（以下简称 BG 公司）的杨总经理上任后发现，BG 公司的信息处理工作大部分依靠手工完成，效率低，易出错。即便有个别业务，如生产经营日报的汇总打印，使用了计算机，对生产管理也没有实质性帮助。杨总经理与公司高层管理者们经过商量，决定拨出专项经费，建立 BG 公司管理信息系统。

协调能力强的副总经理李凯被任命为 BG 公司管理信息系统开发项目的负责人。他接手后的第一项工作就是组建信息中心，并亲自担任信息中心主任；还任命了懂技术、讲原则、熟悉业务的张巍为副主任。此外，从公司内部选拔了 6 位熟悉计算机软件和硬件的年轻人加入信息中心。

随后，李凯和张巍拜访了 X 大学信息管理研究所的王教授，并委托 X 大学的专家成立咨询小组，负责公司信息化的咨询工作。李凯还邀请咨询小组为公司中高层管理者开办企业信息化系列讲座，旨在增强他们对企业信息化的理解，为管理信息系统的开发奠定基础。

之后，王教授带领咨询小组对 BG 公司进行了调研，了解其行业特点，以及公司的战略定位、业务状况和所面临的问题；还与公司各部门的管理者和业务骨干进行了面谈，摸清公司的核心业务、关键流程、数据资源，为进一步了解 BG 公司管理信息系统涉及的范围与内容打下了基础。

几周之后，根据收集到的资料，并借鉴同行业企业的经验，王教授带领咨询小组从 BG 公司的总体战略出发，明确了信息化建设的目标，列出了管理信息系统的功能需求和信息需求，并使用一些方法和工具对管理信息系统的各项功能进行了整理和分析，得到管理信息系统的总体结构，并据此进行了初步的经费估算，规划了人力资源分配和开发进度。最后，经杨总经理同意，分阶段开发管理信息系统，首先开发采购管理、销售管理、生产计划管理、生产调度、财务管理及总经理综合信息服务 6 个子系统。最终，咨询小组提交了《BG 公司管理信息系统可行性分析报告》。

BG 公司随后组织了一次研讨会。在研讨会上，王教授代表咨询小组向 BG 公司的各级管理者和外聘专家对管理信息系统的规划方案做了详细的报告。BG 公司各级管理者和外聘专家确认了规划方案的内容，并针对规划方案中的一些问题提出了修改意见与建议。

BG 公司与咨询小组就管理信息系统的开发经费与项目周期进行了谈判，双方同意以 220 万元的费用及一年半的时间完成该系统第一阶段的工程，并签署了合作协议。随后由 X 大学专家和 BG 公司信息中心的工作人员联合成立项目组，开展管理信息系统分析工作。

案例思考题

1. 分析 BG 公司在管理信息系统规划方面做了哪些工作？
2. 管理信息系统规划阶段需要哪些人参与？是技术人员还是管理人员？

案例 13.2　某集团公司财务信息系统的实施

某集团公司横跨多个产业，下属企业众多，其财务部门在年底编制和合并财务报表时，即便连续加班也依然忙乱。该集团公司的财务总监决定通过实施财务信息化来改变这一现象，该提议得到了集团公司总裁的支持。在咨询公司的建议下，财务信息系统从软件选型到上线都比较顺利，然而在实际应用中没有达到预期的效果。财务信息系统上线一年多了，财务部门仍然是两套账：一套是计算机账，另一套是手工账。到了年底，员工白天手工做账，晚上再把数据录入计算机，个个苦不堪言。

经过调查管理者发现，员工对财务信息系统缺乏深入理解，他们不知道系统中的数据是如何得来的，这些数据之间有什么关系。特别是在这两套账对不上时不知道应该如何选择。于是，咨询公司重新对财务信息系统进行了诊断，并提出了解决办法。试行了一段时间后，计算机账与手工账对得上了。随后，财务部门放弃了手工账，完全使用财务信息系统。

在财务信息系统运行了一段时间后，随着业务的发展，员工发现系统中产生了一些来源不明的数据。这些数据与手工账中的数据不一样，难以确定其是否准确，数据之间的审计追踪关系也不明确。员工对财务信息系统的意见也越来越大，这是财务总监所始料不及的。

案例思考题

1. 本案例中某集团公司财务信息系统建设混乱的根本原因是什么？如何解决这个问题？
2. 结合本案例，谈谈企业信息战略的定位问题。

◇◇◇◇◇◇◇◇　**本 章 小 结**　◇◇◇◇◇◇◇◇

企业信息化的投资越来越大，但很多信息系统并没有取得预期的回报，因此如何制定信息系统战略成为人们关注的问题。本章阐述了企业战略与信息系统战略之间的关系，对信息系统规划的内容、组织、步骤进行了详细的说明。接着介绍了四种信息系统规划方法，即面向底层数据的信息系统规划方法、面向决策信息的信息系统规划方法、面向业务流程管理的信息系统规划方法、面向供应链管理的信息系统规划方法，并着重介绍三种方法：关键成功因素法、企业系统规划法、战略目标集转移法。随后，介绍了基于业务流程的信息系统规划的必要性，并结合价值链分析，给出基于业务流程的信息系统规划的实施步骤。在信息系统规划过程中，要对企业开发信息系统进行可行性分析，因此本章最后对信息系统开发可行性分析进行了描述，并给出了信息系统规划方案书的提纲。

◇◇◇◇◇◇◇◇　**习　　题**　◇◇◇◇◇◇◇◇

1. 分析信息系统战略的意义，以及它与企业战略之间的关系。

2. 面向功能的信息系统规划与面向业务流程的信息系统规划各有哪些特点？它们的主要区别是什么？在信息系统规划过程中，企业选择信息系统规划方法的依据是什么？

3. 信息系统规划有哪些常用的方法？试比较它们的优缺点，并思考如何综合使用这些方法。

4. 信息系统开发的可行性分析应该从哪几个方面考虑？企业信息化和政府信息化在可行性分析上有哪些不同？

5. 阅读本章案例，并查阅相关资料，然后思考在信息系统规划过程中，企业应该注意什么问题，如何开展初步调查；给出信息系统开发的初步方案，并进行可行性分析。

6. 利用关键成功因素法和战略目标集转移法分别对图 13.5 和图 13.10 给出的例子进行细化，并绘制完整的框架图。

7. 企业战略制定的方法有很多，如五力模型、SWOT 分析、波士顿矩阵、通用矩阵等。请参考企业战略管理方面的资料，思考如何将上述方法应用到信息系统规划的制定中。

8. 有人认为"信息化"就是采用计算机技术来完全模仿手工操作的流程，以实现"自动化"，你同意"信息化＝自动化"这种观点吗？说明你的理由。

9. 信息系统规划解决的是"为什么"的问题，但是在实际的信息系统规划过程中，需要对企业进行初步调研，形成信息系统规划方案。这不是在解决"干什么"的问题吗？对此你如何解释？

10. 为什么说基于业务流程的信息系统规划突破了以现行职能部门为基础的分工式流程的局限？这样做有什么好处？

第14章

信息系统开发与运行管理

学习目的

（1）理解信息系统开发项目管理的目的与任务。

（2）了解信息系统开发项目管理的基本内容。

（3）了解信息系统运行管理的目标、内容与制度。

信息系统开发是一项艰巨而复杂的系统工程，存在许多不确定性因素。为了保证信息系统成功开发，需要按照工程项目建设的方式对信息系统开发进行管理。本章将对信息系统开发与运行管理进行介绍。

14.1 信息系统开发项目管理的目的与任务

14.1.1 信息系统开发项目管理的目的

项目管理是一种系统管理活动，旨在在一定的资源条件（如时间、资金、人力、设备、材料等）的约束下，有效地实现项目的既定目标（如项目完成时计划达到的质量、投资和进度）。这一过程遵循项目的内在规律和程序，对项目的全过程进行有效的计划、组织、协调、领导和控制。项目通常具有目标明确、阶段性强和生命周期明显等特点，而且为一次性任务。项目管理正是运用系统科学的原理，对这类任务进行管理。它的应用范围广泛，面向所有的工程项目，无论是传统的工程项目，还是软件工程项目、信息系统工程项目等，都在其管理范畴之内。

信息系统开发项目，尤其是大型信息系统开发项目，通常是一项涉及面广、需要投入大量资源且技术难度大的系统工程。它的实施会对整个企业产生巨大的影响。因此，只有按照系统的观点，运用现代项目管理的科学理念和方法对它进行控制，才能以较小的代价，获得较大的收益。

从20世纪60年代到20世纪70年代初期，许多信息系统开发项目都不能按期完成，而且所开发的信息系统面临可靠性差、性能不佳、成本控制不力等问题，究其原因是管理方法不当。于是人们开始将已在其他领域（如工程领域）成功运用的项目管理方法应用到信息系统开发项目的管理中来。虽然这些方法大多数都适用，但是信息系统开发项目管理有自己独有的特性，这些特性主要表现在以下几个方面：

1. 信息系统开发项目的无形性

与传统的工程项目相比,信息系统开发项目的进展不易直接观察,管理者看不到项目的进展情况,只能按照信息系统开发人员提交的文档来掌握其开发进度。这种无形性增加了项目管理的难度。

2. 没有标准的软件过程

工程学科拥有悠久的历史,许多工程过程已经经过验证并标准化。然而,在信息系统开发领域,人们对于开发过程与产品类型之间的关系尚缺乏清晰的认识,因此无法提供一个标准的信息系统开发过程。

3. 大型信息系统项目常常是"一次性的"

每个大型信息系统开发项目都是独特的,与以往的项目存在差异。因此,信息系统开发项目管理者过去的成功经验不一定能在新项目中发挥作用。

基于上述原因,信息系统开发项目常常面临延期、超预算、未达到预期质量目标等问题。为了解决这些问题,进行有效的项目管理至关重要。项目管理既可以帮助信息系统开发人员进行系统性思考,确保按照全局性的进度安排进行信息系统开发,也可以为项目的资源需求提供依据。同时,还可以实现项目的最优化控制,并生成准确、一致、标准的文档,从而提高成功开发信息系统的可能性,这也是信息系统开发项目管理的最终目的。

14.1.2　信息系统开发项目管理的任务

信息系统开发项目管理者的任务,就是确保信息系统开发项目能够全面满足预算、进度和质量的要求,并最终交付一个能够达到预定目标的信息系统。信息系统开发项目管理者负责信息系统开发的规划和进度安排。他们要对信息系统开发工作进行指导,确保项目能够达到要求的标准,同时还要对项目的进展情况进行监控,检查项目是否符合进度安排、是否超出预算等。

在信息系统开发生命周期中,各个阶段项目管理的主要目的是实现现实系统向计算机系统的转换。本章主要是借助软件工程的方法来实施信息系统开发项目管理。从软件工程的角度来看,信息系统开发项目管理的主要任务涵盖以下四个方面:

① 开发管理:包括拟定相关文档,预测并调配所需的资源,估算项目费用,安排工作任务和日程,定期进行项目评审,实施质量保证管理措施,撰写开发总结报告,以及处理意外情况等。

② 测试管理:包括制订测试计划,进行测试分析并编写测试报告,以及编制用户手册等。

③ 运行管理:包括组织和管理项目团队、管理设备与资料,以及进行财务预算与支出管理、作业时间管理等。

④ 项目完成后的评价管理:包括技术水平与先进性评价、经济与社会效益分析、信息系统内在质量评价、信息系统使用价值评估,以及信息系统的不足之处与改进意见等。

14.1.3　信息系统项目组的建立与人员配备

1. 信息系统项目组的建立

对参与信息系统开发项目的人员进行组织,使他们最大限度地发挥作用,对于成功完成信息系统开发项目来说至关重要。

要确保信息系统开发项目顺利启动，就要先建立项目的组织机构——项目组。项目组通常由负责项目管理、系统开发及相关职能的人员组成，并由项目组长或项目经理担任领导者，负责统筹和协调。项目组的规模通常根据项目经费的多少以及信息系统的大小来确定。

项目组可以根据实际的工作需求进一步分为若干小组。小组的数目和每个小组的任务应该依据项目的规模、复杂程度以及项目周期的长短来确定。可以设立的小组有过程管理小组、项目支持小组、质量保证小组、系统工程小组、系统开发与测试小组、系统集成与测试小组等。在建立项目组的过程中，应该充分利用项目组每个成员的专长，并采用正确的信息系统开发方法。

2. 人员配备

（1）人员数量

为了推进信息系统开发项目，应当合理地配置人力资源，即在项目的不同阶段适时调整人员配置，并恰当地把握用人标准。一个信息系统开发的快慢，取决于参与开发的人员的数量和素质。过去，在信息系统开发的整个过程中，多数项目恒定地配备人力资源。事实上，开发信息系统所需要的人力资源在编程与调试阶段达到顶峰，而在此阶段前后则会出现人力资源过剩的情况。

（2）项目组成员的角色分配

在信息系统开发项目中如何组建项目组并为项目组成员分配合适的角色非常重要。一个高效的项目组能够赋予其成员相应的权力，并明确他们的责任，使他们能够专注于自己的工作，提高信息系统开发效率。项目组中的每个成员都要根据自己所承担的任务进行时间、进度的估计和安排，同时他们必须深入理解企业和最终使用者的需求，以做出符合这些需求的决策。

微软公司采用了一个由 6 个明确定义的角色组成的组队模型，这些角色包括开发、测试、系统实施、用户教育、产品管理和程序管理，该模型允许项目组成员之间畅通无阻地交流。

此外，对于大型企业的信息技术机构来说，通常还需要服务项目组的"支持角色"，如数据库管理员、产品质量监督员等。

（3）对项目经理的要求

项目经理是领导者，其任务是确保整个开发项目顺利进行。他们负责协调系统开发人员之间、各级用户之间、系统开发人员和用户之间的关系。项目经理要在经常变化的环境下工作，因此他们的管理能力对于项目成功与否起着至关重要的作用。一般来说，项目经理是通才而不是专才，他们应该具备以下能力：

① 能够对用户提出的非技术性需求进行梳理和提炼，然后将这些需求转化为技术说明书，清晰明确地传达给系统分析员和系统测试员。

② 能够说服用户放弃一些不切实际的要求，同时确保用户的合理需求能够得到满足。

③ 具备解决综合性问题的能力，能够将看似无关的需求整合起来，明确"需要什么"以及"要解决什么问题"。

④ 能够与上级领导和用户进行良好的沟通，确保信息系统开发工作顺利进行。

14.2　信息系统开发项目管理的基本内容

14.2.1　信息系统开发项目的选择

信息系统开发项目任务一般由用户或项目经理提出。项目是否有价值需要经过论证，论证该项目是否能够提升企业的核心竞争力。如果项目对企业没有价值，则该项目会被取消。

1. 信息系统开发项目的选择方法

在选择信息系统开发项目时，通常可以采用以下几种方法：

（1）经济与财务法

经济与财务法主要包括投资回收期分析和成本效益分析两个方面。投资回收期分析用于确定项目回收的期望时间，即项目需要多长时间能够收回其初始投资。而成本效益分析则通过对比项目的成本和预期收益来评估其经济效益。当项目的时间跨度较长（如超过三年）时，还需要考虑资金的时间价值。为此，可以采用净现值和内部收益率这两个指标来进一步扩展成本效益分析，以更准确地反映项目的长期经济效益。

（2）多因素技术法

多因素技术法包括：检查表（checklist）方法，即按照设定的衡量项目重要性的指标和需求的最小可接受程度，对项目逐一进行检查；筛选法（screening）是检查表法的另一种形式，它预先设定标准，然后删除未达到这些标准的项目；项目简要描述法（project profile），即根据项目的重要性指标，对每个项目的性能进行说明，以方便决策者了解每个项目的优点和缺点。

这些方法都遵循相同的原则：首先确定衡量项目重要性的指标，其次评估每个项目对这些指标的满足程度，最后对评估结果进行量化并排序。

（3）数学规划法

数学规划法是一种在给定的约束条件和预算限制下，通过数学模型来求解最优项目组合或优先级排序的方法。它通常与项目简要描述法结合，为决策者提供一个基于数学优化的项目选择方法。

2. 信息系统开发项目的选择指标

（1）财务指标

财务指标除了包括前面提到的净现值、内部收益率、投资回收期，还包括利润指标和预算限制指标。这些财务指标的优点是易于使用。

（2）管理指标

管理指标包括企业目标支持度、企业竞争力体现度、企业决策支持度、可行性评估等。在这些指标中，企业目标支持度只是建议性的，并不需要对该指标进行精确的计算；企业决策支持度反映了信息技术在企业决策中的重要性；可行性评估是项目风险方面的指标。

（3）系统开发指标

系统开发指标包括项目保证组织有效运行的程度、项目的完成情况等。

14.2.2 信息系统开发项目的任务分解

信息系统开发项目与一般的工程项目类似，要对信息系统开发项目实施管理，难度很大。因此，通常采用分而治之的方法，即将信息系统开发分解为一组任务，对这组任务逐一加以解决，以降低任务处理的难度。当然，还可以将这组任务进一步分解为若干子任务，进而形成具有层次结构的任务群。这种方法称为任务分解结构（work breakdown structure）。

任务分解结构又称为任务分解，对信息系统开发任务进行分解，是对信息系统开发项目实施科学管理的基础。尽管进行任务分解需要投入一定的时间和精力，但这一投入将在后续的开发过程中逐渐显现出巨大的优越性。

1. 任务分解的一般内容

① 任务设置：是指在统一文档格式的基础上详细说明每项任务的内容、需交付的文档资料，以及任务检验标准等。

② 资金分配：是指根据任务的规模、复杂程度，以及实施任务所需的硬件、软件、技术等资源，来确定完成这些任务所需的资金及其在各项任务之间的分配情况。

③ 任务计划时间表：是指根据已设置的任务，明确每项任务的完成时间。

④ 保证任务完成的条件：是指在进行任务分解时考虑完成任务所需要的外部和内部条件。外部条件主要涉及需要参与该任务或协助该任务完成的人员，而内部条件则包括该任务按时完成所需要的设备、技术支持、后勤支持等。

2. 任务分解举例

图 14.1 所示的是采购管理信息系统开发项目任务分解的一个示例。该采购管理信息系统包括采购计划、询价、合同管理三个部分。采购计划部分通过产品、市场、专家建议等量化指标来生成采购计划；询价部分包含选择和价值计算两个模块，即先根据采购计划，利用计算机在标书中挑选符合要求的供应商，然后按大类计算所采购的各个物品的价值；合同管理部分是对所签订的合同进行管理。

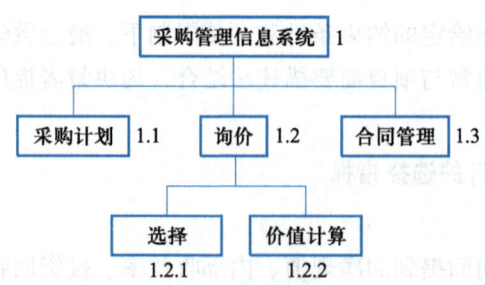

图 14.1 采购管理信息系统开发项目任务分解示例

在任务分解的过程中可以按照任务的层次对其进行编码，最高层次的任务为 1、2、3 等，对于其中的一项任务，如任务 1，可以将其分解为更具体的子任务，这些子任务被编码为 1.1、1.2、1.3 等。如果要对其中的某项子任务进行进一步分解，如任务 1.2，可以继续将其细分为更小的任务，并编码为 1.2.1、1.2.2 等，以此类推。在完成了任务分解和编码之后，可以将这些任务落实到具体的人员身上，并建立一个任务分解矩阵。在任务分解矩阵中，需要标明任务编号、任务名称及任务负责人，以确保每项任务都由专人负责。表 14.1 所示的是采购管理信息系统开发项目任务分解矩阵的一个示例。

表 14.1　采购管理信息系统开发项目任务分解矩阵示例

任务编号	任务名称	负责人： ×××	系统分析员： ×××	系统设计员： ×××	程序员： ×××	程序员： ×××
1	采购管理信息系统	审批	审查			
1.1	采购计划		审查	设计	实现	
1.2	询价		审查	设计		实现
1.2.1	选择		审查	设计		实现
1.2.2	价值计算		审查	设计		实现
1.3	合同管理		审查	设计	实现	

3. 任务分解过程中应特别注意的问题

（1）任务分解的数量要恰当

任务分解是项目管理的一项重要工作，它要求将项目目标细化为一系列可操作、可管理的小任务。然而，任务分解的数量并不是越多越好，也不是越少越好，而是需要找到一个平衡点。任务分解的数量如果过多，就会导致项目管理变得非常复杂，增加项目管理的难度和成本；如果过少，则会对项目组成员，特别是任务负责人提出更高的要求。他们需要在较短的时间内处理大量的信息和问题，这可能会影响整个项目的进度和质量。

（2）任务分解后应赋予任务责任人职权并明确责任

任务分解后，为了确保每项任务都能得到有效执行，需要为任务负责人赋予一定的职权，并明确其职责界限、对其他任务的依赖程度，以及确定约束机制和管理规则。

14.2.3　信息系统开发项目的计划安排

1. 计划安排

信息系统开发项目计划旨在为信息系统开发项目管理提供一个能够对资源、成本和进度做出合理估算的框架。这些估算应当在项目启动时做出，并随着项目的推进定期更新。任务分解是制订项目计划的基础，通过它可以生成任务时间计划表。

信息系统开发计划可以分为配置计划、应用软件开发计划、测试和评估计划、验收计划、质量保证计划、系统工程管理计划和项目管理计划等。

① 配置计划：涉及计算机硬件系统、软件系统配置的规划，具体包括建立系统基准，明确配置、选型、购置、安装调试的过程，以及在系统发生变化时保持基准稳定的措施，最终需要形成描述最终产品的文档。

② 应用软件开发计划：对开发、集成、测试软件的过程进行规划，涉及从需求分析到软件设计、编码、测试、集成的完整流程，旨在将用户需求转化为具体的项目。

③ 测试和评估计划：对整个系统进行集成和测试，向用户展示系统的工作情况，并准备将系统交付用户使用。

④ 验收计划：准备验收文档，确定如何将最终的系统提供给用户，并确保用户满意。

⑤ 质量保证计划：验证系统开发质量，确定外部产品的质量标准和检测方法。

⑥ 系统工程管理计划：管理全部系统开发任务，跟踪用户对系统开发的需求。

⑦ 项目管理计划：确定何时及如何完成任务，制定完成任务的策略和标准，协调各种计划之间的关系。

信息系统开发项目计划还包括培训计划、安装计划、风险管理计划等。在这些计划被制订出来之后，可以绘制任务时间计划表。任务时间计划表标注了任务的开始时间、完成时间，以及任务之间的相互依赖关系。为了方便管理和查看，可以根据任务的层次结构将任务时间计划表拆分成多张表。其中，主任务可以单独形成一张表，它是所有子任务时间计划表创建的基础。任务时间计划表不仅是项目报告的依据，还可以帮助项目组对整个计划的实施进行监控。任务时间计划表的创建方式有多种：既可以通过表格、图形的方式创建，也可以借助软件工具创建，具体采用哪种方式，取决于项目的实际需求和应用场景。

2. 进度安排的图示方法

信息系统开发项目的进度安排与任何一个多任务工作的进度安排基本相同，因此，只需要对用于一般多任务工作进度安排的技术和工具稍加修改，就可以将其应用于信息系统开发项目。

对于较大的项目来说，为了展现各项任务之间的相互依赖关系，通常采用图示方法进行描述。下面介绍几种典型的图示方法。在这几种图示方法中，必须明确标注各项任务的计划开始时间和完成时间；各项任务完成的标志（例如，用○表示文档编制完成，用△表示评审完成）；各项任务所需要的时间、人数、工作量，以及各项任务之间的衔接情况；完成各个任务所需的物理资源和数据资源。

（1）甘特图

甘特图用水平线段表示任务的工作阶段；线段的起点和终点分别对应任务的开始时间和完成时间；线段的长度表示完成任务所需的时间。

图 14.2 给出了一个具有五项任务的甘特图，任务名称分别为 A、B、C、D、E。图中的五条线段代表着完成任务的计划时间，在横轴方向上附加一条可以向右移动的纵线，用于表明随着项目的进展，已完成的任务（纵线扫过的）和待完成的任务（纵线尚未扫过的）。从甘特图上可以清楚地看出各子任务在时间上的对比关系。

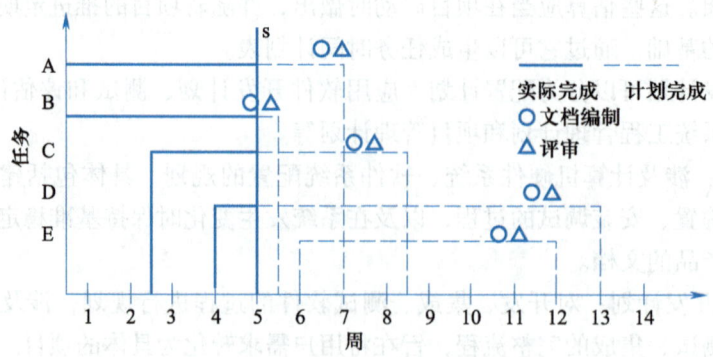

图 14.2　甘特图

在甘特图中，每项任务是否完成，不以能否继续下一阶段的任务为标准，而是将完成必须交付的文档并通过评审作为标准。因此，文档编制与评审在甘特图中被视为信息系统开发进度的里程碑。甘特图的优势是标明了各任务的计划进度和当前进度，能够动态地反映信息系统开发的进展情况。其缺点是难以反映多项任务之间存在的复杂的逻辑关系。

（2）关键线路法和计划协调技术

关键线路法（critical path method，CPM）和计划协调技术（program evaluation and review technique，PERT）是安排信息系统开发进度、制订信息系统开发计划的常用方法。它们通过网络图来描述一个项目的任务网络，即把一个项目从开始到结束应该完成的任务用图的形式表示出来。网络图通常由两张图构成：一张图给出了某个特定项目的所有任务，又称为任务分解结构图，另一张图给出了应该按照什么顺序来完成这些任务，以及各项任务之间的衔接关系，有时称为限制表（restriction list）。

关键线路法和计划协调技术都为信息系统开发项目计划制订人员提供了一系列定量工具，这些工具可以完成以下工作：

① 确定关键路径：分析项目中所有任务的执行顺序和持续时间，找出决定信息系统开发项目持续时间的任务链，即关键路径。

② 估算任务持续时间：借助统计模型，对每项独立任务的最可能的持续时间进行估算。

③ 计算边界时间：为具体的任务定义边界时间。重要的边界时间有：任务可以开始的最早时间；在不延误整个项目的情况下，任务可以开始的最迟时间；任务的最早完成时间；任务的最迟完成时间；在安排进度计划时，为确保关键路径上的任务能够按计划执行而预留的时间余量。边界时间的计算不仅有助于确定关键路径，还为项目经理提供了一种定量方法来评估项目的进展情况。

下面举例说明。考虑一个由五项任务组成的简单项目，如表 14.2 所示。

表 14.2　简单项目示例

任　　务	期限/周	前 置 任 务
A 估计完成项目的成本	12	无
B 报价工作和完成签约	1	A
C 建立系统	40	B
D 开发培训	20	B
E 实施系统	5	C、D

任务可以开始的最早时间。 首先需要确定一项任务可以最早开始的计划，即最早开始计划（early start schedule），其核心思想是，每一项没有前置任务的任务，都应当尽早开始执行。为了实现这一目标，可以采用关键线路法。关键线路法可以实现时间利用的最优化，它会给出每一项任务的执行计划，直到所有任务都被妥善安排。具体地，对于每项任务，都要确定最早开始时间（early start time），而最早完成时间是该任务的最早开始时间与其完成期限之和。表 14.2 所示的项目最早完成时间是 58 周，如表 14.3 所示。

表 14.3 简单项目示例

任 务	最早开始/周	最早完成/周	说 明
A 估计完成项目的成本	0	12	移交 B
B 报价工作和完成签约	12	12+1 = 13	移交 C 和 D
C 建立系统	13	13+40 = 53	
D 开发培训	13	13+20 = 33	与 C 相关,移交 E
E 实施系统	Max{53,33}	53+5 = 58	

用网络图表示。通常用网络图表示任务之间的关系,如图 14.3 所示。网络图虽然在任务的最早开始计划中不是必需的,但在最迟开始计划中对于排列任务来说非常有用。此外,网络图还能够为项目经理提供一个识别任务之间关系的可视化工具。

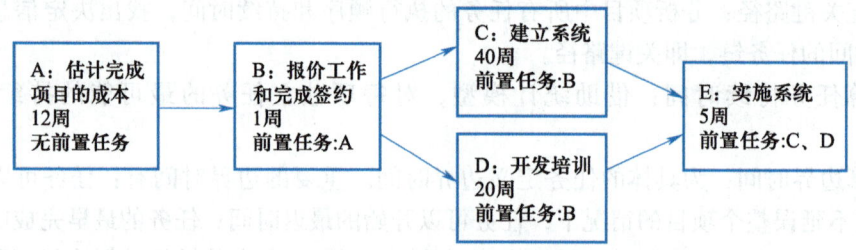

图 14.3 用网络图表示任务之间的关系

用 PERT 网络图表示。计划协调技术是关键线路法的改进,它考虑了任务持续时间的不确定性。需要对任务持续时间进行三种估算:最小持续时间(最乐观时间)、最可能持续时间、最大持续时间(最悲观时间)。最可能持续时间相对容易估算,但最大持续时间则很难估算。耗时最长的任务往往意味着该任务一直没完成。

为了有效地使用关键线路法或计划协调技术来进行项目进度管理,可以把网络图及相关的表格存入计算机,并配备相应的支持软件,使其成为强有力的项目进度计划管理工具。

14.2.4 信息系统开发项目的经费管理与控制

在信息系统开发项目管理中,经费管理是一个关键因素。项目经理可以通过合理运用项目经费这一经济杠杆,实现对整个信息系统开发工作的有效控制,达到事半功倍的效果。为了确保项目顺利进行,应当尽量让项目各项任务的负责人实现责、权、利的统一,即明确其职责、赋予其权力,并保障其相应的利益。同时,为了保障项目的顺利进行和经费的有效使用,还需要对项目进行适当的控制和管理。在信息系统开发项目的经费管理中,要制订两个重要的计划,即经费开支计划和预测计划。

1. 经费开支计划

经费开支计划包括完成任务所进行的资金分配,明确各项任务的责权,并考虑可能的超支情况。在制订经费开支计划时,需要结合信息系统开发的时间计划表,详细规划每个阶段的经费开支。若计划有变动，要尽早通知项目经理，以便及时做出调整。

2. 预测开支计划

预测开支计划包括：估计项目在不同时间所需的经费情况；了解项目的实际进度，评估已投入经费的使用效率和效果；与经费开支计划进行比较，发现两者之间的差异；允许项目经理结合项目的实际情况，进行有针对性的经费调整。

在做好项目经费管理的同时，还要对项目进行适当的审计与控制。项目审计与控制是整个项目管理的重要部分，它对于确保项目在预算范围内、按照时间计划表完成相应的任务起着关键作用。

项目经费管理涉及以下两个方面的内容：

① 建立信息系统开发的工作制度：根据所采用的信息系统开发方法，明确每一类系统开发人员在其工作过程中的责任、义务。同时，制定完成任务的质量标准等。

② 建立经费管理相关制度：对经费预算、分配、使用、监控和调整等做出规定。

项目经费管理的步骤如下：

① 制订审计计划：根据项目的总体目标和工作标准，制订详细的审计计划。

② 执行审计计划：按照审计计划对每项任务进行审计。

③ 分析审计结果：在完成各项任务的审计后，分析执行任务时间计划表后的经费变化情况，确定需要调整的部分。

④ 实施控制：根据任务时间计划表和审计结果，掌握项目的进展情况。及时处理信息系统开发过程中出现的各种问题，修正偏差，确保开发工作顺利进行。对于信息系统开发过程中出现的变化，项目经理要及时与用户和主管部门联系，取得他们的理解和支持，并采取相应的对策。

14.2.5　信息系统开发项目的风险管理

在信息系统开发项目中，尽管前期已经进行了详尽的可行性研究，并实施了一系列控制管理措施，但在信息系统的实施过程中，仍然有可能出现达不到预期效果的情况。这主要是因为信息系统开发存在一定的风险，如费用可能超出预算、项目时间可能延长、硬件和软件的性能可能低于预期等。鉴于这些潜在的风险，信息系统开发项目必须有风险管理机制，以确保项目顺利实施。风险管理作为信息系统开发项目管理的重要组成部分，是项目经理的主要职责之一。

风险管理过程可以划分为以下几个步骤：

1. 风险辨识

风险辨识主要包括：① 项目风险识别，主要指识别潜在的预算、进度、个体（包括人员和组织）、资源、用户和需求等方面的风险问题，并分析它们对项目可能产生的影响。项目的复杂性、规模和结构等都可能成为引发风险的因素；② 技术风险识别，主要指识别潜在的设计、实现、接口、检验和维护等方面的风险问题。同时，规格说明的多义性、技术上的不确定性、技术陈旧以及最新技术（可能尚不成熟）也是风险因素。技术风险之所以出现，往往是由于实际问题比预期更为复杂。

为了有效地进行风险辨识，可以用一系列提问来帮助项目经理了解项目和技术方面的潜在风险。贝姆（Boehm）建议将"风险项目检查表"作为工具，该表列出了与每个风险因素相关的提问。例如：是否投入了最优秀的人员？是否按技能对人员进行了合理组合？投入的人员数量是否足够？通过判定分析或假设分析，对这些提问给予明确的回答，有助于项目经理估算人员风险。

2. 风险分析

风险分析是指对辨识出的风险进行进一步确认，并分析风险概况。也就是说，分析假设某一风险出现，是否会有其他风险随之出现，或者假设这一风险不出现，项目会是什么情况。同时，还要确定在主要风险出现最坏的情况时，如何采取有效措施将其影响降至最低。

3. 风险驾驭

风险驾驭是指根据风险分析结果确定风险的等级，对于高等级风险，制定相应的对策，并采取特殊的措施进行处理。同时，指定专人负责重要风险项目的实施，并在风险管理计划中进行专门说明。

4. 风险跟踪

风险跟踪是指在信息系统开发过程中对辨识的风险进行持续跟踪和管理，以掌握风险的变化情况，从而及时修正项目计划。

在信息系统开发项目管理过程中，研究项目风险并据此制定对策是必不可少的一项工作。影响项目内在风险的因素通常有三个：项目的规模、业务的结构化程度，以及项目的技术难度。为了获得令人满意的结果，企业应该综合考虑这些因素，将具有不同风险和不同组织管理特点的项目整合起来。

14.2.6 信息系统开发项目管理中的质量控制

信息系统开发项目管理中的质量控制，是一个极为重要的问题。因此，必须在信息系统开发生命周期的各个阶段设置质量控制点，如表 14.4 所示。

表 14.4 信息系统开发生命周期各个阶段的质量控制点

开 发 阶 段	质量控制点
信息系统规划	决策目标和解决手段是否正确、合理？ 系统结构是否合理？ 系统资源的可利用性如何？ 是否具备信息系统开发的基础？ 工程计划安排是否切实可行
信息系统分析	对现行系统的描述是否正确？ 信息系统的功能是否明确？ 信息系统的逻辑模型是否合理？ 子系统的划分是否合理
信息系统设计	网络方案和软件及硬件选型是否合理？ 模块的划分是否合理？ 数据结构的设计是否合理？ 信息规范化程度如何？ 测试方案和测试用例是否完整

续表

开　发　阶　段	质量控制点
信息系统实施与运行管理	程序的结构化程度怎样？ 程序的正确性如何？ 运行的速度是否达到目标？ 安装和测试报告是否内容规范、完整？ 技术指标的考核情况如何

信息系统开发项目的质量控制指标，如表 14.5 所示，其中各个质量控制指标的定量值或定性要求需要根据具体的信息系统来确定，各个质量控制指标的重要程度也有赖于信息系统的应用领域与环境。

表 14.5　信息系统开发项目的质量控制指标

质　量　特　性		特　性　内　容
可用性	目的性	系统功能应严格符合用户的要求，实现信息处理的高速化，提升作业效率，并确保服务覆盖范围广泛
	操作性	界面友好，易于用户学习并掌握，操作简便快捷
	性能	具备快速的响应速度和较高的吞吐量等
正确性	可靠性	能够持续无故障运行
	准确性	确保数据的完整性、准确性和精确性
	保密性	防止数据被盗用或被恶意破坏
	恢复性	具备自动恢复功能，出现故障后能够迅速恢复正常运行
适应性	维护性	能够分析故障，并允许维护人员及时修正
	扩充性	能够根据需要变更、升级或扩充系统功能
	兼容性	在与其他系统集成时能够保持良好的兼容性
	可移植性	能够方便地移植到其他系统环境中
	连接性	能够与其他系统进行高效、稳定的连接

14.2.7　信息系统开发项目的文档管理

文档（document）是指某种数据媒体及其上记录的数据，它具有永久性，可由人或机器阅读。文档通常被用于描述人工可读的东西。与信息系统相关的文档，是指描述信息系统从诞生到发展及演变全过程的文字资料。在信息系统开发过程中，文档常常用来表示对活动、需求、过程或结果进行描述、定义、规定、报告或认证的任何书面或图示的信息。它们描述了信息系统设计和实现的细节，说明了信息系统的操作命令。文档是信息系统产品的一部分，没有文档的信息系统就不能称为成功的系统。信息系统实际上是由物理的信息系统与对应的文档两大部分组成的。信息系统开发应当以文档为依据，而信息系统运行管理更需要文档来支持。在信息系统开发工作中，信息系统文档的编制占有重要地位，工作量也很大。为了充分发挥信息系统产品的效益，必须高质量、高效率地开发、分发、管理和维护文档。

需要注意的是，信息系统的文档并非一次性形成，而是在多次开发、运行管理的过程中，通过不断地编写、修改和完善逐步形成的。因此，必须对文档进行规范管理，包括明确信息系统开发、运行管理过程中应当提供的文档，制定各种文档编写规范，并建立文档的接收、存储、保管与借用制度等。信息系统开发所需要的文档包括可行性论证报告、信息系统规划方案书、信息系统分析报告、信息系统设计报告、用户验收文档等。

信息系统开发的各个阶段都有相应的文档，而且后一阶段的文档必须在前一阶段文档的基础上编写，以确保整个文档的连续性和一致性，从而使系统的开发能够逐步、有序地进行。在信息系统的运行管理阶段，系统还应当配备技术手册、使用说明书、维护手册以及调试、测试的相关记录等文档，以确保系统的稳定运行和有效维护。

14.2.8 信息系统开发项目的监理与审计

1. 信息系统开发项目监理

由于信息系统用户自身在技术、能力、人力等方面存在局限性，如果对信息系统开发项目缺乏有效的监督机制，项目的质量、进度和投资等就难以得到保证和控制。因此，建立信息系统开发项目监理制度尤为重要。根据该制度，由用户委托专业的第三方监理机构，对信息系统开发过程进行全方位的监督管理，使整个信息系统开发过程处于严格的监控之下。信息系统开发项目监理的目的，是从技术和管理的角度出发，对项目进行控制和管理，确保项目按照用户的要求，按时、保质、经济地完成，并最终实现预期的建设目标。

信息系统开发项目监理包括对项目的质量控制、投资控制、进度控制，合同管理、信息管理及协调多方关系等，即所谓"三控制、二管理、一协调"。其中：

① 质量控制：主要是指对系统开发商资质的核查、对软件及硬件设备的质量控制、对项目设计和实施的质量控制、对工程质量事故的处理、对工程质量的评定和测试等。

② 投资控制：主要是指在项目决策阶段对投资概算进行审核，在项目设计阶段对投资预算进行审核，在项目招标阶段确保中标单位能够按照合同要求完成项目投资，在项目实施阶段对工程计量和付款进行严格控制，在项目验收阶段对决算进行审核等。

③ 进度控制：主要是指在项目设计阶段对进度进行计划与审核，在项目实施阶段对项目进度进行监测与纠偏等。

④ 合同管理：主要是指在项目启动阶段协助用户进行招标和拟定工程合同，在项目实施阶段监督开发方的合同履行情况，督促合同双方履行各自的合同义务，调解合同纠纷以及处理违约索赔事宜等。

⑤ 信息管理：主要是指管理监理过程中产生的合同、文档及工程资料等。

⑥ 协调多方关系：主要是指协调用户、开发方、中标单位以及外部供应商等各方之间的工作关系。

通过对信息系统开发项目进行监理，可以解决信息系统开发过程中，从需求分析、方案优选、设备选型到项目监督、质量控制、组织管理、纠纷调解等各方面的问题，有助于保障信息系统开发项目签约双方的利益，确保项目顺利完成预期目标。

2. 信息系统审计

信息系统审计领域专家罗恩·韦伯（Ron Weber）认为，信息系统审计是审计人员接受委托或授权，通过收集并评估证据来判断一个计算机系统（信息系统）是否能够有效地保护资产安全、维护数据完整性，并高效地完成组织既定目标的过程。它既包括信息系统外部审计的鉴证目标，即对被审计单位的信息系统保护资产安全及维护数据完整性的鉴证，又包括内部审计的管理目标，即信息系统的有效性目标。

美国在将计算机技术应用于企业管理时，提出了系统审计（system audit）的概念，并成立了电子数据处理审计协会（后更名为信息系统审计和控制协会，即 ISACA）。该协会推出了一系列信息系统审计准则、职业道德准则等规范性文件，其中包括国际通用的信息系统审计标准 COBIT（control objectives for information and related technology）。

（1）信息系统审计的基本内容

信息系统审计的基本内容包括：① 信息系统开发审计，包括信息系统开发过程的审计、信息系统开发方法的审计，为信息技术规划指导机构提供咨询服务；② 基础设施结构审计，包括对数据中心、网络、通信设施的结构审计，以及财务系统和非财务系统的应用审计；③ 支持其他审计人员的工作，为财务审计人员与经营审计人员提供技术支持和培训；④ 为组织提供增值服务，为信息系统开发人员提供技术、控制与安全指导；⑤ 推动风险自评估程序的执行；⑥ 供应商与外包服务审计，包括对软件、硬件供应商及外包服务供应商提供的方案、产品及服务质量进行审计，确保与合同条款相符；⑦ 灾难恢复和业务连续性计划审计；⑧ 信息系统运营效能与投资回报率审计；⑨ 信息系统安全审计；⑩ 网站信誉与控制审计等。

（2）信息系统审计流程

信息系统审计流程包括：① 准备阶段，即收集背景信息，估计完成审计所需要的资源和方法，合理进行人员分工。② 审计阶段，即与负责相关工作的高级经理共同决定审计的范围、确定审计中需要特别关注的地方、制定审计日程、解释审计方法和流程。③ 总结阶段，即与高级经理交流审计结果，提出改进建议，以增加审计建议的接纳程度，同时也为被审计者提供了一个表达他们所持观点的机会。

（3）信息系统审计方法

信息系统审计方法已经从基于控制（control-based）的方法演变为基于风险（risk-based）的方法。这种演变反映了审计领域对企业风险管理的日益重视，以及审计方法在面对复杂和多变的企业环境时的适应性。基于风险的信息系统审计方法涵盖了确定风险、风险评估、风险管理和风险沟通等多个方面。

（4）信息系统审计的步骤

信息系统审计的步骤包括：① 编制企业使用的信息系统清单并对其进行分类；② 确定哪些信息系统影响企业的关键功能和资产；③ 评估这些信息系统所面临的风险及其对企业商业运作的冲击。

信息系统开发项目监理与信息系统审计的性质相同，都扮演着第三方监督的角色。但它们对独立性的要求存在差别。信息系统审计对第三方独立性的要求极其严格，而信息系统开发项目监理则没有对第三方的独立性做出明确的要求。

◇◇◇◇◇◇◇ **14.3 信息系统运行管理的目标、内容与制度** ◇◇◇◇◇◇◇

14.3.1 信息系统运行管理的目标

在信息系统开发生命周期中，信息系统实施阶段一旦结束，就意味着信息系统产品完成。此时，该信息系统产品将被部署到实际的工作环境中运行。这样，信息系统开发就正式迈入了一个新的阶段——信息系统运行管理阶段。信息系统运行管理阶段的主要任务，是对信息系统的运行进行管理。这是一项长期工作，具体包括实时监控信息系统的运行状态，记录其各项性能指标，并根据实际需求进行必要的修改和扩充，以使信息系统能够更好地满足用户的需求。

需要注意的是，不能将信息系统运行管理简单地理解为，为保障系统中软件与硬件正常运行而进行的日常管理，它的主要目标是向企业提供有价值的信息，以满足企业管理者的信息需求。也就是说，信息系统运行管理的最终目的，是提供高质量的信息服务。

14.3.2 信息系统运行管理的内容

信息系统运行管理可以从系统开发人员和系统用户两个角度来考虑，两者的目标是一致的，但工作内容有所不同。

1. 系统开发人员的工作内容

在信息系统实施顺利完成后，系统开发人员的工作重心开始发生转变，他们由原先的系统开发者转变为信息系统运行管理的支持者。

在信息系统实施阶段结束后，所形成的信息系统通常被视为一个初步的、实验性质的产品。这一产品只有在实际环境中运行，并经过有效性验证，才能成为正式的信息系统产品，信息系统运行管理阶段就此开始。该阶段的主要工作包括：管理应用程序和数据库，如备份和恢复应用程序及文件/数据库；编写与信息系统相关的文档，如培训资料、操作手册等。

像大多数实物产品一样，信息系统产品也会经历产生、成熟、有效、衰退、消亡的过程。信息系统消亡，意味着新一轮生命周期的开始。此时，应该对现行系统中存在的问题进行分析和解决。由于信息系统运行管理不是一个严格按照先后顺序进行的过程，因此一般不对其中的活动设定执行顺序。以下是信息系统运行管理的几个主要活动：

（1）改正错误

信息系统在投入运行后，由于软件错误或操作不当，可能会出现运行失败的情况，而信息系统运行管理的一项重要工作就是纠正这些错误。通常用户会报告他们所遇到的错误，此时系统开发人员要与用户密切联系，找出系统出错的原因和位置，并及时进行修正，确保信息系统稳定运行。

（2）恢复系统

系统运行失败的原因多种多样，既包括人为因素，也包括硬件或软件方面的问题。它们往往会导致信息系统崩溃，甚至造成数据丢失。面对这种情况，系统开发人员不仅要恢复系统，还要恢复已经丢失的重要数据。

（3）辅助用户

信息系统开发强调用户参与，信息系统运行管理也同样强调用户参与。优秀的系统开发人员会积极与用户保持沟通，在赢得他们信任的同时，了解他们的需求和反馈，并根据用户意见采取相应措施，如调整系统运行流程、修改文档、加强用户培训等。

（4）适应系统的新需求

信息系统新需求的产生原因有很多：用户提出了新的业务问题，如企业为了提升效率而采用了一种更优化的处理流程；用户应用信息系统的水平提高，如企业要求信息系统能够提供更为详尽和深入的数据分析；出现了相关的技术问题，如为了解决信息系统中的"千年虫"问题，需要对系统进行升级或改造；信息系统设计与开发有了新的技术解决方法，如出现了新的数据库管理系统等。

总之，为了适应新需求，系统开发人员需要根据不同的情况不断改进信息系统。但是如果信息系统变化太大，就会进入新一轮的信息系统开发生命周期。

2. 系统用户的工作内容

系统用户是指信息系统的使用者和管理者。他们的主要工作包括对信息系统日常运行的管理、对信息系统运行情况的记录，以及对信息系统运行情况的检查与评价。

（1）对信息系统日常运行的管理

信息系统投入使用后，用户承担的信息系统日常运行管理工作比较繁重。为了保障系统有效运行，他们必须完成以下工作：

① 数据收集：包括原始数据的采集、审核和录入等工作。它是信息系统运行的重要基础。如果向信息系统输入的是错误数据，则输出的不可能是正确的信息。错误数据的输出，不仅无用还有害，因此要努力通过各种方法，提高数据收集人员的技术水平和责任意识，并对他们的工作进行评价、指导和帮助，以提高他们所收集的数据的质量，为信息系统有效运行打下坚实的基础。

② 例行的信息处理和服务：包括例行的数据更新、统计分析、报表生成、数据复制与保存，以及与外界的数据交换等。这些工作均需要遵循既定的规程，由用户高质量地完成。例如，财务部门需要按月编制资产负债表、利润表等报表，操作人员应当熟练掌握操作规则和处理方法，高质量地完成这些例行的信息处理和服务工作。

③ 硬件设备运行和维护：硬件设备是信息系统正常运行的物质基础，因此要做好硬件设备的运行和维护工作，包括硬件设备的使用管理、定期检修、备品备件的准备及使用、消耗性材料（如打印纸等）的使用与管理，以及电源和工作环境的管理等。这些工作应当明确责任人，并由专人负责。

④ 信息系统的安全管理：是指为了防止信息系统内部和外部对系统资源的不合法使用或访问，确保信息系统的软件、硬件和数据不因偶然或人为因素而遭受破坏、泄露、修改或复制，维护正当的信息活动，保障信息系统安全运行所采取的措施。信息系统的安全性体现在保密性、完整性、可用性等方面。这些内容将在第 15 章中做专门讨论。

（2）对信息系统运行情况的记录

信息系统运行情况记录是管理和评价信息系统的基础，同时也是信息系统故障修复的重要线索。因此，从信息系统一开始运行就要对其运行情况进行记录。这些记录一般包括以下五个方面的内容：

① 工作数据：包括开机时间、操作人员每天或每月提供的报表数量、数据录入量、信息系统中积累的数据总量、程序修改次数、数据使用频率，以及所提供的信息服务规模等。

② 工作效率：指信息系统为了完成任务而消耗的人力、物力及时间。

③ 信息服务质量：例如，提供的信息是否符合用户要求，信息提供得是否及时，能否满足临时性的信息需求等。

④ 信息系统的维护和修改情况：信息系统中的软件、硬件和数据需要定期更新、维护和检修。这些工作的详细记录（包括内容、时间、执行人员等）对于确保系统的安全稳定运行、进行系统评价及未来扩充至关重要。

⑤ 信息系统的故障情况：应当及时记录以下这些情况：故障的发生时间、故障的现象、故障发生时的工作环境、故障的处理方法、故障的处理结果、故障的处理人员、善后措施和原因分析等。这些信息有助于快速定位和解决故障，防止类似问题再次发生。

对于以上信息，应当尽可能采用定量描述。对于难以量化的内容，可以通过分类、分级或让填写者选择等方式进行记录，以确保准确记录系统的运行情况。

（3）对信息系统运行情况的检查与评价

在信息系统运行过程中，除了进行必要的管理和维护工作，还需要在高层管理者的直接领导下，由系统开发人员、专门的审计人员及业务部门经理共同参与，定期对信息系统的运行状况进行检查与评价，从而为信息系统的改进和扩展提供依据。其中，信息系统评价一般可以从信息系统是否达到预定目标、预定目标是否需要修改，以及信息系统的适应性、安全性、经济性等方面来进行。

定期对信息系统进行检查与评价，目的是观察信息系统是否处于有效的运行状态中。检查与评价的结论，如果是信息系统基本适用但需要做一些改进，就由系统开发人员去完善信息系统；如果是信息系统已不能满足企业的日常管理和决策需求，或者已不能适应企业未来的发展，那么该信息系统已完成了它的生命周期，必须根据新的需求，进入新一轮的信息系统开发生命周期。

14.3.3 信息系统的运行管理制度

信息系统的运行管理制度是信息系统正常运行及工作环境稳定的重要保障。为了保障其正常工作，首要任务是明确规定相关人员的职责，并据此建立健全信息系统管理体制。此外，利用运行日志等监控工具对系统进行实时监督和控制至关重要，这不仅是系统正常运行的基石，也是实施系统安全措施的前提。

在此过程中，企业高层管理者和信息管理部门的负责人扮演着重要角色。他们不仅要密切关注并监督信息系统的实际运行情况，还要对各类管理人员的工作进行检查和监督，只有这样，才能确保信息系统高效地为企业的各级管理者服务，并最大限度地发挥信息资源的作用。

1. 机房管理制度

企业信息系统通常是一个网络系统，拥有一个中心机房（服务器机房）。该机房控制着职能部门所使用的计算机。因此，必须为中心机房建立一套严格的管理制度来保证其设备正常运行。

2. 系统管理制度

信息系统运行具有长期性，不同的系统应当有不同的运行管理制度。一旦建立好信息系统运行管理制度，系统操作人员就应当养成遵守管理制度的习惯，记录并报告系统运行中出现的异常情况，以便及时处理，防止小问题演变成大问题，甚至灾难性故障。

信息系统中的数据是企业极其宝贵的资源，禁止以非正常方式修改。同时，数据备份是保障信息系统安全的一个重要措施，它能够使信息系统在发生故障后恢复到最近的状态上。要在对数据进行重要修改之前进行备份，以保证系统数据的绝对安全。

3. 信息系统运行日志制度

信息系统运行日志可以提供系统运行的历史资料，也可以为查找系统故障提供线索。它包括时间、操作人、运行情况、异常情况、现象、处理人、处理过程、处理记录文件名、在场人员、值班人及负责人签字等信息。对于信息系统运行日志，应该认真填写、妥善保存。

4. 信息系统运行的档案管理制度

信息系统运行档案是信息系统的重要组成部分，要做好分类和归档工作，对它们进行妥善、长期的保存。在档案借阅方面，需要建立严格的管理制度并采用必要的控制手段。

信息系统运行档案包括信息系统开发阶段的系统规划方案书、系统分析报告、系统设计报告、程序清单、测试报告、用户操作手册、评价报告、系统运行日志和系统维护日志等。

案例 14.1　采购管理信息系统项目小组成员的选择

某信息系统公司正在为一项大型工程开发采购管理信息系统。项目负责人首先面临的问题是如何组建项目团队。他希望项目团队中的每一位成员都能有效地参与并解决问题，但显然要做到这一点比较难。于是，他设立了若干项目小组，每个项目小组负责一个子系统的开发工作。项目小组的规模一般不超过 8 人，以便缩短小组成员之间的沟通时间。当然，一个优秀的项目小组不仅仅是技能均衡的个体的简单组合，更重要的是小组成员具备团队精神，他们既为个人目标也为小组的成功而努力，从而形成合力。

有人认为，对技术问题感兴趣的小组成员会积极提出个人观点和建议，尽管这些观点和建议的质量可能参差不齐。还有人认为，由性格互补的成员组成的小组比由单纯按技术能力选拔的成员组成的小组更有效率。

通常，面向自我的成员善于推动整体工作的完成，而喜欢交流的成员则能够及时察觉小组中的紧张与不和谐状态，帮助解决意见分歧，促进小组内部顺畅沟通，防止紧张与不和谐状态对小组造成负面影响。

通过细心的成员选择，××信息系统公司最终成功地组建了采购管理信息系统项目团队。该团队在后续的开发工作中表现出色，最终成功完成了项目开发工作。

案例思考题

1. 建立项目小组时，有没有必要考虑成员的性格？
2. 你是否喜欢技术能力非常强，但总爱提意见，又不太合群的项目组成员？
3. 如果你是项目经理，你将会如何挑选项目小组成员？

本章小结

对信息系统开发项目进行管理的目的，在于帮助人们进行系统性思考，并做出全局性安排。信息系统开发项目管理者的任务，就是要确保信息系统项目既符合预算和进度要求，又能交付达到预定目标的信息系统。

信息系统开发项目管理的基本内容包括：信息系统开发项目的选择、信息系统开发项目的任务分解、信息系统开发项目的计划安排、信息系统开发项目的经费管理与控制、信息系统开发项目的风险管理、信息系统开发项目管理中的质量控制、信息系统开发项目的文档管理、信息系统项目的监理与审计等。对于每一项内容，都有相应的技术保障其实施。

信息系统运行管理是指实时监控信息系统的运行状态，记录其各项性能指标，并根据实际需求进行必要的修改和扩充，以使信息系统能够更好地满足用户的需求。信息系统运行管理的内容涉及两个方面：一是系统开发人员的工作内容，它涉及改正错误、恢复系统、辅助用户、适应系统的新需求；二是系统用户的工作内容，它涉及对信息系统日常运行的管理、对信息系统运行情况的记录，以及对信息系统运行情况的检查与评价。

信息系统的运行管理制度主要有机房管理制度、系统管理制度、信息系统运行日志制度、信息系统运行的档案管理制度等。

习　题

1. 信息系统开发项目管理的目的、任务和基本内容是什么？
2. 在信息系统开发项目选择中常用的指标有哪些？常用的信息系统开发项目选择方法有哪些？
3. 什么是关键路径法和计划协调技术？画出表 14.6 所示的项目的网络图和 PERT 网络图。

表 14.6　项目示例

任　务	期　限	前置任务
A	5	无
B	4	无
C	4	A
D	5	A、B
E	6	B

4. 信息系统开发项目经费管理的内容是什么？

5. 如何进行信息系统开发项目风险管理？

6. 如何在信息系统开发项目管理中进行质量控制？

7. 信息系统开发生命周期各个阶段的质量控制点的任务是什么？

8. 信息系统开发项目文档管理的作用是什么？

9. 假设你面临从程序设计员晋升为项目经理的机会，但你感觉在技术岗位上做出的贡献比在项目经理岗位上要大。讨论你是否应该接受这一晋升。

10. 信息系统开发项目的监理与审计主要包含什么内容？

11. 信息系统运行管理的目标和内容是什么？

12. 信息系统运行管理制度主要有哪些？

第15章

信息系统安全

（1）掌握信息系统安全的相关概念。

（2）了解信息系统安全与控制组织框架的组件。

（3）了解保护信息资源的主要工具。

第14章着重讨论了信息系统开发与运行管理。本章将重点讨论在信息系统投入运行后，企业如何应对信息系统安全问题。

◇◇◇◇◇◇ 15.1　信息系统安全的相关概念　◇◇◇◇◇◇

15.1.1　信息系统安全的定义与目标

1.　信息系统安全的定义

信息系统安全通常有两种定义：第一种是信息系统在进行数据收集、存储、使用和传播的过程中，保持信息的完整性、保密性、共享性和自由性；第二种是防止信息系统的软件、硬件和数据等遭受未经授权的破坏、泄露或者更改，以使信息系统能够持续和稳定地运行。这两种定义，前者侧重于信息安全的静态特性，后者则强调了信息安全的动态防护过程，但它们的结果是一致的。

国际标准化组织（ISO）将信息系统安全定义为：为数据处理系统建立和采取的技术与管理方面的安全保护措施，保护计算机软件、硬件和数据不因偶然和恶意的原因而遭到破坏、更改和泄露。

总之，信息系统安全的目的，在于保护计算机的软件、硬件和数据，确保它们不会遭受未经授权的用户破坏、泄露或者更改，维持信息系统稳定运行。

2.　信息系统安全的目标

信息系统安全的目标是将信息安全提升至一定的保障水平，其基本属性包括保密性（confidentiality）、完整性（integrity）、可用性（availability），缩写为CIA。其中：① 保密性，是指确保信息在传输、存储及使用的过程中，只能被授权用户访问和使用，任何未经授权的人都无法获取这些信息；② 完整性，是指确保信息在传输和存储的过程中保持完整性和一致性，信息只能由授权用户修改，任何未经授权的人都无法对其进行任何形式的修改；③ 可用性，是指确保授权用户能够在需要时正常访问和使用信息，而不会遭受异常的拒绝服务，这意味着信息系统应当始终保持稳定的运行状态，确保用户能够随时获取所需的信息。

此外，可追究性、不可抵赖性和可控性通常也被用来描述信息系统安全的目标。其中：① 可追究性，是指在使用信息的过程中，可以追溯并记录该信息的使用轨迹，这使得信息系统在出现故障或遭受攻击时具备事后恢复或攻击隔离的功能；② 不可抵赖性，是指数据的使用都应有明确的记录，这些记录可以作为法律行动或责任追究的依据，同时还对黑客等潜在攻击者具有一定的威慑作用；③ 可控性，是指对信息系统中的信息进行实时监控，防止信息被非法使用或用于实施非法行动，保证授权用户合法使用信息。

15.1.2　信息系统安全漏洞、威胁、风险

1. 信息系统安全漏洞

信息系统安全漏洞，是指潜在攻击者可以利用的对系统进行未经授权访问或破坏的各种途径。漏洞的概念早在 20 世纪 40 年代冯·诺依曼提出计算机系统结构时就有涉及。他认为，计算机系统与自然生命有相似之处，一个计算机系统天生就带有类似基因缺陷的问题，同时在使用过程中也可能产生预料之外的问题。

漏洞是指一个或多个威胁能够利用的一个或一组资产的弱点，这些弱点违反了特定环境中安全功能的要求，是评估对象（target of evaluation，TOE）的薄弱环节。具体来说，漏洞是在信息系统（包括其安全控制措施）及其环境的设计与实施过程中出现的缺陷、弱点或特性。

2. 信息系统安全威胁

信息系统安全威胁是指可能破坏信息系统环境安全的行动或事件，它们会对信息系统的安全属性构成潜在的破坏。影响信息系统安全的因素来自多个方面：从人为角度来看，有黑客的攻击数量、攻击方式等因素；从系统角度来看，有企业系统自身的安全等级，以及软件和硬件设施等因素。

在确认信息系统面临的安全威胁后，还要对可能发生的威胁事件进行评估。这一评估主要基于两个方面的考虑：一方面，需要明确什么会对信息系统安全造成威胁，包括环境（如物理环境、网络环境等）、机会（如系统漏洞、安全管理的疏忽等）以及技能（如黑客的技术水平、攻击工具的有效性等）等；另一方面，需要探究为什么会对信息系统安全产生威胁，即威胁的动机是什么，包括利益驱动（如窃取数据、破坏系统以获取经济利益）、炫耀心理（如展示黑客技能、获取社会认同等）以及其他可能的动机等。

3. 信息系统安全风险

风险是信息系统安全的基础概念。风险是指丢失需要保护的资产的可能性，没有风险就不存在安全需求。信息系统安全风险是威胁和漏洞相互作用的结果：没有漏洞的威胁就不构成风险；同样，没有威胁的漏洞也不会产生风险。在风险辨识的过程中，不仅需要识别漏洞和威胁，还需要考虑现有的策略和预防措施，这一过程涉及四个方面：① 识别漏洞，查找系统和信息的所有入口，并分析如何利用这些入口来访问系统和信息；② 识别威胁，对攻击者的目标、动机及攻击事件进行识别；③ 一旦完成了对漏洞、威胁的识别，就可以确定该信息系统的风险水平；④ 基于以上信息，结合现有的策略和预防措施进行相应的风险管理。总之，虽

然风险无法被完全消除，但必须对其进行管理。

风险分析是对需要保护的资产及其可能受到的安全威胁进行识别的过程。该分析始于对需要保护的资产（包括物理资源、知识资源、时间资源、信誉资源等）进行鉴别，以及对其可能受到的威胁进行分析，包括识别可能的攻击源（如员工误操作、恶意操作等内部攻击源，以及黑客攻击、病毒传播等外部攻击源）。之后，通过制定相应的等级保护策略，有效地降低各种资产受到危害的潜在代价和由于采取安全措施而付出的操作代价。一个性能良好的安全系统结构或安全系统平台，可以以较低的安全代价换取较高的安全强度。

15.1.3 恶意软件

恶意软件是指任何会损害用户利益的软件，这些软件不仅会影响其所感染的计算机等设备，还可能会影响与被感染设备通信的其他设备。恶意软件包括蠕虫病毒、特洛伊木马，以及复杂的计算机病毒等。进行有效的信息技术安全防护，可以减少信息系统受恶意软件攻击的风险。常见的信息技术安全防护措施包括：① 补丁管理，用于封堵系统漏洞，减少恶意软件利用这些漏洞进行攻击的机会；② 访问控制，通过限制对系统和数据的访问，降低恶意软件扩散和造成损害的风险；③ 数据备份，经常备份主系统的数据，确保在遭受恶意软件攻击时，能够快速、安全地恢复系统。

按照恶意软件的功能和实现方式，一般可以将其分为交付系统和攻击负载两种类型。交付系统，如蠕虫病毒、特洛伊木马，主要负责将恶意软件传播到目标系统。攻击负载包括广告软件、间谍软件、僵尸网络、加密货币挖矿机、勒索软件等，它们会在被感染的系统上执行恶意行为，给系统造成各种损害。

防范恶意软件的最佳方法是避免被感染。除了安装防病毒或反恶意软件工具，还可以采取多种措施来提高系统的弹性，如减少攻击面、加强用户教育、实施有效的检测机制、定期进行补丁管理、强化访问控制、定期备份数据以及加密敏感信息等。

15.1.4 黑客和计算机犯罪

1. 黑客

黑客（hacker）最初是指对编程技术充满热情且技术水平高超的计算机专家，他们通常被视为"好"的黑客。然而，随着时间的推移，"黑客"一词的含义已经发生了转变，现在它更多地被用来指代专门利用计算机网络实施破坏或恶作剧的人。需要说明的是，骇客（cracker）专指对计算机系统和程序进行恶意攻击的人，他们的技术水平并不一定高超，但他们的行为往往具有破坏性。黑客行为主要涵盖以下几个方面：① 收集网络系统中的信息；② 探测目标网络系统的安全漏洞；③ 建立模拟环境；④ 具体实施网络攻击。

2. 计算机犯罪

计算机犯罪是指在信息活动领域中，行为人利用计算机信息系统及相关知识，对国家、团体或个人造成危害，并且根据法律规定，应当受到刑罚处罚的行为。关于计算机犯罪的定义，理论界主要有广义说、狭义说和折中说三种观点。

（1）广义说

这种观点根据对计算机与计算机之间关系的认识来界定计算机犯罪。它包括相关说和滥用说两种。相关说认为，计算机犯罪是行为人实施的在主观或客观上涉及计算机的犯罪，即只要犯罪过程有计算机参与，无论计算机是作为工具还是作为对象，都视为计算机犯罪；滥用说认为，计算机犯罪是指行为人在使用计算机过程中任何不当的行为。这种定义较为宽泛，几乎涵盖了所有与计算机使用不当相关的行为。

（2）狭义说

这种观点将计算机犯罪的范围从涉及计算机的所有犯罪缩小到计算机所侵害的单一权益，如财产权或计算机内存数据等。这种定义更侧重于计算机犯罪的具体后果，即将计算机作为侵害特定权益的手段。

（3）折中说

折中说又称为工具对象说，它认为计算机本身是作为犯罪工具或作为犯罪对象出现的。在理论界，折中说有两大派别，即功能性计算机犯罪定义和法定性计算机犯罪定义。前者以社会危害的严重性来确定计算机犯罪的概念，后者则根据法律法规的规定来确定计算机犯罪的概念。

15.2 信息系统安全与控制组织框架的组件

15.2.1 信息系统控制

1. 信息系统的一般控制

信息系统的一般控制是指为了保障信息系统的安全，对整个信息系统及其外部各种环境要素实施的、对所有的应用或控制模块具有普遍影响的控制措施。信息系统的一般控制包括四个方面：① 程序开发，其目标是确保系统的开发、配置和实施能够有效地实现管理层所设定的应用控制目标；② 程序变更，其目标是确保对程序和相关基础组件的变更经过请求、授权、执行、测试和实施，能够达到管理层所设定的信息处理控制目标；③ 程序和数据访问，其目标是确保分配给用户的程序和数据访问权限经过身份认证并合法授权；④ 计算机运行，其目标是确保系统能够按照管理层的控制目标准确地运行。

2. 信息系统的应用控制

信息系统的应用控制要与管理政策配合，对程序和输入、处理和输出数据进行适当的控制，它可以弥补一般控制的某些不足之处，具体包括三个方面：① 输入控制，其目标是发现和防止错误的交易数据被录入系统；② 过程控制，其目标是确保过程的发生按照企业的要求进行，避免交易被遗漏或处理不当；③ 输出控制，其目标是确认输入和处理活动已经正确执行，并确保生成的信息是可靠的，且能够及时地分发给用户。

15.2.2 风险评估

风险评估是信息系统安全管理的一个重要环节。对于信息系统安全问题而言，应当从系统工程的角度出发，结合信息系统的构建和组成，做好信息系统的风险评估工作。具体可以采用以下五种方法：

1. 事件树分析

事件树分析，利用事件之间的逻辑关系进行推理，具体方法是从一个给定的事件出发，分析其可能产生的各种具有影响力的后果，通过多角度、多层面的推理，实现对风险的预估。

2. 层次分析法

层次分析法是一种多指标综合评价方法，通过比较不同因素之间的相对重要性，确定各因素的权重，进而计算出综合评估结果。在风险评估中，层次分析法可以帮助决策者将复杂的问题分解成多个层次和因素，构建层次结构模型，对各个因素进行权重赋值和排序，最终得出风险评估结果。

3. BP 神经网络

BP（back propagation，反向传播）神经网络是一种多层前馈神经网络，其训练过程采用误差反向传播算法。该算法计算网络输出与实际输出之间的误差，并将误差在网络中逐层反向传播，从而调整网络的权重和偏倚，使网络的预测误差逐渐减小。BP 神经网络具有非线性映射能力，可以逼近复杂的非线性函数关系，因此适用于处理风险评估中的非线性问题。

BP 神经网络的优点是具有强大的自学能力和问题抽象能力，其缺点是难以确定权重值、训练过程易陷入局部最优、网络结构和参数选择缺乏理论指导以及训练速度慢等。

4. 故障树分析

故障树分析是一种形象的风险预测方法，它对故障可能发生的情况进行分析并按照相关性绘制出具有层次关系的树状结构图，以便对故障进行诊断。在故障树中，通常用顶事件表示不希望发生的系统故障或事故，而用基本事件表示可能导致顶事件发生的各种因素。通过逐层分析这些因素，可以找出系统故障发生的根本原因，并制定相应的预防措施。

5. 风险评审技术

风险评审技术适用于工作与工作之间的逻辑关系以及工作持续时间都不确定的情况，它可以同时从费用、时间、效能三个方面对项目进行综合分析，并对可能发生的风险进行概率估计。风险评审技术通过模拟实际系统开发的时间、费用及性能，基于不同的条件对信息系统的风险进行预测。其特点是需要多次访问，对数据准确性的要求高，但能够提供较为准确的风险评估结果。

15.2.3 安全措施

1. 影响信息系统安全的因素

信息系统是组织的"神经网络"，其安全性至关重要，因为信息系统一旦出现安全问题，就会对组织产生巨大的影响。信息系统的安全性旨在防范意外或人为的破坏以及非法使用信息资源，为此需要对信息系统采取一系列保护措施。影响信息系统安全的主要因素如表 15.1 所示。

表 15.1　影响信息系统安全的主要因素

影响因素	具体表现
自然及不可抗力因素	地震、火灾、水灾、风暴等自然灾害，以及社会暴力或战争等不可抗力因素，这些因素将直接危害信息系统的安全
硬件及物理因素	系统硬件及物理环境的安全可靠性，包括计算机房设施、计算机主体设备、存储系统、辅助设备、数据通信设施以及信息存储介质的安全性
电磁因素	计算机系统及其控制的信息和数据传输通道，在工作过程中会产生电磁辐射，这些辐射在一定的地理范围内很容易被无线电接收机检测并接收，可能导致信息泄露。同时，空间电磁波也可能对系统产生电磁干扰，影响信息系统正常运行
软件因素	软件的非法删改、复制与窃取会导致信息系统的软件受损，并可能造成泄密。此外，计算机网络病毒也是以软件为手段侵入系统并进行破坏的
数据因素	存储和传递过程中的数据是计算机犯罪的主攻目标，也是信息系统安全和保密的重点
人为及管理因素	涉及管理人员的素质、责任心，需要建立严密的行政管理制度和法律法规，以防范人为因素对信息系统安全造成的威胁
其他因素	在信息系统安全出现问题时能够采取的措施，如将损失降到最小、把产生的影响限制在许可范围内，以及保证迅速、有效地恢复信息系统运行的一切因素

从表 15.1 不难看出，信息系统安全是一个系统性的概念。它不仅包括信息系统物理实体的安全，还包括软件、数据的安全，以及由技术性和非技术性人为因素所引发的安全隐患。因此，对信息系统运行的安全管理，不仅是一个技术性问题，还是一项需要法律制度及人员素质等多方面因素相互配合的复杂系统工程。

2. 信息系统安全保护措施的分类及其相互之间的关系

信息系统安全保护措施可以分为技术性和非技术性两大类。技术性安全保护措施是指直接运用与信息系统相关的技术手段来预防安全事故发生。而非技术性安全保护措施则是指通过行政管理、法律保障及其他物理手段来防范安全事故，这些措施是作用于信息系统之上的。

在信息系统安全保护措施中，技术性安全保护措施所占的比例较小，而非技术性安全保护措施所占的比例较大，两者之间是相互补充的关系。尽管技术是保障信息系统安全不可或缺的手段，但严格的管理制度和法律制度才是确保信息系统安全的根本所在。因此，信息系统的安全保障还依赖于信息系统运行管理制度的建立与完善，以及这些制度执行效果的好坏。

3. 信息系统的安全管理措施

信息系统的安全管理措施主要包括以下几个方面：① 信息系统的实体安全管理措施，是指为保障信息系统中的各种设备及环境设施的安全而采取的措施；② 信息系统的技术性安全管理措施，是指在信息系统内部采用技术手段，防止对系统资源的非法使用和对信息资源的非法存取操作；③ 存取授权控制措施，是指为了保障资源共享情况下的信息安全，即使合法用户能够进入信息系统，其访问的资源范围及对信息系统的使用权限也应受到严格的限制和管理；④ 网络防火墙技术措施，是一种保护企业的计算机网络免受攻击、具有控制性质、能够有效拦截未经授权的访问和潜在的恶意攻击的安全措施。

4. 信息系统安全的立法保护措施

1994 年，我国发布了《中华人民共和国计算机信息系统安全保护条例》，该条例明确指出：信息系统的安全保护是指"保障计算机及其相关的和配套的设备、设施（含网络）的安全，运行环境的安全，保障信息的安全，保障计算机功能的正常发挥，以维护计算机信息系统的安全运行"。

信息系统安全是一个涉及技术、社会、经济等多个层面的复杂问题，因此必须建立一套完整的保护机制来应对。在这套保护机制中，信息系统自身的保护机制问题应当被置于首要位置。我国政府颁布和实施了一系列系统安全保护实施细则和法规，涉及操作系统安全评估、网络安全管理、数据库系统安全评估，以及计算机病毒和有害数据防治管理等。这些措施不仅有助于提升信息系统的安全性，也为信息系统管理提供了明确的法规依据。随着信息系统管理工作日益规范化，这些法规和措施将逐步发挥作用，为信息系统应用营造一个良好的法治化保护环境。

15.2.4 业务连续性计划和灾难恢复计划

1. 信息系统的业务连续性计划

信息系统的业务连续性计划是一套基于业务运行规律的管理规程和流程体系，它使一个企业在面对突发事件时能够迅速做出反应，以维持关键业务功能的连续性，而不造成业务中断或业务流程本质上的改变。其中，业务连续性是指企业具备应对风险、自动调整和快速反应的能力，以保障企业业务的连续运转。信息系统的业务连续性建设包括以下三个方面的内容：① 系统高可用性，是指在本地系统发生单个组件故障的情况下，能够继续访问应用的能力，而无论这个故障是业务流程、物理设施故障，还是信息系统软件和硬件故障。② 持续运行，是指当所有设备都处于无故障状态时，系统能够保持业务连续运行的能力。③ 灾难恢复，是指在灾难发生后，将系统恢复到正常运作的能力。当灾难导致生产中心受损时，系统能够在不同的地点恢复数据并继续运行。以上三个方面不是相互孤立的，而是相互关联且相互交叉的。

一般来说，信息系统实施业务连续性计划包含以下 7 个步骤：

① 业务连续性计划方针描述：定义组织的整体业务连续性策略，建立组织的框架并明确责任分配。

② 业务影响分析：将特定的系统组件与其关键业务关联起来，评估灾难对这些系统组件的影响。它通常包括识别重要的信息系统资源、确定灾害的影响范围和可接受的最大宕机时间，以及设定恢复优先级等。

③ 确定预防措施：预防措施有利于恢复被破坏的系统，可以根据信息系统的类型和结构选择合适的预防措施。例如，部署不间断电源为系统组件提供短期的备用电力，或者建立紧急事件管理系统关闭开关等。

④ 确定恢复策略：恢复策略提供了快速恢复信息系统运作的方法。

⑤ 制订信息系统的业务连续性计划：虽然业务连续性计划涉及的活动发生在信息系统的

运行管理阶段，但是应该在整个信息系统开发生命周期中集成和管理这些计划。将业务连续性计划融入信息系统开发生命周期，可以降低执行该计划的成本，增强应急响应能力，并减少对信息系统运行的影响。

⑥ 业务连续性计划的测试、培训和演习：通过测试可以找出业务连续性计划的不足之处，也有助于评估执行业务连续性计划的能力。同时，还要开展相关的培训和演习。

⑦ 业务连续性计划的维持：为了保持有效性，业务连续性计划必须定期更新和修订，以确保计划能够准确地反映信息系统的需求、组织结构和方针的变化。

2. 信息系统的灾难恢复计划

信息系统的风险管理通常包含两个方面：一是运用风险控制方法和技术手段，如防火墙、访问控制，以及硬件冗余等，来减少灾难的发生；二是灾难恢复计划，即在信息系统内部构建完善的灾难恢复体系，以便在灾难发生时能够迅速恢复信息系统的功能，保障组织业务的连续性，将灾难带来的损失控制在可接受的范围之内。因此，严格地说，信息系统灾难恢复能力是指信息系统恢复数据的能力。

当前，企业越来越依赖信息技术，一旦信息系统出现故障，企业应用就会遭受严重的冲击。因此，这里的"灾难"已经超出了自然灾害的范畴，指任何可能危害信息系统并导致其暂时失效的安全威胁。

与灾难恢复计划相比，信息系统业务连续性计划含包含更多的非技术管理方面的内容，如重要岗位人员的组织安排、备用场地与设施保障、危机情况下沟通策略的制定，以及商誉保护措施等。因此，灾难恢复计划往往被看成业务连续性计划的一个子集，也就是信息系统业务连续性计划的一个组成部分。

15.2.5　防火墙与病毒防范

1. 防火墙

防火墙是网络安全防护的一种具象化实现，它被部署在内部网络与外部网络、专用网络及公共网络之间，形成一道保护屏障。防火墙将计算机硬件和软件结合起来，在互联网与内部网络之间设立了一个安全网关（secure gateway），以防范非法用户侵入内部网络。

防火墙主要由服务访问规则、验证工具、包过滤和应用网关四个部分组成。防火墙会对所有流经它的网络通信和数据包进行检查及过滤。防火墙主要有网络层防火墙、应用层防火墙、数据库防火墙等。

2. 病毒防范

病毒防范包括以下两个方面：① 技术手段防范，是指通过研制和开发功能各异的计算机病毒防范产品来应对病毒威胁，这些产品可以是软件、硬件和软硬件结合的形式，它们为用户提供必要的工具，以抑制计算机病毒蔓延，并最终达到控制和消灭计算机病毒的目的。技术手段主要包括软件预防和硬件预防。软件预防是指采用病毒防范软件来防御病毒入侵；硬件预防是指采用防毒卡等硬件来防御病毒入侵。② 管理手段防范，这种手段以预防为主，主要包括：明确责任和义务，发挥信息系统安全管理的作用；采用科学的管理方法，实现信息系统的安全管理；提高员工信息安全意识，有效保障信息系统的安全。

◇◇◇◇◇◇◇◇ **15.3 保护信息资源的主要工具** ◇◇◇◇◇◇◇◇

15.3.1 身份管理与认证

1. 身份管理

身份管理是指对组织、角色、人员进行管理，并记录这些实体的各种状态，如初始化、审批中、已启用、已禁用等。身份管理支持统一认证、授权及审计管理，增强了组织身份认证及访问的安全性；支持授权流程的审批机制，使得对用户身份信息、授权信息、审批信息等的操作更加规范化、标准化，有助于提高整体信息系统架构的风险防范能力。在一个组织中，实施身份管理还可以消除该组织各系统之间的信息孤岛，为各系统提供统一的身份认证、用户身份管理服务，从而构建起一个面向用户的认证和授权服务框架，使业务操作更加流畅，同时为简化信息系统的运行管理工作提供强大的技术手段。

2. 身份认证

身份认证（亦称为身份验证或身份鉴别）是在计算机及网络系统中确认操作者身份的过程，旨在确定该用户是否具备对某种资源的访问和使用权限。它使计算机和网络系统的访问策略能够可靠、有效地执行，防止攻击者假冒合法用户获得资源的访问权限，保障系统和数据的安全，以及授权访问者的合法权益。常见的身份认证技术包括：① 静态密码，是指由用户自行设定的密码；② 智能卡，内置集成电路芯片，其中存储了与用户身份相关的数据。智能卡由专门的厂商通过专业设备生产，具有不可复制性；③ 动态口令，包括短信密码和动态口令牌；④ USB Key，是一种采用 USB 接口的硬件设备，它内置单片机或智能卡芯片，可以存储用户的密钥或数字证书，利用 USB Key 内置的密码算法可以实现对用户身份的认证；⑤ 生物识别技术，是一种通过测量用户的生物特征或行为特征来进行身份认证的技术。

15.3.2 无线网络安全

无线网络当前面临的主要安全问题包括：① 非法窃听，无线网络的所有通信数据，都是通过专门的无线通道进行传输的。如果非法分子拥有先进的无线设备，他们就有可能轻易地窃听到无线通道内传输的数据信息；② 非法连接，是一种网络攻击行为，攻击者未经授权就连接到路由器、交换机等网络设备上，进而访问网络。这种行为导致攻击者占用网络资源，严重影响了其他用户的正常访问，降低了无线网络的整体服务质量；③ 信息篡改，是指入侵者非法获取无线网络中传输的数据信息，并对其进行篡改，再将篡改后的信息发送到接收端；④ 网络破坏，主要是指病毒或恶意软件的入侵。

针对无线网络存在的安全问题，需要建立无线网络安全保障机制，该机制包括以下三个方面：① 身份认证机制，要求发送和接收双方提供身份信息，以防止非法人员假冒合法用户访问网络；② 数据加密机制，通常采用非对称密码系统，即每个用户都拥有两个密钥：公钥和私钥。在系统中，任何人都可以使用某个用户的公钥对相关的数据进行加密，再将其发送给该用户，但是只有该用户可以使用自己的私钥对加密数据进行解密，从而增强了数据传输的安全性；③ 不可抵赖机制，主要使用数字签名技术，以避免在交易或通信过程中任何一方出现抵赖的现象。

无线网络的安全防范策略主要有以下四种：① 使用防火墙，限制未经授权的网络访问；② 使用无线加密技术，对传输的数据进行加密，提高无线网络的安全性；③ 使用 MAC（介质访问控制）地址过滤技术，通过限定接入点（AP）只允许将具有特定 MAC 地址的无线网卡接入网络；④ 使用虚拟专用网络（VPN），在互联网上传输内部数据时对其进行加密处理，从而确保数据即便经过多个路由器，也无法被未经授权的用户获取或篡改。

15.3.3 数据加密技术及公钥基础设施

1. 数据加密技术

数据加密技术是指通过加密密钥及加密函数，将一个信息转换成无意义的密文，而接收方则利用相应的解密函数和解密密钥，将密文还原成原始的明文。这种技术要求在指定的用户或网络环境下解密并获取原始数据。为了实现这一点，数据发送方和接收方需要共享一些特殊的信息，即密钥，这些密钥的值是从大量的随机数中选取的。密钥可以分为对称密钥和非对称密钥两种。

数据加密技术主要包括以下三种：① 对称加密技术，是指使用同一密钥进行加密和解密，即加密和解密的密钥是相同的，它属于单密钥密码系统，其优点是计算量小，加密速度快，缺点是加密和解密使用同一密钥，容易发生发送者或接收者单方面密钥泄露问题，因此在网络环境下应用时，必须使用额外的安全信道来传输密钥，否则密钥容易被第三方截获。② 非对称加密技术，是指使用两个密钥，只有两者搭配使用才能完成加密和解密的全过程。③ 不可逆加密技术，是指加密过程不需要密钥，并且经过加密的数据无法被解密，只有使用相同的输入数据和不可逆算法，才能得到相同的加密数据。

2. 公钥基础设施

公钥基础设施（public key infrastructure，PKI）是一个包括硬件、软件、人员、策略和规程的集合，用来实现基于公钥密码体制的密钥和证书的产生、管理、存储、分发和撤销等功能。PKI 技术体系由五个部分组成：① 认证中心（certificate authority，CA），负责管理公钥的整个生命周期，完成对用户身份与其公钥是否匹配的公证工作，主要包括接收并验证证书申请，颁发证书，废止证书，以及进行证书的归档工作。② 注册中心（registration authority，RA），作为连接证书受理点和认证中心的桥梁，主要负责审核证书申请者的资格，并决定是否允许认证中心为该申请者签发证书；③ 证书和证书库，是网络环境中各类实体（如机关、企业、个人、服务器等）身份的有效证明，它符合 X.509 国际标准，类似现实世界中的个人身份证；④ 密钥备份及恢复系统，PKI 提供了密钥备份与恢复系统，以防止因用户丢失解密密钥而导致的数据读取失败问题；⑤ 应用接口系统，完整的 PKI 技术体系需提供匹配的应用接口系统，供用户使用相关加密服务。

在信息系统安全领域，PKI 技术主要用于在交易过程中进行用户身份认证、在访问网络资源时建立用户信任关系，以及在信息传输过程中提供安全保障等方面。

15.3.4 确保系统的可用性

所谓系统的可用性，是指在特定环境下，产品为被特定用户用于特定目的时所具有的有效性、效率和主观满意度。一般来说，可以用以下公式来计算系统可用性：

$$系统可用性 = \frac{平均正常工作时间}{平均正常工作时间 + 平均修复时间} \times 100\%$$

系统可用性涉及的问题主要有：① 如何检测故障；② 故障发生的频率；③ 出现故障时的现象；④ 系统排除故障的时限；⑤ 如何防止故障发生；⑥ 故障发生时的处理措施。其重点是预先确定错误容易发生的地方并防止错误发展为故障，或者将错误的影响控制在一定的范围内，从而使系统恢复成为可能。同时，还要充分考虑如何将错误最小化，以及系统发生故障后如何迅速恢复。

因此，提高系统的可用性可以采用以下三种措施：

① 错误检测：是一种主要用于检测系统中故障的健康监视手段，具体包括三种战术。第一种是信号或者响应战术，它主要采用主动询问的方式监视组件。在一个系统或网站中，一个组件会发出信号，并希望在预定义的时间内从负责审查的组件那里收到响应。这种战术适用于共同负责某项任务的一组组件。第二种是心跳监视战术，它主要采用被动的方式监视组件。在一个系统或网站中，一个组件会定期发送心跳信息，而另一个组件则负责监听这些信息。心跳信息不仅可以用于监测组件的活跃状态，还可以用于传递数据。第三种是异常处理战术，它通常将错误在语义上转换为可以被处理的形式。异常一般与引入异常的程序在同一个进程中，这使得错误可以被有效地识别和处理。

② 自动恢复：是在检测到故障时所采取的一种恢复措施，旨在使系统恢复到之前的状态，它包含 7 种战术，即表决、主动冗余、被动冗余、备件、shadow（影子）操作、状态再同步、检查点/回滚。

③ 错误预防：是一种预防措施，旨在防止错误发展为故障。

15.3.5 云计算与移动数字平台的安全

1. 云计算的安全

云计算安全主要涉及以下两个方面的问题：

① 虚拟机安全问题：虚拟机可能存在的安全隐患是虚拟机逃逸。虚拟机逃逸是指黑客突破虚拟机监视器的安全封锁，获取对虚拟机的操控权限，进而控制云计算系统中与之相连的计算机，导致用户的数据被窃取或篡改。

② 数据安全问题：它主要涉及存储数据安全、冗余数据安全、信息内容安全。云计算服务环境虽然为用户提供了诸多便利，但同时也为有害信息、垃圾信息等提供了新的传播渠道，并引发了一系列新的问题。例如，难以对不良信息进行追根溯源，在公共云服务体系中，信息和发布载体呈现动态绑定状态，因此很难确定服务器的具体位置等。

提高云计算的安全性可以采取以下三种措施：

① 针对虚拟机安全问题的处理措施：强制云计算系统中的虚拟机开启防火墙功能，并确保其不被关闭；强化虚拟服务器映像，即将不必要的软件从系统中剥离出来，以减少可能被攻击者利用的潜在漏洞。强化的虚拟服务器映像有助于抵御虚拟化攻击。

② 针对数据安全问题的处理措施：采用数字签名策略，确保数据的可用性、完整性及保密性。

③ 针对信息安全问题的处理措施：充分利用法律武器进行监管和打击；进一步强化技术

手段，加强国际合作与交流。

2. 移动数字平台的安全

移动数字平台的安全主要涉及以下三个方面的内容：

① 服务器与客户的安全：在服务器与客户之间用 HTTPS 进行约束，同时通过获取证书模块并对证书模块设置一定的权限，提高企业信息的安全性。

② CA 证书模块与证书申请流程：CA 证书是根据移动数字平台的合法性生成的，一旦获取了 CA 证书，用户就可以将信息安全地保存在服务器上。用户输入密码后，便可以便捷地访问所需的资料。

③ 权限控制和系统登录验证：当用户尝试登录系统时，系统首先会验证用户的 CA 证书是否有效。若 CA 证书通过验证，服务器就会根据用户资料分析移动终端使用者的信息，并将其与系统中的相关信息进行对比，以判断用户登录的合法性。如果用户连续多次输入错误的用户名或密码，系统就会自动锁定账户，防止非法访问。这种设置在一定时间内限制了用户的访问，提高了系统的安全性。

移动数字平台的安全防护措施包括：① 建立和完善信息共享的分级管理制度。例如，根据信息的敏感性和对系统重要程度的不同，对信息共享进行等级划分。② 建立健全信息安全共享制度，分为自愿共享和强制共享两种情况。③ 设置专门的个人信息隐私保护制度；④ 通过法律法规手段解决移动数字平台的信息安全问题。⑤ 明确信息安全管理者的责任。

案例 15.1　用户信息泄露问题

近年来，银行业与快递行业相继曝出客户隐私泄露事件，引发了社会对信息安全的高度关注。

1. 银行业客户隐私泄露事件频发

近年来，银行业客户隐私泄露事件屡见不鲜，其中"内部员工"的不当行为成为最大的安全隐患。例如：

2020 年 4 月，有媒体曝光了某地区两家商业银行的内部人员违规泄露客户信息的行为。其中一家银行被有关部门罚款 30 万元，并对泄露信息的内部员工实施了为期三年的行业禁入处罚。

2020 年 5 月，某演艺人员通过社交媒体发声，指责某银行泄露了其个人账户交易信息。该事件引发了公众的广泛关注。随后，涉事银行发表致歉信，表示已按照内部规章制度对相关员工进行了严肃处理，并对支行行长进行了撤职处分。

2020 年 5 月，某地警方成功破获了一起贩卖公民个人信息的案件。在该案件中，某国有银行员工利用职务之便，以每条 80 元至 100 元的价格，将银行卡使用人的身份信息、电话号码、余额及交易记录等敏感信息非法出售，其中个人信息的数量高达 5 万多条。

2. 快递行业用户信息泄露问题凸显

2020 年 8 月，不法分子与某快递公司的某些内部人员勾结，通过有偿租用该公司员工系统账号的方式，盗取了 40 万条公民个人信息，并进行层层倒卖。该事件在同年 11 月被媒体曝光后，引发了社会的强烈反响。

随后，相关媒体经过深入调查发现，贩卖快递用户信息的"黑产"链条不仅在该快递公司存在，还涉及多家快递公司。不法分子将大量包含快递客户姓名、住址、电话等敏感信息的数据打包在网上出售，每条信息的售价从 0.8 元至 10 元不等。

案例思考题

1. 分析银行频出客户隐私泄露事件的原因。
2. 分析快递行业倒卖用户信息产业链的组成。
3. 如何解决各行业的数据泄露问题？

本 章 小 结

信息系统安全，是指信息系统在进行数据收集、存储、使用和传播的过程中，保持信息的完整性、保密性、共享性和自由性等特性，同时防止信息系统的软件、硬件和数据等遭受未经授权的破坏、泄露或者更改，以使信息系统能够持续和稳定地运行。信息系统安全的基本属性包括保密性、完整性、可用性、可追究性、不可抵赖性、可控性，还涉及漏洞、威胁、风险，以及恶意软件、黑客、计算机犯罪等方面的问题。

信息系统安全与控制组织框架的组件包括信息系统控制、风险评估、安全措施、业务连续性计划与灾难恢复计划、防火墙与病毒防范等。

保护信息资源的主要工具包括：身份管理与认证、无线网络安全、数据加密技术及公钥基础设施、确保系统的可用性、云计算与移动数字平台的安全等。

习 题

1. 信息系统安全的定义与目标分别是什么？
2. 信息系统安全漏洞、威胁、风险分别指什么？
3. 什么是恶意软件、黑客，以及计算机犯罪？
4. 信息系统控制的主要内容是什么？
5. 如何进行信息系统风险评估？
6. 影响信息系统安全的主要因素及相应的安全保护措施有哪些？
7. 信息系统的业务连续性计划与灾难恢复计划分别指什么？
8. 你认为计算机病毒可以彻底防御吗？为什么？
9. 保护信息资源的主要工具有哪些？

第五篇　信息系统开发扩展

第16章

信息系统分析

学习目的

(1) 理解信息系统分析的任务，能够用结构化方法进行系统分析。
(2) 掌握信息系统功能模型设计的过程。
(3) 掌握信息系统数据模型的逻辑设计方法。
(4) 掌握信息系统逻辑模型的设计过程。
(5) 设计一个进销存系统的逻辑模型。
(6) 学会编制信息系统分析报告。

16.1　信息系统分析概述

16.1.1　信息系统分析的任务

信息系统分析是信息系统开发的关键阶段。它的任务是通过对企业的详细调查，充分分析用户需求，设计将要建立的信息系统的逻辑模型。逻辑模型描述了信息系统应该具有的功能，而不涉及具体的物理细节。换句话说，信息系统分析只解决信息系统"做什么"的问题，而不解决信息系统"如何做"的问题。

所谓"逻辑"，是指"做什么"的问题；所谓"物理"，是指"如何做"的问题。例如，"合同查询"功能的逻辑过程包括查询什么信息、从什么地方获得需要查询的信息、如何设计合同数据库的逻辑结构等，属于"逻辑"和"做什么"的问题。而"合同查询"功能的物理细节，如合同数据库存放的位置、输出被查询信息的设备、合同查询模块的结构设计等，则属于"物理"和"如何做"的问题。

解决"做什么"是信息系统分析阶段的工作内容，而解决"怎么做"则是信息系统设计阶段的工作内容。把设计工作分成逻辑设计与物理设计两个部分的好处是使系统分析员在信息系统分析阶段集中精力考虑信息系统所应具有的功能，避免在明确信息系统的功能之前就进行物理细节的设计，从而造成大量的返工，使人力、物力、财力遭受损失。

16.1.2　信息系统分析的工作内容

在信息系统分析阶段，系统分析员的工作始于详细调查，结束于设计出信息系统的逻辑模型，整个过程可以分为三个阶段：

1. 详细调查

在提出信息系统的功能之前，必须了解现行系统的基本情况。详细调查就是在系统规划阶段的初步调查的基础上对企业业务领域中的各项活动进行详尽的了解，为设计信息系统的逻辑模型做资料准备。

2. 功能、业务流程和数据分析

在这一阶段，系统分析员根据通过详细调查获得的资料，对现行系统的功能、业务流程和数据进行分析，找出其薄弱环节，并进行数据整理，为提出信息系统的逻辑模型做进一步的准备。

3. 信息系统逻辑模型设计

这一阶段的工作任务是进行信息系统的逻辑设计，提出最佳的逻辑模型。本书使用第 12 章介绍的结构化方法得出的信息系统逻辑模型，该逻辑模型主要由功能模型、业务流程模型、数据模型构成。信息系统逻辑模型设计包括以下内容：

① 信息系统目标设计。

② 信息系统功能模型设计。

③ 代码设计。

④ 信息系统数据模型的逻辑设计。

⑤ 输入输出逻辑设计。

⑥ 信息系统流程模型设计。

⑦ 处理逻辑说明。

⑧ 编制数据字典。

16.1.3　信息系统分析采用的技术和工具

为了易于理解，本书采用结构化分析方法和数据库技术，辅以传统的图表工具，如组织机构图、功能图等来建立信息系统逻辑模型。建立信息系统逻辑模型的主要工具如下：

1. 功能建模工具——功能图

功能图也称为 H（hierarchy）图、层次图，是建立信息系统功能模型的主要工具。功能图源于 HIPO（hierarchy plus input-process-output）法。它用矩形框和矩形框的名称表示子系统或模块的功能，即该模块能做什么。矩形框之间的连线表示调用关系，通过自顶向下或自底向上的方法，构造层层分解、逐步细化的功能图，上一层模块是下一层模块的抽象，下一层模块是上一层模块的具体化。这样，一个大的业务就可以分解成若干小的业务，功能图底层模块表示一个具体的、独立的、不可再分的业务信息处理模块。在信息系统分析过程中，经常用功能图来表示一个信息系统的功能范围并确定其功能边界。需要说明的是，功能图只用于展示模块之间的功能划分和调用关系，不展示模块之间的控制及通信关系。

2. 业务流程建模工具——数据流程图

数据流程图（data flow diagram，DFD）是主要的业务流程建模工具，它用简明的、图形化的方式展示信息系统业务处理和数据流之间的关系。数据流程图与业务流程图不同，它舍去了业务流程中的物流和资金流，仅把数据流提炼出来，用来展示数据在部门内部、不同部门之间或不同组织之间的逻辑流向、逻辑加工和转换过程。数据流程图有四种基本符号：外部实体、数据流、处理逻辑、数据存储，如图 16.1 所示。图 16.2 所示的是数据流程图示例。

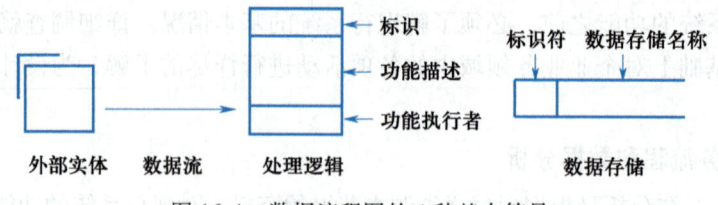

图 16.1　数据流程图的 4 种基本符号

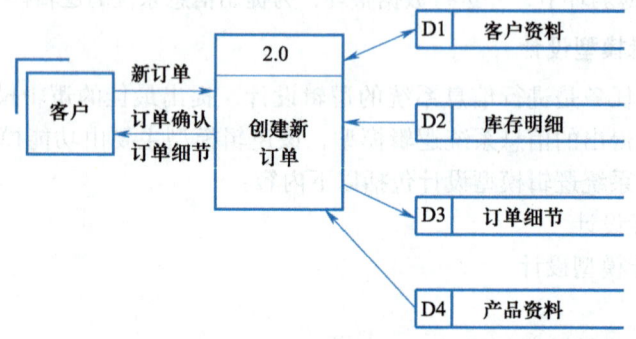

图 16.2　数据流程图示例

在使用结构化分析（structured analysis）方法进行信息系统分析时，数据流程图是一种非常重要的工具，它主要用于两个方面：一是在进行详细调查时，用于记录和描述现行系统的业务流程模型；二是在进行逻辑模型设计时，用于设计一个新系统的业务流程模型。

3. 处理逻辑的表达工具——结构化语言、决策树和决策表

在利用数据流程图建立业务流程模型时，处理逻辑通过动宾结构表示其所执行的功能，比较简单，因此在分层的数据流程图中，还需要对底层的处理逻辑进行详细的描述。表达处理逻辑的主要工具有结构化语言、决策树和决策表。

（1）结构化语言

结构化语言是一种专门用来描述功能单元处理逻辑的语言，它介于自然语言和程序语言之间，由三种基本语句，即祈使句、条件句和循环句组成。

① 祈使句：指要做什么事情，主要由动词和宾语组成，如"获得库存量""计算金额""计算实发工资"等。

② 条件句：类似结构化程序设计语言中的条件语句。下面是用条件句表示的某公司客户订单价格的折扣政策：

> 如果　订单购货额在 5 万元以上
>> 则　如果　最近 3 个月无欠款
>>> 则　折扣率为 15%
>>
>> 否则　如果　与公司交易的时间为 5 年以上
>>> 则　折扣率为 10%
>>>
>>> 否则　折扣率为 5%
>
> 否则　无折扣

③ 循环句：是指在某个条件下连续执行相同的动作，直到这个条件不成立为止。例如：

　　对每个租户

　　　　计算房租和水电费

　　　　将每个租户的房租和水电费加到总计中

（2）决策树

　　决策树也称为判断树。当一个决策问题不仅仅依赖一个条件，而是与若干条件有关时，若用结构化语言表达，则结构比较复杂，在这种情况下使用决策树会比较直观。

　　仍以某公司客户订单价格的折扣政策为例，图 16.3 展示了该订单价格折扣政策的决策树。

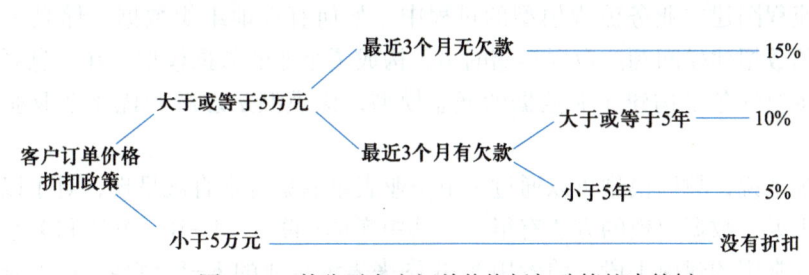

图 16.3　某公司客户订单价格折扣政策的决策树

（3）决策表

　　决策表也称为判断表，是一种表示判断逻辑的工具，它以表格的形式给出了各个条件所有可能的组合以及在每个条件组合下应采取的行动。在条件较多、每个条件的取值和相应的动作也较多的情况下，使用决策表比使用决策树更加有效和清晰。某公司客户订单价格折扣政策的决策表如表 16.1 所示。

表 16.1　某公司客户订单价格折扣政策的决策表

条件和行动说明	各个条件组合							
	1	2	3	4	5	6	7	8
C_1：订单购货额大于或等于 5 万元	Y	Y	Y	Y	N	N	N	N
C_2：最近 3 个月无欠款	Y	Y	N	N	Y	Y	N	N
C_3：与公司交易的时间大于或等于 5 年	Y	N	Y	N	Y	N	Y	N
A_1：15%	√	√						
A_2：10%			√					
A_3：5%				√				
A_4：没有折扣					√	√	√	√

　　决策表分为四个部分：左上角为条件说明（如 C_1、C_2、C_3），左下角为行动说明（如 A_1、A_2、A_3、A_4），右上角为各个条件组合，右下角为各个条件组合下采取的行动。

　　决策表反映所有的条件组合。例如，若有 n 个条件（$C_1,C_2,\cdots,C_n$），每个条件分别可能取 $S_1,S_2,\cdots,S_n$ 个值，则全部的条件组合有 $S_1\times S_2\times\cdots\times S_n$ 个。在表 16.1 中，由于各个条件均取两个值，所以共有 $2\times2\times2=8$ 个条件组合，每个条件组合及相应的行动如表 16.1 所示。其中，"Y"表示条件成立，"N"表示条件不成立。"√"表示采取此行动。

由此可以总结出构造决策表的方法，具体如下：

① 列出所有可能的条件及其组合。

② 对于每个条件组合，明确其对应的行动。

③ 优化决策表。即如果多个条件组合导致相同的行动，则可以考虑将这些条件组合合并，并考察合并的结果。如果某个条件在所有行动中均未起到区分作用，则可以考虑将该条件从决策表中删除。

4. 数据建模方法——E-R 图和第三范式关系

在利用数据流程图建立业务流程模型的过程中，如何有效地组织数据存储是一个核心问题，这就是所谓的数据建模问题。数据存储的集合构成了企业的数据模型。在信息系统分析阶段，数据建模的主要任务是构建企业数据的概念模型，该模型是理解和优化企业业务流程的基础。

对于人工系统来说，数据模型可以通过一组企业表单的集合来直观呈现，对于以计算机为基础的信息系统来说，数据建模的方法有很多，其中实体-联系（E-R）方法和关系数据库规范化的方法是两种常用的建模手段。前者用 E-R 图来表示企业的 E-R 模型，后者则通过对企业表单之间的自然关系进行规范化处理，得到符合第三范式（3NF）的关系数据模型。本书第 4 章对数据建模的技术——数据库技术已经做了详细的介绍，本章通过具体的实例，展示关系数据库规范化方法在信息系统分析中的应用。

16.1.4 信息系统分析的工作方法

在进行信息系统分析时可以采用"自顶向下"或"自底向上"的方法，在实际工作中常常将这两种方法结合起来使用，具体可参见 12.4 节，这里不再赘述。

16.2 详细调查和功能、业务流程与数据分析

16.2.1 详细调查的目的

详细调查就是研究现行系统，明确用户对信息系统的功能和信息需求。在着手开发一个新的信息系统之前，企业通常都存在一个现行系统，这个系统可能是人工系统，或是自动化系统，也可能是半自动化系统，无论是什么形式的系统，都是在实际运行中经过检验并被证明可行的系统。对现行系统的了解程度会直接影响新系统方案的质量。本章以人工系统为背景来介绍详细调查的流程，这对于初学者来说，能够提供从原始状态开始的真实感受。这样的流程同样适用于半自动化系统、自动化系统的详细调查。

详细调查与初步调查不同。初步调查的任务是了解组织的概况，以及现行系统的概况等，其目的是确定企业有无必要和有无可能建立信息系统，并合理地设定信息系统的目标、制定信息系统的总体方案，以及进行可行性分析。初步调查在信息系统规划阶段进行，是一种概括性的调查。详细调查是在初步调查的基础上进行的深入、细致、详尽的调查，它涉及企业内部各部门的职能及相互之间的信息流动关系。详细调查在信息系统分析阶段进行，其目的是设计信息系统的功能模型及逻辑模型。显然，与初步调查相比，详细调查的工作量要大得多。

16.2.2　详细调查的内容

详细调查包括以下 8 个方面的内容：组织机构及业务功能调查；业务流程调查；数据调查；处理逻辑调查；工作目标调查；查询与决策要求调查；代码化调查；企业存在的问题调查。

1. 组织机构及业务功能调查

企业的组织机构是根据企业目标设置并组织起来的，了解企业内部的部门划分及各部门的业务功能，是详细调查的第一步，可以帮助系统分析员更好地认识和理解拟开发的信息系统所处的企业环境，为进一步开展详细调查指明路线。这方面的具体调查内容如下：

① 现行系统组织机构设置、岗位职责和业务范围：首先，了解企业各部门的名称、职责以及它们之间的行政隶属关系。其次，深入了解每个岗位的具体职责。最后，了解企业主要的业务范围。业务范围也称为职能范围或职能域，是指企业或组织的某个业务领域。例如，X 金属材料公司业务部的业务范围是金属材料进销存的经营和管理工作。

② 现行系统的业务功能调查：业务功能指业务具有的作用和效能，当业务功能被分配到企业，或者企业的某个部门或岗位时，就形成了职能范围。职能是可以变化的，而业务功能则是相对独立的。把业务功能抽象出来并组织成系统和子系统，就能够形成具有较强生命力和柔性的信息系统。

组织机构调查的结果用组织机构图表示，业务功能调查的结果用功能图表示并配有简明的文字说明，实例 16.1 介绍了 X 金属材料公司的组织机构和业务部业务功能的调查结果，并给出了 X 金属材料公司的组织机构图和相关的功能图。

2. 业务流程调查

组织机构及业务功能调查为系统分析员指出了具体的调查路线，他们可以通过访谈、问卷调查等方式与企业基层部门的业务人员进行交流，以了解业务细节。业务细节首先从识别业务流程开始，用 2.4.5 小节介绍的方法识别业务流程，用业务流程图绘制工具（如 BPMN）或业务流程建模工具（如数据流程图）描述业务流程模型。本章将使用结构化方法，舍去业务流程中的物质流，将其抽象成数据流程图。

业务信息处理流程是业务流程的信息视图，在信息系统分析中，通常把业务流程调查称为业务信息处理流程调查，它着眼于"伴随业务的信息流"，很适合用信息载体跟踪法来识别。在业务流程运行过程中，系统分析员需要跟踪信息系统中信息的流动及其在各个环节的变化情况。例如，从何处送来什么信息，由哪个活动处理，如何处理；然后又产生什么信息，被送往何处（下一个活动），或者被存储在何处，然后又做了何种处理等；业务流程的详细调查可以按照以下一系列问题进行：

① 某个业务流程是如何开始，又是如何结束的？其间要经过哪些步骤（活动）？

② 某张单据是如何在业务人员之间或部门之间流转的？

③ 在每个步骤或活动中，输入了什么信息？进行了什么处理？输出了什么信息？这些信息的具体名称是什么？

④ 输入信息是由谁在什么时间提供的？是在什么时间处理的？输出的信息又传递给了谁或哪个部门？

⑤ 完成该业务流程需要多少时间？

⑥ 该业务流程的运行频率如何？业务流程活动的高峰通常出现在何时？活动量是多少？

⑦ 在该业务流程运行过程中，通常会遇到哪些异常情况或例外情况？

⑧ 该业务流程是企业的核心业务流程吗？它的运作是否合理？是否需要对它进行规范、优化或再造？

根据对以上问题的调查结果，可以用一套分层的数据流程图构建现行系统的业务流程模型。实例 16.2 "业务流程调查" 给出了 X 金属材料公司现行系统的业务流程模型。

3. 数据调查

在用数据流程图表示的业务流程模型中，虽然有数据流和数据存储的名称，如××凭证、××账册、××报表等，但没有数据组织和数据结构的细节。数据调查的主要任务是明确现行系统数据组织和数据结构的细节，具体内容如下：

① 收集数据流程图中出现的所有数据流和数据存储的信息载体，可参见实例 16.3 "数据调查"。

② 调查每个信息载体的用途，即它是由哪个部门制作的；确定信息载体的类别，即它是属于原始凭证、报表，还是属于账册；识别信息载体在数据处理过程中的主要状态，即是输入、输出，还是存储。

③ 调查组成每个信息载体的数据项的特征。例如，数据项是字符型还是数值型；数据项的长度是多少；数据项的取值范围，即最大值和最小值是什么。

④ 了解数据结构的规律。例如，"业务台账" 的全部账页是如何按照金属材料的大类、中类和小类来组织的。

⑤ 统计每个数据流在每个周期（日、周、月）中发生的业务量，评估数据存储（账册）的存储容量要求。

⑥ 判断数据的重要程度，并确定相应的保密级别，设定各类管理人员对数据操作的权限。

⑦ 查明数据项之间的逻辑运算关系。例如，订单购货额是通过客户订单价格乘以购货数量计算得到的（在进行处理逻辑调查时也应关注这些运算关系）。

通过数据调查收集的全部资料（如凭证、账册、报表）以及信息载体的数据项特征（如数据类型、长度、取值范围等），经过分类汇总就构成了现行系统的数据模型。这个数据模型不仅包含数据的用户视图，还是进行数据库设计的重要依据。实例 16.3 "数据调查" 给出了 X 金属材料公司现行系统的数据模型。

4. 处理逻辑调查

业务流程的数据流程图强调业务流程，而没有对每个处理逻辑的细节进行说明，所以还需要对每个处理逻辑做详细的说明。所谓 "处理逻辑"，是指信息如何被处理和加工，包括数据之间的逻辑关系，以及数据变换的规则、算法和条件判断等。例如，数据流程图中有一个处理逻辑，其名称为 "销售日报"，销售员填写其中 "日销售额" 的处理逻辑是

$$日销售额 = \sum 当日发货单金额$$

处理逻辑的调查结果可以用结构化语言、决策树、决策表等工具来描述，它们的集合称为处理逻辑的小说明。实例 16.4 "处理逻辑调查" 详细列出了 X 金属材料公司业务部进销存管理数据流程图的 16 个基本处理逻辑。

5. 工作目标调查

通过初步调查，系统分析员已了解了企业目标及战略。在企业目标及战略之下，企业各部

门也都制定了各自的工作目标。系统分析员在进行详细调查时可以围绕以下几个问题，向企业管理者和员工了解其所在部门的工作目标。工作目标调查的结果用文字或目标树表达。

① 了解你所在企业的目标及战略吗？

② 你所在部门的工作与企业目标及战略有什么关系？

③ 你所在部门制定的工作目标是什么？有哪些具体指标？

④ 谈谈实现你所在部门工作目标的具体措施。在实现工作目标时，遇到的最大困难是什么？有什么解决方法？

⑤ 员工有信心实现部门的工作目标吗？他们有什么具体行动？

⑥ 工作目标实施的效果如何？对于企业和本部门工作目标的改进有什么建议？

6. 查询与决策要求调查

企业各类人员常常需要查询各类信息，以支持决策和日常运营。例如，销售人员经常要查询库存总账，了解可供资源的情况，以满足客户的购货需求；采购人员则要时刻关注各类物资的库存量，以在库存量不足时向有关部门提交采购申请；高层管理者往往关注下一个季度某种物资的期货数量，以便预计下一个季度的进销额；此外，高层管理者还要了解企业各项经济指标的完成情况，以便做出长远的战略发展规划。

这些查询有的是经常发生的，有的是偶然发生的。在进行详细调查时，必须向各类人员了解他们的查询要求，以便有针对性地组织数据库和数据仓库。

除了查询，企业各级管理者都需要做决策，特别是对于企业高层管理者，用信息系统辅助他们进行决策，是信息系统设计的主要目标。在进行详细调查时，要认真听取企业各级管理者的要求。例如，他们经常做什么决策，在做决策的过程中需要哪些信息、当前在做某些决策时缺少哪些信息，是否考虑用经济管理模型辅助决策等。实例 16.5 "查询与决策要求"列出了X 金属材料公司经理的查询和决策要求。

7. 代码化调查

代码是实现信息处理的基础，在进行详细调查时要了解企业代码的使用情况：哪些实体已经使用了代码，是国际标准、国家标准，还是企业标准；哪些实体还没有使用代码，需要进行代码化等。

8. 企业存在的问题调查

在进行详细调查时还要询问和发现企业存在的问题，如哪些业务流程运行得不合理等，以为信息系统分析提供思路。

16.2.3　详细调查的方法

对现行系统进行详细调查是一项烦琐而艰巨的工作，要求系统分析员能够用最短的时间、最少的返工次数获得全面、准确的资料。一般情况下，在信息系统分析阶段初期，系统分析员处于不利地位，他们虽然熟悉信息技术，有丰富的信息系统开发经验，但不熟悉企业的具体业务。而企业管理者虽然熟悉企业的业务，但不了解信息系统的工作原理。两者如果相互结合，取长补短，则能够加速详细调查的进程。因此，必须由企业的管理者、业务人员、信息技术人员及信息系统开发方的系统分析员组成联合调查组。由企业管理者主持工作，把介绍业务、提供资料等工作列入业务人员的工作计划，为信息系统分析提供畅通的、融洽的工作环境。企业人员不以主人翁的态度参与信息系统开发是信息系统失败的主要原因。详细调查的方法有以下几种：

1. 面谈

面谈是指系统分析员通过口头提问的方式收集信息，面谈的对象是信息系统的用户，如企业管理者或业务人员。为了取得较好的面谈效果，应该选择精通本职工作、经验丰富、善于表达的业务人员参与面谈，面谈前应该列出调查提纲，让面谈对象了解面谈的内容，以便事先做好充分准备。

在与企业不同层次的人员面谈时，面谈的内容有很大的差异。例如，与企业高层管理者面谈的主要内容涉及企业战略、经营目标、管理目标、对企业长期及短期计划的考虑、经常做的决策，做决策时要了解哪些信息等；与部门管理者，如处长、科长面谈时，面谈的主要内容涉及本部门的工作目标、对企业的贡献、业务范围、业务流程、与外部的联系、人员分工状况、存在的问题等；与基层部门的业务人员面谈时，面谈的主要内容涉及工作职责、业务处理细节、数据细节、与其他工作人员之间的业务关系、业务处理中发生的异常情况等。在面谈过程中，应该自始至终围绕需要了解的内容进行提问，提问要逐步深入，要及时总结面谈的内容。

2. 收集企业工作规程及相关资料

企业的工作规程通常以规章制度、流程规定、历史资料、工作标准等形式出现，并被作为企业工作的依据和准则，如公司编制的《经营管理业务工作规程》等。系统分析员可以在信息系统分析阶段收集并阅读工作规程及相关资料，事先了解企业的各种规定和需要调查的内容，使详细调查工作得以顺利进行，但需要注意这些资料是否是最新的、与实际工作有无出入等问题。

3. 观察和参加业务实践

观察业务实践能够使系统分析员获得一些用其他方法不能获得的信息，而参加业务实践则能够使系统分析员了解自己所不熟悉的工作。例如，系统分析员通过观察开票过程，了解销售人员的每一个动作和决策过程，进而了解销售人员是如何确定物品价格、销售数量的，以及每联发货票是如何流转的等。此外，系统分析员还可以在现场查看和收集数据。观察和参加业务实践虽然是获得第一手资料的主要方法，但这种方法效率低，难度大，一般只作为辅助调查的手段。

系统分析员除了运用以上方法进行详细调查，还要注意恰当地使用"自顶向下"和"自底向上"的方法，收集足够的数据以进行定量分析。此外，系统分析员要善于对具体情景进行抽象、归纳和总结，将一个物理的现行系统抽象成逻辑的现行系统。系统分析员应该具有良好的修养和态度，这样才能取得理想的调查效果。

16.2.4 功能、业务流程与数据分析

1. 功能、业务流程与数据分析的目的

功能、业务流程与数据分析又称为资料分析，是对详细调查所获得的资料进行整理、分析和深入思考的过程，旨在为系统分析员设计信息系统逻辑模型做准备。

详细调查所获得的资料反映了现行系统的真实状况。现行系统并不是尽善尽美的，存在各种各样的问题，为了解决这些问题并应对环境的挑战，就需要开发信息系统，旨在提供一个全

新的信息系统解决方案。此外，信息系统也不是简单地用信息技术去模仿现行系统的工作，而是要在现行系统的基础上实现提升和超越。

2. 现行系统存在的问题分析

现行系统存在的问题反映了其当前状况与企业目标之间的差距，分析这些问题有助于系统分析员在设计信息系统时去解决它们。可以从经营问题、管理问题和操作问题三个方面归纳现行系统中已存在的问题和潜在的问题。表 16.2 列举了 X 金属材料公司现行系统存在的一些问题。

表 16.2　X 金属材料公司现行系统存在的问题举例

序号	问　　题
1	销售员、财务部和仓库各有一本库存明细账，数据不一致问题严重，月底对账工作量大
2	材料进货流程的效率低，实时性差，影响材料的即时入库
3	销售流程的服务目标起点低，只管销货不管送货，客户很不满意
4	市场开拓能力差，没有设立外省市经销网点
5	缺乏合理的库存定额管理，库存数字不准确，造成大量产品积压或脱销
6	人工开具销售凭证，容易写错、算错，事后处理困难；由于销售员不能准确掌握库存，开出的废票很多，常常要退票
7	经理看不到动态信息，如果出差，更不能及时了解市场行情及企业运行情况，影响正确决策
8	没有供应商资料，无法控制进货质量和对供应商进行评价；没有留下客户资料，无法进行市场分析和客户分析，缺乏客户服务的意识，有些客户已经流失
9	公司已经使用了财务软件，但业务信息系统尚未建立，致使业务数据不能直接、实时地进入财务系统，造成数据冗余
10	"可供资源表"每周制作一次，不能实时反映物资的可供数量和市场价格，因而没有发挥作用
11	历史数据缺失，无法进行销售预测和分析
12	信息化意识薄弱，不愿意尝试电子商务

3. 企业目标和环境分析

（1）企业目标分析

企业目标是指企业希望经过长期努力达到的状态。系统分析员在初步调查阶段了解了企业目标，在详细调查阶段又获得了企业各部门的工作目标，因此可以将它们综合起来进行统一的分析。

① 分析企业目标与环境变化的趋势是否一致，确立能够适应环境变化的具体目标。例如，在当前市场竞争日益激烈的情况下，金属材料公司作为流通企业，它的目标之一是建立和扩大销售网络，提高市场占有率。其工作目标是提高物流服务水平，加强客户关系管理；具体措施是在本地区或周边地区建立更多的销售网点和配送中心，实施电子商务。

② 分析企业长期目标和短期目标、总目标与子目标之间是否一致。企业目标是否充分发挥了企业的长处，充分挖掘了企业的潜力。

③ 分析信息系统应该如何支持企业目标的实现。

经过企业目标分析，系统分析员对于信息系统设计的目标、功能和范围产生了初步的思路。例如，是否在信息系统中设计一个客户数据库和客户服务子系统，为客户提供在线订单提交功能，或者实施更高层次的客户关系管理和电子商务功能等。

（2）环境分析

分析企业内部和外部环境的目的，是预测信息系统在未来一段时间内可能面临的信息供给和功能要求的变化，充分考虑信息系统设计方案的柔性，使信息系统具有生命力。

经过对现行系统存在的问题以及企业目标和环境分析，发现 X 金属材料公司在提高物流服务水平、扩大销售网络、加强客户关系管理和供应商管理、实现物流配送和电子商务等方面与需求存在较大的差距，系统分析员必须重新审视信息系统规划期间提出的信息系统目标，考虑用户意见和要求，进而提出一个更加完善的信息系统目标。

4. 功能分析

功能是为实现目标而承担的任务。功能分析是指根据企业目标的要求来确定信息系统的功能范围，并进一步确定每个子系统及其下属模块的具体功能，设想一个完整的信息系统功能模型。

系统分析员参考信息系统规划方案，根据企业目标和环境分析以及现行系统存在问题的分析结果，在现行系统功能模型的基础上设想信息系统的功能。根据组织内各类信息系统的组合原理和组织间信息系统的构建原则，总体设计并逐步实施事务处理系统（TPS）、管理信息系统（MIS）、决策支持系统（DSS）、经理信息系统（EIS）等子系统，以及建立与供应商、客户联系的供应链管理系统、客户关系管理系统等信息系统。

5. 数据分析

完成详细调查以后会收集成百上千份表单，获得大量的数据，因此进行数据分析是十分必要的。数据分析的主要任务如下：

① 从不同的角度对收集到的数据进行分类：例如，按业务主题对数据进行分类，可以将数据分为库存类数据、销售类数据、客户类数据等。

② 设计新的数据来源：根据信息系统的功能要求，考虑还缺少什么数据、如何收集这些数据。例如，公司经理希望了解行业信息，这是一种外部数据，从现行系统中无法获取，那么系统分析员要与业务人员商量获取外部数据的途径。

③ 充分利用信息资源：在数据分析过程中，系统分析员要考虑如何使一些基本信息变得对于业务人员更有利用价值。例如，将今年和去年的销售量进行对比，分析两者存在差异的原因；利用历史数据预测企业未来的发展方向等。

6. 业务流程评价

对业务流程进行评价是为设计信息系统的业务流程模型做准备。一般说来，企业长期在科层制模式下运行，缺乏业务流程管理的意识。系统分析员运用业务流程管理的思想，采用树枝因果图、价值链分析法等业务流程分析方法，与业务主管一起对业务流程进行分类。例如，被审视的业务流程是企业的核心业务流程，还是一般业务流程？是属于规范、优化的范畴，还是属于再造的范畴？初步构思信息系统业务流程管理方案，为建立新的业务流程模型做准备。

经过这一阶段的思考和分析，系统分析员可以顺利进入信息系统逻辑模型设计阶段，正式提出信息系统的逻辑模型。

16.3 实例阅读——X 金属材料公司的详细调查

本节将通过实例介绍 X 金属材料公司详细调查的过程和相关的资料。限于篇幅，本实例对一个实际系统做了简化。

X 金属材料公司是一家经营钢材的流通企业。该公司以 X 市及周边地区为主要市场，业务范围主要是进销存管理，即对钢材、有色金属等原材料进行采购、进货、销售及仓储管理，还负责把客户订购的原材料运送到目的地。该公司实行一体化管理和非独立核算，有效地降低了经营成本，业务量稳步扩大。其经营品种达 250 多个大类、数千种规格，现有职工 137 人，供货商及销货客户总共达到 2 000 多家。

早在 2003 年年初，X 金属材料公司就购买了某财务软件，在财务部配备了一名财务软件系统管理员，率先实现了公司财务管理信息化。近年来，随着公司经营业务的不断扩大，虽然财务管理实现了信息化，但进销存管理仍然以手工作业为主，已经不能满足业务发展的需求，公司迫切希望应用信息系统对业务进行全面管理，以提高经营管理水平、客户服务水平和市场占有率。X 金属材料公司委托 W 信息技术公司着手进行公司信息系统的开发工作，并成立了领导小组和系统开发项目小组，领导小组的成员是公司总经理、副总经理及各部门的业务主管。X 金属材料公司还筹建了信息中心，信息中心的主任也是领导小组的成员，在信息中心成立之前他是财务部财务软件系统管理员。系统开发项目小组由 W 信息技术公司的项目经理所率领的 6 名系统开发人员和 X 金属材料公司信息中心的 2 名经济师、各部门业务主管及业务骨干组成。系统开发项目小组完成了初步调查和可行性分析工作，进入详细调查阶段。在这一阶段，他们首先调查了 X 金属材料公司总经理对信息系统的需求，然后进入各部门，与各部门的业务主管和业务人员进行面谈。系统开发项目小组事先发给这些业务主管和业务人员详细调查提纲，对公司和部门的业务范围、人员分工、工作目标、业务流程、存在的问题、部门主管的职责、查询和决策要求等做了调查。下面是系统开发项目小组所列出的面向部门业务主管的详细调查提纲：

① 请介绍本部门的职能范围，与其他哪些部门有工作联系？本部门有多少人？如何分工？
② 请简要介绍本部门的业务流程，公司是否制定了业务指导文件？
③ 本部门的工作目标是什么？有哪些具体指标？
④ 本部门在执行业务活动的过程中，需要了解哪些方面的信息？
⑤ 本部门工作中存在什么问题和困难？
⑥ 你的工作职责是什么？通常需要什么信息帮助你做决策？
⑦ 你希望信息系统帮助本部门解决什么问题？

从业务主管那里了解了各部门的概况以后，系统分析员便分别与各个业务人员联系，对他们分管的业务做更细致的了解。详细调查常常是自顶向下、自底向上反复进行的，直至彻底了解清楚。实例 16.1 至实例 16.5 是进行详细调查后运用结构化分析方法整理的资料。

实例 16.1 组织机构与业务功能调查

X 金属材料公司设有办公室、业务部、市场部、物流部、财务部、信息中心和人事部等部门，每个部门还设有若干职能部门或职能岗位，其组织机构图如图 16.4 所示。

各部门的业务范围如下：

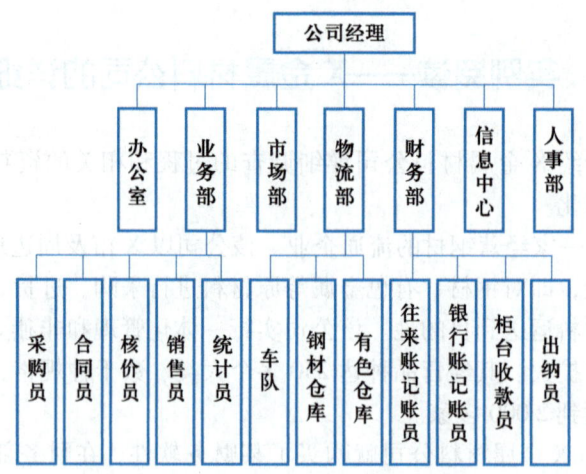

图 16.4 X 金属材料公司的组织机构图

（1）办公室

办公室负责处理公司办公室的日常事务（如文件管理、会议安排）、行政考核、后勤管理等工作。

（2）业务部

业务部是 X 金属材料公司经营钢材的核心部门，负责金属材料的进销存业务，具体人员及其职责如下：

① 采购员 6 人：根据市场需求和库存情况，负责钢材的现货和期货采购工作，包括提出采购申请，与供应商签订进货合同，与供应商保持紧密的业务联系，进行合同履行督促等。

② 合同员 2 人：负责登记采购员提交的进货合同，并完成每月的合同统计与分析工作。

③ 核价员 1 人：负责金属材料到货后的进价核价及入库单处理工作。

④ 销售员 4 人：负责金属材料的销售管理，并根据市场需求和库存情况制定销售策略；保持与客户的业务联系，协调处理客户投诉等。

⑤ 统计员 2 人：负责全公司物资进销存统计报表的制作与上报工作，定期收集、整理、分析物资进销存数据，协助其他部门进行数据统计与分析工作。

（3）市场部

市场部负责各地区的市场开发、营销策略制定和客户关系管理工作。

（4）物流部

物流部负责钢材或有色金属的运输管理和仓储管理工作。例如，钢材仓库和有色仓库分别负责钢材和有色金属的验收、入库、存放、保管、保养及物资出库工作；车队负责送货和取货工作。

（5）财务部

财务部负责公司日常经营活动中的收付款工作，开票、账簿登记等会计工作，资金管理、财务分析和财务报表编制工作等。其具体人员包括往来账记账员、银行账记账员、柜台收款员和出纳员等。

（6）信息中心

信息中心是以财务部机房管理人员为基础成立的部门，招聘了 5 名信息系统专业的毕业生，由信息中心主任管理，负责公司的信息化规划和信息系统的建设及维护工作。

（7）人事部

人事部负责招聘、培训、绩效管理、员工关系管理和薪酬福利管理等工作。

业务功能调查结果可以用分层的功能图来进行描述。X 金属材料公司业务部现行系统的功能图如图 16.5 所示。

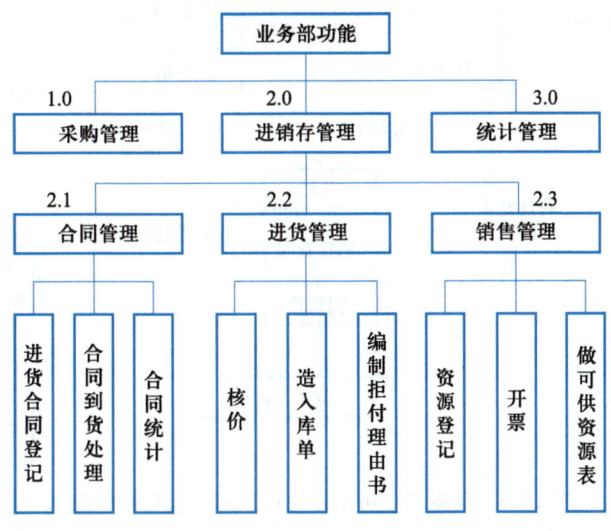

图 16.5　X 金属材料公司业务部现行系统的功能图

实例 16.2　业务流程调查

根据图 16.4 所示的组织机构图和图 16.5 所示的功能图，系统分析员对 X 金属材料公司业务部现行系统的业务流程进行了详细调查，经过业务流程识别，得到图 16.6~图 16.10 所示的业务流程模型。该模型用分层的数据流程图来构建，数据流程图的层次及编号与图 16.5 所示的功能图是对应的。图 16.6 所示的是业务部现行系统处理逻辑 2.0 "进销存管理"的第一层数据流程图，它被分解为图 16.7 所示的第二层数据流程图，包括处理逻辑 2.1 "合同管理"、处理逻辑 2.2 "进货管理"、处理逻辑 2.3 "销售管理"三个处理逻辑，这三个处理逻辑又被分解成三张细化的第三层数据流程图，如图 16.8、图 16.9 和图 16.10 所示，它们分别描述了合同管理、进货管理和销售管理 3 个业务流程的信息处理过程。

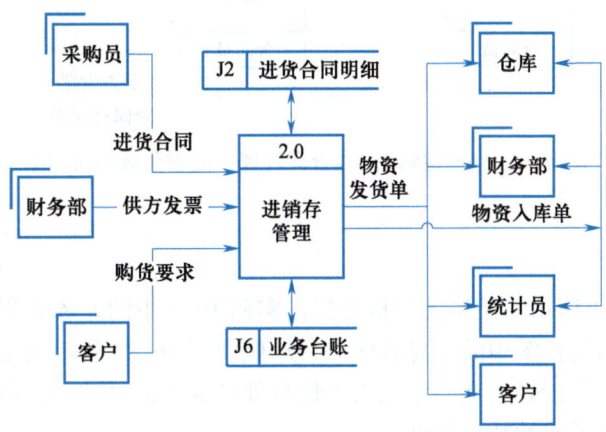

图 16.6　业务部 "进销存管理" 第一层数据流程图

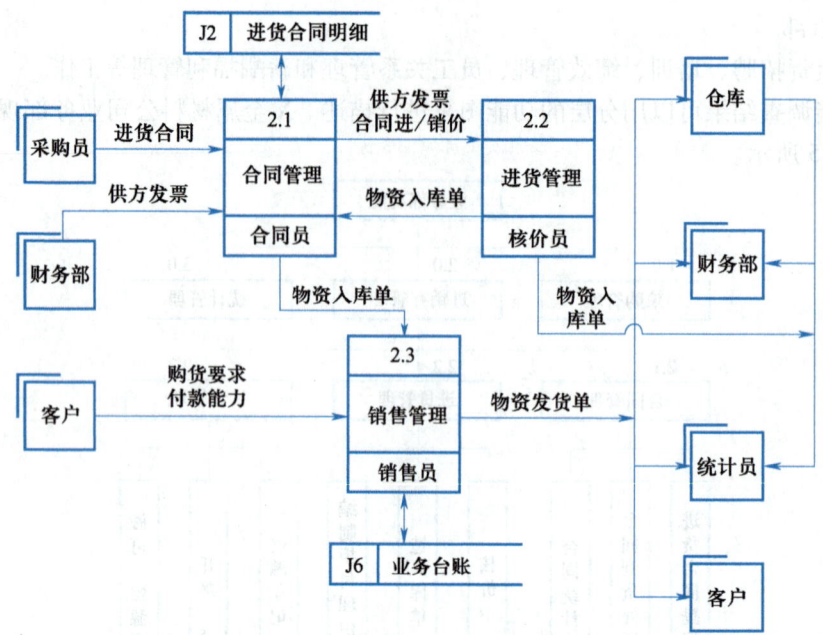

图 16.7 业务部"进销存管理"第二层数据流程图

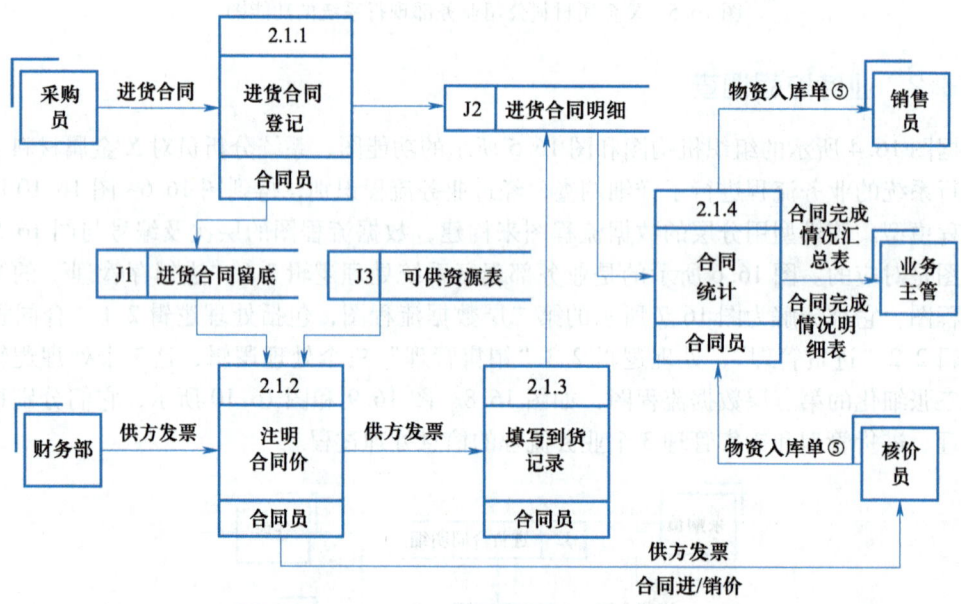

图 16.8 处理逻辑 2.1"合同管理"的细化数据流程图

实例 16.3 数据调查

图 16.11~图 16.21 所示的是系统分析员根据实例 16.2 中的业务流程模型收集的凭证、单据和报表，它们与数据流程图中的信息载体一一对应。图 16.22 所示的是将收集的信息汇总形成的现行系统信息调查分析表。在一个以人工信息处理为主的系统中，所有的信息载体样式和信息汇总表组成了现行系统的数据模型。

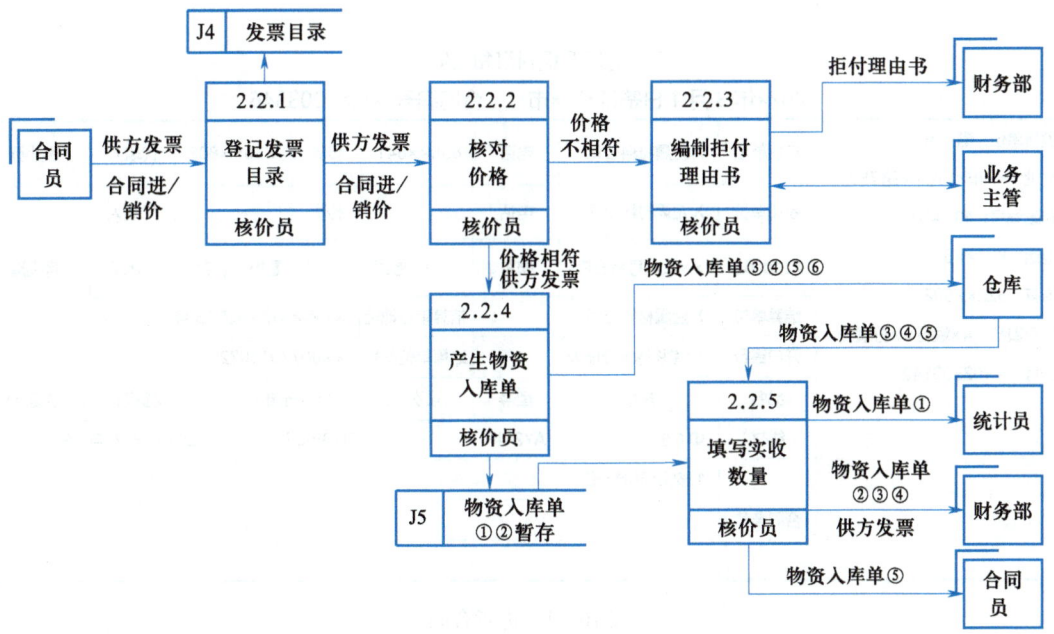

图 16.9 处理逻辑 2.2 "进货管理" 的细化数据流程图

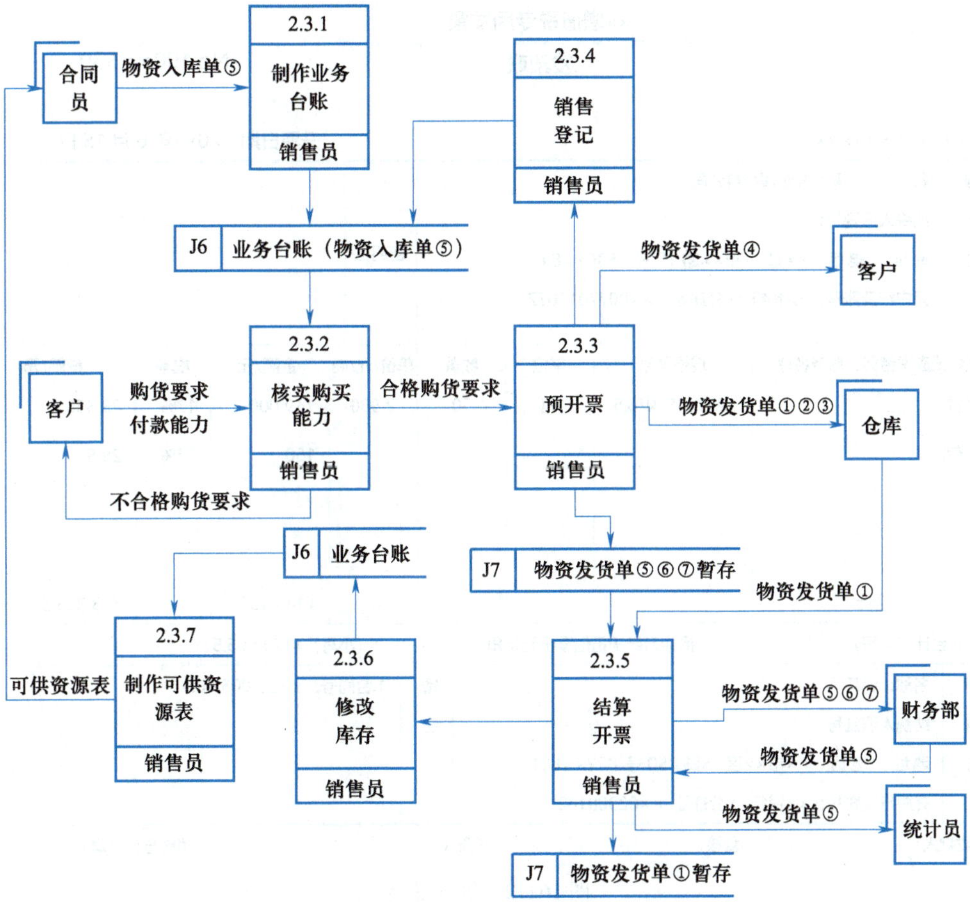

图 16.10 处理逻辑 2.3 "销售管理" 的细化数据流程图

钢厂 E 钢材订货合同

20××年 3 月 1 日签订于××市　　合同编号 ××上 003346

供货单位：钢厂 A	订货单位	X 金属材料公司	电话	836××841	传真	836××802	代表人	吴小强		
地址：××市××区××路 750 号	收货单位	X 金属材料公司	电话		传真		代表人			
邮政编号：40××81	收货地址	××市六号桥仓库	整车		专线		零担	站	水运	月亮湾
电话：822××681	结算单位	X 金属材料公司	结算单位地址	××省××市××路 15 号						
传真：822××802	开户银行	××银行××分理处	结算单位账号	××0077011072						
开户银行：××银行××分理处	品名	规格	型号	项次	技术标准号	交货期	数量/吨			
账号：××02300142	线材	Φ6.5	AY2-4F		YB189-651	20×× 年 6 月	50			
	合同条款	1.按市场价结算。								

图 16.11 进货合同

××增值税专用发票

发票联　　　　No.100××539

××××××××××××　　　　开票日期：20××年 6 月 15 日

购买方	名　　称：X 金属材料公司 纳税人识别号： 地 址、电 话：××省××市××路 15 号　836××841 开户行及账号：××银行××分理处　××0077011072			密码区			
货物或应税劳务、服务名称	规格型号	单位	数量	单价/元/吨	金额/元	税率	税额/元
线材	AY2-4F Φ6.5	吨	50	2 980	149 000	17%	25 330
运杂费					150	17%	25.5
合计					¥149 150		¥25 355.5
价税合计（大写）	拾柒万肆千伍佰零伍元伍角				（小写）¥174 505.5		
销售方	名称：钢厂 A 纳税人识别号： 地 址、电 话：××市××区××路 750 号 822××681 开户行及账号：××银行××分理处 ××02300142			备注	1.合同号：××上 005348		

收款人：　　　复核：　　　开票人：　　　销售方：（章）

税总函[20××]××号×××公司

第三联：发票联　购买方记账凭证

图 16.12 供方发票

20××年合同案引

案　引　号	单　　　位	案　引　号	单　　　位
01	钢厂A	11	钢厂F
02	钢厂B	12	钢厂G
03	钢厂C	13	钢厂H
04	钢厂D	14	钢厂I
05	钢厂E	15	钢厂J
……	……	……	……

图 16.13　进货合同明细之一（合同案引）

20××年金属材料 合同 执行 情况

供货单位：钢厂 E　　地址：××省××市　电话：607××411　　传真：607××702

邮政编码：05××15　　开户银行：××银行××分理处　　账号：××389 170123

合同号	物料名称	规格型号	合同数/吨	交货日期	收货记录			
					进货日期	进价/元/吨	进货数量/吨	备注
××上 0023	线材	AY2-4F Φ6.5	204	5 月	8 月 23 日	2 980	124	
××上 0015	中板	Q235A 10 mm卷	50	3 月	2 月 28 日	3 200	50	
××上 0013	圆钢	Q235 Φ10	100	7 月	7 月 4 日	3 000	70	已变Φ12
××下 007	……							
××下 009	……							

图 16.14　进货合同明细之二（合同执行情况）

日期：20×× 年 4 月

品　　　名	型号[钢号]	规　　　格	数量/吨	单价/元/吨
轻轨		12 kg	50	3 080
重轨		100 kg	42	4 800
圆钢	Q235	Φ12	108	3 160
	Q235	Φ16	15	3 000
	Q235	Φ18	97	3 000
	Q235	Φ20	46	2 820
	Q235	Φ22	75	3 000
	……	……	……	……
碳结钢	45	Φ35	12	3 600
	45	Φ36	46	3 600
	45	Φ50	398	3 600
	45	Φ55	155	3 600
	45	Φ60	110	3 600
	……	……	……	……

不锈钢带	1Cr18N19	2 * 80	18	20 000
	1Cr18N19T1	2 * 95	4	20 000
线材		Φ4	50	2 980
	AY2-4F	Φ6.5	600	2 980
	AY2f 四	Φ8	10	2 980
中板	Q235A	10 mm卷	20	3 000
	Q235A	12 mm	31	3 070
	Q235A	6 mm 横切	28	3 360
	Q235A	6 mm 卷平	152	3 360
……	……	……	……	……

图 16.15 可供资源表

20××年第一季度合同完成情况明细表

供货单位	20××年资源情况/吨	季度累计合同数/吨	季度累计完成数/吨	季度合同完成率	备注
合计	12 179	5 049	3 029	60%	
钢厂 A	1 618	512	400	78%	
钢厂 C	150	100	100	100%	
钢厂 F	2 708	1 000	1 000	100%	
钢厂 B	5 432	2 020	1 600	79%	
……	……	……	……	……	……

图 16.16 合同统计表之一

20××年第一季度合同完成情况汇总表

大类	20××年资源情况/吨	季度累计合同数/吨	季度累计完成数/吨	季度合同完成率	备注
钢材	25 000	980	800	82%	
生铁	15 140	6 020	4 000	66%	
有色金属	8 900	3 000	2 500	83%	
……	……	……	……	……	……

图 16.17 合同统计表之二

X 金属材料公司　　　　　　　　　　No.006900

物资入库单

供货单位：钢厂A　　　结算方式：发票

承付日期：　　年　　月　　日　制单日期：20××年 6 月 15 日　　　　　验收日期：20××年 6 月 17 日

合同号码	××下 0054	质保书		规格型号	AY2-4F Φ6.5	品名	线材
单位	应收数量	进价/元/kg	进货金额/元	运杂费/元	结算金额/元	实收数量	库位	件数
kg	50 000	2.98	149 000	150	149 150	50 010	739	10

一式六联：统计联、在途联、财务入库联、物资明细账、业务台账、仓库明细账　　　　仓库盖章：

图 16.18 物资入库单③

第三联：财务入库联

X 金属材料公司

物资入库单

No.006900

供货单位：钢厂 A　　　结算方式：发票

承付日期：　　年　　月　　日　制单日期：20××年 6 月 15 日　　　　　验收日期：20××年 6 月 17 日

合同号码	××下 0054	质保书		规格型号	AY2-4F Φ6.5	品名		线材	
单位	应收数量	进价/元/kg	进货金额/元	运杂费/元	结算金额/元	实收数量	库位	件数	
kg	50 000	2.98	149 000	150	149 150	50 010	739	10	

一式六联：统计联、在途联、财务入库联、物资明细账、业务台账、仓库明细账　　　　　仓库盖章：

月	日	供货单位	通知过磅数	实发数	结存数
6	20	××机床厂	900	950	49 060
6	20	××焊接机械厂	600	720	48 340
6	25	××镇流器厂	500	515	47 825

　　注：物资入库单第五联上半部分是物资入库单信息，下半部分是针对该物资入库单的销售记录，由于销售是以物资入库单为单位进行的，因此可以避免同种物资不同批次在不同时间入库而产生的材料质量差异。

图 16.19　业务台账（物资入库单⑤）

X 金属材料公司

发货单

No.0067752

制单日期：20××年 6 月 20 日　结算日期：20××年 6 月 25 日　提货地点：××市六号桥仓库

购买单位		××焊接机械厂						
库位	规格及品名	单位: kg		块、支	含税单价	含税金额/元	结算方式	
801		通知过磅数	实发数	扎、张	元/kg			
编号 4818	Q235A 6 mm卷平	600	720		3.931 2	2 830.46		
公司地址：××省××市××路15号		运杂费（含税）				175.5		
开户银行：××银行××分理处								
账　号：××0077011072								
物资限十日内提清							购买方开户	
合计人民币（大写）：叁 仟 零 佰 零 拾 伍 元 玖 角 陆 分						3005.96	银行及账号	

客户经手人：　　　　　收款：　　　　　　　　复核：　　　　　制单：

一式七联：结算联、随货同行联、出门证、提货联、存根、财务结算、物资记账

图 16.20　发货单

日期	发票号	供货单位	入库单号
20××.6.15	100××539	钢厂A	006900
……	……	……	……

图16.21 发票目录

除以上所列的凭证、单据，数据流程图中还有两个数据流：购货要求、付款能力，它们的取值和含义如下：

① 购货要求：其组成为购货单位+规格型号+品名+数量。

② 付款能力：其组成为付款方式+金额；其中，付款方式为汇票、现金或支票等。

图16.22所示的是系统分析员根据所收集的数据和资料制作的现行系统信息调查分析表。此外，在详细调查过程中，系统分析员还必须记录有关数据项的属性，包括数据项的数据类型、长度、取值范围等。

序号	名 称	类别	制表单位	联数	处理周期	平均份数	高峰份数	用 途
1	进货合同	凭证	供货单位		随机	150份/月	500份/月	物资供需双方的供货协议
2	供方发票	凭证			日	10份/天	30份/天	供方发货后的收款凭证
3	物资入库单	凭证	公司	6	日	10份/天	30份/月	记录一笔物资的入库事务
4	业务台账	台账	业务部		日			针对每张物资入库单的销售记录
5	合同完成情况明细表	报表	业务部		月/季/年			按供货单位统计合同兑现率
……	……	……	……	……	……	……	……	……

图16.22 现行系统信息调查分析表

实例16.4 处理逻辑调查

详细调查更细致的工作是将现行系统数据流程图的处理逻辑用小说明的形式表达出来。下面给出了图16.8所示的"合同管理"、图16.9所示的"进货管理"和图16.10所示的"销售管理"三张细化数据流程图的小说明。小说明用结构化语言、决策树等相结合的方式进行描述。对于系统分析员来说，正确地用结构化语言表达一个处理逻辑，并不是一件容易的事，尤其是对一个人工系统的描述。在阅读本实例时，务必与实例16.2的处理逻辑处理编号和名称对应起来，并且参阅实例16.3中相应的信息载体。

X金属材料公司业务部进销存管理数据流程图的基本处理逻辑说明如下：

（1）处理逻辑2.1.1"进货合同登记"

合同员根据采购员送来的进货合同，按供货单位分类登记，形成进货合同明细，并将进货合同留底。其中，进货合同明细由合同案引和合同执行情况两部分组成，合同执行情况中的收货记录暂不填。

（2）处理逻辑 2.1.2 "注明合同价"

根据财务部送来的供方发票，查进货合同留底，在供方发票空白处注明合同价。

（3）处理逻辑 2.1.3 "填写到货记录"

根据供方发票，在进货合同明细的合同执行情况中填写收货记录。

（4）处理逻辑 2.1.4 "合同统计"

合同员每月末、每季末、每年末都要进行合同统计。根据进货合同明细以及物资入库单⑤（进货合同明细中的收货记录来自供方发票，此时还无法断定这批货是否正式入库，只有物资入库单返回才说明这批货正式入库）。按照钢材、生铁、有色金属和供货单位等大类进行统计。制作月/季/年 "合同完成情况明细表" 或月/季/年 "合同完成情况汇总表"。

（5）处理逻辑 2.2.1 "登记发票目录"

根据供方发票，在发票目录上做登记。

（6）处理逻辑 2.2.2 "核对价格"

将供方发票价与合同价进行核对，若不相符则转入处理逻辑 2.2.3，若相符则转入处理逻辑 2.2.4。

（7）处理逻辑 2.2.3 "编制拒付理由书"

若供方发票价与合同价不相符，则根据供方发票（实际进货单据中还包括托收凭证等，此处做了简化），并征求业务主管的建议编制拒付理由书（全称为 "托收承付委托收款结算全部或部分拒绝付款理由书"），并将拒付理由书送交财务部。

（8）处理逻辑 2.2.4 "产生物资入库单"

若供方发票价与合同价相符，则核价员填写物资入库单 6 联。其过程是：根据供方发票填写物资入库单的供货单位、结算方式、合同号码、规格型号、品名、单位；应收数量、进价、进货金额和运杂费与供方发票中的数量、单价、金额、运杂费（不考虑税）一致；承付日期以后由财务部填写，质保书信息暂不填写；根据制单时间填写制单日期，根据制单人姓名填写制单人。

（9）处理逻辑 2.2.5 "填写实收数量"

核价员根据仓库返回的，填有实收数量、库位及件数的物资入库单③④⑤，在物资入库单①②中填写相应的数据，物资入库单⑥则被仓库留下。

（10）处理逻辑 2.3.1 "制作业务台账"

销售员将合同员送来的物资入库单⑤（即 "业务台账"）按照物资的规格型号、品名归类，形成业务台账。

（11）处理逻辑 2.3.2 "核实购买能力"

将客户所持的款额与购货应付金额进行比较，如果客户所持款额足够（购货应付金额 = 物资单价×购货数量）则允许开票，转入处理逻辑 2.3.3；否则拒绝开票。

（12）处理逻辑 2.3.3 "预开票"

"发货单" 共 7 联，预开票的过程如下：根据开票时间填发货单的制单日期；根据 "购货要求" 填写购货单位、规格型号、品名；根据 "业务台账" 填写库位、编号（即物资入库单号）；根据客户要求填写通知过磅数，实发数暂不填写，待结算开票时填写；销售员预开票时还需要填写含税单价。确定物资单价的过程如下：销售员根据客户所购物资的规格型号、品名，在可供资源表中查物资价格。根据客户的等级、所购物资的类别以及单次购买的数量确定此次交易给予客户的销售折扣率。以螺纹钢为例，X 金属材料公司销售折扣率的决策树如图 16.23 所示。其中，客户类别根据客户与公司业务往来的年限及信誉评定：A 类客户为高级客户，是与公司有长期业务往来且信誉良好的优秀客户；B 类客户为中级客户，是与公司业务往来较多且信誉良好的客户；C 类客户为普通客户，通常为新客户或与公司业务往来较少的客户。最后根据折扣率确定含税单价，公式为

$$含税单价=物资价格×(1-折扣率)×(1+税率)$$

将税率设为 17%。发货单上其他栏目暂时不填。

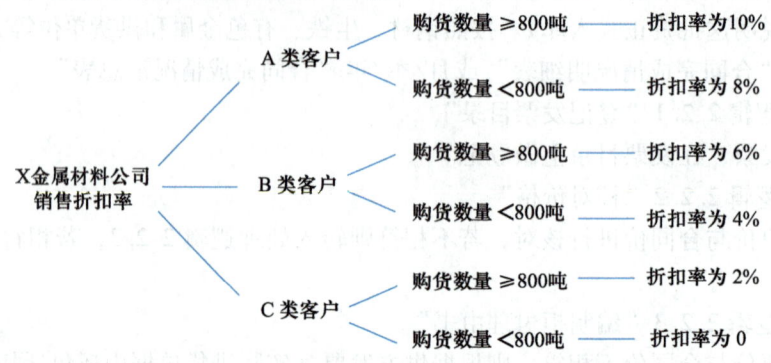

图 16.23 X 金属材料公司销售折扣率的决策树

（13）处理逻辑 2.3.4 "销售登记"

预开票以后，销售员必须在业务台账上登记销售记录：填写月、日、供货单位、通知过磅数；实发数和结存数则暂不填。

（14）处理逻辑 2.3.5 "结算开票"

仓库返回的物资发货单①有仓库填写的实发数，销售员在进行结算开票时，在物资发货单⑤⑥⑦中填写以下栏目：

实发数（等于"物资发货单①"的实发数）；

含税金额=含税单价×实发数；

运杂费（含税）按实际发生值填写。

合计人民币（大写）及合计金额（小写）=含税金额+运杂费（含税）。

结算方式、购货单位开户银行和账号以后由财务部填写。

物资发货单⑤⑥⑦送财务部，物资发货单⑤经财务部盖章后返回销售员。销售员将物资发货单⑤留存，并于每月 25 日交给统计员。

（15）处理逻辑 2.3.6 "修改库存"

结算开票后，在业务台账的同一条销售记录上填写实发数。

填写结存数（结存数=上一条销售记录的结存数-实发数）。其中，第一条销售记录的结存数=物资入库单实收数量-实发数。

（16）处理逻辑 2.3.7 "制作可供资源表"

根据业务台账制作可供资源表，每周制作一次。可供资源表中的单价为该物资当前的市场价，由销售员根据市场行情决定；数量为业务台账中该类物资当前结存数的总和。

实例 16.5 查询与决策要求

以下是 X 金属材料公司经理为制订公司长期和短期经营计划而经常要进行的查询与决策：

（1）本年度公司的各项计划经济指标值

① 各物资大类进货额、销售额及进销差价；② 流转费用及费率；③ 上缴税金；④ 销售利润；⑤ 定额流动资金平均占用额；⑥ 流动资金周转天数。

（2）每月（1）中各项指标的执行情况

① 本月完成数；② 累计完成数；③ 完成全年计划的百分数；④ 与去年同期完成情况的比较。

（3）每季度（1）中各项指标的执行情况分析

① 进货额、销售额增减原因；② 利润增减原因；③ 流转费用增减原因；④ 定额流动资金平均占用额结构及增减原因；⑤ 流动资金周转快慢原因。

（4）未来期（1）中各项指标预测

① 下月/季/年各物资大类进货额、销售额预测；② 下年度其他各项指标预测；③ 市场价格走势及预测。

（5）外部信息

① 国际钢材期货市场动态；② 本地区金属材料消费情况；③ 本地区金属材料库存情况；④ 本地区工业总产值；⑤ 本地区金属材料销售网点设置情况；⑥ 行业信息。

16.4 信息系统功能模型设计

16.4.1 信息系统功能模型设计的任务

功能模型设计是信息系统逻辑模型设计的第一步。功能模型设计的任务是根据信息系统目标和现行系统的功能模型，确定新信息系统的功能范围和功能结构，把功能、业务流程和数据分析阶段的设想变为正式方案。在设计功能模型前，首要任务是确定信息系统目标。

1. 信息系统目标

在信息系统规划阶段，已经初步确定了信息系统目标。随着信息系统分析阶段工作的推进，信息系统目标也逐步具体化和定量化。下面是 X 金属材料公司准备在五年内实现的信息系统目标：

通过建设 X 金属材料公司信息系统，规范公司内部管理，优化业务流程，提高工作效率和工作质量，通过对经营信息、市场信息、价格信息、客户信息的动态分析与预测，辅助高层决策；加快电子商务应用，建立和扩大销售网络，提升客户服务水平，提高金属材料销售的市场份额和物流服务质量，争取在五年内成为全国钢材销售百强企业。

2. 建立信息系统功能模型

在信息系统目标确定以后，就可以着手建立信息系统的功能模型了。信息系统的功能模型用功能图表示，功能图的最高层称为系统，第二层的每个子功能称为子系统，下面各层称为功能模块。

16.4.2 划分子系统

信息系统功能模型的建立过程是进行功能分解和组合的过程，在这一过程中最关键的是确定功能分解的原则。具体地说，就是如何划分子系统及其下属功能模块。子系统划分的原则是使各子系统之间的数据联系最弱，独立性最高，这样可以确保每个子系统无论是在设计阶段还是在调试阶段，基本上都能够做到独立运行。功能模型定义了信息系统的功能边界，每一个子系统或功能模块的设置都要有充分的理由，子系统和功能模块的划分可以采用以下方法：

1. 参照法

参照法是指通过参考同类信息系统的子系统划分方法，来划分本企业信息系统的子系统。采用这种方法时，注意被参考的企业与本企业在组织结构、生产和经营的产品、管理模式等方面要具有相似性，同时既要分析企业间的共性，也要分析企业间的差异。例如，某机械厂可以借鉴某 ERP 系统软件的子系统划分方法，来划分本企业信息系统的子系统。参照法已进一步发展成为信息系统移植或购买商品软件的信息系统建设方案。

2. 职能结构法

职能结构法是指通过参考企业现行系统的组织机构和职能分工，来划分信息系统的子系统。现行系统的组织机构本身就是按照系统的理论和概念设置的，每个部门都是由从事相似工作的人员组成的，部门内部各岗位之间的业务（信息）活动联系紧密，不同部门之间的业务（信息）活动联系相对要弱些。部门职能的设置基本符合子系统划分的原则，这一方法适用于组织内信息系统子系统的划分，如用于财务部的财务子系统、用于人事部的人力资源管理子系统等。由于职能结构法常常会影响业务流程优化，因此需要在参考现行系统的基础上对业务流程进行改进，然后再划分子系统。

3. 业务流程−数据类聚合法

参照法和职能结构法带有一定的主观色彩和经验色彩，本书第 13 章曾介绍了常用的信息系统规划方法：关键成功因素法（CSF）、企业系统规划法（BSP）、战略目标集转移法（SST）等，这些方法的本质是定义功能和划分子系统，与参照法和职能结构法相比更为严谨，业务流程−数据类聚合法是企业系统规划法所采用的一种子系统划分方法。本章介绍采用业务流程−数据类聚合法划分子系统的过程（所形成的初始 U/C 矩阵和聚合的 U/C 矩阵示意分别如表 16.3 和表 16.4 所示），具体步骤如下：

表 16.3 初始 U/C 矩阵示意

业务流程	数 据 类													
	物资需求	合同	进货	销售	库存	财务	进销存费用	计划	价格	客户	供应商	物资	职工	薪酬
市场预测	C			U						U				
需求分析	C									U				
采购计划	U				U			C				U		
合同登记		C									U			
合同到货		U	U								U			
合同统计		U									U	U		
开入库单			C				C			U	U			

续表

业务流程	数据类													
	物资需求	合同	进货	销售	库存	财务	进销存费用	计划	价格	客户	供应商	物资	职工	薪酬
核价	U	U							U					
进货验收	U	U												
开发货单				C						U	C			
客户服务				U							U			
销售分析				U						U	U			
可供资源					U							C		
库存管理					C		C				U	U		
库存控制					U							U		
会计记账				U	U	C	U				U	U		
财务结算				U	U	C	C							
应收应付分析						U								
人员计划													C	U
人员招聘													C	C
员工考评													U	U

（1）确定业务流程

功能分解与业务流程有什么关系呢？功能是静态的，业务流程是动态的。功能通过业务流程运行来完成，功能回答做什么、有什么效果；业务流程则回答怎么做。一个功能模块可以包含若干业务流程或活动，一个业务流程可以跨越子系统或功能模块，甚至组织边界。反之，业务流程或活动的聚合可以形成功能模块。例如，财务管理功能模块包含会计记账、财务结算、应收应付分析等业务流程。通常，业务流程-数据类聚合也可以认为是功能-数据类聚合。

（2）定义数据类

在信息系统中可以将密切相关的信息归成一类数据。例如，客户、物资、合同、职工、库存等数据都称为数据类。定义数据类的方法是：根据现行系统的数据流程图，对每个处理逻辑的输入和输出数据按照主题进行归类，然后不断进行调整和修正，从而得到整个系统的数据类。

（3）划分子系统

① 做业务流程-数据类矩阵：首先，汇总业务流程。在对业务流程进行规范和优化甚至再造的基础上，去掉不合理和多余的业务流程，合并重复的业务流程，添加新的业务流程，对业务流程进行逻辑分组，组合成相关的业务流程组，得到不同于现行系统职能范围的新组合。其次，按照企业产品或服务的生命周期在业务流程-数据类矩阵上将业务流程从上到下排列，将数据类从左到右排列，判断每个业务流程是产生某个数据类，还是使用某个数据类。最后，在相应的位置做上标记（产生某个数据类标记为 C，使用某个数据类标记为 U），形成一个初始

的业务流程-数据类矩阵（又称为 U/C 矩阵），如表 16.3 所示。

② 排列数据类：在表 16.3 中，把业务流程组按照规定的顺序排列，这一步的工作是排列数据类，数据类排列的过程是：将第一个业务流程产生（C）的数据类移动到最左边，接着移动第二个业务流程产生的数据类，依次排下去，使 U/C 矩阵中的 C 最靠近对角线，如表 16.4 所示。

表 16.4　聚合的 U/C 矩阵示意

业务流程	数据类													
	物资需求	合同	进货	供应商	进货	价格	销售	客户	物资	库存	财务	进销存费用	职工	薪酬
市场预测	C						U	U						
需求分析	C							U						
采购计划	U	C							U	U				
合同登记			C	U										
合同到货			U	U	U									
合同统计			U	U					U					
开入库单				U	C	U						C		
核价			U		U	U								
进货验收			U		U									
开发货单						U	C	C						
客户服务							U	U						
销售分析						U	U	U						
可供资源									C	U				
库存管理			U						U	C	C			
库存控制									U	U				
会计记账			U	U			U	U			C	U		
财务结算			U	U			U	U			C	C		
应收应付分析											U			
人员计划													C	U
人员招聘													C	C
员工考评													U	U

（矩阵中标注：采购管理、合同管理、进货管理、销售管理、库存管理、财务管理、人事管理）

③ 用方框把业务流程组和数据类组成的 C、U 密集区域框起来，为方框取名，如"合同管理"，便聚合成一个子系统，方框内对应的业务流程是该子系统的下属功能模块。例如，"合同管理"子系统可以分解为合同登记、合同到货、合同统计三个功能模块（业务流程），在方框内的 C/U 是子系统的内部数据，落在方框外的 C/U 就是输入/输出各子系统的数据流。采用业务流程-数据类聚合法得到的子系统，其内部数据联系紧密，独立性高，便于维护、设计和调试。

16.4.3　子系统功能结构设计

表 16.4 所示的是业务流程–数据类聚合的结果，得到了采购管理、合同管理等 7 个子系统。再用关键成功因素法等其他方法进行调整，便可以得到信息系统的子系统。下一步工作是设计子系统功能结构，即子系统的下属功能模块。

1. 确定子系统目标

子系统下属功能模块设计的第一步是确定子系统目标，子系统目标应该服从信息系统目标。下面给出的例子是"合同管理"子系统的目标。

通过存储合同原始凭证实现合同信息共享，提供合同原始凭证和合同分析信息的实时查询；建立重点供应商档案，加强供应商关系管理和供应商评价；采用电子商务订货，保证合同资源的及时供应；通过供应商管理库存，达到降低库存成本，更好地为客户服务和扩大销售的目的。

2. 确定子系统的下属功能模块

子系统划分的原则仍适用于下属功能模块的划分。系统分析员根据信息系统目标和子系统目标，确定下属功能模块的具体功能和应该增加的新功能。子系统的层次不宜过多，每个子系统包含 2~3 层子功能，每层子功能包含 6~7 个功能模块，其纵向和横向划分的深度与宽度取决于业务功能的复杂程度，以及系统分析员的经验；同时还要考虑降低用户界面的复杂性，底层功能模块应该是一个具体的、独立的、基本的活动等因素。

3. 定义信息系统的功能模型

用功能图描述信息系统的功能模型。图 16.24 所示的是 X 金属材料公司信息系统功能模

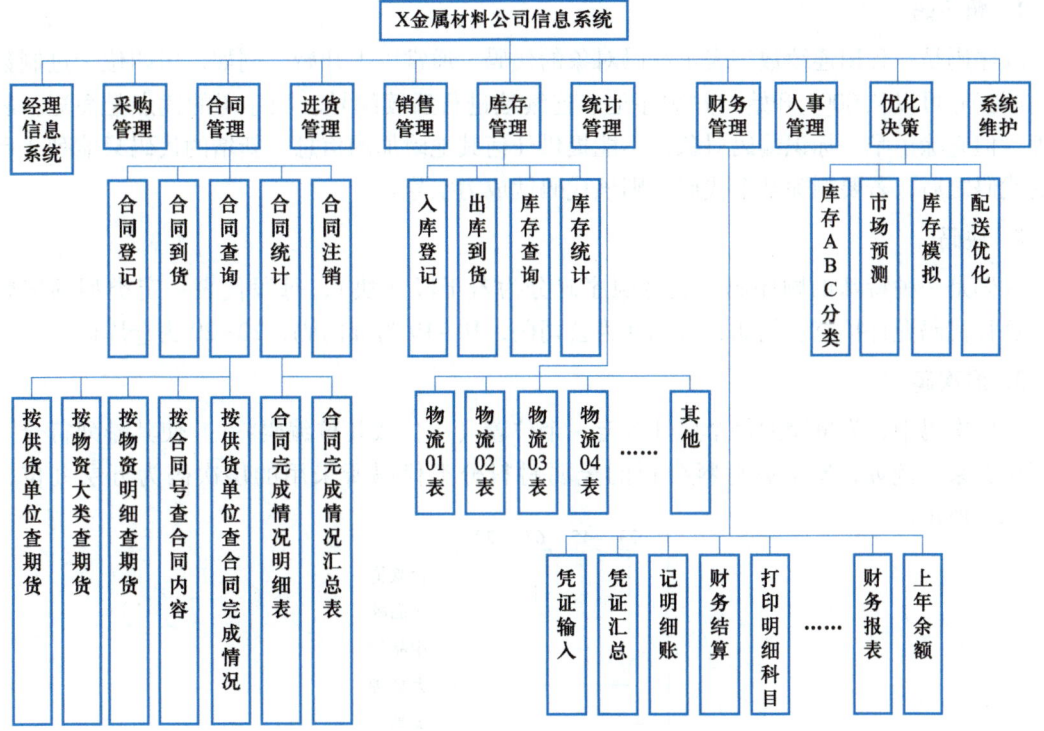

图 16.24　X 金属材料公司信息系统功能模型

型。该图列出了部分子系统的下属功能模块，其中"经理信息系统""配送优化"等功能模块是利用关键成功因素法补充的。功能模型确定了信息系统的功能结构，后续的工作都将以它为依据展开。

16.5 代 码 设 计

代码设计可以分为代码结构设计和代码值设计。代码结构设计在信息系统分析的逻辑模型设计阶段完成，代码值设计是指在代码结构确定后对具体对象进行编码，这项工作在信息系统设计阶段完成。代码设计的目的是为信息系统数据模型设计做准备，编码对象主要是数据元素与数据结构。代码的类型一般有数字型、字母型及字母数字型。

16.5.1 代码的作用

所谓代码，是指表示事物名称、属性、状态的符号和记号。例如，一个企业中有职工编号、物资编码、合同编号、会计科目编码等。代码的作用如下：

① 为实体或属性提供了唯一确定的含义。例如，职工号唯一代表了某个职工。

② 提高计算机处理的效率和精度，便于校对、检索、分类和统计。

③ 用代码代替冗长的字符串，可以节省存储空间。

16.5.2 代码的结构

1. 顺序码

顺序码是一种用连续数字表示编码对象的代码，通常以 1 开始。例如，用四位十进制数表示的职工号可以从 0001 开始，并顺序地、连续地进行后续编号。顺序码的优点是简短，易于管理，但它除了唯一标识编码对象，不能提供任何其他附加的信息。新增的代码只能列于已使用的代码之后，若要删除某个代码，则该代码就成为空号。

2. 块码

块码是一种特殊的顺序码。它将顺序码分为若干段（块），每段代表一定类型的编码对象，这种代码允许扩充。例如，01~09 为公司码，10~19 为部门码，20~29 为仓库码。

3. 层次码

在层次码中，为事物的每个属性规定一个位置（一位或几位编码），并使其排列符合一定的层次关系。例如，X 金属材料公司的金属材料分类代码所采用的层次码为五层九位，如图 16.25 所示。

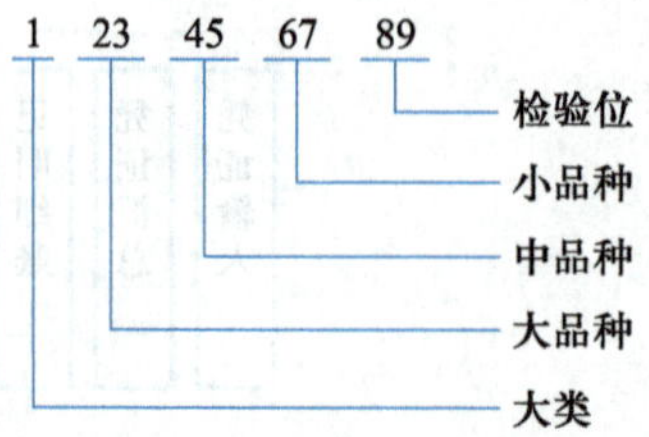

图 16.25　X 金属材料公司金属材料的层次码

例如，代码 108010307 表示开平热轧板，其中各位数字的含义从左到右依次是：

1——大类为钢材；

08——大品种为板材；

01——中品种为热轧板；

03——小品种开平热轧板；

07——检验位。

在实际使用中，由于各部门的统计需求不同，其所采用的代码层次结构及其含义也不同。

4. 十进位码

十进位码是一种特定的层次码，它的每一位数字都代表一类，常用于图书分类等。例如：

130	力学
140	物理学
140.15	理论物理学

5. 特征码

在特征码中，每个位置都对应一个属性，因此特征码可以表示某一编码对象不同方面的特征。特征码的优点是编码比较灵活，缺点是利用率较低。表 16.5 所示的是特征码示例。

表 16.5　特征码示例

第一位：材料	第二位：直径	第三位：形状	第四位：表面处理
1——不锈钢 2——黄铜 3——钢	1——$\Phi 0.5$ 2——$\Phi 1.0$ 3——$\Phi 1.5$	1——圆头 2——平头 3——六角头 4——方形	1——不锈钢 2——镀铬 3——镀锌 4——发蓝

6. 无序码

无序码用无序的自然数字或字母表示编码对象。它没有编写规律，通常由计算机程序随机编号。例如，产生一个用户账号。

16.5.3　代码的检验位设计

在信息系统中，代码是计算机输入的重要内容，代码输入的正确性会影响整个信息处理工作的质量。传统的代码输入主要依靠手工，因此代码输入时出错率很高，特别是位数较多的代码更容易出错。为了保证代码的正确输入，可以在原代码的右端附加若干检验位，使它变成代码的一个组成部分。检验位可以通过事先规定的方法计算出来，当代码被输入计算机时，计算机会基于实际输入的原代码部分按照同样的方法计算检验位，并将它与实际输入的检验位进行比较，从而达到判断输入的代码是否有错误的目的。

1. 利用检验位可以发现的错误

① 数字看错：例如，将 1 看成 7。

② 易位错误：例如，将 1234 误输入为 1324。

③ 双易位错：例如，将 26913 误输入为 21963。

④ 随机错误：随机错误包括以上两种或两种以上错误或其他错误。

2. 检验位的计算步骤

（1）计算步骤一

将原代码的各位编码分别乘以相应的权重，再将所得的积相加求和，设所得的和为 S。权重的取法有以下几种：

① 取一个等比级数，如 2^0、2^1、2^2 等。

② 取一个等差级数，如 7、6、5、4、3 等。

③ 都取 1。

④ 取交替权重，如 1、2、1、2 等。

⑤ 取一串质数，如 17、13、7、5、3。

（2）计算步骤二

对计算步骤一所得的和 S 取模 M，得商 W，余数为 R，即 $S/M=W\cdots R$，R 即可作为检验位的值。模 M 一般可以为 11，也可以为 13、10 等。

例如，X 金属材料公司的金属材料分类代码的检验位可以通过以下方法求得：

原代码为 1080103，各位编码相应的权重分别为 1、2、3、4、5、6、7。

各位编码与相应的权重的积之和：$1\times1+2\times0+3\times8+4\times0+5\times1+6\times0+7\times3=51$。

除以模 11，余数为 07。

余数 07 即为检验位，原代码加上两位检验位，最终设计的代码为 108010307。

16.5.4　代码设计应该注意的问题

代码设计应该注意的问题如下：

① 唯一性：一个代码只能代表唯一的实体或属性。

② 合理性：所设计的代码必须能够满足实际业务信息处理的需要。

③ 标准化：代码设计应该尽量采用国家标准或国际标准。若没有国家标准或国际标准，则应该尽量采用系统内统一的代码。

④ 稳定性：代码的影响面很大，因而设计代码时应该慎重，代码设计一旦批准通过，就必须严格执行，不能轻易修改。

⑤ 可扩充性：代码设计必须有足够的备用编码位，以适应信息处理规模不断扩大的需要。

系统分析员在进行代码设计时应该充分分析和研究事物的属性，了解各类用户，以及多个业务，如分类、汇总、统计及检索等使用代码的要求。此外，还要考虑计算机的处理效率，以及保证用户使用方便等因素。

16.6　信息系统数据模型的逻辑设计

16.6.1　信息系统数据模型逻辑设计的任务

信息系统逻辑模型设计的另一个重要部分是数据模型的逻辑设计。它的任务是把存在于现行系统中的数据以最优的方式组织起来，从而集中和统一地向企业管理者提供各种综合信息。

自数据库技术出现以来，信息系统开始用数据库存储企业信息，数据库成为信息系统的核心，数据库设计也成为信息系统分析与设计的关键。

　　数据库设计的过程主要包括需求分析、概念结构设计、逻辑结构设计和物理结构设计四个步骤，当数据库设计被应用到信息系统设计之中时，这四个步骤的工作就与信息系统开发阶段融为一体了。它们的对应关系如图 16.26 所示。

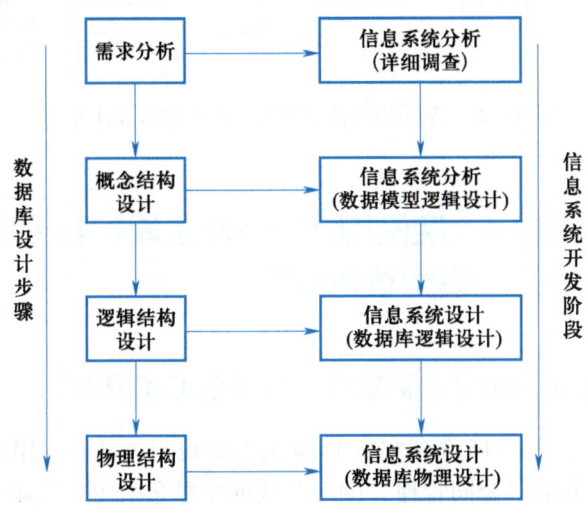

图 16.26　数据库设计过程与信息系统开发阶段的对应关系

16.6.2　信息系统数据模型逻辑设计方法

　　数据模型逻辑设计方法也就是设计数据库概念结构的方法。第 4 章曾介绍过用 E-R 图构造数据库的数据模型。本章主要使用基于第三范式（3NF）的数据模型逻辑设计方法。

　　这种方法直接用关系模型表示现实世界中实体集合和实体集合之间的联系，用函数依赖表示属性之间的相关性，然后逐步规范化，直到满足用户要求和系统性能需求为止。在此基础上再将关系数据库模式转换为各类逻辑数据模式。这种方法不需要 E-R 图的支持，简化了数据库设计的步骤。在信息系统分析的逻辑模型设计阶段，基于第三范式的数据模型逻辑设计方法的具体步骤如下：

　　① 阅读现行系统数据流程图，确定规范化对象。

　　② 确定需要存储的数据元素，即属性。

　　③ 确定属性之间的关系，对于每一组属性推导出第三范式关系。

　　④ 对所有的第三范式关系（第三范式关系群）进行归纳和综合，得到综合后的第三范式关系，这些关系的集合，就构成了信息系统的数据模型。

　　以上步骤可以用图 16.27 表示。

　　可见，本阶段工作的结果是确定信息系统数据模型由哪些第三范式关系组成，每个第三范式关系由哪些属性组成，哪些属性可以构成关键字。

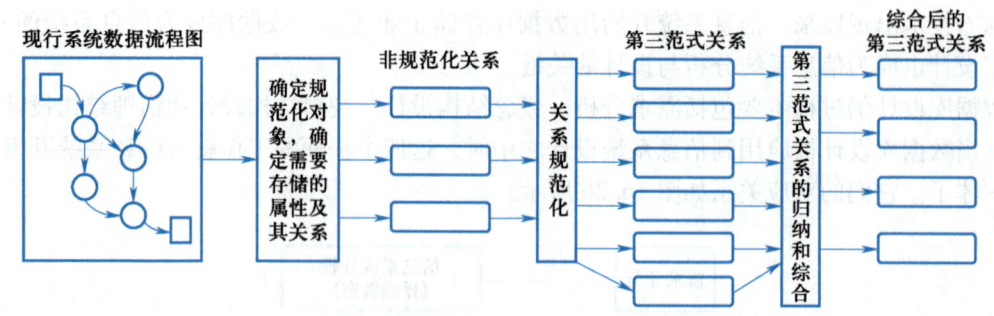

图 16.27　基于第三范式的数据模型逻辑设计方法

16.7　实例阅读——X 金属材料公司数据模型逻辑设计

实例 16.6　基于第三范式的"合同管理"数据模型逻辑设计

本实例以实例 16.2、实例 16.3 和实例 16.4 的调查资料为基础，用基于第三范式的数据模型逻辑设计方法建立业务部"合同管理"的局部数据库概念结构，具体做法如下。

1. 阅读现行系统数据流程图，确定规范化对象

规范化的目的是提高数据存储及访问的效率，去除数据冗余，提高数据存取的可靠性。规范化的第一步是阅读现行系统数据流程图，并且考虑需要加入的新信息源，确定哪些单据需要规范化。一般来说，既需要对原始凭证进行规范化，也需要对不能从其他单据派生出来的单据或账册进行规范化，而派生的单据不需要进行规范化。以图 16.8 所示的"合同管理"数据流程图为例，阅读结果如下：

进货合同（数据流，见图 16.11）。进货合同是生产企业向业务部提供原材料的协定，是重要的基础数据和原始凭证，是规范化对象。由于各企业使用的合同格式不统一，在设计数据存储时，需要统一合同数据的存储内容。

进货合同留底（数据存储编号 J1）。进货合同留底是由合同员将进货合同原始凭证按照合同案引的编目顺序装订而成的，其内容与进货合同相同，不需要对它进行规范化处理。

供方发票（数据流，见图 16.12）。图 16.12 所示的是供货单位在向 X 金属材料公司提供了一批物资后开具的收款凭证，该凭证应该参与规范化。

进货合同明细（数据存储编号 J2，见图 16.13 和图 16.14）。它由以下两部分组成：

① 合同案引：是一个目录，无须对它进行规范化处理。

② 合同执行情况：记录各供货单位的合同执行情况，是合同员为方便统计而设计的表单，表单上的数据来自进货合同和供方发票，不需要对它进行规范化处理。

可供资源表（数据存储编号 J3，见图 16.15）。可供资源表用来向客户公布本单位可以供给的金属材料品名、型号、规格、数量及单价（单价即物资价格，是原始数据），必须对其进行规范化处理。

合同完成情况明细表（数据流，见图 16.16）。合同完成情况明细表是一份统计表，每月/

季度由合同员统计，由于其中的数据均属于派生数据，即都可以从现有的数据存储中得到，因此无须对其进行规范化处理。

合同完成情况汇总表（数据流，见图 16.17）。同合同完成情况明细表，无须对其进行规范化处理。

物资入库单（见图 16.18）。物资入库单是记录一批物资入库并办理入库手续的凭证。该单据上的信息大部分都摘抄自其他单据，少量是本业务自身产生的，因此需要对其进行规范化处理。

从以上分析可知，只需要对进货合同、供方发票、可供资源表和物资入库单进行规范化处理，这就使问题变得简单了。需要注意的是，不需要规范化的单据即便被误判成需要参与规范化，也不会影响最后的结果，但不能漏掉应该被规范化的单据。

2. 确定需要存储的属性

这一步要去掉规范化对象中非基本的或多余的属性，加入检索、分类、处理所需的以及满足新功能要求的新属性。例如，供方发票中有货物的数量、单价、金额。由于金额＝单价×数量，所以金额不是基本的，不必在数据库中存储。又如，为了便于对合同完成情况进行统计，在人工系统中由人识别物资大类，而在使用信息系统进行处理时，必须设置新属性"物资代码"。

此外，还要为基本属性统一存储标识符。人工系统中使用的数据常常存在以下情况：

① 同一属性在系统中具有不同的标识符。例如，进货合同中的合同编号，在物资入库单中被称为合同号码。在这种情况下，系统分析员必须统一它们的存储标识。

② 不同的属性却有相同的标识符。例如，价格，有的是指进价，有的是指合同价格。在这种情况下，应该合理命名，予以区分。

3. 确定属性之间的关系，对于每一组属性推导出第三范式关系

在实际使用的单据中常常存在组合属性或重复属性，多具有非规范化关系。为了进一步对其进行规范化，应该首先消除单据中的组合属性或重复属性，将其转换成第一范式关系（关系中的每个属性都是原子的），然后分析第一范式关系中各属性之间的函数依赖，推导出第三范式关系。下面是合同管理规范化过程的示例。

（1）"进货合同"的第一范式关系属性

＊合同号+签订日期+订货单位码+订货单位名+订货单位电话+订货单位传真+收货单位码+收货单位名+收货单位电话+收货单位传真+收货单位地址+结算单位码+结算单位名+结算单位地址+结算单位开户行+结算单位账号+供货单位码+供货单位名+供货单位地址+供货单位邮编+供货单位电话+供货单位传真+供货单位开户行+供货单位账号+运输方式+物资码+品名+规格+型号+技术标准号+交货期+合同数量+合同价格+备注

其中，标有 ＊ 的属性是关键字，假设一份进货合同只对应一种物资。

分析属性之间的依赖关系（如函数依赖、传递依赖），经过规范化得到以下 6 个第三范式关系：

① ＊订货单位码+订货单位名+订货单位电话+订货单位传真

② ＊收货单位码+收货单位名+收货单位电话+收货单位传真+收货单位地址

③ *结算单位码+结算单位名+结算单位地址+结算单位开户行+结算单位账号

④ *供货单位码+供货单位名+供货单位地址+供货单位邮编+供货单位电话+供货单位传真+供货单位开户行+供货单位账号

⑤ *物资码+品名+规格+型号

⑥ *合同号+签订日期+订货单位码+收货单位码+结算单位码+供货单位码+物资码+运输方式+技术标准号+交货期+合同数量+合同价格+备注

（2）供方发票的第一范式关系属性

---

*发票号+发票代码+发票日期+供货单位码+供货单位名+供货单位纳税人识别号+供货单位地址+供货单位电话+供货单位开户行+供货单位账号+结算单位码+结算单位名+购货单位码+购货单位名+购货单位纳税人识别号+购货单位地址+购货单位电话+购货单位开户行+购货单位账号+物资码+品名+规格+型号+计量单位+数量+单价+运杂费+税率+合同号

需要注意的是，设一张供方发票只对应一种物资。由于在实际情况中合同与发票上的物资、单价、数量等不一定相同，因此合同只能决定供货单位和收货单位，发票则决定了购货单位及其所进物资的物资码、单价、数量等。为了简便处理，假设订货单位和购货单位是一致的。

经过规范化得到以下五个第三范式关系：

⑦ *供货单位码+供货单位名+供货单位纳税人识别号+供货单位地址+供货单位电话+供货单位开户行+供货单位账号

⑧ *购货单位码+购货单位名+购货单位纳税人识别号+购货单位地址+购货单位电话+购货单位开户行+购货单位账号

⑨ *物资码+品名+规格+型号

⑩ *发票号+发票代码+发票日期+合同号+物资码+计量单位+数量+单价+运杂费+税率

⑪ *合同号+供货单位码+结算单位码

（3）可供资源表的第一范式属性

---

*日期+ * 物资码+品名+规格+型号+可供数量+物资价格

其中，"物资价格"是指可供资源表上的"单价"。

经过规范化得到两个第三范式关系：

⑫ *物资码+品名+规格+型号

⑬ *日期 + * 物资码+可供数量+物资价格

（4）物资入库单的第一范式关系属性

---

*入库单号+供货单位码+供货单位名+承付日期+制单日期+验收日期+结算方式+合同号+质保书+物资码+品名+规格+型号+应收数量+进价+发票号+运杂费+实收数量+库位+件数

需要注意的是，填写物资入库单的依据是供方发票，属性主要来自发票，因此需要在物资入库单的第一范式关系属性中增加发票号；应收数量指发票上的数量。

经过规范化得到五个第三范式关系：

⑭ *入库单号+发票号+承付日期+制单日期+验收日期+结算方式+质保书+实收数量+库

位+件数

⑮　*发票号+合同号+物资码+数量（应收数量）+单价（进价）+运杂费

⑯　*供货单位码+供货单位名

⑰　*物资码+品名+规格+型号

⑱　*合同号+供货单位码

4. 对所有的第三范式关系进行归纳和综合，得到综合后的第三范式关系的集合

将上述四张单据规范化，得到 18 个第三范式关系，按照相同的关键字进行合并和综合。先对供货单位、收货单位、结算单位、订货单位（包括购货单位）进行简化处理。

（1）供货单位

由基本第三范式关系④、⑦、⑯综合得到：

供货单位 = *供货单位码+供货单位名+供货单位邮编+供货单位电话+供货单位传真+供货单位纳税人识别号+供货单位地址+供货单位开户行+供货单位账号

（2）收货单位

由基本第三范式关系②得到：

收货单位 = *收货单位码+收货单位名+收货单位电话+收货单位传真+收货单位地址

（3）结算单位

由基本第三范式关系③得到：

结算单位 = *结算单位码+结算单位名+结算单位地址+结算单位开户行+结算单位账号

（4）订货单位（包括购货单位）

由基本第三范式关系①得到：

订货单位 = *订货单位码+订货单位名+订货单位电话+订货单位传真

在实际业务中，同一单位在某个场合是供货单位，在另一个场合也许就是订货单位；在某些情况下，购货单位、收货单位和结算单位是同一单位。订货单位和购货单位不一定完全对应。由于以上四个关系内容相似，把供货单位、收货单位、结算单位、订货单位一般化，合并成一个"往来单位"关系，以上四个关系通过各自的单位码与"往来单位"发生联系。而在实际应用时关系中的单据仍可以供货单位、订货单位等实际身份命名。

继续其余 12 个第三范式关系的合并过程，最终形成以下 6 个第三范式关系，其中等号左边为关系名，等号右边为组成该关系的属性：

①　往来单位(D1) = *单位码+单位名+电话+传真+纳税人识别号+地址+开户行+账号

②　物资(D2) = *物资码+品名+规格+型号

③　进货合同(D3) = *合同号+签订日期+订货单位码+收货单位码+结算单位码+供货单位码+物资码+运输方式+技术标准号+交货期+合同数量+合同价格+备注

④　发票明细(D4) = *发票号+发票代码+发票日期+合同号+物资码+计量单位+数量+单价+运杂费+税率

⑤　可供资源(D5) = *日期+**物资码+可供数量+物资价格

⑥　物资入库单(D6) = *入库单号+发票号+承付日期+制单日期+验收日期+结算方式+质保书+实收数量+库位+件数

其中：

"物资"由第三范式关系⑤、⑨、⑫、⑰综合得到。

"进货合同"由第三范式关系⑥、⑪和⑱综合得到。

"发票明细"由第三范式关系⑩、⑮综合得到。

"可供资源"即第三范式关系⑬得到。

"物资入库单"即第三范式关系⑭得到。

以上 6 个第三范式关系是由合同管理业务领域的数据综合而来的，它是企业全局数据库概念结构的一部分，这种在一个业务领域内的概念结构称为局部数据库概念结构。对企业整体来说，局部数据库概念结构中的综合第三范式关系还不是最终形式，必须再与其他业务领域的局部数据库概念结构进行综合。例如，进一步构建进货管理和销售管理业务领域的数据库概念结构，然后将三个概念结构综合起来，得到企业全局数据库概念结构。

数据关系规范化的目的是将数据的存储与使用分开，提高数据存储和访问的效率及可靠性，但是一些比较复杂的查询，可能要求对若干基于第三范式的数据存储进行连接，如果这类查询比较多，为了减少查询的响应时间，基于第二范式，甚至第一范式的数据存储的存在也是必要的。例如，将供货单位码加入"发票明细"关系，使其成为第二范式关系："发票明细 = * 发票号+发票代码+发票日期+合同号+供货单位码+物资码+计量单位+数量+单价+运杂费+税率"，便可以简化合同统计工作。

在信息系统分析阶段，数据模型逻辑设计应该尽量按照第三范式的原则进行，以尽可能简洁的形式表达属性之间的关系。需要指出的是，数据库设计在很大程度上依赖于系统分析员的水平和经验，特别是他们对业务领域的了解程度，数据模型逻辑设计结果很难有唯一的答案。

16.8　信息系统逻辑模型设计

16.8.1　信息系统逻辑模型设计的任务

所谓信息系统逻辑模型，就是描述加工与数据之间逻辑关系的模型。功能设计确定了信息系统的"加工"任务；数据模型逻辑设计确定了加工对象——数据库的逻辑结构；代码设计是为了辅助以上设计而做的设计。如果把上述设计比作零部件，那么信息系统逻辑模型设计是在"零部件设计"的基础上完成信息系统的业务流程设计。

16.8.2　信息系统逻辑模型的表达工具

信息系统逻辑模型主要用结构化工具及功能图进行描述，通常由以下几项构成：

① 信息系统功能模型，由信息系统功能图和功能说明组成。

② 信息系统业务流程模型，由一系列分层的新数据流程图组成。

③ 信息系统数据模型，由数据字典组成。

④ 信息系统处理逻辑模型，由处理逻辑的小说明来描述。

图 16.28 所示的是信息系统逻辑模型示意图，它不仅在逻辑上表示了实现信息系统目标所需具备的各种功能，还表示了输入输出、数据存储、数据流程、处理加工及系统边界。

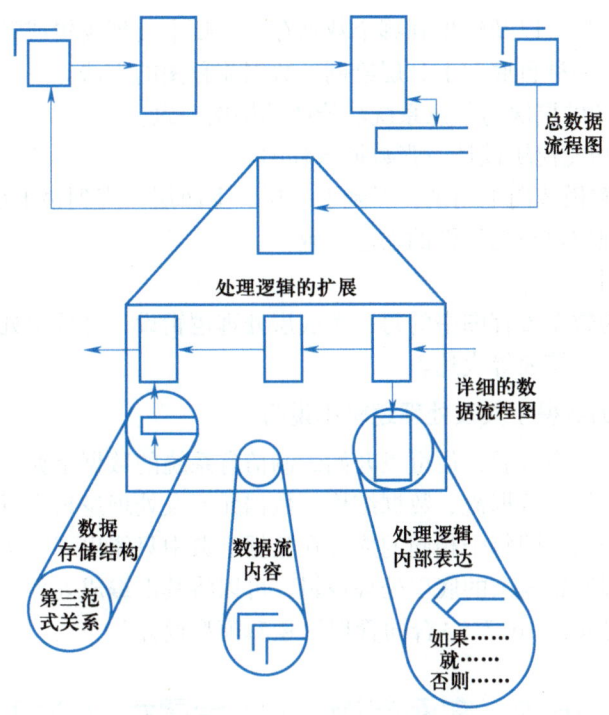

图 16.28　信息系统逻辑模型示意图

16.8.3　信息系统逻辑模型设计的过程

信息系统逻辑模型从形式上看与现行系统的逻辑模型相似，但其中的内容发生了根本的变化。现行系统数据流程图处理逻辑的执行者是人，而信息系统数据流程图处理逻辑的执行者绝大部分是计算机程序，现行系统数据流程图中的数据存储是人工组织的各种账册和单据，而信息系统数据流程图中的数据存储是经过综合的第三范式关系。同理，信息系统数据流程图的输入输出数据流也是重新设计的。

1. 输入输出逻辑设计

输入输出逻辑设计也就是信息系统数据流程图的数据流设计，其任务是设计数据流的逻辑结构，即确定组成数据流的数据元素和数据结构（组合项）。例如，在现行系统中，企业人力资源部每月送三种单据给财务部编制工资单，这三种单据分别是起薪单、停薪单和复薪单。由于这三种单据的作用是反映职工工资的变动情况，因此在设计信息系统时将它们合并为一种单据，取名为"工资发放状态变动单"。其中，增设一个代码，用于表示起薪、停薪和复薪。当然数据流的重新设计要符合有关部门，如财务部的要求，同时也会改变业务人员的工作习惯。

2. 设计信息系统流程模型，绘制新的数据流程图

（1）新业务流程设计

输入输出逻辑设计完成后，系统分析员便可以着手设计新系统的业务流程，画出新的数据流程图。

业务流程设计的任务，是根据业务流程管理的思想确定新业务流程的目标，并对现行系统的业务流程进行规范、优化或再造，设计出新系统的业务流程。新系统业务流程的输入信息、所进行的处理、输出信息，以及输出到哪个数据存储、哪个处理逻辑或哪个实体，都完全不同于现行系统。本章介绍一种自底向上分层绘制新数据流程图的方法。

① 新的数据流程图的层次与信息系统功能图的层次一致。

② 为每一个底层功能模块设计一张数据流程图。

③ 按功能图的分解模式向上归纳，得到上一层、上两层，直到最上层的新的数据流程图，上层数据流程图的处理逻辑与功能图的功能一致。

（2）处理逻辑设计

这一步的任务是为数据流程图中的每一个底层处理逻辑设计计算机处理过程，处理逻辑用结构化语言、决策树、决策表等表达。

3. 编制信息系统的数据字典及处理逻辑小说明

新的数据流程图绘制完成后，便可以开始编制信息系统的数据字典。数据字典是指对数据流程图中出现的数据存储、数据流、数据结构、数据元素及处理逻辑进行定义。既然是数据字典，其定义必须是唯一的，即每个相同的成分在数据字典中只能出现一次。

对于一些处理过程比较复杂的底层处理逻辑，可以将其汇编成处理逻辑小说明。信息系统逻辑模型的设计过程见实例 16.7 "'合同管理'逻辑模型设计"。

16.9 实例阅读——X 金属材料公司"合同管理"逻辑模型设计

实例 16.7 "合同管理"逻辑模型设计

受篇幅所限，本实例仅介绍 X 金属材料公司信息系统"合同管理"逻辑模型的设计过程。其设计结果包括以下子模型："合同管理"子系统功能模型（新的功能图）、"合同管理"子系统业务流程模型（新的分层数据流程图）、"合同管理"子系统数据模型（数据字典）、"合同管理"子系统处理逻辑描述（处理逻辑小说明）。

1. "合同管理"子系统功能模型

根据"合同管理"子系统的目标，新设计的"合同管理"子系统功能模型如图 16.29 所示。

其模块功能的说明举例如下：

合同登记。该模块输入并编辑进货合同，建立"进货合同"数据库文件。

合同到货。该模块输入并编辑供方发票，建立反映合同到货数据的"发票明细"数据库文件。

合同查询。该模块提供对未来期合同资源数和合同完成情况的查询。

合同统计。该模块每月/季/年完成"合同完成情况明细表"和"合同完成情况汇总表"的制作和打印。

合同注销。该模块将已完成的合同在"进货合同"中注销，并将其从"进货合同"文件转储到"注销合同档案"历史文件中。

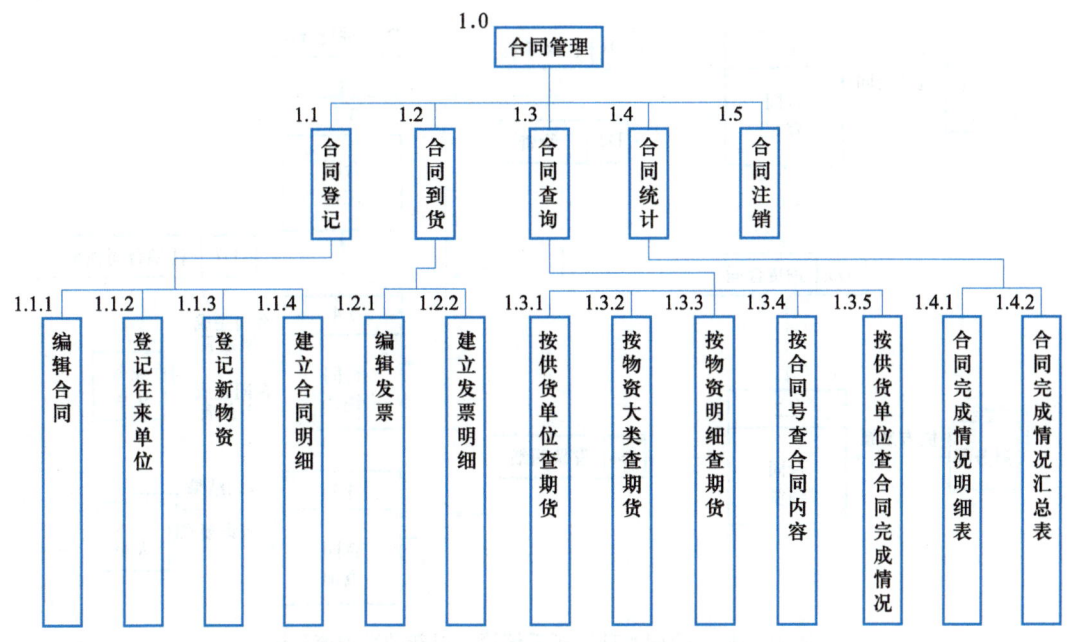

图 16.29 "合同管理"子系统功能模型

2. "合同管理"子系统业务流程模型（见图 16.30~图 16.34）

本节对现行系统"合同管理"业务流程进行了优化，构建了新的"合同管理"业务流程模型，其第一层和第二层数据流程图分别如图 16.30 和图 16.31 所示。请与图 16.8 所示的现行系统"合同管理"数据流程图进行对比，找出它们的差别，以及优化的地方。

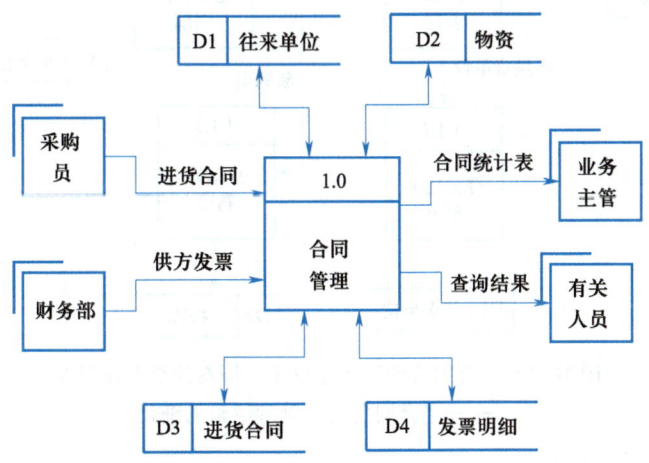

图 16.30 "合同管理"子系统第一层新的数据流程图

图 16.32~图 16.34 所示的分别是"合同登记""合同到货""合同查询"处理逻辑的数据流程图。

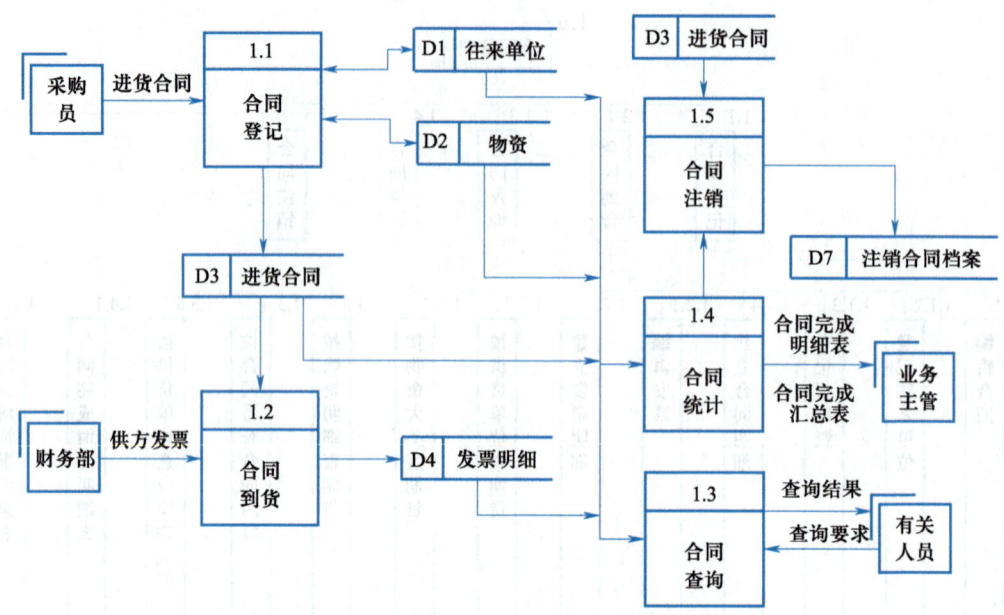

图 16.31 "合同管理"子系统第二层新的数据流程图

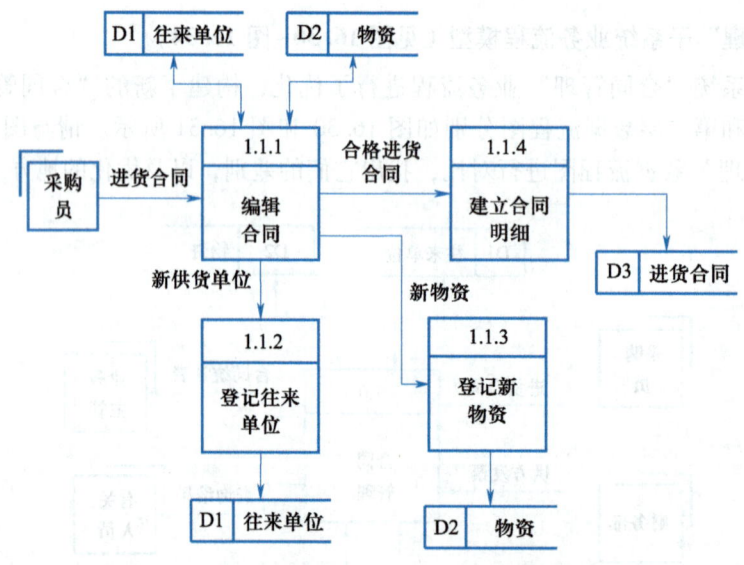

图 16.32 "合同管理"子系统第三层新的数据流程图
——"合同登记"处理逻辑的细化

3. "合同管理"子系统的数据模型

数据模型逻辑设计的结果用数据字典表示,下面是"合同管理"子系统部分数据字典的内容举例。

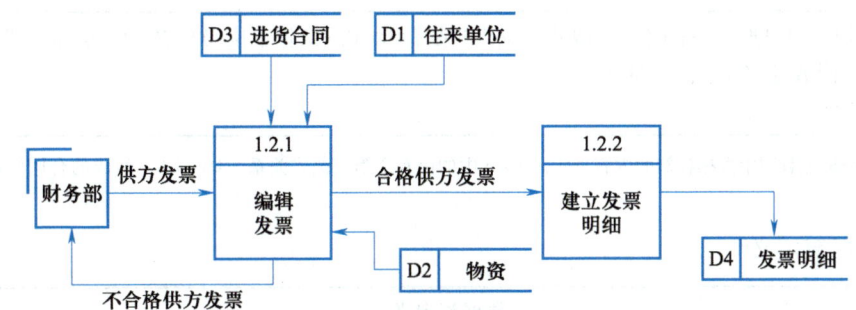

图 16.33　"合同管理"子系统第三层新的数据流程图——"合同到货"处理逻辑的细化

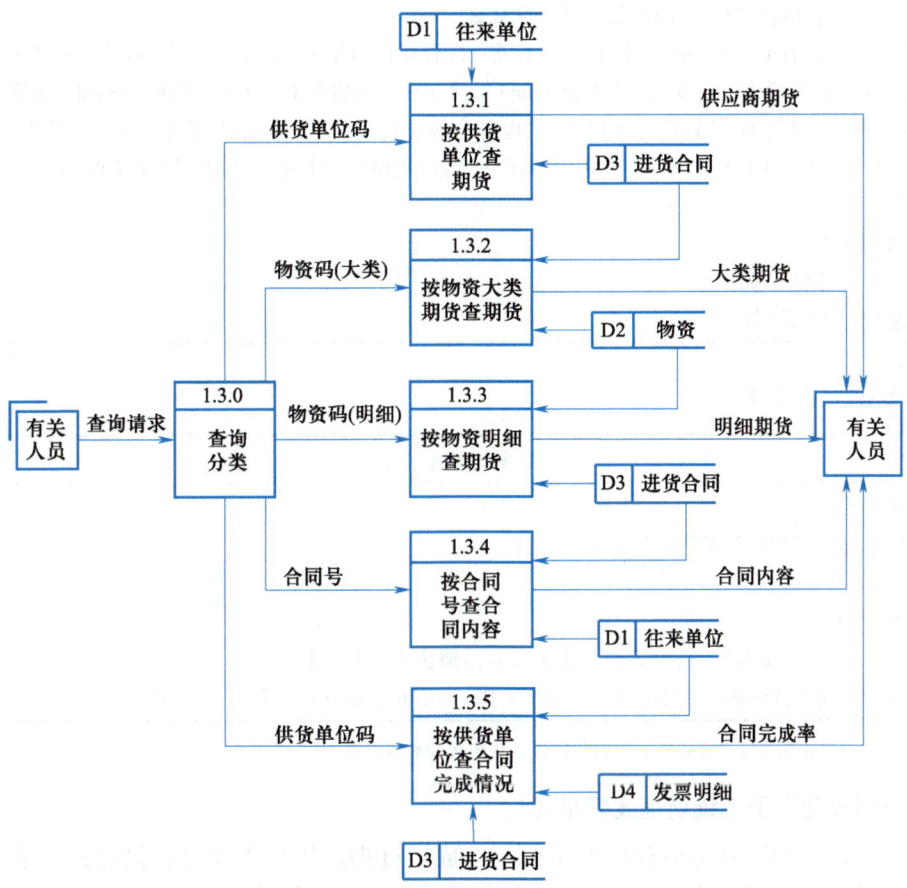

图 16.34　"合同管理"子系统第三层新的数据流程图
——"合同查询"处理逻辑的细化

（1）数据存储定义

数据存储定义卡
名称：进货合同
编号：D3
简述：存储"进货合同"的规范化信息

组成：合同号+签订日期+订货单位码+收货单位码+结算单位码+供货单位码+物资码+运输方式+技术标准号+交货期+合同数量+合同价格+备注

关键字：合同号

注：新的数据流程图中数据存储的内容见实例16.6中的由6个第三范式关系（D1~D6）组成的合同管理局部数据库概念结构。

（2）数据流定义

数据流定义卡
名称：进货合同
简述：供货单位与订货单位签订的原始供货合同凭证
组成：合同号+签订日期+订货单位码+订货单位名+订货单位电话+订货单位传真+收货单位名+收货单位码+收货单位电话+收货单位传真+收货单位地址+结算单位码+结算单位名+结算单位地址+结算单位开户行+结算单位账号+供货单位码+供货单位名+供货单位地址+供货单位邮编+供货单位电话+供货单位传真+供货单位开户行+供货单位账号+运输方式+物资码+品名+规格+型号+技术标准号+交货期+合同数量+合同价格+备注
流通量：160份/月
高峰期：每年5月和11月
高峰期流通量：300份/月

（3）数据元素定义

数据元素定义卡
名称：运输方式
简述：供货单位向订货单位发货采用的运输方式
别名：无
长度：10个字符
取值/含义：例"D上海港"，表示运输方式为水运，到达港为上海港。
注：第一位为运输方式编码，其中：A——整车；B——零担；C——专线；D——水运。

注：以上定义是根据详细调查资料，进行代码设计后形成的数据元素。

4."合同管理"子系统处理逻辑描述

对于"合同管理"业务流程模型中的每个底层处理逻辑都需要进行描述，当描述的处理逻辑较多、描述的内容比较详细时，可以单独形成一个处理逻辑小说明，示例如下。

处理逻辑描述：

名称：编辑发票
编号：1.2.1
简述：确定供方发票是否正确并符合要求
处理逻辑小说明：
对于每一张发票：
1. 输入发票号、发票日期、计量单位、进价、进货数量、运杂费、税率。
2. 根据提示，输入供货单位码、收货单位码、物资码。

3. 根据合同号检索"进货合同"数据库文件，与发票输入的供货单位码、收货单位码、物资码进行比较：

　如果　不合格

　　　　则 出错处理

　否则　显示：供货单位名，收货单位名，结算单位开户行，结算单位账号，物资品名，规格，型号

4. 计算并显示：金额＝进价×进货数量；

　　　　　　　税额＝（金额＋运杂费）×税率；

　　　　　　　总金额＝金额＋运杂费＋税额

用户核对发票金额与总金额

如果　合格

　　　则转处理逻辑 1.2.2　建立发票明细

否则　出错处理

注：供方发票数据流的内容见图 16.12。

读者可以将现行系统与信息系统的"合同管理"子系统的功能、数据流程图、数据存储、数据流和处理逻辑进行对比，找出它们之间的差异。

16.10　信息系统分析报告

16.10.1　信息系统分析报告的作用

信息系统分析阶段工作结束后，系统分析员应该编写信息系统分析报告，把信息系统分析阶段产生的各种资料汇总起来，表述信息系统分析阶段的设计思想、设计依据以及所产生的逻辑设计方案。信息系统分析报告是系统分析员的工作成果，也是信息系统总体设计说明书，它是下一步信息系统设计阶段工作的依据，也是与用户进行交流的工具。

由于信息系统开发周期较长，阅读信息系统分析报告时必须注意环境变化所引起的资料内容与当前事实之间的差异，这也是信息系统开发生命周期法的缺点。

16.10.2　信息系统分析报告的内容

信息系统分析报告包括现行系统调查与分析报告和信息系统逻辑模型设计报告。信息系统分析报告可以采用文字报告加图表附录的形式，也可以采用文字和图表穿插表述的形式。

1. 现行系统调查与分析报告

现行系统调查报告包括现行系统概况、现行系统工作目标、现行系统职能情况、现行系统功能需求、现行系统信息需求、现行系统查询与决策需求。

现行系统分析报告包括现行系统目标分析，现行系统存在的问题分析，现行系统环境分析，现行系统功能、数据与业务流程需求分析等。

现行系统调查与分析报告的附录包括现行系统组织机构图、现行系统功能图、现行系统分层数据流程图及基本处理逻辑描述、现行系统全部信息载体（如单据、账册、报表、计划、文件等）以及数据调查分析表。

2. 信息系统逻辑模型设计报告

信息系统逻辑模型设计报告包括信息系统目标、信息系统功能模型和功能说明、信息系统

数据模型逻辑设计说明、信息系统业务流程模型设计说明、代码设计说明、逻辑模型设计说明等。

信息系统逻辑模型设计报告的附录包括信息系统功能图、信息系统分层数据流程图、信息系统数据字典、信息系统处理逻辑小说明等。

信息系统分析报告反映了系统分析员的工作质量。如果信息系统分析工作做得不好，那么信息系统分析报告就经不起信息系统设计和信息系统实施阶段的考验，甚至导致信息系统开发失败，而如果信息系统分析工作做得好，信息系统分析报告就是一份有价值的资料。

16.11 课程设计

下面给出三个课程设计，对于高校信息管理与信息系统专业的学生来说，需要完成课程设计 16.1、课程设计 16.2 和课程设计 16.3；而对于其他管理类专业的学生来说，则可以选择课程设计 16.1，或课程设计 16.3 中的设计任务(2)，如果其中涉及数据存储，则可以由学生自己假设。课程设计的组织形式可以采用小组的形式，由若干学生分工合作，共同完成相应的课程设计任务。

课程设计 16.1　X 金属材料公司销售管理信息系统功能模型设计

1. 设计依据

① 实例 16.1~实例 16.5 的详细调查资料。

② 本书前面章节介绍的信息系统体系结构、业务流程、组织内信息系统、组织间信息系统等内容。

③ X 金属材料公司面临着严峻的市场竞争，高层管理者制定了新的发展战略，加强了客户关系管理，优化了供应链管理，降低了库存水平，并采用电子商务手段对进货和销售等业务进行了改进，提升了企业经营目标。

2. 设计任务

① 根据公司的发展和需求，写出"X 金属材料公司进销存管理信息系统"及其子系统"X 金属材料公司销售管理信息系统"的建设目标。

② 根据你所制定的信息系统目标，设计"X 金属材料公司销售管理信息系统"的功能模型，画出该子系统下一层和下两层的功能模块。

③ 写出以上功能模型的下一层功能模块的功能说明。

④ 编写并递交《X 金属材料公司销售管理信息系统功能模型设计报告》。

注：对于 X 金属材料公司进销存管理信息系统而言，销售管理信息系统是它的子系统，称为"X 金属材料公司销售管理信息系统"。

课程设计 16.2　X 金属材料公司销售管理信息系统数据模型逻辑设计

1. 设计依据

① 实例 16.3"数据调查"中的详细调查资料，并参考其他实例的详细调查资料。

② 实例 16.6"基于第三范式的'合同管理'数据模型逻辑设计"的成果。

2. 设计任务

① 在"合同管理"局部数据库概念结构的基础上，进一步完成基于第三范式的"进货管理"和"销售管理"的局部数据库概念结构，然后将三个概念结构综合起来，得出基于第三范式的 X 金属材料公司进销存全局数据库概念结构。

② 编写并递交《X 金属材料公司销售管理信息系统数据模型逻辑设计报告》。

课程设计 16.3　X 金属材料公司销售管理信息系统业务流程模型设计

1. 设计依据

① 16.3 节实例 16.1~实例 16.5（重点为实例 16.2）中的详细调查资料。

② 参考"合同管理"子系统业务流程模型（见图 16.30~图 16.34）的设计成果。

③ 借鉴第 2 章介绍的业务流程的相关知识。

④ 所做的课程设计 16.1 或课程设计 16.2 的方案。

2. 设计任务

① 根据所设计的功能模型，设计 X 金属材料公司销售管理信息系统的业务流程模型，画出分层的数据流程图。

② 根据 X 金属材料公司采用电子商务实现网上销售和采购的目标，参考有关设计依据以及自己的网上购物实践，绘制"X 金属材料公司网上销售钢材"的底层数据流程图。

③ 对于所设计的网上销售钢材的业务流程，写出处理逻辑的小说明。

④ 编写并递交《X 金属材料公司网上销售钢材的业务流程模型设计报告》。

◇◇◇◇◇◇　**本 章 小 结**　◇◇◇◇◇◇

本章介绍了信息系统分析的任务、工作内容以及所采用的技术和工具；以结构化分析方法为主，介绍了信息系统分析阶段的具体工作；详细阐述了信息系统逻辑模型的构成，以及功能模型、业务流程模型和数据模型的建立过程。采用结构化分析方法进行信息系统分析，易于初学者了解信息系统分析的基本过程和基本方法。本章还提供了 X 金属材料公司的详细调查资料，并给出了具体的信息系统分析实例。信息系统分析是信息系统开发的主要阶段，在学习本章时，需要与前面学过的知识，如信息系统体系结构、业务流程、组织内和组织间信息系统、数据库技术、信息系统规划等结合起来。

◇◇◇◇◇◇　**习　　题**　◇◇◇◇◇◇

1. 阐述信息系统分析阶段的详细调查，功能、业务流程与数据分析，以及信息系统逻辑模型设计的工作内容、步骤和方法。

2. 阐述用业务流程-数据类聚合法划分子系统的原理和步骤。

3. 列出一份面向 X 金属材料公司部门业务员的调查提纲。

4. X 金属材料公司的进货合同号是由供方设计的，不同的企业可能有相同的合同号，请参考图 16.11 重新设计进货合同号，使它能够唯一代表某个合同。

5. 将图 16.30~图 16.34 与图 16.8 进行对比，找出新的"合同管理"业务流程的优化思路，并指出其优化原理。

6. 试用实体–联系（E–R）方法设计"合同管理"局部数据库概念结构。

7. 利用本章的进销存管理实例，说明用数据库方法重新组织数据存储后，对企业管理和业务流程会产生什么影响。

8. 利用暑期去某公司实习，对该公司进行业务和信息系统的考察，并用信息系统分析工具记录其目标、组织机构、功能和一个核心业务流程，然后与 X 金属材料公司的信息系统分析方案进行比较。

第17章

信息系统设计

┃学习目的┃

（1）了解信息系统设计的任务、工作内容和目标。

（2）掌握结构化设计方法的主要内容。

（3）掌握数据库逻辑结构和物理结构设计的方法。

（4）掌握信息系统软件结构设计的方法。

（5）了解用户界面设计的形式，理解用户界面设计遵循的原则。

（6）学会编制信息系统设计报告。

◇◇◇◇◇ 17.1 信息系统设计概述 ◇◇◇◇◇

17.1.1 信息系统设计的任务和工作内容

信息系统设计解决"如何做"的问题。在信息系统设计阶段，系统设计员在已经获得批准的信息系统分析报告的基础上，根据信息系统分析产生的逻辑模型，选择一个具体的计算机系统，设计能够在该计算机系统上运行的物理模型。

信息系统设计的工作内容包括：① 信息系统平台设计，确定信息系统的硬件平台、网络平台和软件平台的配置方案；② 数据模型的详细设计，包括数据库逻辑结构和物理结构设计；③ 输入输出设计；④ 用户界面设计；⑤ 软件结构设计；⑥ 其他细节设计，如信息系统安全设计、代码赋值等。

17.1.2 信息系统设计的目标

1. 信息系统的运行效率

不同的处理方式采用不同的指标来衡量信息系统的运行效率：批处理系统用处理速度，即单个业务的平均处理时间来衡量运行效率；联机实时处理系统用响应时间，即从客户端发出请求到服务器端给出应答所用的时间来衡量运行效率；延迟联机录入系统通常用处理能力，即单位时间内处理的作业数来表示运行效率。

影响信息系统运行效率的因素有计算机硬件及其组织结构、计算机处理过程的设计质量与中间文件的数量、文件的存取方式、程序的编写质量和网络带宽等。

2. 信息系统的可靠性

受到外界干扰时，信息系统应该具备抵御能力和恢复能力。衡量信息系统可靠性的指标有平均故障间隔时间和平均维护时间。前者指系统在两次相邻故障之间正常工作的平均时间，反映了信息系统稳定运行的能力；后者指系统发生故障后所用的平均修复时间，反映了系统可维护性的好坏。

提高信息系统可靠性的途径有：① 选用可靠性高的主机和外部设备；② 硬件冗余设计，如在高可靠性的应用场合，对关键服务器采取双机热备；③ 进行故障检测，并采取信息系统安全方面的措施，如对输入的数据进行检验、建立详细的运行记录和监督跟踪机制、规定用户的文件使用级别、对重要文件进行定期备份等。

3. 信息系统的灵活性

为了保持长久的生命力，信息系统应该具有良好的灵活性。在信息系统设计中，要尽量采用模块化结构，减少模块间的数据耦合度。这样既便于修改，又便于增加新的内容。此外，基于面向服务的体系结构，采用组件开发技术，可以像搭积木一样构建系统，从而进一步提高系统的灵活性。

4. 信息系统的经济性

在满足信息系统需求的前提下，应该尽可能地减少信息系统的开销。一方面，在硬件投资上不能盲目追求技术上的先进性，而应以满足实际应用需求为前提；另一方面，在信息系统设计中应避免复杂化，各模块要尽量简洁，以缩短处理流程，降低系统的处理费用。

5. 信息系统的安全性

信息系统的安全性是指能够防止信息系统的硬件和软件遭受故意或偶然的损害；能够有效地保护数据，防止其丢失、泄露、被篡改和被销毁；能够控制数据传播的范围；能够有效识别用户身份；能够防止用户抵赖等。

17.1.3 结构化设计方法

1. 结构化设计的思想及特点

结构化设计（structured design）的基本思路是：采用一组标准的准则和工具，帮助系统设计员明确信息系统应该具有哪些模块，以及确定这些模块如何相互联结以形成最优的信息系统。结构化设计介于结构化分析和结构化程序设计（structured programming）之间。结构化设计具有以下特点：

（1）相对独立、功能单一的模块结构

结构化设计的思想是将信息系统划分为多个相对独立且功能单一的模块。这些模块之间保持相对的独立性，使得每一个模块都可以被单独地理解、编写、测试、排错和修改，从而防止错误在模块之间扩散蔓延，提高了信息系统的质量。

（2）高内聚、低耦合的模块性能标准

结构化设计强调模块应满足高内聚、低耦合的性能标准。满足这种标准的模块内部各功能密切相关，程序简短且接口清晰，错误传播的范围有限，扩充功能时易于插入新代码，便于测试和维护。

（3）采用结构图的描述方式

结构化分析、结构化设计和结构化程序设计具有一个共同点，就是使用的工具都是图形化工具。例如，结构化分析使用数据流程图、决策树等，结构化程序设计使用程序流程图，而结构化设计则使用结构图来描述系统的模块划分及模块间的联系。

2. 结构图

结构图（structure diagram）又称为层次模块结构图，是描述信息系统模块结构的图形化工具，模块及模块之间的联系用规定的图形符号来表示。

（1）模块的概念

模块是组成信息系统逻辑模型和物理模型的基本单位，它们可以被组合、分解和更换。根据功能具体化程度的不同，可以将模块分为逻辑模块和物理模块。信息系统逻辑模型所定义的处理功能可以被视为逻辑模块。物理模块是逻辑模块的具体化，可以是一段程序、子程序或若干程序语句，也可以是人工过程中的某项具体工作。

模块具备以下要素：① 输入和输出。模块从调用者那里获得输入，处理后再把输出返回调用者。② 处理功能。模块在将输入转换成输出的过程中所做的工作。③ 内部数据。仅供模块本身引用的数据。④ 程序代码。用来实现模块功能的程序。其中，前两个要素是模块的外部特性，反映了模块的外貌；后两个要素是模块的内部特性。在结构化设计中，主要考虑模块的外部特性，对于模块的内部特性只做必要了解，具体的实现将在信息系统实施阶段完成。

（2）结构图的基本符号

结构图由 6 种基本符号组成，如图 17.1 所示。下面介绍其中的 4 种。

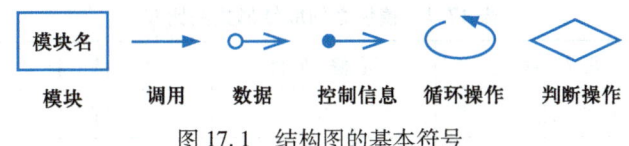

图 17.1 结构图的基本符号

① 模块：用矩形表示，矩形内部标有模块名，模块名通常由动宾词组构成。

② 调用：用连接两个模块的箭头表示。箭头总是由调用模块指向被调用模块。如果一个模块是否调用另一个从属模块，取决于调用模块内部的判断条件，则称其为模块间的判断调用，用菱形表示。如果一个模块通过其内部的循环功能来循环调用一个或多个从属模块，则称其为循环调用，用弧形箭头表示。各种调用关系如图 17.2 所示。

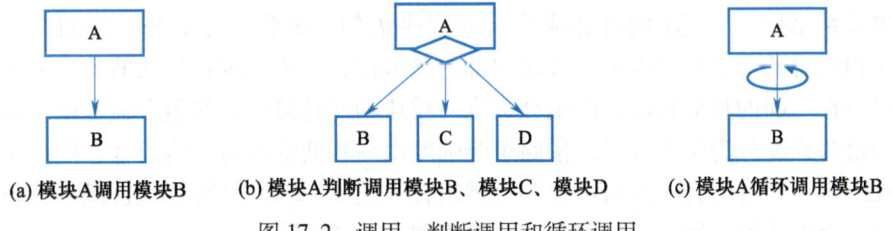

图 17.2 调用、判断调用和循环调用

③ 数据：当一个模块调用另一个模块时，可以把数据传送给被调用模块，供该模块处理，而被调用模块又可以将处理结果数据送回调用模块。在模块之间传送的数据，使用带空心圆的箭头表示，并在旁边标上数据名，如图 17.3 所示。例如，图 17.3（a）表示模块 A 调用模块 B 时模块 A 将数据 X、Y 传送给模块 B，模块 B 将处理结果

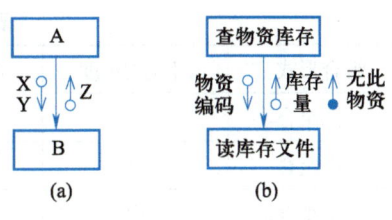

图 17.3 模块间的通信

数据 Z 返回模块 A。

④ 控制信息：采用带实心圆点的箭头表示。为了指导程序下一步的执行，有时在模块之间还必须传送某些控制信息，如文件读到末尾所产生的文件结束标志等。控制信息与数据的主要区别是，前者只反映数据的某种状态，不必对其进行处理，如图 17.3（b）所示。

3. 模块间联系和模块内联系

模块分解和扩展涉及两个问题：① 按照什么原则进行模块分解和扩展；② 模块之间应该达到什么样的联结关系。结构化设计提出用模块间联系和模块内联系两个标准来评价模块的设计质量。

（1）模块间联系及评价

模块间联系是指模块之间的联结关系，用来衡量模块的独立性。模块间联系越小，模块的独立性就越高，当某个模块出现问题时其影响范围就越小，在分析系统结构和功能时就不会因模块之间的关系复杂而变得困难。因此，提高模块的独立性是结构化设计要达到的主要目标之一。

模块间联系有多种类型，按照联结程度由低到高依次为数据联结、特征联结、控制联结、公共联结和内容联结。表 17.1 对五种模块之间的联结形式进行了比较。在设计模块时，通常以数据联结为主，以特征联结为辅，尽量少用控制联结，消除公共联结和内容联结。关于这五种联结形式的详细介绍，可参考软件工程方面的书籍。

表 17.1 模块之间联结形式的比较

联 结 形 式	联 结 程 度	可 修 改 性	可 读 性	通 用 性
数据联结	低	好	好	好
特征联结	低	中	中	中
控制联结	中	不好	不好	不好
公共联结	高	不好	差	差
内容联结	最高	差	差	差

（2）模块内联系及评价

模块内联系是指一个模块内部各成分（如程序语句、函数、变量等）之间的联系，它是决定系统结构优劣的一个重要因素。模块内部的紧凑性，主要表现在模块的各成分为了完成处理功能而组合在一起的相关程度，即组合强度。模块功能越简单，其组合强度就越高。

模块的组合强度分为 7 个等级，按照组合强度由高到低依次为功能组合、顺序组合、通信组合、过程组合、暂时组合、逻辑组合和机械组合。表 17.2 对 7 种模块组合形式进行了比较。关于这 7 种组合形式的详细介绍，可参考软件工程方面的书籍。

表 17.2 模块组合形式的比较

组 合 形 式	组 合 强 度	可 修 改 性	可 读 性	通 用 性	紧 凑 性
功能组合	高	好	好	好	10
顺序组合	高	好	好	好	9
通信组合	中	中	好	中	7

续表

组合形式	组合强度	可修改性	可 读 性	通 用 性	紧 凑 性
过程组合	中	中	中	中	5
暂时组合	不高	不好	中	最差	3
逻辑组合	低	最差	不好	最差	1
机械组合	最低	最差	最差	最差	0

4. 从数据流程图导出结构图

结构化设计阶段的结构图来源于结构化分析阶段的数据流程图。这样一来，就可以将结构化设计和结构化分析所做的工作衔接起来。但两者是有区别的：结构图表现的是上下层模块之间层次化的调用和控制关系；数据流程图表示的是处理逻辑的执行顺序和数据在系统内的流动方向，而不表示各级调用关系和控制关系。从数据流程图导出结构图的策略有两种：以变换为中心的策略、以事务为中心的策略。

（1）以变换为中心的策略

以变换为中心的策略的基本思想是：在数据流程图中找出它的主要功能（即中心变换部分）；找出实现该功能所需要的主要输入数据流和经变换产生的主要输出数据流；将中心变换部分作为上层模块，将数据传送部分作为下层模块，逐层扩展，产生一个完善的系统结构。

以变换为中心的策略的实施步骤为：① 确定数据流程图的中心变换的位置；② 绘制结构图（包括建立结构图的最高层模块、画出初始结构图、对初始结构图进行优化）；③ 为每个模块撰写说明。

由于篇幅有限，不再详细介绍上述步骤，感兴趣的读者可以参考软件工程方面的书籍。下面给出实例进行说明。图 17.4 在给定的数据流程图（简化图）中分别确定中心变换、输入部分、输出部分所在的区域，变换后得到的结构图如图 17.5 所示。

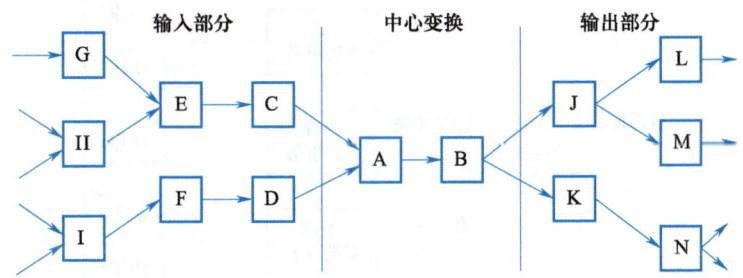

图 17.4　中心变换确定后的数据流程图

（2）以事务为中心的策略

所谓事务，是指一个信号、一起事件或一组数据，它们能够在系统中引起一系列处理动作。数据流程图的事务中心具有以下功能：① 获得原始的事务记录；② 分析每一个事务，确定事务类型；③ 为每个事务选择相应的处理路径；④ 确保每个事务都得到完全的处理。

事务中心具有分析事务类型并对事务进行调度的功能，负责事务的分派和控制。如果信息系统中存在多种类型的事务，就必须找出事务中心和具体的事务。如果数据流程图的某个处理逻辑能够根据输入的数据流确定事务类型，并据此产生不同的处理路径，那么这个处理逻辑就可以被确定为这些事务的事务中心。在结构图中，事务中心表现为结构图的最高层模块。

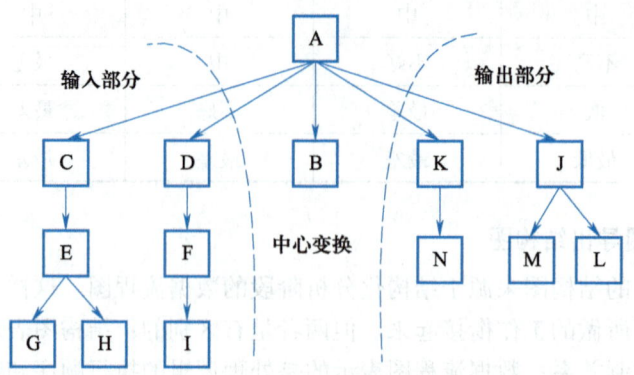

图 17.5 由图 17.4 所示的数据流程图转换得到的结构图

以事务为中心的策略的基本思想是：把一张复杂的数据流程图分割成若干较小的数据流程图片段，每个数据流程图片段只反映同一类型事务处理模块的功能；这些数据流程图片段比较简单，可以采用以变换为中心的策略生成若干较小的结构图；再采用以事务为中心的策略把这些小的结构图合并起来，形成一张大的结构图来描述整个系统。

以事务为中心的策略的实施步骤为：① 分析数据流程图，确定它的事务中心；② 绘制事务中心所对应的结构图；③ 为每个模块撰写说明。

由于篇幅有限，不再详细介绍上述步骤，感兴趣的读者可以参考软件工程方面的书籍。下面给出实例进行说明。图 17.6 中"确定事务类型"处理逻辑就是该信息系统的事务中心，可以据此产生较高层的结构图。在给定的数据流程图（简化图）中分别确定中心变换、输入部分、输出部分所在的区域，转换后得到的结构图如图 17.7 所示。

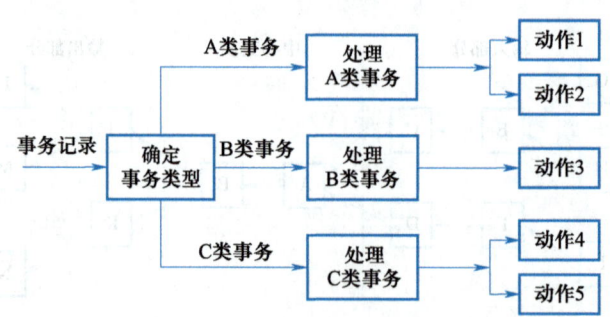

图 17.6 以事务为中心的数据流程图

5. IPO 图

IPO（input process output）图是配合结构图详细说明每个模块内部功能的一种工具。IPO图对每个模块的输入数据、输出数据和处理进行描述，其结构如图 17.8 所示。在 IPO 图中，输入数据和输出数据来源于数据字典；局部变量是指个别模块内部使用的数据，仅由本模块定义、存储和使用，与系统的其他部分无关；注释是对本模块的有关问题做必要的说明。

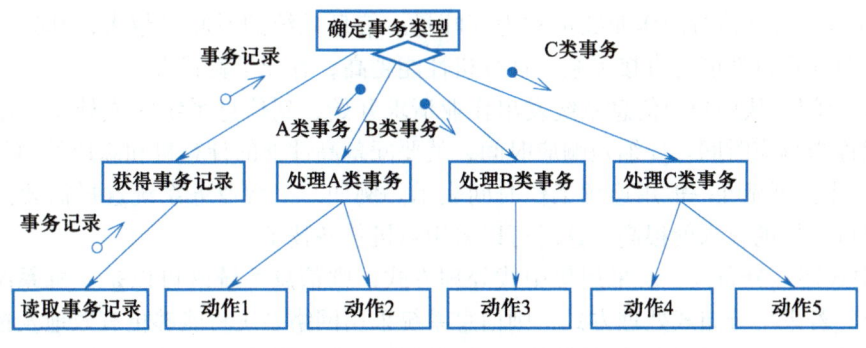

图 17.7　由图 17.6 的数据流程图转换得到的结构图

系统名：计算机储蓄系统	设计人：刘波
模块名称：输入取款信息并检验	日期：2016–12–11
模块编号：C.5.3.2.2	
上层调用模块：取款模块	下层调用模块：无
文件名：账户文件	全局和局部变量：
输入数据：账号H、存储金额L、密码M、取款金额X	输出数据：
处理描述： 　　If H and M 不吻合 Then (退出取款处理) 　　　Else If X>L (退出取款处理) 　　　　Else (继续执行取款处理) 　　　　　Endif 　　Endif	
注释：略	

图 17.8　IPO 图的结构

用自然语言描述 IPO 图的处理过程比较困难，一般采用结构化语言、决策树、决策表或算法描述语言来描述 IPO 图。这些方法各有优点，采用何种方法应该视具体的情况和系统设计员的工作习惯而定。

对于结构化设计而言，结构图已详细地描述了模块之间的信息传递与控制关系，因此在模块说明书中可以简单地用"模块名称+处理逻辑说明（结构化语言、决策树、决策表）"来描述模块功能（见实例 17.1）。

◇◇◇◇◇◇◇◇　17.2　信息系统平台设计　◇◇◇◇◇◇◇◇

信息系统平台包括硬件平台、网络平台和软件平台。信息系统设计的首要任务是根据信息系统功能与性能的要求，构建能够支持信息系统运行的软件和硬件环境，即进行系统平台设计。

17.2.1　信息系统平台设计的依据

信息系统平台设计的依据如下：

① 吞吐量：每秒执行的作业数量称为吞吐量。信息系统的吞吐量越大，其处理能力就越强。吞吐量与计算机性能有直接关系，计算机性能越高，吞吐量就越大。

② 响应时间：从用户向信息系统发出作业请求开始，到信息系统完成处理并给出应答所经过的时间称为响应时间。要缩短响应时间，就要配备高性能的计算机和高速的通信线路。

③ 可靠性：可靠性一般用连续工作时间表示。例如，银行业务系统这样需要连续运行的业务系统对可靠性的要求就很高，这时可以采用双机热备技术。

④ 集中式还是分布式：若采用集中式处理方式，则信息系统既可以是主机系统，也可以是网络系统。若采用分布式处理方式，则信息系统采用网络系统将能够更有效地发挥性能。

⑤ 地域范围：对于分布式信息系统，要根据信息系统覆盖的范围决定是采用广域网还是采用局域网。

⑥ 数据管理方式：根据应用的特点，决定信息系统采用哪种数据模型（是层次型、网络型，还是关系型），并配备相应的数据库管理系统。对于非结构化数据，可以考虑采用 Hadoop 系统结构。

⑦ 资源的获得方式：系统所需的计算和存储资源可以通过租用、托管或云服务等方式获得，这是信息系统实施阶段关注的问题。但是，由于资源的获得方式会影响信息系统平台设计的具体方案，因此在信息系统设计阶段就要有所考虑。

⑧ 客户端接入方式：用户通过何种设备或终端接入系统，客户端接入方式是个人计算机、平板计算机还是移动设备，将影响信息系统输入输出界面的设计。

17.2.2 信息系统硬件平台的配置

信息系统硬件的选择取决于数据的处理方式、运行的软件、业务需求以及成本等多个因素。对于管理业务而言，计算机需要满足速度快、容量大、操作灵活方便等要求。然而，计算机的性能越高，价格就越昂贵，因此在系统硬件的选择上应该全面考虑各种因素。一般来说，如果数据处理是集中式的，而且信息系统应用的目的是利用计算机强大的计算能力处理数据，就可以采用主机-终端系统。如果数据处理是分布式的，而且信息系统应用的目的是利用其多用户能力，就可以采用客户-服务器（C/S）或浏览器-服务器（B/S）架构。

在确定了数据处理方式以后，信息系统硬件的选择主要考虑应用软件对计算机处理能力的需求，包括计算机内存、中央处理器的处理速度和性能、显示方式，以及外部存储设备的类型等。

17.2.3 信息系统网络平台的配置

1. 网络拓扑结构

网络拓扑结构有总线型、星状、环状等结构，应该综合考虑信息系统的地域分布、信息流量来选择网络拓扑结构，并尽量将信息流量大的应用放在同一网段上。图 17.9 所示的是某物流公司信息系统的网络拓扑结构。

2. 网络的逻辑设计

可以根据信息系统分析阶段所设定的子系统，并考虑数据流程图中数据的流量，结合实际需要来选择适用的设备，如服务器、交换机、路由器等。此外，选择好设备后还要考虑各设备之间的连接方式。

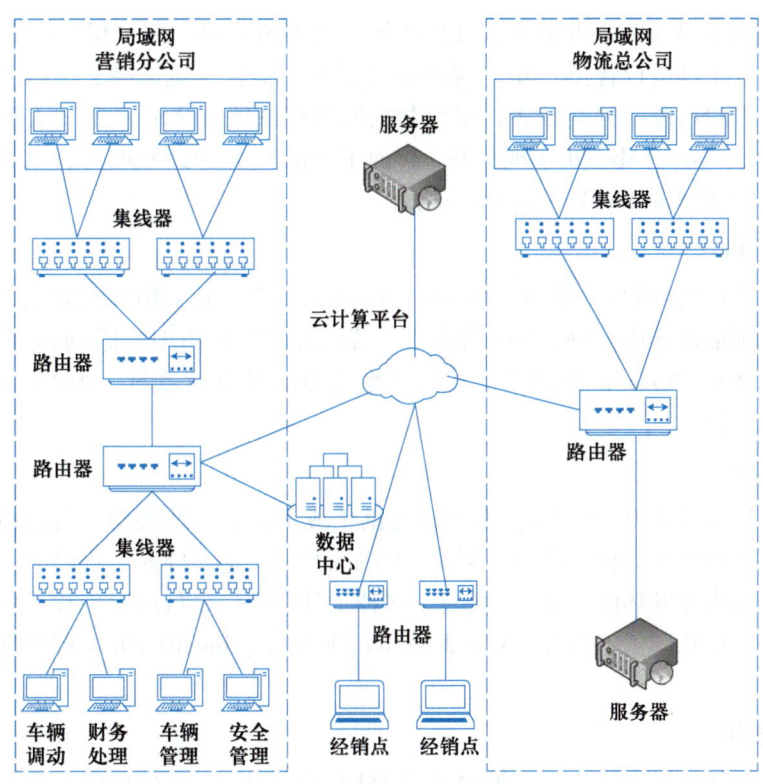

图 17.9 某物流公司信息系统的网络拓扑结构

3. 网络操作系统

网络操作系统有 UNIX、NetWare、Windows NT 及其后续版本等。其中，UNIX 的历史最早，并且适用于所有的网络平台；NetWare 适用于文件服务器-工作站模式；Windows NT 具有 Windows 软件平台集成能力，随着客户-服务器模式向浏览器-服务器模式延伸，其后续版本，如 Windows Server 不断推出新功能，成为许多企业首选的网络操作系统之一。此外，随着虚拟化技术、容器化技术、云计算和边缘计算等新兴技术的快速发展，一些新兴的网络操作系统凭借其灵活性、可扩展性等优势，正在逐渐改变网络操作系统的格局。

17.2.4 信息系统软件平台的配置

计算机软件分为系统软件和应用软件，前者是用于管理与支持计算机系统资源及操作的程序，后者是处理特定应用的程序。在进行信息系统软件平台配置时，主要考虑以下软件：

1. 操作系统

操作系统有多种，如 UNIX 及其变种、Windows、Windows Server、Linux 等，其中 Windows Server、Linux（尤其是基于开源社区的发行版）在服务器领域表现突出。另外，在智能终端领域，谷歌公司的 Andriod 和苹果公司的 iOS 是两种主流的移动操作系统。随着华为公司的 HarmonyOS 的快速发展，移动操作系统的格局也在发生变化。

2. 数据库管理系统

选择数据库管理系统时一般需要考虑：① 支持关系数据模型；② 支持结构化查询语言

（SQL）；③ 具有远程数据存取和分布式处理功能；④ 具有良好的安全保密性能；⑤ 与原有数据库兼容或有开发工具进行转换；⑥ 与系统硬件选择、操作系统选择、网络环境建立同时进行。目前数据库管理系统的种类较多，桌面数据库管理系统有 Access 等，大型数据库管理系统有 Oracle、SQL Server、MySQL（现为 Oracle 旗下产品）、PostgreSQL 等，以及针对特定场景的 NoSQL 数据库（如 MongoDB、Cassandra 等）。

3. 程序设计语言

常用的程序设计语言如 C、C++、Python、JavaScript 等。若采用面向对象方法进行信息系统分析与设计，则最好选用 C++、Java 等语言。若信息系统采用浏览器-服务器模式，则可以选用 ASP、JSP、C#、Node.js 等语言。若信息系统是决策支持系统，则可以选用 PROLOG、LISP、Python、R 等语言。

4. CASE 工具

对于系统开发人员来说，CASE 工具能够辅助生成重要的系统模型，自动检查系统模型的完整性，根据系统模型生成程序代码。例如，Rational Rose 是支持统一建模语言（UML）建模的工具。再如，集成开发环境（IDE）提供了多种工具帮助程序员进行编程，包括灵巧的编辑器、上下文相关帮助和调试工具等，Visual Studio、Eclipse、IntelliJ IDEA 都是良好的集成开发环境。

5. 商品化软件

在选择商品化软件时应该注意：① 能否满足用户的需求；② 软件的流程与业务流程是否相近；③ 是否具有足够的灵活性；④ 能否获得长期、稳定的技术支持。

17.2.5 信息系统平台的配置报告

信息系统平台设计结束后，系统设计员要着手编写系统平台配置报告。信息系统平台配置报告可以提出几个备选方案，并对每种备选方案进行费用估算。最终方案需要经过专家论证，最后由领导批准。信息系统平台配置报告的内容如下：

① 网络架构（网络设计）：包括网络拓扑结构、传输介质、组网方式、网络设备、网络协议和网络操作系统等。

② 硬件配置清单：服务器、工作站和外围设备的机型、性能指标、数量，以及涉及的机构（或部门）、外部设备。

③ 软件的选择（系统软件和工具软件）：选择服务器和工作站上的软件，如操作系统、网络管理软件、数据库管理系统、开发平台与工具，以及中间件等。

需要注意的是，随着云计算技术的成熟和推广，在设计系统平台时可以考虑通过云计算平台来实现（见第 7 章）。

◇◇◇◇◇◇◇ 17.3 数据模型的详细设计 ◇◇◇◇◇◇◇

在信息系统分析阶段，系统分析员完成了数据模型的逻辑设计，构建了企业全局数据库概念结构，该结构独立于任何物理设备。在信息系统设计阶段，系统设计员根据所选择的计算机硬件和软件，在特定的数据库管理系统的支持下，完成了数据模型的详细设计，为最终在存储介质上建立数据库做准备。数据模型详细设计包括数据库的逻辑结构设计和物理结构设计，将其放在信息系统设计阶段的原因是它们都与选定的信息系统平台有关。

17.3.1　数据库逻辑结构设计

1. 将概念结构转换为数据库管理系统所支持的数据模型

若选用的数据库管理系统支持关系数据模型，这一阶段就是将用 E-R 图构建的概念结构转换为关系数据模型的过程，详见第 4 章；如果没有经过 E-R 图，而直接采用基于第三范式的方法进行数据库设计，则其数据库的概念结构和逻辑结构设计是一致的，可以认为第三范式关系集合既是概念结构也是逻辑模型，这样可以直接进入数据定义语言（DDL）定义阶段。

2. 利用数据库管理系统的 DDL 定义数据模型，将数据模型转变为模式

由于目前各种数据模型无法直接被数据库管理系统处理，因此还需要采用形式化语言对它们进行定义。用 DDL 精确定义数据模型的程序称为模式。以关系数据模型为例，由 DDL 定义的内容包括关系名，属性名，属性域的类型、长度和关键字。SQL Server 就具有相关的 DDL 语句。例如，CREATE 命令用于定义数据库的逻辑结构。

实例 16.6 采用基于第三范式的数据模型逻辑设计方法构建了由 6 个第三范式关系（即往来单位、物资、进货合同、发票明细、可供资源和物资入库单）组成的合同管理数据库概念结构。若采用 CREATE 语句对这些第三范式关系进行定义，便形成了合同管理数据库概念结构的关系模式。下面是"进货合同"（JHHT）的关系模式定义，同样读者可以对其他 5 个基于第三范式的关系模式进行定义。

```
CREATE TABLE［JHHT］(
［合同号］［char］(10)　NOT NULL,
［签订日期］［datetime］NULL,
［备注］［char］(1)　NULL,
［订货单位码］［char］(5)　NULL,
［收货单位码］［char］(5)　NULL,
［结算单位码］［char］(5)　NULL,
［供货单位码］［char］(5)　NULL,
［物资码］［int］NULL,
［运输方式］［char］(10)　NULL,
［技术标准号］［char］(10)　NULL,
［交货期］［char］(10)　NULL,
［合同数量］［numeric］(18,2) NULL,
［合同价格］［numeric］(18,2) NULL,
［备注］［char］(10)　NULL,
CONSTRAINT［PK_JHHT］PRIMARY KEY CLUSTERED(
　［合同号］)
)
```

17.3.2 数据库物理结构设计

信息系统通常采用关系数据库管理系统，一些物理设计工作，如存取路径的选择等不再需要系统设计员设计，可以由数据库管理系统自动完成，从而大大减轻了这一阶段的工作负担。下面以实例 16.6 为基础，说明数据库物理结构设计的主要工作。

1. 确定数据库文件的组织

数据库概念结构设计的结果产生了组成数据模型的关系、关系的属性及关键字。数据库逻辑结构设计的结果是采用数据定义语言对上述模型进行定义。而这一步的工作则是确定数据库文件的组织方式。

为了满足不同用户的需求，数据库管理系统向用户提供了多种文件组织方式。大多数数据库管理系统都提供了顺序和索引两种文件组织方式。系统设计员应该考虑用户的各种需求，如数据要求、处理要求、存取效率、存储空间及维护成本等，选择合适的文件组织方式。这些需求之间可能会存在冲突。例如，要节省存储空间，使用顺序文件组织方式比较合适，但是数据检索的代价会增大；要提高数据检索效率，就要使用索引文件组织方式，但这样会占用更多的存储空间。

以进货合同为例，由于经常需要查询供货单位的合同情况，因此可以考虑建立以供货单位码为次关键字的索引文件。相应的 SQL 语句为

```
CREATE  UNIQUE  INDEX [IX_JHHT] ON JHHT（[供货单位码]）WITH  IGNORE_DUP_KEY
```

执行以上语句后，数据库管理系统会自动建立以供货单位码为次关键字的倒排文件，从而加快了查询速度。

2. 查询优化处理

设计数据库物理结构时还要考虑查询优化的细节。例如，要在"进货合同"数据库文件中查找：

```
"物资码=生铁"而且"供货单位码=钢厂 B"
```

首先找出"物资码=生铁"的所有记录，将其保存到数据缓冲区中，然后从中选择符合"供货单位码=钢厂 B"的记录并输出。如果企业关于生铁的合同很多，而与钢厂 B 签订的合同很少，那么可以将查询改为

```
"供货单位码=钢厂 B"而且"物资码=生铁"
```

显然，查询被优化了。

3. 确定数据的存储位置

如果信息系统运行在网络环境中，还要合理地安排数据库的存储位置。例如，将所有共享的数据、代码、报表及公用程序存储在网络服务器上，将各子系统的应用程序、中间数据，以及子系统内部使用的数据库文件存储在各个工作站上。

17.4　输入输出与用户界面设计

输入输出是用户与计算机的界面。手工编制的凭证，通过系统输入，经过计算机加工处理，将有关信息以报表、图形等形式提供给管理人员。因此，做好输入输出设计工作，生成一个友好的用户界面，是信息系统设计的重要一环。输入输出设计的优劣是决定信息系统是否受用户欢迎的主要因素。尤其是决策支持系统和经理信息系统的输入输出更强调用户界面的灵活和友好。

17.4.1　输入设计

"进去的是垃圾，出来的还是垃圾！"如果输入的数据有误，即使计算正确，也无法获得可靠的输出信息。可见，输入设计是信息系统与用户交互的纽带，决定着人机交互的效率。

在信息系统分析阶段，输入设计的任务是确定输入的内容。而在信息系统设计阶段，输入设计的内容是输入设备的选择、输入数据格式的设计、输入数据的正确性检验，以及联机系统的输入界面设计。

1. 输入设计的原则

（1）控制输入量

输入数据时，只需要输入基本的信息即可，而其他能够通过计算、统计、检索得到的信息，可以由信息系统自动产生。

（2）减少输入延迟

输入数据的速度是影响信息系统运行效率的关键因素之一。为了减少延迟，可以采用周转文件、批量输入等方式输入数据。同时，支持语音输入、手写识别等多种输入方式，以满足不同用户的需求。

（3）减少输入错误

采用检验方法和有效性验证技术，如机器学习算法，预测、智能提示和自动修正输入错误。

（4）避免不必要的步骤

应该仔细验证现行的输入步骤是否简捷、高效，避免不必要的步骤。

（5）输入数据的过程尽量简化

在为用户提供输入数据纠错和检验时，必须保证数据输入的过程简单、易用，不能因为查错、纠错而使输入复杂化，增加用户的负担。

2. 输入设备的选择

（1）键盘与手写输入设备

键盘是台式计算机和笔记本计算机最常见的输入设备，键盘输入适用于少量常规数据和控制信息的输入，不适合大量具有中间处理性质的数据的输入。随着技术的发展，手写输入设备（如数位板）应用得越来越广泛。

（2）定点设备

定点设备用于操纵和选择屏幕上的目标。常用的定点设备有鼠标、跟踪球、触摸屏、指向棒。另外，游戏控制器（如方向盘、操纵杆、手柄等）和虚拟现实/增强现实设备（如头戴式显示器、数据手套、位置追踪仪等）可以使用户沉浸在三维空间中。

（3）磁性数据输入与光扫描设备

磁性数据输入技术主要包括磁性墨水字符识别技术和磁条技术，这些技术主要用于金融等领域的数据输入。光扫描设备利用光电扫描技术识读条码符号，实现数据的自动识别和录入。光扫描设备主要有两种类型：一种是移动设备，随着二维码在零售、图书馆、仓储管理与物流跟踪等领域广泛应用，利用移动设备扫描二维码成为便捷的数据输入方式；另一种是光学字符阅读器（optical character reader，OCR），它利用光学技术对文字和字符进行扫描及识别，并将其转换成计算机可以识别和处理的数据。

（4）射频识别设备

射频识别（RFID）设备通过无线电波实现非接触式数据通信，可在一定距离内完成目标识别。射频识别设备可以携带大量的数据，而且难以伪造，在物流等领域中得到了广泛的应用。

（5）生物测定设备

生物测定（biometrics）设备利用生物特征（如指纹、面部、虹膜、语音等）进行信息的识别和录入。例如，语音识别可以用于语音输入；指纹识别、面部识别、虹膜扫描可以用于鉴别身份、门禁与考勤系统等；智能手环、生物晶片和植入式芯片则可以用于采集更多的生理信号。

此外，传感器、摄像头、可穿戴设备也得到了一定的应用。随着输入设备的多元化，可输入的数据数量更大、形式更多样、采集更实时，这意味着企业大数据时代已经来临。

3. 输入格式设计

（1）原始凭证的格式设计

原始凭证格式设计得是否合理直接影响数据的质量。当现行系统使用的凭证格式无法满足计算机系统的使用要求时，必须对它进行修改或重新设计。对于原本不存在的凭证类型，需要重新进行格式设计。原始凭证格式设计的原则是容易填写，方便阅读，具体是：① 数据排列的顺序应该与一般的阅读顺序一致，即从上到下，由左至右；② 为了便于填写，多采用"表格式"或"选择式"。如果数据的类别较少且范围固定，则可以采用"选择式"；③ 应该尽量将类型相同的数据排在一起，如将数字项目排在一起，将文字项目排在一起；④ 不需要输入计算机的数据应该集中排列在原始凭证的最上端或最下端。

（2）输入界面的格式设计

输入界面的格式设计，是指数据录入员在终端屏幕上看到的凭证格式。输入界面格式设计的原则是使数据录入员能够方便地输入数据，并减少操作失误，具体如下：① 数据在终端屏幕上的展示顺序与原始凭证的排列顺序保持一致，这样可以使数据录入员按照习惯在凭证上寻找数据，减少视觉疲劳，提高输入效率；② 数据记录的长度应控制在终端屏幕允许的最大长度范围内。例如，终端屏幕最好能一次容纳下一张凭证的全部输入内容，若容纳不下则可以采用移屏功能，但尽量避免多次移屏，否则会降低输入效率；③ 正确设计数据项目的长度，以容纳该项目可能出现的最长数据。

4. 输入格式的正确性检验

引起数据输入错误的原因主要有两类：一类是在数据采集过程中发生的错误，如原始凭证丢失、填写不准确、凭证传递延误等，对于这类错误可以通过建立严格的凭证管理制度来避免；另一类是在数据录入过程中发生的错误，主要由数据录入员的错读、漏读、误操作等原因引起的，对于这类错误，可以采用以下几种检验方法来解决：

① 重复检验：将同一数据先后输入两次，然后由计算机程序进行自动对比，若两次输入不一致，则计算机显示出错。例如，在设置或修改密码时，一般要求用户输入两次密码。

② 视觉检验：在手工输入数据的同时，由计算机打印或显示输入的数据，然后将其与原始单据进行比对，检查是否存在差错。视觉检验不可能查出所有的差错，其查错率为 75% ~ 85%。

③ 检验位检验：该方法在 16.5.3 小节中已经进行了介绍，在此不再赘述。

④ 控制总数检验：先手工求出数据的总数，然后在数据输入过程中由计算机程序对输入数据的总数进行计算，将两者对比检验。

⑤ 逻辑检验：根据业务逻辑检查数据之间是否存在矛盾。例如，输入的月份最大不应超过 12，否则出错。

⑥ 界限检验：检查某个输入数据的内容是否在规定的范围之内。例如，如果规定商品的单价在 50 元至 1 000 元之间，则超出此范围的数据将被视为错误数据。

⑦ 顺序检验：检查记录的顺序是否符合要求。例如，要求输入的记录序号连续时，通过顺序检验，可以发现遗漏的记录。又如，要求记录的序号不得重复时，即可查出有无重复的记录。

⑧ 平衡检验：通过检查彼此相关又相反的数据项之间是否平衡，来对输入的数据进行检验。例如，在会计系统中，分别对凭证的借、贷科目进行求和，若相等则账目平衡，否则账目中必然存在错误。

17.4.2 输出设计

信息系统的最终目的是为各级用户提供所需的信息，其输出的内容及相应的格式既是用户最关心的问题，也是实现人机交互的重要途径。

1. 输出设计的内容

在信息系统设计阶段，输出设计的内容如下：

（1）有关输出信息使用方面的内容

有关输出信息使用方面的内容，包括信息的使用者、使用目的、报告量、使用周期、有效期、保管方法和复制份数等。

（2）输出方式

输出方式有两种：一种是报表输出，另一种是图形输出。采用何种输出方式，应该根据信息系统分析和管理业务的要求来确定。一般来说，对于基层或具体业务的管理者，应该采用报表的方式输出详细的数据；而对于企业高层管理者或综合管理部门的管理者，则应该采用图形的方式输出能够直观反映发展趋势的信息。

（3）输出设备

传统的输出设备有显示器、打印机、绘图仪、投影仪、语音输出系统、磁记录设备等。近年来，3D打印机、高清晰度显示设备等新一代输出设备开始得到应用。

（4）输出介质

输出介质包括磁性存储设备（硬盘）、光学存储设备（光盘），以及闪存设备等。近年来，云存储、固态硬盘、电子纸、3D打印材料等新型输出介质不断涌现。

2. 输出设计的方法

在信息系统设计阶段，系统设计员应该给出信息系统输出的说明，该说明不仅是程序员在后续软件开发过程中进行输出设计的依据，也是用户评价信息系统是否具有实用性的重要参考。输出设计的主要形式如下：

（1）报表

报表分为四种类型：详细报表、汇总报表、异常报表和决策报表。报表设计经常使用以下两种技术：

① 下钻：将报表中的汇总字段与它所支持的详细资料连接起来，使用户可以动态查看细节。

② 链接：用链接将两个或两个以上报表连接起来，使用户能够在不同报表之间导航，从而获取全面信息。

在实际操作中，可以采用CASE工具的报表生成器来生成报表。有的信息系统还允许用户自定义输出报表的格式。

（2）图形及多媒体

① 图形：常用的图形有直方图、饼图、曲线图、地图、交互式图形、三维图形等。图形比较直观，在表示事物的趋势及进行多视角的比较等方面具有优势，深受高层管理者的喜爱。有的信息系统还允许用户自定义输出图形的形式。

② 多媒体：将视频、音频、图像、虚拟现实/增强现实结合起来的多媒体界面更加直观、生动、形象。

为了提高信息系统的规范化程度和编程效率，在输出设计上应该尽量保持输出内容和格式的统一性。也就是说，同一内容，对于显示器、打印机、文本文件和数据库文件等不同的输出应该具有一致的形式。显示器输出用于查询或预览，打印机输出提供报表服务，文本文件为办公自动化系统提供编辑素材，而数据库文件则可以满足数据交换的需要。

17.4.3 用户界面设计

用户界面（user interface，UI）是人机联系的桥梁。操作者通过屏幕与计算机对话，向计算机中输入数据，控制计算机的处理过程并将计算机的处理结果反馈给用户。用户界面之所以重要，是因为用户界面越直观，就越易于使用；用户界面越出色，用户就越喜欢使用。可以说，用户界面设计的优劣影响着软件产品竞争力的强弱。

1. 用户界面设计原则

（1）保持一致性

界面的外观和功能保持统一，是用户界面重要的设计目标之一。例如，信息组织方式、菜单项的名称及其排列方式、图表的大小和形状、字号和字体、按钮位置、提示用词、界面色调以及任务的执行顺序都应该统一，并贯穿信息系统的始终。

（2）为用户提供快捷键

快捷键的使用可以减少完成既定任务的交互操作。此外，系统设计员应该为用户提供宏等实用功能，允许用户创建自定义的快捷键。

（3）提供有效反馈

对于用户所做的每一个操作，系统都要提供即时、准确的反馈信息，以确认操作的有效性。例如，当用户单击一个按钮时，按钮就会改变形态并发出声音。但是，过多的反馈会降低用户的工作效率，因此在设计反馈时要进行权衡。

（4）设计完整的人机对话过程

每一次人机对话都应该有明确的开始、中间处理和结束阶段。如果人机对话过程的开始和结束部分不明确，就会影响用户使用信息系统。

（5）提供错误处理机制

系统设计员应该尽可能地防止用户出错，为用户提供错误处理机制，主要方法是限制可选项，并在用户输入错误数据时给予提示。

（6）允许撤销操作

尝试是用户学习使用新系统的一种方法，也是防止出错的一种方法，用户如果发现自己出错就应该可以撤销该操作。

（7）提供控制的轨迹

信息系统可以通过提示的方式响应用户的命令，并为用户提供控制的轨迹。

（8）减轻短期记忆负担

人在同一时间只能记忆有限的信息。由于用户不能记忆人机交互过程中的所有内容，因此在进行用户界面设计时需要减轻用户短期记忆的负担。

2. 用户界面的分类

用户界面可以分为四种：非图形用户界面、图形用户界面、网页用户界面和手持设备用户界面。非图形用户界面主要用于早期的计算机系统，如 UNIX 终端、MS-DOS 下的软件界面等。目前，非图形用户界面很少用于应用软件。因此，下面主要介绍后三种用户界面。

（1）图形用户界面

图形用户界面（graphical user interface，GUI）是现代计算机系统中最为常见的用户界面类型，它采用图形元素来实现人机交互，也称为 WIMP 界面，即 window（窗口）、icon（图标）、menu（菜单）、pointer（指针）的缩写。下面对图形用户界面的图形元素进行说明。

① 窗口：窗口是显示设备中的一个矩形区域，供用户观看对象信息，并与对象进行交互。窗口有标题栏、菜单和提供对象信息的区域，以及移动和改变窗口大小的操作。

② 图标：图标是显示设备中的一个区域，通过图形化方式来表示对象。图标通常包括用于表示一个对象的图形标志、一个标题名和相应的操作。例如，Windows 桌面上的"此电脑"图标。

③ 菜单：菜单用于显示一组选项，供用户选择。在基于 GUI 的系统中，菜单选项通常代表了对对象执行动作的命令，用户可以通过选择这些命令来与系统进行交互。一般说来，菜单

是通过窗口来显示的。菜单有多种类型，如工具栏菜单、下拉式菜单、弹出式菜单、级联式菜单和快捷菜单等。

④ 指针：图形系统一般都配备鼠标等定点设备。这些定点设备允许用户在屏幕上的特定位置进行输入操作。为了可视化地描述定点设备在屏幕上的当前位置，系统使用了一个称为"指针"的图形元素。

⑤ 应用程序用户区：应用程序用户区是应用程序窗口中的一块区域，如视图、输入域、列表、图形、文本、用户帮助和表格等，用于显示应用程序的信息，并允许用户与这些信息进行交互。

⑥ 直观操作：它允许用户通过简单的动作和直观的界面元素与屏幕上的对象进行交互。例如，大多数系统都允许用户通过将一个文档的图标拖到桌面的打印机图标上，来启动打印命令。

需要说明的是，每种操作系统都有其独特的用户界面风格。它们既有相同之处，也有不同之处，读者可以使用基于不同操作系统的信息系统来体会它们各自的用户界面风格。

（2）网页用户界面

网页用户界面（Web user interface，WUI）即基于 Web 的用户界面。随着互联网的发展，越来越多的信息系统采用浏览器-服务器结构，并使用网页用户界面。

在使用网页用户界面的应用程序中，信息通常在一个名为浏览器（browser）的图形用户界面窗口中显示，浏览器通常由标题栏、菜单栏、工具栏、地址栏、链接栏、浏览区、状态栏等构成。网页用户界面常用的组件有横幅、导航栏和超链接。横幅是显示在网页顶部的可视化标题，导航栏为用户提供了一个选择信息的超链接列表，超链接允许用户点击后跳转到下一个信息页面或把显示焦点移动到同一页面中的其他区域。网页用户界面还采用各种各样的图形、动画和颜色来描述信息。

（3）手持设备用户界面

手持设备是指个人数字助理（PDA）、智能手机等设备。与台式计算机和便携式计算机相比，手持设备的屏幕较小。手持设备用户界面（handset user interface，HUI）就是专门为这类设备开发的用户界面，其整体风格被称为 SIMP（屏幕、图标、菜单、指针）风格，它仍然保留了图形用户界面的一些特性。近年来，随着移动应用程序（App）的兴起，基于iOS、Android 和 HarmonyOS 的手持设备用户界面越来越多样化，成为提升用户体验的重要因素。

手持设备用户界面可以采用手写输入风格，即用户通过手写笔或触摸屏实现输入。

17.5　软件结构设计

17.5.1　软件结构设计的目标

信息系统设计的结果，是形成一个能够完成信息系统规定功能的软件系统。为了构建这个系统，系统设计员经历了从信息系统设计阶段的详细调查开始的一个漫长过程，其间的各项工作都是为实现最终的软件系统服务的。事实上，信息系统开发过程，是先将客观存在的、正在运行的现行系统转变为符合新目标要求的逻辑系统，然后再将这个逻辑系统转换为软件系统的过程。因此，信息系统设计的质量将集中反映在软件结构设计的质量上。软件结构设计的目标是提高软件的可靠性、可维护性、可修改性和可重用性。

17.5.2　信息系统的软件结构

信息系统是一个复杂系统。为了使复杂问题简单化，可以运用模块化思想来构建软件结构。模块化设计有两种方法：HIPO 法和结构化设计方法。HIPO 法使用的工具是功能图和 IPO 图，结构化设计方法使用的工具是结构图。这两种方法各有优点和缺点，对于 HIPO 法来说，由于功能图只表示模块之间的调用关系，不表示模块之间的控制及通信关系，因此还需要使用 IPO 图来对每个功能模块的"输入-处理-输出"流程进行描述。而结构化设计虽然克服了功能图的缺点，把功能图和 IPO 图的功能集中在结构图上表示，但对于大型信息系统来说很不方便。此外，结构化设计更侧重于信息系统的"程序结构描述"，是面向系统设计员的，不便于用户理解。

在实际使用中，系统设计员常常把这两种方法结合起来描述软件结构。这种方法把软件分为两个层次：功能结构层和程序结构层。前者面向逻辑，面向业务人员和用户；后者面向程序结构，面向系统设计员和程序员。

1. 功能结构层

功能结构层是在信息系统分析阶段根据信息系统目标和用户需求确定的。这一层次采用功能图来表示信息系统的逻辑功能。功能图中的每一个模块称为功能模块。

功能模块是根据用户的业务需求和相应的分解逻辑来划分的。它不仅明确了信息系统的工作范围，还回答了"做什么"的问题。功能图的构建过程是一个自顶向下的分解过程，通过逐步细化，将上一层模块细化为下一层的更具体的模块。功能图由于面向管理问题，面向业务人员，因此便于用户理解和确认。功能图是信息系统的外壳，可以在程序设计阶段直接被转换成菜单。

2. 程序结构层

通过层层分解，功能图的底层功能模块变得很简单，但它还只是从业务活动的角度来描述软件结构，并没有指出如何通过程序来实现这些功能。进一步的工作是将它分解成面向程序结构的、更小的模块——程序模块，并且使用结构化设计工具（结构图）来完成这项工作。

在信息系统设计阶段，软件结构设计的任务是为功能图的每一个底层功能模块设计一张结构图。为了与功能模块相区别，将结构图中的每个模块称为程序模块，每个程序模块对应一段程序，它也可以是一个公用模块。若系统有 N 个底层功能模块，那么需要设计 N 张结构图，这 N 张结构图便构成了软件的程序结构图，形成软件的内核。

3. 程序结构层的设计过程

可以从信息系统的数据流程图导出结构图，具体过程如下：① 设计信息系统功能图（在信息系统分析阶段已完成）；② 设计信息系统分层的数据流程图（在信息系统分析阶段已完成）；③ 根据信息系统的底层功能模块所对应的底层数据流程图导出一张结构图。

图 17.10 所示的是软件结构的两个层次及其设计过程的示意图。可以看出，软件结构可以表示为一张功能图加上若干张结构图。

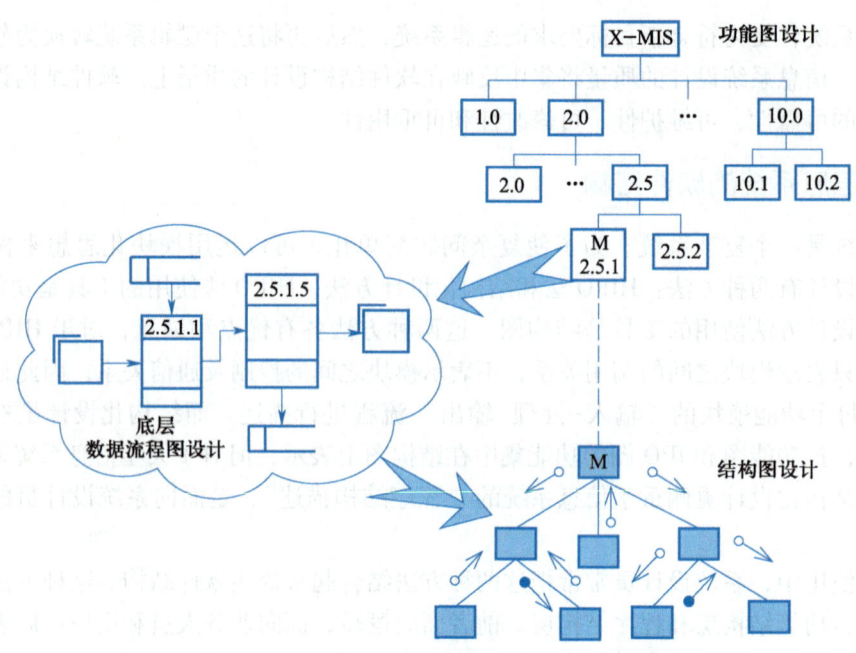

图 17.10 软件结构的两个层次及其设计过程示意图

17.5.3 结构图设计实例

实例 17.1 "合同登记"模块的结构图设计和模块说明

本小节将通过 16.9 节 X 金属材料公司"合同管理"子系统功能模型（见图 16.29）中的"合同登记"功能模块，介绍如何设计结构图和编写模块说明。

1. 结构图设计

"合同管理"功能模块有 14 个底层功能模块，对应 14 张结构图。限于篇幅，这里只给出"合同登记"底层功能模块的结构图。由分析可知，它是一张比较特殊的、以变换为中心的数据流程图，只有输入和输出处理逻辑，没有变换中心。将功能图中的底层功能模块"合同登记"作为最高模块，所设计的结构图如图 17.11 所示。需要说明的是，模块 B 下也可以增加一个"读合同"模块，以优化模块 B 的块内联系。

2. 模块说明书的编写

编写模块说明书是信息系统设计的一项基本工作，它用于定义一个模块的处理过程。模块说明书由系统设计员编写，是信息系统实施阶段进行程序设计的基本依据。

模块说明书应该包括模块名称、所属子系统、模块的处理逻辑、模块的调用与被调用的关系，以及与模块相关的数据库文件。

一张结构图有一个模块说明书。因此，模块的调用与被调用的关系、与模块相关的数据库文件等都可以从对应的结构图与数据流程图中得到，在模块说明书中可以省略。下面的文档是对图 17.11 中的模块进行说明的模块说明书。

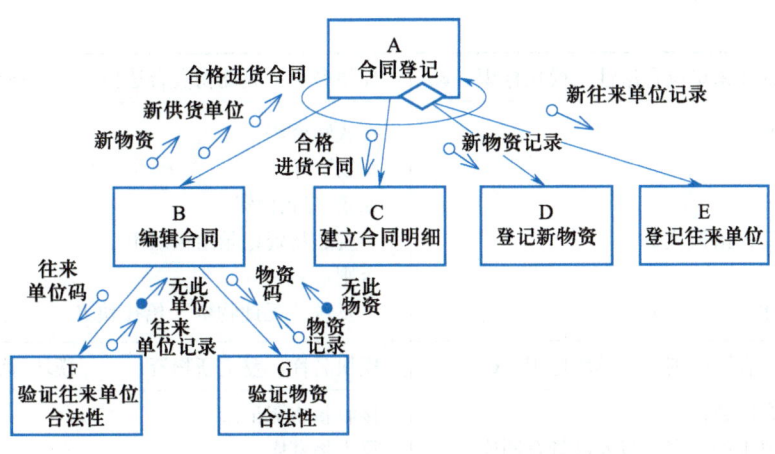

图 17.11　"合同登记"底层功能模块的结构图

模块名称：合同登记　　模块标识：A	模块名称：编辑合同　　模块标识：B
对每一张进货合同 调用模块 B，获得合格进货合同 调用模块 C，建立合同明细，将合格进货合同数据写入进货合同库 　若是新物资 　　调用模块 D，增加新物资到物资库 　若是新往来户 　　调用模块 E，增加新往来单位到往来单位库	显示进货合同界面 输入合同依据、合同号、签订日期 输入供货单位码，并调用模块 F 验证其合法性 若 合法 　在界面的相应位置显示供应商记录 否则 　显示模块 F 发来的标志"无此单位" 　输入新供应商记录 　发送"新供货单位"给模块 A 输入收货单位码 （过程同输入供货单位码） 输入物资码，调用模块 G 验证其合法性 若 合法 　在界面的相应位置显示物资品名、规格、型号 否则 　接收"无此物资"，并显示 　输入物资码品名、规格、型号 　发送"新物资"给模块 A 输入合同数量、合同价格、技术标准号、交货期 输入整车/零担/专线/水运的相应数据 检验（目视检查）数据是否正确 若 正确 　将合格进货合同发送给模块 A 否则 　修改各项数据，直到正确 　将合格进货合同发送给模块 A

续表

模块名称：验证往来单位合法性 模块标识：F	模块名称：验证物资合法性 模块标识：G
接收往来单位码 查往来单位库 如果 有此单位 　发送该单位记录给模块 B 否则 　发送"无此单位"给模块 B	接收物资码 查物资库 如果 有此物资 　发送物资记录给模块 B 否则 　发送"无此物资"给模块 B
模块名称：建立合同明细 模块标识：C	模块名称：登记新物资 模块标识：D
接收合格进货合同数据 按进货合同库要求的内容，写入进货合同库	接收新物资记录 写入物资库
模块名称：登记往来单位 模块标识：E	
接收新往来单位记录 写入往来单位库	

17.6 信息系统设计的其他内容

17.6.1 信息系统安全设计

信息系统安全包括两层含义，一是信息安全，二是网络安全。前者是指信息的保密性、完整性和可用性；后者是指保障信息传输和网络运行的安全，使网络能够抵御来自内部和外部的各种非法攻击。信息系统安全设计应该从以下几方面来考虑：

1. 人员安全管理

除了对重要岗位的人员进行审查，在制度建立的过程中要坚持授权最小化、授权分散化、授权规范化原则。只向操作人员授予完成本职工作所必需的最小授权，包括对数据文件的访问权限、对计算机和外部设备的使用权限等。对于关键任务，必须进行划分，由多人共同承担。要建立起包括申请授权、建立授权、发出授权和关闭授权在内的严格的用户授权制度。

2. 用户标识与认证

用户标识与认证是用于防止未经授权用户进入系统的技术措施。用户标识用于明确用户身份，具有唯一性。认证用于验证用户身份，通常有三种认证方法：利用用户个人所掌握的秘密信息（如口令、电子签名、个人标识符等）进行认证；利用用户所拥有的物品（如磁卡、IC卡等）进行认证；利用用户的生理特征（如声音、笔迹、指纹、虹膜等）进行认证。

3. 物理与环境保护

物理与环境保护包括：在重要区域限制人员的进出；保证公用设施安全，使信息系统的硬件不受损害。

4. 数据完整性与有效性控制

数据完整性与有效性控制要保证数据不被更改和破坏，具体包括：系统的备份和恢复措施；制定计算机病毒的防范与检测制度；实时监测系统日志文件，记录与系统可用性相关的问题，如对信息系统的主动攻击、处理速度下降和异常停机等。

5. 逻辑访问控制

逻辑访问控制是基于系统的安全机制，用于确定某人或某个进程对特定系统资源的访问授权。根据授予用户完成指定任务的最小授权原则，设定用户角色并为每个用户角色分配特定的权限范围；对访问控制表进行定期审核，及时取消用户完成指定任务已不再需要的特权；对重要任务进行划分，避免个人具有进行非法活动所必需的全部授权；限制用户对系统资源进行与本职工作无关的访问；如果信息系统使用了加密技术，则要对加密方法、加密产品的来源、密钥的管理等问题进行专门评估；由于信息系统要接入互联网，因此要分析是否使用另外的硬件或技术对网络进行安全保护，对路由器、网关、防火墙等设备的配置进行优化，制定合理的网络安全策略，防止未经授权的访问。

6. 审计与跟踪

审计与跟踪系统用于维护一个或多个系统运行的日志文件，记录系统应用和维护活动等用户活动，是进行信息系统安全控制的重要手段。用户活动记录应该支持事后对发生的事件进行调查，包括分析事件的原因、时间、相关的维护标志、引发事件的程序或命令等；应该对日志文件进行专门的保护，对于联机访问日志文件要严格控制访问权限；必要时可以设立安全管理员（而不是系统管理员）来承担审计与跟踪系统的任务。

信息系统安全设计依赖多种技术，这些技术概括起来有：① 网络加密技术；② 防火墙技术、内外网隔离、网络安全域的隔离技术；③ 网络地址转换技术；④ 操作系统安全内核技术；⑤ 身份认证技术，如口令认证、数字证书认证；⑥ 反病毒技术，包括预防病毒、检测病毒和消除病毒三种技术；⑦ 信息系统安全检测技术；⑧ 安全审计与监控技术；⑨ 信息系统备份技术。由于篇幅所限，详细内容不再展开，有些技术已在第 15 章中介绍。这些技术既可以单独使用，也可以组合使用。系统设计员在考虑信息系统安全设计方案时，应该结合具体的应用需求，并权衡各种技术的成本与性能，做出合理的选择。

17.6.2　代码赋值

第 16 章介绍过，代码设计可以分为代码结构设计和代码值设计。代码结构设计在信息系统分析的逻辑模型设计阶段完成，代码值的设计是指在代码结构确定后对具体对象进行编码，这项工作在信息系统设计阶段完成。

例如，在信息系统分析阶段，钢材型号的代码结构被设计为 X-Y-Z-W，其中 X、Y、Z、W 均为数字，X 表示材料，Y 表示直径，Z 表示形状，W 表示表面处理。在信息系统设计阶段，按表 16.5 所示的规则对钢材型号的代码进行赋值。

17.7　信息系统设计报告

信息系统设计报告是信息系统设计阶段形成的文档的总称。它是信息系统实施的依据，所以也称为信息系统实施方案。信息系统设计报告不仅要确切地反映信息系统设计方案，还要按照规范提高编写质量，使后续阶段如程序设计阶段的工作能够顺利进行。信息系统设计报告也是信息系统运行管理的必备文件。

一个好的信息系统设计方案的产生必须经过充分的讨论与严格的审核，因此在信息系统设计报告正式成文之前，要组织专家审核，尽可能避免出现重大问题。信息系统设计报告的主要内容有：① 信息系统设计目标；② 信息系统平台的配置报告；③ 数据库文件的设置清单及其说明，如文件名、文件类型，以及包含的字段、关键字等；④ 代码赋值清单，根据代码结构，列出代码对象的具体代码值；⑤ 输入输出设计说明，包括输入输出格式设计说明；⑥ 用户界面设计说明；⑦ 整套结构图及模块说明书；⑧ 信息系统安全设计；⑨ 信息系统实施费用估算。

◇◇◇◇◇◇ 17.8 课 程 设 计 ◇◇◇◇◇◇

课程设计 17.1 X 金属材料公司销售管理信息系统物理设计

根据第 16 章中课程设计 16.1、课程设计 16.2、课程设计 16.3 完成的 X 金属材料公司销售管理信息系统的逻辑模型（功能、数据、业务流程模型），仍按原设计小组的分工，根据信息系统设计的步骤，完成 X 金属材料公司销售管理信息系统的物理设计（即系统总体设计和详细设计），并产生相应的文档。主要工作如下：

1. 平台设计

根据 16.3 节的 X 金属材料公司的详细调查，了解 X 金属材料公司的业务布局和规模，按照经济适用的原则，设计网络拓扑结构，确定服务器、客户、交换机等硬件设备的性能参数，选择操作系统、数据库管理系统、拟采用的程序设计工具，同时也要确定 CASE 工具。

2. 数据模型详细设计

根据所选择的数据库管理系统，参照课程设计 16.2 创建的数据库概念结构，进行数据库的逻辑结构设计和物理结构设计。

3. 输入输出设计

仔细阅读课程设计 16.3 所创建的数据流程图，关注数据流与外部实体连接的环节，确定系统的输入和输出界面，并进一步确定哪些界面需要人工输入，哪些界面需要机器输入（如通过条码技术、射频识别技术等输入），最终确定输入输出设备和所使用的格式。

4. 用户界面设计

考虑到开展电子商务的需要，建议企业内部采用浏览器−服务器或客户−服务器结构，对外采用浏览器−服务器结构，并设计一个用户界面，尽可能满足 17.4.3 小节所介绍的 8 条用户界面设计原则。

5. 软件结构设计

根据在课程设计 16.1 中创建的"X 金属材料公司销售管理信息系统"功能模型和课程设计 16.2 创建的数据库概念结构，选择一个主要的功能模块，画出它的结构图，并写出其中底层功能模块的模块说明。

6. 其他细节设计（选做）

其他细节设计如信息系统安全设计、代码赋值等。

课程设计 17.2　基于统一建模语言的面向对象分析与设计

由于篇幅所限，本书重点关注结构化开发方法。为此，结合 X 金属材料公司销售管理信息系统实例，第 16 章和第 17 章详细介绍了结构化分析与设计方法的应用。需要注意的是，面向对象方法是当前使用得更多的方法。为此，12.6.5 小节结合系统开发生命周期，简要介绍了面向对象方法的开发过程和支持工具。就面向对象方法而言，系统分析和设计联系密切，相互迭代，区分不明显。因此，在实际应用中，这两项工作经常同时开展。

为了扩展读者的知识面，建议尝试使用面向对象方法，并借助统一建模语言（UML）工具（推荐使用 Rational Rose），针对本书中的 X 金属材料公司信息化实例（合同管理、进货管理、销售管理），进行初步的系统分析与设计，具体要求如下：

① 参考课程设计 16.1，绘制用例图，描述 X 金属材料公司的功能模型。

② 参考课程设计 16.2，绘制类图、对象图和包图，将 X 金属材料公司进销存业务抽象成类；针对关键的类，绘制状态图。

③ 参考课程设计 16.3，绘制活动图、顺序图（或合作图），描述 X 金属材料公司进销存的实际业务流程。

④ 参考课程设计 17.1，绘制 X 金属材料公司进销存管理信息系统的部署图。

◇◇◇◇◇　本 章 小 结　◇◇◇◇◇

信息系统设计为下一阶段的信息系统实施制定了蓝图。它根据前一阶段信息系统分析的结果，在已经获得批准的信息系统分析报告的基础上进行信息系统设计。本章介绍了信息系统设计的内容及所采用的方法。以结构化设计方法为例展示了信息系统设计过程。结构图是结构化设计的重要工具，它有一套设计和评价标准，可以由数据流程图导出。结构图的每个模块都可以采用结构化语言、决策树、决策表等来描述。随后，本章从信息系统平台设计、数据模型的详细设计、输入输出与用户界面设计、软件结构设计等环节，对信息系统设计进行了详细的描述。在数据模型的详细设计中，介绍了数据库逻辑结构设计与物理结构设计的具体步骤。在软件结构设计中，提出了由功能结构层和程序结构层组成的信息系统软件结构，前者面向业务人员和用户，后者则面向系统设计员和程序员。在此基础上，介绍了采用功能图和结构图构建信息系统软件结构的步骤。最后，对信息系统安全设计和信息系统设计报告的内容进行了简要介绍。

◇◇◇◇◇　习 题　◇◇◇◇◇

1. 信息系统设计的主要任务是什么？它对下一步信息系统实施工作有什么作用？

2. 在电子商务系统，如在线书店或音乐商店中，对于残障人士，如有某种视力损伤或肌肉控制问题的用户，应该采用什么样的用户界面来满足这些用户的需求？

3. 目前有哪些检验输入数据的方式, 它们的优点和缺点分别是什么? 分别适用于哪些场合?

4. 用户界面设计有哪几种形式? 这些形式各自的特点是什么?

5. 如何进行信息系统硬件平台与软件平台的配置, 需要考虑的因素有哪些?

6. 指出结构图设计和功能图设计之间的联系与区别。

7. 访问电子商务网站, 按照用户界面设计的 8 条原则, 对这些网站的用户界面进行评价。

8. 从数据流程图转换到结构图有哪几种策略? 这些策略各自的特点是什么? 试用以事务为中心的策略将图 17.12 所示的数据流程图转换为结构图, 用以变换为中心的策略将图 17.13 所示的数据流程图转换成结构图。

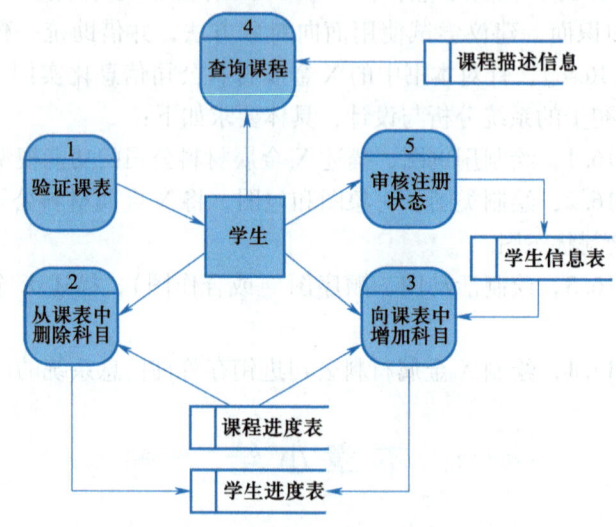

图 17.12 学生注册数据流程图

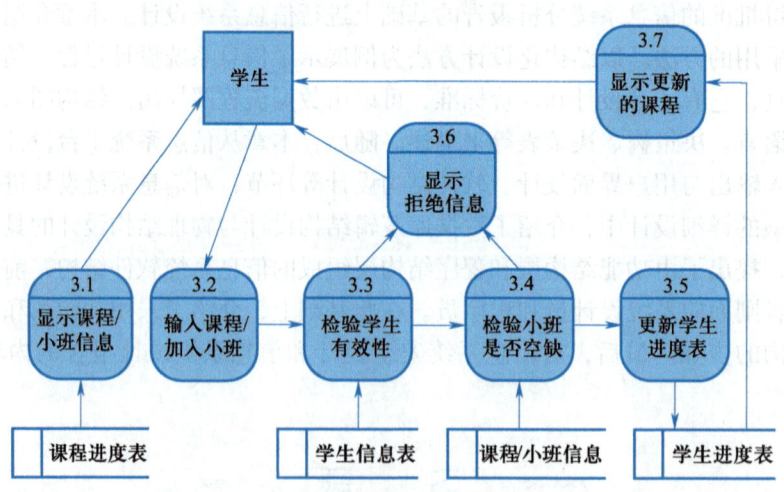

图 17.13 在课表中新增科目数据流程图

第18章

信息系统实施

▌学习目的▐

（1）了解外购/外包方案的实施过程。
（2）掌握程序设计的方法。
（3）了解组件开发技术和版本管理技术。
（4）理解程序调试与系统测试的方法。
（5）了解信息系统转换和验收的方法。

18.1 信息系统实施的任务

信息系统实施是指将理论上的信息系统设计方案变成看得见、可运行、能够实现用户所需功能的计算机系统。它的主要任务有：① 根据信息系统设计方案购置和安装计算机系统及网络系统；② 建立数据库系统；③ 程序设计与调试；④ 整理基础数据；⑤ 培训系统操作人员；⑥ 信息系统试运行；⑦ 新旧系统的切换。在信息系统实施过程中，企业可以自行开发，也可以借助外部力量，如外购、外包等。无论哪种形式，最终都是向用户提交一个功能完善、性能可靠的信息系统。近年来，越来越多的企业通过外包的方式，借助云服务提供商，在云端部署自己的信息基础设施，由于篇幅所限，本章不再赘述。

18.2 外购/外包方案的实施

18.2.1 信息系统的外购/外包方案

外购（purchase）方案，就是购买能够满足信息系统功能设计要求的软件、硬件或程序模块。这些软件、硬件或程序模块通常都是现成的、通用的，由供应商直接提供。

外包（outsourcing）方案，就是将全部或部分信息系统的建设、运行管理工作，在商定服务水平的基础上，以合同的方式委托给供应商，由供应商提供并管理用户所需的信息服务。

外购与外包是不同的概念。外购侧重产品本身，由于购买通常是一次完成的，供应商的后续服务在整个项目中所占的比例较小。而外包意味着利用外部组织的专业能力和资源来管理企业的内部数据，用户购买的是信息系统的使用权，由外包服务供应商来履行建设、运行信息系统的职责。

18.2.2 外购/外包方案的优点

1. 外购方案的优点

① 缩短信息系统开发时间：在外购方案中，软件的设计、编写和测试均已完成，并附有完整的文档资料，可以大大减少企业开发信息系统所需的时间，从而加快信息系统的部署和应用进度。

② 减少投入的费用：企业由于购买的是现成的信息系统，因此减少了开发信息系统所需投入的费用。

③ 信息系统可靠性高：外购的信息系统经过供应商的严格测试，因此可靠性能够得到保证。

鉴于上述优点，购买现成的信息系统软件，成为企业信息化的首选。例如，市场上有很多 ERP 系统软件，适合于不同的行业、企业规模、管理方式和经营体制，可以满足多样化的企业需求。

2. 外包方案的优点

外包方案可以通过市场化的方式来减少信息系统实施的时间、成本，同时将部分风险转移给外包服务供应商。

由于外包业务与需求方自身的经营活动密切相关，外包服务供应商对外包业务的执行情况将直接影响需求方的运营绩效。因此，外包服务供应商既要懂技术，还要了解需求方的业务。需求方有权要求外包服务供应商按照自身的业务特点，对现有的成型软件进行修改，甚至重新开发。

另外，通过将信息系统控制权移交给外包服务供应商，需求方能够将更多的时间和精力投入核心业务，增强自身的竞争力。

18.2.3 外购/外包服务的选择

1. 系统的效能和效率

在选择外购/外包服务时，要关注外购/外包系统能否满足本企业对信息系统功能和性能的需求。此外，还要关注外购/外包服务供应商提供的外购/外包方案是否具备应变能力，即处理变化了的问题的能力。有的信息系统在长期运行后，其运行效率会随数据量的增加而下降，这一点在选择外购/外包服务时也需要关注。

2. 供应商的服务水平

（1）信誉问题

外购/外包服务供应商的信誉直接关系到其能否兑现所承诺的各种服务，如售后服务、技术咨询、响应速度等。

对于外购方案，选择有信誉的供应商，意味着能够获得长期的技术支持，包括系统的安装、调试、测试，以及后续的维护和升级。有信誉的供应商通常会根据客户的需求和环境条件设置系统参数，并提供免费的培训服务，帮助客户更好地理解和使用系统。

对于外包方案，在选择供应商时应该重点考虑其所提供服务的稳定性，以及对紧急情况的响应速度。有信誉的供应商应该具备有效的保障数据安全和进行系统整合的策略，以防范系统可能遇到的病毒或攻击；应该具备完善的数据备份机制，以便在故障发生后能够以最快的速度进行数据恢复。

（2）升级和更新服务

任何一个外购/外包服务供应商都会不断地完善系统的功能和性能。能否为用户提供系统的升级和更新服务，是选择外购/外包服务供应商的一个重要因素。

3. 不同软件之间的衔接

企业采用外购/外包方案时，通常会从不同的供应商那里采购，这会带来不同软件之间的程序调用和数据传递等问题。因此，不同软件之间的兼容性，也是选择供应商的重要因素。

18.2.4　外购方案的实施

1. 明确信息系统的各项功能

（1）回顾信息系统设计方案

根据信息系统分析和设计报告，明确待购软件所需具备的功能。此外，还要结合信息系统未来的运行环境，进一步审视信息系统设计方案。例如，在实施跨国公司信息系统时，就需要考虑其各个子公司所在地区的税收政策，确保外购的信息系统能够处理不同税率和税务数据，并具备币种汇兑的功能。

（2）估计信息系统的规模和未来的需求

根据信息系统分析和设计报告，确定信息系统的规模和业务量。在设定信息系统规模时，不仅要满足当前的业务需求，还要预留一定的冗余空间以应对未来的业务增长。因此，需要预测未来的业务量及其增长趋势，并据此估算信息系统的规模，以便在外购服务时做到心中有数。

（3）明确各种环境条件的限制

环境条件或多或少会给信息系统的运行带来影响。在信息系统分析阶段已经调查了企业所面对的环境条件及其给信息系统运行带来的影响。在信息系统实施阶段若采用外购方案，则需要考虑平台的兼容性，以及设备的配置、运行速度和容量等。

2. 确定信息系统的供应商

在选择供应商时，要注意对方是否愿意根据企业的具体需求对已开发的软件进行必要的改动。当企业自身的软件开发力量不足时，可以采用招标的方式购买信息系统。这样既可以加快进度，又可以提高效率，但是要控制好风险。

3. 评估待购信息系统的功能

尽可能广泛地获取供应商及其软件产品的信息，如企业信誉、承诺提供的服务、软件产品的介绍等。必要时还要关注或走访使用过该软件产品的企业。如果条件允许，最好能够先试用供应商的软件产品。

4. 购买信息系统

信息系统购买费用包含信息系统使用费和信息系统维护服务费。信息系统软件产品通常带有许可证，其中的许可条款规定了它的使用范围。购买信息系统时应针对许可条款与供应商进行洽谈，达成维护协议，定期支付维护费用。当信息系统出现问题时，用户可以向供应商寻求支持；当信息系统升级时，供应商会主动与用户联系，免费或以优惠的价格提供新版本。

5. 安装信息系统

信息系统安装的工作量取决于信息系统的规模：小型信息系统安装的工作量较小，大型信息系统安装的工作量则较大。需要注意的是，要提前制订信息系统安装计划，以应对突发事件。

18.2.5 外包方案的实施

企业如果采用外包方案，则可以将信息系统的开发、运行管理任务全部交由供应商负责，因此供应商的选择很重要。在实施外包方案时重点应放在对供应商的选择上，具体流程如图 18.1 所示。

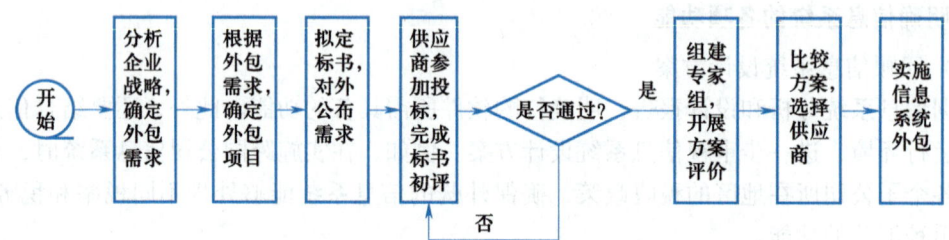

图 18.1 外包服务供应商选择流程

18.3 程序设计的组织

18.3.1 明确程序设计的目的

在进行程序设计之前，程序员需要明确程序设计的目的，因此需要了解以下内容：① 信息系统的目标与功能；② 信息系统的总体结构及模块划分；③ 程序模块应该实现的功能；④ 程序模块之间的调用关系，调用过程中需要传递的各种数据；⑤ 程序模块详细的逻辑处理过程，以及特殊的要求；⑥ 程序设计涉及的数据库、数据文件以及相关文件的格式要求；⑦ 程序设计所采用的算法、处理精度等。

18.3.2 程序设计工作的衡量指标

1. 可靠性

可靠性包括安全可靠性和运行可靠性。安全可靠性（reliability）包括操作人员的安全可靠、数据存取的安全可靠等。运行可靠性通过高质量的程序设计、细致的程序调试、规范的系统测试等实现。

2. 标准能力

标准能力（standard ability）是指系统划分、书写格式、变量命名等应该遵守统一的标准，这会给后续阅读、修改和维护程序带来便利。

3. 可读性

可读性（readability）是指程序代码条理清晰，易于理解。可读的、易懂的程序是维护程序的基础。

4. 可维护性

可维护性（maintainability）是指程序设计规范，结构清晰，可读性强。

18.3.3　程序设计的方法

1. 结构化程序设计方法

结构化程序设计方法是指以模块化为核心，将复杂的系统划分为若干相互独立的模块，这使得每一个模块的开发变得简单而明确。由于模块之间相互独立，在设计一个模块时不会受到其他模块的影响，这为信息系统的扩展带来方便。

结构化程序设计方法采用"自顶向下，逐步求精"的原则和"单入口单出口"的控制结构。该方法强调将三种基本控制结构（顺序结构、选择结构和循环结构）组合嵌套，形成程序的控制结构。

2. 速成原型式程序设计方法

速成原型式程序设计方法的具体过程是：① 识别各子系统中的通用功能模块，如菜单模块、报表模块、查询模块、图形生成模块，这些模块在每个子系统中几乎都是必不可少的；② 寻找能够实现这些通用功能的软件工具。如果没有找到，则可以考虑开发一个适用于各子系统的通用功能模块；③ 使用找到的软件工具或开发的通用功能模块来生成程序的原型。

需要说明的是，如果功能图中有一些特定的处理功能或特殊的处理模型，无法通过现有的软件工具生成，就需要程序员专门编写相应的程序模块并将其集成到系统中。

3. 面向对象程序设计方法

面向对象程序设计对应于面向对象的设计，将面向对象的设计中定义的范式用面向对象程序设计来实现即可。具体步骤是：① 分析问题域中出现的全部对象及其属性；② 分析施加在每个对象上的操作，即对象固有的处理能力；③ 分析对象之间的联系，确定彼此之间传递的消息；④ 设计对象的消息模式，消息模式和处理能力共同构成了对象的外部特性；⑤ 分析对象的外部特性，将具有相同外部特性的对象归为一类，从而确定所需要的类；⑥ 确定类之间的继承关系，将公共性质放在上层的类中描述，通过继承来共享对公共性质的描述；⑦ 设计每个类关于对象外部特性的描述；⑧ 设计每个类的内部实现（数据结构和方法）；⑨ 创建所需的对象（类的实例），实现对象之间应有的联系（发消息）。

有时可以将结构化分析、结构化设计与面向对象程序设计结合起来，即在信息系统分析和设计阶段采用结构化设计方法，生成结构图，然后通过转换获得面向对象程序设计所需要的控件（如界面设计控件、数据库连接访问控件等），再使用面向对象程序设计完成程序的设计。使用结构化分析和设计可以节省信息分析和设计的时间，减少错误；使用面向对象技术又使程序设计交互性强，适应性好。

◇◇◇◇◇◇ **18.4 组件开发技术** ◇◇◇◇◇◇

传统的信息系统"从无到有"的开发方式已不能满足市场的需求，人们期待信息系统的开发能够像堆积木一样通过简单拼装来完成，并且开发出来的功能模块不做任何修改就能够应用到其他信息系统中去，信息系统的可维护性和稳健性也同时能够得到保证。组件开发技术则可以较好地解决上述问题。

18.4.1 组件的定义

组件（component）是指具有一定功能的，可以单独开发、编译、调试和测试的独立程序模块。组件与模块的相同之处在于：两者都是基于功能进行划分的单位，如用于完成统计功能的组件或模块；两者之间不存在上下级的包含关系，即一个模块可以由多个组件构建而成，而独立的组件也通常由多个模块共同实现。组件与模块的不同之处，主要表现在以下几个方面：

1. 组件侧重于发行的概念

组件强调"跨项目的可重用性"。例如，"×××采集卡通用远程监控组件"，就是一个完成远程监控功能的组件，它可以在不同的项目中重复使用，并由采集卡驱动、网络传输、信号处理等诸多模块共同实现。此外，作为可被第三方使用的独立工具，组件一般都有独立的封装。例如，一个组件用符合 COM 接口规范的动态连接库（DLL）发行。

2. 模块侧重于设计的概念

模块用于在项目中划分相对独立的功能。例如，在开发一套组件时，可能会设计几个算法模块；而在一些场合，模块本身就需要引用多个组件。再如，远程医疗系统中的视频会议模块就利用了多个第三方开发的组件。此外，模块更偏重逻辑上的区分，它在封装上可以和其他模块混合，甚至在发行时可以把所有模块合并为一个动态连接库一起发行。

3. 组件、模块与对象的关系

对象与组件和模块之间不是并列关系，它只是自然事物在计算机中简化表示的集合。例如，描述学生的属性（姓名、年龄、成绩等）和维护属性的方法（如对成绩进行排序等）。组件和模块都可以用面向对象方法来实现，通过处理一定的对象来完成自身的功能。

18.4.2 组件的特点和标准

1. 组件的特点

（1）即插即用

由于业务逻辑被封装在组件单元内，可以将组件方便地集成到信息系统中。同时，组件不依赖于特定的操作系统和操作平台，实现时不用修改代码，也不必重新编译。

（2）以接口为核心

组件通过接口与其他组件进行交互。组件的接口与实现相分离，组件的具体实现被封装在内部，组装者只需关心接口，不必知道其实现细节。

（3）标准化

组件的接口必须严格遵循标准化原则，这是组件技术成熟的重要标志之一。

2. 组件标准

组件标准包括组件接口定义、组件间通信、组件组装的规范，如命名机制、消息传递机制等。目前，主要的组件标准有对象管理组织（OMG）组织的 CORBA、微软公司的 COM/DCOM，以及 Sun Microsystems 公司（已被 Oracle 收购）的 Java Beans、EJB、Java EE。

18.4.3 基于组件开发的特点

基于组件开发（component-based development，CBD）是一种将应用程序分解为多个模块的方法，这些模块具备一定的功能独立性，并通过预设的接口相互协作，共同完成任务。组件可以单独开发，单独编译，单独测试。在所有组件准备就绪后，把它们组合起来就可以得到完整的应用系统。基于组件开发的优势表现在以下几个方面：

1. 提高开发效率，降低成本

基于组件开发可以实现模块的即插即用功能。面对新的需求时，系统开发人员可以先在组件库中查找与需求相匹配的组件，并通过事先定义好的组件接口进行调用；同时重新编写功能不合适的组件，这样在较短的时间内就可以编写出符合要求的应用程序。

2. 增强信息系统的可维护性

信息系统维护应该尽量减少代码修改的工作量。利用传统方法开发的信息系统常常面临"牵一发而动全身"的问题，即局部修改容易影响整个信息系统的运行。相比之下，基于组件开发将应用程序划分成较小的部分，每个部分的变化所造成的影响都局限在一定的范围内，这使得在重构应用程序时只更新受到影响的组件即可。

3. 方便移植和扩展

组件与开发语言无关，也不依赖操作系统和数据库管理系统。良好的平台兼容性，使得基于组件开发能够将信息系统部分或整体迁移到具有良好构架的应用平台上。同时，新组件可以与现有的应用程序实现互操作，使系统的逐步扩展或替换成为可能。

18.4.4 组件化的开发流程

1. 信息系统的组件化分析

信息系统的组件化分析是指判断信息系统是否采用基于组件开发的方法开发，以及对现有组件或第三方组件进行分析。对于用户来说，他们并不关心信息系统的具体实现技术，而是关心信息系统功能的完整性、稳定性、便捷性，以及前期开发和后续维护与升级的费用。

基于组件开发并不适用于所有的场合。例如，对于预期信息系统不会发生大的改变的场合，基于组件开发就不适用。

若通过外购方案获取组件，则具体流程为：① 寻找组件；② 初选组件，分析组件是否满足应用需求，是否具有平台兼容性；③ 正式评估，分析组件的功能范围，了解供应商和产品计划的细节，包括费用、许可证要求、合同细节等，确保所选组件符合系统开发的整体预算和合规要求。

2. 组件的接口和功能设计

基于组件开发遵循两条原则：① 保持组件及其接口简单，不让组件实现太多的功能，或提供太多的接口；② 使用功能分解和自上而下的设计，将复杂的组件划分成多个子组件，使每个子组件都处理一个任务，或者一组相关的任务。

在组件设计中，组件的角色通过组件接口来体现，因此组件接口设计至关重要。组件接口设计应该遵循高内聚的原则，即接口应该具有明确的应用目的，以及相应的处理和操作功能。在设计接口时，需要全面考虑接口的输入、输出以及调用前状态、调用后状态等内容。接口确定后，相应的互操作就可以确定下来。

3. 组件的编码和组装复用

组件的编码和组装复用包括新组件的编码、已有组件的剪裁、系统流程的衔接和组件的组装等工作。同时，通过组件库管理系统，选取合适的已有组件和新组件加入组件库，体现了软件复用的思想。

4. 组件的测试与部署

组件测试是指验证组件是否实现了预定功能，以及是否提供了正确的接口以供系统或其他组件调用。组件测试的主要方法有单元测试和集成测试，前者用于验证组件本身所实现的功能，后者关注组件被系统或其他组件调用的情况。

组件部署包括两方面的内容：一方面是确定本地部署的系统如何调用组件，即决定组件是用作私有程序集还是用作共享程序集；另一方面是确定组件如何在分布式环境中部署，涉及组件服务器的搭建，以及客户端如何访问远程服务器中的组件等问题。

18.5　程序调试与系统测试

18.5.1　程序编码

程序编码（coding）是指将处理逻辑转变为可以被计算机执行的指令。在进行程序编码时应该注意以下问题：

1. 使用一致且富有意义的变量名

变量名应该包含类型信息，使得程序模块易于理解。通常，变量名的前半部分用于描述变量的数据类型，后半部分用于描述变量的实际含义。

2. 加入充分的注释

在程序编码过程中应加入充分的注释，以增强代码的可读性和可理解性。程序模块的注释应包括功能描述、程序员姓名、编码日期、模块的批准日期及批准人、模块参数、变量名及其用途。此外，还要列出需要访问或修改的文件、模块的输入/输出、错误处理能力、包含测试数据的文件等。

3. 保留错误代码

对于错误的代码，不应该简单地将其删除，而应该将其转为注释，并在注释的旁边添加内嵌的注释，解释为什么这段代码是错误的，以及是如何被修复的，以作为日后审计、审查和调试的重要线索。

18.5.2 程序调试

1. 程序调试过程

程序调试涉及错误定位和错误改正，是一个循环的过程：① 从错误现象入手，进行分析和判断，确定出错的位置；② 分析相应部分的代码，找出错误原因；③ 修改代码，排除错误；④ 对修改之处进行测试，以确认修改的结果。程序调试的过程如图 18.2 所示。

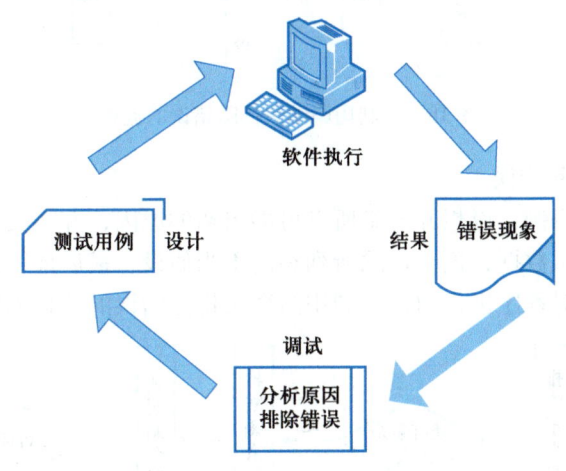

图 18.2　程序调试的过程

程序调试有一定的难度，主要表现在：① 错误现象与出错位置可能相距甚远；② 改正某个错误，可能会使错误所表现出来的现象暂时消失，但错误并未被真正排除；③ 错误的产生可能并非源自程序自身的错误，如计算的精度不够等；④ 错误现象可能是由人为因素引起的，而这些错误又不容易被发现；⑤ 错误是由时序问题引起的，与处理过程本身并无直接关系；⑥ 错误现象可能会周期性地出现。这在软硬件结合的嵌入式系统中尤为常见。

2. 程序调试的策略

（1）利用试探法排除错误

根据错误现象及其特征，先对错误发生的位置进行猜测，然后对怀疑发生错误的地方及其附近区域进行试探性的检查和修改，以定位错误和解决错误。

（2）利用回溯法排除错误

一旦发现程序中的错误，就先对错误进行分析，确定错误发生的位置，然后沿着程序的控制流程，人工追踪程序的执行过程，直到找出错误的根源或确定产生错误的代码段为止。

（3）利用归纳法排除错误

从某些线索——错误的征兆入手，通过分析它们之间的关系找出错误，其具体执行步骤如下：① 收集数据，收集与错误相关的各种数据；② 组织数据，对收集到的数据进行整理，分类存储；③ 研究数据关系，尝试从数据中提取有用的线索，为提出假设奠定基础；④ 提出假设，基于对数据的研究和分析，提出一个或多个可能导致错误的假设；⑤ 验证假设，设计并实施一系列实验或测试，根据实验结果判断假设是否成立；⑥ 证明假设，在假设成立的基础上，进一步证明假设的准确性和可靠性。在假设得到全面证明后，确定其为错误的根源；

⑦ 纠错，根据假设的内容，制定相应的纠错措施，对程序进行修正。利用归纳法排除错误的流程如图 18.3 所示。

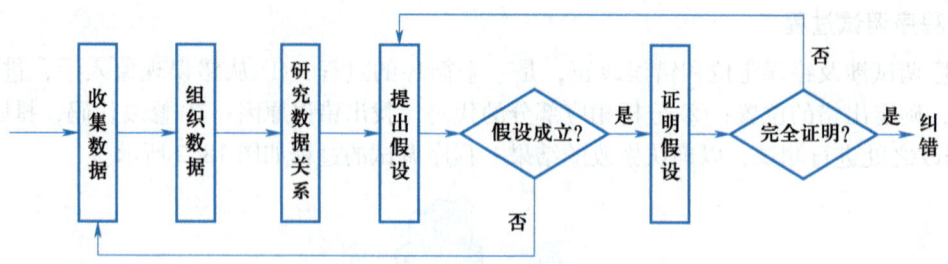

图 18.3 利用归纳法排除错误的流程

（4）利用演绎法排除错误

先根据已有的测试用例，设想并列举所有可能出错的原因，并将其作为假设，然后利用原始的测试数据或新的测试数据，逐一排除所列举的不当假设，最后证明剩余假设就是错误的根源，并根据假设的内容对程序进行纠错。利用演绎法排除错误的流程如图 18.4 所示。

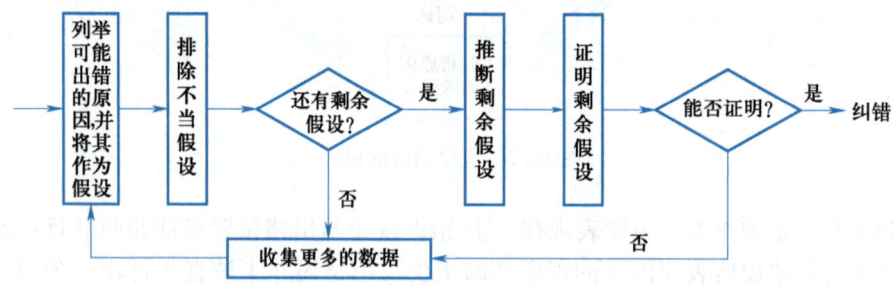

图 18.4 利用演绎法排除错误的流程

18.5.3 系统测试

在信息系统开发过程中，测试是一个重要的环节。首先进行程序测试，然后进行单元测试，在单元测试结束后还要进行单元的集成测试，这个过程不断重复，最后对整个系统进行测试。此外，系统测试还涉及体系结构测试和基于非执行的测试等。

1. 程序测试

① 黑箱测试：不考虑程序内部结构和实现细节，只需在外部根据"输入-处理-输出"进行测试即可。

② 数据测试：使用实际业务数据进行测试。需要注意的是，用于测试的数据类型要齐备，各种边界值和异常情况都应该测试到。

③ 穷举测试：程序运行的各个分支都必须测试到。

2. 单元测试

① 接口测试：检查程序模块之间的数据流和控制信息流，确保数据在程序模块之间能够被正确地传输。例如，验证程序模块之间传递的变量属性，是否与接收这些变量的程序模块的参数属性相匹配、传送变量的顺序是否与接收模块期望的参数顺序相一致等。

② 局部数据结构测试：可以从多个方面测试程序模块内部的数据结构，包括程序模块内部使用的变量的初始化问题、数据类型的兼容问题、全局数据变量对程序模块的影响程度问题等。

③ 边界测试：系统往往会在数据边界上暴露错误，因此需要确定数据边界，并针对数据边界设计测试用例，以发现系统中的错误。

3. 集成测试

集成测试是将两个或两个以上相互关联的程序模块连接起来的测试。单元测试并不能保证测试好的单元与其他单元之间能够准确地传递数据。例如，某事务主文件的更新程序，需要调用验证处理过程，而验证处理过程的输出必须采用适当的格式才能成为更新程序的输入，为此需要对两个程序模块进行集成测试。进行集成测试的用例既要考虑正常数据，又要考虑异常数据。测试用例的选择，不仅要能模拟真实情景，还要充分考虑接口处数据传递的特点。

4. 对整个系统进行测试

在信息系统开发过程中，若各个模块没有组装成完整的信息系统，则无法模拟实际的情况，如查询、报表打印等处理过程。在对整个系统进行测试的过程中，通过输入数据（包括真实的数据）、执行查询操作、打印报表等来模拟用户实际使用时的场景。在这一过程中，所有的处理和输出结果都必须经过严格的核实，以保证系统正常运行。

对整个系统进行测试的目标是：对所有程序执行最终测试；确定信息系统各个部分被正确地集成在一起；确保信息系统能够正确地应对各种实际的处理情形；确保用户能够成功地与信息系统进行交流。总之，确保所开发的信息系统能够满足用户的需求。对整个系统进行测试是否完成，取决于信息系统是否得到最终用户的认可。

α 测试和 β 测试都属于系统测试：α 测试在受控的环境下进行，由最终用户在系统开发人员所在的场所，并在系统开发人员的指导下进行测试。β 测试则由最终用户在一个或多个场所中进行，信息系统运行在系统开发人员无法控制的实际场景中。这种测试能够更真实地反映用户在实际使用过程中的体验，系统开发人员根据用户报告的问题对系统进行修改和优化。

5. 体系结构测试

信息系统通常都是基于客户-服务器或浏览器-服务器结构来构建的，因此需要对信息系统进行体系结构测试，对其分布式特性、事务处理相关的性能、不同硬件平台同时存在的可能性、网络通信的复杂性、集中式或分布式数据库的协调性等进行测试，具体包括：① 应用功能测试，需要对客户端应用进行独立的测试，以发现运行过程中可能出现的错误。② 服务器测试，测试服务器的协调功能和数据管理功能，包括服务器在处理请求时的整体响应时间和数据吞吐量，以及服务器在各种突发情况下的性能表现，如突发的数据吞吐量增加、紧急情况下的响应时间。③ 数据库测试，测试服务器存储的数据的精确性和完整性，检查客户端应用提交的事务，验证数据在存储、更新和检索过程中的正确性。④ 事务测试，创建一系列测试以保证每类事务都能够被正确处理；着重测试事务处理的正确性，同时关注事务处理的时间和数量等性能问题。⑤ 网络通信测试，验证网络节点的通信是否正确发生，确保消息传递、事务和网络通信的正确性。

6. 基于非执行的测试

基于执行的测试能够保证信息系统在正常环境和正常操作下不出现问题，但无法保证信息系统在特定环境中进行非正常操作（如黑客攻击、意外断电、系统开发人员留有后门等）时也能够正常运行。这类问题在一般的测试中往往难以发现。此外，如果信息系统存在一些设计上的问题，如设计描述被误解、程序分支过多导致难以发现特定分支的错误、数据类型选择不合理、取值范围设定得过于狭窄导致变量越界或溢出等。这些问题由于不涉及执行过程，因此在基于执行的测试中难以被检测出来。这时，就需要利用基于非执行的测试（如代码审查、静态分析等）来对它们进行识别。

基于非执行的测试应该由具备不同技能的测试人员从不同的角度去进行。测试人员需要仔细阅读各种文档、图表、程序代码并进行静态测试，在深入理解文档的基础上，分析其中所有的隐性错误并按照错误发生频率对其进行分级，最后提出合理的修正方案，以消除这些潜在的问题。

需要说明的是，只在系统实施阶段进行测试是不够的。例如，如果在信息系统分析阶段没有对详细调查文档进行仔细审核，而在后面的阶段才发现错误，就会造成很大的损失。因此，测试工作应该在整个信息系统开发生命周期中进行。例如，在信息系统规划阶段进行用户需求分析时，要进行需求测试，验证需求的完备性、合理性、正确性，并对需求描述文档进行细致的检查，确保其表达准确、清晰，不被误解。在信息系统设计阶段，要检查和测试系统设计方案的合理性与准确性。信息系统实施阶段的测试工作同样不可或缺，要通过测试来验证系统实施的各个环节是否符合预期。在信息系统运行管理阶段，也要进行测试工作，不断检查并更新软件版本，确保软件在实际运行中的稳定性和可靠性。

◇◇◇◇◇◇◇ 18.6 版本管理 ◇◇◇◇◇◇◇

18.6.1 版本管理的含义

版本用于描述信息系统的演化状态，不同的版本在功能和性能上存在差异。版本管理的目的，在于对信息系统开发中文件或目录的发展过程进行追踪，确保在任何给定时刻都能够根据需要恢复到任意一个历史版本。版本管理记录了每个配置项的变更历史，保证了版本之间的可追踪性，也为后续的查错工作提供便利；对版本库进行访问控制，可以有效地防止未经授权的访问和修改行为，从而保护软件资产和相关的知识产权。版本管理还有助于团队并行开发，提高开发效率。

18.6.2 版本管理的主要模型

版本管理模型有三种类型，如图18.5所示，这三种模型的特点如下：

① 线状模型：按照出现的先后顺序来排列版本。在该模型中，每个新版本都被视为由当前最近的版本演变而来的。这种演变是按照一对一的映射关系进行的。

② 树状模型：以信息系统设计方案的版本繁衍为依据来构建版本关系。在该模型中，版本号不仅反映了版本之间的时间顺序，还揭示了它们之间的从属、并列或继承关系。特别是，在以某一中间版本为基础，选择各种设计方案进行后续开发时，会形成多个并列或继承的设计结果，这些设计结果在版本树上呈现为分支结构。

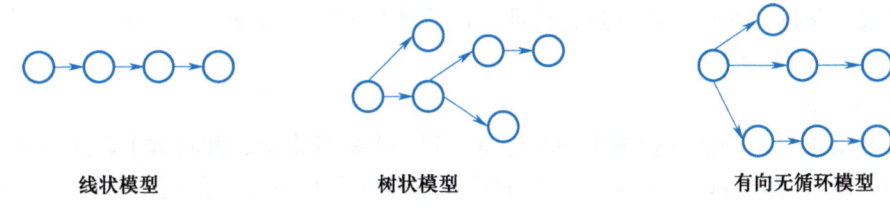

线状模型　　　　　　　　　　　树状模型　　　　　　　　　有向无循环模型

图 18.5　版本管理模型

③ 有向无循环模型：是上述两种模型的综合，利用此模型建立的版本树更符合信息系统的实际开发情况。

18.6.3　版本管理中的关键技术

1. 版本演化

版本演化分为两种形式：

① 修订：用于表示某个对象所经历的一系列演化阶段，这些阶段之间形成线性结构。在修订过程中，对象本身的属性和结构不发生变化，但是对象属性的定义会不断精确。

② 变型：用于表示以某个对象为基准，通过功能和结构的变化获得的一系列变体。变型是扩充软件产品知识的重要途径，其整个演化过程形成树状结构。

2. 版本的创建、删除策略

创建策略发生在以下时间点：

① 创建新的配置项时：一个新的信息系统组件或与其相关的项目，包括硬件、软件和各种文档，在被引入配置管理系统时，通常会伴随一个初始版本（如 v1.0）。

② 配置项被检入时：配置项在开发过程中可能会被修改，修改完成后会被检入（checkin）配置管理系统。此时，配置项的版本会根据检出（checkout）时的状态形成不同的演化路径：纵向演化（若配置项被排他写检出）、横向演化（若配置项被共享写检出）或不演化（若配置项被只读检出）。

③ 进行分支操作时：在软件开发中，分支是一种常用的版本控制手段，允许开发者在不影响主线版本开发的情况下进行新功能的开发或修复错误。在进行分支操作时，配置项的版本会朝横向演化。

版本的删除策略，是指允许拥有一定权限的使用者手工删除版本，而普通用户则无权删除版本。

3. 分支合并管理模型

（1）版本分支

在软件演化过程中，由于不同的开发需求或方向，版本管理形成了多分支的树状结构。分支是为支持特定文件的并行开发而临时建立的，这些分支的修改最终要被整合到主线版本中，这个过程称为合并。

分支有以下用途：① 代表一条独立的开发路径；② 代表某个组件的不同派生版本，这些派生版本可能基于不同的时间或空间效率考量、平台兼容性调整、系统接口变化等因素；③ 用于实验性开发，这些版本在后续阶段可能会被丢弃或被整合到基础开发版本中；④ 支持多个系统开发人员同时对同一组件进行修改。需要注意的是，分支是临时性的，在所有相关修改完成后会被合并到主线版本。

（2）版本合并

版本合并是指将两个独立版本中的文件整合到一个新版本中，并将这个新版本放到其中的一个分支中。版本合并有以下方式：① 仅允许将子分支合并到源分支上，合并后子分支终止。这种方式支持用于实验性开发的分支合并，也支持对同一个组件的并发修改进行管理；② 仅允许将子分支合并到源分支上，但合并后子分支可以继续发展，并且可在以后某个时刻再次合并到源分支上；③ 不仅允许将子分支合并到源分支上，还允许将源分支合并到子分支上；④ 允许任意两个兄弟分支之间的合并，合并不受分支创建时间顺序的限制，而是基于分支结构来确定它们合并时的共同祖先版本；⑤ 允许非最新版本的分支合并，只要选定的修改之间不互相依赖，并且它们不必是连续的。通过适当的合并，系统开发人员可以从历史上的某个点开始对修改进行整合，从而生成具有新功能的新分支的初始版本。

4. 版本的访问控制与同步控制策略

系统开发人员通常不会直接在软件配置库中修改源文件，他们会从软件配置库中复制一个副本到自己的工作空间中进行开发和测试。这就需要规定副本的"读"和"写"权限。访问控制就是管理用户对特定软件配置对象的存取或修改权限。同步控制用于管理版本的检入/检出操作，以确保在不同的开发人员进行并发修改时不会发生混乱。

5. 版本增量存储

不同的版本之间有相似性，若对于每个版本都进行存储，就会浪费计算机空间。因此，有必要采用增量方法存储各时期的版本。版本增量存储有两种方式：① 向前增量方法，对于初始版本（又称为基线版本）存储其全部内容，对于后续版本仅存储与它们父版本之间的差异（即增量）；② 向后增量方法，对于当前最新版本存储其全部内容，而对于旧版本则存储它们与其子版本之间的差异（即反向增量）。

18.6.4　版本管理的工具

常用的版本管理工具有开源软件 CVS、微软公司的 VSS 和 IBM 公司的 Rational ClearCase。CVS 的源代码开放，在 UNIX/Linux 平台中得到了广泛的应用；VSS 面向 Windows 环境，通过将各种类型的文件存入其内部数据库，帮助用户管理工程；Rational ClearCase 包含一套结构透明且用户界面友好的配置管理工具，适用于跨越多种复杂环境进行项目开发的团队。此外，还有一些版本管理工具应用得越来越广泛。例如，开源版本管理工具 Git、Mercurial、Subversion（SVN），商业版本管理工具 Perforce Helix Core、Bitbucket，以及其他版本管理工具，如 Ping-Code、Worktile 等。

18.7　人 员 培 训

18.7.1　系统操作人员的培训

系统操作人员培训应该由系统分析员进行，并且应该与系统测试工作同步进行。其原因是：① 一旦程序设计工作启动，系统分析员就能够腾出时间来开展用户培训；② 程序设计与系统测试工作完成后，信息系统就要投入试运行，如果这时对系统操作人员的培训尚未完成，就会影响整个信息系统的实施；③ 经过培训的系统操作人员能够更有效地参与系统测试工作；④ 在培训过程中，系统分析员对于用户的需求会有更准确的理解。

系统操作人员的培训内容如下：① 信息系统概貌及其整体结构；② 信息系统使用的关键术语；③ 信息系统的分析原则、设计思想、解决问题的步骤；④ 信息系统运行的平台、所使用的软件工具；⑤ 信息系统的操作与使用，包括数据输入、相关信息的输出等；⑥ 信息系统操作中的各种注意事项；⑦ 信息系统中有关数据收集、过滤、审核和统计的方法；⑧ 信息系统运行过程中可能出现的故障及其排除方法；⑨ 信息系统文档资料的分类以及检索方式。

18.7.2　系统维护人员的培训

信息系统的运行管理主要由系统维护人员来负责，因此需要对他们围绕以下内容展开培训：① 信息系统开发的初衷和背景，以及信息系统是如何支持企业目标和日常运营的；② 信息系统的功能、总体结构和详细结构；③ 熟悉信息系统开发中的各种文档资料；④ 信息系统流程和所涉及的技术问题；⑤ 对各种问题的解决方法；⑥ 信息系统的输入、处理、输出、流量、负载和通信问题。

18.8　信息系统试运行

在信息系统正式上线之前，还需要进行试运行。系统测试尽管使用了测试数据，但未必能发现信息系统实际运行过程中可能出现的所有问题，所以试运行是对信息系统最好的测试方式。

18.8.1　准备工作

1. 场所准备

场所准备是指准备好信息系统的实际工作场所。对于大型信息系统来说，可能需要多间机房，并对这些机房进行必要的改建和装修，如铺设特殊地板和布线，以及铺设连接各种设备的电缆，还要考虑安装新的安全系统，以及增大电网的功率等。

2. 数据准备

数据准备是指将手工处理的文件转换成信息系统文件。如果对现行系统进行重新开发，则需要将现行系统的数据整理出来，并转换成信息系统文件。在进行数据准备时应该注意以下问题：① 数据的分类和编码要科学，特别是基础数据的统计工作应该程序化、规范化；② 计量工具、计量方法、采集渠道和程序应该是相对固定的，以确保信息系统运行有稳定可靠的数据来源；③ 各类统计、数据采集、报表应该标准化和规范化；④ 将各种准备好的数据装入信息系统。

当即将被取代的现行系统也是一个计算机系统时，应该尽可能使数据转换自动化。现行系统可以将数据以新的信息系统支持的格式或标准格式输出，也可以开发相应的程序，将数据从现行系统中提取出来并转换成所需的格式。

18.8.2　信息系统安装

计算机设备可以由生产商或供应商负责安装，但用户和系统开发人员必须全程参与，以确保所有计算机设备都安装到位。信息系统安装以后，安装人员应该对其进行测试，包括程序测试、单元测试、集成测试、系统测试、体系结构测试、基于非执行的测试等，以确保信息系统能够正常运行。

18.8.3　信息系统试运行的内容

信息系统试运行包括：① 对信息系统进行初始化，并输入初始数据。例如，在财务信息系统中，除了初始化信息，还需要输入各个账户的期初数据，并要确保借贷平衡；② 在信息系统试运行过程中，详细记录信息系统运行的各项数据和状况；③ 对于信息系统的数据输入方式，从方便性、效率性、安全可靠性、错误处理机制等方面进行考察；④ 将信息系统（新系统）的输出结果与现行系统（旧系统）的处理结果进行对比；⑤ 对信息系统的实际运行指标，如运算速度、传输速度、查询速度、输出速度等进行测试。此外，还要测试信息系统的可靠性，特别是那些需要通过网络传输数据的信息系统，更应该注意这个问题。

18.8.4　信息系统的转换

试运行结束后，新系统就可以投入运行了。新旧系统的转换方式有多种，如图 18.6 所示。

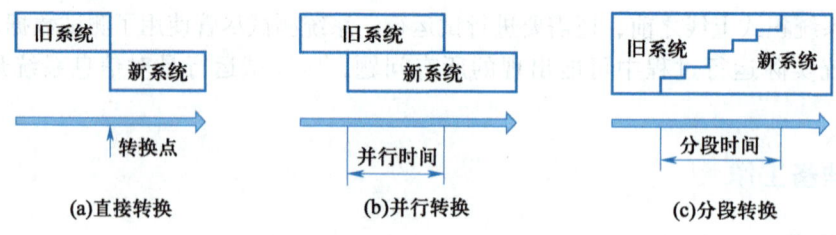

图 18.6　新旧系统的转换方式

1. 直接转换

直接转换是指在确定新系统运行准确无误后，在某个特定时刻启用新系统，并同时停止旧系统运行。在处理过程不太复杂、数据不是很多、应用场合不太重要的情况下可以采用这种转换方式。

直接转换是成本较低的一种系统转换方法，用户在任何时刻都只需要操作和维护一个系统。但是直接转换的风险比较大，因为无论测试和培训工作做得多么细致，新系统在运行后总会遇到在测试过程中没有遇到过的困难。新系统一旦无法运行，就会对企业的工作造成很大的影响。

2. 并行转换

并行转换是指新旧系统同时运行一段时间，在这段时间内，对新旧系统的输出进行比较，并调整它们之间的差异。若用户认为新系统的输出是正确的，便可以删除旧系统，用新系统替代旧系统。

并行转换的优点是安全、可靠、风险低。如果新系统不能正常工作，旧系统就将作为备份系统来使用，这种方式适用于金融等行业信息系统的转换。另外，新旧系统并行工作，可以降低使用新系统的风险。当然，并行转换的缺点也是显而易见的：并行转换的运行成本高，这是由于新旧系统同时运行，就要为两个系统的运行支付费用。当新旧系统在技术上不兼容，或者运行环境无法同时支持两个系统时，使用并行转换就不是最佳选择。

3. 分段转换

分段转换是指新系统按照阶段或模块投入运行，逐步替代旧系统。分段转换能够保证整个系统可靠运行，与并行转换相比所花费的费用也比较少。因为每次只处理新系统的一部分，因此系统转换的风险也比直接转换低。但这种转换方式对信息系统的设计和实施有一定的要求。此外，当新系统不易被分成几个逻辑模块时，就不能使用这种转换方式。

18.8.5 用户验收

1. 系统验收

系统验收是指用户根据信息系统分析阶段提出的需求对信息系统进行逐项验收，以确保信息系统的功能与自己的需求相符。此外，用户还要对信息系统的运行效率，以及信息系统的可维护性、容错性等进行验收。

系统验收实际上是由用户主持的验收过程。除了对信息系统的有效性进行验收，还要对信息系统的安装和运行环境、相关配置及信息系统的配套设施等进行验收。系统验收过程以用户为主，但系统开发人员也要参加。当用户认为信息系统的功能与相关需求存在差距时，双方就需要协商，妥善地解决所发现的问题。

2. 文档验收

在信息系统开发过程中，会产生诸多文档资料，如规划报告、需求说明书、用户操作手册等。用户除了验收信息系统，还要对文档进行验收。系统开发人员应该提供有关信息系统开发的详细文档。

目前，系统开发人员使用一种规范的用户验收文档。它具有法律效力，如果在用户签署验收文档后系统又出现问题，则通过它来划定系统开发人员和用户之间的责任边界。

18.9 课 程 设 计

课程设计 18.1　X 金属材料公司进销存管理信息系统的程序设计

根据课程设计 16.1~课程设计 16.3 及课程设计 17.1 的结果，仍按照原设计小组的分工，采用 Visual Basic+SQL Server 或 C#或 Java+SQL Server 完成基于客户-服务器结构的 X 金属材料公司销售管理信息系统的程序编写；或采用 ASP+SQL Server 或 JSP+Oracle 完成基于浏览器-服务器结构的该系统的程序编写。当然也可以选择其他程序设计工具。

在程序设计过程中，尽可能利用现成的组件，体验组件开发的思想。同时，采用 Git 或 VSS 版本管理工具，实现小组成员间的并行开发。

◆◆◆◆◆◆ **本 章 小 结** ◆◆◆◆◆◆

信息系统实施根据信息系统设计方案，建立相应的计算机系统。信息系统实施的主要任务有：① 根据信息系统设计方案购置和安装计算机系统及网络系统；② 建立数据库系统；③ 程序设计与调试；④ 整理基础数据；⑤ 培训系统操作人员；⑥ 信息系统试运行；⑦ 新旧系统的切换。

信息系统实施可以采用外包或外购方案，也可以采用自行开发方案。外购与外包方案的优点是开发时间短，投入费用少，可靠性高，但信息系统的运行管理需要借助外部力量。自行开发虽然需要的时间长，投入的费用大，但有利于企业自身信息技术人员的培养以及信息系统的运行管理。

不论采取何种信息系统实施方案，在信息系统投入运行前都需要进行试运行，最后进行新旧系统的转换。不同的系统转换方式具有不同的风险和费用。系统开发人员与用户应该充分了解这一点，以保证新旧系统的平稳过渡。在信息系统实施过程中，还要善于借助组件开发技术和版本管理技术来提高信息系统实施效率。

◆◆◆◆◆◆ **习 题** ◆◆◆◆◆◆

1. 外购方案和外包方案各有什么优点和不足？简要说明外包方案与外购方案的异同。

2. 什么是系统测试？系统测试的目的是什么？哪些人员需要参与系统测试？

3. 在信息系统实施之前，哪些人必须接收培训？培训的内容包括哪些方面？

4. 版本管理的重要性是什么？试比较版本管理三种模型的特点和适用场景。

5. 检查一个复杂的客户端软件包，如 Microsoft Office，它在哪些方面（如果有的话）使用了基于组件开发的方法？

6. 分析硬件和软件在基于组件开发方面有哪些相同和不同之处？软件可以获得像硬件一样的插拔兼容性吗？

7. 哪种新旧系统转换方式所需的费用最高？哪种新旧系统转换方式面临的风险最大？请说明原因。

8. 系统分析员常常在系统测试时使用真实数据。有没有可能在一些环境中模拟数据比真实数据更可取？如果有可能的话，这样的环境有哪些？

9. 如果一位信息系统开发项目经理说："维护信息系统的分析员和程序员不需要任何新的软件工具，因为他们只是编写补丁程序。"你用什么观点能改变这位经理的想法？

10. 在什么情况下一个公司喜欢自行开发专用软件而不是购买一个软件包？

参考文献

[1] 薛华成. 管理信息系统 [M]. 7版. 北京：清华大学出版社，2022.

[2] 陈国清，郭迅华，马宝君. 管理信息系统 [M]. 3版. 北京：高等教育出版社，2019.

[3] 黄梯云，李一军. 管理信息系统 [M]. 7版. 北京：高等教育出版社，2019.

[4] 马费成，赖茂生. 信息资源管理 [M]. 3版. 北京：高等教育出版社，2018.

[5] 杨善林，李兴国，何建民. 信息管理学 [M]. 北京：高等教育出版社，2003.

[6] 李东，梁定澎. 决策支持系统与商务智能 [M]. 北京：中国人民大学出版社，2010.

[7] 毛基业，郭迅华，朱岩，等. 管理信息系统：基础、应用与方法 [M]. 北京：清华大学出版社，2011.

[8] LAUDON K C，LAUDON J P. 管理信息系统 [M]. 15版. 黄丽华，俞东慧，译. 北京：机械工业出版社，2018.

[9] 克伦克. 管理信息系统 [M]. 10版. 贾素玲，王强，王虹森，译. 北京：机械工业出版社，2014.

[10] O'BRIEN J A，MARAKAS G M. 管理信息系统 [M]. 叶强，等译. 15版. 北京：中国人民大学出版社，2013.

[11] 特班，奥特兰德，李在奎，等. 电子商务：管理与社交网络视角 [M]. 9版. 占丽，孙相云，时启亮，译. 北京：机械工业出版社，2020.

[12] 哈格，卡明斯. 信息时代的管理信息系统 [M]. 9版. 颜志军，贾琳，尹秋菊，等译. 北京：机械工业出版社，2019.

[13] 塞勒. 移动浪潮：移动智能如何改变世界 [M]. 北京：中信出版社，2013.

[14] 王吉斌，彭盾. 互联网+：传统企业的自我颠覆、组织重构、管理进化与互联网转型 [M]. 北京：机械工业出版社，2015.

[15] 森德勒. 工业4.0：即将来袭的第四次工业革命 [M]. 邓敏，李现民，译. 北京：机械工业出版社，2014.

[16] 芮明杰. 第三次工业革命与中国选择 [M]. 上海：上海辞书出版社，2013.

[17] 布莱恩约弗森，麦卡菲. 第二次机器革命：数字化技术将如何改变我们的经济与社会 [M]. 2版. 北京：中信出版社，2014.

[18] 王众托. 系统工程引论 [M]. 4版. 北京：电子工业出版社，2012.

[19] 钱学森，等. 论系统工程 [M]. 增订本. 长沙：湖南科学技术出版社，1982.

[20] 温伯格. 系统化思维导论 [M]. 张佐，万起光，董菁，译. 北京：清华大学出版社，2003.

[21] 辛鹏，荣浩. 流程的永恒之道：工作流及BPM技术的理论、规范、模式及最佳实践 [M]. 北京：人民邮电出版社，2014.

[22] 梅绍祖，TENG J T C. 流程再造：理论、方法和技术 [M]. 北京：清华大学出版社，2004.

[23] 水藏玺，昝鹏. 企业流程优化与再造实例解读 [M]. 北京：中国经济出版社，2008.

[24] 安东尼，戈文达拉扬. 管理控制系统 [M]. 2版 刘宵仑，朱晓辉，译. 12版. 北京：人民邮电出版社，2011.

［25］陈国青，李一军．管理信息系统［M］．北京：高等教育出版社，2006.

［26］张新．管理信息系统［M］．北京：机械工业出版社，2010.

［27］刘鲁．信息系统：原理、方法与应用［M］．北京：高等教育出版社，2006.

［28］刘仲英．管理信息系统［M］．3 版．北京：高等教育出版社，2017.

［29］李春林，张唯，王晓征．RPA 技术详解：基础、应用与未来［M］．北京：清华大学出版社，2023.

［30］罗鸿．ERP 原理·设计·实施［M］．6 版．北京：电子工业出版社，2023.

［31］王金龙，熊晓芸，胡殿凯．区块链原理、架构与开发：HyperLedger Fabric 开源项目实战［M］．北京：清华大学出版社，2023.

［32］郝少春，黄玉琳，易华挥．CHATGPT 原理与应用开发［M］．北京：人民邮电出版社，2024.

［33］霍弗，乔治，沃洛奇赫．现代系统分析与设计［M］．6 版．尹秋菊，译．北京：中国人民大学出版社，2013.

［34］蔡淑琴．管理信息系统分析与设计［M］．北京：高等教育出版社，2016.

［35］梁昌勇．信息系统分析、设计与开发方法［M］．北京：清华大学出版社，2011.

［36］左美云，李倩．信息系统项目管理［M］．2 版．北京：清华大学出版社，2014.

［37］MARAKAS G M．21 世纪的决策支持系统［M］．朱岩，肖勇波，译．北京：清华大学出版社，2002.

［38］哈默．超越改革［M］．沈志彦，孙康琦，楚卿子，译．上海：上海译文出版社，1998.

［39］奥布赖恩，马拉卡斯．管理信息系统［M］．李红，姚忠，王伟平，译．9 版．北京：人民邮电出版社，2016.

［40］STAIR R M，REYNOLDS G W．信息系统原理［M］．张靖，刘鹏，陈之侃，等译．6 版．北京：机械工业出版社，2005.

［41］陈国青，卫强，张瑾．商务智能原理与方法［M］．3 版．北京：电子工业出版社，2023.

［42］沙尔达，德伦，特班，等．商务智能［M］．3 版．赵卫东，译．北京：机械工业出版社，2015.

［43］刘平山，黄宏军，黄福，等．商务智能与数据挖掘［M］．上海：上海交通大学出版社，2022.

［44］杨晓波．数据挖掘技术［M］．北京：清华大学出版社，2024.

［45］赵卫东．商务智能［M］．5 版．北京：清华大学出版社，2021.

［46］施奈德．电子商务［M］．张俊梅，袁勤俭，杨欣悦，译．12 版．北京：机械工业出版社，2020.

［47］章剑林，范志刚，赵子溢，等．电子商务与数字经济卓越案例［M］．北京：清华大学出版社，2023.

［48］谢希仁．计算机网络［M］．8 版．北京：电子工业出版社，2021.

［49］特南鲍姆，费姆斯特尔，韦瑟罗尔．计算机网络［M］．潘爱民，译．6 版．北京：清华大学出版社，2022.

［50］ERL T，MAHMOOD Z，PUTTINI R．云计算：概念、技术与架构［M］．龚奕利，贺莲，胡创，译．北京：机械工业出版社，2014.

［51］赵刚．大数据：技术与应用实践指南［M］．2 版．北京：电子工业出版社，2016.

［52］舍恩伯格，库克耶．大数据时代：生活、工作与思维的大变革［M］．盛杨燕，周涛，译．杭州：浙江人民出版社，2013.

［53］JIAWEI H，KAMBER M，PEI J．数据挖掘概念与技术［M］．3 版．范明，孟小峰，译．北京：机械工业出版社，2012.

［54］魏伟一，张国治，秦红武．数据仓库与数据挖掘：Python＋Hadoop＋Hive［M］．北京：清华大学出版社，2023.

［55］王珊，杜小勇，陈红．数据库系统概论［M］．6 版．北京：高等教育出版社，2023.

［56］邵维忠，杨芙清．面向对象的系统设计［M］．2 版．北京：清华大学出版社，2007.

［57］瓦拉契奇，乔治．系统分析与设计［M］．9 版．周靖，译．北京：清华大学出版社，2022.

［58］施丽华，胡斌，杨萌，等．供应链管理［M］．3 版．北京：清华大学出版社，2023.

［59］李珊. 客户关系管理［M］. 北京：电子工业出版社，2023.

［60］张相斌，林萍，张冲. 供应链管理：设计、运作与改进［M］. 2 版. 北京：人民邮电出版社，2021.

［61］马士华. 供应链管理［M］. 4 版. 北京：中国人民大学出版社，2023.

［62］龚荷英，周奕，王勇. 供应链管理［M］. 南京：南京大学出版社，2023.

［63］施丽华，胡斌. 供应链管理［M］. 3 版. 北京：清华大学出版社，2023.

［64］栾港. 客户关系管理理论与应用［M］. 3 版. 北京：人民邮电出版社，2023.

［65］梁燕冰，张幸花. 客户关系管理［M］. 上海：上海交通大学出版社，2023.

［66］石梦菊，潘友仙. 客户关系管理［M］. 北京：机械工业出版社，2023.

［67］苏朝晖. 客户关系管理：理念、技术与策略［M］. 5 版. 北京：机械工业出版社，2024.

［68］杨建华. 企业资源计划：ERP 原理、应用与案例［M］. 2 版. 北京：电子工业出版社，2015.

［69］万珊. ERP 应用技能［M］. 北京：北京理工大学出版社，2015.

［70］吕云翔，柏燕峥. 云计算导论［M］. 3 版. 北京：清华大学出版社，2023.

［71］江海，于洪伟，吴书博. 区块链智能合约开发实战［M］. 北京：清华大学出版社，2024.

［72］陈峥. 与 AI 对话：ChatGPT 提示工程揭秘［M］. 北京：电子工业出版社，2023.

［73］关东升. AI 时代 Python 金融大数据分析实战：ChatGPT 让金融大数据分析插上翅膀［M］. 北京：北京大学出版社，2024.